中央大学社会科学研究所研究叢書……33

グローバル化と地域社会の変容

スロヴァキア地方都市定点追跡調査 II

石　川　晃　弘
佐々木　正　道　編著
リュボミール・ファルチャン

中央大学出版部

はしがき

東欧諸国は，第2次世界大戦後約40年間続いた社会主義体制が1989年に崩壊した後，新たに資本主義的市場経済と多元主義的政治システムを導入して体制転換を遂げ，いまグローバリゼーションの影響下にある。その脱社会主義過程とグローバリゼーションのなかで社会と市民生活はどのような変化を遂げたのか。本研究はそれをマクロな国家レベルからではなく，またミクロな個人レベルからでもなく，両レベルを媒介する中間レベルに焦点を置き，地域社会と住民生活の動態に即して把握することを意図した。中央大学社会科学研究所の研究グループはその意図に基づき，スロヴァキア科学アカデミー付属社会学研究所のスタッフとの共同作業チームを組み，スロヴァキアの地方小都市を事例として取り上げ，1990〜92年，1996〜98年，2005〜07年の3時点で住民アンケート調査と地域キーパーソン面接聴取調査による現地踏査を行った。その成果はまず中央大学社会科学研究所研究叢書24『体制転換と地域社会の変容―スロヴァキア地方小都市定点追跡調査―』（中央大学出版部，2010年）において公表されている。

今回ここに上梓する刊行物はその研究を引き継ぎ，脱社会主義過程が終結し，グローバル化の波が地域の経済と社会に押し寄せてきたここ十余年の住民生活と市民社会の動態に焦点を据え，2013年調査の成果をまとめたもので，上記刊行物の続編に相当する。調査の実施に当たった日本側チームは中央大学社会科学研究所「社会的信頼の国際比較」研究チームに属する佐々木正道（幹事），石川晃弘，小熊信，スロヴァキア側チームはリュボミール・ファルチャン（スロヴァキア科学アカデミー付属社会学研究所），リュビッツァ・ファルチャノヴァー（同・民族学研究所），ズデニェク・シチャストニー（同・社会学研究所）で，事例調査の対象地域は中部スロヴァキアの山間に位置するバンスカー・シチアヴニッツァ市とブレズノ市，東スロヴァキアの中心都市のひとつプレショウ市である。

この調査研究においてわれわれは2013年度中央大学国際交流センター

「2013年度国際共同研究」（代表・佐々木正道）の助成を受けた。これに感謝するとともに，現地調査において面接聴取に応じて下さった各都市の関係者の方がた，スロヴァキアの市民結社に関する論考を本書に寄せて下さったNGO活動家ペテル・ラーズス氏，文献資料や面接記録の翻訳にご協力下さった近重亜郎氏（プレショウ大学アジア研究所）と香坂直樹氏（跡見女子大学），そしてこの研究の推進にお力添え下さった社会科学研究所の宮野勝所長，事務レベルで支えてくれた鈴木真子さんとその後任の青木哲行氏に，この場を借りて謝辞を述べたい。

2015年12月

編 者 一 同

目　　次

Ⅲ　住民生活の動態――アンケート調査結果の概要

石 川 晃 弘

Ⅳ　地域住民の意識構造

佐々木正道

Ⅴ　地方自治体と地域行政の機能

リュボミール・ファルチャン（石川晃弘 訳）

Ⅵ　地域における社会・文化活動と市民結社

小熊　信

Ⅶ　地域文化振興における市民結社活動

リュビッツァ・ファルチャノヴァー（石川晃弘 訳）

付　論　スロヴァキアの市民セクター――歴史と現状

ペテル・ラーズス（近重亜郎 訳）

付　録

凡例：外国語“v”の日本語表記において，固有名詞は“ヴ”または“ウ”，普通名詞は“ブ”で記した。

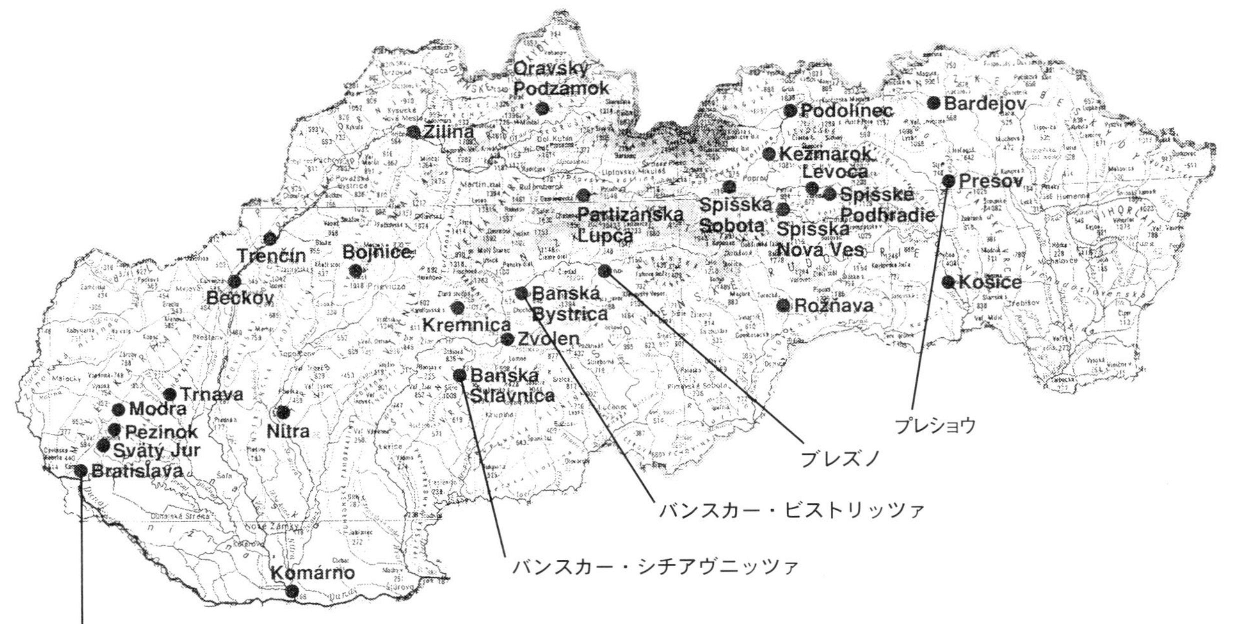

（*Slovakia*, Príroda a. s., 2000 より）

序　論　研究の目的，調査の方法，本書の構成

石川晃弘

1．問題の背景と研究の目的

ベルリンの壁が崩され，東欧諸国で共産党支配体制が崩壊して，すでに四半世紀が経過した。この間，各国では脱社会主義と資本主義に向けた体制転換が遂げられ，政治の民主化，経済の市場化，文化の自由化が進められ，同時に人びとの社会と生活はグローバリズムの波のなかに繰り込まれた。

中央大学社会科学研究所の研究チームは1990年以降，スロヴァキア科学アカデミー付属社会学研究所のスタッフとの共同作業として，脱社会主義期から今日に至る東欧社会の変容過程を，スロヴァキア地方小都市の住民生活に即して追究してきた。事例観察の対象としたのは西スロヴァキアの首都圏から遠く離れた中部スロヴァキアの山間部にあるバンスカー・シチアヴニッツァ（以下，B. シチアヴニッツァと記す）とブレズノであり，この2地点を定めて1990～92年，1996～98年，2005～07年に現地調査を実施した。その成果は石川晃弘／リュボミール・ファルチャン／川崎嘉元（編著）『体制転換と地域社会の変容―スロヴァキア地方小都市定点追跡調査―』（中央大学出版部，2010年）として刊行されている。この研究の焦点は脱社会主義過程の地域社会変動に置かれた。

これに対して今回のわれわれの研究は，すでに脱社会主義過程が収束し，い

までにはグローバリズムのもとで変動する地方都市の地域社会と住民生活の諸相を，市民社会形成との絡みで追究する。ここではリーマンショックと欧州経済危機というグローバル経済の危機をはさんだ2時点，つまり2006年と2013年の調査で得られたデータを比較分析しながら，上記の課題に応えていく。観察対象地域はB. シチアヴニッツァとブレズノに加えて，東スロヴァキアの県都，プレショウを含める。

2. 調査の方法

調査は2つの方法を併用した。

ひとつは地域のキーパーソンおよび一般住民に対する面接聴取調査である。われわれは調査チームを「行政と開発」(佐々木＋ファルチャン)，「経済と労働」(石川＋シチャストニー)，「文化と市民活動」(小熊＋ファルチャノヴァー) の3つの班に分けて，それぞれの分野のキーパーソンを訪れて情報を入手するとともに，一般住民からそれぞれのイッシューに関する声を収集した。

もうひとつは標準化された質問票による住民アンケート調査である。質問票の主要項目は，時系列比較のために過去の調査で用いた設問を踏襲した。調査サンプルは18歳以上の住民から選び，サンプル数はB. シチアヴニッツァとブレズノからは各300，プレショウからは500としたが，回収された有効票は2006年調査ではB. シチアヴニッツァで302，ブレズノで300，プレショウで473，2013年調査ではB. シチアヴニッツァで303，ブレズノで316，プレショウで509であった。

住民アンケート調査における有効票のサンプル構成を示すと，表のようになる。性別，年齢階級別，学歴水準別，就業内容別にみたその特徴は，以下のようになっている。

(1) サンプルの男女比率は3都市とも2006年と2013年とでほぼ共通しており，都市間においてもほぼ同じである。

(2) 年齢階級別には，2013年における構成は3都市間で大きな差はみられないが，2006年と2013年を比べるとB. シチアヴニッツァとブレズノで30～44歳層が若干大きくなり，プレショウでは45～59歳層が多少小さくなっているが，2013年時点だけでみると3都市の間にはほとんど差がみられない。

したがって，設問に対する回答分布に地域差があっても，それは性別や年齢差に媒介されたものではないといえる。

(3)　学歴水準別に関しては，たとえば2013年調査では大卒と高等専門学校卒を合わせた高学歴層の比率がB. シチアヴニッツァとプレショウでは25%，ブレズノでは17%というように差があり，また2006年と2013年とを比較すると，B. シチアヴニッツァでは大卒が16.2%から23.1%へと増えているのに対して，ブレズノでは26.0%から16.5%へと減っており，プレショウでは25.4%から24.0%へと，ほぼ同じ水準を保っている。この間，B. シチアヴニッツァでは文化都市としての整備や郊外のセカンドハウスの増加などによって高学歴層の流入があり，他方ブレズノでは他地域での就労を求める高学歴層の流出が進み，プレショウではその社会構造の中に高学歴層が一定の比率で定着している，といった事情が，その背景にあろう。また，B. シチアヴニッツァとプレショウでは義務教育修了層と中等教育未了層が増え，他方，中等教育修了層が減ったことから，住民における学歴水準の上下への分化がこの間に進んだとみられる。

(4)　就業別にみると，2013年時点では3都市はほぼ同様な比率の構成を示しているが，2006年との比較でみると，3都市に共通して失業者の増加，ブレズノにおける学生の減少，プレショウにおける雇用者の減少と企業家の微増がみとめられる。

サンプルの抽出と有効票の回収は次のように行われた。

1．当該都市の比較的大きな通りから，50の通りを選ぶ。

2．各通りを30人の調査員に割りふる。

3．各調査員は一定の間隔で家屋を選ぶ。

4．家屋（集合住宅を含む）と対象者の選び方は以下のようにする（調査員にこの点を指示する）。

表：サンプル構成

	B.シチアヴニッツァ		ブレズノ		プレショウ	
	2006	2013	2006	2013	2006	2013
男性	49.3	48.2	50.0	47.5	48.4	46.2
女性	50.7	51.8	50.0	52.5	51.6	53.8
30 歳未満	24.5	23.1	25.3	22.8	22.4	24.2
30～44 歳	24.5	29.7	22.4	31.3	25.0	25.9
45～59 歳	27.5	25.7	28.6	24.4	35.9	28.9
60 歳以上	23.5	21.5	22.7	21.5	19.7	21.0
義務教育未了	1.1	1.1	1.7	0.6	0.6	0.4
義務教育修了	8.9	13.5	11.3	13.9	5.9	11.4
中等教育未了	19.5	26.7	10.3	25.0	14.2	26.1
中等教育修了	45.4	33.0	42.7	43.0	46.7	36.7
高等専門学校修了	8.9	2.6	7.3	0.9	5.7	1.4
大学修了	16.2	23.1	26.0	16.5	25.4	24.0
企業主（自営業者と自由業を含む）	12.9	12.2	10.3	12.3	10.1	14.5
雇用者	38.4	41.9	46.0	44.6	48.0	41.7
年金生活者	25.5	21.5	23.7	21.5	22.8	19.1
専業主婦（産休中の女性を含む）	2.3	2.3	0.3	4.1	2.1	2.8
失業者	9.9	15.2	4.3	7.9	6.3	13.9
学生	9.6	6.6	15.3	9.5	9.1	7.7
その他・無回答	1.3	0.3	–	–	–	0.4

① 特定の通りで番地が 1 番と 2 番と 3 番の家屋を見つける。1 番から 3 番までの家屋のどれにするかは調査員に任せる（1 番から 3 番までがなければ数がいちばん小さい番地のものにする）。

② 次の家屋は 3 軒おきに選ぶ。もし 2 軒しかなかったら 2 軒目，1 軒しかなかったら 1 軒目だけを選ぶ。

③ 選ばれた家に行ったら，ベルを鳴らして調査の趣旨を説明する。

④ その家の家族のなかで，訪問した日から最初に誕生日を迎える年齢 18 歳以上の人を特定して，その人を調査対象者とする。

⑤ それに該当する人が留守の場合には，いつ調査できるか，いつ会えるかを尋ね，3 度訪問して会えなかったらその人との面接調査を断念する。

⑥　調査拒否に遭ったり，該当者が病気・酔っ払い・知的障害者である場合には，その人との面接調査を断念し，次の対象者を選ぶ。

⑦　拒否などの場合，最初のベルを鳴らした家から3軒目を選ぶ。3軒目がなく，あるいは住宅地でない場合には，いちばん近い番地の家を選ぶ。

⑧　1つの通りについて10人の面接調査を行う。10人に達しない場合は，次の通りで同じように行う。

⑨　次の通りが得られない場合は，元の通りで2軒おきに戻る。それでも必要な数が得られなかった場合は，さらにその次の元の通りで2軒おきに戻る。

⑩　1つの建物に5戸以上がある集合住宅の場合は，そのなかから2戸を選ぶ（3戸目前後と6戸目前後を選ぶ）。

第2回調査では1人分の回答を得るのに平均1.73人に面接している（ブレズノでは1.61人＝62.21%，B.シチアヴニッツァでは1.81人＝54.41%）。

3．本書の構成

本書は次のように構成されている。

まず第Ⅰ章「社会経済動向と歴史的背景」（石川＋ファルチャン）で社会主義崩壊後の全スロヴァキアにおける経済情勢と雇用状況の変動過程を概観し，そのなかでの調査対象3都市における特徴を描き出し，失業率の高さに表われたその3都市の経済と生活の問題状況を指摘する。一方，これらの都市には中世以来の歴史と文化的伝統が蓄積されており，それを資源とした地域の再生と振興がテーマ化していることに触れる。

それを受けて第Ⅱ章「産業変動と労働生活」（シチャストニー）では脱社会主義過程で地域に集積していた国営大企業が民営化の下で細分化され凋落し，国内中部の山間あるいは東部に位置する調査対象都市では交通インフラの未整備などによりそれに代わるべき外資の進出もあまりなく，国内西部の先進地域との経済・雇用・生活の諸格差が拡大し，それが今日に引き継がれていることを，諸データから示していく。

第Ⅲ章「住民生活の動態」（石川）では前章で指摘された諸事実を踏まえ，住民アンケート調査結果の観察から地域における住民生活の諸相を把握する。貧富格差の拡大，生活水準の低迷，下層帰属意識の肥大化，労働生活の劣化などネガティブな現象がいまなお続く一方で，文化活動への参加は広がりをみせている点が注目される。

第Ⅳ章「地域住民の意識構造」（佐々木）は各種の統計手法を駆使して住民アンケート調査結果から人びとの地域アイデンティティ，生活観と労働観，一般的価値観など，意識の諸相の構造的把握を試み，調査対象各都市の特徴と地域社会の問題点を浮かび上がらせる。

この章が地域の問題点を住民意識のなかから把握したのに対して，第Ⅴ章「地方自治体と地域行政の機能」（ファルチャン）は各地域の現実的な課題とそれに対する自治体の取組みを解説している。ここで扱われているのは，インフラ整備，産業振興，観光開発，住宅問題，学校運営，そして市民セクターとの関係である。

第Ⅵ章「地域における社会・文化活動と市民結社」（小熊）は，第Ⅲ章で指摘された文化活動への参加の広がりという発見を踏まえて，その推進役としての市民結社の活動へと分析対象を展開して，社会・文化活動に対する住民の評価や参加が経済的生活状況や雇用情勢の低迷とは相関していないという統計的発見を提示する。また，受容されている文化内容に世代間の差があることも指摘されている。そして最後に，それらの活動を地域で担う市民結社の財政状況に触れている。

第Ⅶ章「地域文化振興における市民結社活動」（ファルチャノヴァー）では，スロヴァキアには第２次大戦以前に形成され，社会主義体制下で解体ないし再編され，社会主義崩壊後に再生した伝統ある市民結社がいくつかあり，さらに脱社会主義過程で新生した多数の結社があることを述べ，現在の数と活動内容を紹介している。そして調査対象地域で活動する結社の中から６つの事例を取り上げて，その形成史，活動目的，組織，財政，当面する課題について述べている。

最後に付した章「スロヴァキアの市民セクター」（ラーズス）はスロヴァキアにおける市民結社の史的概観を，近世（ハンガリー王国時代），大戦間（チェコスロヴァキア第1共和制時代），大戦後（社会主義時代），現代（体制転換後，現在まで）に時期区分して行い，そして現在のスロヴァキアのNGOの特色を法的側面と財政的側面から述べており，この国の市民結社の歴史的および現代的状況を俯瞰するのに役立つ。

なお付属資料として，調査対象3都市でキーパーソンを対象として行った面接聴取の記録と，住民アンケート調査結果の都市別集計表を掲載した。

I　社会経済動向と歴史的背景

石 川 晃 弘
リュボミール・ファルチャン

1．体制転換後の社会経済変動

社会主義崩壊後のスロヴァキアにおける社会経済変動の特徴を５年単位で要約すると，ほぼ次のように描ける。

①　1990 年代前半（脱社会主義期）：加工産業が発達していたチェコと比べて，スロヴァキアの産業構造は素材産業と軍事関連産業が大きな比重を占め，その製品がソ連を含む社会主義経済圏に供給されていた。それだけに社会主義経済圏の崩壊はスロヴァキアの産業に大きな打撃となり，しばらくはこの国の産業は再編の過程で深刻な困難を抱え，雇用情勢も顕著に悪化した。地域別の失業率をみると，チェコで最高の失業率を記録した地域よりもスロヴァキア国内で最低水準であった地域の方が，むしろ高いという状態が続いた。加えて，チェコスロヴァキア時代に経済的にかなりチェコに依存していたスロヴァキアは，チェコと分かれて 1993 年に独立主権国家となった後，財政的にも困難な状況に当面した。

②　1990 年代後半（市場経済浸透期）：上記の危機的状況がかなり残存していたものの，民営化された旧国営企業のリストラと組織再編，さらに新規民間中小企業の広がりのなかで，市場経済が浸透してきた。しかし失業率は高水準で

推移しつづけ，国民の所得水準も停滞したままであったため，国内市場は必ずしも活性化せず，残存企業あるいは新規企業は主として西欧企業の下請け・賃加工で活路を見出した。

③　2000年代前半（グローバル化推進期）：90年代末より政府は産業振興のために，法人税・固定資産税・個人所得税等を一律19%と定めるなどして，外国企業の直接投資を促し，その結果，西部地方を中心に外資系企業の工場立地が顕著に進み，それが雇用開発の効果を上げた。さらに2004年のEU加盟等により，スロヴァキアの経済と労働市場はヨーロッパ大に広がったが，主な産業活動は外資系企業に大きく依存し，国内企業の多くは西欧諸国の企業の下請・賃加工で生産活動を維持していた。労働力の西欧への超国境移動も活発化した。こうしてスロヴァキアの経済社会はEU規模，さらには世界規模の経済社会の動きに直接連動することになったが，国民経済はほぼ良好な上昇軌道をたどり，国民社会は安定化してきた。しかしグローバル化が光をもたらしたのは主として西欧に近い西部地方で，中部および東部はインフラの未整備もあって産業活動は停滞しつづけ，その結果，国内の東西格差が構造化された。

④　2000年代後半～現在（グローバリズム展開期）：上記の傾向は2008年まで続き，スロヴァキア経済社会は体制転換後でもっとも良好な時期を経た。しかしその後のリーマンショックと欧州経済危機により，グローバル化したスロヴァキア経済社会はまともにその衝撃を受けて困難な時期を迎え，それまでは低水準で推移していた失業率が再上昇し，国家財政は逼迫して社会保障政策や教育政策に影を落とすようになった。増税も実施され，税率は2011年に19%から20%へと引き上げられた。

2．地域格差の拡大

われわれの調査研究対象とする時期は，上記の④にあたる。この時期はスロヴァキア国内における地域格差がさらに顕著になった時期でもある。

国土の最西端に位置する首都ブラチスラヴァとその近郊はオーストリアとの

国境にあり，社会主義体制崩壊後，西欧からの影響下で経済的・社会的・文化的変化がもっとも早く顕著に現われた地域である。ここでは体制転換後の復興と経済発展，雇用の増加が急速に進行し，住民の所得水準は高まり，その一方で物価も上昇した。この都市を含む西部地方では外資系企業の産業立地が進み，市内では都市再開発や情報産業の新展開がみられ，産業構造の転換と経済発展が進んで雇用が拡大した。これに対して，中部および東部の地域では新体制への適応が遅れて経済発展も雇用開発も停滞し，ブラチスラヴァが位置する西部スロヴァキアとの格差が顕著となった。

この傾向は脱社会主義過程で現われただけでなく，グローバル化が進行する現在にあってもますます明白にみてとれる。2010 年を挟んだ数年間にスロヴァキア経済もリーマンショックと欧州経済危機の影響を蒙って悪化し，スロヴァキア全国平均の登録失業者率は 2006 年 12 月現在で 9.4％だったのが，2013 年 7 月には 13.99％に増大している。しかしブラチスラヴァ県だけをみると 2006 年にはわずか 2.29％，2013 年には増加して 6.21％になったが，それで

表 I -1：地域別にみた登録失業率

地域	2006 年 12 月	2013 年 7 月
ブラチスラヴァ県	2.29	6.21
トルナヴァ県	5.22	9.52
トレンチン県	5.19	10.90
ニトラ県	9.09	13.83
ジリナ県	7.03	12.60
バンスカー・ビストリッツァ県	16.12	19.03
うち：B. シチアヴニッツァ郡	*15.43*	*19.08*
ブレズノ郡	*13.30*	*16.65*
プレショウ県	13.68	19.62
うち：プレショウ郡	*12.93*	*18.15*
コシッツェ県	15.18	18.06
スロヴァキア全国平均	9.40	13.99

（出所）　スロヴァキア共和国労働厚生家族事務所「月別失業統計」。

も全国平均の半分以下にとどまっている。これに対して中部スロヴァキアのバンスカー・ビストリッツァ県での登録失業者率は2006年にすでに16.12%，2013年には19.03%，東部スロヴァキアのプレショウ県では2006年に13.68%，2013年には19.62%と，われわれの調査時点の2013年では20%近い水準に達し，ブラチスラヴァ県と比較すると約3倍もの高さになっている（表I-1参照）。

3．調査対象地域の雇用・人口動態

われわれの調査対象地域のB. シチアヴニッツァ，ブレズノ，プレショウはそれぞれ首都ブラチスラヴァからは遠隔の地にある。そのうちB. シチアヴニッツァとブレズノはバンスカー・ビストリッツァ県，プレショウはプレショウ県に属する。これらの都市とその周辺町村を含む郡レベルで2013年7月時点の登録失業率をみると，前掲表に示されている通り，B. シチアヴニッツァ郡が19.08%，ブレズノ郡が16.65%，プレショウ郡が18.15%である。

調査対象地の3都市はそれぞれ，社会主義体制崩壊後，大きな産業変動を経た。その諸相を都市別に描くと次のようになる。

(1) B. シチアヴニッツァ

B. シチアヴニッツァはスロヴァキアの代表的な小都市であり，現在，B. シチアヴニッツァ郡の行政的中心地である。

社会主義時代のB. シチアヴニッツァにおける主要産業は鉱業と縫製業で，鉱業は男性の，縫製業は女性の，主な就労の場であった。社会主義体制崩壊後は鉱業が廃れて消滅し，縫製業は民営化過程で少数の小企業に分かれ，地域全体の就労の場は顕著に縮小されて失業者が増えた。その一方で少なからぬ数の民営小零細企業が小売・サービス部門で生まれたが，地域の雇用を支えるには程遠く，短期で消え去るものも多かった。発展しているのは新生の建設業と観光関連業である。

表Ⅰ-2：永住意思と地域への誇り（2013年調査）

	永住意思			地域への誇り		
	ある	不明	ない	ある	不明	ない
B. シチアヴニッツァ	78.6	16.5	4.9	67.2	23.8	9.0
ブレズノ	49.0	32.0	19.0	59.8	22.8	17.4
プレショウ	75.6	16.9	7.5	68.6	19.8	11.6

このようななかで地域の人口はほぼ同水準を保ってきた。この町は後にまた触れるように18世紀にはヨーロッパ有数の鉱業都市として栄え，それに因んだ史跡や街並みが歴史・文化遺産として現在に残っており，町全体がユネスコの世界遺産に登録されている。それだけに住民の地域的アイデンティティは強く，われわれの住民アンケート調査によれば，表Ⅰ-2にみるように，回答者の67.2％が町への誇りを表明している（「誇りを持たない」という回答はわずか9％）。また町を取り巻く自然環境の美観は人びとを惹きつけ，歴史・文化遺産とともにこの町の観光資源となっている。近年では各種コンサート，祭などのイベントが市民のイニシアティブで活発に催されている。これらが観光客をこの町に引きつけるだけでなく，新移住者をも招き入れている。

こうした事情から，産業活動の凋落にもかかわらずこの町の人口の絶対数は，社会主義体制崩壊直後から現在までほとんど変化していない。その数は1991年に1万446，その10年後の2001年には1万847，2007年には1万402，2011年には1万387と，過去20年間ほぼ1万500人前後の水準で推移している。また，われわれの住民アンケート調査では，回答者の約8割がこの町での永住を希望しており，それを希望しない者は5％にすぎない（表Ⅰ-2参照）。

(2)　ブレズノ

ブレズノは近隣町村を含むブレズノ郡の行政的中心地で，周辺山間部の町村を後背地とするローカル・センターである。

社会主義時代にブレズノの雇用を主に支えていたのは，機械産業と鉄鋼業と林業であった。このうち鉄鋼業は民営化後も健在でこの町の雇用を支えているが，機械産業は著しく衰退し，わずかに他地域の企業の下請で生き延びる小企業がみとめられるくらいである。林業には2006年当時500人を超える就業者がいたが，2013年9月現在，100人程度に減っている。この間に3つの大型スーパーが進出し，地元の小売業は停滞し，廃業も続いている。

このような事情を背景に，ブレズノの人口は2000年代に入り，顕著な減少傾向を辿ってきた。1991年に2万2,469，2001年に2万2,875だった人口は，2007年には2万1,997に減じ，2013年には2万1,173に落ち込んで，ここ十余年の間に5%強も減少している。われわれの住民アンケート調査によれば，終生この町に住み続けたいという回答は49.0%にとどまり，B. シチアヴニッツァの78.6%やプレショウの75.6%に比べるとかなり少なく，また地域に誇りを抱く者は約6 割いるとしても，その比率はB. シチアヴニッツァやプレショウに比べると小さい（前掲表参照）。

(3) プレショウ

プレショウは人口約9万とはいえ，ブラチスラヴァとコシッツェに次ぐ，スロヴァキアで三番目に大きい都市であり，プレショウ県の県都，プレショウ郡の郡都である。ここには大学があり，コシッツェとともにスロヴァキア東部の教育・研究活動の拠点となっている。

この都市の問題点のひとつは，首都ブラチスラヴァとの交通の便にある。19世紀後半に全国に鉄道網が敷かれたとき，プレショウは首都とコシッツェを繋ぐ主要鉄道ルートから外れ，首都からこの都市に行くには直行列車がなく，近くの小さな駅でローカル線に乗り換えなければならない。スロヴァキアの東西を結ぶ高速道路は十数年がかりで建設中であるが，まだ完成していない。ポーランド東部とハンガリー，さらにバルカン半島へと繋がる南北を結ぶ道路も需要が増えているが，そのための高速道路もない。プレショウはコシッツェと並んで東スロヴァキアの中心都市とはいっても，交通網の点からみるといわば陸の孤島のような存在である。

しかしその反面，住民の地域アイデンティティは強い。プレショウは市制700年以上の歴史を持つ都市で，われわれの住民アンケート調査によれば，町に誇りを持っている者はB.シチアヴニッツァと同様に多く，68.6%を占め，誇りはないという回答はわずか11.6%であり，この町への永住意思を持つ者はさきにふれたように約75%を占めている（永住意思なしはわずか7.5%）。

社会主義時代にはこの地に機械産業や繊維産業の大規模国営企業が打ち立てられ，また郊外には大規模な住宅団地が建設されて，周辺地域から大量の人口が流入した。1960年には3万5,197人だった人口は1970年には5万1,917人，1980年には6万8,529人，そして社会主義崩壊の年の1989年には8万9,087人になり，その後も旧体制崩壊後の雇用情勢の悪化にかかわらず9万人前後の水準を維持して現在に至っている。

体制転換後，国営から民営に移った企業はリストラ，組織再編，企業分割などで新しい市場経済への適応を図ったが，2010年ごろまでにはすべて姿を消した。また，地域間インフラの未整備のために外資系工場の立地も進まなかった。西側からの請負による賃加工で伸び出した企業も現われ，2000年代前半にはそこでの雇用が拡大したが，その後賃金コストがより低廉なバルカン諸国や旧ソ連地域へ生産拠点が移されつつある。しかし一方，すでに1990年代やその後に創業された企業が，グローバル化の波に乗って西側企業と組んで技術革新や新製品開発を進め，世界市場で成功裏に事業展開をしながら雇用を増やしている事例も少なからず現われている。大型店の進出もあって小売・サービス業の展開も進み，これも雇用増に寄与している。

ちなみにプレショウにおける2006年の人口は9万1,650人，2012年の人口は9万1,352人と，この間には経済危機がこの地を襲ったにもかかわらず，人口規模はほぼ同じ水準で推移している。他方，後背地の小規模町村では，社会主義の計画経済管理システムの後ろ盾を失ってから地域経済の衰退と就労機会の縮小が顕著となり，その趨勢はグローバル経済下でさらに増幅された。これらの町村は失業多発地域となっていて，高齢化と人口減が進んでいる。

4．歴史遺産と今日的課題

以上でみたように，われわれが調査対象とした都市は，グローバル化のもとで拡大する地域格差のなかで，劣位に置かれている地域である。しかしこれらの都市は中世からの栄えある歴史を有し，その文化的遺産が今日に引き継がれている。その遺産を現在に生かし，所与の資源を活性化させながら地域の再生と振興を図る試みと実践がいかに取り組まれているか。次に調査対象3都市の歴史的背景と現在の課題について概観しておく。

(1) B. シチアヴニッツァ

この地ではすでに鉄器時代に入った頃に貴金属や鉄を作る鉱業が行われていて，11世紀頃になると鉱業の成長に伴って定住人口も増えた。12世紀になるとドイツ人の入植が始まり，1238年にはハンガリー王ベーラ4世から都市の特権と鉱業の権利を与えられ，富裕住民による地域自治が形成され，その中核を市長と市議会が担った。

この都市は金銀の採掘精錬で栄えた17世紀に最盛期を迎え，貴金属生産ではヨーロッパでトップに立った。18世紀後半（1762年）にはマリア・テレジアの決定でここに世界初めての鉱業アカデミー（大学）が置かれることとなり，やがてそれに林業研究所が合体してB. シチアヴニッツァ鉱業林業アカデミーが生まれた。

経済の発展と都市の繁栄で人口も増え，1782年には2万753人を数え，人口規模ではハンガリー王国で三番目に大きい都市となった。そしてこの都市は単に経済面だけでなく，社会面，文化面，専門教育面での中心地となり，市内に歴史遺産となるような重要な建造物も少なからず作られた。

ところが19世紀から20世紀にかけてこの地での鉱業活動の縮小と経済的採算の停滞が進み，しかも山間部に位置するという地理的制約により主要交通網から外れ，都市全体としての斜陽化が目立つようになった。人口も1880年には1万5,265人へと減り，スロヴァキアがハンガリーから独立してチェコスロヴァキアの一部となって間もない1921年には1万3,265人，第2次大戦終了後社会主義体制になった1948年には1万2,123人，1980年には9,342人に減少した。その後やや増加して社会主義体制崩壊後には1万人をやや上回るほどになったが，その増勢は止まり，今日まで約1万人の水準で推移している。

鉱業の萎縮だけなく，社会主義時代に多数の雇用を擁していた衣服製造業や煙草産業の脱社会主義過程での民営化による凋落は，この地に失業者の増加をもたらし，地域再生の新しい道を追求する必要性をこの地域に投げかけた。そして，この地に集積している歴史的な建築物や都市設計など貴重な遺産の再活性化による地域振興が目指されることとなった。これを背景に1993年末にこの都市とその周辺地域をユネスコ歴史・自然世界遺産とする申請が行われた。

さらにこの地には近世以来の教育の伝統がある。林業や工業，現在ではさらに商業，サービス業，ホテル業の中等専門学校があり，市は鉱業林業アカデミーの記憶と結びつけて大学を誘致しようとしている。ここにはある時期にズヴォレン工科大学の施設と環境学部があったし，バンスカー・ビストリッツァ大学の一部もあった。ブラチスラヴァのスロヴァキア工科大学の建築学部建築遺産再生学科はいまもある。また，ヤーン・アルブレヒト音楽芸術アカデミーやユネスコの環境意識と持続的発展の学科，ズヴォレン工科大学環境学科もこの地で作動している。

物質的・非物質的遺産を持つ文化的伝統と現代文化の活性化は，この都市のさらなる発展の可能性を秘める柱である。ユニークな建造物に恵まれているだけでなく，鉱業の歴史と絡んだ史跡によって，いまではこの地域全体がユネスコの世界遺産として登録されており，しかも地域的，広域的，全国的，さらには国際的な多様な文化活動が現在この地で催されている。

また，近年では産業観光の開発もこの都市の潜在的発展因となっている。観光資源としては，単に文化的・歴史的遺産関連のものだけでなく，かつて火山活動があった周辺地域の地形や，鉱業用水のための池やそこから引かれた水道のシステムなど，自然環境もある。この地にセカンド・ハウスを持つ者や新来の定住者も増えてきており，短期観光客の来訪も多い。その観光需要に対応すべき課題は，宿泊施設，飲食施設，交通手段などのインフラや，情報発信，観光プログラムの充実にある。

(2) ブレズノ

ブレズノは1380年に都市特権を得て，1655年からはハンガリー国王直轄の自由都市となった。この都市の発展史はその周辺地域における金銀銅の産出で彩られるが，鉱業主が居住していたのはこの町ではなく，バンスカー・ビストリッツァだった。18世紀～19世紀になると近隣地で鉄鉱石の採掘が行われて鉄鋼業が発達しだし，20世紀初頭にはフロニェツとポドブレゾヴァーの地区に製鉄所ができ，第2次大戦後には機械産業，木工製材業，食品加工業が打ち立てられ，ブレズノは工業都市としての様相を帯びるに至った。そして中等職業学校がこれらの産業に向けて人材を養成し供給した。コシッツェ工科大学の施設も一定期間この地に置かれた。

ところが1989年以降の脱社会主義的変革過程で，それまでこの地で作動していたこれらの産業の企業や事業所は打撃を受け，凋落し，崩壊した。とくにそれは機械産業と食品加工業において決定的であった。その結果この地の失業者は急増したが，ポドブレゾヴァーの製鉄所は民営化後の経営を維持発展させることに成功し，地域の雇用を安定させる役割を担って今日に至っている。

以上にみたこの都市の産業動態と関連して，人口も大きく動いてきた。1787年にはまだ3,000人に満たなかった人口はその後微増し，1900年には3,942人，1948年には5,976人となり，第2次大戦後の社会主義期における機械産業等の建設により1970年には1万2,843人，1980年には1万7,872人，そしてその後も増え続け，そして社会主義崩壊後には2万2,000人以上を記録していたが，2000年代に入ってから減少しだした。

この人口数には一定数の失業人口が含まれるが，前述の製鉄所と，大規模国営製造企業の民営化と解体の後に生まれた中小企業とが，雇用の場を一定程度提供している。しかし国内外からの新規投資はあまりみられない。ブレズノは周囲を森林や山岳に囲まれ，自然環境と観光スポーツに適した場所に恵まれている。またここにはスロヴァキア民族文化の発掘と保存と普及を担うマチッツァ・スロヴェンスカーの地域支部，後背のホレフロン地方の民俗文化を集約している博物館や芸能集団（舞踊団モスターレン，各種合唱団，その他）など，歴史的・文化的資源もある。しかしそれらの資源を地域の振興発展に結びつける活動や施策が未発達であり，それを具体化することがこの都市の課題となっている。

(3)　プレショウ

プレショウは1299年に都市の特権を獲得して都市自治を形作りはじめた。この都市はポーランドからバルカンへと繋がる街道の要所にあたり，手工業と商業の町として形成されたが，1647年になるとこの都市にシャリシュ地方の長官とその行政権力機関が置かれ，ここは地方行政の中心地となった。同時に繊維産業や食品加工業も発達してきたが，前述したように，19世紀に鉄道網が敷かれたとき，この町はその幹線から外れてしまったため，その後の経済発展はハンディキャップを負うこととなり，モータリゼーションの時代になっても首都からの高速道路がここには達していない。市は工業団地を整備して外部からの投資を呼び込もうとしているが，交通アクセスの不便さからあまり巧を奏していない。

プレショウは多民族都市である。ここには最大多数のスロヴァキア人のほかに，ドイツ人，ハンガリー人，ユダヤ人，ルシン人，ウクライナ人，ロマ人が住んでいる。また宗教宗派構成も多様であり，ローマ・カトリック，プロテスタント，ギリシャ・カトリック，東方正教，ユダヤ教の教会と信者が平和的・友好的に共存している。この都市には学校教育の伝統もあり，15世紀にはすでに市立学校ができ，16世紀には中等学校（ギムナジウム）が設立され，17世紀にはプロテスタント系福音派のカレッジが開設された。そしてその後さらにギリシャ・カトリックや東方正教の高等教育機関も生まれ，現在それらはそれぞれプレショウ大学の学部となっている。

この都市には文化・教育の伝統と産業・経済活動の実績がある。これらを総合的に地域の発展に結びつけるためのプログラム形成が求められるが，地域振興の加速化は都市間，地方間，および国家との調整と協力の如何にかかっている。そしてさらに，国境を超えた近隣諸国との広域関係の展開も視野に入れる必要がある。

以下の各章では，地域経済と住民生活，市民セクターにおける結社活動，自治体による地域課題への取り組みの諸状況が，われわれの調査結果をもとに追究されていく。

Ⅱ　産業変動と労働生活

ズデニェク・シチャストニー
（石川晃弘 訳）

かつてダニエル・ベル（Bell 1973）やアラン・トゥレーヌ（Touraine 1969）は脱工業社会の到来を説いた。これをスロヴァキアに即して検証すると，どんな問題点が浮かび上がってくるか。本章では社会主義崩壊後の，そしてグローバル化のなかのスロヴァキア地方都市におけるその実相を，われわれの調査結果から描き出してみる。

1．産業構造の変容と就業構造の動態

(1)　産 業 変 動

調査対象3都市の経済社会発展の過去10年間における産業別企業構成をみると，脱工業社会への移行の特徴が顕著に表われている。

調査対象の各都市に共通して，サービス部門の雇用が増え，工業生産部門は分化し，伝統的工業部門の雇用は減少した。

かつて主要産業として，B. シチアヴニッツァには鉱業と繊維工業，ブレズノには鉄鋼業と機械工業，プレショウには機械工業と繊維工業があった。「たとえばスロヴァキアの繊維・衣服産業はすぐれて輸出指向であった。……ユーロ導入に関連して為替のリスクはなくなったという肯定的な面がある一方，需

表Ⅱ-1：業種別企業構成（2006年）

	B.シチアヴニッツァ		ブレズノ		プレショウ	
	%	実数	%	実数	%	実数
農業・鉱業	2.9	4	2.6	7	1.4	33
工業・建設業	33.8	46	22.2	60	20.2	481
商業・修理業・対個人サービス業	35.4	48	41.5	112	45.8	1,090
運輸・通信・倉庫業	2.2	3	2.6	7	1.3	32
金融・保険・不動産業	16.9	23	21.1	57	20.3	482
研究・教育・文化	2.9	4	3.3	9	1.8	42
医療・保険・福祉	データなし		1.5	4	4.8	114
ホテル・飲食店・旅行観光業	5.9	8	5.2	14	4.4	105
合　計	100.0	136	100.0	270	100.0	2,379

要，とくに外国からの需要の低下は多数の生産者に存続の危機をもたらしている。」[1)]

同様な問題は建設業にもみられる。「スロヴァキアの建設実績は年を追って低下し，すでに5年目になる。とくに低下が顕著なのは，公共部門における高度技術建築である……。」[2)]

企業の業種別構成をみると（表Ⅱ-1），増大してきたのは第三次産業部門，すなわちサービス部門，とりわけ商業，修理業，対個人サービス業である。B.シチアヴニッツァでは60%以上，ブレズノでは70%以上，プレショウでは約77%の企業が第三次産業に属する。

3つの都市に共通して，たとえばホテル・飲食店・旅行観光業の部門は運輸・通信・倉庫業部門や研究・教育・文化部門よりも企業数が多い。この傾向は発展動態と軌を一にしている。3つの都市のなかで産業がもっとも発達しているプレショウは，他の2都市に比べて第三次産業部門の企業比率がもっとも高く，第二次産業部門のそれはもっとも低い。

⑵ 雇用機会

スロヴァキア全体の国民経済は失業率の顕著な増大を随伴して発展してきた

が，その影響は調査対象3都市における雇用機会の全般的低下にも表れている。労働統計によれば，プレショウも，バンスカー・ビストリッツァ県に属するB. シチアヴニッツァとブレズノも，スロヴァキアの中で最高の失業率をみせている。2013年末現在の失業率は，バンスカー・ビストリッツァ県で20.3%，プレショウ県で19.39%であり，市レベルでみるとB. シチヴニッツァで16.35%，ブレズノで15.16%，プレショウでは17.14%である[3]。なおスロヴァキア全土の平均失業率は14%である[4]。

これらの都市では他地域に通勤する者の数も多い。通勤先はより規模の大きな他都市，あるいは遠隔の産業中心地である。とくにそれはB. シチアヴニッツァとブレズノにおいて顕著である。たとえばブレズノで面接した住民はこう述べている。「この地域では働きたかったら他所に通勤しなければなりません。通勤先はこの町からおよそ40キロから50キロ離れたところです。」

2013年末現在のデータでは，絶対数で13万6,000人，スロヴァキアの勤労者全体の5.8%が，外国で働いている。それがもっとも顕著なのはプレショウ県で，28.2%にのぼる。出稼ぎ先でもっとも多い国はチェコ（37%），次いでオーストリア（28.2%）である。短期出稼ぎの業種でいちばん多いのは建設業（37%），次いで工業（20%）である[5]。

2013年現在，B. シチアヴニッツァとブレズノが属するバンスカー・ビストリッツァ県の労働市場の特徴は，工業従事者がまだ多く（28.4%），その多くはより大きな工業集積都市で働いている。

全国の雇用者数を業種別にみると，教育2%，医療・保健・福祉8.8%，商業6.9%，公共機関15.8%，建設1.7%，運輸・通信・倉庫3%，農業4%である。

年次的にみて雇用増が顕著だったのは情報・コミュニケーション（57.5%），専門的・学術的・技術的活動（77.2%），行政（74.5%）である[6]。

2013年時点でのプレショウ市およびプレショウ郡の労働市場の特徴は，労働力需要の低迷と雇用創出数の少なさ，地域外への高度技能労働力の流出の多さである。2012年当時，4万人が外国で働いていた。その数はスロヴァキア全体からの流出の4分の1に相当する。就業先の外国はチェコ，ドイツ，オランダ，オーストリアが主で，そこでは主としてホテル関連，サービス，小売，農業の仕事に就いている。

プレショウで面接した市民はこう語っている。「ここには就職の機会がなく，失業率が高い。大学を出てもどうってことはない。経済畑の大卒が建築現場で肉体労働をしている。……建築作業をするのだったらどこか他所の国で働いた方がいい。たとえばイギリスに行けばいい賃金が得られる。」

プレショウとその周辺地域は長期失業者の比率が高い。経済活動人口の約13%がそれで，そのなかで高い割合を占めているのは低学歴，あるいは無学歴の人たちであり，そのような人たちはこの地方の無就業労働力の約3分の2を占めている。それは主としてロマ族の人びとである。

2013年8月末現在におけるプレショウ県の登録失業者率をみると，性別では女性よりも男性，年齢別では15〜29歳および40〜49歳が多い。

就労希望登録者の就職先の主な部門は，建設業（低技能の補助労働要員），加工工業（組立工，電線接続器や家庭用電子機器の製造工），農林業である。そこでの就労者は主として肉体労働の補助的作業に就く無学歴者，サービスや小売部門で補助作業に従事する不熟練で職務経験のない学卒者である[7)]。

さらなる問題は，プレショウ地方ではロマのような社会的に縁辺部分に位置する住民が高い割合を占めていることと，スロヴァキアのなかで平均名目賃金が最低である点にある。この地方の平均名目賃金はわずか695ユーロで，スロヴァキア全体のそれが901ユーロであることに照らして，著しく低い。

他方，労働市場でもっとも求められている職種は主として建設業関連で，主に煉瓦職人，建具職人，大工，左官職人などであり，さらに機械工業や電子工業の組立工である[8)]。

プレショウで面接した市民はこう語っている。「プレショウ大学は毎年25人のレジャー向け動画製作者を養成しているが，AWUプレシジョン社やその他の同様な会社では高い技能を持った溶接工や旋盤工や金属工など，専門的な技能職人や専門職の採用に苦労している。これらの職種は人手不足なのだ。」

表Ⅱ-2：雇 用 機 会

	B. シチアヴニッツァ		ブレズノ		プレショウ	
	2006 年	2013 年	2006 年	2013 年	2006 年	2013 年
指数（最高 5.0 − 最低 1.0）	1.58	1.52	1.79	1.64	2.02	1.86

（注）　評価指数：最高点＝ 5.0，最低点＝ 1.0。

この現実はわれわれが 2013 年初夏に実施したアンケート調査の結果にも，また調査対象 3 都市で雇用問題が深刻に認識されていた 2006 年の調査結果にも表れている。

2013 年に調査対象 3 都市で被調査者に生活の質の諸側面について評価してもらったところ，「雇用機会」の順位は 11 項目のうち最下位であった。これは 2006 年調査でも同様であったが，その程度は 2013 年のほうがさらに悪く表れている（表Ⅱ-2 を参照）。

(3)　雇用の特徴

社会経済発展の現実的展開と関連して，雇用の産業部門別特徴も変化している。

B. シチアヴニッツァにおける雇用機会はスロヴァキア全国の平均よりも低い。市内および郡全体の交通インフラの悪さがその理由のひとつである。これが有力な，とくに外国からの投資が進まない大きな要因となっている。

ブレズノとその周辺地域における就業と雇用機会の特徴は，なによりもこの地方の最大企業ジェレジアルネ・ポドブレゾヴァー社（鉄鋼業）に影響されている。この企業は 6,000 人以上の雇用者を擁しており，またその傘下には多数の下請企業があってその雇用者はあわせて数百人にのぼる。

これら 2 都市と同様にプレショウの雇用機会に顕著な影響を与えているのは失業の多さである。プレショウ市およびプレショウ県は，B. シチアヴニッツァとブレズノがあるバンスカー・ビストリッツァ県と並んで，長年，失業率の点でスロヴァキア全土の中で最高位を占めている。B. シチアヴニッツァと同様にプレショウの場合も，交通インフラの未発達が大きな問題である。なかでも問題なのは，首都がある西スロヴァキアとプレショウおよびコシッツェとを結ぶ長年越しの高速道路設置計画がいまだ実現されていないことである。

労働市場における求人の少なさという好ましからざる状態は，インターネット・サービス上の求人にも表れている。たとえば2013年末，インターネット上の求人件数はB. シチアヴニッツァで14，ブレズノで41，プレショウで47であった。他のサービスに関しては，B. シチアヴニッツァで9件，ブレズノで41件，プレショウでは30件だった[9)]。

ブレズノで面接した人の話では，「私たちの町は長期失業が多く，しかもそれが増加傾向にある。その理由のひとつは農業生産の低迷である。かつては集団農場や国営農場がほとんどすべての町村で活動していて人びとの就労の場となっていたが，いまではそれが全部なくなっている」。

B. シチアヴニッツァとブレズノでは観光旅行業が一定の就業機会を提供している。B. シチアヴニッツァには1993年に登録された歴史的市街地があり，その周辺地区も含めてユネスコの世界遺産とされている（Svetového kultúrneho a prírodného dedičstva UNESCO参照）[10)]。ブレズノは，たとえばターレとかミート・ポド・ジュンビエロムといったスキー場があって，観光・旅行の地として知られている。それはレストランやホテルなどでの就労や集会・会議の開催に関わる就労など，サービス関連の雇用機会をも生み出している。しかしこれらの就労には季節性があり，閑期には仕事がなくなる。

われわれの住民アンケート調査結果では，経済社会発展の現段階において調査対象3都市の住民の主要部分は雇用者として働いているが，その発展の傾向は都市によって差があり，企業主や自営業者の割合も幾分異なっている（序論の表を参照）。

調査対象3都市の就業構成に関して2006年時点と2013年時点の調査結果を比較してみると，B. シチアヴニッツァでは企業主の比率がほぼ同じで，雇用者が明らかに増加している。これは主に，B. シチアヴニッツァ郡が新しく編成された結果，郡の諸機関ができて，行政職員等が増えたことによる。この間，失業者の割合は2倍近くに増え，専業主婦の割合は変わらず，学生の割合は減った。プレショウでは雇用者の割合が減り，企業主の割合が若干増えた。そしてプレショウでもブレズノでも，失業者が約2倍に増えた。

季節就労も増えた。たとえばブレズノでの聴き取りによれば，「ここには林業で季節的な森林伐採があり，それに関連した企業とくに個人事業者の数も増えている。……私たちは彼らのことを『森の女たち』と呼んでいる。彼らは春から秋にかけて営業をして，秋には仕事をたたみ，また春が来ると仕事にかかる。こうしたことを毎年繰り返している」。

別な興味深い現象もある。それはB. シチアヴニッツァ社会を脱工業化に向けて変容させている，生活と労働のスタイルの変化である。面接聴取したひとりの市民はこう指摘している。

「ここは毎年新しい家族が外部から，おもに大都市から移住してくる，スロヴァキアで唯一の小都市である。……彼らは収入をシチアヴニッツァで得るのではなく，インターネットやその他の手段を通してブラチスラヴァやその他の地域から得ている。……しかし彼らはこの町の推進力である。……彼らはまったく新しい，非定型的なコミュニティをなしている新住民で，旧住民のシチアヴニッツァっ子とは異なる考え方を持っている。旧住民は，あれこれやろうとは言うが，結局なにもしない。だから事が運ばない。……彼らは信じもしない。……一方，新住民の方はエネルギーがあり，物事は変えられるものだと信じている。彼らは町の発展の担い手であり，町のなかで有力な地位に就いたら大きな力を発揮するだろう。……問題なのは新旧住民の間にいまのところ相互交流がないことだ。」

同様な変化の萌芽は他の2都市にも現われている。

2．従業員規模からみた企業の構成

1990年前後の時点では，調査対象3都市における典型的な雇用の場は若干数の大規模企業であった。B. シチアヴニッツァではプレタ社（PLETA），ビフ・アクシト社（BICH AKUSIT），シチアヴニツケー・ストロヤールネ社

(ŠTIAVNICKÉ STROJÁRNE) など，ブレズノではモスターレン・ブレズノ社(MOSTÁREŇ Brezno)，エスペ・ピエソク社（ESPE Piesok)，ジェレジアルネ・ポドブレゾヴァー社（ŽELEZIARNE Podbrezová）など，プレショウではクリジーク社（Križík)，ヴァップ・プレショウ社（VAP Prešov)，ウニスタウ社(Unistav)，オゼックス社（OZEX)，スタヴォプロイェクト社（Stavoprojekt)，ムラジアルネ社（Mraziarne）などである。

しかしその後の過程でこれらの企業は市場経済の波を被って分社化し断片化して，結局は消滅あるいは崩壊し，その結果調査対象3都市とその周辺地域の雇用が落ち込んだ。

たとえばプレショウで面接した建設業者はこう語っている。「中規模の企業はひじょうに少ない。50人以上の従業員を抱える建設企業は2，3社ある。……また，転換を遂げたかつての建設企業もある。それから，……私の所のような家族経営の会社も建設業界にはいくつかある。……だけど建設業の大企業ははっきり言ってここにはない。建設業界で中企業は片手の指で数えられるくらいだ。……せいぜい5社程度だ。」

同じようなことはブレズノやB.シチアヴニッツァでも聞かれた。たとえば，「親会社としてのモスターレン社だけでなくその子会社や全体の敷地も，管財人によって売り出され，いまでは32～35の所有者に分割されている。この敷地内でかつては3,800人が雇用されていたが，現在そこで働いているのは600人ほどになっている。……しかもそこの土地や建物設備を所有している企業の全部が実際に稼動しているわけではない。そのなかにはただ所有しているだけの企業もある。……ピエソク機械企業やポドブレゾヴァー鉄鋼企業，あるいはフロネツの鋳造企業などその他の企業も，あまり語りたくはないが皆問題があった」。

大量の雇用崩壊は過去も現在も新生の企業によって補われてはおらず，多方面にわたって社会的影響をもたらしている。失業，求職，経済活動から引退した高齢人口の増加，等々である。

ブレズノではさらにこんな話も聞いた。「失業率は1990年代には約25％もあったが，その後しだいに減少し，いまでは13%から15%の間を動いている。だが私が言いたいのは，ブレズノやその後背地のホレフロン地方から多くの人たちがドイツやチェコやオーストリアなど外国に働きに出ているということだ。この人たちは失業者としては登録されていない。外国で就労しているからだ。だけど理想を言えば，この町に就業機会があって，ここにまた帰って来られればいいのだ。」

B. シチアヴニッツァではこんなことを聞いた。「技能知識を備えた労働力が流出している事実がある。彼らはB. シチアヴニッツァで適所を見つけられず，バンスカー・ビストリッツァやズヴォレンやブラチスラヴァなどの大都市，さらには外国に行って就労している。……また，季節労働で出ていく者も多い。」

調査対象3都市ではこうした状態を改善し，新しい雇用を創出するための策を準備している。

プレショウでは，たとえば，工業団地ザーボルスケー（Záborské）の建設がそれである。これはプレショウで現在唯一の，周到に準備された，現地査定を経た工業団地である。そこには運送業のIMロジスティック社，DSLプルス社，IPZプレショウ社が立地している。そこにはさらに雇用増が見込まれる米国企業ハネウェル（Haneywell）社の進出も準備されている[11]。

同様な考えはブレズノでもみられる。面接したひとりはこう語っている。「それはたしかに，この地方で雇用が少しでも回復するのによいことだと思う。……ここには建設用地もある。工業団地のようなものを作るなら旧モスターレン社の敷地もある。モスターレンの後背地には広大な土地があり，そこの『緑の牧場』にそのような団地を建設することもできるだろう。」

プレショウに現在ある最大の雇用主としては，木工業のF. クロノスパン社（F. Kronospan），建設業のベグル・アンド・クリースル社（Bögl and Krýsl），自動車工業で電線接続器を製造するCEMMトムSK社（CEMM Thome SK）がある。

バンスカー・シチアヴニッツァにはスロヴァキア水道公社がある。これはスロヴァキア全体の戦略的企業のひとつであり，現実に3,500人の従業員を雇用している。そのほかに市内の重要な企業としては建設業のコムビン・バンスカー・シチアヴニッツァ社（Combin Banská Štiavnica）があり，200人以上の従業員を抱えている。

ブレズノとその周辺地域で最重要で最大の企業は鉄鋼業のジェレジアルネ・ポドブレゾヴァー社（Železiarne Podbrezová）である。そこでは実際に6,000人以上の従業員が働いており，そこの生産に関連した下請企業が多数存在している。ほかにも一定数の就労の場を提供している企業があり，たとえば約80人を雇用している建設業のスニク社（Sunik）や，封筒などを製造している紙加工業のハルマネッツ・クヴェルト社（Harmanec-Kuvert）などがそれである。

表Ⅱ-3に示したわれわれのアンケート調査結果をみると，2006年時点のB. シチアヴニッツァでは回答者の半数以上が従業者規模50人未満の新設小企業の雇用者で，50人以上の中規模企業や大規模企業の雇用者は回答者のおよそ4 分の1にすぎなかった。その割合はブレズノでは40%強であった。この時点で単独就労の企業はB. シチアヴニッツァでは20%近く存在していたが，ブレズノでは10%に満たなかった。

2013年には従業者規模の分散化はさらに進んでいて，その傾向は以下のように述べることができる。

① 大企業雇用の減少はどの都市でも進行したが，とくにそれはプレショウで顕著で，2013年現在，回答者の75.5%が自営業主または小企業従業員

表Ⅱ-3：従業者規模別にみた企業の構成

	B. シチアヴニッツァ		ブレズノ		プレショウ	
	2006年	2013年	2006年	2013年	2006年	2013年
1人	19.3	18.3	7.1	19.4	−	12.9
50人未満	57.7	51.2	50.3	35.6	−	62.6
50〜249人	18.0	26.2	18.3	22.8	−	15.7
250人以上	5.0	2.4	24.3	22.2	−	6.6
不明	−	1.8	−	−	−	2.1
合　計	100.0	100.0	100.0	100.0	−	100.0

である。ブレズノでは55%，B. シチアヴニッツァでは69.5%，つまり回答者の過半数の就労の場は自営業や小企業なのであり，これは各都市の住民の多数は小零細企業の就業者であることを示す。

② 単独業者だけに関していえば，ブレズノでの増加が顕著で2013年には20%ほどを占めているが，B. シチアヴニッツァでは2006年時点ですでに回答者の20%近くにのぼっていた。しかし小企業就業者はこの2時点間でブレズノでは50.3%から35.6%へ，B. シチアヴニッツァでは57.7%から51.2%へと減っている。これはこの間に起こった経済危機に起因していると思われる。他方プレショウでは2013年時点で自営業者の比率が小さく，12.9%にしかならないが，その分，小企業就業者の比率が他都市よりも大きく，62.6%を占める。これはプレショウの人口規模が他の2都市より大きく，都市化と産業化が進んでいることにも起因しているとみられる。

③ B. シチアヴニッツァとブレズノでは中規模企業の従業者もある程度増えている。ブレズノで大企業雇用者が20%台を占めているのは，郊外に立地する鉄鋼大企業の存在にかなり負っている。

3．労働生活の変化と収入水準の傾向

(1) 労働生活の状況

われわれのアンケート調査結果から労働生活の状況に関する住民の評価を表Ⅱ-4に示すと，賃金，労働時間，雇用の保障，職場の人間関係という4項目のどれも2006年にくらべて2013年には悪化している。このうち悪化がもっとも顕著に表れているのは，雇用の保障である。雇用保障の喪失は仕事の地位を脅かし，解雇の不安，失業の恐怖，生存の問題まで引き起こす。これは中堅世代の大多数がかつて経験したことのない脅威である。この現実は社会全体の文脈で，研究者だけでなくジャーナリスト，NGO活動家，政治家からもたえず

取り上げられている問題である[12]。たとえばロベルト・フィツォ首相も，スロヴァキアでは経済改革の実施に関連して約80%の人びとが生活問題を抱えるに至っていると明言している[13]。同様にグリーンピースの代表も，「スロヴァキアの市民の大多数は，長期にわたる生活不安を抱え，失業，犯罪，病気の問題に直面していると指摘している[14]。

さらにスロヴァキアには大きな地域格差があり，上記のような問題は主として，人口やインフラや経済や社会などの諸問題が集中し相乗している，いわゆる問題地区，問題地域で爆発している。そのような地区とそれを取り巻く地域に，われわれの調査対象都市も入っている。

そのような地域には経済的社会的問題だけでなく，人口の点でも顕著な問題が多数起こっている。そこでは高齢人口が高い割合を占め，教育水準の高い人口が少なく，ロマやその他のいわゆる不適応人口が多数であるなど，好ましからざる人口構成がみられる。すなわちこれらの地域の中には生活水準を向上させる人的資源が存在しないのである[15]。

イプソス・モリ社（Ipsos MORI）が実施した全ヨーロッパ世論調査によると，雇用の不安が仕事のストレスの最大の原因だと回答者の72%が答えているが，スロヴァキアではそう回答したのが83%にのぼる。また，労働時間の長さや労働負担の大きさがストレスの原因になっていると答えた者は，ヨーロッパ全体では66%だが，スロヴァキアでは74%にのぼる。

雇用不安はさらにその他の面での社会的緊張を生じさせる。プレショウでの面接調査でこのような発言があった。「この町の社会制度をみてください。……働いたこともなく働く習慣もないロマの女性が，平均賃金で働いている女性よりも多くの生活手当をもらっているのです。……これは変な制度ですよ。これじゃあ社会的緊張も高まりますよ。」

なお表Ⅱ-4から，労働生活の変化を肯定的にみる割合の順位を項目別にみると，いずれの都市でも賃金と職場の人間関係が上位にあるが，その肯定の度合いは2006年に比べると2013年には落ちている。作業負担と雇用保障はどの都市でも下位にある。この順位は2006年と2013年とであまり変わりがない。

表Ⅱ-4：住民の意識からみた労働生活の変化（カッコ内は順位）

	B. シチアヴニッツァ		ブレズノ		プレショウ	
	2006年	2013年	2006年	2013年	2006年	2013年
作業負担	データなし	2.43(5)	データなし	2.24(4-5)	データなし	2.54(4)
賃金	3.31(1)	2.80(2-3)	3.49(1)	2.83(1)	3.48(1)	2.75(2)
労働時間	2.91(3)	2.80(2-3)	2.93(3)	2.73(2)	2.99(3)	2.78(1)
雇用の保障	2.72(4)	2.43(4)	2.82(4)	2.24(4-5)	2.77(4)	2.34(5)
職場の人間関係	2.98(2)	2.88(1)	2.95(2)	2.65(3)	3.07(2)	2.73(3)

（注）「良くなった」＝5点,「やや良くなった」＝4点,「あまりかわらない」＝3点,「やや悪くなった」＝2点,「悪くなった」＝1点とした5点尺度で測定。

(2)　収入水準とその動態

全国統計資料によると2013年8月現在の最低賃金は337ユーロで，スロヴァキア全国の平均賃金は789ユーロだった。業種別にみて平均賃金が最高だったのは情報通信産業で1,608ユーロ，最低はホテル・レストラン業で465ユーロだった[16]。賃金はたいてい男性より女性の方が低い。女性の12%は税込賃金額が400ユーロより低かったが，男性の場合はこれに相当するような低賃金の雇用者は11分の1であった[17]。

賃金格差は年齢とも関連している。低賃金なのはとくに労働市場への新規参入者である。学歴もまた関連している。低学歴の者ほど賃金も低い。低賃金雇用者の大多数は義務教育だけで終わっている人たちである。学歴が高くなるほど低賃金雇用者の割合は小さくなり，大卒雇用者の場合はほぼ高賃金となる[18]。

B. シチアヴニッツァ郡の雇用者の2012年時点における月当たり平均名目賃金は621ユーロ（女性は500ユーロ），ブレズノ郡のそれは652ユーロ（女性は500ユーロ）で，プレショウでは545ユーロだった[19]。ちなみに2012年時点でのスロヴァキア全国の平均賃金は805ユーロ，別な方法での計算によると888ユーロだったが，2013年の時点では約3分の2の雇用者がこの水準に達していない。2013年のプレショウでは，フルタイムで働くスロヴァキア人雇用者の10%は，税込の賃金額が400ユーロを下回っていた。つまり手取りで340ユーロにもならなかった。

ちなみにアンケート調査の回答者に関して調査対象都市別に平均月収の分布をみると，表Ⅱ-5のようになる。

この表でみると，400ユーロ未満の層がB. シチアヴニッツァで50%弱，ブレズノとプレショウでは約40%を占める。これに600ユーロ未満の層を加えると，B. シチアヴニッツァでは約80%，ブレズノでは約70%，プレショウでは66%にのぼる。つまりこれらのどの都市でも全国平均の賃金を下回る者が大多数を占めているとみることができる。

これら3都市の中で平均月収が900ユーロ以上の層が比較的多いのはプレショウであるが，それでも10%に満たない。ブレズノでは約7%，B. シチアヴニッツァでは約6%である。この順位は人口規模の大きさと符合する。

表には示していないが，2006年のデータを2013年のそれと比較すると，B. シチアヴニッツァでは600ユーロ未満層が増え，900ユーロ以上層が微増し，全体として収入格差が拡大したかにみえる。他方，ブレズノでは600ユーロ未満層が増えただけでなく，900ユーロ以上層も減り，全体として貧困化傾向が

表Ⅱ-5：平均月収の分布（2013年6月調査）

	B. シチアヴニッツァ	ブレズノ	プレショウ
400ユーロ未満	48.8	41.5	40.5
400~599ユーロ	29.0	27.8	25.5
600～899ユーロ	13.2	16.1	18.3
900～1,199ユーロ	4.6	5.1	5.1
1,200～1,499ユーロ	0.7	0.9	1.2
1,500～1,999ユーロ	0.3	0.6	0.8
2,000～3,999ユーロ	–	0.3	1.4
4,000ユーロ以上	–	–	0.6
無回答	3.3	7.6	6.7
合　計	100.0	100.0	100.0

（注） 全国平均は789ユーロ。

図Ⅱ-1：プレショウ県とブラチスラヴァ県の税込収入分布比較[20]

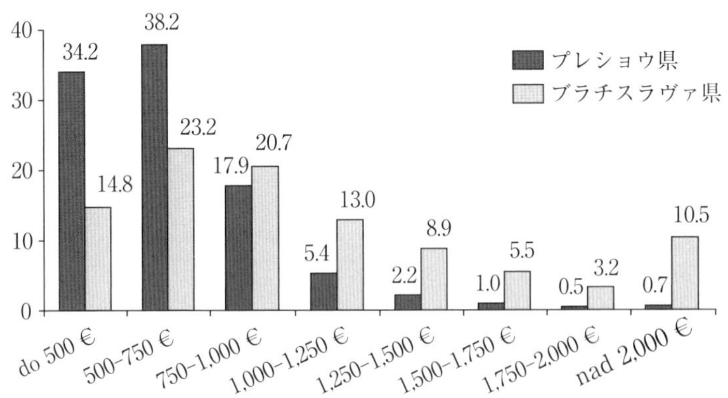

進んだとみられる。

プレショウは人口規模がスロヴァキアで3番目に大きい都市で，調査対象3都市のなかで高収入層の割合がもっとも大きいとはいえ，周辺の町村を含むプレショウ県全体の収入分布と，首都ブラチスラヴァを含むブラチスラヴァ県のそれとを比較すると，図Ⅱ-1に明らかなように，顕著な差が存在する(Molčanová 2013)。

4．価値体系のなかにおける物質的価値の重視度

社会学や社会心理学では，個人の価値体系はその個人が社会的環境との相互作用のなかで学び取った諸原則に基づいていると理解されている。つまり，外在的行為者が自然的・社会的環境と関わるなかで固有の価値志向を持った内在的行為者となり，内面化した価値がその人間の行動を規定していくとする。

価値体系と価値志向は多かれ少なかれ，金銭，利害関心，恵まれた生活，他者からの自由といった，個人の自己本位的なものと，家族，社会，民族，宗教，伝統，国家など，社会集団に向けられた他者本位的なものとがあるが，現実の生活のなかでは，その人間と彼・彼女を取り巻く直接的な社会経済環境の

社会的，経済的，人口的状況によって，これらの諸要素は組み合わさって現われる[21)]。

3都市におけるわれわれの調査では，「仕事」「社会的地位」「富」「ビジネス」「金銭」という物質的価値に対する態度を問い，それを他の個人的に受容している諸価値と比較している。2006年と2013年を比較すると，一定の違いはあるにせよ，物質的価値の重視度の順位はほとんど変わっていない（表Ⅱ-6をみよ）。

表にみるように，調査対象都市のいずれにおいても，また2006年と2013年のいずれの調査時点においても，物質的価値のなかで「仕事」が最重視され，「金銭」がそれに次ぐ。「富裕」や「地位」はそれほどでもない。

「非常に重要だ」を5点，「全く重要でない」を1点として5点尺度で測り，非物質的諸価値も含めてその重視度の高さで各価値項目の順位の一部を表示してみると，表Ⅱ-7のようになる。

B. シチアヴニッツァでは2013年調査においてもっとも重視されたのは「家族」「愛情」「仕事」「自信」「尊敬」「名誉」，次いで「自由」であった。2006年調査においても「家族」「愛情」「自由」「仕事」が上位4位以内に入っている。

ブレズノにおいては，2013年調査の場合，高く重要視されているのはやはり「家族」「仕事」「愛情」で，さらに「自由」「尊敬」であり，2006年調査でもほぼ同様な結果がみられた。

表Ⅱ-6：物質的価値の重視度（カッコ内は順位）

	B. シチアヴニッツァ		ブレズノ		プレショウ	
	2006年	2013年	2006年	2013年	2006年	2013年
金銭	4.01(2)	4.02(2)	3.93(2)	4.19(2)	4.00(2)	4.10(2)
仕事	4.41(1)	4.52(1)	4.41(1)	4.70(1)	4.57(1)	4.47(1)
地位	3.36(4)	3.52(4)	3.40(4)	3.50(3)	3.51(4)	3.46(4)
富裕	3.26(5)	3.17(5)	3.26(5)	3.31(5)	3.25(5)	3.24(5)
ビジネス	3.48(3)	3.54(3)	3.44(3)	3.45(4)	3.58(3)	3.47(3)

（注） 表中の数値は5点尺度による（「非常に重要だ」=(5)～「全く重要でない」=(1)）。

表Ⅱ-7：重視度による価値順位（2013 年調査）

（カッコ内は 2006 年調査結果における順位）

重視度順位	B. シチアヴニッツァ	ブレズノ	プレショウ
1	家族（1）	家族（1）	家族（1）
2	愛情（2）	仕事（3）	仕事（3）
3	仕事（4）	愛情（2）	愛情（2）
4	自信（9）	自由（5）	自由（5）
5	尊敬（6）	尊敬（6）	自信（6）
⋮			
9			金銭（13）
10		金銭（13）	
⋮			
13	金銭（11）		
⋮			
22	ビジネス（21）	地位（22）	ビジネス（18）
23	地位（22）		地位（22）
24		ビジネス（20）	
25		富裕（24）	
26	富裕（23）		富裕（26）

プレショウでは高く重視されている価値は 2006 年調査でも 2013 年調査でも他の 2 都市の調査結果とほぼ同様であるが，とくに「教育」（表には出ていないが 7 位）の重視度が他都市の場合よりも高い。

なお，われわれのスロヴァキア 3 都市の調査結果とユーロバロメーター 77（Eurobarmeter 77）の国際調査（2012 年）を比較すると，測定法が異なっているとはいえ，表Ⅱ-8 にみるように，この国際調査においても「仕事」が上位にあがっている点で，同様な傾向がみてとれる [22)]。

先の観察によれば，調査対象 3 都市の労働生活におけるもっとも大きな問題は失業と雇用不安である。この節で示したように生活諸価値の中で「仕事」が非常に重要な位置を占めているとすれば，雇用機会の喪失はその重要な価値が奪い去られることを意味し，個人と社会との相互作用，個人の社会における行

表Ⅱ-8：生活諸価値の重視度

	%	順位
健康	53	1
金銭	11	2
愛情	10	3
仕事	8	4
信仰	3	5～6
自由	3	5～6
伝統	2	7～10
交友	2	7～10
平和	2	7～10
公正	2	7～10
喜悦	1	11～14
秩序	1	11～14
教育	1	11～14
その他	1	11～14
合　計	100	

（出所） Europatameter 77, 2012

動規範が損なわれることに通じるといえよう。

5．生活状況の変化

所与の社会集団に対する経済的・社会的変化の影響を追究する際，所与の社会の生活様式に対するその変化の影響に関しても語ることができる。生活様式とは社会学的範疇であると同時に，哲学的，経済学的，政治学的範疇でもある。それは人間生活を特徴づけ，社会生活の客体的側面と主体的側面とを結合する，統合的範疇であり，所与の社会の物質的および精神的生活の構造的表現として登場する。またこの問題に関連して，社会諸科学において生活の質という概念が用いられる。この概念は生活の質的側面，つまり所与の社会における人びとの物質的および精神的欲求の充足標準を特徴づける[23)]。

公共問題調査研究所（IVO）の2013年11月調査によれば，スロヴァキア国民がもっとも深刻と考える社会問題の最上位の4つは，失業，生活水準の低さ，汚職，保健医療制度の機能不全である。これらに次ぐ重要問題と挙げられているのは，国家の経済政策，ロマ人の状態と彼らの他住民との共生，犯罪の問題と警察機能の低さ，民主主義の質と政治文化，学校教育制度，司法制度の状況と法の前での平等の問題，である[24)]。

社会経済変動が個人の生活に及ぼしたこれまでの影響について調査対象3都市の住民の意見を問うと，表II-9にみるように，都市による一定の差異はあるものの，多数意見は概して生活状況の悪化を指摘している。社会経済変動を肯定的に評価する意見もあるが，それは明らかに少数である。

2013年調査によれば，B. シチアヴニッツァでは33.7%が生活状況の「悪化」を指摘し，8.6%が「顕著に悪化」と評価しており，両者を合わせると42.3%にのぼる。これに対して「向上」あるいは「顕著に向上」と答えた者は合わせても20%に満たない。2006年調査では「悪化」と「顕著に悪化」を合わせると32.5%，「向上」と「顕著に向上」を合わせると26.1%であったから，2013年では肯定的評価が7ポイント下がり，否定的評価が約10ポイント上がったことになる。

B. シチアヴニッツァで面接した中小企業経営者がこう語っていた。「以前に比べて生活が良くなっているかですって？　そう言えるかもしれませんが，私

表II-9：生活状況の変化に関する意識

	B. シチアヴニッツァ		ブレズノ		プレショウ	
	2006年	2013年	2006年	2013年	2006年	2013年
顕著に向上した	2.6	1.3	3.0	1.9	–	1.2
向上した	23.5	17.8	36.0	14.9	–	15.9
変わらない	41.4	38.6	33.0	36.4	–	33.0
悪化した	28.5	33.7	26.3	40.2	–	38.9
顕著に悪化した	4.0	8.6	1.7	6.6	–	11.0
合　計	100.0	100.0	100.0	100.0	–	100.0

は会社の共同オーナーになっていますけど，従業員より良い暮らしをしているかどうか，わかりません。私たちオーナーは景気のいい会社の従業員ほどの収入など，もらえるわけがありません。高額の収入などをもらっていたら，会社は潰れてしまいかねません。オーナーとしてやれることは，この会社をできるだけ長続きさせ，従業員とオーナー自身の仕事を確保していくことであり，なにか新しいことを始めるわけにはいかず，といって終わりにしてしまうわけにもいかないのです。」

ブレズノでの 2013 年調査結果をみると，状況は B. シチアヴヌッツァより悪い。「悪化」と「顕著に悪化」を合わせた比率は 46.8%にのぼり，他方，「向上」と「顕著に向上」を合わせた比率は 16.8%にしかならない。2006 年調査結果と比較すると，ここでも状況の悪化が明白に把握できる。「悪化」と「顕著に悪化」を合わせた比率は 18.8 ポイント増加し，その一方で「向上」と「顕著に向上」を合わせた比率は 22.2 ポイント減少している。

プレショウでの 2013 年調査結果も，上記 2 都市と同様の特徴を見せている。「悪化」と「顕著に悪化」を合わせると 49.9%にもなり，他方，「向上」と「顕著に向上」は合わせて 17.1%にとどまる。

上でみた調査対象 3 都市の傾向は，EU 諸国の統計「ユーロスタット」(Eurostat) 最新版でも確証されている。それによれば，「スロヴァキア国民 1 人当たりの国内総生産は EU 平均の 73%にしかならない。スロヴァキア経済は停滞している。たしかに消費者物価はスロヴァキアの方が低いが，生活水準に関してはここ 4 年間，西欧の水準に近づくことはなかった。人びとは生活水準を，収入がどれだけあるか，その収入でなにをどれだけ買えるかで比較する。EU 加盟 10 か国の国民はスロヴァキア国民よりも少なくとも平均 4 倍以上の収入を得ている。スロヴァキア国民は現在の収入水準ではヨーロッパの多くの国の人びとよりも，少ししか物を買えないでいる」[25]。

6．結　論

半世紀近く前にダニエル・ベル（Bell 1973）やアラン・トゥレーヌ（Touraine 1969）は，現代社会が工業社会から脱工業社会に移行していることを指摘した。われわれが調査対象としたスロヴァキアの3つの地方都市に関していえば，社会主義時代に大規模工業企業を基盤とした工業社会としての発展を遂げていたが，社会主義体制崩壊後は地元の重要工業施設が民営化され細分化されて，新しい市場経済に適応できずに衰退し，それに代わって新生の小規模な商業・サービス業が拡大して，脱工業社会の様相を色濃く持ち出した。つまり，工業社会から脱工業社会への移行は，体制転換という急激な環境変動を契機として一挙に進んだといえるのであり，しかもこの過程は完全雇用の崩壊と失業の多発という過程を随伴した。それだけではない。顕著な地域間格差を伴って調査対象3都市のような後進地域の経済的社会的停滞を構造的に運命づけ，同時に地域内における住民生活の階層格差を増大させた。

スロヴァキア全国でみれば，グローバル化のもとでとくに自動車関連工業と電機工業の発達が顕著となったが，調査対象3都市が位置するような外資系資本の進出が稀有である中部および東部スロヴァキアでは重要基幹工業が衰退し，西欧先進地企業の下請賃加工で息づく中小企業が残存している。地元では小零細規模の商業・サービス業が新たに興ったが，流通産業のグローバル化で大型スーパーの進出により，地元の購買力がそこに大きく吸収されてしまっている。農林業も不振である。労働市場のグローバル化のなかで，若年労働力の地域外，とくに外国への流出が進んでいる。その一方で地域内では，低所得層，失業層が社会の縁辺部に滞留し固定化されている。とくにそれはロマ族に集中して現われているが，それだけではない。

われわれの調査結果によれば，人びとの価値体系のなかで「仕事」が非常に高く重視されている。ところが2006年調査と2013年調査を比較すると労働生活の現状はむしろ悪化し，とくに雇用不安がますます広がっている。失業とは

「仕事」を失うことであり，個人が依って立つ重要な価値が剥奪されることを意味する。また，収入面では首都圏との格差がますます広がり，地域の内部では全般的に低収入層が増加している。こうした傾向を反映して，生活状況の悪化を指摘する住民が増え，それの向上を認知する住民は減っている。つまり，住民の意識からみるかぎり，貧富の格差が増大したというよりもむしろ，全般的な貧困化が進んだということができる。

これが脱社会主義を経てグローバル化のなかにある調査対象3都市の社会経済状況であるといえる。そのような社会経済状況の中で，市民社会はどんな展開をみせてきたか。これは別な章で詳述される。

1）http://ekonomika.sme.sk “Textilný a odevný priemysel ma existenčné problémy”.
2）http://www.earch.cz/cs/revue/perspektivy-slovenskeho-stavebnictva
3）Ústredie sociálnych vecí, práce a rodiny; Štatistický úrad SR, údaje k 31.12.2012, aktualizácia 2013.
4），5）Postavenie Prešova v štruktúre *priemyslu* v regióne východného ... www.unipo.sk, www.presov.sk
6），7），8）http://www.presov.sk/portal
9）http://www.tujepraca.sk/ponuky-prace, http://www.ponuky.sk, http://kariera.zoznam.sk/pracovne-ponuky
10）http://whc.unesco.org/en/list/618　UNESCO Banská Štiavnica
11）Komplexná charakteristika mesta *Prešov* - referáty.hladas.sk
12）http://www.zones.sk/studentske-prace/ekonomia　Nezamestnanosť ako ekonomický a psychologický problém
13）http://www.sme.sk/c/2436809/fico-80-obcanov-ma-existencne-problemy-kvoli-reformam.html#ixzz2vY30gxLZ
14）Juraj Rizman, http://www.hlavnespravy.sk　TASR/HSP/
15）*www3.ekf.sk/re/...IVO/23_demografia.pdf 5.*
16）Štatistický úrad SR, Odbor štatistiky priemyslu. http://portal.statistics.sk/showdoc.do?docid=72411
17）http://www.presov.sk/portal
18）*TASR* 9.9.2013 www.cas.sk. Prepočty analytikov Poštovej banky uskutočnených na základe údajov z materiálu Štruktúra miezd v SR za rok 2012, Štatistický úrad SR.
19）http://www.presov.sk/portal

20）„nezamestnanost-ako-socialny-problem“, http://www.zones.sk

21）http://www.antiskola.eu/sk/referaty/14346-hodnoty-a-zmysel-ludskeho-zivota#page.1

22）„Hodnoty“, http://issuu.com/pabk342/docs/ekonomicky-tyzdennik-2014_7t

23）Andrej Sičák, „Spôsob života, životná úroveň a niektoré aspekty v súčasnom spoločenskom procese“,（kochova@unipo.sk）Katedra občianskej a etickej výchovy, Fakulta humanitných a prírodných vied, Prešovská univerzita, Prešov.

24）http://spravy.pravda.sk/domace/clanok/305230-nezamestnanost-a-zivotna-uroven-trapia-slovakov-viac

25）http://www.cas.sk/clanok/227801/takto-si-zijeme-zivotna-uroven-sa-na-slovensku-4-roky-nepohla.html

参考文献

石川晃弘，リュボミール・ファルチャン，川崎嘉元（編著），2010，『体制転換と地域社会の変容—スロヴァキア地方小都市定点追跡調査—』中央大学出版部。

ズデニェク・シチャストニー，石川晃弘，2010，「体制転換と企業の動態」（石川・ファルチャン・川崎編著，前掲書）。

Bell, D., 1973, *The Coming of Post-Industrial Society*, NY: Basic Books（内田ほか訳『脱工業社会の到来』ダイヤモンド社，1975 年）.

Klčovanská, E., „Hodnotová orientácia súčasnej mládeže a jej význam v pedagogickom procese“, www.truni.sk/sites/default/files/veda/ff_publikacie

Mareš, P., 2000, „Chudoba,marginalizace,sociální vyloučení“, *Sociologický časopis* 36.

Molčanová, A., 2013, „Analýza trhu práce v Prešovskom kraji a uplatnenie absolventov na trhu práce Prešov“, *Analytik trhu práce ÚPSVaR Prešov*, September.

Touraine, A., 1969, *La société post-industrielle*, Paris: Denoël（寿里ほか訳『脱工業化の社会』河出書房新社，1970 年）.

Ⅲ　住民生活の動態――アンケート調査結果の概要

石 川 晃 弘

1．課　　　題

グローバル化の波がスロヴァキアの経済社会を覆うなかで，首都圏から遠く隔たった地方の中小都市で住民生活にどんな状況が現われているか。調査対象地は中部スロヴァキア山間の小都市，人口約1万のバンスカー・シチアヴニッツァと人口約2万のブレズノのほかに，東部スロヴァキアの中心都市のひとつである人口約9万のプレショウである。以下，2010年前後の経済危機の時期を挟む2006年と2013年に実施した住民アンケート調査（その方法とサンプルについては序論を参照）の結果を観察しながら，調査対象3都市における住民の生活と意識の動態を分析していく。焦点は2006年データと2013年データの比較による変動分析と，2013年調査データに基づく現状分析に置かれる。

2．観察と分析

⑴　貧富格差の動態

体制転換と市場経済化が始まった1990年初期に社会経済構造のなかに起こったもっとも顕著な問題現象は，貧富の格差の拡大であった。その傾向はそ

表Ⅲ-1：地域社会の貧富格差

	B. シチアヴニッツァ			ブレズノ			プレショウ		
	1997	2006	2013	1997	2006	2013	1997	2006	2013
拡大した	85.5	75.8	77.2	92.7	69.0	82.3	−	81.0	83.1
変わらない	9.4	22.6	18.5	2.3	26.0	15.8	−	16.5	12.3
縮小した	3.6	1.6	4.3	3.6	5.0	1.9	−	2.5	4.6
合　計	100.0	100.0	100.0	100.0	100.0	100.0	−	100.0	100.0

（注） 1997年調査は「1989年以降」，2006年調査は「2000年以降」，2013年調査は「過去10年」の変化を問うている。

の後もしばらく引き継がれている。表Ⅲ-1にみるように，1997年時点で問うた地域住民の認知によれば，B. シチアヴニッツァとブレズノではそれぞれ85.5%と92.7%が体制転換後の格差拡大をみとめている（この時点の調査対象地にはプレショウは含まれていなかった）。しかしその後のスロヴァキア経済の成長を背景として，2006年時点で2000年以降の傾向を訊ねた結果では，拡大を指摘する比率はそれぞれ75.8%と69.0%へと低下しており，この間に格差傾向は緩和したかにみえたが，2008年以降の国際規模の経済危機の影響を受けてスロヴァキア経済が落ち込むなかで，過去10年の傾向を問うた2013年時点での調査結果は，2006年調査と比べると，これら2都市でもプレショウでも格差拡大を指摘する回答比率の増加が多かれ少なかれみてとれる。

ちなみに回答者自身の生活と労働の自己評価を2013年時点でみると（表Ⅲ-2），いずれの調査対象地域でも，「よくなった」という回答は2割弱であるのに対して，「悪くなった」は4割台にのぼっている（より詳しくは前章5を参照）。

表Ⅲ-2：生活と労働の動向の一般的評価（2013年調査）

	B. シチアヴニッツァ	ブレズノ	プレショウ
よくなった	19.1	16.8	17.1
変わらない	38.6	36.4	33.0
悪くなった	42.3	46.8	49.9
合　計	100.0	100.0	100.0

⑵　中間下層意識の肥大化

それに対応するかのように，2006年と2013年における回答者自身の階層帰属意識の分布を表Ⅲ-3からみると，上層はいずれの地域でももともと皆無またはそれに近いが，中間上層および中間層の減少と，中間下層の増加とが表れている。これは住民の両極分化というよりも，むしろ，住民全体の階層下降の傾向を示している。ちなみに中間下層と下層を合わせた比率を2006年と2013年とで比較すると，B. シチアヴニッツァでは31.1%から41.6%へ，ブレズノでは26.0%から38.2%へ，プレショウでは20.7%から37.7%へと増加しており，2013年には各都市とも住民の約4割がこれに属し，地域住民の全般的な下層化傾向がみてとれる。

表Ⅲ-3：住民の自己評価による階層帰属

	B. シチアヴニッツァ		ブレズノ		プレショウ	
	2006	2013	2006	2013	2006	2013
上層	1.0	0	0	0	0	0
中間上層	7.3	2.6	15.3	3.2	8.5	5.7
中間層	60.3	55.8	56.7	58.5	67.7	56.6
中間下層	25.8	31,4	22.3	35.4	16.9	32.0
下層	5.3	10.2	3.7	2.8	3.8	5.7
無回答	0.3	-	2.0	-	3.1	-
合　計	100.0	100.0	100.0	100.0	100.0	100.0
中間下層＋下層	*31.1*	*41.6*	*26.0*	*38.2*	*20.7*	*37.7*

⑶　住民による地域生活の評価

地域生活全般に目を向けると，とくにどの側面が悪化したのか。調査対象の3都市における生活の諸側面の水準を，住民の眼からとらえてみる。

地域生活に関わる12の項目をあげて，住民回答者に5点尺度で測ってもらい，その平均点を出すと表Ⅲ-4のようになる。評価点が高いのは3都市に共

表Ⅲ-4：地域生活の評価

	B. シチアヴニッツァ			ブレズノ			プレショウ		
	2006	2013	差	2006	2013	差	2006	2013	差
医療・保健	2.92	2.27	*− 0.65*	2.53	2.66	*0.13*	2.87	2.94	*0.07*
教育	3.37	3.35	*− 0.02*	3.31	3.40	*0.09*	3.32	3.38	*0.06*
雇用・労働	1.58	1.52	*− 0.06*	1.79	1.64	*− 0.15*	2.02	1.86	*− 0.16*
文化	2.95	3.80	*0.85*	2.86	2.88	*0.02*	2.97	3.06	*0.09*
自然環境	3.26	4.53	*1.27*	3.16	4.13	*0.97*	2.97	3.50	*0.53*
交通アクセス	−	2.48	−	−	3.23	−	−	3.41	−
市内交通	−	2.86	−	−	3.39	−	−	3.59	−
治安	2.80	3.26	*0.46*	2.89	2.96	*0.07*	2.88	3.15	*0.27*
青少年ケア	3.00	3.28	*0.28*	2.67	2.89	*0.22*	2.80	3.00	*0.20*
高齢者ケア	3.21	3.40	*0.19*	3.21	3.11	*− 0.10*	2.87	2.82	*− 0.05*
ガス水道等インフラ	2.59	3.23	*0.64*	2.78	3.69	*0.91*	3.12	3.60	*0.48*
道路	−	1.47	−	−	1.50	−	−	1.71	−

（注） 5点尺度で「良い」を5点，「悪い」を1点として計算した平均点。

通して「自然環境」であり，「教育」と「ガス水道等インフラ」も中間点の3.00を上回る数値を示している。

これらに対して3都市に共通して評価点がとくに低いのは，「雇用・労働」と「道路」であり，特に「雇用・労働」の水準は2006年時点ですでに低かったが，2013年ではそれがもっと低下している。「医療・保健」も評価点が低い。

以上の項目以外について都市別に2013年時点での特徴をみると，B. シチアヴニッツァではとくに「文化」，そして「治安」「高齢者ケア」「青少年ケア」は比較的高いが，「交通アクセス」と「市内交通」が低い。ブレズノでは逆に「交通アクセス」と「市内交通」と「高齢者ケア」では比較的高いが，その他の点では中間点3.00を下回る。プレショウではとくに「市内交通」，さらには「交通アクセス」「治安」「文化」が高いが，「高齢者ケア」が低い。

(4)　労働生活の劣化

上でみたように，3つの調査対象都市に共通して多くの住民から問題視されているのは「雇用・労働」であるが，地域の労働生活の中でとくにどの側面が悪化しているかを表Ⅲ-5からみてみると，次の点がとらえられる。

表Ⅲ-5：労働生活の動態

	B. シチアヴヌッツァ			ブレズノ			プレショウ		
	2006	2013	*差*	2006	2013	*差*	2006	2013	*差*
収入の高さ	3.31	2.80	*−0.51*	3.49	2.83	*−0.66*	3.48	2.75	*−0.73*
労働時間の長さ	2.91	2.80	*−0.11*	2.93	2.73	*−0.20*	2.99	2.78	*−0.21*
雇用の保障	2.72	2.43	*−0.29*	2.82	2.24	*−0.58*	2.77	2.34	*−0.43*

(注)　5点尺度で「とても良くなった」を5点，「とても悪くなった」を1点とした平均点。

まず問題なのは〈収入の高さ〉である。これは2006年調査では中間点の3.00を上回って，肯定的な評価を得ていた。ところが2013年調査では3.00を下回り，この間に悪化が進んだとみられる。

〈雇用の保障〉に関してはさきに2006年と2013年との間の失業率の増加にふれたが，表Ⅲ-5からみるとすでに2006年時点で中間点3.00を下回っていて悪化傾向がみられたが，2013年にはそれがさらに進行していることがみてとれる。

〈労働時間の長さ〉についても，〈雇用の保障〉ほどではないがやはり悪化が進んだとみられている。

調査対象の3都市に共通して地域生活の問題点は，なによりもまず雇用・労働生活の劣化にあるといえる。

(5)　社会関係の諸相

次に地域社会内における社会関係諸相の動態をみてみる。

表Ⅲ-6：地域における社会関係の諸相

	B. シチアヴニッツァ			ブレズノ			プレショウ		
	2006	2013	差	2006	2013	差	2006	2013	差
血縁関係	3.89	3.87	*−0.02*	3.90	3.93	*+0.03*	3.97	3.57	*−0.40*
近隣関係	3.48	3.76	*+0.28*	3.54	3.62	*+0.08*	3.57	3.44	*−0.13*
企業関係	2.94	3.20	*+0.26*	3.04	3.01	*−0.03*	2.98	2.87	*−0.11*
政治集団関係	3.38	3.07	*−0.31*	3.18	2.95	*−0.23*	3.10	3.03	*−0.07*

（注） 5点尺度で「良い」を5点，「悪い」を1点とした平均点。

表Ⅲ-6は血縁関係，近隣関係，企業関係，政治団体関係の4つの領域をとりあげて，各領域の社会関係の状況を住民の評価によって5点法で示したものである。

評価点を2006年と2013年の比較でみると，全般的に顕著な変動はみられないものの，人口9万のプレショウではどの領域でも多少の低下がみられ，この間に社会関係における疎遠化が各領域で多少進んだかにみえるが，人口規模が小さいB. シチアヴニッツァとブレズノでは政治団体関係が悪化したとはいえ，血縁関係は一定水準を保っており，近隣関係と企業間関係はB. シチアヴニッツァでは良好になっており，ブレズノではほぼ同水準を維持して推移してきた。

(6) 文化参加の広がり

さきの表Ⅲ-4によれば，地域生活の中の「文化」の面を2006年時点と2013年時点で比較すると，多かれ少なかれ向上している。とくにB. シチアヴニッツァでそれが顕著であり（この町では近年文化行事が活発に催されている），2013年には中間点の3.00を有意に上回る3.80を記録している。東部スロヴァキアの文化中心都市プレショウでも3.00を上回っている。ブレズノは2.88にとどまっているが，2006年よりはわずかながら増えている。一般的にいって，雇用・労働生活の低下と対照的に，文化生活は多かれ少なかれ向上してきたとみられる。

この点をさらに文化行事への参加という点から探ってみる。

表Ⅲ-7は各種文化行事に参加する頻度を，過去1年の間に「たびたび行った」「時々行った」「滅多に行かなかった」「1度も行かなかった」という4つの選択肢で「1度も行かなかった」という回答の比率を載せている。

ここに掲げた文化行事のうち「1度も行かなかった」が2013年時点でもっとも多いのは〈クラシック・コンサート〉だが，それでも約4割の人びとがなんらかの頻度でこれに行っており，しかもその割合は2006年に比べると2割ほど増えている。

行ったことがある者がとくに増えたのは〈ポップ・コンサート〉である。2006年時点ではどの都市でもそれが25～30%だったが，2013年時点では60～65%になっており，これが多くの住民に享受されるようになったことが窺われる。

民俗舞踊・民謡祭に行った者も増えている。これにはすでに2006年時点で60～70%がなんらかの頻度で参加している。とくにそれが顕著なのは地元にフォークロール・アンサンブルを持つブレズノで，2013年には80%強がこれになんらかの頻度で行っている。

観劇に関しては，複数の劇場を持つプレショウでは2006年時点でも2013年時点でも約7割の住民がなんらかの頻度で通っており，B. シチアヴニッツァやブレズノでも2013年時点では5割強が観劇している。

表Ⅲ-7：文化行事への参加

	B. シチアヴニッツァ		ブレズノ		プレショウ	
	2006	2013	2006	2013	2006	2013
演劇・オペラ・バレエ	59.9	48.5	44.3	45.3	30.2	32.8
クラシック・コンサート	81.1	60.7	79.0	60.1	75.4	58.3
ポップ・コンサート	74.2	33.7	74.7	35.8	79.9	39.1
民舞・民謡祭	47.0	36.0	31.0	18.7	42.5	35.2
ダンス・パーティー	46.3	38.6	35.7	32.6	36.4	35.6
展覧会	27.2	38.0	30.7	51.3	31.1	43.6

（注）　4点法の回答選択肢のうち「過去1年に1度も行かなかった」の%。

表Ⅲ-8：文化行事参加者の年齢分布（3都市合計：2013年調査）

	演劇・オペラ・バレエ	クラシックコンサート	民舞・民謡祭	ポップ・コンサート	ダンス・パーティー	展覧会
男性　計	20.2	13.2	32.2	37.7	36.0	21.1
18～29	18.5	15.1	17.8	52.7	58.9	19.9
30～39	18.0	14.4	30.6	46.8	38.7	21.6
40～49	17.7	16.7	39.6	37.5	29.2	20.8
50～59	26.4	13.2	37.4	25.3	23.1	24.2
60～	21.8	4.6	44.8	13.8	14.9	19.5
女性　計	31.7	16.2	37.5	32.2	33.7	29.3
18～29	26.1	7.6	21.8	52.9	58.8	25.2
30～39	36.4	17.3	33.6	44.5	49.1	24.5
40～49	43.8	22.9	49.0	39.6	38.5	36.5
50～59	35.3	19.3	43.7	22.7	16.8	37.0
60～	22.2	15.7	40.5	9.8	13.1	25.5

ダンス・パーティーへの参加者も増えており，2013年時点ではこれになんらかの頻度で行ったことがあるという住民は60%台にのぼる。

逆に「1度も行かなかった」が多いのが〈絵画等展覧会〉である。しかも2013年におけるその比率は2006年よりも増えている。それでも2013年時点でこれに何らかの頻度で行ったことがあるという住民はおよそ50～60%にのぼる。

各都市とも，格差拡大や階層構造の下降変動，雇用情勢や労働条件の悪化にもかかわらず，以上の数値からみるかぎり，文化生活への関心と参加は活発になってきているとみられる。

各行事に関して，「たびたび行く」「ときどき行く」「めったに行かない」「行かない」という4つの選択肢のうち，「たびたび行く」と「ときどき行く」の回答比率を合わせた数値が大きいのは「ポップ・コンサート」「ダンス・パーティー」「民舞・民謡祭」であるが，このうち「ポップ・コンサート」は比較的若い層の参加率が高く，「民舞・民謡祭」は中高年層の参加率が高いという年齢的特徴がみてとれる。「ダンス・パーティー」には社交ダンスの場合もあればディスコ風のダンスの場合もあるが，いずれにせよ比較的若い層の参加率が大きい。地方都市において文化のグローバル化は若年層を中心として広がっているとみられる。

(7)　市民活動への関心

最後に，地域の諸活動への参加状況を，回答者の関心の高さからみてみる。

表Ⅲ-9は，質問に対する回答選択肢として「とても関心がある」「少し関心がある」「関心がない」の3つを設け，「とても関心がある」に1点，「少し関心がある」に2点，「関心がない」に3点を与えて回答分布の平均値を求めたものである。したがって理論的には1.00が全員「とても関心がある」，3.00が全員「関心がない」の値となる。

この表中の数値をみると，3都市に共通して2006年時点でもっとも関心が高かったのは〈社会・文化活動〉と〈居住地区改善活動〉であり，これらは2013年時点でも同様である。他方，もっとも関心が低かったのは2006年も2013年も〈政治活動〉であった。

これらの項目のほかについては，中間点の2.00当たり，あるいはそれよりも数値が低い（関心度が高い）のは〈スポーツ活動〉〈慈善活動〉であるが，〈地

表Ⅲ-9：地域活動への関心（3点尺度による測定）

	B. シチアヴニッツァ			ブレズノ			プレショウ		
	2006	2013	差	2006	2013	差	2006	2013	差
地域振興活動	2.06	2.01	*+0.05*	2.03	2.10	*−0.07*	2.04	2.03	*+0.01*
社会・文化活動	1.87	1.78	*+0.09*	1.65	1.84	*−0.19*	1.79	1.83	*−0.04*
スポーツ活動	2.08	2.18	*−0.10*	1.92	2.01	*−0.09*	1.92	1.96	*−0.04*
政治活動	2.65	2.73	*−0.08*	2.52	2.67	*−0.15*	2.62	2.56	*+0.06*
公共秩序維持活動	2.14	2.15	*−0.01*	2.12	2.06	*+0.06*	2.10	2.16	*−0.06*
慈善活動	2.03	1.99	*+0.04*	1.90	1.95	*−0.05*	1.92	2.08	*−0.16*
環境保全活動	2.21	2.09	*+0.12*	2.15	2.20	*−0.05*	2.04	2.06	*−0.02*
居住地区改善活動	1.89	1.49	*+0.40*	1.86	1.60	*+0.26*	1.81	1.68	*+0.13*

表Ⅲ-10：地域活動への関心（続）（2013 年調査）

	B. シチアヴニッツァ			ブレズノ			プレショウ		
	関心強	関心無	差	関心強	関心無	差	関心強	関心無	差
地域振興活動	18.8	19.5	*−0.7*	13.6	23.4	*−9.8*	21.6	25.0	*−3.4*
社会・文化活動	32.3	10.6	*+21.7*	29.7	13.9	*+15.8*	33.4	16.1	*+17.3*
スポーツ活動	20.1	38.3	*−18.2*	30.1	31.0	*−0.9*	33.0	30.5	*+2.5*
政治活動	2.6	75.6	*−73.0*	4.7	71.5	*−66.8*	6.9	63.1	*−56.8*
公共秩序維持活動	11.2	26.7	*−15.5*	18.7	25.0	*−6.3*	17.5	33.2	*−15.7*
慈善活動	20.1	19.5	*+0.6*	25.0	20.3	*+4.7*	19.8	28.1	*−8.3*
環境保全活動	17.8	26.7	*−8.9*	15.5	35.1	*−19.6*	22.2	27.7	*−5.5*
居住地区改善活動	57.8	6.9	*+50.9*	48.7	8.9	*+39.8*	45.4	13.4	*+32.0*

域振興活動〉〈公共秩序維持活動〉〈環境保全活動〉は 2006 年時点でも 2013 年時点でも 2.00 を上回る数値であって，地域の公共的課題への取り組みについては関心の低さが窺われる。

では「とても関心がある」という，積極的参加者あるいはその予備軍はどのくらいいるのか。

2013年時点におけるその比率をみると（表Ⅲ-10参照），もっとも多いのは〈居住地区改善活動〉で，各都市で 5 割弱ないし 6 割弱を占める。それに次いで多いのは〈社会・文化活動〉（約 3 割）と〈スポーツ〉（約 2～3 割）である。つまり住民の関心が高いのは，自分の狭い居住地に関わる活動と，文化・スポーツというレクリエーション色の濃い活動である。次いでその比率が高いのは〈慈善活動〉で，各都市で約 2 割を占める。

他方，地域の経済・社会・環境の改善や保全に関わる〈地域振興活動〉〈公共秩序維持活動〉〈環境保全活動〉に「とても関心がある」という回答は，プレショウでは 2 割前後あるが，B. シチアヴニッツァでは〈公共秩序維持活動〉が，ブレズノでは〈地域振興活動〉が，それぞれ 1 割強しかいない。

〈政治活動〉への関心はどの都市でも低い。「とても関心がある」という回答がもっとも少ないのは〈政治活動〉である。これは B. シチアヴニッツァではわずか2.6%，ブレズノでは4.7%，プレショウでは6.9%で，いずれも1割に満たない。

他方，無関心層の比率をみると，〈政治活動〉がもっとも多く，B. シチアヴニッツァでは75.6%，ブレズノでは71.5%にのぼり，プレショウでも63.1%を占める。3都市に共通して「とても関心がある」の比率が「関心がない」のそれを大きく上回っているのは〈居住地区完全活動〉，次いで〈社会・文化活動〉である。

3．総　　括

スロヴァキア西部の首都圏とその周辺は，急速なグローバル化の波を受けて，経済的にも社会的にも文化的にも，顕著な発展を続けている。これに対してわれわれの事例調査でとりあげた地域は，首都圏から遠く離れた，スロヴァキア中部の山間にある小都市B. シチアヴニッツァとブレズノ，スロヴァキア東部にある伝統的な経済的・文化的中核都市プレショウである。これらの地域には社会主義時代に大規模な鉱業あるいは工業の国営企業が立地し，地域の雇用を支えていたが，体制転換後に民営化した企業は新しい市場環境に適応できず，リストラ，組織分割と小規模化，あるいは消滅し，地域に大量の失業をもたらした。その後10年ほど経った2000年前後からは首都圏とスロヴァキア西部の地域には外国からの直接投資が活発化し，新生企業の発展も進んだが，スロヴァキア中部および東部にはその波はあまり届かず，西部と中部・東部との経済格差，所得格差，雇用格差が大きく開いたままで今日に及んでいる。しかも2008年ごろからはリーマンショックや欧州経済危機の煽りを受けて，経済生活と雇用状況は全国的に悪化した。

こういう環境変化に対応して地域振興の試みが各地で取り組まれてきてはいる。B. シチアヴニッツァでは市民団体と自治体とで観光開発への取り組みが進められ，各種文化行事も頻繁に催されるようになった。ブレズノでは以前から郊外に立地している鉄鋼業が民営化後も健在で地域の雇用を一定程度支えているが，概して製造業は衰退し，観光業は周辺村落で多少の展開がみられるものの市内では停滞しており，伝統的な林業も不振である。プレショウではかつての製造業部門の国営企業がすべて姿を消したが，それに代わって地元資本や西欧資本による新企業が伸びている。ここは長い歴史を持つ文化都市であり，周囲に多くの観光資源を有しているが，市内の観光業は停滞している。

こうした環境条件のもとで住民生活はどのような変動を経ているか。本章では，この点を住民自身の認知と態度を通して把握しようとし，主として2006年調査と2013年調査から得られたデータの観察と分析を行った。その結果を要約すると以下のようになる。

第1に，3つの都市に共通して，住民自身の眼からみると地域社会内部での貧富の格差は以前ほどではないにせよ，いまなお進行している。また，地域社会の階層構造を住民自身の階層帰属意識からみると，全般的に中間部分よりも下層部分が増えている。

第2に，地域生活の中でもっとも問題があるのは，雇用と労働である。労働生活は全般的に悪化が意識されているが，とくに問題なのは雇用保障と収入の高さである。この点も3つの都市に共通している。

第3に，これに対して向上しているのは文化に関わる生活である。一般にスロヴァキア各地では民俗舞踊や民謡などのフォークロール文化の催しが活発に行われてきたが，近年ではクラシック音楽，とりわけポップ・ミュージックの催しが市民団体のイニシアティブで頻繁に開かれるようになり，海外からの音楽グループもこれに招かれ，文化イベントのグローバル化が進んできている。とくにそれが顕著なのはB. シチアヴニッツァであるが，プレショウでもそれが常態化している。

第4に，地域生活，とくに労働生活の低下にもかかわらず，地域内の社会関係には一般的にいって顕著な変化はみられないが，プレショウでは全般的に地域社会関係が多少薄くなってきているように見受けられるのに対して，B. シチアヴニッツァでは近隣関係や企業間関係がむしろ良くなっている。なお政治集団間の関係は悪化傾向にある。

第5に，住民は自分の居住区の改善活動にはかなり関心を持ち，社会・文化活動にも関心を持つ者が多い反面，地域振興や公共秩序や環境保全などの活動への関心は必ずしも高くない。政治活動に関心を持つ者は調査対象のどの地域でもかなり少ない。市民活動の傾向としては，社会・文化関連活動の活性化，その一方における没政治化傾向が，ますます進行しているかにみえる。

われわれが調査対象とした3つの地方都市は，首都圏のようにグローバル化の波に乗って発展していくだけの地理的条件に恵まれていない。したがって，その経済・社会・文化の発展を図るには，グローバル化の影響を受けつつもローカルな資源の活性化を追求せざるをえない。社会主義時代に発展した地域の製造業は，体制転換後のグローバル化のなかで西欧先進企業の下請賃加工業に繰り込まれ，独自の開発力と販売網を持ちえないでいる。それに代替すべき地域振興と雇用開発への取り組みは，3都市ともまだ模索のなかにある。そのなかでB.シチアヴニッツァでは歴史的・文化的蓄積の豊かさと自然資源の美観とを資源とした観光開発への取り組みが市民有志と行政との提携で図られている。住民の地域への誇りも高い。これに対してブレズノは周囲を森で囲まれ，林業や観光に関連した発展の可能性を豊富に秘めているが，地域振興への取り組みは行政セクターでも市民社会セクターでも特記すべきものはみられず，人口は漸減し，住民の地域への誇りや定住意思は他の2都市に比べて低い。プレショウはスロヴァキアを代表する古都のひとつであり，社会的・文化的諸活動への住民の関心度は他の2都市と比べてやや高い。

以上は住民アンケート調査結果をもとに観察した諸傾向である。しかし個々の事例に当たってみると，現実にはこれらの都市において，経済・社会・文化の諸領域における地域生活の活性化に向けた取り組みが市民の間で見出せるのも事実である。そのような市民社会セクターにおける個別的諸活動は，本章で行ったアンケート方式の住民意識調査による大量観察ではなかなか捕捉しがたい。われわれは住民アンケート調査と同時に，地域における市民社会の活動主体に対する面接聴取調査も同時に行っている。そこから得られる情報が本章の知見を補完することになろう。

参 考 文 献

石川晃弘，リュボミール・ファルチャン，川崎嘉元（編著），2010，『体制転換と地域社会の変容—スロヴァキア地方小都市定点追跡調査—』中央大学出版部。

Edwards, Michael, 2004, *Civil Society*, Cambridge: Polity Press（堀内一史訳『「市民社会」とは何か』麗澤大学出版会，2008 年）.

Outrata, R. a kol, 2006, *Globalizácia a slovenská ekonomika*, Bratislava: Ústav slovenskej a svetvej ekonomiky Slovenskej akademie vied.

Ⅳ　地域住民の意識構造

佐々木正道

本章では，スロヴァキア共和国の３都市における人々の生活状況と価値観についての調査分析結果を述べる。調査は2013年の５月から６月にかけてスロヴァキア共和国の３都市において1,128人（B. シチアヴニッツァ（303人），ブレズノ（316人），プレショウ（509人））を対象に面接法により実施した。なお，３都市を同じウエイトで扱うこととし，サンプル数を揃えるために，プレショウのサンプル数を無作為に３分の２の340人とした。分析に用いた質問は次の10項目（1～10）および個人属性である（巻末に付した「住民アンケート調査票」を参照)。これら10項目のうち項目１から項目５については複数の質問から構成されているので，それぞれの意識や評価を因子分析を用いて因子としてまとめ，それらと基本的個人属性，社会経済的地位，都市間で比較した。また項目6から項目10についてはそれぞれの意識や評価の説明要因を重回帰分析によって探った。さらに，説明要因に都市別も加えて，都市別の影響を比較した。

1．市の生活条件に関する評価（問１－1～12，５段階回答：1．とても悪い　2．やや悪い　3．どちらともいえない　4．やや良い　5．とても良い）
2．市における諸関係に関する評価（問２－1～9，５段階回答：1．とても悪い　2．やや悪い　3．どちらともいえない　4．やや良い　5．とても良い）
3．地域の活動への参加希望（問３－1～8，３段階回答：1．まったく参加したくない　2．少し参加したい　3．とても参加したい）

4．生活において重視する価値観（問4－1～29，5段階回答：1．まったく重要ではない　2．それほど重要ではない　3．多少は重要である　4．重要である　5．かなり重要である）
5．文化的催しへの参加（問5－1～6，4段階回答：1．参加しない（行かない）　2．ほとんど参加しない（行かない）　3．ときどき参加する（行く）　4．たびたび参加する（行く））
6．市に対する誇り（問6，5段階回答：1．明瞭にいいえ　2．どちらかといえばいいえ　3．答えるのが難しい　4．どちらかといえばはい　5．明瞭にはい）
7．居住の意思（問7，5段階回答：1．明瞭にいいえ　2．どちらかといえばいいえ　3.答えるのが難しい　4.どちらかといえばはい　5.明瞭にはい）
8．生活と仕事の変化に関する一般的評価（問8，5段階回答：1．とても悪くなった　2．悪くなった　3．変わらない　4．良くなった　5．とても良くなった）
9．市議会議員の活動と重要な決定に対する評価（問9，4段階回答：1．不満　2．それほど満足ではない　3．満足　4．関心がない）
10．社会的公正の趨勢に関する過去10年間の変化についての評価（問10，5段階回答：1．とても公正ではなくなった　2．少し公正ではなくなった　3．あまり変わらない　4．少しは公正になった　5．とても公正になった）

1．5項目の因子

まず，項目1～項目5については，複数問による評価や価値観をまとめて考える必要がある。

そのため，3都市を合わせたボンドサンプルに因子分析を適用し，バリマックス回転により因子を抽出した。固有値と寄与率のスクリープロットと因子解釈の妥当性を検討して，項目1，項目2，項目4では4因子，項目3，項目5では3因子を抽出した。以下，表Ⅳ-1から表Ⅳ-5にそれぞれの質問と因子分析結果を示す。また，これら18因子について，それぞれの因子得点と個人属

表Ⅳ-1：問１の因子負荷量行列（主因子法，バリマックス回転）

	因子			
	第１因子	第２因子	第３因子	第４因子
1．保険・医療	.487	.050	.483	－.070
2．教育	.387	.330	.188	.315
3．雇用と労働条件	.023	－.012	.809	.055
4．文化・レクリエーション	－.046	.250	.129	.780
5．自然環境	.072	.086	－.173	.837
6．大都市への交通アクセス	.815	.101	.164	－.076
7．市内の公共交通機関	.786	.113	.032	－.008
8．生活上の安全・安心	.231	.742	－.039	－.018
9．子どもや若者のケア	.062	.749	.203	.183
10．高齢者のケア	.109	.655	.090	.290
11．市のインフラ（ガス・水道・インターネット接続など）	.667	.157	－.078	.162
12．公道の質	.055	.221	.722	－.045

性との相関関係，社会経済的地位と３つの都市の平均値を求め，比較した。

⑴　市の生活条件に関する評価

項目１の市の生活条件に関する評価は「次の事柄（1～12）についてあなたの市の生活条件を評価してください」として12問を５段階回答で尋ねている。

この12問の因子分析（主因子法，バリマックス回転）の結果は表Ⅳ-1のとおりである。第１因子を「市のインフラの評価」，第２因子を「市の安全と人々のケアの評価」，第３因子を「市の労働生活条件の評価」，第４因子を「市の自然環境・文化・レクリエーションの評価」と解釈することができる。

⑵　市における諸関係に関する評価

項目２の市における諸関係に関する評価は「次の事柄（1～9）についてあなたの市の諸関係について評価してください」として９問を５段階回答で尋ねている。

この９問の因子分析の結果は表Ⅳ-2のとおりである。第１因子は「市の老

表Ⅳ-2：問２の因子負荷量行列（主因子法，バリマックス回転）

	因子			
	第１因子	第２因子	第３因子	第４因子
1．家族・親族間	.010	.093	.857	.170
2．近隣間	.204	.096	.826	.154
3．宗派間	.210	.058	.306	.762
4．政治集団間	.175	.336	.090	.780
5．企業家間	.072	.822	.055	.314
6．企業家対市民間	.232	.839	.137	.055
7．老若間	.694	.348	.295	−.080
8．民族間	.725	.033	.121	.312
9．対ロマ間	.730	.111	−.025	.172

若間・民族間・対ロマ間の関係の評価」，第２因子は「市の企業家間・企業家対市民間の関係の評価」，第３因子は「市の家族・親族間・近隣間の関係の評価」，第４因子は「市の宗派間・政治集団間の関係の評価」である。

(3) 地域の活動への参加希望

項目３の地域の活動への参加希望は「次の事柄（1~8）についてあなたはどの程度積極的に参加したいですか」として８問を３段階回答で尋ねている。

この８問の因子分析の結果は表Ⅳ-3のとおりである。第１因子を「地域社会貢献活動参加希望」，第２因子を「社会・文化・スポーツ参加希望」，第３因

表Ⅳ-3：問３の因子負荷量行列（主因子法，バリマックス回転）

	因子		
	第１因子	第２因子	第３因子
1．社会・文化活動	.413	.617	.165
2．地域開発活動	.489	.420	.374
3．公共の秩序と市民生活に関連した諸問題の解決	.569	.153	.464
4．障害者のための慈善活動	.758	.116	.117
5．市の環境保全活動	.708	.200	.154
6．スポーツ	−.020	.883	.017
7．政党により組織化された政治活動	.054	.066	.943
8．居住環境の改善	.816	.014	−.034

子を「政治活動参加希望」と解釈することができる。

⑷　生活において重視する価値観

項目４の生活において重視する価値観は，「あなたにとって次の事柄（1～29）はどの程度重要ですか」として29問を５段階回答で尋ねている。

表Ⅳ-4：問４の因子負荷量行列（主因子法，バリマックス回転）

	因子			
	第１因子	第２因子	第３因子	第４因子
1．他者からの独立	.028	.052	.154	.699
2．権威の確立	.080	.119	.405	.521
3．高潔	.496	.304	−.184	.280
4．金銭	−.210	.399	.453	.096
5．能力についての自信	.135	.283	.224	.533
6．人間の平等	.542	.235	.025	.114
7．伝統	.646	−.063	.073	.020
8．法の尊重	.578	.108	.116	−.012
9．仕事	.126	.626	.189	.132
10．謙虚	.624	.314	.012	−.068
11．集団性	.491	.294	.274	−.028
12．社会的地位	.171	.095	.699	.117
13．家族	.178	.709	−.044	.009
14．連帯	.658	.215	.065	.037
15．権威の尊重	.520	.091	.400	−.176
16．裕福	−.181	.077	.687	.015
17．忍耐	.491	.357	−.057	.198
18．愛	.201	.675	−.066	.151
19．道徳	.572	.289	−.113	.299
20．国家	.582	−.023	.048	.324
21．正直	.612	.236	−.299	.393
22．自由	.225	.412	−.049	.527
23．社会正義	.448	.355	.031	.258
24．宗教	.612	.236	−.299	.393
25．企業家精神	.193	−.102	.499	.424
26．精神面	.559	−.076	−.053	.115
27．パワー	.029	−.164	.701	.141
28．教育	.289	.312	.215	.165
29．相互の信頼	.475	.409	−.040	.222

この29問の因子分析の結果は表Ⅳ-4のとおりである。第1因子は「社会の規範・価値観の重視」，第2因子を「家庭生活の重視」，第3因子を「経済的・社会階層の重視」，第4因子を「自己確立の必要条件の重視」と解釈することができる。

(5) 文化的催しへの参加

項目5の文化的催しへの参加は，「あなたは次のイベントにどの程度参加しますか」として6問を4段階回答で尋ねている。

この6問の因子分析の結果は表Ⅳ-5のとおりである。第1因子は「クラシック音楽・芸術鑑賞の頻度」，第2因子は「ポップ音楽のコンサートとダンスパーティー参加の頻度」，第3因子は「民謡・民舞祭参加の頻度」である。

表Ⅳ-5：問5の因子負荷量行列（主因子法，バリマックス回転）

	因子		
	第1因子	第2因子	第3因子
1．演劇・オペラ・オペレッタなど	.746	.139	.229
2．クラシック音楽のコンサート	.824	.038	.120
3．民謡・民舞祭	.217	.079	.965
4．ポップ音楽のコンサート	.178	.829	.126
5．ダンスパーティー	.057	.882	−.011
6．展覧会	.781	.139	.048

2．個人属性と因子の関係

項目1から項目5の64問から18因子にまとめられた評価や意識について，それぞれ個人属性との関係はどうであろうか。各因子得点と個人属性の相関係数を求め，有意確率0.05レベル以下のものだけを表Ⅳ-6にまとめた。

表Ⅳ-6をみると年齢がもっとも多くの因子に関係していることがわかる。

表Ⅳ-6：個人属性と因子の相関関係

	年齢	性別*	学歴	居住歴**	階層帰属意識
・市の安全と人々のケアの評価			.07	−.07	
・市の自然環境・文化・レクリエーションの評価	.07				
・市の老若間・民族間・対ロマ間の関係の評価	.14				
・市の企業家間・企業家対市民間の関係の評価	−.08				
・市の家族・親族間・近隣間の関係の評価					.07
・市の宗派間・政治集団間の関係の評価	.10			.06	
・クラシック音楽・芸術鑑賞の頻度	.08	.15	.29		.16
・ポップ音楽コンサートとダンスパーティー参加の頻度	−.50	−.09	.08	−.20	
・民謡・民舞祭参加の頻度	.26			.12	
・社会の規範・価値観の重視	.30	.16		.11	
・家庭生活の重視		.07		−.11	−.10
・経済的・社会階層の重視	−.18	−.09		−.09	.15
・自己確立の必要条件の重視	−.17	−.07	.14		
・地域社会貢献活動参加希望	−.08	−.16	−.17	−.08	
・社会・文化・スポーツ参加希望	.31	.20	−.14	.14	−.11
・政治活動参加希望	−.21		−.10		

（注）　＊0＝男性　1＝女性
　　　＊＊0＝生来住んでいる　1＝転居してきた

社会・文化・スポーツ参加希望，社会の規範・価値観の重視，民謡・民舞祭参加の頻度，市の老若間・民族間・対ロマ間の関係の評価，市の宗派間・政治集団間の関係の評価，クラシック音楽・芸術鑑賞の頻度，市の自然環境・文化・レクリエーションの評価は，高年齢層ほど評価が高い。ポップ音楽コンサートとダンスパーティー参加の頻度，政治活動参加希望，経済的・社会階層の重視，自己確立の必要条件の重視，地域社会貢献活動参加希望，市の企業家間・企業家対市民間の関係の評価は，若年齢層ほど評価が高い。

性別については，社会・文化・スポーツ参加希望，社会の規範・価値観の重視，クラシック音楽・芸術鑑賞の頻度，家庭生活の重視は，男性より女性で，地域社会貢献活動参加希望，経済的・社会階層の重視，ポップ音楽コンサートとダンスパーティー参加の頻度，自己確立の必要条件の重視は，女性より男性の評価が高い。

学歴については，クラシック音楽・芸術鑑賞の頻度，自己確立の必要条件の重視，ポップ音楽コンサートとダンスパーティー参加の頻度，市の安全と人々のケアの評価は，高学歴者ほど，地域社会貢献活動参加希望，社会・文化・スポーツ参加希望，政治活動参加希望は，低学歴者ほど高い値である。

居住歴については，ポップ音楽コンサートとダンスパーティー参加の頻度，家庭生活の重視，経済的・社会階層の重視，地域社会貢献活動参加希望，市の安全と人々のケアの評価は，転居してきた人より生来住んでいる人の方が値が高い。社会・文化・スポーツ参加希望，民謡・民舞祭参加の頻度，社会の規範・価値観の重視，市の宗派間・政治集団間の関係の評価は，生来住んでいる人より転居してきた人の方が値が高い。

階層帰属意識については，クラシック音楽・芸術鑑賞の頻度，経済的・社会階層の重視，市の家族・親族間・近隣間の関係の評価は，帰属階層意識が高くなるほど値が高く，一方で，社会・文化・スポーツ参加希望と家庭生活の重視は，帰属階層意識が低くなるほど低い値となる。

3．社会経済的地位と因子の関係

次に，18因子にまとめられた評価・意識が，回答者の社会経済的地位によって異なっているかどうか，それぞれの因子について，因子得点の平均値を用いて企業家・自営業者，雇用者，年金生活者の比較を行った結果を表Ⅳ-7に示す。

表Ⅳ-7で因子得点の平均値をみると，年金者は企業家・自営業者と雇用者に比べて絶対値が大きいものが多く，他と際立った傾向を示している。すなわ

表Ⅳ-7：企業家・自営業，雇用者，年金者の因子得点の平均値

	企業家・自営業者 (N＝128)	雇用者 (N＝402)	年金生活者 (N＝198)
・市のインフラの評価	.02	−.01	.03
・市の安全と人々のケアの評価	.08	.05	−.15
・市の労働生活条件の評価	.04	−.10	.07
・市の自然環境・文化・レクリエーションの評価	−.08	−.01	.16
・市の老若間・民族間・対ロマ間の関係の評価	.05	−.02	.17
・市の企業家間・企業家対市民間の関係の評価	.02	.01	−.09
・市の家族・親族間・近隣間の関係の評価	−.15	.04	.12
・市の宗派間・政治集団間の関係の評価	−.14	−.02	.19
・クラシック音楽・芸術鑑賞の頻度	.02	.07	−.07
・ポップ音楽コンサートとダンスパーティー参加の頻度	.08	.12	−.68
・民謡・民舞祭参加の頻度	−.07	.05	.32
・社会の規範・価値観の重視	−.28	−.02	.52
・家庭生活の重視	−.12	.11	−.07
・経済的・社会階層の重視	−.01	.03	−.27
・自己確立の必要条件の重視	.35	.00	−.26
・地域社会貢献活動参加希望	−.07	.07	.08
・社会・文化・スポーツ参加希望	.11	.12	−.51
・政治活動参加希望	.14	−.03	.21

ち年金者は企業家・自営業者と雇用者に比べて平均値がプラスとなるのは10因子あり，そのなかでとくに社会の規範・価値観の重視と民謡・民舞祭参加の頻度，政治参加活動希望の値が際立っている。逆に，年金者の平均値がマイナスとなるのは8因子あり，そのなかでとくに，ポップ音楽コンサートとダンスパーティー参加の頻度，社会・文化・スポーツ参加希望，経済的・社会階層の重視，自己確立の必要条件の重視が際立っている。企業家・自営業者には，「自己確立の必要条件の重視」の値の高さが際立っている。雇用者に関しては，多くの因子において平均値は2グループの間にあり際立った特徴がない。

4．3都市と因子の関係

次に，18因子にまとめられた評価・意識のそれぞれについて，3都市間で比較する。因子得点の平均値を表Ⅳ-8に示す。

表Ⅳ-8をみると，B. シチアヴニッツァが市の安全と人びとのケアの評価，市の自然環境・文化・レクリエーションの評価，市内の老若間・民族間・対ロマ間の関係の評価，市内の企業家間・企業家対市民間の関係の評価，社会の規範・価値観の重視，自己確立の必要条件の重視，地域社会貢献活動参加希望に関して，他の2都市と比べ高い値を示している。ブレズノが家族・親族間・近隣間の関係の評価，民謡・民舞祭参加の頻度，家庭生活の重視，経済的・社会階層の重視に関して，プレショウが市のインフラの評価，地域の労働生活条件の評価，市内の宗派間・政治集団間の関係の評価，クラシック音楽・芸術鑑賞の頻度，社会・文化・スポーツ参加希望，政治活動参加希望に関して，他の2都市と比べ高い値を示している。ポップ音楽コンサートとダンスパーティー参加の頻度の値は3都市においてほとんど差がない。 際立って高いプラスの値は，B. シチアヴニッツァが自然環境・文化・レクリエーションの評価と市の安全と人々のケアの評価で，ブレズノが民謡・民舞祭参加の頻度と家庭生活の重視で，プレショウが市のインフラの評価と労働生活条件の評価であることが読み取れる。逆に際立って低いマイナスの値は，B. シチアヴニッツァが市のインフラの評価で，ブレズノが市内の老若間・民族間・対ロマ間の関係の評価で，プレショウが市の自然環境・文化・レクリエーションの評価である。自然環境・文化・レクリエーションの評価とインフラの評価に関しては，B. シチアヴニッツァとプレショウは，プラスとマイナスに大きく離れており差が顕著である。

表Ⅳ-8：3都市の因子得点の平均値

	B.シチアヴニッツァ	ブレズノ	プレショウ
・市のインフラの評価	−.60	.24	.31
・市の安全と人々のケアの評価	.34	−.20	−.11
・労働生活条件の評価	−.20	−.15	.32
・自然環境・文化・レクリエーションの評価	.57	−.06	−.45
・老若間・民族間・対ロマ間の関係の評価	.19	−.29	.10
・企業家間・企業家対市民間の関係の評価	.18	−.01	−.16
・家族・親族間・近隣間の関係の評価	.11	.19	−.27
・宗派間・政治集団間の関係の評価	−.05	−.05	.10
・クラシック音楽・芸術鑑賞の頻度	.02	−.15	.12
・ポップ音楽コンサートとダンスパーティー参加の頻度	−.02	.03	−.01
・民謡・民舞祭参加の頻度	−.19	.39	−.20
・社会の規範・価値観の重視	.15	.07	−.20
・家庭生活の重視	.00	.23	−.22
・経済的・社会階層の重視	−.10	.10	.00
・自己確立の必要条件の重視	.13	−.10	−.02
・地域社会貢献活動参加希望	.14	−.02	−.11
・社会・文化・スポーツ参加希望	−.11	.00	.10
・政治活動参加希望	−.14	−.02	.14

5．意識と評価の説明要因

次に，項目6から項目10の意識と評価のそれぞれについて，説明要因を3都市間で比較する。説明要因として，項目1から項目5で得られた18因子および個人属性を用い，問6から問10を被説明変数とする重回帰分析を行った。その結果，有意とされた説明変数に加えて，都市別を加えて重回帰分析を施し，都市別の傾向を比較した。個人属性として取り上げたのは表Ⅳ-9に示すとおりである。

表Ⅳ-9：重回帰分析で取り上げた属性

年齢（20歳未満＝1　80歳以上＝14　とする5歳きざみの1～14）
性別（男性＝0　女性＝1）
学歴（学歴なし＝1　低＝2　中の低＝3　中＝4　中の高＝5　大学卒＝6）
居住歴（0＝生まれた時から住んでいる　1＝転居してきた）
帰属階層意識（下＝1　中の下＝2　中＝3　中の上＝4）
月収（400€未満＝1　400～599€＝2　600～899€＝3　900～1,199€＝4
1,200～1,499€＝5　1,500～1,999€＝6　2,000～3,999€＝7　4,000€以上＝8）

(1)　市に対する誇り

項目6の「あなたは，市を誇りに思いますか」という質問に対して5段階の回答を求めた。この5段階を評価尺度と考え，これを被説明変数の値として重回帰分析を行った。この結果を表Ⅳ-10に示す。

分析の結果，説明変数のベータ値の高い順から，年齢，社会の規範・価値観の重視，市議会議員の活動と重要な決定に対する評価，市の自然環境・文化・レクリエーションの評価，生活と仕事の変化に関する一般的評価，市の老若間・民族間・対ロマ間の関係の評価，市の安全と人々のケアの評価が，市に対

表Ⅳ-10：市に対する誇りに関する重回帰分析の結果

	標準化係数（ベータ）	t値	有意確率 N＝908
・年齢	.187	5.954	.000
・社会の規範・価値観の重視	.162	5.224	.000
・市議会議員の活動と重要な決定に対する評価	.140	4.651	.000
・自然環境・文化・レクリエーションの評価	.122	3.747	.000
・生活と仕事の変化に関する一般的評価	.090	3.032	.003
・老若間・民族間・対ロマ間の関係の評価	.086	2.763	.006
・安全と人々のケアの評価	.069	2.230	.02
・ブレズノ***	−.287	−8.379	.000
・B. シチアヴニッツァ***	−.065	−1.733	.083

（注）　調整済み重相関係数　R^2＝.244
***項目6から項目10のダミー変数においてプレショウを基準とする。

する誇りにプラスの影響を与えていることがわかる。ブレズノの市に対する誇りはマイナスである。3都市の比較については，プレショウとブレズノ，そしてブレズノとB. シチアヴニッツァに差があり，B. シチアヴニッツァとプレショウには差がないことが読み取れる。

(2)　居住の意思

項目7の「あなたは，生涯にわたってこの市に住み続けたいですか」という質問に対して5段階の回答を求めた。この5段階の評価尺度を，被説明変数の値として重回帰分析を行った。この結果を表Ⅳ-11に示す。

表Ⅳ-11を見ると市に対する誇りが居住の意思にもっともプラスの影響を与えており，年齢，民謡・民舞祭参加の頻度が続く。ポップ音楽コンサートとダンスパーティー参加の頻度，労働生活条件の評価は，居住の意思にマイナスの影響を与えているもののその影響は弱いことが読み取れる。居住の意思については，3都市において差がない。自由度調整済み重相関係数は比較的高い。

表Ⅳ-11：居住の意思に関する重回帰分析の結果

	標準化係数（ベータ）	t 値	有意確率 N＝732
・市に対する誇り	.540	19.125	.000
・年齢	.307	9.625	.000
・民謡・民舞祭参加の頻度	.084	3.031	.003
・ポップ音楽コンサートとダンスパーティー参加の頻度	−.081	−2.736	.006
・労働生活条件の評価	−.072	−2.732	.006
・ブレズノ	.023	.729	.466
・B. シチアヴニッツァ	.014	.448	.654

（注）　調整済み重相関係数　R^2＝.385

(3)　生活と仕事の変化に関する一般的評価

項目8の「あなたは生活と仕事の変化を一般的にどのように評価しますか」

という質問に対して5段階の回答を求めた。この5段階の評価尺度を，被説明変数の値として重回帰分析を行った。ここでは，説明変数として，項目8の質問に続く質問「過去10年間の市内の貧富の差は拡大したでしょうか，または減少したでしょうか」(5段階回答：1．とても大きくなった　2．ある程度大きくなった　3．ほとんど変わらない　4．ある程度小さくなった　5．とても小さくなった）を加えた。この結果を表Ⅳ-12に示す。

表Ⅳ-12をみると貧富の差の趨勢（過去10年）に関する評価（縮小），月収，市の自然環境・文化・レクリエーションの評価，家族・親族間・近隣間の関係の評価，性別（男性より女性），企業家間・企業家対市民間の関係の評価，社会の規範・価値観の重視が，生活と仕事の変化に対する一般的評価にプラスの影響を与えていることが読み取れる。しかし，年齢と市の宗派間・政治集団間の関係の評価は，生活と仕事の変化に対する一般的評価にマイナスの影響を与えている。生活と仕事の変化に対する一般的評価については，3都市において差がないことが読み取れる。

表Ⅳ-12：生活と仕事の変化に対する一般的評価に関する重回帰分析の結果

	標準化係数（ベータ）	t値	有意確率 N＝860
・貧富の差の趨勢（過去10年）に関する評価	.236	7.380	.000
・月収	.228	7.074	.000
・市の自然環境・文化・レクリエーションの評価	.129	3.728	.000
・家族・親族間・近隣間の関係の評価	.110	3.475	.001
・性別	.095	2.918	.004
・企業家間・企業家対市民間の関係の評価	.070	2.162	.031
・社会の規範・価値観の重視	.066	1.972	.049
・年齢	−.165	−4.994	.000
・宗派間・政治集団間の関係の評価	−.078	−2.468	.014
・ブレズノ	−.004	−.122	.903
・B. シチアヴニッツァ	−.017	−.423	.672

（注）　調整済み重相関係数　R^2＝.176

(4)　市議会議員の活動と重要な決定に対する評価

項目9の「あなたは市議会議員の活動と重要な決定に対してどの程度満足していますか」という質問に対して4段階の回答を求めた。この3段階の評価尺度を，被説明変数の値として重回帰分析を行った。この結果を表Ⅳ-13に示す。(なお，回答項目の“関心がない”は分析から除いた。)

分析の結果，市に対する誇り，市のインフラの評価，社会の規範・価値観の重視，民謡・民舞祭参加の頻度，安全と人々のケアの評価，地方選挙（2010年）での投票が市議会議員の活動と重要な決定に対する評価にプラスの影響を与えている。市議会議員の活動と重要な決定に対する評価については，3都市において差がないことが読み取れる。

表Ⅳ-13：市議会議員の活動と重要な決定に対する評価に関する重回帰分析結果

	標準化係数（ベータ）	t値	有意確率 N＝744
・市に対する誇り	.244	6.604	.000
・市のインフラの評価	.160	4.224	.000
・社会の規範・価値観の重視	.160	4.224	.000
・民謡・民舞祭参加の頻度	.132	3.728	.000
・安全と人々のケアの評価	.119	3.423	.001
・地方選挙（2010年）での投票	.082	2.346	.019
・ブレズノ	.042	1.035	.301
・B. シチアヴニッツァ	.057	1.311	.190

（注）　調整済み重相関係数　R^2＝.174

(5)　社会的公正の趨勢に関する過去10年間の変化についての評価

項目10の「過去10年間でどの程度市内は社会的に公正になりましたか」という質問に対して5段階の回答を求めた。この5段階の評価尺度を，被説明変数の値として重回帰分析を行った。この結果を表Ⅳ-14に示す。

分析の結果，労働生活条件の評価，老若間・民族間・対ロマ間の関係の評

表Ⅳ-14：社会的公正の趨勢に関する過去 10 年間の変化についての評価に関する重回帰分析の結果

	標準化係数（ベータ）	t 値	有意確率 N＝914
・市の労働生活条件の評価	.133	4.182	.000
・市の老若間・民族間・対ロマ間の関係の評価	.129	.417	.000
・市の安全と人々のケアの評価	.115	3.892	.000
・階級帰属意識	.108	3.823	.000
・市の家族・親族間・近隣間の関係の評価	.071	2.464	.014
・貧富の差の趨勢（過去 10 年）に関する評価	−.362	−12.298	.000
・家庭生活の重視	−.094	−2.988	.003
・自己確立の必要条件の重視	−.071	−2.536	.011
・居住歴	−.065	−2.327	.020
・ブレズノ	.091	2.763	.006
・B. シチアヴニッツァ	.117	3.547	.000

（注） 調整済み重相関係数 R^2＝.315

価，安全と人々のケアの評価，階級帰属意識，家族・親族間・近隣間の関係の評価，生来住んでいることがプラスの影響を，貧富の差の趨勢（過去 10 年）に関する評価（拡大），家庭生活の重視，自己確立の必要条件の重視が，社会的公正の趨勢（過去 10 年）の変化についての評価にマイナスの影響を与える。これら 9 つの説明変数のなかで，貧富の差の趨勢（過去 10 年）に関する評価（拡大）がもっとも強くマイナスの影響を与えている。3 都市の比較については，プレショウとブレズノ，そしてプレショウと B. シチアヴニッツァに差があり，ブレズノと B. シチアヴニッツァに差がないものの，社会的公正の趨勢に関する過去 10 年間の変化についての評価にプラスの影響を与えている。自由度調整済み重相関係数は比較的高い。

6. ま と め

スロヴァキア共和国の 3 都市（B. シチアヴニッツァ，ブレズノ，プレショウ）における人々の生活状況と価値観に関する面接調査（2013 年実施）の分析結果について述べた。

最初に，複数問（問1から問5の64問）による評価や価値観をまとめて考える必要があるため，因子分析を行った。その結果得られた18因子の得点と個人属性の相関関係は，年齢がもっとも各因子に関係していることがわかった。性別については男性が，学歴は高学歴が，居住歴は生来が，階層帰属意識は高い方が各因子の高得点に関係していることがわかった。3都市と各因子得点を比較した結果は，市の各種の評価に対しては，B. シチアヴニッツァとプレショウはブレズノよりプラスの評価が多く，市の諸活動への参加希望も同じく，B. シチアヴニッツァとプレショウがブレズノより積極的である。各種催し参加の頻度は，ブレズノがB. シチアヴニッツァとプレショウに比べ若干多くなっている。価値観については，B. シチアヴニッツァとブレズノがプレショウに比べおしなべて各因子の値が高い。年金生活者は企業家・自営業者と雇用者に比べると各因子において差が顕著であった。

次に18因子のなかから説明できると思われる因子，その他の質問，個人属性，3 都市を加えた重回帰分析を行った。その結果，市に対する誇りにプラスの影響を与える主な因子と個人属性は，年齢，社会の規範・価値観の重視，市議会議員の活動と重要な決定に対する評価，市の自然環境・文化・レクリエーションの評価である。居住の意思に影響を与える主な因子と個人属性は，市に対する誇り，年齢であり，生活と仕事の変化に関する一般的評価にプラスの影響を与える主な因子と個人属性は，貧富の差の趨勢（過去10年）に関する評価（縮小）月収，市の自然環境・文化・レクリエーションの評価であり，年齢はマイナスの影響を与えている。市議会議員の活動と重要な決定に対する評価に影響を与える主な因子は，市に対する誇り，市のインフラ（ガス・水道・インターネット接続など）の評価，社会の規範・価値観の重視，民謡・民舞祭参加の頻度，安全と人びとのケアの評価である。社会的公正の趨勢に関する過去10年間の変化についての評価に影響を与える主な因子と個人属性は，労働生活条件の評価，老若間・民族間・対ロマ間の関係の評価，安全と人びとのケアの評価，階級帰属意識がプラスの影響を，貧富の差の趨勢（過去10年）に関する評価（拡大）がマイナスの影響を与えている。

項目6から項目10に関する3都市間の差については，市に対する誇りに，ブレズノはマイナスの影響を与えており，B. シチアヴニッツァとプレショウのそれぞれに差があり，B. シチアヴニッツァとプレショウには差がない。社会的公正の趨勢に関する過去10年の変化についての評価には，プレショウはB. シチアヴニッツァとブレズノのそれぞれに差があり，ブレズノとB. シチアヴニッツァには差がないものの，両都市はその評価に対しプラスの影響がみられる。居住の意思，生活と仕事の変化に関する一般的評価，市議会議員の活動と重要な決定に対する評価については，3都市において差がみられなかった。なお，これら5項目それぞれについての重回帰分析の結果は，居住の意思の自由度調整済み重相関係数が0.385ともっとも高く，他項目に比べて予測の当てはまりが良いことを示している。

謝辞　本章の執筆にあたり中央大学社会科学研究所客員研究員の林文さん（統計数理研究所客員教授）に大変お世話になりました。ここに深く感謝の意を表します。

V　地方自治体と地域行政の機能

リュボミール・ファルチャン
（石川晃弘 訳）

1．調査対象都市における自治体の政治と行政

われわれは調査対象3都市の各市役所で，主として経済課，学校教育課，地域振興課の幹部と面接して聴取調査を行った。これら3都市はそれぞれ行政上の位置が異なり，B. シチアヴニッツァとブレズノは郡の中心都市，プレショウは郡のみならず県の中心都市でもある。また，市議会の規模や行政執行機関の構成も異なる。自治体の意思決定者とその数は（2013年調査時点），B. シチアヴニッツァでは市長と17人の議員，ブレズノでは市長と21人の議員，プレショウでは市長と31人の議員である。執行機関は市役所で，その長は助役（prednosta）である。各市役所は部や課に分かれて市の政策の執行に当たる。市はそのほかに，市役所の外に事業体を持っている（市警，図書館，営林署，初等学校（日本の小中学校に該当），幼稚園・保育園，文化会館，など）。

2．インフラ整備と産業振興

市の権限に属する地域振興策とその執行において，調査対象3都市にはかなり共通した，次のような特徴が見出せる（2013年調査時点）。

B. シチアヴニッツァ：ごみ分別収集の効果的なシステム作り，周辺地域をも含めた観光インフラの支援，上下水道の整備。

ブレズノ：交通インフラ（道路と駐車場）の整備，市内大量交通手段の解決，エコロジー関連インフラの整備。

プレショウ：公共的ごみ問題の処理，市内大量交通手段の解決，交通網の修理維持，エコロジー関連サービス。

各都市のインフラ問題にはそれぞれ特殊な面があるが，エコロジー（ごみ処理，公園・公共緑地），市内交通インフラ（道路・駐車場，公共交通手段）などは共通した問題である。B. シチアヴニッツァには特殊的に水と水道に関連するインフラ問題があり，またそこでは駐車場の不足などが観光インフラ整備の阻害因になっている。

この文脈で触れなければならないのは，これらの都市がそれぞれの権限の枠内で地域の経済振興をいかになしうるか，という点である。これら3都市のどれにおいても調査時点で問題となっていたのは，労働市場に好影響をもたらすような新しい投資者をいかに地域に誘うか，ということであった。B. シチアヴニッツァ市の幹部たちとの面接で指摘されたのは，次の点である。

－　市が方針として，エコロジ－的保全策を持った投資者の参入を優先する。

－　市が方針として，観光産業に関連したもの，および市の教育的・知的ポテンシャルを活用したものを優先する。

－　市は，地域がユネスコの世界文化・自然遺産に登録されていることから，投資に一定の制約を課す。そのため市内，とくに歴史地区における観光インフラの開発投資に対して一定の制約がなされている。

－　市は外国からの投資者を探すにあたってスロヴァキア投資交易局（SARIO）と協力している。

－　市内には，所有主はいるが利用の方向が定まらない，未利用の，あるいはほとんど利用されていない工業地域がある。

ブレズノの場合は，市が何年か前に工業団地の敷地を作ったが，いまなお投資が進んでいないという状況にある。今のところ市は大量の雇用を生みだせる重要な外資を惹きつけないでいる。市役所での面接聴取ではそのような投資を呼び込む努力の話が出たが，現在のところオランダのいくつかの小企業が観光分野への投資の登録をしている程度である。

プレショウの状況は少なくともいくつかの基本的な点で異なっている。

－　2004年～05年に市は市有地に3つの工業団地を作ることを決定した。(www.presov.sk)

－　工業団地には軽機械製造，運輸，プラスチック製造，電子工業，木工などの立地を求める。

－　2011年以降の現在，工業団地ではアメリカの自動車部品メーカー，ハネウェル（Honeywell）社が操業している。(www.openiazoch.zoznam.sk)

－　梱包技術のイタリアの企業，トラヴェリン（Travelin）社の立地が予定されている。(www.openiazoch.zoznam.sk)

－　2013年にはエネルギー生産のRSエネルギー社の立地が告知されている。(www.venergetike.sk)

－　この工業団地では自動車シートの鉄枠を作っているアメリカの企業LEAR社スロヴァキア現地有限会社が稼動している。(www.webnoviny.sk)

－　オランダの企業CTP株式会社が進出している。(www.webnoviny.sk)

工業立地がこのように進んではいるが，プレショウとその地方の高い失業率を考えると，雇用状況の改善のためにもさらなる投資の呼び入れが必要であろう。

これら調査対象都市には大型店が出店し（たとえばBILLA，LIDL，TESCO，KAUFLANDなど），それによる雇用増がある程度みとめられる。

3．観光開発

3つの都市のうち観光開発の問題がもっとも共振しているのはB.シチアヴニッツァである。この都市は建築物の魅力（地域全体がユネスコ世界遺産に登録）

に加えて都市部と郊外の魅力を引き立てる自然環境に恵まれ，それらが相俟って観光客の増加傾向をもたらしている。それゆえこの市における戦略的振興策のひとつは観光インフラの整備に向けられており，そこには運輸交通インフラの整備だけでなく，来訪者調査，印刷物や電子媒体やビジュアル媒体の宣伝物の準備，観光向けウエッブサイトの用意，観光向け地域組織の結成なども含まれる。観光および観光産業の振興へのこうした取り組みとともに，社会的・文化的行事とその設計がなされているが，それは今のところ主として夏季に行われている。この都市における観光の繁栄は，市内の宿泊施設と飲食施設の増加と郊外の自然美の魅力に表れている。市の関心はこの観光を日帰りだけのものでなく，できるだけ多く滞在型へと転換していくことにある。

ブレズノの場合は，観光が発達しているのは市内ではなくてその後背地であり，主として低タトラ山麓の村々と低タトラ国立公園内のレクリエーション観光の各要所である。ブレズノ市の南に位置するスロヴェンスケー・ルドホリエ山地も一部そこに入る。市には2008年～2013年の経済社会開発計画はあるが，そのなかには観光振興が入っていない。その文書にはただ「観光業の潜在的可能性はまだこの地方では十分活用されていない」と記されているだけである（Program hospodárskeho a sociálneho rozvoja mesta Brezno 2008-2013, in: http://mesto.brezno.sk）。市役所の地域振興課での話によると，外国の姉妹都市（フランスのミュドン，チェコのノヴィー・ビジョフ，ポーランドのチェハノフ，セルビアのチャチャク，ギリシャのアグリア）との間で，観光，スポーツ，レクリエーションの宣伝のための共同サイトを打ち立てる計画の準備が進められているという。しかし実際のところ，市は後背地を含むこの地方の観光のサービスセンターとはなっていない。市は国立公園を含むこの地域の観光開発に対する自身の役割や，市が観光開発に寄与すべき具体的取組みについて，なんら定義づけをしていない。経済社会開発計画には次のように記されている。「量的観点からみると市の状況は改善されておらず，むしろ停滞しており，宿泊所数もベッド数もやや減少している（宿泊所は1993年に8か所あったが2005年には7か所となり，ベッド数は1993年に324だったが2005年には268である）。」（Program hospodárskeho a sociálneho rozvoja mesta Brezno 2008–2013, In: http://mesto.brezno.sk）

プレショウの場合には観光は最優先課題でない。プレショウ市は郡および県の中心地としての地位と機能を担っているからである。しかしそれは歴史のある都市であり，後背地も含めた観光開発の中心としての役割を運命づけられている。この点に関してプレショウ市経済社会開発計画では，プレショウは観光振興の潜在的可能性を有しており，それはミネラル水と温泉水の源泉にあると述べられているが（Program hospodárskeho a sociálneho rozvoja mesta Prešov, In: www.presov.sk），これに加えて歴史的な市民の館や宮殿の建物が並ぶ市の中心地もあげるべきであろう。

4．市営住宅の問題

住宅政策は市の重要な政策の一部をなす。1989 年の後，市は国営住宅の管理と所有を引き継ぎ，それは市営住宅（コミューン住宅）となった。その後市は大部分そのファンドを売却して私的所有へと移した。そして市営住宅の大部分は福祉住宅（社会住宅）と結びつけられた。個別世帯用住宅の建築による住宅需要の充足は主として開発業者の手に委ねられた。開発業者は土地を買い，家屋を建て，完成した家屋を客に売っている。住宅に関する市政の不十分さが今，問題として意識されてきている。調査対象の各都市に関して，面接聴取から，また計画文書から，以下のような状況がみてとれる。

B. シチアヴニッツァの場合，計画文書（Program hospodárskeho, sociálneho a environmentálneho rozvoja mesta Banská Štiavnica, r.2006, 1. Časť a 2.Časť 2006, In: www.banskastiavnica.sk）は，若年者および社会的弱者向け，および新規就労者の市内定着のための賃貸住宅の建設の必要性について述べている。しかし当面の関心は既存の建築物（住宅とは限らない）を建て直して居住向け空間を作ることに置かれている。この文脈で市はその必要から，かつて学生寮だったポズヴァニークを改築して 48 戸分の居住部分を作った。

市営住宅はブレズノの市役所でも課題となっている。市役所の地方振興課での面接聴取では次のような点があげられた。

– 市営住宅の建設は実現せず，住居支援策は成功しなかった。

– 市が受け付けた住宅申込数を満たすには，300～360戸分の建設が必要である。

– 別な計算では，住宅建設の形式の如何にかかわらず（賃貸の共同住宅か，市場ベースの住宅か），市は1年に少なくとも85戸分を作る必要がある。そうすれば若年者を市内に定着させ，その流出を防止することが可能となる（同時に就労の場が提供されることが必要だが）。

– ロマのコミュニティのための福祉住宅（50平米以下に制限された）の問題がある。

– 交通インフラと駐車場の問題の解決は緊要の課題である。

プレショウでは経済社会開発計画によると住宅問題に関して次の点が中心をなしている。

– 住宅団地の修復計画。

– 住宅建設のための条件作り（土地利用計画と合わせて土地のタイプの確定および開発業者との計画の摺り合わせ）。

– 市営住宅の建設のための条件作り（国家補助―国家住宅開発基金―の申請）。（Program hospodárskeho a sociálneho rozvoja mesta Prešov, In: www.presov.sk）

しかし住宅開発の計画目標は一連の問題に当面している。市内の社会的弱者層向け福祉住宅の分野では，いわゆるパネル住宅の建設方針が当該地域の住民の反対に遭遇している。これは社会的不適応住民への怖れからきている。その他の問題としては，新しい建築用地として12地区が設定されたのに計画作りと準備が遅れ，その建築が延び延びになっていることがあげられる。一方市役所には，2013年初めの時点で賃貸住宅割当申し込みが280件にものぼっている。（Mesto Prešov určilo lokality na výstavbu bytov, In: Prešovský korzár, 4. Januára 2013）

5．学校の管理運営

市や村の自治体は幼稚園，学校食堂，自由時間センターなどの施設を管理運営する権限を持ち，また初等学校（日本でいえば小中学校）に関する権限を委譲されている。市や村の特徴と大きさ，そこに立地する学校の種類と範囲によって，自治体の権限と責任の範囲は異なる。この点で注記しておきたいが，市や村は公立の初等学校とその施設の管轄者であるだけでなく，そこにある私立の初等学校，たとえば教会付属の初等学校にも一定の責任を負っている。これらの私立初等学校は一部の財源を国から補助されており，同時に市・村や郡や県からも補助金を受けている。初等学校と中等学校（日本でいえば高校）には学校協議会とか学校地区協議会とか学校地域協議会といった，自主助言機関が設けられている。この「率先的・自主的協議体は……公共の利害関心，生徒，父母，教員その他教育関係者の利害関心を表現し実行する。それは公共的立場から学校教育上の問題解決と改善向上に向けて，学校，教育施設，国家地方行政機関，市町村および県の機関の諸活動を検討し追究する。」(www.porada.sk)。

基本的には中等学校も一面では国家の教育プログラムを尊重しなければならないが，同時にまたそれを補完するために，学校自身の方針に沿ったプログラムを持つ余地が開かれている。

B. シチアヴニッツァでは市立の教育施設として初等学校2校と初等芸術学校と自由時間センターがある。市内にはバンスカー・ビストリッツァ郡立の特殊初等学校もある。市の権限で学校を管理運営しているのは学校教育事務所である。そのほかにB. シチアヴニッツァには教会付属初等学校と私立初等学校がある。B. シチアヴニッツァは2013年に初等および中等学校の国家基準を満たして約950ユーロを受け取った。市内の初等学校も中等学校も教育課程の質的向上に向けたプロジェクトの執行と実現にも積極的である。学校教育事務所での聴取によれば，初等学校だけでなく幼稚園も地域環境教育にかなり取り組んでいる。父母会も活発であり，なかには市民結社となって市やその他のさまざまな団体に助成金を申請して，それをもとに活動プロジェクトを組み上げている。

ブレズノには初等学校が3つあり，それらは市立である。またそのほかに初等芸術学校とバンスカー・ビストリッツァ郡が管理運営する特殊初等学校がある。2013年に市が学校運営で受けた額は200万ユーロである。この額の資金のほかに，初等学校を含めて学校はその諸活動を実現するための助成の申請を，プロジェクトを介して行っている。市役所の学校教育事務所での話によれば，国が定めた教育プログラムだけでなく，個々の学校の決定と選択による他の教育プログラム（スポーツ関連のものや外国語学習のものなど）も作られている。教育作業プログラムの枠内にプロジェクトを組み入れることで，それ相応の助成金を得ることもある。そのほかに学校によっては小規模プロジェクトに取り組んで父母からの資金援助（父母の市民結社を介して，あるいは父母に納税額の2%を割り当ててもらって）を受けている場合もある。市は予算の約40%を学校教育に振り向けている。

プレショウの市立学校は初等学校13校，初等芸術学校4校，幼稚園2校である。学校はこれらのほかに私立初等芸術学校3校，教会付属初等芸術学校1校，私立自由時間センター4か所，教会付属自由時間センター1か所，教会付属初等学校4校，私立初等学校3校，国立初等学校1校，教会付属幼稚園3校，私立幼稚園7校，郡立特殊学校3校がある。プレショウは国から学校予算として1,000万ユーロを受けている。しかし学校教育課での話では，市内の学校の必要を資金的に充足するのは難しいという。市内には市立以外の学校もあって，市はそれらにも部分的に補助金を出している。そのため市は学校サービスに対する料金の値上げを提案し，それによって資金不足を解決して必要な教育施設を廃止しないで済むようにした。学校自身が決定する教育プログラムに関しては，プレショウでは語学教育志向が強く，なかでも英語が支配的であり，そこではCLIL法（Contact Language Integrated Learning）が使われている。この方法の一環として，英語が英語の時間だけでなく他の学科の時間でも使われている。これはEUの資金に支えられたプログラムであり，学校が負担するのは5%である。学校によってはドイツ語，フランス語，スペイン語，ロシア語など，広く他の外国語の教育をも行っている。スポーツ関連のプログラム，あるいはスロヴァキア語，あるいは算数や会計のプログラムなど，広範なプログラムを有する学校もある。福祉プログラムのなかには保健学校プロジェクトがある。父母校友会の役割と協力は一様ではない。市の学校教育課で強調されたことだが，それは学校の運営と父母のモチベーションとの交流の質の如何による。この面での経験実績は多様であり，良好な例もあればそうでない例もあるという。

6．自治体と市民セクターの関係

最後に，調査対象都市の自治体とそこで活動する市民結社との諸関係について述べる。特定の市民結社に関する詳しい観察は別の章でなされているので，本章では，市と市民結社との間でどの程度意思疎通と具体的協力がなされているか，市はその財政の枠内で市民結社の活動を資金的にどう援助しているか，という点を概観したい。

しかしこの関係を確証しようとすると，いくつかの問題にぶつかる。それは次の点から派生している。

- 市内で活動する市民結社の数。
- 市民結社が実現しようとする市民活動の計画目標の多様さ。
- 計画した活動のための財源を確保するうえでの市民結社の力量。
- 市が市民セクターの支援に割り当てる予算規模の大きさ。
- 市と市民結社との協力を醸成し支える社会的風土，信頼関係，意志。

B. シチアヴニッツァでは2013年市勢要覧によれば「2013年に市内には130の登録された市民結社があり，そのうち19は地域振興と観光開発，13はスポーツと体育，12は芸術と文化，10は生活環境，2は教育，1はロマ支援を目的としているものである。そのほかにも多くの団体が市内で活動している（サラマンドラ，琥珀の道，青少年情報センター，ブルル写真クラブ，など）。」（Správa o stave mesta Banská Štiavnica za rok 2013, In: www.banskastiavnica.sk）

市役所での話によると，市は市民結社に1万4,000ユーロを助成している。これは市の予算全体のおよそ半分に当たる。市民結社は具体的な活動に対する助成金をプロジェクトごとに申請することができる。市はスポーツや文化の分野の活動だけでなく，社会貢献活動に対しても助成に努めている。市民活動支援に向けられる財源が限られて少額であるため，プロジェクトへの助成申請は全部が全部通るわけにはいかない。そのため市民セクター（あるいはその一部）と市との間で不満や反目が生じかねない。このような緊張関係は資金の不十分さから起こり，市の側からは，市の助成金にだけ頼って他の機関からの助成を得ようという努力をしない市民結社があるという苦情が出てくる。市はまた，市民結社のなかには市政に批判的なものがあることに神経質になっている。

ブレズノではウエッブサイトに15の市民結社が載っており，その主なものは文化とスポーツ分野のものであるが，他分野のものもある。しかし実際にはもっと多い。市役所での話では，市民社会の結社活動への助成は多様である。市からの助成の可能性の他に，たとえばさまざまな種類の財団への助成金申請など，他から資金を引き出す可能性も存在する。得た情報によれば市は2012年に市民結社の活動のための予算を立てなかったが，2013年にはそれのために3万7,000ユーロを組んだ。助成金に応募したのは主として文化とスポーツの分野で活動する団体だった。

プレショウでは2013年の決算書によれば，市は市民結社を含めて市内で活動するNGOのすべてのプロジェクトに助成金を出した。その金額は団体によってまちまちであり，数百ユーロのところもあれば数千ユーロのところまである。とりわけ助成がなされたのはスポーツ活動，福祉・保健活動に対してであった。

市民結社についてはさらに詳しく後続の章で検討される。

参考資料（市役所の関連部署での面接聴取のほかに）

www.zmos.sk
www.municipalia.sk
Spravy.Pravda.sk
www.banskastiavnica.sk
Vlastivedný slovník obcí na Slovensku 1, VEDA, 1977
www. statistics.sk
Správa ostave mesta Banská Štiavnica za rok 2013, In: www.banskastiavnica.sk
http://mesto.brezno.sk
Rozpočet mesta Brezno na roky 2011 – 2013, In: http://mesto.brezno.sk
Vlastivedný slovník obcí na Slovensku 2, VEDA, 1977
www.presov.sk
Záverečný účet mesta Prešov za rok 2013 a návrh finančného usporiadania, In: www.presov.sk
www.openiazoch.zoznam.sk
www.venergetike.sk
www.webnoviny.sk
Program hospodárskeho a sociálneho rozvoja mesta Brezno 2008 – 2013, In: http://mesto.brezno.sk
Program hospodárskeho a sociálneho rozvoja mesta Prešov, In: www.presov.sk
Program hospodárskeho, sociálneho a environmentálneho rozvoja mesta Banská Štiavnica, r.2006, 1. Časť a 2.Časť 2006, In: www.banskastiavnica.sk
Mesto Prešov určilo lokality na výstavbu bytov, In: Prešovský korzár, 4. Januára 2013
www.porada.sk
ZÁVEREČNÝ ÚČET MESTA BREZNO ZA ROK 2013, In: http://mesto.brezno.sk

Ⅵ　地域における社会・文化活動と市民結社

小熊　信

地方都市においてNPOは社会・文化活動の担い手として重要な役割を果たしている。本章では，これらNPOの地域における役割とともに，人びとのNPO活動への参加や，資本主義経済下におけるその財政基盤の確立など，NPOが組織運営上で直面している今日的な課題について取り上げる。

1．NPOと市民社会

NPOをはじめとする非営利セクターは，市場や政府の境界領域において，たんに市場や政府によるサービス供給の不足や偏りを補うばかりでなく，市民が持つ多様なニーズに対しても柔軟に対応しうる組織類型として注目されている（藤井 2010）。

スロヴァキアにおいても，NPOの活動への期待は大きい。2002年には，ハンガリーに次いで，スロヴァキアにおいてもパーセント法が導入されている[1)]（茶野 2006）。同制度は，NPO等[2)]の活動を資金的に支援することを目的に創設された制度であり，個人所得，法人所得に課せられる税のうちの2%が公益活動を担うNPO等の団体に振り向けられることとなっている。そして，その振り向け先の団体については，納税者自身があらかじめ登録された団体のリストから任意に選ぶことができる。また，同制度がはじめて導入されたハンガリーでは，1997年の導入時，政府主導のもとで進められたのに対し，スロヴァキアではNGOからの働きかけのもとにこの制度が導入されている(Marček 2007)。

NPOに対する支援の充実と，その活動の活性化は，1989年の体制転換以降のスロヴァキア社会の変容プロセスのなかで，「市民社会の再生」(神原 2010)，つまり，草の根からの自主的市民活動の発達（石川 2010）として説明される。しかし，それとは対称的に，体制転換後，「急激な市場経済化に翻弄されて，人びとは自分の生活防衛に走り，地域では人間関係の希薄化と人びとの原子化が一層進んだとみられる」(石川 2010）という指摘もある。体制転換後のスロヴァキア市民社会の変容過程は，一面的に評価することができない。

本章では，スロヴァキアにおけるNPOを含む非営利組織の団体数の動向，住民アンケートに基づく市民参加をめぐる意識の実態と変化を確認したのちに，地域社会で社会・文化活動に取り組むNPOに対するヒアリング調査に基づきながら，スロヴァキアの地域社会で活動するNPOが果たしている社会的な役割，そして現在直面している課題を探っていく。

2．スロヴァキアにおける非営利法人数の動向

スロヴァキア統計局は法人数について，営利企業と非営利法人の二区分に分けて記録している。ここでいう非営利法人数には，各種ボランティア団体や市民活動団体を意味するNPOのほかにも，財団，政党，教会などが含まれる。NPOに限った組織数は公表されていないので，ここでは全体的な傾向をつかむことを目的として，非営利法人数の動向をみておきたい。

図Ⅵ-1によると，スロヴァキアにおける非営利法人数は，2003年には3万6,992法人だったものが，2012年には5万8,158法人へと大きく増加している。人口が微増にとどまるなかで，団体数だけをみればスロヴァキアの非営利法人は発展していることが確認できる。ただし，非営利法人1団体当たりの人口という点では，2003年の145人から，2013年には93人に減ったということになる。

図Ⅵ-1：法人数と人口の推移

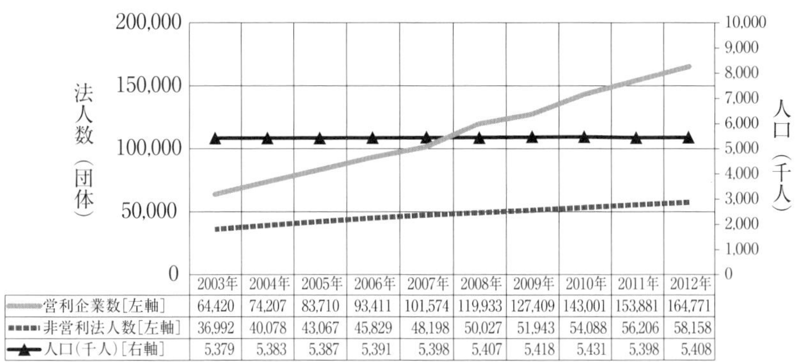

	2003年	2004年	2005年	2006年	2007年	2008年	2009年	2010年	2011年	2012年
営利企業数[左軸]	64,420	74,207	83,710	93,411	101,574	119,933	127,409	143,001	153,881	164,771
非営利法人数[左軸]	36,992	40,078	43,067	45,829	48,198	50,027	51,943	54,088	56,206	58,158
人口（千人）[右軸]	5,379	5,383	5,387	5,391	5,398	5,407	5,418	5,431	5,398	5,408

（出所）　スロヴァキア統計局，*ŠTATISTICKÁ ROČENKA REGIÓNOV* より作成。

ところで，非営利法人の対となる組織として統計にまとめられている営利企業については，2003 年の 6 万 4,420 法人から 16 万 4,771 法人へと 2 倍を超えるまでに急増を記録している。非営利法人数は一貫して増加しているものの，営利企業数に比べれば，その団体数の伸びは低調といえる。

つぎに，われわれが追跡調査を行っている 3 つの都市が位置する郡レベルの動向を確認しておきたい。いずれの地域においてもスロヴァキア全体での傾向と同様に，非営利法人の数は増加傾向を示している。

このうち法人数がもっとも大きいのは，3 つの郡のなかで人口が最多のプレショウで，2012 年時点で 1,664 法人となっている。2003 年（931 法人）と比べれば 1.8 倍の増加である。これはスロヴァキア全体における増加（1.6 倍）と比べても大きな伸びとなっている（図Ⅵ-2）。

ブレズノ（2003 年の 425 法人から 2012 年の 628 法人）と B. シチアヴニッツァ（同 179 法人から 246 法人）においても，それぞれ 1.5 倍，1.4 倍の増加を記録している。ただ，これらの地域での増加幅はスロヴァキア全体に比べるとやや小さい。

スロヴァキア全体と同様に，法人当たりの人口の動向についても確認しておこう。なお，これらの 3 都市を含む各郡の 2012 年時点での人口は，プレショ

図Ⅵ-2：調査都市における非営利法人数の推移

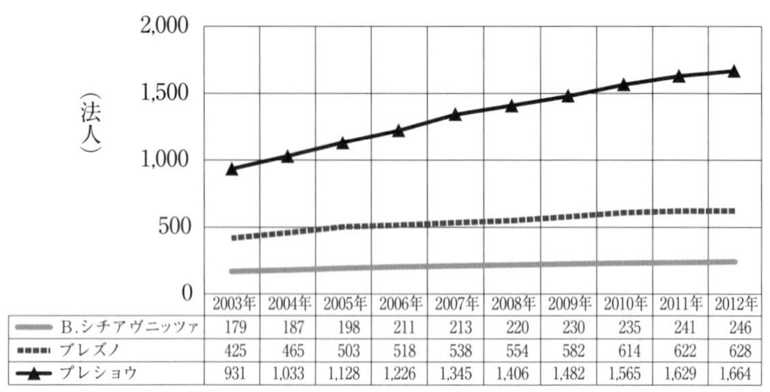

	2003年	2004年	2005年	2006年	2007年	2008年	2009年	2010年	2011年	2012年
B.シチアヴニッツァ	179	187	198	211	213	220	230	235	241	246
ブレズノ	425	465	503	518	538	554	582	614	622	628
プレショウ	931	1,033	1,128	1,226	1,345	1,406	1,482	1,565	1,629	1,664

（出所）　スロヴァキア統計局，*ŠTATISTICKÁ ROČENKA REGIÓNOV* より作成。

ウ郡が 17 万 0,180 人（対 2003 年比で 4.5％増），ブレズノ郡が 6 万 3,886 人（同 2.5％減），B. シチアヴニッツァ郡が 1 万 6,545 人（同 2.9％減）である。そして，2012 年における法人当たりの人口は，プレショウとブレズノが 102 人，B. シチアヴニッツァが 67 人である。これをスロヴァキア全体と比べると，プレショウとブレズノでは法人当たりの人口が多く，B. シチアヴニッツァでは少ないということになる。ただし，いずれの郡においても 2003 年と比べて法人当たりの人口が 6～7 割に下がっていることは共通している（表Ⅵ-1）。

本節において法人数の動向を取り上げた非営利法人は，政党，教会等も含むため，そのまま NPO 団体数の動向を示しているとも言い切れない。ただし，上述したような法人数の顕著な増加からは，NPO 団体についても増加傾向に

表Ⅵ-1：郡レベルにおける非営利組織あたりの人口

	2003年	2004年	2005年	2006年	2007年	2008年	2009年	2010年	2011年	2012年	2012年／2003年
B. シチアヴニッツァ	95	91	86	80	79	76	73	71	69	67	0.71
ブレズノ	154	140	129	125	120	116	110	104	103	102	0.66
プレショウ	175	158	145	134	123	118	112	107	104	102	0.58

（出所）　スロヴァキア統計局，*ŠTATISTICKÁ ROČENKA REGIÓNOV* より作成。

あることがうかがえる。このことだけを捉えれば，パーセント法などのNPO等に対する支援策を背景として，法人数という側面にとどまるが，スロヴァキア社会においてNPOの活動が発展してきたことが推測される。

3．住民の社会・文化活動への参加状況

非営利法人の数は，定点追跡調査を行っている3都市においても全般的に増加している。本節では，住民の視点からみた地域の社会・文化活動への関わりを確認するために，住民アンケートの結果を取り上げたい。

ところで，地域における社会・文化に関連したイベントの担い手としては，NPO等の市民活動ばかりでなく，行政，学校，教会，企業など，さまざまな担い手が想定される。そのため，社会・文化関連のイベントへの参加状況は，NPO等の市民活動の充実をそのまま反映するものとはいいきれない。しかし，次節で取り上げることになるが，3つの都市において文化活動を展開しているNPOへのヒアリングからは，地方都市において，NPOが地域における重要な文化活動の担い手となっていることがうかがえる。とくに，これらの地方都市における社会・文化活動は，体制転換前に地域の主要産業として存在してきた国営企業によって担われている部分が大きかった。ところが，体制転換後は，企業規模の縮小，経営状況の悪化などを背景に，企業による社会・文化活動への貢献は大きく後退し，同様に厳しい財政状況におかれることとなった地方自治体も，それらの社会・文化活動を全面的に抱え込むことは困難な状況におかれていた。地方都市において，他の文化活動の担い手が後退していくなかで，NPO等の市民活動体はそれらの活動の数少ない担い手となっているといえる。

(1)　地域の文化・レクリエーション環境への評価

はじめに地域における社会・文化活動に対する住民の全体的な評価の動向を確認しておこう。［地域の文化・レクリーション環境］への評価をみると，B. シチアヴニッツァでは7割の多数が〈良い〉（「とても良い」「やや良い」）と肯

定的に評価し，他方，ブレズノ，プレショウではいずれも〈良い〉は3割で，地域の文化・レクリエーション環境に対する評価は分かれている。また，「とても良い」を5点，「とても悪い」を1点とした5点法による指数をもとに2006年からの変化を確認すると，ブレズノ，プレショウでは，2006年からほとんど変わっていない。それに対し，環境への評価が高かったB. シチアヴニッツァでは2006年の3.0点から，今回の3.8点へと大幅に上昇している（図Ⅵ-3）。

スロヴァキア社会において，2006年から2013年に至る7年間は，経済状況の悪化に伴う失業率の上昇によって，収入の減少をはじめ，人びとの生活状況も悪化の一途をたどる期間が続いていた。そのような生活悪化の状況下にあっても，地域の文化・レクリエーション環境に関しては維持され，また，B. シチアヴニッツァにおいては改善されてきたことが確認される。

生活が悪化するなかでも，文化・レクリエーション環境への評価が維持されている背景の一端を探るために，他の評価項目への回答との関係をみたものが表Ⅵ-2である。文化・レクリエーション環境への評価は，取り上げた評価項目のなかで［保健・医療］，［大都市への交通］以外のすべての側面との間で有意な関係を示しているが，なかでも［自然環境］との関係が強く，他には［教育］，［子どもや若者のケア］，［高齢者のケア］との関係が比較的強いことが示されている。他方，生活水準に直接的な影響を及ぼす［雇用と労働条件］との

図Ⅵ-3：地域の文化・レクリエーション環境

地域別	とても悪い	やや悪い	どちらともいえない	やや良い	とても良い	件数	＊悪い計	＊良い計	5点法による指数 2013年	5点法による指数 2006年
B. シチアヴニッツァ	4.0	4.3	21.8	44.9	25.1	303	8.3	70.0	3.8	3.0
ブレズノ	9.5	26.9	33.9	25.9	3.8	316	36.4	29.7	2.9	2.9
プレショウ	3.9	22.8	41.5	27.5	4.3	509	26.7	31.8	3.1	3.0

（注）「とても悪い」を1点，「とても良い」を5点とした5点法。

関係はそれほど強いものとはなっていない。このような傾向は3つの都市に共通してみられる。生活水準が悪化するなかにあっても，雇用など経済的な生活状況とはある程度距離をとった状態で，文化・レクリエーション環境への評価が維持されている。

表Ⅵ-2：地域の文化・レクリエーション環境への評価とその他項目への評価との相関係数（N=1128）

保健・医療	.015
教育	.233**
雇用と労働条件	.100**
自然環境	.446**
大都市への交通	.032
市内での交通	.083**
安全	.195**
子どもや若者のケア	.362**
高齢者のケア	.337**
インフラ	.111**
道路	.102**

（注）　**p＜.01　*p＜.05

(2)　社会・文化活動への参加状況

住民の文化的なイベントへの参加に関しては，3つの都市でいずれも高まっている。調査では［ポップ音楽のコンサート］，［民俗音楽のコンサート］，［クラシック音楽のコンサート］といった各種音楽のイベントや，［芸術作品の展覧会］，［演劇・オペラ・バレエの公演］，［ダンスパーティー］への参加経験の有無をたずねている。表Ⅵ-3には，これらのイベントへの参加の有無について，「まったく経験しない」を除く広くとった〈参加者〉の比率を示している。3つの都市に共通してみられるのは，2006年に比べて［ポップ音楽のコンサート］への参加経験が大きく増え，また，［民俗音楽のコンサート］，［クラシック音楽のコンサート］についても，参加経験のある人が増えていることである。さらに，これらの文化的なイベントについては，体制転換直後の1991年以降の推移をみても，参加は増加傾向にある。［芸術作品の展覧会］のように参加経験のある人が減っている文化活動もみられるものの，これらの都市では，総じて，文化的なイベントへの参加の機会は増え，環境が充実してきたことがうかがえる。

ただし，文化的なイベントに対する志向は世代によって異なるという特徴も示されている。都市別に年齢とそれぞれの文化的なイベントへの参加状況の間における相関関係をみると，3つの都市でともに［ポップ音楽のコンサート］，

表Ⅵ-3：文化活動への参加者比率

		音楽イベント			芸術作品の展覧会	ダンスパーティー	演劇・オペラ・バレエ
		ポップ音楽	民俗音楽	クラシック音楽			
B. シチアヴニッツァ	2013 年	66.3	64.0	39.3	62.0	61.4	51.5
	2006 年	25.8	53.0	18.9	72.8	54.0	40.1
	1997 年		42.1	25.8	68.8	43.6	22.4
	1991 年		32.4	16.4	62.3	34.8	21.8
ブレズノ	2013 年	64.2	81.3	39.9	48.7	67.4	54.7
	2006 年	25.3	69.0	21.0	69.3	64.3	55.7
	1997 年		71.3	26.3	62.0	53.0	38.3
	1991 年		58.8	17.1	53.2	37.0	31.5
プレショウ	2013 年	60.9	64.8	41.7	56.4	64.4	67.2
	2006 年	20.1	57.5	24.6	68.9	63.6	69.8

（注）「たびたび参加している」「ときどき参加している」「めったに参加しない」をあわせた参加者の比率。

表Ⅵ-4：年齢と各種文化的イベントへの参加の相関関係

	音楽イベント			芸術作品の展覧会	ダンスパーティー	演劇・オペラ・バレエ
	ポップ音楽	民俗音楽	クラシック音楽			
3 都市計	−.403**	.197**	.035	.006	−.445**	.036
B. シチアヴニッツァ	−.273**	.303**	.026	.121*	−.343**	.053
ブレズノ	−.343**	.229**	.084	−.036	−.438**	.056
プレショウ	−.513**	.125**	.009	−.040	−.509**	.013

（注） **p<.01 *p<.05

［民俗音楽のコンサート］，［ダンスパーティー］について世代間で違いがみられる。このうち，［ポップ音楽のコンサート］と［ダンスパーティー］は若年層で，［民俗音楽のコンサート］は高年層での参加経験者が多い（表Ⅵ-4）。

さらに，係数の大小に着目すると，規模の大きい都市であるプレショウでは，［ポップ音楽のコンサート］と［ダンスパーティー］など若年層の参加が多い文化的なイベントで世代間の差が大きいことが示されている。他方，逆に都市の規模の小さいB.シチアヴニッツァにおいては，高年層の参加が多い［民俗音楽のコンサート］について他都市以上に年齢間で差が生じている。都市の規模が小さいが故に，住民の間での地域の文化などの共有が比較的容易に行われる可能性も想定できるにもかかわらず，世代間の断層が大きい。

(3)　クラブ，サークルへの加入

文化活動への関わりでは世代間に志向の違いはあるにしても，総じて，文化的なイベントへの住民の参加機会は増え，文化・レクリエーション環境への評価もあがっている。これらは文化的なイベントへの“参加”という切り口からみた状況把握である。しかし，これらの地域において文化的な活動が展開されるためにはイベントの担い手となるNPOなどの市民団体の活動の充実化は不可欠な要素といえる。そこで，組織・団体への関わりという切り口からも現状を確認しておこう（図Ⅵ-4）。

何らかのサークル，グループ，クラブなどの集団への加入や参加の有無をみると，各都市ともに「加入・参加している」は1割台であるが，そのなかでB.シチアヴニッツァでは2割近くと多い。

図Ⅵ-4：サークル，クラブなどへの加入の有無

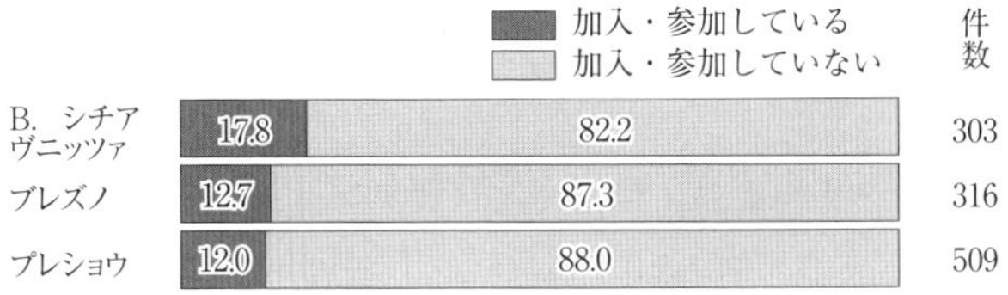

	加入・参加している	加入・参加していない	件数
B. シチアヴニッツァ	17.8	82.2	303
ブレズノ	12.7	87.3	316
プレショウ	12.0	88.0	509

ただし，都市間では年齢別にみた傾向に違いがみられる。表Ⅵ-5は，年齢と加入・参加との間でみた相関係数を示している。３つの都市のなかでもっとも人口の多いプレショウでは世代間の違いがあまり目立たないが，B. シチアヴニッツァ，ブレズノでは，いずれも「加入・参加している」は若年層に少なく，高年層に多いという傾向がみられる。

表Ⅵ-5：都市別にみた年齢とサークル，クラブなどへの加入との相関係数

３都市計	.115**
B. シチアヴニッツァ	.182**
ブレズノ	.119*
プレショウ	.067

（注）「加入・参加している」＝１。
**p＜.01　*p＜.05

⑷　住民アンケートからみた地域の文化活動の特徴

経済状況の悪化にもかかわらず，住民の文化・レクリエーション環境への評価は維持されている。ただし，その維持の背景としては，“文化・レクリエーション”というものが，雇用や労働条件とは一定程度切り離されて評価されていることがある。また，総体としてみて，文化活動への関わりは充実化しているといえるものの，文化的な志向における世代間の志向の違いが小さくないことが，各都市に共通してみられる。このことは地域において民俗音楽を含む伝統文化の維持・発展を図っていく際の障害となりうるだろう。

同時に，都市別にみると，３都市に同様にみられる文化的な志向の世代間の断層，なかでも［民俗音楽のコンサート］における差という点では，規模の小さいB. シチアヴニッツァで大きい。また，組織・団体への関わりという側面においても，規模の小さいB. シチアヴニッツァで世代間の差が顕著となっている。

４．地域の社会・文化活動の担い手としてのNPO

前節では，社会・文化活動について，住民アンケートの結果をもとに，主としてイベントの受け手の側の視点から，その変容や，世代間の断層をみてき

た。それに対し，本節では，地域において，社会・文化活動の担い手であるNPOなどの市民団体へのヒアリングをもとに，設立の経緯，組織を支えている資源，活動を担っている人材の3つの側面から考察を深めていきたい。

(1)　設立の経緯からみた特徴
――体制転換に伴うNPO設立の両面性――

本研究ではB.シチアヴニッツァとプレショウでは各3つ，ブレズノでは4つのNPOにヒアリング調査を行っている。活動内容や組織の規模は多様であるものの，まず，組織の成り立ちに着目することを通して，スロヴァキアで活動するNPOの特徴の一端を知ることができる。

ヒアリングをしたNPOの設立経緯をみると，大きく3つのグループに分けられる。

1つ目は，体制転換を契機として活動の自立を求められたケース，2つ目は，体制転換を契機に活動が再生したケース，3つ目は，体制転換とは関係なく，1990年代後半以降に設立されたケースである。

これらのうち1つ目と2つ目の体制転換を契機とする団体は，現在のスロヴァキアのNPOにおける両面性を示している。

1つ目のケースについて具体的にみると，B.シチアヴニッツァのホドルシャ鉱山協会は，もともとは地域にあった国営企業の鉱山事業所に附置されていた鉱山アカデミーにおいて蓄積されてきた伝統の維持・継承を目的としたNPOであり，国営企業時代の工場長を含む従業員が立ち上げた組織である。現在においても，国営企業時代に培われた専門性や，形成されてきた人的ネットワークが組織の根幹を支えている。また，ブレズノのブレズノ吹奏楽団とヤーン・ハルプカ劇団は，それぞれ社会主義となる前の時代からの歴史を有しているが，社会主義下においては，地域の主要工場である国営のモスターレン社の企業内クラブとして位置づけられていた。企業内クラブの時代には，活動への参加時には労働の義務が免除され，また，必要な物品や，公演時の移動手段なども国営企業によって保障されていた。国営企業が地域における文化の支援者となっていたのである。しかし，体制転換後，企業の経営状況の悪化とともに，企業は分割され，いずれの団体もNPOとして独立するに至っている（表Ⅵ-6）。

また，国営企業のもとで活動していた以外のケースでは，B. シチアヴニッツァのジヴェラ（地方支部）のように共産党傘下の国民戦線の内部組織からの独立というケースもある。ジヴェラは地域の文化的プログラムに取り組む女性団体であるが，その設立の起源は1869年にまでさかのぼる。ただし，社会主義時代には国民戦線の内部組織である女性連盟として再編される。しかし，体制転換後は国民戦線のもとを離れ，活動内容では原点に立ち戻ることが試みられた一方で，施設や財政など，組織の財政基盤は揺らぐこととなった。

国営企業下，国民戦線下のいずれからの独立であっても，それまでと比べれば，組織の自力での運営が求められるようになったことは共通している。国営企業のもとであれば，活動のための時間や資金は保障され，また，国民戦線のもとにあれば，「自治体などに上から圧力をかけること」もできた。

体制転換に伴う国営企業の縮小や，国民戦線の消滅は，同時に，地域の文化の担い手としてのこれらの組織の撤退を意味しており，ここでのNPOの誕生はその撤退の結果という要素を持っている。

NPOに関する研究では，レスター M. サラモンが，アメリカ社会において不可欠の存在であったNPOが1980年代初頭に危機に陥った要因として，政府の補助金削減による財政危機をあげている（Salamon 1997）。スロヴァキアにおいて1990年以降に起こった国営企業などの文化活動からの撤退も，同様の動きとして位置づけることができる。

次に，2つ目のケースについてみると，ブレズノのマチッツァ・スロヴェンスカー（地方支部），プレショウのA・ドゥフノヴィッチ・ルシン文化啓蒙協会のケースがあげられる。いずれも，社会主義下においては活動が事実上停止されていた組織である。これが体制転換に伴いかつての活動を再開することが可能となった。

体制転換後，「市民社会の再生」と「地域では人間関係の希薄化」が同時に

表Ⅵ-6：ヒアリング対象 NPO の設立（再建）年と活動内容・設立経緯

都市名	団体名	設立等の年	活動内容と設立経緯
B. シチアヴニッツァ	カルヴァリア基金	2007 年 （新規設立）	複合教会の再建，観光開発などを行う NPO。 設立者はスロヴァキア北部の都市より移住。
	ジヴェラ （地方支部）	1990 年 （再建）	文化的プログラム，国際女性の日などの文化的イベントを行う女性団体。 当初の設立は 1869 年であったが，社会主義下では，国民戦線下の女性連盟として活動していた。体制転換とともに再建。
	ホドルシャ鉱山協会	1992 年 （形態の変更）	鉱山アカデミーの伝統の再興に取り組む NPO。 前身は，国営鉱山企業附置のスロヴァキア科学技術協会で，工場の閉鎖とともに転換。
ブレズノ	ブレズノ吹奏楽団	1991 年 （形態の変更）	市民ブラスバンド。 1876 年設立の消防隊ブラスバンド以来の歴史を有し，1952 年には国営のモスターレン社の企業内クラブとなる。1989 年の企業分割に伴い NPO 化。
	ヤーン・ハルプカ劇団	2007 年 （形態の変更）	アマチュア劇団。 劇団として 90 年余りの歴史があり，社会主義時代には，国営のモスターレン社の企業内クラブとして活動していたが，企業分割後，ブレズノ市に運営が引き継がれる。しかし，市の負担軽減のために NPO 化。
	ヴィドラ	1997 年 （形態の変更）	本拠地チェルニ・バロク村を中心に観光開発を行う NPO。 1985 年に取り組まれたチエルノフロン鉄道の保存運動を継承することを目的に設立。
	マチッツァ・スロヴェンスカー （地方支部）	1993 年 （再建）	民族文化の振興のために，公演や式典等に取り組む NPO。 当初の設立は 1919 年にさかのぼるが，社会主義下では活動が停止されていた。
プレショウ	スーズヴク	2000 年 （新規設立）	古典的な音楽の楽譜に関する編集・出版や，教育コンサートに取り組む NPO。 大学の教職員が中心的な担い手となっている。
	プレショウ開発事務所	2007 年 （新規設立）	NPO と企業によって設立された観光振興などのコンサルティングに取り組む NPO。
	A. ドゥフノヴィッチ・ルシン文化啓蒙協会	2006 年 （再建）	ルシン文化（少数民族）の啓蒙を目的とした NPO。 当初の設立は 1924 年だが，1939 年以降，戦争のために活動が不能になる。 2003 年に活動が再開され，2006 年に NPO として登録される。

進んでいることが指摘されている。このうち，2つ目のケースは「市民社会の再生」の典型例といえる。他方，「地域での人間関係の希薄化」に関しては，市場経済化のなかでの人びとの生活防衛ばかりでなく，地域活動からの国営企業等の撤退も一因となっていることが考えられる。

いずれのケースであっても，非営利法人に関する統計のうえでは，団体数の増加として表れることになる。しかし，その内実においては，地域における文化活動の豊富化と貧弱化とをあわせもった性質を持つ変容過程であったといえる。

⑵　活動を支える資源

現在のスロヴァキア社会におけるNPOは，以上でみてきた国営企業下にあった組織を含め，活動のための時間や資金を自力で確保することが必要となっている。このうち資金に関しては，NPOの会員が拠出する会費のほかに，主として，政府や自治体からの助成金，企業や市民からの直接的寄付，そして，税制上のパーセント法に基づく資金提供が考えられる。

①　政府や自治体からの助成

ヒアリングを行ったNPOのなかでは，資金源のうち，自治体からの助成はいずれも限定的であることは共通しており，公的な資金を受けている場合には，政府からの助成の位置づけが大きい。

B. シチアヴニッツァのカルヴァリア基金は世界遺産にも指定されている複合教会の再建のために，プレショウのスーズヴクは教育コンサートのために，資金の助成を受けているが，いずれも政府からの助成が公的な助成の大部分を占めている。

また，自治体からの助成を受けているNPOでも，ブレズノのブレズノ吹奏楽団，マチッツァ・スロヴェンスカー（地方支部）では，自治体の財政状況によって，毎年，助成の有無が左右されている。自治体の財政規模が小さく，また，財政支出の抑制が行われるなかで，自治体が地域のNPOを支える主要なスポンサーとなることは難しくなっている。むしろ，これらのNPOの場合，自治体が主催する式典などでは無償でのパフォーマンスの提供を求められる事態にもなっている。

NPOにとって公的な助成を必要とするならば，政府による国レベルの選考のなかで，資金を得ていく必要に迫られている。

②　企業や住民からの直接的寄付

ヒアリングを行ったNPOのなかで，企業からの直接的な資金援助が団体の財源のなかで大きな割合を占めていたのはB. シチアヴニッツァのカルヴァリア基金のみであった。この団体は前述したように世界遺産に含まれる施設の再建を行っているために，これを企業としても支援することに宣伝効果があるとも考えられる。ただし，この場合も，支援をしているのは地域の企業ではなく，国内の他地域で工場を操業している外資系企業による支援である。

他のNPOでも地域の企業に支援を求める話は聞かれたが，20ユーロ，50ユーロなどの少額であったり，また，企業がつくる製品の無償提供にとどまっている。特に，都市の規模の小さいB. シチアヴニッツァやブレズノでは，地域の経済規模は小さく，企業数も限られているうえに，現状では経営状況の思わしくない企業が多い。くわえて地域の多くのNPOが活動への支援を求めて企業をまわるために，個々のNPOへの支援は限られた金額となっている。

また，地域の住民からの支援に関しては，NPOの出版物，土産物などの購入を通じた支援の話は聞かれたものの，それ以外の直接的な寄付についてはまったく聞かれなかった。カルヴァリア基金の代表によれば，地域の経済状況を反映し，収入の低下とともに，生活水準も悪化している。そのような環境下では，住民に寄付を求めていっても，それが現実化する可能性は限られているといえる。

③　企業や住民からのパーセント法を通じた資金提供

政府や自治体の助成，企業や住民からの直接的な寄付が限られているなかで，パーセント法を通じて得られる資金はNPOにとって，安定的な財源となりうる可能性を持っている。ただし，パーセント法によって得られる資金の位置づけは団体による違いが大きい。

B. シチアヴニッツァのカルヴァリア基金では，財源の7割をパーセント法によって得ており，主要な財源となっている。また，同都市のホドルシャ鉱山協会も，設立の母体となっていた鉱山企業2社から資金提供先としての指定を受け，安定的な収入源としている。

それに対して，パートセント法による資金提供が限定的であったり，資金提供先としての団体登録は行っていても，とくに会員やその家族以外への指定は求めず，結果として，会員やその家族からの指定の範囲内で，パーセント法に基づく資金獲得を図っている組織もあった。パーセント法による資金獲得を会員や家族以外に求めない理由について，プレショウのスーズヴクからは「小学校や企業までもが，資金の受け入れ先となるNPOを設立し，保護者や従業員に，資金提供先としての指定を求めている」という話が聞かれた。つまり，地域全体の公益に寄与することを志向する組織と，学校や職場など受益者が限定される共助に寄与することを志向する組織とが，パーセント法による資金の獲得をめぐって競合する事態が生じている。この場合，公益への寄与を志向した組織のパーセント法による資金獲得は，困難な状況に追い込まれることになる。また，同じくプレショウのプレショウ開発事務所では「自分たちを支援するように説得するためには膨大な時間がかかる」という話が聞かれた。資金提供先の指定は，企業，個人のいずれもが行う。このうち企業からの指定を受けることができれば，それが規模の大きい企業であれば，たとえ資金提供を決めた企業が一社であっても，NPOにとっては一定程度の資金を得ることができる。そして，そのためには企業の経営者のみを説得すれば済むことになる。しかし，個人に対しては，広く指定を求めようとすれば，広範な呼びかけを必要とするが，そのためには宣伝のための労力も嵩むことになる。

NPOにとってパーセント法に基づく資金の獲得は，政府や自治体からの支援が不安定かつ不十分で，また，経済環境の悪化のなかで企業や住民からの直接的な支援が見込めないなかで，一定程度は安定的な資金源となりえている。しかし，パーセント法による資金の提供先は，全国的な知名度を持ちうる組織と，自らが所属し直接的な利益としての還元が見込まれる組織とに，二極化していく危険性をはらんでいる。そのなかでそれらの中間に位置している地域社会に広く開かれた活動を展開しているNPOは厳しい状況におかれることになる。

(3)　組織を支える人材

NPOはその収入源が限られていることから，活動の担い手としてボランティアに依存するところが大きくなる。そこで，本節の最後に，組織を支える人材をめぐる課題に着目したい。ここでは，B. シチアヴニッツァのNPO，そして，国営企業の企業内クラブから転換したブレズノのNPOの事例を取り上げる。

①　B. シチアヴニッツァの場合

B. シチアヴニッツァでは3つのNPOに対してヒアリングを行ったが，いずれも人材面での課題を抱えている。B. シチアヴニッツァでは，いずれのNPOに対するヒアリングにおいても，若年層には出稼ぎのためにイタリアなどに出て行く人が多いという話が聞かれた。地域の雇用機会が限られているためである。

ジヴェラ（地方支部）では，組織の若返りを課題として据えている。しかし，そもそも町で生活する若年層が少なく，新規の加入希望者は60歳以降の年金生活者ばかりとなっている。

ホドルシャ鉱山協会でも会員の高齢化が進んでいる。若年層の出稼ぎに加え，世代間での経験の断絶が会員の年齢層を拡げる上での壁となっている。かつて鉱業が盛んであったこの都市では，体制転換後の経済のグローバル化のなかで，ほとんどの鉱山が閉鎖され，鉱山アカデミーも廃止されることとなった。他方，1993年には「歴史地区と近隣の鉱業建築物群」がユネスコの世界遺産に登録され，観光都市としての再生も図られてきた。しかし，主要な鉱山の閉鎖から20年余りを経て，鉱山文化のなかで生活してきた世代と，それ以降の世代との間では，経験の断絶に伴う文化や，地域の組織・団体との関わりという点で，世代間の不連続が生じている。同団体の運営委員は「(若年層に)

引き継ぎたいという意図や理念は表明してきた」が,「(鉱山のことは) 坑道におりたことのない人には,想像することも難しい」と同時に指摘している。

B. シチアヴニッツァでは,住民アンケートにおいて,[民俗音楽のコンサート] への参加や,組織・団体への加入の有無での世代間の断層がみられた。ここは小さな都市であり,かつ,地域の文化やネットワークが主たる産業である鉱山により形成されてきた側面が大きかったがゆえに,体制転換とそれに伴う国営企業の縮小が,世代間での経験やネットワークの断絶として表面化しやすい状況にあるといえよう。

また,これら2つの組織に比べれば新しい組織であるカルヴァリア基金でも,複合教会の復興に携わるボランティアは,専ら国内の他地域や,国外からの参加者ばかりで,近隣地域からの参加者はない。このような住民の状況について,代表者は何度も“passive”(受動的) と口にしている。地域の外には,資金面でも,人材面でも,支援を求めることができているものの,地域に生活する人びとの参加は得られないという,対称的な状況が生じている。

② 国営企業の企業内クラブから転換したNPOの場合 (ブレズノ)

モスターレン社の企業内クラブからNPOに転換したブレズノ吹奏楽団やヤーン・ハルプカ劇団では,アマチュアの組織でありながらも,企業内クラブ時代の活動水準を引き継ぎ,休日だけでなく,有給休暇も使用して公演や練習を行っている。

団員たちは,地域の文化活動の一翼を担っているという自負を持つ一方で,自治体からの支援は限定的であり,そのために生じる金銭的,時間的な負担を,個々人がかぶることに対して,複雑な思いを持っている。さらに,その負担は家庭生活を犠牲にするだけでなく,個々の勤務先においても,雇用主から「劇団で活動するならば,ここ (職場) から立ち去れ」といわれることもあり,労働が免除されていた企業内クラブの時代からとの落差は大きい。活動に対する外部からの支援が限られるなかで,個々人の負担が小さくないことが課題となっている。

さらに,将来の担い手の先細りも懸念されている。ブレズノ吹奏楽団では,

「金銭的な問題よりも深刻なことは，1989年以降，親が子どもをブラスバンドに通わせるという伝統が途絶えた」ことと今後への不安を口にしている。また，ヤーン・ハルプカ劇団でも「子どもの劇団では，保護者は子どもたちが活動している2〜3年の間という期間だけは活動に携わるが，その期間だけでは劇団の運営に必要な知識を学びとることができない」とし，専門的な指導部，そして，それを支えるもっと大きな支援の必要性を訴えている。

社会主義時代には，文化やスポーツ活動のために必要な機材等は国によって用意され，子どもは家庭環境とは関係なく，これらの活動に入っていくことが可能であった。しかし，現在のスロヴァキア社会では，子どもが何らかの文化，スポーツ活動に入っていくための経済的な負担は，個々の家庭が責任を負うこととなった。活動を維持していくための資源が限られているNPOにとって，そこには蓄積されてきた専門性はあるものの，これからの文化活動の担い手の育成にまで活動の領域を拡げることは難しい状況にある。地域の文化活動を担う団体の企業内クラブからNPOへの移行は，それまでの活動の蓄積とともに，パーセント法や助成金を獲得する努力もあり，現状では活動が何とか展開されているようにみえる。しかし，これからの活動の継承という点では不透明な状態にある。

5．総　　括

NPOがスロヴァキア社会に現れてきたバックグランドには，「市民社会の再生」の文脈で語られる社会主義時代に制限されていた諸活動の再生や新たな活動の展開とともに，社会主義時代には国営企業の傘のもとにあった諸活動の不本意な自立という二面性が存在している。

とくに，後者のNPOが展開してきた活動は，かつて国営企業によって支えられてきた蓄積があるだけに，活動の内実としても充実したものとなっていた。スロヴァキアの地方都市における社会・文化活動が，NPOの存在を抜きにしては語れない要因ともなっている。ただし，この転換は社会・文化活動の充実化が目指されたわけではなく，社会・文化活動への投入資源の削減の文脈で進んだ過程である。それゆえに，統計上で示されているスロヴァキア社会におけるNPOの増加傾向も，一概に，市民活動や社会・文化活動の充実化を示す指標として見なすことはできない。

また，スロヴァキア社会のなかで，寄付などを通してNPOを広く社会が支えるという意識は形成されているとはいいがたい。企業や住民からのNPOへの寄与は，専らパーセント法に基づく資金の提供指定のみで，その制度設計には課題も残る。しかし，NPOにとって同制度は組織の運営を支えるうえで無視できない資金源となっている。加えて近年の厳しい経済環境下では，企業からの支援は縮小傾向にあり，かつ，不安定化していることから，パーセント法に基づく資金獲得の重要性は相対的に高まっている。

そして，組織を支える人材という側面において，スロヴァキアにおけるNPOのこれからを考えると，今後，課題となってくることのひとつとして，“世代”をめぐる問題があげられるだろう。パットナムは，アメリカ社会において1970年以降に顕著に表れてきた市民による社会参加の低下の要因として，労働における負荷の増大，都市のスプロール化，テレビの影響力の拡大に加え，世代の変化をあげている（Putnum 2000）。スロヴァキアにおける住民アンケートの結果では，3つの都市のなかでも，規模の小さい都市ほど民俗音楽への接触や，組織・団体への関わりにおける世代間での断層が顕著であることが示されている。社会主義の時代を振り返ると，B. シチアヴニッツァにおける国営企業の鉱山事業所，ブレズノにおけるモスターレン社のように，小規模な都市では地域社会におけるこれらの企業の存在感は相対的に大きなものであった。このような環境下では，企業も地域における文化の共有プロセスの一環を担っていたといえる。体制転換，そして，その後の国営企業の民営化とリストラは，これらのプロセスの消失ももたらすゆえに，これらの都市は世代間での断絶が生じやすい環境におかれてきたといえる。今後，世代の問題を克服していくためには，現在のスロヴァキア社会において，文化の共有プロセスとなりうる新たなネットワークの創造が求められてくるといえよう。

1）ハンガリーでは1997年に導入されている。ただし，茶野によれば，ハンガリーでは政府主導のもとに制度が導入されており，当初の構想では，教会が第一義的な受益者として想定されていた。

2）ここでいうNPO等には，「市民団体，財団，投資目的ではないファンド，NPO」「宗教団体」「国際的活動を支援する機関」「赤十字スロヴァキア支部」も含まれている。

参考文献

石川晃弘　2010,「住民生活の変容と地域社会の再形成」石川晃弘，リュボミール・ファルチャン，川崎嘉元編著『体制転換と地域社会の変容―スロヴァキア地方小都市定点追跡調査―』中央大学出版部，66–68頁。

神原ゆうこ　2010,「地域観光産業と市民活動」石川晃弘，リュボミール・ファルチャン，川崎嘉元編著『体制転換と地域社会の変容―スロヴァキア地方小都市定点追跡調査―』中央大学出版部，90–91頁。

茶野順子　2006,「ハンガリーのパーセント法」松下啓一，茶野順子著『新しい公共を拓く　パーセント条例』慈学社，96–98頁，124–125頁。

藤井敦史　2010,「NPOとは何か」原田晃樹，藤井敦史，松井真理子著『NPO再構築への道』勁草書房，9–10頁。

Marček Eduard 2007, Slovakia's percentage mechanism, Budapest: the Nonprofit Information and Training Center. in : http://www.panet.sk/download/text_slovakia_percentagemechanism.pdf（2014年12月15日確認）

Putnam, R. D. 2006, *BOWLING ALONE : The Collapse and Revival of American Community*, New York: Simon & Schuster（柴内康文訳『孤独なボウリング―米国コミュニティの崩壊と再生』柏書房，2006年，346–347頁).

Salamon, L. M. 1997, *HOLDING THE CENTER:AMERICA'S NONPROFIT SECTOR AT A CROSSROADS*, New York: Nathan Cummings Foundation（山内直人訳『NPO最前線』岩波書店，1999年，24–26頁).

Ⅶ　地域文化振興における市民結社活動

リュビッツァ・ファルチャノヴァー
（石川晃弘 訳）

本章の狙いは，調査対象3都市における市民団体の事例をもとに，地域社会における自主結社の目的，内部活動，機能の現実を検討することにある。

1．自主結社の発展の歴史的・社会的・法的諸条件

自主結社はグローバルな世界において市民活動の主要な形態と考えられている。スロヴァキアにおける市民結社の現実にはいくつかの要因が影響している。そのなかでもっとも重要な規定的要因は，スロヴァキアとそれを含む中欧で起こった1989年以降の社会的政治的変動である。それ以前の社会主義的全体主義体制の時代と比べると，民主主義，私有制，行政管理に関わる新たな諸特徴が国民の生活空間に採り入れられ，そしてそれとともに，自主結社に基づく市民社会と市民活動が形成される法的，政治的，社会的空間が現われたのである。

次に重要な要因は，スロヴァキアにおける自主結社の伝統である。1989年の社会主義体制崩壊以降，スロヴァキアは新しい国家発展の時代に入って利害関心に基づく組織の基盤が拡大されたが，それに先立つ社会主義体制の40年や，さらにはそれ以前の時代においてさえ，自主結社は豊かな歴史を持っていた。自主結社の発展のそれぞれの時代は歴史の各時期の政治的社会的体制を反

映している。

社会的政治的転換以前の1989年までの社会主義の時代には，それ固有の自主結社政策がとられた。1951年の法律でそれ以前からあった集団は廃止され，自主組織の新しい構造が打ち立てられた。1951年の法律に沿って生まれた新しい利害関心共有集団は国民戦線という社会主義的組織のなかに束ねられた。この国民戦線という組織は当時の社会的政治的システムのもっとも重要な構成部分のひとつであった。宗教団体は放逐され，1954年までにすべての財団は解体された。

国民戦線の地方レベルや全国レベルの同盟に組織された基本単位の集団は，さまざまな分野に亘っていた。たとえば青年同盟，女性同盟，反ファシズム闘士同盟，障害者同盟，切手収集家団体，狩猟者団体，ペット飼育者団体，養蜂家団体，釣人団体，園芸家団体，等々である。社会主義時代には芸術集団や文化集団はそれらとは違う形で組織された。1949年以降の法律に沿った文化・啓蒙活動システムの改革に基づき，従来の組織形態は廃絶されて個々の芸術集団の活動は労働組合「革命的労働運動」の枠内で（職場活動として当該企業とそこの労働組合の支援を受けて），あるいはチェコスロヴァキア青年同盟とそのなかのクラブとして，あるいは啓蒙宣伝諸制度（談話会，クラブ，文化会館，町村の地域団体，農業協同組合のクラブ，等々）のなかで，あるいは学校をベースとして行われるようになった。企業レベルで活動していた集団の例をあげると，ブレズノでは吹奏楽団やアマチュア劇団などがそうであったし，B. シチアヴニッツァでは鉱山企業の文化団体がそうであった。当時のスロヴァキアでは地域色・地方色のある文化芸術活動が広く行われていた。たとえば1980年時点では1万4,000以上の文化芸術団体（とくに歌とダンス，音楽，工芸など）が活動していた。文化芸術活動の地域団体としてのローカルな社会結社は，そのローカルな空間において住民のニーズと活動を全面的に充足する機能を果たすものであった。

しかしいくつかの団体，とりわけ政治的な組織（共産党，青年同盟，女性同盟）は一般の利害関心共有集団よりも政治的統制を強く受け，その活動は社会主義のイデオロギー的信奉者によって担われていた。

体制転換で法制度が変わり，市民結社の新しい法律が作られた（市民結社法，1990年No.83）。現在はそれに基づいて大多数の市民結社が存在しており（個人あるいは法人の形で），その呼び方は過去から引き継いでいる（団体，協会，同盟，運動，クラブ，など）。新しい法制度のもとでさまざまなタイプの非営利団体に関する法律が生まれた。民間財団，公益組織，非投資基金，教会組織などである。われわれが行った3都市での市民領域の調査研究は，非営利団体，市民結社に注目した。

1989年以前に存在していた地域の自主結社は，その創設以来活動を継続しているものもあれば休止状態のものもあり，あるいは社会主義とともに消滅したものもあるが，多くは以前からの活動を継続し，市民結社としての制度を整え，あるいは新しい名称をとって自己変革を遂げて存続した。新しい社会的政治的条件のもとで，いわゆる〈緑の牧場〉にかなりの非営利組織が立ち現われ，そしてなお立ち現われ続けている。社会主義崩壊後のスロヴァキアで市民結社として登録された結社の数は，漸次増加してきた。脱社会主義の時期におけるその増加は，内務省の登録データにも表れている。1989年以降の時期のもっとも古い統計は1996年のものだが，それによると非営利セクターの組織として公式に登録されていた市民結社の数はスロヴァキア全土で1万4,646であり，それは非営利団体全体の55.9％であった。そしてその数は2013年には3万8,800に増えている。

スロヴァキア共和国内務省の登録は市民結社の活動分野別構成を知るうえで基本的資料となる。活動目的の多様さは，2013年の市民結社登録における21の主要分野（たとえばスポーツ，青年，芸術，文化，保健，職業，民族，人文，教会，福祉，など）と127の下位分野の分類からみてとれる。社会主義崩壊後の発展の典型的現象は，社会主義時代に比較して自主結社の活動目的に新しい分野が増大したことである。たとえば慈善的，人道的，宗教的指向の結社，保全や開発を目的とした結社，社会的あるいは専門的性格を持った結社などが，それである。スロヴァキアにおける市民結社のなかでもっとも多いのはスポーツ，レクリエーション，文化関連の集団である。

2．市民結社と地域文化行事におけるその主な活動

登録データと自治体幹部の話から，調査対象都市における市民結社の全般状況と文化関連自主結社の個別状況の概観のための基本データを得ることができた。

まず問題は調査対象3都市のそれぞれにおける非営利団体の数である。そのデータは地域生活にとっての非営利団体の意義を示す指標となるのだが，実際にはあまり客観的でない。なぜなら非営利組織の一部はただ形式的にしか存在せず，一定の資金を得る手段として形式的に活動しているだけであって，実質的な活動はなんら展開していないからである。

B. シチアヴニッツァとブレズノでは公式に国家登録している市民結社でもその活動はローカルなものである。これに対してプレショウはその人口規模がスロヴァキアで第3の都市だけあって，ローカルな枠を超えた広域的ないし全国的な意義を持つ市民活動の重要な中心地であり，広域的・全国的なタイプの非営利組織が多数ある。それらの結社は自治体からも支援を受け，ローカルな団体ともパートナー関係を持っている。

B. シチアヴニッツァでは2013年データによれば111の市民結社が登録されている。この都市の市民結社の構成をみると，もっとも数が多いのはスポーツクラブとスポーツ連盟である（その結社数は24）。自治体によるとそのうちとくに実質的な活動をしているのはサッカー，水泳，チェス，空手などのクラブやラジオクラブである。比較的強力な市民結社は学校の父母会である（その数は11）。この結社はスロヴァキアではすでに社会主義時代に各初等学校（日本でいえば小中学校）と中等学校（日本でいえば高校）に作られていたが，1989年の後にその大部分が市民結社と認証され，親による学校への財政支援の役を担っている（具体的には納税額の2%）。さらに，この地域で顕著な公共的市民活動の分野は，市内の歴史遺産の保存努力である。B. シチアヴニッツァは地域全体

がユネスコ歴史遺産に登録されており，地域の歴史遺産の保存と修繕のための特徴的な市民活動がそこにみられる。その市民活動はさまざまな市民結社によって営まれている（「カルヴァリア基金」「バンスカー・シチアヴニッツァ連盟91」「バンスコシチアヴニッツァ・ガラス工芸家連盟」「歴史遺産の声」「文化自然遺産研究所」「古都シチアヴニッツァ・フォーラム」「バンスカー・シチアヴニッツァ振興会」）。これらは地域の歴史的対象物の修復と再生に専門的立場から取り組んでいる。数の上ではそれほどではないが活動内容の点では意義ある注目すべきものとして，1990年代の体制転換期までの1千年間にわたってこの地域で経済活動をしていた鉱業を土台とした市民結社がある。その主目的は，鉱山および鉱業労働の歴史に関連した伝統を保存することにある。その他の結社としては福祉などに関わるものがある。たとえば障害児支援を目的とした「マルガレートカ協会」，高齢者向けの「マーリアの家のシニア」，動物愛護団体の「トゥーラヴァ・ラブカ」，スロヴァキア反ファシズム闘士連盟の地域基本組織，などである。

われわれの研究目的は調査地の文化生活における自主結社の役割に向けられている。それゆえ文化活動からみた結社の構成にとくに注目する。市民結社活動の内容からみると，芸術と文化のカテゴリーに分類される自主結社のグループが存在する。このカテゴリーはさらに下位グループに分かれる。アマチュア文化集団，作家連盟，ジャーナリスト連盟，造形美術家連盟，歌唱や舞踊や演奏のフォークロール集団や劇団などである。われわれの調査はこれらのカテゴリーに分類される結社にも眼を向けた。地域の文化活動には他のグループに分類される自主結社も関わっているからである。演奏や歌唱や舞踊や造形の分野で社会的，啓蒙的，文化的な何らかのアクションによって公共的行事に登場する諸結社にわれわれは注目する。自治体行政も，独立的な市民結社や全国的市民結社の地方組織として認証された集団だけでなく，市が組織する公共的な地域的行動，あるいは公共向けイベントを準備し実行する行動に能動的に参加する任意の利害関心共有集団をも含めて，自主的市民結社を重視している。

B. シチアヴニッツァの自治体幹部は上述の観点から文化の分野で活動する非営利団体に注目している。「写真クラブ・ブルブ」，「ホドルシャ鉱山協会」，

「民俗舞踊団シトニャン」,「シトニアンスキー騎士団」(伝統的フェンシングのサークルで文化と観光に寄与),「スペヴォコル・シチアヴニチャン」,「鉱山ブラスバンド」(任意集団),「テキサスキ(カントリー)」, ダンスグループ(そのメンバーは「子どもたちに完璧に舞踊を教える」)などである。自治体幹部によれば,文化分野の結社活動のなかには, 市民結社全国組織ジヴェナの地域組織も含まれる。

公式国家データによれば, ブレズノにおける市民結社数は人口数との対比でみるとB.シチアヴニッツァよりも多い。2013年データによるとブレズノには140の市民結社がある。ブレズノは山地に囲まれ, 冬季スポーツや夏季スポーツ, 山岳救助活動など, 数多くのスポーツ団体がある(55団体)。町を代表する各種最重要スポーツクラブ(市民結社)は「地域スポーツクラブ」に集約され, それをブレズノ市が財政的に助成している(バレーボールクラブ, 卓球クラブ, 体操クラブ, 射撃クラブ, 空手クラブ, バイアスロンクラブ)。さらにこの地域にはその他の集団スポーツや個人スポーツのクラブもある。室内サッカークラブ, サイクリングクラブ, ホッケークラブ, フィギュアスケートクラブ, などである。スポーツ団体はその数からいって地域市民結社のなかで支配的な集団である。これらに加えて市民結社はその取組課題の違いからさらに多様な諸集団に分かれる。自治体幹部によれば文化団体やスポーツ団体の活動のほかに,全市的観点からみて意義ある活動をしている諸組織がある。それは福祉, 健康, 慈善, 歴史や政治の分野の組織であり, スロヴァキア障害者健康福祉連盟傘下の地域組織, 障害者健康福祉市民結社, スロヴァキア年金者組合地域組織の年金者クラブ, 赤十字基本組織, マチッツァ・スロヴェンスカー地方委員会, スロヴァキア反ファシズム闘士同盟の地域基本組織, 教会の分野ではサレジオ会青年連盟ブレズノセンター, 慈善の分野ではカトリック系の「絶望に対する希望」, ブレズノ無宿者保護シェルターなどの市民結社がある。さらに注目されるのは, 社会・スポーツ・文化活動と並んでブレズノ生活のさまざまな分野を取りあげた批判的ウェブサイト活動を展開している若者たちの新しい結社「我らのブレズノ」であり, 自治体幹部はこの結社を対抗勢力と見なしている。

これら一連の自主組織のほかに，B. シチアヴニッツァと同様に，社会主義時代に市レベルで打ち立てられていた音楽，演劇，歌唱といった文化領域の利害関心共有組織が引き継がれた。その重要な部分は市文化センターに集中されており，そこでは1989年以降もそれらの結社が活動を展開する場が与えられている。たとえばブレズノ市吹奏楽団，ブレズノ市合唱団，ヤーン・ハルペク演劇集団，モスタール民俗舞踊団，児童舞踊団「幸せな子供たち」，カントリー音楽集団ヴォドパドなどである。スロヴァキア基督教合唱団，使徒パヴェル協会合唱団，伝統的フェンシンググループ「ブレズヌム」なども地域の文化イベントにとって重要な組織の核をなしている。

プレショウの人口はB. シチアヴニッツァの約9倍，ブレズノの約4倍もあるだけに，市民結社の数もそれ相応の多さがある。国に登録された非営利組織の数をみると，2013年時点のプレショウには796の市民結社がある。全国規模の特徴や調査対象の上記2都市のそれと同様に，プレショウでも市民結社の中で多数を占めているのはスポーツ・体育系のクラブや結社である（その数231）。B. シチアヴニッツァやブレズノとの違いは，プレショウにはエスニック系の結社が一定数あることである。それは東スロヴァキアにはルシン系，ウクライナ系，ロマ系といった多様なエスニシティの人びとがかなりの規模で生活していることを反映しており，ルシン系結社は13，ウクライナ系結社は3，ロシア系結社は1，ロマ系結社は6を数える。自治体幹部の眼からみて地域にとって有意義な結社は，児童，青少年，高齢者，社会的弱者のための慈善活動，福祉活動，保健活動をしている団体であり，これらの集団はかなりの程度，市の活動を制度的に補完している。この方面で活動している結社としては，「市民結社バルリチカ」，「市民結社ナーヴラト」（家族関連の結社で本部はブラチスラヴァにある），「ミマミ」（被迫害女性の保護のための結社），「スロヴァキア赤十字地域団体」，「ギリシャカトリック慈善団体」（住民の中の社会的弱者に対する援助活動をしている），「スロヴァキア障害者連盟」の地方本部と基本組織，「スロヴァキア年金者同盟」の地域組織，「キリスト教長老協会」，「傷病兵士協会」,「文明病患者連盟」,「プレショウ・ボランティアセンター」(ボランテイア活動を組織している）等々がある。

ブレズノと同様に，プレショウでも地域の文化領域における市民結社活動の代表的な部分は，場所的には市が提供する会館に集中している。その会館は「文化と憩いの広場」(略称 PKO）という社会主義時代からの名称をそのまま残している。音楽演奏，歌唱，舞踊，民俗芸能などの一連の結社は社会主義時代の活動を引き継いでいる。現在 PKO は地域市民をそのさまざまな利害関心を充足するそれぞれの集団に結びつけ，それらの活動の条件を提供することをその役割だとしている。PKO のスポンサーシップのもとにその空間を使って民俗舞踊歌唱団，現代舞踊集団，吹奏楽団，合唱団，チアガール団など多数の組織が活動している。そのなかでもっとも知られているのは民俗舞踊団シャリシャン，児童民俗舞踊団シャリシャンチェク，舞踊スポーツクラブのシャリシュである。これらは共に自主結社 PKO21 にまとまっている。

市民結社の数と分野，地域発展にとっての重要性からみた結社の活動をこれまで要約的に述べたが，そこで示したデータから各調査対象都市における市民結社の展開における一定の傾向が浮かび上がってくる。調査対象 3 都市のどこにおいても，結社の形態をとった市民セクターは広範囲な相互益と公共益の活動をカバーしている。社会主義時代に活動的であった団体は体制転換後の 1990 年代に導入された結社関連の法律に適応し，現在に至るも都市空間で機能している。同時に過去 25 年の間に市民たちは事実上無制限の活動分野で結社作りをする法的・社会的可能性を活用した。このことは新しいプロフィールを持った結社（たとえば開発団体や慈善団体など）や一定の特色を持った結社(たとえばエスニック団体）の成長に反映されている。実際には公式に登録された結社のなかには休眠状態のものもあるとはいえ，自治体幹部があげている諸結社は，当該都市における生活と機能の諸分野で重要な存在となっている。結社は都市空間における内部な動員，自助，組織，協力の潜在的可能性を担っている。

3．市民結社の事例

個々の結社に即してみると，地域の文化行事と関連した自主組織の方向性は多様である。調査範囲に含まれた非営利組織のなかからその活動内容に即して8つをここに任意に取り上げてみる。

・社会的および民族的活動：ブレズノの「ジヴェナ」(Živena) とマチッツァ・スロヴェンスカー（Matica slovenská)。
・職業的活動：B. シチアヴニッツァの文化・職業関連結社―ホドルシャ鉱山協会（Baskoštiavnicko-hodrušký banícky spolok）
・歴史関連結社― B. シチアヴニッツァのカルヴァリア基金（Kalvársky fond）
・音楽関連結社―ブレズノ吹奏楽団（Dychovné združenie Brezno)，プレショウのスーズヴク（Súzvuk Prešov）
・芸術結社―ブレズノのヤーン・ハルペク劇団（Divadelný súbor Jána Chalupku）
・文化・民族・啓蒙結社―プレショウのA. ドゥフノヴィッチ名称ルシン文化啓蒙協会（Rusínsky kultúrno-osvetvý spolok A. Duchnoviča）

各結社の個別的な問いに関する基本的情報はそれぞれの結社の代表者との直接的な面接聴取から得て，それをさらに各自主組織の文書記録やインターネット欄の情報で補完した 。調査の主要な設問は，結社の目的，歴史，内部の組織運営，全国的市民結社と地方支部や地域組織との関連に向けられた。

(1) 活動目的

調査事例となった結社の目的については，その会の規約と代表者の口頭説明から把握した。カルヴァリア基金の目的はB. シチアヴニッツァのカルヴァリアを修復し，将来的にそれを観光と学術教育，文化社会的，宗教的行事に活用していくことにある。ホドルシャ鉱山協会の第一目的は「B. シチアヴニッツァの昔日の鉱山の伝統を復元し維持すること」にあり，ジヴェナのそれは「公共向け文化プログラムの創造」にある。ブレズノのマチッツァ・スロヴェンスカーが掲げる目的は「地域の文化生活と意義あるスロヴァキアの人物や事件の知識を広め発展させること」であり，ブレズノ市吹奏楽団の目的は「吹奏楽団の伝統の維持発展」を目的としている。ブレズノのアマチュア劇団は地域の演劇文化の維持と町の活動的文化社会生活への参加に置かれ，ドゥフノヴィッチ名称ルシン文化啓蒙協会は「ルシン文化の発展と維持，ルシンの重要な歴史的人物とスロヴァキアにおけるルシン史の知識の普及」，スーズヴクは「生活の中に文化を活かすこと」をそれぞれ目的としている。以上の目的設定からみえてくるのは，どの結社も外部の地域環境から孤立した閉鎖的な集団としてではなく，広く社会的規模で活動するものとして自覚していることである。調査したどの結社も，自らの活動実践をそれぞれの地域の公共的文化行事と結びつけ，それに参加している。

(2)　自主結社形成の歴史的文脈

結成の事情や存続の長さは個々の結社によってまちまちである。

調査対象とした結社の場合は歴史が古く，第 2 次大戦以前から存在していたが，社会主義体制になった後の 1950 年代初めに活動を禁止され，1989 年以降の新しい社会政治体制になって市民のイニシアティブのもとでその活動を再開した。カルヴァリア基金，ジヴェナ，ルシン協会がその例である。別な例は全国組織マチッツァ・スロヴェンスカーの地域委員会である。それは社会主義時代に廃止されたが，全国組織は文化団体として存続し，ブレズノではその地域組織メンバーが非公式に活動をしていた。この集団のどれも，社会主義体制終焉後になって根本的に再建された。

カルヴァリア基金は，1751 年におけるカルヴァリアの完成から 1951 年における社会主義体制による廃止まで B. シチアヴニッツァに存在した，その全体像を維持するために地域の名士によって設立された団体の活動を継承し，2007 年に再生した。カルヴァリア基金の例は，要求の厳しいプロジェクトに取り組む結社を設立するには，地域の公共界や実業界の多くの法人の協力を取り付けるための経験あるマネジャーが必要であることを示している。設立の発起人は広範囲な自主活動のマネジメント，自主結社運営，資金集めの経験をすでに積んでいた人物だった。法律面で結社の目的を明確化することによって，カルヴァリアの財産の管理者としての機能を結社に持たせ，結社設立メンバーとして教会，役場，森林局という，カルヴァリア関連財産所有者間の協定を結実することができた。この設立メンバーの役割に参加すべきさらにほかの地域自主結社もすでに存在していた。B. シチアヴニッツァの歴史遺産の再生に向けた建築・修復分野の専門家集団がそれである。カルヴァリア基金が機能していくうえで，結社の所在空間を確保するのに重要な，他の結社の参加もあった。マネジャーの地域スカウト連盟との人的つながりをもとに，地域のスカウト財団がカルヴァリア基金の設立メンバーのひとつとなり，その財団が所有する建物の中にカルヴァリア基金も所在の空間を得たのである。

1989 年以降の社会変動を経て，かつて社会主義体制の成立によって 1950 年代初頭に政治的に好ましくないとして廃止された，基礎的，地域的諸組織のネットワークを持つ多数の全国規模の自主結社が再生した。社会主義以前の時代の活動を引き継いで 1990 年にスロヴァキアでジヴェナが再生し，B. シチアヴニッツァにあるその基本組織の発展はスロヴァキア全国の自主組織の変容をよく映しだしている。ジヴェナはスロヴァキア女性団体であり，マルチン（スロヴァキア中部にある都市で，スロヴァキア民族の文化生活を地域的に代表する最重要中心地）で 1869 年に設立されたが 1955 年に廃止され，それに代替するかたちでブラチスラヴァに本拠を置く社会主義女性同盟が作られた。スロヴァキアで重要な文化教育中心地をなす B. シチアヴニッツァでは，1927 年に地域の知識層が地域団体としてジヴェナを設立した。そして 1990 年に市民の創意で再建されたが，20 世紀前半ほどの規模にはいまなお達していない。B. シチアヴニッツァのジヴェナはスロヴァキア全国にある 7 つの地域組織のひとつである。

マチッツァ・スロヴェンスカーは 1861 年にマルチンで組織されたが，その時にブレズノにもすでに地域委員会が設立された。このことはブレズノが当時，民族覚醒運動の重要な中心地であったことを意味する。ここにはスロヴァキアを代表する文学者や啓蒙的知識人たちがいて，地域の社会的・文化的生活に影響を与えていた。ブレズノのこの歴史は今日まで，マチッツァ・スロヴェンスカーの地域委員会を含めて，地域における自主結社の文化的・社会的行事や活動を特徴づけている。その活動は社会主義時代にも完全に消滅したわけではなく，1968 年の社会的民主化（「プラハの春」と呼ばれる）の時にはブレズノ市民 250 人によって再生された。彼ら旧会員の一部は 1990 年に公式に再建されたさい，新しい会員基盤を担った。

ドゥフノヴィッチ名称ルシン協会はより広範な団体ネットワークの一部として生まれた。この協会は，大戦間の第 1 共和制時代にチェコスロヴァキアの一部だった西ウクライナ（ザカルパチア地方）のウジュゴロド協会の支部として，1924 年に設立された。プレショウでそれを設立したのはギリシャカトリック教会プレショウ管轄区の主教であった。それは大戦間に存続したが，1951 年に民族的・宗教的偏向の廉で廃止された。やがてその活動が復活したのは 1991 年のことで，それは地域のルシン知識人のイニシアティブによる。

調査対象とした自主結社は社会主義時代にも活動してはいたが，その存在は 1989 年の後，社会主義体制の枠組のなかで利害関心実現活動の組織を築いていた団体や企業が構造的変化を蒙るなかで危機に晒された。ホドルシャ鉱山協会，ブレズノ吹奏楽団，ブレズノ・J. ハルペク劇団などが，その例である。社会主義時代に実質的な支援を与えてくれていた企業が体制転換後に崩壊して良質なスポンサーがなくなったため，各結社は新しい条件に適応しながら会員の確保と伝統の維持を図り，今日まで生き延びてきた。文化と結社の社会主義的管理システムのなかで国有企業の組織の一部をなしていた自主結社は，社会主義崩壊後の企業変動によってその後の発展に直接的な影響を受けた。ホドルシャ鉱山協会は 1992 年に生まれたが，それは 1990 年代に地域の鉱業とともに廃止となった金属鉱山付属のスロヴァキア技術協会（鉱山の専門的従業員を養成する団体）の社会主義的基礎組織のメンバーのイニシアティブによる。廃止になった社会主義時代の組織のメンバーによって新生した協会は鉱山の学術的伝統と歴史を維持することを目指したが，それは19世紀にこの町に存在していた同様な団体から鼓舞されたものである。

そのほかにも，19世紀と20世紀のさまざまな社会的政治的，歴史的時代を潜り抜けて地域の中で存続しつづけた結社がある。ブレズノの吹奏楽団はおよそ140年にわたって不断の伝統を持ちつづけている。ブレズノのアマチュア劇団もすでに90年間も活動を継続している。スロヴァキアではアマチュア楽団やアマチュア劇団がプロの楽団や劇団を補完して強力な伝統を築いてきた。1922年～1955年の間の時代にスロヴァキアではおよそ700の劇団が正規の活動を行っていた。

これらの楽団と劇団とともに民俗舞踊団モスタールも，社会主義時代には，芸術文化の社会主義的組織運営システムに基づいて，国営機械製造企業モスタール・ブレズノ社の労働組合（ROH）傘下の職場クラブとして存在し活動していた。しかしこの企業は社会主義崩壊後の変革の結果，1992年に消滅した。市当局や諸結社は発展を遂げ活動を続けるこれらの団体を維持する方途を探り，職場クラブの施設備品は市が結局引きとることとなり，市が補助する市立文化センターとなり，そこが楽団，劇団，舞踊団など諸結社の避難所となった。芸術関連団体はこうして生き残って1992年に正式の市民結社の地位を確保した。

プレショウの楽団スーズヴクは2000年に新しい結社として生まれた。その設立のイニシアティブをとったのはプレショウ大学音楽学科の学生とスタッフであり，それはなによりも広範な公衆の音楽教育と練習活動のための自助団体である。

自主結社の発展過程をみると，それは単に市民領域それ自体のイニシアティブからだけでなく，社会的政治的状況の変化からの影響も受けていることがわかる。それら結社の現在における活動と地域社会との共存の重要な契機は，調査対象とした自主結社のそれぞれにおける長年の伝統にある。プレショウの音楽集団スーズヴクは，新生の非営利団体が設立後短期間に地域社会に適応し，それ自身の活動で地域の行事に影響を与えることを証拠立てている。

(3) 組織体としての自主結社：リーダー，メンバー，職員，自発性

結社のリーダー達は1990年の法律で定められた市民結社の法的地位を肯定的に受け止めている。法的に主体性が認められていることによって，結社は自主的にパートナーと協定を結びプロジェクトに関わることが可能になっている。つまりそれは「尊厳を持ち，現存する主体である」。全国団体の地域的基礎組織は法的主体性を持っていないが，たとえば2%税が地域組織に還元されずに全国団体の手に集中されてしまうことのないように，そこから収入を得るための方法を追求している。たとえばジヴェナの基礎組織は公共的主体としてそれ自身の銀行口座を開設するのに成功した。

調査対象の結社は公式面でも実際面でも組織としての特徴を満たしている。その組織構造のなかで規約上も実際上も，役員会ないし理事会，会長，法務，副会長，秘書，会計，理事，総会といった機関が設けられ作動している。役員会の規模は個々の結社によって異なる。理事会はたいてい5，6人からなるが，鉱山協会の場合は20人を数える。総会の開催頻度は年に1度，2年に1度，3年に1度，4年に1度など，結社によってまちまちである。多くの組織ではその内部にさらにさまざまな委員会や一定の職務範囲を担当する個人の職務が設定されている。

リーダーは結社の存続と活動の実現の上で決定的な役割を演じる。どの結社にも組織過程の運営に最大限に関わる1～2人の人がいる。それは必ずしも会長とは限らない。結社によっては形だけの会長もいるからである。リーダーのなかにはカルヴァリア基金のように広範な自主活動や他の自主結社活動でマネジメントの経験を積んだ中年の人たちもいれば，ジヴェナやマチッツァ・スロヴェンスカーのように年金受給の高齢女性もいれば，鉱山協会やスーズヴクやルシン協会のようにその結社の活動分野に通じた高学歴の専門家もいれば，吹奏楽団や演劇集団のように芸術的能力を備えマネジメントの才能もある人びともいる。中心的な活動家たちは自主活動の理念の下に団体の活動のために報酬なしで働いており，自分の活動を勤労時間外に報酬を求めずに行う自発的なも

のだと認めている。団体に加わっている理由を尋ねると，たとえば「私がこれを無償で行っているのは，自分の喜びと情熱からであり，この活動は楽しく生きがいになっている」（ジヴェナ）という答えが返ってくる。他の団体での答えも同様である。ただカルヴァリア基金の場合はそのメンバー以外のボランティアがおり，スロヴァキア国内外から毎年300人から400人のボランティアが確保されている。カルヴァリア基金は有給職員（2人）を雇用している唯一の結社である。

カルヴァリア基金以外の結社はすべて会員だけに基盤を置いている。会員数がもっとも少ないのはスーズヴクで18人，次いで演劇集団が20人，吹奏楽団が30人，ルシン協会も30人，ジヴェナが80人，ホドルシャ鉱山協会が145人，マチッツァ・スロヴェンスカーが394人である。これらの人数は現実には何を意味するか。会員の一部はただ会費を納めているだけで結社の行事への参加には消極的であっても（たとえばマチッツァ・スロヴェンスカー），会員数は明らかに結社の活動への関心を示す指標であり，当該結社へのアイデンティティの表われである。吹奏楽団や演劇集団は厳密に限定された活動目的に沿った会員を擁している。

⑷　自主結社存立の物質的・財政的条件

調査対象結社のどれをとっても特徴的なのは，結社存続と目標達成に必要な物質的，財政的，空間的手段の獲得に向けてあらゆる可能性を活用する能動的態度である。

自己財源による組織の自主財政は，会員の私的な持ち金からの会費の納入，勤労奉仕からの収入，結社活動の推進のためのボランティア作業などで賄われているが，社会主義時代には地域行政機関や国営企業が利害関心実現集団の存続を外部からサポートするシステムがあった。

社会主義崩壊の1989年以後においては，以前からの手段に新しい要素が結び付けられる形で次第に結社の財政運営の新システムが生み出された。自主結社一般に典型的な取り組みは，内部からだけでなくできるだけ外部からも財源を確保し物質的助成を活用していく，ということである。非営利セクターのための財政的・物質的諸条件に関わる国家と社会の政策が全体として，市民セクターの諸主体の能動的行動に向けて打ち立てられている。自主結社の重要な財源は，地域や広域の行政機関，国家機関，財団，企業，個人など，外部からの資金である。1990 年代に市民セクターが発展しだした当初から助成に乗り出したのは外国機関（主としてスロヴァキアの EU 加盟以前）で，それほどではなかったが国内財団も助成に寄与した。その後しだいに企業の寄付行為も増大した。さらに 1999 年には納税者個人が自分の納税額の 1％を自分の指定する自主結社に当てるという助成制度が導入され，2004 年にはそれが納税者個人および法人の納税額の 2％に引き上げられた。外部資金からの財源獲得として，諸結社はしだいに交付金制度を活用するようになり，さらには補助金，寄付金，後援金など，他の収入手段も可能になっている。

自己財源は会費と事業収入である。事業収入はサービスの提供や物品の販売，物理的資産の活用（たとえば自分が所有する建物の空間を団体や個人に貸すなど）で得ている。いまスロヴァキアの非営利団体の大きな課題となっているのは，自らのサービス提供や物品販売など収入をもたらす経済行為からの利益を，自らのさらなる発展にどう運用し活用していくかということである。

調査対象とした結社は年次予算と財政戦略の点でまちまちである。

カルヴァリア基金のプロジェクトは財政的に並々ならぬ要求の厳しい目標を掲げている。目標は 500 万ユーロである。この結社のマネジメントはさまざまな利用可能な方法を使って資金を得ようとしている。リーダーの基金立ち上げの実践的経験の利点を生かして，この結社は設立後短期間に国内民間企業，国家機関，外国財団のなかから主要な長期にわたるスポンサーを獲得するのに成功した。この結社はさらに，カルヴァリアの記憶保存の重要性を訴えてそれを世界遺産のリストに加えることにも成功した。主な助成金提供者のリストには下記の組織がある。

提供者	期間	金額（ユーロ）
一般信用銀行財団	2008～2018	663,387
世界遺産基金		366,000
スロヴァキア文化省	2008～2012	583,090
中部スロヴァキア電力	2011～2016	150,000

さらに地域の企業2社（2万7,000ユーロと1万600ユーロ）と外国の財団（英国ヘッドリー・トラストで3万ユーロ）も高額の助成をしている。

カルヴァリア基金は個人からの寄付にも頼っている。そのひとつは礼拝堂に関わるプロジェクトである。計画された礼拝堂への寄付者は同意に基づき1万ユーロを一定の時間的範囲内で寄付しつづけている，あるいはすでに寄付を終えている。2009～2010年の年度にはすでに11万8,241ユーロを得ている。

公募によるその他さまざまな個人寄付のおかげでこの結社の2013年の収入分は次のように増えた。

－　カルヴァリア敷地内にある寄進箱への個人の寄付金投入：1,969ユーロ

－　個人からの口座振り込み：215ユーロ。

－　個人番号へのSMSメッセージの送付：746ユーロ。

カルヴァリア敷地内での記念品販売による収入は2013年の場合840ユーロであった。この結社のリーダーは記念品販売以外にも財源確保の方途を探っている。カルヴァリアは非営利団体ではあるが，リーダーによれば「われわれは常に営利活動と非営利活動を同時に行っているが，なにがビジネスでなにがそうでないのかは時には不明確である」。ビジネスのなかには，たとえばこの結社が入っている建物のなかでのホテル経営がある。この結社の会長は2つの机を持っている。ひとつはカルヴァリア基金の一員でもあるホテルの共同所有者としての机であり，もうひとつはそのホテルからの収入で支えられているカルヴァリア基金の会長としての机である。

他の諸結社の予算と財源と物質的援助は2013年の資料に載っている。カルヴァリア基金の大規模なプロジェクトが数百万ユーロの規模で打ち立てられて

いるのに対して，他の結社は年間数百ないし数千ユーロで運営されている。

2013年の予算規模をみると，マチッツァ・スロヴェンスカーが最小で2,000ユーロ，B. シチアヴニッツァのジヴェナが2,045ユーロであり，最大の予算規模を持つのはプレショウのスーズヴクである（1万2,350ユーロ）。ブレズノの演劇集団やB. シチアヴニッツァの鉱山協会は予算の数値データを出していない。都市の空間で活動している自主結社は公共的な組織でもあるから，当然，地域の自治体と繋がりがある。自治体からの財政的，物質的支援は，市民側からの申請を基にした年次交付金，町が所有する土地建物の無償使用，サービスの無償提供（たとえばその団体が活動のために移動する際の交通手段の提供）などである。結社向けの自治体の予算は非常に少額であるため，交付金申請者を満足させるには十分でない。2013年の交付金は600ユーロ（ジヴェナ）とか250ユーロ（マチッツァ・スロヴェンスカー）のレベルで動いていた。吹奏楽団は2012年には自治体から2,000ユーロの交付金を得たが，2013年は皆無であった。申請を繰り返してもそのたびに不採用だったために，自治体からの支援をあきらめた結社もある（プレショウのルシン協会やスーズヴク）。プレショウにおける文化団体の交付金獲得の不成功は，「文化はそれ自身のためにそれ自身で稼ぎ出さねばならない」という，この市でよく知られた自治体の文化支援原則から出ている。町の支援ということでいえば，概して文化面の自主団体への支援は，リーダーたちの眼からみて，縁辺的な活動をしている他の団体，とりわけスポーツ関連の団体やクラブと比べると優遇されているという。B. シチアヴニッツァでは市がジヴェナに文化会館の使用を無償で提供しており，鉱山協会には市の別な物件を無償提供している。ブレズノでは市の施設のなかにマチッツァ・スロヴェンスカー，吹奏楽団，演劇集団が入っている。プレショウでは国有の地域ルシン文化会館が ルシン協会に場所を提供している。自主結社の活動とその発展に対する市の援助は互酬的性格がある。吹奏楽団は意義ある文化的・社会的行事や祝祭行事で年間10回の演奏を行うという協定を市と結んでいる（たとえば「ブレズノ市の日」や「ブレズノ解放記念日」などに）。演劇集団も同様な協定を市と結び，市民のために年4回の公演を行うことにしている。B.シチアヴニッツァの鉱山協会は自治体との協力と自治体幹部との良好な関係を築いていて，市全体の祝賀行事や意義ある公式訪問の際には市を代表している。

さらに収入源となっているのは広域自治体からの交付金である。交付金の申請に対して広域自治体は吹奏楽団（2012年は1,400ユーロ）と演劇集団に一定の金額を割り当てた。4つの結社が「プロ・スロヴァキア」交付金を申請したが，文化省は優れた成果を考慮して吹奏楽団に1万ユーロ，演劇集団に3万ユーロを与えた。スーズヴクは過去10年間，学校教育演奏会のために教育省から毎年定期的に6,000ユーロを得ている。ルシン協会のリーダーも交付金の獲得に成功しており，政府の少数民族庁から協会の行事のために定期的に毎年2つないし3つの交付金，合計2,000ユーロを獲得している。マチッツァ・スロヴェンスカーの場合には，年間200～300ユーロの小さなプロジェクトを本部が弁済している。

結社の代表者が民間企業や財団に助成を求める申請書作りは，日常的な仕事になっている。結社の活動家たちの話では，地域企業の経済状況がよくないのに助成を求める者が多すぎることが，企業の慈善活動状況の問題点となっている。経済危機は悪化している。そのような状況に対応して，少額の寄付金を多数の支援者から募るとか，行事を行う場所を無償で借りるとか，時には宿泊の無料提供を受けるとかといったことが行われている。たとえばジヴェナは2013年に支援者から全部で400ユーロを集めた。マチッツァ・スロヴェンスカーの代表者たちによれば，「支援は希薄だ。ブレズノはこの点で弱い」。演劇集団の代表者によれば，「支援してくれる企業家を見つけるのはかなり大変だ。しかしここでもわれわれを支援してくれる人たちがいる」。鉱山協会に対する企業側からの金銭支援も，鉱業自体の凋落で困難になっている。スロヴァキア瓦斯産業財団はスーズヴクに対して，音楽CD製作費支援申請に基づいて1,700ユーロを決めた。

金銭支援が互酬的である場合もある。たとえばホテル宿泊費を無償にしてもらう代わりにオーケストラは地域で住民のためにコンサートを行う，など。

補助金や交付金の申請内容は，結社自体の活動，市主催の文化行事（たとえばジヴェナによる母の日や敬老の日などのイベント）の実施，国内や国外の祭典への出演，地域の祭典の開催（たとえばブレズノのアマチュア劇団），文芸コンテスト，児童向けの教育コンサート（スーズヴクは児童教育向けコンサートを年間に10回実施しており，吹奏楽団も同様な活動をしている），講演会やセミナー，CDの製作と編集活動，顕彰記念行事（マチッツァ・スロヴェンスカー）などである。企業寄金はだいたい地域の年間定例行事の準備と実施に向けられている（たとえば全国的に有名なB. シチアヴニッツァの鉱山文化行事であるサラマンドラ祭，自主結社が行う祭典，職場の集い）。

スロヴァキアには個人や法人が自分の納税額の2%を自分が指定する結社に振り向けるという制度があるが，これによる金銭支援を獲得する競争が結社間で広く行われている。個々の結社がそこから得る金額の大きさはまちまちである。年に1,500ユーロを得るものもあれば（吹奏楽団），200～300ユーロのものもある。ほとんどすべての結社は寄付をインターネットで訴えたり個人的に依頼したりしている。マチッツァ・スロヴェンスカーは地域の文化的・歴史的人物の彫像のための費用を一般からの寄付金で賄っている。

自己財政の継続的な収入は会員の会費納入による。年会費は1人当たり1ユーロ（年金生活者）から2ユーロ程度であり，全体として300～600ユーロ程度であって比較的低額である。全国組織マチッツァ・スロヴェンスカーの場合，本部に入る会費のうち地域組織に還元されてくる分はわずか10%である。したがって地域組織はその他の財源を求めている。もっとも一般的に行われているのは文化行事への参加費の徴収，CDの販売，自身で編集した出版物の販売である。会員がなにかの活動に対して自分個人の金銭を寄付するということもある。

調査対象の諸結社は金銭的・物質的必要の充足において，スロヴァキアで市民結社活動の発展を保証するためのあらゆる財源を実際に利用している。個々の自主結社ごとに年間の収入額には差があり，そこには個々の収入源の差が反映されている。自主結社はそれ自身の継続的な財源とともに金銭的・物質的支援を獲得する安定的，通常的，開放的システムを打ち立てたが，企業からの寄付や国から交付など外部的財源を確保することが難しくなっている（「申請者が少ないか多いかで変わってくる」）。存続の最低線を保証するだけの収入がすでに満たされているか，あるいは結社の代表者が結社目標を達成するのに必要な物質的条件を獲得する努力をしているかすれば，結社は順調に機能し活動を展開させている。結社の活動は他の市民結社，自治体，国家の地方機関とのネットワークによって強化されているという点も，指摘しておく必要がある。地方レベルでも全国レベルでもその意義は大きい。たとえばB. シチアヴニッツァの鉱山協会は25の団体と全国鉱業協会連盟のネットワークで設立の基礎が築かれた。団体のほぼ全部が国際色を持っており，外国での国際フェスティバルに参加し，外国からの会員を擁している。カルヴァリアが世界遺産に登録されたことにより，カルヴァリア基金は国際的な信用と人気を得て，外国からのボランティアを組織したり財政支援者を獲得したりすることが容易になった。ほぼ全部の結社は，ハンガリー国内や旧ユーゴスラヴィア内の諸国に少数民族として住むスロヴァキア人と文化的連携を持っている。たとえばマチッツァ・スロヴェンスカーが自らの出版物を外国居住のスロヴァキア人に提供しているなど，文化的慈善活動をしている結社もある。

(5) 結社が抱える主要問題

調査対象として結社のほとんど全部（ジヴェナ，ホドルシャ鉱山協会，マチッツァ・スロヴェンスカー，吹奏楽団，ルシン協会，部分的に演劇集団）は「金はいつもなんとかなる」といいながら，その存在にとって主要な問題なのは現在における会員の高齢化と将来における会そのものの存続の危機だとみている。これらの結社はそれぞれ，この傾向に歯止めをかけ，活動と会員の活性化に向けて若者を獲得するための戦略を講じている。ジヴェナは年金生活者の関心に向けて年金者クラブを設けている。ホドルシャ鉱山協会やルシン協会は大学と協力している。結社の枠内に青年・少年少女集団が設けられている。ブレズノの吹奏楽団の下には児童吹奏楽団があり，それはブレズノ初等芸術学校に付属している。演劇集団は若者スタジオを設けた。全国組織のマチッツァ・スロヴェンスカーは地域組織の枠内に独立市民結社の形態で青年マチッツァという集団を設けるのを許している。ブレズノではマチッツァ・スロヴェンスカーの12人の若手会員がこの形態の市民結社を打ち立て，出版や展示による芸術活動を展開している。

国の支援の不十分さや杜撰さの中で市民結社の発展が阻害されていることを指摘する結社もある。些細な形式的ミスでプロジェクトが拒否されることも，改善される必要があろう。「国家はその基本文書で文化的伝統は保存されるとしているが，その文化がもっとも大きく営まれているのは市町村レベルであって，国民劇場やスロヴァキアテレビだけでではないことを忘れており，下部で生みだされている文化価値を忘れている」という声もある。誇大妄想的な巨額なプロジェクトに対する不釣り合いな額の支援がブラチスラヴァ中心主義で行われているという問題も，他の結社（スーズヴク）から指摘されている。「ブラチスラヴァの子供たち800人のための歌唱プロジェクトに文化省は1回だけの出演なのに7万ユーロも支援した。そこではプロの俳優も出演し，彼の出演料はそのプロジェクトから払われた。計算してみると，それだけの金があれば私の教育演奏会なら2万3,000人の児童に参加させることができる。私達が書面で苦情を申し立てたところ，翌年8万ユーロが支給された。そのうえ入場料も得られた。」

文化結社の代表者たちは他の活動目的を持つ（具体的にはスポーツ）結社への過大な支援が文化の発展の阻害因になると指摘している。

吹奏楽団や演劇集団の芸術的活動において会社勤めをする会員に時間的余裕がなく，当面有給休暇に頼らなければならないということも，解決が難しい問題である。

法律的要請に沿わない問題を抱える結社もある。結社の中には，社会主義以前の時代からその結社が所有し所在していた建物の返還要求を行うことの困難さにぶつかっているところもある（ルシン協会，ブラチスラヴァにあるジヴェナ本部の建物）。

4．結　　び

以上で述べた市民結社の事例から明らかなように，市民セクターはそれ自身のイニシアティブで合目的的な結社活動を実施し，地域の文化生活のかなりの部分を充足している。興味を惹くのは団体存続を確保するのに必要な諸活動の多様性である。それ自身の内部的な人的および物質的資源のほかに，諸結社はその目的を充足するうえで外部からの助成を必要としている。

参考文献・資料

Bútorová, Z., Bútora M., 1996, *Mimovládne organizácie a dobrovoľníctvo na Slovensku očami verejnej mienky I*. Bratislava: SPACE – Centrum pre analýzu sociálnej politiky.

Dudeková, G., 1998, *Dobrovoľné združovanie na Slovensku v minulosti*. Bratislava: SPACE – Centrum pre analýzu sociálnej politiky.

Filadelfiová, J., Dluhá, M., Marček, E., Košičiarová, S., 2004, *Poznávanie tretieho sektora na Slovensku*. Bratislava: SPACE - Centrum pre analýzu sociálnej politiky.

Hrubala, J., Haňdiak, P., Machalová, V., 1999, *Právo a neziskový sektor na Slovensku*. Bratislava: SPACE - Centrum pre analýzu sociálnej politiky.

Majchrák, J., Strečanský, B., Bútora, M. (Eds.), 2004, *Keď ľahostajnosť nie je odpoveď*. Bratislava: Inštitút pre verejné otázky.

Skovajsa, M. a kol., 2010, *Občanský sektor*. *Organizovaná občanská společnosť v České republice*. Praha: Portál.

http://prvybanickyspolok.sk/albumy/amov-80-rokov

http://www.kalvaria.org/o-nas/

http://www.do-brezno.sk/historia/blog

http://www.sbs91.obnova.sk/?Zakladne_informacie

mesto.brezno.sk/matica-slovenska.phtml?id3=87684

www.dsjchbrezno.sk/

http://www.do-brezno.sk/

www.holosy.sk/rusinsky-kulturno-osvetovy-spolok-alexandra-duchnovi...

www.pkopresov.sk/

付　論　スロヴァキアの市民セクター
——歴史と現状

ペテル・ラーズス
（近重亜郎 訳）

市民セクター成立の歴史的背景は，何らかの形の団体を媒介とした社会生活の伝統と根底で深く結びついており，18世紀前半までには既にその基盤が出来上がっていた。しかしながら，これまでのところプレショウ市と近郊における結社や自主奉仕活動について系統立った歴史的分析が試みられたことがないため，この論考においてはスロヴァキア全体を視野に，先行研究の諸成果（ガブリエラ・ドゥヂェコヴァー『スロヴァキアにおける結社の過去』(DUDEKOVÁ, Gabriela., *Dobrovoľné združovanie na Slovensku v minulosti*)）およびNPO団体TERRA GRATA編「プレショウ－その歴史」(*Prešov – História*)，パヴォル・デメシュ『社会の中の市民結社とその変遷について』(DEMEŠ, Pavol., *V stupné poznámky o stave občianskej spoločnosti a zmenách v spoločnosti*) からその歴史を振り返ることにする。

1．社会的背景と歴史

(1)　近　　　世

18世紀に各地にもっとも広がった社会団体組織の形態は，教師や聖職者たちが啓蒙主義の精神に基づいて，新しく得られた見地を定期的な刊行物の出版を通して仲間内に広める目的のために作られた賢人協会（Učená spoločnosť）であった。そのなかでもっとも知られた団体は「スロヴァキア賢人協会」（*1792–1800*）である。これは初め貴族たちによって作られた団体であったものの，次第に市民にも浸透しはじめる。彼らはフリーメイソンのメンバーであった。スロヴァキアでは1769年，プレショウにおいてワルシャワのフリーメイソン結社の支援を受け組織が作られたのが最初である。主な会員はポーランドからの移住者，地元の名士や有力貴族であった。このプレショウのフリーメイソン結社を起点としてスロヴァキア域内に次第に組織が拡大していった。

スロヴァキア北部の町マルチンに創設された最初の民族文化啓蒙団体「マチッツァ・スロヴェンスカー」（1863年）は，ありとあらゆるテーマに及ぶ出版活動や博物誌の収集，アーカイヴの作成，啓蒙活動および学術調査活動の分野でもっとも重要な役割を担った。

次いで大規模な団員数を誇ったのは，各地に作られた消防団組織である。組織そのものの伝統は，その昔各都市に消防本部が設置されつつあった中世にまで起源をたどることができる。近代の消防団組織でもっとも古くて有名なものは1847年に設けたプレショウの団体である。

スロヴァキアの村落社会の文化形成に大きな影響を持っていたのは，趣味のアマチュア劇団や合唱団あるいは演奏団であった。このうち演劇については若者，とくにリプトウスキー・スヴェティー・ミクラーシュ出身のG.F.ベロポトツキーに率いられた学生たちが中心となった1830年までがアマチュア演劇の黎明期にあたる。プレショウでの最初の公演は，1798年の『ソリヴァールの見張り番』という一幕ものの喜劇であることが記録に残っている。この舞台は東スロヴァキアのシャリシュ地方の方言で演じられた。しかしこれ以降のアマチュア演劇に関する詳細なデータは残念ながら残されていない。

1868年，プレショウの学校に通う学生たちによってスロヴァキア語で書かれた作品をレパートリーとする合唱団と朗読会が設立され，これらは当時スロヴァキアの文化や民族性の表現の場となった。

プレショウにおける最初の職人の組織は共済組合であった。1887年，プレショウ青年商工団体が作られ，1890 年にはカトリック旅職人協会が，続いて 1897 年に印刷同業組合が作られている。1902 年にはプレショウで職人研修組合が設立され，1905 年に木材加工職人労働組合，次いで靴職人労働組合，金属工組合，仕立て職人組合，大工職人組合や建築業者組合が順次組織された。1907 年には社会民主党の地域組織が，そして 1911 年に「労働会館」が開設された。会員はたいていの場合無報酬で参加し，会員間の関係は規約によって平等が担保された。支払う会費の額によって，正会員，準会員，設立会員，場合によっては名誉会員が決められた。

(2)　1918 年から 1939 年（戦間期）

この時期のチェコスロヴァキア共和国（第 1 共和国）は，憲法でも公共部門の具体的な施策の権利を保証した。当時，国はとくに社会福祉の分野において非営利セクターの発展を支援した。この時期は「結社化の時代」と呼んで差支えない。それまでの時代と比べてもスロヴァキアでは 1 万 6,033 団体というおびただしい数の自主団体が誕生した。

1914 年，プレショウではプロテスタントのギムナジウムを拠点にハンガリー・スカウト支部が設立された。そして僅かな時間をおいて 1919 年には A. マチスコ（第 1 次世界大戦前は船員であった）がスカウトのスロヴァキア全国組織とボーイスカウトの基礎組織を各地に作り上げている。1923 年の夏，上述のプレショウのハンガリー・スカウト支部のすぐ隣にユダヤ系のガールスカウト支部が設立された。

(3)　1939 年から 1945 年（第 2 次世界大戦中）

アンドレ・フリンカが創設に関わったスロヴァキア人民党は，社会統合組織としてフリンカ親衛隊や青年組織を発足させそれらを党の下部組織とし，既存の団体組織は否応なしにその配下に組み入れられた。とはいえ 1938 年 10 月から 12 月にかけてスロヴァキア国議会はいくつかの結社組織を解体したため，すべての団体がそのままスロヴァキア人民党の支配下に納まったわけではなかった。フリーメイソン，共産主義組織，民兵組織，さらには体育関連団体までもが解体を余儀なくされた。マチッツァ・スロヴェンスカーのフリンカ親衛隊組織への編入は提案がなされたものの実現することはなかった。しかしマチッツァ・スロヴェンスカーの全国的なネットワークの枠組みのなかで行われていたアマチュア演劇は，演目内容も含め活動自体が厳しい監視のもとに置かれた。マティツァ・スロヴェンスカーの支部脇にあるプレショウの劇団「ヨナーシュ・ザーボルスキー」は，町からスロヴァキア国民劇場が去ったすぐ後の 1941 年に作られた。

(4) 1945 年から 1989 年（戦後，社会主義時代）

戦後，さまざまな活動が活発となるに伴い団体の結成件数が急増し（およそ 1 万団体，50 万人以上の所属会員を数えた），市民社会は息を吹き返したように活気を取り戻した。新規または再結成された団体のなかでもスロヴァキア系のものが主導権を握り，例外的にドイツ系の団体と合併したり，あるいはハンガリー系のものはウクライナやユーゴスラヴィア，ブルガリアあるいはユダヤ系の団体に吸収されることもあった。この時期の新たな傾向としてフェミニゼーションがみられる。共産主義者の側からすると，無数の非営利団体組織の政治化と中央集権化の流れは必須であった。まず専門職団体や体育系団体がその筆頭対象となり，これらの組織を既存の諸政党の「国民戦線」（Národný front）というブロックに組み込んだのである。宗教関連団体やその他，「社会主義建設に寄与しない」団体はすべて例外なく解体させられた。さらに複数の団体組織が 1954 年までに「清算処理センター」によって解散させられ，その所有物は国有化，あるいは後継団体の「国民戦線」に貸与された。

1960 年代初頭からは社会システムにおいて自治拡大の可能性が探られつつあった。民主化の運動と改革が展開した 1968 年の 5 月以降，かつて活動を禁じられた団体が改めて解禁され，政治と関わりの深い組織（50 年代には禁じられていた K231，「無党派クラブ」（略称 KAN），「批判思考クラブ」のような団体）ばかりでなく，青年組織，体操組織「ソコル」または「オロル」，非共産党員からなる芸術家クラブ，教会活動組織や社会的マイノリティに関する団体など，直接政治とは関わりがない諸団体も復活した。しかし，この動きは1968年8月21日のワルシャワ条約機構軍のチェコスロヴァキア侵攻および占拠によって中断を余儀なくされた。

団体やクラブを介して人々を統合することは，チェコスロヴァキア共産党の文化政策の一環であり，それは主に社会的政治的組織（たとえば「革命的労働組合運動」（略称ROH），「社会主義青年同盟」（略称SZM），地域啓発センターやその他の文化施設）を通して実現された。しかし客観的にみて次のように指摘することができる。このような環境があったお蔭で社会情勢の如何によってはその当時の芸術的ポテンシャルを高めることもできたし，それのみならず既存の社会システムに対する批判的意見を投影することが可能であった。たとえばプレショウのROH（労働組合）文化センターでは，1978年に600人ほどのメンバーを集めた上で実に23を数える興味深い芸術活動を展開した。その中にはのちに多大な成果をもたらしたものがある（少年少女合唱団Prešovčatá a Škovránok，劇団Korzo，子ども人形劇団Panpulón，アマチュア映画クラブ，民俗舞踊団Dúbravaなど）。オータナティブ・カルチャー（サブカルチャー）における自主性に注目した芸術活動も盛んに行われ，いくつもの風刺画の展示会や演劇上演，フォーク歌手によるコンサート（V. メルタ，J. ブリアン，J. デデツェク），非共産党員の作家たち（J. レイジェク，V. ハンゼル），あるいは映画クラブでは国外の高名な映画製作者（M. フォルマン，A. ワイダ，A. タルコフスキー，I. バーグマン，F. フェリーニなど）の作品が紹介された。体制に与しない文化事業従事者（P. ラーズス，A. ヴェレシュペヨヴァー，A. パウチェコヴァー，R. メッシャ）のグループだけでなく，若い世代の芸術家たち（E. クレナ，ミュージックバンドZahorack）のパフォーマンスにはオータナティブ・カルチャーに興味を示す客が特に多く集まった。このインフォーマルな集団の中から，後になって非政府組織NGOの発展の礎を築く人材が現れることになった。

スロヴァキアでは宗教活動や自然荒廃に対する環境運動が起こりつつあった。広く人権や自由を守るという観点からも自らの生活環境に対する市民の不満が募っていた。これらの運動に関わる組織は，社会主義の消費生活様式を拒絶し，まさしく無償奉仕で運営され，自治組織として機能し，小集団の権利を尊重し，意見の相違があれば話し合いの場を提供し，寛容性と議論を重んじる性格を有していた。チェコスロヴァキアで起こった最初の大規模なデモンストレーションは，1988 年 3 月 25 日にブラチスラヴァで 1 万人ないし 1.5 万人の一般市民が信仰と市民権の自由を求めて起きた「キャンドル・デモ」と呼ばれる抗議運動である。続いて同じ年の 8 月 21 日，プラハで大規模な抗議集会が行われた。政府に対する抗議運動はこの後 1 年にわたって続き，各都市へ波及した。憲章 77 を引き継いで 1989 年 6 月に公にされた「民主化要求の署名運動」Několik vět には約 4 万人の市民が署名した。

1989 年 11 月 17 日，プラハで当局から許可を受けたはずの学生抗議運動と公安部警官隊が衝突したことで，かえって自由化を求める世論の声が大きく活発になり，そこから事態は急速な展開をみせた。共産党政権は民主化を求める示威運動の拡大を受けてチェコスロヴァキア共産党中央委員会を招集した。そして主だった党の最高幹部たちが辞任し，代わってそれまで地下活動を展開していた活動家の一部が，その後出現する新たな政党や国家組織の運営に寄与することになった。プレショウではキャバレー・コルゾ（Korzo）の会員たちが中心になって 1989 年 12 月 20 日に，劇作家でありそれまで不穏分子とされてきた大統領候補ヴァーツラフ・ハヴェルと市民との公開会見の場を設け，およそ 1 万人のプレショウ市民が参加した。

(5) 1989 年から現在（2014 年）まで

スロヴァキアの非政府組織（NGO）の発展は 1989 年以降，いくつか段階を経てその性格を変えてきている。新規に発足した組織はまず自らの関心領域を定めつつ特定のテーマに的を絞り，次第に技術的に高度な専門性を身につけていくものである。1996 年，当時の政府の権威主義的政治手法に対抗して市民アソシエーションが結集し，その結果，一度は提案が破棄された財団組織に関する法律を支持する第 3 セクター SOS のキャンペーンが始まった。これと前後して，言及しておくべき重要な動きとして，1991年にスロヴァキア全土のNGOがブラチスラヴァ近郊の町，ストゥパヴァの一堂に会したことである（ストゥパヴァ会議）。またその第2回目の会議が開かれた1994年には，「第3セクター評議会」（Grémium tretieho sektora）が初めて選出された。評議会の役割は，セクターの関心テーマを外部（ここでは主に政府や地域自治体，私的セクター，専門家，国外の非営利団体）に向かって発信し，セクターに関する情報が隈なく行き届くようにすることであった。各県ごとの第3セクター評議会のうち，プレショウの場合では1997年にプレショウ第3セクター評議会が発足した。これはNGOと行政機関との連携を補佐した。

プレショウの評議会の最初のスポークスマンは筆者（ペテル・ラーズス）であった。

その後スロヴァキアには次第に国外の基金組織がその支部を作り活動を始めるようになる。たとえば，ジョージ・ソロスの「オープンソサエティ財団」や「ドイツ・マーシャル基金」，「笹川平和財団」，「市民活動支援基金」などである。財政は「アメリカ合衆国国際開発庁」（略称USAID），イギリスの「ノウハウ寄金」，オランダの「マルタ・プログラム」，アメリカの国際NGO団体「フリーダム・ハウス」などから支援を受けた。

同時にいくつかスロヴァキアの財団の発展もこれによって促された。

スロヴァキア独自のシンクタンク，たとえば「公共問題研究所」（Inštitút pre verejné otázky, 略称IVO），「MESA10」，「スロヴァキア対外政策研究協会」（Slovenská spoločnosť pre zahraničnú politiku），「憲章77財団」（Nadácia Charty 77），「スロヴァキア民主的変革パートナーズ」（略称PDCS）などがその代表ということができる。2010年頃にはスロヴァキアにおけるNGOの数はおよそ4万団体を数えている。プレショウでもっとも有名な学術交流関係団体として第3セクターのサービスセンター「スロヴァキア学術情報庁」（略称SAIA），「プレショウ市民フォーラム」（略称POF），少数民族ロマ支援団体「イェクヘタネ」（Jekhetane），都市交通問題と自転車通勤・通学の推進を図る「コスチトラス」（Kostitras），スロヴァキア日本協力親善協会（Slovensko - japonská spoločnosť pre spoluprácu a priateľstvo)，母子支援団体「マイマミー」(Mymamy)，「市民コミュニケーション促進協会」(Iniciativa občianskej komunikacie）などをあげることができる。

現在，「第3セクター」という言葉は，チャリティーや慈善事業，団体活動やボランティア活動などかつて長いあいだ自主団体が担ってきた役割と重ねて解釈されることが多い。

「スロヴァキア共和国政府NGO・NPO協議会」は，各事業を結果に基づいて評価し，当該分野における指導や提言を行う政府の下部組織である。2014年，『スロヴァキアにおける市民社会発展のコンセプト』というレポートをまとめて提出した。この報告の目的は，スロヴァキアの市民社会の現状を分析し，その発展に必要な優先事項を特定し，同時に国家の行政機関と市民結社との連携強化を促すよう提案することである。

2．スロヴァキアのNGOの特色

非政府組織はこうして政府関係組織の末端組織として機能するほか，国がまったく関与していない分野においても活躍している。大概それらは公共公益サービスに関係していることが多い。

NGO組織の活動の典型例は以下の通りである。

福祉サービス（チャリティー，年金生活者や障碍者の生活支援など）

ヘルスケア（特定症例患者の支援など）

スポーツ（体操連盟，スポーツクラブなど）

教育と啓蒙（科学技術の啓蒙を通したクラブ活動，恵まれない人々への教育活動）

文化（演劇，ダンス，音楽，フォークロア，創造芸術活動など）

青少年（父母連絡会，青少年クラブ，障害児の親連絡会）

人権保護（法の保護，地位向上）

権力の監視（権力乱用監視，人権の保護，生活環境の悪化や国・自治体の活動の監視など）

環境保全（環境政策，国土と自然の保護と回復，公共の場の保護と復旧，自然保護教育）

生活の質の改善（消費者団体，美化推進団体など）

レジャー・余暇（ペット所有者クラブ，収集家同好会，旅行同好会，ファンクラブなど）

3．無償奉仕活動

ボランティア活動とは，報酬を受け取らずに他人の利益のために自由に選択する活動のことである。先進的な民主主義国家においてはボランティア活動は長い伝統を有しており，人々は日々何らかの形で奉仕活動に関わっている。これらの活動は社会的諸問題に対して，とりわけ国の組織や市場が適切に応えることができない分野に関与しており，社会運営の基本的支柱のひとつであるということができる。私たちの文化のなかでは，奉仕活動は自らの時間や知識あるいは能力を他人の利益のために無償で費やすものという認識の上に成り立っている。この活動によって金銭的利益は得られない代わりに個人の満足感を満たすことができる。各参加者が自分自身の強いモチベーションと自由な意思決定に基づいて活動を選択するということは，市民のイニシアティブやボランティアの関与という結果に反映される。自分の身の回りのことに無関心ではいられない人々の無償の活動は，こうしたボランティアの慈善性によって支えられている。

4．スロヴァキアにおける非営利セクター組織の法的形態

スロヴァキアの非政府組織には大きく分けて４つの基本的な法的形態が存在する。

財団（Nadácie）

非投資目的基金（Neinvestičné fondy）

コミュニティ向け一般サービスを提供する非営利団体

市民結社（Občianske združenia）

第3セクターにおけるこの4種の法的形態のほかに，とくに法人の利害関心共有団体，教会・宗教団体，国際系組織がある。どの形態にも共通の特性があるが，他の組織とは異なる独自の側面も持ち合わせている。明確な特徴はビジネスを目的として作られた組織ではないという点である。法律ではいくつかの例外でこれを認めていることもあるが，ビジネス自体が主要目的ではない。これらの理由によって「非営利団体」と呼ばれている。

① 市 民 結 社

市民結社の設立と法的地位の条件は，1990年の法律第83条「市民の団体結成」の項（zákon č. 83/1990 Zb. o združovaní občanov，のちに改正）によって規定されている。市民は諸団体，結社，連盟，運動団体，クラブなどあらゆる市民組織だけでなく職域団体を結成する権利があり，それらに自由に参加することができる。参加会員は法人でも構わない。団体の設立申請にあたっては，設立準備委員会の中から最低3人（うち1人は必ず満18歳以上であることが条件）が同時に行わなければならない。結社は登録制の法人である。登録の申請先はスロヴァキア共和国内務省となっている。既定の申請手続きに従い，申請書類を提出する際には66ユーロの登録料の支払いが必要である。

プレショウにおける以上の形態の結社は840団体である。

② 財　　団

財団は法律上，次の3つの要素によって規定される。すなわち「所有財産ベース，内部組織構造，組織が設立される目的の妥当性」である。このことは民法第34条（2002年施行）「財団」の項において定められている。財団の所有物は財産資金や財団の基金，その他の資産で構成されている。設立出資者の最低出資額は1人当たり663ユーロと定められている。財団の基礎的な運用資金は現金と不動産のみによって構成され，最低6,638ユーロ相当の価値がなければならない。財団の設立は個人，法人双方によって可能である。あるいはその両者の組み合わせでも構わない。登録申請を行ったその日から財団は実体化する。登録の申請先はスロヴァキア共和国内務省となっている。

プレショウにおける財団は19団体である。

③　非投資目的基金

寄金は非営利目的の法人組織で，社会一般に対する有益なサービスや生活が脅かされている地域または特定の人びとのグループ，あるいは自然災害の被災地で緊急に救助を必要としている人びとに充てる資金を集めている団体である。財団とは異なり非投資目的基金の場合，基礎運用資金は現金に限られる。1997年7月1日に法令第147条「非投資目的基金」およびスロヴァキア共和国国民会議が定めた法律第207条（1996年制定）の追加条項が施行された。基金は有益な公共サービスのために資金を集めることはできるが，公共サービスそのものは直接行うことができない。基金の運営は個人あるいは法人が行うことができる。仮に設立者が1人である場合には，公正証書によって寄金の設立は正当化される。基金の名称には必ず「非投資目的基金」あるいはそのスロヴァキア語の略称であるn.f.の文字を含まなければならない。

プレショウにある非投資目的基金は22団体である。

④　非営利団体

非営利団体は所定のコミュニティサービスを提供する法人組織であり，すべての利用者が等しい条件でそのサービスを受けることができるようにしなければならないことが求められ，またその結果得た利益は団体の設立者，メンバーあるいは従業員が自ら使うことは許されておらず，すべて団体の提供する所定のサービスに還元することが担保されていなければならない。

プレショウにある非営利団体は12団体である。

5．NGO の財政状況

① 経営とそのほかの収益活動

非政府非営利組織は，いわゆる「地にしっかり足のついていない組織，あるいは組織として財政基盤が脆弱だ」とみなされている。しかしそれにもかかわらず実際には，いくつかの NGO は所定の条件の範囲内で経営，言い換えれば経済活動を行っている。

② 寄　　付

寄付は自主的かつ制約のない行為であり，それによってドナーが受取り手に寄贈を無償で行うことを認め約束する一方，受取り手もこの寄贈や約束を受け入れる。また寄贈が無償で行われるという性格である以上，受取り手はその対価に相当する謝礼を供することはしない。

③ 助 成 金

助成金は返金することができない金額であり，所定の基準を満たしている場合に特定の目的のために付与されるものである。しばしば資金調達の面でみられる共通項は協調融資であること，つまり自らの資金もまた費やす必要に迫られるということである。

④ チャリティー宝くじ

チャリティー宝くじは財団によって運営され，宝くじの収益は公共サービスの向上のために還元される。

⑤ チャリティー広告

スロヴァキアにはいわゆる「古典的」な後援金提供に関する法律がない。チャリティー広告とは，公益目的のために使用される広告のことである。

⑥ 会　　費

結社形態の非営利団体の場合，参加メンバーから会費を徴収することができる。会員は会費を支払うことによって，特定の組織の会員になることができるうえ，その組織が提供するサービスを受けることができる。

⑦　国の補助金

国の補助金は法律に基づいて国家予算から配分される資金の供給源と解釈される（たとえば公共予算あるいは国の積立金）。従って補助金は支払い請求することができる国の財源を表している。

⑧　税2パーセント寄付制度（2014年現在）

納税者が納付する税金のうち2パーセントを法人格の市民結社に寄付する制度（http://rozhodni.sk/）。寄付できる金額は受領側の団体ひとつにつき最低8.30ユーロである。プレショウでは2013年，249団体のNGOが総額59万6,690.65ユーロの寄付を受け，このうち団体ひとつに対して寄付された最高額は8万2,836.00ユーロであった。

⑨　寄付の受領者側（NGO）に課せられる条件

直近では新規の市民結社は2012年のうちに設立が必要であり，所定の証明書の有効期限の延長手続きは公証人によって行われる。受領者登録機関が納税額を適宜分配する。

⑩　「ファンドレイジング」

“ファンドレイジング”という言葉はごく簡略に言い表すと「資金やその他の非財源の確保」ということである。これは，特定のニーズを満たすためにどれだけ資金が必要かを見極め，人びとの関心を惹きつけ，最終的に財源を確保する目的で，予め計画性をもって組織された戦略的な非営利団体の活動である。

6．NGOの将来展望

NGO団体の今後の展望については，団体が置かれている地元コミュニティや地域社会の発展の如何にかかっているといえるだろう。

この場合，地域の発展というものは次の4つの次元によって実現される。すなわち，地元，地方，国家，超国家的レベルである。非営利団体は自らの迅速な目標の達成，あるいはシステム改善に関して，これらのどの次元においても活躍することができる点が最大の強みである。そしてそのことによって，他の組織の戦略的管理やターゲット・マーケティングを支援し，NGO と行政機関や企業が地域の改善と充実に向けた活動の発展という共通の目標のために，連携を強化しながら一体となることができるだろう。

参考資料

Centrálny portál pre neziskový sektor 24-hodinový servis odborných informácií., *Členské príspevky.*, [online] http://itretisektor.sk/clenske_prispevky（参照 2014-12-11）

Centrálny portál pre neziskový sektor 24-hodinový servis odborných informácií., *Dary a granty.*, [online] http://itretisektor.sk/dary_a_granty（参照 2014-12-11）

Centrálny portál pre neziskový sektor 24-hodinový servis odborných informácií., *Dobrovoľníctvo – všeobecne.*, [online] http://itretisektor.sk/clanok-0-1025/2051_Dobrovolnictvo_-_vseobecne.html（参照 2014-12-11）

Centrálny portál pre neziskový sektor 24-hodinový servis odborných informácií., *Dobrovoľníctvo.*, [online] http://itretisektor.sk/dobrovolnictvo（参照 2014-12-11）

Centrálny portál pre neziskový sektor 24-hodinový servis odborných informácií., *Charitatívna lotéria.*, [online] http://itretisektor.sk/charitativna_loteria（参照 2014-12-11）

Centrálny portál pre neziskový sektor 24-hodinový servis odborných informácií. *Charitatívna reklama.*, [online] http://itretisektor.sk/charitativna_reklama（参照 2014-12-11）

Centrálny portál pre neziskový sektor 24-hodinový servis odborných informácií., *Nadácia - popis.*, [online] http://itretisektor.sk/nadacia_popis（参照 2014-12-11）

Centrálny portál pre neziskový sektor 24-hodinový servis odborných informácií., *Neinvestičné fondy.*, [online] http://itretisektor.sk/neinvesticne_fondy（参照 2014-12-11）

Centrálny portál pre neziskový sektor 24-hodinový servis odborných informácií., *Podnikateľská a iná zárobková činnosť.*, [online] http://itretisektor.sk/podnikatelska_a_ina_zarobkova_cinnost（参照 2014-12-11）

Centrálny portál pre neziskový sektor 24-hodinový servis odborných informácií., *Právne formy organizácií neziskového sektora.*, [online] http://itretisektor.sk/pravne_formy（参照 2014-12-11）

Centrálny portál pre neziskový sektor 24-hodinový servis odborných informácií., *Štátne dotácie.*, [online] http://itretisektor.sk/statne_dotacie（参照 2014-12-11）

DEMEŠ, Pavol., *V stupné poznámky o stave občianskej spoločnosti a zmenách v spoločnosti.*, (in) Úrad vlády Slovenskej republiky, Úrad splnomocnenca vlády Slovenskej republiky pre rozvoj občianskej spoločnosti, (2011), Vzt'ah štátu a občianskej spoločnosti – sme pripravení spolupracovat'? Správa z konferencie., [online] http://old.zpmpvsr.sk/dokum/Stupavska_konferencia.pdf（参照 2014-12-11）

DUDEKOVÁ, Gabriela.（発行年不明）, *Dobrovoľné združovanie na Slovensku v minulosti.*, [online] http://www.dejiny.sk/eknihy/gd.htm（参照 2014-12-11）

KOVÁCS, L'udovít., SZOMOLAI, Valéria., TUBA, Lajos., (2006/2006), *Budovanie partnerstva, miestny a regionálny rozvoj.*, [online] http://www.niton.sk/documents/41-197-1009-partnership_sk.pdf（参照 2014-12-11）

Ministerstvo vnútra SR, *Informácie o registrácii.*, [online] http://www.minv.sk/?informacie-o-registracii（参照 2014-12-11）

Ministerstvo vnútra SR, *Informácie o registrácii.*, [online] http://www.minv.sk/?informacie-o-registracii-2（参照 2014-12-11）

Ministerstvo vnútra SR, *Informácie o registrácii.*, [online] http://www.minv.sk/?informacie-o-registracii-3（参照 2014-12-11）

Ministerstvo vnútra SR, *Informácie o registrovaní neinvestičných fondov.*, [online]http://www.minv.sk/?informacie-o-registracii-neinvesticnych-fondov（参照 2014-12-11）

Občianske združenie veda.sk, Mimovládne organizácie., [online]http://www.veda.sk/?science=4&pojem=Mimovl%C3%A1dne_organiz%C3%A1cie（参照 2014-12-11）

PANET.SK., (2003), *Financovanie neziskových organizácií - Kapitola z publikácie Neziskové organizácie.*, [online] http://www.panet.sk/download/text_financovanie.pdf（参照 2014-12-11）

RESOTY – Resocializačné komunity., [online] http://www.resoty.sk/2-percenta-z-dane.php（参照 2014-12-11）

Splnomocnenec vlády SR pre rozvoj občianskej spoločnosti, Ministerstvo vnútra SR, *Koncepcia rozvoja občianskej spoločnosti na Slovensku.*, [online] http://www.tretisektor.gov.sk/koncepcia-rozvoja-obcianskej-spolocnosti-na-slovensku/（参照 2014-12-11）

TERRA GRATA, .n.o., *Prešov – História.*, [online] http://www.e-obce.sk/obec/presov/2-historia.html（参照 2014-12-11）

付　録

資料１．面接聴取記録

2013年9月11日～17日調査

Ⅰ　バンスカー・シチアヴニッツァ

Ⅱ　ブレズノ

Ⅲ　プレショウ

資料２．住民アンケート調査票(原票)および地域別集計表

資料１．面接聴取記録

実施地域：バンスカー・シチアヴニッツァ，ブレズノ，プレショウ

実施時期：2013 年 9 月 11 日〜17 日

聴取方法：マイクロ・レコーダーで録音

面接テーマと聴取担当

1．自治体行政と地域振興

　　リュボミール・ファルチャン（LF），佐々木正道（MS）

2．経済・産業・労働

　　ズデニェク・シチャストニー（ZŠ），石川晃弘（AI）

3．市民団体

　　リュビッツァ・ファルチャノヴァー（PF），小熊　信（SO）

録音起し：エミリア・プリベロヴァー

（スロヴァキア科学アカデミー付属社会学研究所秘書）

翻　　訳：香坂直樹

編　　集：石川晃弘

I　バンスカー・シチアヴニッツァ

(1)　市長，副市長，助役

LF：私の質問は自治体の機能に関するもので，この点では予算に関する幾つかの基本的な指標データを希望しています，基本的なもののみで結構です。それから，市が権限の範囲内でどのような政策を行っているかという点について幾つか質問したいと考えております。最初の質問は，あなたが市の指導部をどのように見ているかという点に関係しています。市の社会を形作るにあたって何が市の自治の重要な機能ないし役割でしょうか。市の社会とは，この町の住民ということです。そして，自治行政は住民に対してどのような基本的な役割を果たしているのでしょうか。これはかなり一般的な質問ですが……。

A：当然ですが，自治行政は住民社会を形作るにあたってもっとも重要な役割を果たしています。一面では，それは自治行政が就業やこの市での生活，福祉，教育，そして公共福利サービスに関わるあらゆる案件の条件を形成することによって果たされます。しかし，自治体法が直接規定していないようなその他の多くの点においても果たしています。と言うのも，人々はその他の案件も自治体に持ち込むからであり，多くの場合自治体は，私たちは，市内の人々が関わっていて，また彼らの要求が正当である場合には，彼らの案件を支援するというように対処しています。そして，重要なことは，自治体が住民のことを気にかけ，彼らの意見を聴き，自治体の活動に活発的に参加させる方向に彼らを引き付けるということです。それによって，人々は自治体の活動に関する彼らの意見を共有することができます。彼らの意見が多数であるか否かということは，あるいは良い意見であるか否かということは，必ずしもその意見が正当であるか否かと関係するものではなく，土地利用計画やあるいは経済的・社会的な発展と環境開発といったことで調和がとれるかということにかかっています。最近ではこのような事例がありました。TESCO の建設が始まり，これは多くの人々の利益と合致した計画でしたが，これに反対署名をした人々のグループが生まれ，デモも行いました。そのため，私たちは市議会で彼らの意見を聴くことにしましたが，市議会でも多数派の意見が決定力を持つことになりました。恐らく彼らは建設する場所に反対していたのです。

TESCO が建設されることへの反対でもありました。根本的には出店を望んでいなかったのです。ドリェニャヴァ団地に TESCO を誘致するためでした。お金が中小企業に回り，大規模チェーン店に行かないようにするためでした。しかし，あなたもおわかりになるでしょうが，私がここで示したいと思っている意見は様々なものであり，私たちは，当然ですが常にそれらの意見に何度も耳を傾けています。とは言え，私たちは「シチアヴニッツァ新聞」を通じて，自治体の権限を示そうと，この件は自治体の権限ではないことを示そうとも努力しています。それでも，多くの人々は，このことを理解していません。というのも，彼らは，自治体は全ての事に対して権限を有していると，つまり，自治体は全ての事に対して絶対的に決定できると，民間の企業に対しても決定権を振るえると考えているからです。しかし，残念ながら，そうではないのです。

LF：ありがとうございました。では，市に対して，市の社会に対して，保障しなければならないとあなたが考えている基本的なサービスはどのようなことでしょうか。

A：そうですね，公共の福祉に関わるサービスです。私たちのところでは，技術的なサービスや清掃，補修，町道の維持管理，市の緑地帯の冬期の管理，街灯などのすべてのことです。これらすべては重要な役割を担っています。そして学校です。これは市の本来の権限と委譲された権限です。本来の権限に含まれるのは学校前教育施設，余暇センター，初等芸術学校であり，委譲された権限に属するのは，初等学校と，そして社会福祉に関係する学童保育サービス，つまり，子ども向けの見守りサービスです。そしてここにも年金生活者向け住宅（高齢者住宅）があります。自治体によっては，市営の高齢者住宅がありますが，私たちのところにはありません。ここにある高齢者住宅は県営（VUC営）のものです。つまり，私たちのところには市営の住宅はないのですが，介護サービスは保証しています。そして，大体60人の職員を確保しています。このようにして生産活動から退いた人々の数が最大になった住民構成の中でも活動を維持しています。そして，学校や社会福祉，文化，観光などといったサービスがあり，また，当然ですが，ここでもどうにかして葬儀場を運営しています。

LF：技術サービスですか。

A：個々人や私人が資産を賃貸に出すように，我々も同じことを行っています。建築局において，私たちは，3級道路と4級道路を維持する権限を委譲され，そして町道の維持と環境の維持を行い，また，土地計画と住宅開発国庫の業務を行い，すなわち，住民向けの住宅建設を実施しています。私たちは少なくとも住宅を購入するだけの資金の余裕がない多くの人々向けの住宅を供給し，そして市内の駐車場も運営しています。そして，緑地帯の維持のために，私たちは，支援事業を組織しており，これに参加したいと考えている失業者を雇用しています。

LF：保安活動については。

A：保安活動も行っています。個々人の保護や個人財産の保護の観点で治安維持を行うために市警察を運営し，国家警察を支援しています。そして，副市長が説明したように，防犯カメラも備えています。そして保安活動の部門では私たちは部分的に障害を持つ人も雇用しています。つまり彼らは防犯カメラのモニターを監視しています。そして，観光業の発展のために，地域的な観光業組織を運営しています。そして私たちが運営している情報案内所，観光情報案内所もあります。この案内所はスロヴァキアでは珍しく週に7日開室しています。と言うのも観光客の多くは週末か夕方に訪れるからです。他所の大体の観光案内所は閉まっているのですが……。そして，こんな案件もあります。私たちは小河川も管理しています。それから，公共交通を忘れていました。公共交通に関しては，私たちは市内路線の運営に対してバス会社に補助金を支払っています。そしてこのような形で市内のバス交通を確保しています。さて，これで十分話したでしょうか。

LF：私たちにはこれで十分かと思います。あなた方は調査を受けた時にどのようなことをすれば良いかご存じでしょうから，私たちに知らせてください。あなた方が知らないところでは，4,500もの委譲された権限に関する調査がありました。その時は環境について話しています。例えば，ここで環境に関するものでは，あなた方は小河川や廃棄物管理を管轄下に置いていますね。大気汚染に関しましても。

A：集落内外の森林以外の場所に生えている木々の伐採，そして住宅に関する様々な案件，住宅管理政策などについては，私たちは個別の組織，これらの分野の公共の福利に関する組織を持っています。廃棄物管理も行っています。県のレベルでもです。今では，駐車場管理やあるいは暖房の提供も含めた全般的な住宅管理，それに加えて市の所有物ではない住宅の管理もこの組織が行っています。さらに，例えば，私たちのところには市有林もあり，市の林業組織がこの我々の森林財産の管理にあたっています。

LF：ありがとうございます。では，このような資産についてどのように予算が保証されているのですか。

A：インターネットにアクセスできれば，市の自治のページでわかります。これらの予算は，例えば幾つかの権限は委譲されたものである一方で，ある物は交付金を通じてのみ実施されているという点で複雑になっています。恐らくは，特に国家予算でカバーされていないものに対してあなた方は関心を抱いていると，つまり下に降りてくる交付金を私たちが受け取っているかに関心を抱いているのだと思います。以前は70.3%降りてくる交付金でしたが，現在は64%のみです。つまり，これらの交付金は減っており，そのため私たちは独自の税金をかけています。固定資産にかかる税金です。そして，ギャンブルマシーンからの税金や公有地の賃貸料，犬の登録手数料といったものもあります。これらは私たちの財源ですが，実際には通常予算［bežný rozpočet］と資本予算［kapitálový rozpočet］とがあります。資本予算には，具体的な助成やあるいは財団から受け取る助成金が含まれ，そして何らかの資産売却から得た収入もここに入り，その一方で支出に関しては単年度ごとに計算され，通常予算と資本予算との間での融通は今では禁止されています。通常予算には，これ以外の公有地からの収入や既にお話しした税金や交付金が含まれます。つまり，国は委譲された権限に対して我々に資金を提供します，教育分野で委譲された権限ではこれは初等学校に関する資金を提供することを意味していますが，自治体本来の管轄である学校前教育機関について国は支出しないので，私たちは交付金からこれらの資金を確保しています。また，国は環境に関しても資金を提供しており，これは土地管理に対する少額のものです。あと例えば，建設局のように委譲された権限については資金が伴っています。建設局は委譲された権限によるものであり，人員2人分の予算が付けられています。そこには建設局とŠFRBが属しており，その義務的職務のために大体1.25人分から1.5人分の人件費が付随していますが，ここでは2.5人分を得ています。何故ならば，私たちの市はUNESCOに指定されているため，建設許可の方法が全く異なっているからです。しかし，これだけの人員では職務を処理するには不十分であるため，不足分は私たちの資金から補っています。実際のところ，私たちの予算は，人々が支払う行政手数料からの収入で成り立っていますが，それだけではカバーすることができません。全くカバーできていません。そして，私たちは，例えば，あなた方が教育局で会われたエンベルトさんの人件費も国から受け取っています。と言いますのも，彼女は私たちの市の教育局の局長ですが，私たちの市の教育局は市のためだけに活動しているのではなく，郡全体のために活動しているからであり，この教育局の活動に関して国が彼女の人件費を支払っているのです。そして，市庁舎の電気料金といったような経費の一部についても国が支払っています。しかし，医療厚生の分野に関してはこのような例は知りませんので，この分野について国は私たちに支出していないと言えます。しかし，今では例の213番〔法律の番号？あるいは条文の番号？－訳者注〕に依拠して病院も私たちの管轄に移りました。しかし，あなた方も行かれた市議会もこれに賛成し，この資産は非営利団体の管轄下に移されました。今では株式会社です。こうしてこの資産は私たちの手を離れました。ですので，私たちは今では医療機関を全く管轄下に置いていません。しかし，私たちの立場を民間の医師や病院に伝えるコーディネーター役を務める職員がいます。ですが，その役職に関しては私たちは国からの資金を受け取っていません。

LF：いま医療厚生について話されましたが，ここには病院がありますが，その病院は民間経営であるということで，何らかの資金も受け取っていないのですか。

A：そうです。質問は市の予算がどのように構成されているかということでしたが，私たちが話してきたことが基本的なデータです。様々な手数料についても言及したとおりです。助成金についてはここにデータがあります。予算についてもファルチャンさんに開示したとおりです。あとでどこに交付金が入っているか，どこに独自の税金やその他の収入が当てられているかを示しておきます。

LF：これは今年だけのデータですか，それとも数年ほど遡ることができるのですか。

A：昨年度のデータもあります。私たちはすでに新年度の予算を作成しましたので，過去

3年分のデータがあります。あなた方には法律に基づき作成したこの将来予算をお渡ししましたが，過去の予算も必要ならば，経済部のヴィエバヨヴァーさんにご連絡ください。

LF：明日訪問します。

A：彼女は今日ブラチスラヴァに出かけています。彼女は，特に問題なく，あなた方にCDでデータをお渡しすることができるかと思います。

LF：素晴らしい。これでこの件は一気に進展します。しかし，他にも関心を寄せている問題が一点あります。外国からの投資者に対して市はどのような政策を採っていますか。そして，そのような投資者はいるのでしょうか。あるいは，市は国内外の有力な投資者を探すために積極的に活動しているのでしょうか。

A：ファルチャンさん，あなたも御存知かと思いますが，そのような質問は国の文化省に送った方が良いかと思います。

LF：すみません，経済省ですよね。

A：いいえ，文化省です。文化省に質問したほうが良いのではということです。文化省の下に記念物局があり，彼らはそのような投資者の可能性があるかを探しています。具体的な事例をお話ししましょう。あなた方がここで調査を始める数年前のことですが，鉱山学校の下にあるホテルが関係する事件が発生しました。

LF：「ブリーストク」［Brístok］のことですか。

A：いや，鉱山学校の下のブリーストクではありません。今では駐車場となっている場所にホテルを建てようという話が持ち上がったのです。教会の上手にあたる場所です。教会とかつての鉱山学校とに挟まれた場所です。我々は建築許可を出し，裁判所でも彼らが勝訴しました。すべてが揃った時，その計画を進めていた出資者の男性が死去したのです。男性は高齢であったためこうなり，そのため建築許可を別の人間に与えられないかと探し始めることになりました。今度は文化財保護主義者に許可が渡りました。そして3階建て以上にはせず，加えてこれまでの年月を経た物を大きく変えないことになりました。そして，例えば，新たな調査をしないことになり，考古学的な発掘調査も全く行われませんでした。新たな法律が適用されることもなく，我々の土地利用計画が変更されることもありませんでした。反対に，我々は土地利用計画を変更する用意もありましたが，その必要もなかったのです。このように片が付き，今ではコソヴォにいるカトカという社長の手に渡っています。このようにブラチスラヴァで処理されたのです。では，このような投資者をここに誘致できるでしょうと私が話せるでしょうか。ここに投資者が来たときには，またこのような緊張した状況に陥るでしょう。そして我々に何ができるでしょうか，ならばむしろそうならない方が良いのです。

LF：わかりました，ここは市の歴史的な場所であり，非常に微妙な場所なのですね。

A：その通りです。しかし，ファルチャンさん，そこが問題なのではありません。彼らは工場の建設は望んでいませんが，一方で我々は観光の発展を希望しています。また，人々もどこかに居住しなければなりませんが，彼らはトロイツキー・ヴルフ［Trojický vrch］の丘の上に住むことは希望せず，むしろそこにはホテルを建てたいと考えているのです。様々な場所で我々は同じような案件を扱い，そこで我々はあらゆる物件に集中し，あらゆる遊休地をSARIOに預け，現在では我々はSARIOを介して企業家と交渉しています。ただ，そこに預けてある全ての物件は我々が所有しているものとはかぎりません。例えばタバコ工場は市の物件ではありません。そこでは所有者が条件を決めるのであり，私は投資者に悩まされず，私がここでの事業を許しませんとか，投資者が逃げ出すような賃貸料を提示することもありません。そして，ちょうど今，我々のものについても他に所有者がいるものについても宣伝材料を作り，英語版も完成し，SARIOの所長と合意を結んだところです。ですので，彼らがこの宣伝材料を公開し，ここへの投資を呼び掛けることになっています。

LF：あなた方は市の性格や環境を考慮した何らかの制限を設定していますか。

A：ええ，私たちは，一定の制約を課していますが，しかし，軽工業や観光業の発展に寄与するような形で設定しています。これらの分野を望むことも提示してあり，私はSARIO所長との交渉でも伝え，彼らは国外の投資者にも提示することになっています。

LF：現在，外国からの投資者が市内で活動していますか。小規模な投資でも，共同出資でも，あるいは，スロヴァキアやその他の会社との合弁でも構わないのですが。

A：あるかどうか私は把握していません。私が思うに，例えば，市にはニット製品を作る工場がありますが，彼らはドイツから注文を受けており，ドイツの企業と協力しています。ですが，あなた方が何らかの資本関係がある企業ということを想定しているのであれば，そのような企業は市内にはないと思います。

LF：わかりました。ありがとうございます。では，また別のサービスに移りましょう。市民のためのサービスを維持するためにどのような備えがあるかご存知ですか。まだ市には欠けている物もありますが，うまく展開できるように備えています。

A：今度はあなたから話して下さい。私は少し休みます。

A'：本質的には，サービスの確保は，既に話しましたように，市のごみ収集や県での分別収集から始まり，道路清掃と照明や冬季の管理にまで至ります。つまり，草刈りや掃除機を使った清掃，公の場所の補修までの全てのことであり，それらは私たちに利益となるものではなく，市議会を通じて清掃用具や作業服の確保をしなければならず，また経費をカバーできるだけの利益を生むものでもないにもかかわらず，これを行っています。また，我々の市には数々の池があるためそこに移動型のトイレを配備していますが，これにも多額の費用がかかります。そこからの我々の収入はないにもかかわらずです。また，刈り取った草やゴミの回収も行っています。その際はスーパーの BILLA のトイレを利用しています。また同じように，市庁舎のそばのいわゆるフリーブ［Hríb］の下手，売店のそばにも公衆トイレを設置しています。これらは我々が維持したいと努力しているサービスです。

LF：しかし，何も表示がなく，まだ色々と欠けているものもありますね。

A'：たしかに，常に，より多くの資金が確保できればと考えています。そうすれば，例えば緑地帯の清掃や刈り込みについてもより良く実施できるのでしょうが，私たちの活動が十分であるとは感じていません。

LF：それは観光客の観点，あるいは市民の観点から考えてですか。市の視点からですね。

A'：もちろん，これらのサービスの改良を求める住民からの要望を我々は受け取っています。例えば，医療厚生サービスについてです。本質的にこれはもっとも重要なことです。市民は同僚が話したようなサービスを受けています，例えば清掃とかです。これは実際のところ，法律に基づいて我々が保証しなければならないことです。また，私にはよくわかりませんが，例えば，美容師や診察医など多くのことです。理髪師やあらゆることです。靴の修理も。それらすべての事，靴の修理も確保しています。これはたいしたことではありません。もっとも大きな要望は文化に関するものです。文化面では，私たちは市民や外国人向けの行事を行っていますが，恐らくは収容人数は足りません。また，食料品の品揃えも確かに同じく手薄であり，そのため我々は別のスーパーのチェーン店の建設を考慮しています。と言いますのも，市民にとっても観光客にとってもこのようなチェーン店は利用できるもので，我々のところには既に BILLA が出店していますが，これが唯一のスーパーだからです。現在のように需要が高まっている時期にはこれだけでは絶対的に不十分です。また，確実に住民は数多くのバス路線が開設されることを歓迎するでしょう。特に市外への路線です。つまり市内のバス路線ではなく他の町への交通です。しかし，それに対して誰も対価を支払おうとしません。というのも，例えば私がどこか，例えばトレンチーンに行きたいと考え，そのような人は恐らく 2，3 人はいるでしょうが，バス路線で足りるでしょうか。しかし，この分野を強化することに関して私は非常に申し訳なく感じているのは確かです。かつては，例えば，ピエシチャニ行きのバスが運行されていました。私が思い出せるところでは，これは非常に使い勝手の良い路線でした。というのもこの町の住民をジアル（・ナド・フロノム）やハンドロヴァーまで届ける路線だったからです。その先はどこを走っていたのかは忘れてしまいましたが，プリエヴィザ方面に向かい，そこからピエシチャニへと向かいました。そこでトルナヴァに行く必要がある人が乗り替えられたのです。今もトルナヴァ行きのバスはありますが，月曜日と金曜日にしか運行されていません。そして，例えば，住民は何とか維持された鉄道路線の列車がもっと頻繁に走ることを望んでいます。しかし，列車の乗客が6人程度であり，採算が取れない状況では，これは経済的には無理な話です。お分かりいただけると思います。また別の事例，私が先ほど話した医療厚生の分野では，地区の医師は個人開業医ですが，住民は診察のためにわざわざ別の町まで行かないで済むようにするために，整形外科の開業を希望しています。しかし，整形外科医の多くは個人の開業医であり，ここで十分な数の患者が見込めない状況では，彼らにとって魅力的な選択肢にはならないのです。正直に話しますと，私たちは行政の立場から，家賃が負担にならないように家賃1ユーロで開業する場所を提供すると医師たちに持ちかけ，さらに，固定費負担を抑えるために電気代も市が支払うと持ちかけ，何とか住民の要望を実現できないかと努力しました。しかし，多くの場合，専門医たちは市での開業に関心を見せなかったのです。というのも，彼らは医療保険からの収入があり，（バンスカー・）ビストリツァやズヴォレン，ジアルで開業していても収入が得られるからであり，あるいは，医師たちは，整形外科に行く必要があるのにこの町に整形外科がないのならば，整形外科がある町に引っ越せばいいと話すだけだったのです。

LF：あなたが話したことと関連して，かつて私が思いついたことがあります。お聞きいただきたいのですが，地域開発に関心を寄せる人間として，外国のさまざまな場所で見かけるような人々と比べて我々がさほど積極的ではないということを残念に感じていました。この地域を広く見た場合，非常に魅力的な場所が幾つかあると思います。シチアヴニッツァに関しても，シチアヴニッツァに対する関心が高まっており，国内外から訪れる観光客の数も増えていることと思います。ここは1つの地点です。そしてこの近くには同じような性格や性質，観光資源を擁するクレムニツァがあり，さらに温泉地であるトルチアンスケ・チェプリツェもそこに入れることができるでしょう。そしてこれらの地点を結ぶ季節運転の観光列車を走らせることができたならば，例えば，シチアヴニッツァのホテルかあるいはペンションに滞在しつつ，望む時にクレムニツァやトルチアンスケ・チェプリツェに小旅行に行くことができるのにと考えたしだいです。あなた方はこのような考えを抱いたことはなかったのでしょうか。もちろん問題も多いですが，チャンスもあるのではないかと思います。

A：はい。しかし，実際のところ，我々は観光に関する仕事をそれぞれ個別に行い，基盤を築いていますが，近隣地域には関心を払っていません。連携もできるのでしょうが。私が考えていたのはまさにその点，私たちが連携するための観光開発を行っていないということです。私は，それぞれ個別に観光開発を進めているとはまったく考えていません。そのことは指摘しておきます。魅力を引き付けるものも必要であり，まさにローカル線もその魅力になりえ，レクリエーションの対象になりえます。車内で軽食を提供することもできるでしょう。確かに，昔風の鉄道とはいえないでしょうが。音楽も。音楽を聴きながら旅行をして，風景を見て，列車に乗り降りをする。このような列車，つまり車内で生演奏をするのではないとしても音楽を鳴らしながら走らせる列車を運行したいと思い，計画を作成し，資金を獲得するために，彼らに連絡を取ったことがあるのですが，中央省庁は何もしないのです。このように，私も夏季の観光客のための列車を計画したことがあるのですが，中央省庁は技術的に不可能であると回答してきたのです。

我々のところではいつもこうやって話が変わってしまうのです。それに，私は彼らにこの計画を命令できるような鉄道会社の社長ではありません。私は，ビデオの機材を列車の中に設置し，そこでこの町と周辺の湖，サラマンダー・パレード（町の鉱山祭り）について上映することを望んでいました。この手のビデオ，例えばサラマンダー・パレードに関するビデオなどは色々なものが私たちの手元にあります。これらのビデオには歴史的な映像もあれば，乗客を少し活気付けられるようなものもあります。パレード参加者の衣装を身に付けても良いでしょうし，あるいはハールチ［Hálči］で途中下車をして魚の掴み取りのようなイベントも行えるでしょう。そしてまた列車に乗り，私はクレムニツァの市長との間に問題はありませんので，クレムニツァに向かうこともできます。また私はトルチアンスケ・チェプリツェ市長のシグート氏とも良い関係を築いていますので，トルチアンスケ・チェプリツェまで行き，また戻ってくることもできます。しかし，彼らは即座に私に対して技術的に不可能だと言ったのです。こういう列車を望んでいたのですが。

LF：技術的には可能でしょう。列車はあります。

A：では，その列車を使ってみましょう。そして，技術的に不可能だとしても，我々がそこに，線路の上にいるかのように考えましょう。シチアヴニッツァから出発し，何かビデオを上映しながら移動して，ハールチで途中下車をして，湖まで行き，そしてまた車内でサラマンダー・パレードのビデオを上映する。そして，フロンスカー・ドゥープラヴァから私たちの列車がクレムニツァまで旅を続けるためにはどの路線を行けばよいのかわかりませんが，私は例えば，バンスカー・ビストリツァにも向かえれば良いかとも考えています。と言うのも，私はバンスカー・ビストリツァの市長とも良い雰囲気の中でこの列車が彼らの町にも行くことで合意に達したことがあるからです。彼らは即座にこのような列車を仕立てよう，興味があると話したのでした。これはただの戯言ではありません。今の経済状況はこのような感じですが，異なった経済状況にあったならば，私たちはこの鉄道路線を市の管轄下に移して，市の問題を少しでも解決するために何かしらのことを行えたでしょう。しかし，現在の経済状況において私たちの町々は何とか生き残ろうとしており，さらに支出を切り詰めなくてはなりません。しかも市長に対する逮捕状や捜査を恐れなくてはならないのです。そのため，私たちがこのような計画を進めるためには常に熟考しなければならないのです。私はただ少し思いついたことを述べましたが，現在の経済状況はよくないため，何を考えるにも困難ではありますが，前に進むためには何かを考えなければならないのです。私が思うに，この町と他の町を比較するのであれば，我々の税金から文化や観光，OCER，それらに関するサービスに対して支出されている財政措置について比較をした方がより多くの結果を得られるのではないかを思います。また，例えば，クレムニツァやトルチアンスケ・チェプリツェとの比較だけではさほどの結果は得られないと思います。それらの町は様々な財政措置を実施しており，また長年の間企業家や訪問客もそれらの町に関心を抱いているからです。私たちもそれらの町に通っています。と言いますのも，週末のシチアヴニッツァは時折訪問客で満杯になることがあるからで，今では，これらの訪問客がそこここに固まらないようにするために何を提供できるかを考えるような，これまでとは反対の状況も生まれています。

LF：どのように分散させるかですね。

A：そうです。ここには様々な選択肢があります。そして，そのために今ではサラマンダー祭の日も幾つかに分けています。その結果，シチアヴニッツァはこの5か月はこのような状況になり，もはや人で満杯ではなくなったので，良かったと考えています。現在はロシアのチェコ新聞のエコノミストからのこのような提案が出ています。彼らがこの地を訪れ，スロヴァキアでの観光開発の第一人者として活動し，つまりあのあたりの国々からのロシア人観光客向けの開発を行い，それをさらに強化することで合意ができたのです。こうして，彼らはロシア人観光客をシチアヴニッツァに送り，私たちはそれに対して支援をしています。私たちはこのような観光客に対して関心があります。ただ，例えば，イヴカもサラマンダーについて話していましたが，その時期には1部屋も1つのベッドの空きもない状況で，宿泊能力は満杯になってしまいます。また，UNESCOの（世界遺産の）場所に関して専門家がハルシュタットから始まるある講義を行ったことを憶えています。彼らが大規模に観光の基礎を築き始め，この件に関して様々な動きをしなければなりませんでした。と言いますのも，その時既に大量の観光客が押し寄せることで自然や記念物が破壊され始めていたからです。つまり，最適化を図る必要があり，その問題を解決しなければなりませんでした。しかし，重要なこと，もっとも重要なことは，観光客がこの町に数日間留まることです。何故ならば，この事はお金をもたらす意味があり，それによってこれらの施設を運営する企業家も引き付けることになるからです。こうしてあらゆるサービスを利用することになり，雇用の場も増えます。

LF：ありがとうございました。では，次に現在の状況についてお尋ねします。どのような計画を市は実施しているのでしょうか。大規模な計画です。

A：どのような方向性の？

LF：市の発展に向けた方向性のものです。文化の分野でも構いませんし，あるいは観光の分野でも，どの分野でも構いません。

A：では，私たちが望んでいる分野からお話しましょう。観光に関して我々は1つの大きなプロジェクトをROP，つまり地域実行プログラム［regionálny operačný program］の枠組みに基づいて実施しています。それは，宣伝活動に向いたもので，宣伝活動の強化ないし改善を追求しています。つまり，新たな宣伝材料の配布やインターネットのウェブページ。そのサイトを通じて事業者がホテルや宿泊施設を登録できるようなポータルサイトもあります。博物館やその他の施設への入場料を割引するカードも発行しており，また，様々な宣伝材料もこのウェブページに掲載してあります。このページには法律に関するサービスも掲載しています。事業者向けの法律のサービスです。手数料に関する分析も載せています。交通については，そのプロジェクトの枠内で交通問題の解決に向けた調査を行いました。そして解決案もです。住宅に対する固定資産税の徴収の改善案も示しました。住宅に関する税金の徴収に関して，そして住宅システム全体について，インターネットを通じてこの分野の手続きができるようにしました。観光ではこれと並行してランニング用道路の再建と修復の問題に取り組みました。隣の町にはスキーリフトもあります。サラマンダー・リゾートでは文化に関する活動も行っています。このように文化について我々は様々なプロジェクトを通じて取り組んでいます。一方では，文化事業に関する助成金があり，2013年度の事業の枠ではバンスカー・シチアヴニッツァのUNESCO世界遺産への登録から20周年の記念事業を行い，その他にもさまざまな文化事業やプロジェクトを実施し，そして現在はサラマンダーの催物の一部として「トルコ人がくる」という催し物を行っています。これはROPの枠組みの事業でもあります。と言うのもROPプログラムはこのように実施することになっているからです。これは文化事業です。30万ユーロ規模の事業です。そして，高齢者向けの教育プログラムもあります。これは最近実施に移したばかりのものですが，このプロジェクトは50歳以上の人々のための教育を含んでいます。高齢者向けとは言っていますが，50歳以上が対象です。50歳の人々を年金生活に追いやることを望んでいるわけではないので，これはそう名付けているだけです。そして，学校の枠のプロジェクトもあり，これは2つの小学校を対象に教育の質の向上や電子化，あるいは何と言いましょうかコンピューター関連のものを追求しています。学校の電子化，つまり，それぞれの授業やそれと同時に教師の教育に際してそれらを利用するというようなプロジェクトです。文化については，さらにさまざまなプロジェクトがあり，今年度に実施している文化行事もあります。また，廃棄物管理のプロジェクト，分別処理場の建設に関するプロジェクトもありますが，我々を対象にしたものではないのですが，裁判での係争案件になっているので現在は中断しています。我々は被告でも原告でもなく，ある会社が国を，つまり公共入札庁を訴えたのですが，私たちもこの案件にどう決着が付くのか待たざるを得ないのです。このプロジェクトの最終段階でこういうことになってしまっています。また，廃棄物管理に関する宣伝のプロジェクトもあります。これは環境省で評価入札を行いましたが，その後はプロジェクトの核心部分は我々が実施しました。また，公共の街灯の設置計画もあります。街灯の近代化です。また，ドリエニョヴァー公園の改装工事も行っています。バスの停留所も。バスの待合室やそういった諸々のことです。公共の場所の修繕も行っており，またこういった様々な建設工事もあります。

LF：わかりました。今度は，どのような方法であなた方が住民のニーズについて情報を集めているのかを尋ねたいと思います。これは結局のところは自治体に対する住民の態度とも言えるでしょう。

A：そうですね，我々は住民との集会を開いています。

LF：それと関連した別の質問ですが，住民と会う時は，それは市民団体との会合やあるいは他の団体との会合と同じような雰囲気なのでしょうか。市の政策を説明する際に何かしらの問題に直面したことはありますか。

A：市の方針とか，何故それができないのか，などでしょうか。

LF：まさにそういったことで，どのような方法でこれは可能でありそれは不可能であると住民を説得しているのか，何かありますか。

A：彼らに対してオープンに率直に話しています。と言うのも，この事がしばしば問題になっていることを知っているからです。しかし，私たちのところでもぶつぶつと不平を呟く人が何人かいます。少し前にそのうちの１人がインターネットを通じて私に色々と書いてきたことがありました。私は彼に返信を書き，その活動は同じ人々が行っているのだと，なので，気温 40 度の炎天下で，その人々が８時間も草刈りをし，伐採作業をしなければならないことに思いを馳せ，その必要を私に説明してほしいと返信しました。するとその翌日にはその人は私にありがとうと，全てのことが問題なく動いており，もう気にかかっていることはないと，返信してきました。我々が住民に対して話す時には，これは可能かもしれないと，あらゆることが可能であるけれども，単純に私たちの手元にある財源で賄わなければならないと話しています。これは，私たちが固定資産税の最高額を引き上げる時に用いた方法ですが，伺いたいのですが，これは解決策と言えるのでしょうか。それほど多くのお金を有していない人々は，それだけの税額を納めることはないでしょう。しかし，彼らはそのような方法は駄目だと即座に言い立てるのです。

LF：わかりました。ここシチアヴニッツァにも多くの市民団体がありますが，彼らとはどのようにコミュニケーションを取っていますか，あるいは彼らと協力したり，彼らを支援したりしていますか。

A：普通に連絡しています。支援と言えるかどうかはわからないですが。

LF：どの団体とどのようにでしょうか。幾つかの団体は，あまりに多くのことを書くので，むしろ害を引き起こすこともありますが。

A：どの団体にも敬意を払っています。もしあなたから正確なリストを示してくだされば，どの団体かはお答えできます。しかし実際には，ここに来る団体は，大体の場合，資金提供を求めるものばかりです。そして，私たちはそれを扱っています。

LF：では，市は市民活動の支援のためにどのような金銭的手段を設定しているのでしょうか。

A：私たちは助成金を設定しています。ですが，今年度はそれにも拘らず私たちは助成金を支給していません。今年度は別の事業を行った方が有用だと考えたからです。どのような団体も設立者が資金を提供せず，市に資金を求めているようでは活動できません。文化的な都市は文化にそれなりの資金を提供しなければなりませんが，ここにあるような文化は，ブラチスラヴァにも他の街にもないでしょう。実際にこの街を見るか，あるいは1年間ここに住んで，シチアヴニッツァに通ってみてください。そうすれば，もっと多くの資金が必要であることが判るかと思います。正確には判りませんが，3,000人近くの人々が「トルコ人がくる」やあるいはサラマンダー・パレードを見に訪れ，その結果，全ての排泄物の清潔な除去や環境向上の手配，あるいは，これと関連したその他のことを手配する必要があります。これら全てのことは市の予算の別の項目にも影響します。まさに，この市ではこれだけの額しか文化に向けられていないと計算し確認したとしても，他の項目から向けられる資金もあるのです。そしてこれは話しておきたいのですが，このようなことを正しいとは考えてはいません。また，現在我々は詩人や歌手などの発表の機会を設けており，それらの市民団体は我々に対して資金の提供を求めています。私たちもそれにふさわしく振舞えればよいのですが。とは言え，下手の方のバラの植え込みに関心を持つバラ協会といったような市民団体もあります。

LF：美化協会ですね。

A：美化と言いますか，彼らはそこにバラを植えて，世話をしているのです。これは狭い範囲での活動です。というのも，彼らは周囲と調和したその通りに住む人々であり，つまりは協会があろうとなかろうと世話をするような人々だからです。しかし，私が彼らと話をして，世話に関わり，賃貸住宅の前に植えるためのバラを共同購入したりしています。また，協会ではないですが，幼稚園の児童たちに関心を寄せる市民団体もあります。この小さな団体は伝統的な道徳感に基づいて子どもたちを育てようとしており，子どもたちも色々なところで発表しています。彼らと向き合う指導員たちには敬服しています。幼稚園児たち，小さな幼稚園児たちです。敬服しています。また，率直に話しますと，私も良く判らないのですが，非常に上手にダンスをして，公演のために各地を訪れているテキサス・バンドもあります。彼らは私たちからの補助を受けずに活動しています。彼らにも頭が下がります。また，この他にもさまざまな団体がありますので，全てを紹介することはないでしょうし，ここで説明する意味もないでしょう。また，かつてバンスカー・シチアヴニッツァの最初の土地利用計画が作成された時には，飛行場の計画も含まれていました。そして，この計画が作成され公表されましたが，実際のところ，これらのことに支持せざるを得なかったのです。しかし，今日私のところにこのような電話がかかってきました。このプランはあまり良くないし，我々の助けともならない，なぜなら町の住民は貧しいからだというものです。彼がどういった考えなのかは私には判りません。しかし，私には市民団体とは思えないような，つまり具体的な利益を求めていないとは思えないような，市民団体もあります。それらはむしろ政治的な次元で活動しているものです。このような市民団体もあり，市民団体の多くはこのようなものです。市民団体の範囲は非常に幅広いですから。最終的な結果を求める市民団体もあります。彼らは市の助けになります。

LF：彼らは市や住民を手助けしています。何故なら，あなたが先ほど話されたような子どもたちの保育や，高齢者の介護といったような生活環境の問題や記念物の問題などは正常な協調関係の構築という最終的な結果が求められる問題であり，これらの市民団体の多くはそこから資金を得ているからです。彼らは活動資金を調達するために何らかの助成金を申請し，何らかの活動のための資金を得るためにあらゆることを行っています。ということで，このようなコミュニケーションに関する何らかの規範をあなたがたはお持ちでしょうか。というのも，当然ながら，意見が衝突する場合もあり，意見を異にすることもあります。これは間違っているとまでは言えませんが，意に沿わない場合でもコミュニケーションを取り，解決策を探す能力がなければ何か悪いことが起きてしまうからです。

A：そのような規範はありません。少なくとも私は知りません。私たちは資金面から支援しようと試みています。率直に話しますと，組織的に広く行き渡るようにしていますが，時折，彼らからの要求が配分可能な額を越えてしまうこともあります。

LF：そのような事態はしばしば起きます。あなた方はここで長年活動しているので，このことを理解できるでしょう。と言いますのも，彼らの内の幾人かはここで生活していないのですが，時代は変わったのです。

A：大体のことはこのような感じです。ご覧になってください，私は部局の長で，問題ないと話し，市の財政はこうなっていると話し，では，どの予算項目から費用を引き出すのか教えてくださいと話します。私も同じことを市議会の議員に対して問いかけることがあります。しかし，私たちには共通の責任があり，誰かが私を出しぬくことはできません。そして，私にとって何か足りないものがあるならば，あなた方自身も私たちがどのように助け合うかを考え，どの予算項目から資金を調達するかについて合意を形作らねばなりません。しかし，市の財政はこのような状況であり，家計を扱うようにはいかないのです。私たちは多かれ少なかれ一定の基盤に基づいて仕事をしており，彼らはここにきては我々と話し合うかあるいは共同の会合を開きます。多くの場合は，彼らもここの住民であり，すぐに評価することができます。あるいは我々が活動するかです。つまり，支援活動です，文化やスポーツでの。あるいは，共催者になるか。共催者になるのは，文化やスポーツなどの分野に関係するか，あるいは例えば，社会福祉などに携わる団体のみです。「マルガレートカ」［Margarétka］も。しかし，私は例えば，孤児を扱うような団体を念頭に置いていました。そのような団体はここにはありません。

LF：私が残念に感じたのは，例えば，そのような団体があったとして，そのような人々のために活動している人々がいたとして，彼らがここに来て，私に対して，あなたもご存じでしょうが，私どものところにはこのような人々がいて，もしこれがあれば，あるいはあれがあれば，彼らの問題を解決できるのに，無理なのでしょうか，と話せるでしょうからです。

A：私から少し補足しますと，あなたが先ほど話されたように，あなたはこの問題を質問したのですね。はい，市民とコミュニケーションを取るための道具はあります。主に集会ですが，その他にも市が資金運営をしているものもあります。SMS による情報チャンネルです。これは市民が情報を得るために市が運営しているものです。テレビ放送については視聴できる範囲は市の領域に留まりませんが，同じように市が運営費を負担しています。地域紙もあります。「シチアヴニッツァ新聞」です。市のウェブページもあり，そこでコミュニケーションを取ることもできます。また，我々は黒い投書箱も設置しており，そこからは匿名のアンケートを回収しています。一部の人々は署名をしていませんが，それを取り除く装置もあります。このようにさまざまなコミュニケーションの回路があります。

LF：はい，わかりました。教育の分野についてはもう質問しません。これについては既に十分話を聞きました。そして，明日も補足的な情報を得られるかもしれません。ですので，文化の分野について尋ねたいと思います。何か，市の芸術エージェンシーのようなものはあるのでしょうか。

A：我々のところに部があります。ええ，文化・スポーツ・メディア部です。そこのトップはマルコ氏です。彼と話すことを希望されるかもしれませんが，彼は2週間ほど不在です。休暇中です。

LF：そうですか，では，彼の代わりになるような人物はいますか。その部のヤンコ・ペトリークさんでしょうか。

A：彼に聴いてみましょう。あなたが主に住民について尋ねたいのか，それとも予算について尋ねたいのかで，変わってきます。

LF：私たちはまず，市の予算がどのように運営されているのか，どの位が文化の分野に割り当てられているのかを尋ねたいと希望しています。文化的な催し物がどうなっているのかも。そして，市内にこれ以外の文化の支援プログラムがあるかどうかも。それについて，市を支援する能力があるか，あるいは何らかの文化活動に参加し，その他の団体を支援することがあるのか，そしてそれらの団体が文化省の助成金に応募しているかどうかも。

A：文化に関してですね。

LF：あるいは，支援を提供している私的な投資家についても。

A：ファルチャンさん，彼らは文化省の助成に応募し，VUC（県）で同じようなプログラムを有しているところにも応募しています。そのような助成金は，我々のところと同様に，助成金寄付に関する政令に基づいています。そして，我々は，我々が資金を提供している文化以外にも，助成金を通じて非営利団体や市民団体に貢献しています。実際のところ，市民団体は非営利団体です。文化やスポーツなどの分野で活動しているその他の団体のためには，彼らはこれらの財団を通じて様々なことを要求しており，また当然ですが，事業者も要求してきます。

LF：まずは，文化の分野で支援を提供しているどのような財団が存在しているのかを確認させてください。それ以外には市の予算から支出されている団体を。

A：まず，文化省からはPro-Slovakiaといったような団体があり，彼らは図書館文化支援の枠組みに沿ってここで活動しています。私には判りませんが，そのような活動を見つけることができるでしょう。そして，VUC（県）は政令や，予算規範に関する法律を通して予算を設定し，市も同様に法律と政令を通じてこれを行っています。そして，他の場所と同じように，SPP〔スロヴァキアガス工業〕やORANGE〔携帯電話のオペレーター〕の財団があります。VUB〔一般投資銀行〕も。それからスロヴァキア貯蓄銀行［Slovenská sporiteľňa］も。ほぼすべての大企業がこのような財団を設立しています。エコ・ポリス［Eco-police］や財団の多くは緑化やあるいは生活環境の分野を志向しています。これらについても様々な財団があります。

LF：市内での状況はいかがですか。これらのうちのどれがもっとも主要な団体ですか。

A：彼らはまず文化省やVUC（県）からの資金を得ています。それに加えて，市はSPPに資金を提供し，またEco-policeやVUBの財団にも提供しています。スロヴァキア貯蓄銀行にも提供しています。

LF：あともう1つだけ質問します。あなた方の町では水利事業がまた展開されていますか。その団体の名称は。

A：スロヴァキア水利企業［Slovenský vodohospodársky podnik］です。

LF：彼らも支援を行っているのですか。

A：ええ。しかし，彼らは文化の分野では行っていません。この会社は国営企業ですから。

LF：幾つかの団体には支援を提供しているのですね。

A：彼らも支援を提供していますが，私は彼らが何かしらのスポンサーになっているかどうかのことを考えていました。

LF：私も同じことを考えていました。彼らもここを拠点としています。

A：そう努力しています。努力していますということが回答です。お判りかと思いますが，私は行間を読みつつあなたに話しています。国営企業はこのようなことをできないのですが，彼らはそれにも拘らず，ある著者の本を購入するといったようなことを行っています。

LF：わかりました。では本当に最後の質問です。バンスカー・シチアヴニッツァ市の発展の視点，現在と未来の視点からは，何を基礎とするべきで，何を志向するべきでしょうか？

A：2つのこと，この視点からは確かに2つのことがあると思います。第1に100以上もある法律の中から，特にバンスカー・シチアヴニッツァに関わる法律を観光開発に適用していくことです。この分野の発展のために国からの何らかの資金が求められているからです。そして，学校にもこのような支援が必要です。それも中等学校に対する支援だけではありません。と言いますのも，中等学校には現在でもそれなりの額が支出されていますが，国は今，大学の設立，その地域に合わせた大学の設立に対する支援を行っているからです。つまるところ，教育では，最終的には，組織全体の発展が求められているので，そのような環境のことを私は考えています。この市の環境に重工業的な生産を誘致できないのであれば，つまり，様々な保護対象があり，記念物や生活環境によって制約されているのであれば，私はSVPのようなものを想定することになります。そこでは約100人の職員が雇用されており，鉱山に関する主要な官庁として設立されたものです。例を挙げますと，かつてこの建物のこの私の部屋の一階下にスロヴァキア科学アカデミーが入居しており，そこでは約20人が勤務していました。つまり20人分の雇用ということです。22人でした。そしてもう1つは，このような知的かつ教育的な潜在力を利用しなければなりません。何故ならば，シチアヴニッツァには知識を有する人々が多く居住しており，また数多くの人々が教育を受けているからです。この人々は有用であり，市には生活環境や自然保護の専門家が非常に多く居住しており，歴史家も非常に多く住んでいます。そのため，彼らを救済する考えも生まれてきますが，それらの一部は実現不可能なものであり，また一部は実現する可能性があるものです。しかし，私たちが何も構想しなければ，何も起りません。また私は鉱山開発の再開にもそれなりの潜在的な可能性を感じています。

LF：どのような意味においてでしょうか。

A：地理学的な結果と関係しています。率直に話しますと，過去には，国が鉱山開発に資金を提供していましたが，それらの鉱山が経済的に自立できることはありませんでした。しかし，私は何らかの方法はあり，この空間を再び開放することができるのではないかと考えています。第2に，まだ原文を入手しておらず，早くそれについて詳しく調べたいと考えているのですが，欧州連合（EU）によって採用されたあるプログラムの趣旨を私が取り違えているのではないとするならば，EUは雇用機会の喪失が非常に進行している地域において新たは就業の場を創出する取り組みを支援することを希望しており，対象となる分野には鉱山の閉山や鉱業の衰退ということも含まれていました。とは言え，このプログラムに応募するかどうかについて，まず私自身がこのプログラムについて詳しく調べなければなりません。

LF：ありがとうございました。この部分については私も手探りの発言しかできませんが，手短に話します。私たちはエヴァ・マイコヴァーさんとも話しましたが，私たちはこの町への科学〔アカデミー〕の帰還を考慮しています。当然ながら，私たちがこれを協議している時には，まさにこの鉱山学校のことを念頭に置いています。しかし，あの建物は我々にとってはあまりに大きすぎであり，運営できないのです。

A：私たちのところにはベルハージ家住宅もあり，より小規模の建物もあります。賢い人々が間違いを犯した時はより少ない意見しか聞き入れられていなかったのです。かつて機能していた時，その後アカデミーから外された時には，ここから何に寄与できるかということの展望が見えていませんでした。一定の期間はそれぞれの会合でどなり声が上がることもなく，既にズロフ大臣もいなくなっていましたが，それでも，この地の機関がなくなるということを考えたこともありませんでした。

LF：とにかく，あなたが話されたように，この市には環境に関連した活動に関して潜在力があると見ています。その潜在力を引き出せるか引き出せないかは，この社会環境プログラムの内容を作る人次第です。

A：ええ。そして我々もそれなりの問題，アカデミーに関する問題を抱えています。ジタは前向きです。（名前を聴き取れず）ジタは前向きの姿勢であり，彼女の下の職員も同じようであり，その2つの可能性に基づいて活動したいと考えています。私自身も大臣や国民議会の何人かの議員と既に話をしています。彼らが話すところでは，この2つの可能性はあるが，国家予算も穴があいた靴下のような状態なのだということでした。ジタは必要な準備ができており，私もその基礎を用意していますが，最初の2年間次第だとあなた方に述べておきたいです。その後，彼らはプロジェクトから離れてしまうでしょう。実際のところ，ジタは合意できればと考えていますが，ラツォ・ミクローシュがいるUNESCOの支部や，あるいはダリボル・マジャルのEspritとも合意を締結することもできるでしょう。と言いますのも，彼らとはすでに協力関係にあり，金銭的な支援を獲得するための計画作りを彼らに依頼することもあるからです。実際のところ，既にそれらの作業について補助金を支給しているのです。国家予算の観点からはさほどの額ではありませんが。あなたに今説明したことはエヴァに電話をした時に聞いたことです。と言いますのも，エヴァの母親が私のクラス担任だったことがあったので，エヴァに長いこと会う機会がなかった時も，私は彼女のことをよく知っていたのです。しかし，その一方で話しておきたいのですが，これは国家予算の観点からはそうではないかもしれませんが，私たちの観点からは巨額のお金です。ただ彼らは予算を配分し，スロヴァキア科学アカデミーを取り上げると話すだけです。それに対して，私たちはチャプロヴィチ〔教育相〕に何かできないかと考えていました。何故ならば彼の素晴らしい執務室を通って，STU〔スロヴァキア工科大学〕などの大学は研究所の設置などのために多額の資金を獲得しているからです。

LF：彼らは何かしているのですか。

A：建築学部の分室の拡張を考慮しているのです。しかし，STUの建築学部のところにではありません。技術関係の部局があるトルナヴァも立候補しています。トルナヴァにもSTUの分室があります。そしてトルナヴァが選定され，トルナヴァが資金を受け取りました。しかし，これは建設学部の分室の拡張のことです。と言いますのも，建設学部もSTUの一組織だからです。このように彼らが選ばれ，そこに資金が流れ，企業にも流れています。興味深いのはトルナヴァが選ばれたことです。トルナヴァには機械関係やそのような技術系の部局はありましたが。物質技術系の部局もあります。しかし，あなたに話したかったのは，彼らはそのような素晴らしい研究室を設置するために巨額の資金を得る方法を知っていたということです。私も訪問し，科学アカデミーに所属することができればと考えましたが，しかしパストレク氏が明確に話したように，生化学や林業の分野が既に活動しているので，生活環境に関する興味はそれほど強くないということでした。すぐに適用できるかを計算しすぐに手を挙げるようにするためのそのような圧力は問題ではありません。どのようなことを考えているか判りますか。直接的にお金に結びつかない科学の分野もあるのです。しかし，いつものこのような感じで，今後もこうなのでしょう。しかし話しておきたいのですが，このような生活環境の中で，彼らは環境をより健康なものにしようとしています。そしてポラーク氏はカトリック大学のコマーレク氏と共にこれを解決しようとしています。私がこれに署名した時，このように展開するとは思いもよりませんでした。しかし，また別のことも話しておきたいのですが，あるとても影響力の強い政治家の意見ですが，私が列車に乗るために走っている時に彼はこう言ったのです。つまり，天と地の間にあるこういう私たちが受け入れなくてはならないこと，どれだけの値段がかかるか判らないことがあり，シチアヴニッツァのこともそのうちのひとつなのだと話したのです。これは列車のことだけではなく，この場所で起きていることもそうなのだと。

LF：ありがとうございました。あなた方を引き留める気はありません。私たちは4日前に国際的な賞を授与するためにエヴァと一緒にいました。その後，私はエヴァに連絡するつもりでしたが，今のところは形式張らない非公式のもので，そしてあなた方と会うことになり，何ができ，何ができないかについて予想し始めることになっていました。と言いますのもスロヴァキアでは何かを始めようとすると不可能だと言われ，始められないことになることに私は腹を立てているからです。これではあらゆることを押し通して仕事をやり通すことはできませんし，そして時間が限られているからできないというのでは，今できないことは将来にもできないということです。そして，できないと思われていたことを私たちが始めなければ，ただ私たちにできるのは，耳を塞ぎ，お墓の中で手をだらりと横たえることだけ，誰かがその穴にノックするのをただ待つばかりになってしまいます。というところでしょうか。ありがとうございました。

(2) 教　育　長

A：もしお望みならば，私どものもっとも良い学校にあなた方をお連れすることができます。その学校の校長は非常に有能でして，考えられうる全ての組織が揃っています。ヨーゼフ・ホラーク小学校です。この学校の校長は，時には，我々全てが知るよりも早く情報を入手していることがあります。というのも，校長は政府の人々と会うことがあり，政府の人の側も彼を受け入れ，彼が示した幾つかの条件を法改正に取り入れることもあるからです。ところで調査のご趣旨とご質問をお伺いいたしましょう。

LF：まず我々がここにいる理由を話さなくてはなりません。我々は1990年代の初めに調査を開始し，2つの調査対象地域を選びました。当初は郡（okrers）が存在していなかった時期で，そこで私たちは小都市の事例としてバンスカー・シチアヴニッツァとブレズノを選びました。それから少しして郡が設置され，両方の町がともに郡庁所在地になり，状況が変わりました。その後1997年と2006年に，これらの町がどのように変化したのかを知るために調査に訪れました。また2006年にはプレショウを調査地に加えました。

A：ただ単に地図を指さしてこれらの町を選んだというわけではないのですね。

LF：はい。単に地図を指さして選んだということではなく，調査目的に沿って選びました。

A：そのような調査でしたら市の最高幹部と話した方が良いのではありませんか。

LF：はい。しかしその一方で，あなたのような方々が地域の自治をどのように捉えているかも課題なのです。

A：ご存じのように，地域の中では利害の衝突といったものもあります。何故なら，私のように自治体に関わっている人間は，市民としても少し異なったように捉えているからです。つまり，純粋な立場から話すことが私には難しいのです。例を挙げてみますと，私どもは1つの学校を廃校にしました。しかし，私個人としては，廃校を希望していた市の指導部とは全く異なった意見を抱くこともあります。お判りになりますか，こういう感じです。

LF：わかりました。では最初の質問です。あなたは自治行政の主要な役割はどこにあり，どのような要素が市の社会を形作っていると考えていますか。自然体の社会を形作る重要人物はいますか。あるいはそのような要素はないと考えていますか。

A：それは確実に自治の権限の強化といったようなものです。しかしそのようなご質問はむしろ市の指導部に尋ねる問題ではないですか。

LF：私たちは市議会議員や市の指導部の方がたがどのような意見を抱いているのかを知りたいと思っています，そしてあなたも指導部の一員で，そして学校を管轄しなければならない部局の長です。お尋ねしたいのは基本的なことのみですが，市は住民に対してどのようなサービスを提供しているのでしょうか。予算はどのようになっていますか。

A：このことについても，基本的な住民サービスの予算についても，向こうが答えなくてはなりません。

LF：はい。ではこのような質問にしましょう。つまり，ダブリにならないような質問をしましょう。当然ですが，幾つかの質問はその境を越えてしまうかもしれません。と言うのも，経済部で質問しても最後には教育にまで行きついてしまうかもしれないからです。しかし，私はここでは，自治体がどのように社会を形作っているのかについてまず質問したいと思います。あなたには，市の自治行政はどのような役割を果たしているかを尋ねたいと思います。あなたは，どのような要素が市の社会を形作っているとみていますか。

A：市の自治は，当然ですが，市の生活で重要な役割を担っています。何よりもまず，良く機能し，開かれた自治行政は人々の生活を助けます。また，当然ですが，市議会もそれに貢献しています。それぞれの選挙区から選ばれた議員たちは，信頼を寄せながら議員たちに彼らの問題を持ち込んでくるそれぞれの地区の住民が抱える問題を熟知しているはずであり，そしてそれらの問題は市議会に提示され，市の幹部や市長，出納長，そしてその他の部局長らと協力しつつ市議会はそれらの問題を解決しようと努力します。ですので，第1の前提は開かれたよく機能する自治行政，市民たちが自治体は彼らの利益のために働いているのだと確信させられるような市であることです。そして，私が考えるに，今の市の指導部は本当にそれに成功していると思います。現在の状況では，私たちが知っていますように，経済状況は困難であり，市議会議員たちが，多くの場合において地区の有権者たちと共に行動し，実際に機能する方向へと彼らの方向を少し変えるか，そのように知らせられればより良くなるでしょう。何故なら，市が得た税金で何がどのように経営されているかを住民たちが知らない時もあるからです。こういう事はしばしば起こります。今現在の状況で言いますと，住民たちは市の収支状況には無関心です。税金が数セントばかり安くなるかどうかは彼らにとっては同じことなのです。しかし，それとすぐに結びつくことに対して彼らは意識を払っていません，つまり，税収が少なくなること，そして市はその税金の中から子どもたちが通う幼稚園，住民が彼らの子どもたちを通わせている幼稚園の運営といったような重要な案件に資金を提供しているということです。つまり，我々はこれらの学校に関して扱っているので，国家予算からだけでなく市の税金からも運営資金を出していること，そして，市の税収が減少すれば，当然ながら，市が支援しなければならない他の分野，例えばゴミ収集が既にそうなっているのですが，あるいは医療厚生や高齢者のケア，学校，そして多くの，本当に多くの案件に回すお金は減るのです。冬期の維持管理だけで巨額の経費がかかるのです。そして，私が思うに，市議会議員たちはいまだに多くの余剰金があると思っているかのように，この分野で彼らの地区の住民たちとの協力をほとんど行っておらず，住民たちも多くの場合，税金がどのように配分されているかを全く知らないのです。多くの場合，住民たちは地区の議員に対して，私たちは新しい道路が欲しいとか，水道が欲しい，これが欲しい，あれが欲しい，あなたは議員なのだからこれを市に働きかけてほしいなどとお願いします。その一方で，この同じ住民たちは市の経営は彼らの家計経営と似たようなものだとは見ていないのですが，彼らは家計をどう切り盛りするかは判っています。つまり，家計の状況が悪い時は何かしらの優先順位を付けなければならないこと，つまり，家庭内で優先順位を付け，何か新しくきれいな物を買うのではなく，暖房用のボイラーを交換しなければならないといったような重要なこと，あるいは節約のために窓を交換するといったようなことを知っています。これと同じことを市も行っており，市の指導部はこれに気を遣わなくてはならないのです。家計と同じように市も運営しなければならないのですが，これらの住民たちはしばしば，市も実際のところ1つの大きな家庭のようなものであり，優先順位を付けなくてはならないことを理解しないのです。そして，市議会議員がやってきて市議会に対して，私のところの有権者が道路を作ることを望んでいる，3 軒の家に通じる道である，どうだろうか，と提案することもしばしば起こります。巨額の費用をかけて事業計画の書類が作成され，支払われ，実際に道路が建設され，その効果はその 3 軒の家のためだけです。そうです，住民は納税者でもあり，彼らは税金を支払っています。いいでしょう。ただ，このような優先順位は今この時点では良いかもしれませんが，冬季に幼稚園の子供たちに資金を提供しないことができるでしょうか。教室内で一定の暖かさを保たなくてはならないのに，暖房費を支出しないことができるでしょうか。それでも，議員がどこかの道に歩道を付けると決めたら，何らかの通路か何かを作ると決めたならば，私はそうしなければなりません。もう通路は望まれず，望まれていない通路のそばに何か新しい物を作るとなっても，です。このように，私は留保を感じながら市議会を見ており，市議会が何を言うかを見ています。そして，市議会の背後にはいつも具体的な人物がおり，彼らはそれぞれの有権者と協力して活動していますが，多くの場合このような経済に浸かっており，このような経済に馴染んでいます。彼らは彼らの有権者の多くにとって良い要求を提示しますが，私はこのように考えています。

LF：ありがとうございました。これで十分です。では，学校制度に関して，先ほどの質問を少し異なったように組み立ててみます。学校制度の権限に関しては，幾らかは国家が担当し，幾らかは自治体が，そして幾らかは地域（県）が担当するというように分割されています。地域の自治体，つまり，初等学校については市や村が管理者になっています。では，各学校が保持しなければならない一般的な教科以外に何らかの特別テーマの授業を授業案に組み込む権利に関して，各学校がその選択肢を利用していることについて，あなたはどの程度の情報を持っていますか。

A：これはそれぞれの学校の教育計画であると理解しています。

LF：その件について，この町の具体的な経験についてお伺いしたいと思います。この町の学校でもその計画が編成されていますか。あなたはそれに満足していますか。

A：ええ，まあ。各学校は一面では国の教育計画を遵守しなければならず，学校の教育計画はこれと結びついています。学校の教育計画は全ての学校や教育機関が自分たちの学校の基本的な文書としているものであり，各校はこの計画を実現しなくてはなりません。当然ですが，国の教育計画に基づいて各学校の教育計画の根幹部分に持ちこまれ，教えられている授業科目もあります。パーセンテージで言うならば，大体 70％が国の教育計画が定めているものであり，大体 30％は学校に委ねられ，地域の特徴や必要に応じ，特に中等学校の場合は市場の要求にあわせ，そして各学校の独自の必要に応じて定められています。この独自の授業科目ないし単なる何らかの教育的な活動は，それぞれの地域にとって有利となるように，その学校のためとなるような方向で立案されるか，あるいはまとめられています。私たちの町では，例えば環境・地域教育や環境教育を実施しており，実際のところ，幼稚園の段階から既に「緑の幼稚園」を行い，その後は「秘密の緑の学校」へと続けています。実際のところ，私たちはこの活動を喜んで行っています。と言いますのも，このように実施している私たちの学校での教育計画では，環境教育は非常にうまく構成されており，何か書面の上だけの形式的なもの留まることはなく，現実にも役立つものになっているからです。町の幼稚園に通っている子どもたちが，技術職員たちと協力して（リサイクル用の）分別場で分別の競争をしているのを見た時，我々は非常に喜びました。この子どもたちはいつも学んだことを大事にして，また幼稚園も何らかの資金を得るのです。そしてこの幼稚園児たちは家に帰り，小さな頭に一杯学んだことを彼らの家に持ち帰って，言うならば，今度はこの小さな子どもたちが彼らの両親たちを教育することになるのです。何故なら，より年上の世代はこういったことに慣れ親しんではいませんでしたが，子どもたちが自分からゴミの分別をしたいと考えるようになり，分別のためにゴミ袋を３つ用意するように両親に求めるようになるのです。そして，幼稚園の体育教育についての事例もあります。ある幼稚園は体育教育の発展を追求しており，園内に小さな体育館を作り，体育に利用しています。ある初等学校に体育科クラスを設置したいと私たちが希望していることと上手く連携が取れています。かつては体育科クラスを開設できていたのですが，今現在はサッカーに特化したスポーツ科クラスを設置するのに十分な数の子どもたちがいないのです。つまり，かつてはある初等学校に体育科クラスがありましたが，今はないということです。このように自由なパーセンテージについて，私はそれぞれの学校に選択を委ねていると言いたいところで，また，本当のところも，地域的な，我々の地域の条件にあわせて構成されています。

LF：わかりました。では，次にそれぞれの学校で，例えば地域史についての授業があるかどうか尋ねたいと思います。この町には歴史的なものが多くあるからなのですが，つまり行っているのですね。

A：それについては，当然ですが，地域教育の中で行っています。

LF：わかりました。学校によっては〈保護者と学校の友の会〉が活動していますが，ここでも機能していますか。

A：はい。

LF：その組織はどこで意見を表明し，実際のところ，どのような方法で学校生活に参加しているのですか。

A：それはむしろ具体的なそれぞれの学校に関わる問いです。私は，このような組織が私どもの学校でも機能していると，周辺をなぞる形で話すことしかできません。私が知っている限りでは，多くの場合は保護者がこれらの組織において活発に参加しており，これらの組織はもはや形式的な存在ではありません。保護者自身も学校評議会の構成員であるという点で，学校や教育機関に対する保護者の役割は強まっています。そして，学校評議会も学校の重要な戦略的な文書の判断に携わり，また校長や教育機関の長の選出にも関与するという事例を見るだけでも学校評議会は非常に大きな意味を持っているといえます。そしてこれらの学校評議会には常に保護者も代表されており，保護者たちは保護者団体を通じて彼らの中から代表者を選出し，その代表者は学校評議会に出席することになります。このような保護者代表は実際のところ非常に活動的です。と言いますのも，今では，彼らの子どもたちがどの学校に通おうが保護者にとっては同じということはないからです。どの保護者も，学校が近代的であることや，子どもたちが暖かくいられるために学校が改修済みであり暖房設備が整っていること，時代に合った教育を受けるために近代的な教材を備えていること，質の高い高度な外国語教育を受けるために教師の質が高いことなどなどを望んでいます。つまり，私が言いたいのは，保護者の立場はどんどん高まり強まっているのであり，また良好な協力関係があるということです。そして保護者団体は市民結社（政府登録団体）になることもでき，このことは資金集めの手段を使えること，これらの団体が事業計画を作成し，学校や幼稚園の設置者が利用できない資金集めの手法を使えるという点で重要になります。

LF：あなたは税金の２％規定を念頭に置いているのですか。

A：はい。税金についても，です。

LF：さらに他にも。

A：他にもあります。市民結社を設立すれば，それを通じて何らかの資金調達方法を利用し，学校のためにもなります。

LF：そのような方法で学校が改善された具体的な事例が何かありますか。

A：はい，あります。例えば主に幼稚園です。ここの５月１日通りにある幼稚園，この町で最大の幼稚園では非常に良く機能している保護者団体があり，彼らは実際にいろいろな計画を立て，資金を調達しています。具体的には，その幼稚園の（女性）園長がお話しすることができるでしょう。もしお望みならば，園長との面談を設定いたしましょうか。

LF：ぜひお話を伺いたいです。そこの住所を知らせていただけませんか。

A：クリジョヴァトカ（交差点）幼稚園です。５月１日通りにあります。下手の方です。交差点のところにBILLAがあり，BILLAの向かいに団地があります。そこの自転車店の裏にその幼稚園があります。２つの園舎があり，先ほど話しましたように，この町で最大の幼稚園です。園の経営陣は素晴らしく，本当に子どもたちのことを第一に考えています。

LF：わかりました。ありがとうございます。もう一点だけですが，先ほどあなたは学校が評議会を組織していると話されましたが，教育に関する市の評議会（教育評議会）のような組織は存在しているのですか。

A：はい。それは市の評議会です。

LF：それは誰から構成されていますか。

A：それは学校長の中からの被選出者と市の代表と保護者代表から構成されています。市の代表は市が指名し，学校長の代表は学校長の互選で選ばれます。保護者代表も保護者の互選で選ばれます。

LF：その評議会はどんな権限を持っていますか。

A：市の教育評議会は本質的には戦略的な文書に対しても意見を表明しますが，市の学校に関する戦略的な文書に対しても発言します。例えば，どこかの学校を廃校にする時，あるいは統合する時に意見を表明しますが，評議会は単なる諮問組織ですので，多くの場合市の案を支持する意見を，異論はないとして表明しています。

LF：異論を示したのはどんな時でしたか。

A：賛成しない場合には，評議会が支持していないという意見は記録に留められますが，これは多かれ少なかれ形式的なものであり，学校評議会もそのようなものです。市教育評議会は異論を表明しても何もなりません。例えば，実際に起きたことですが，ここの中等鉱山学校を廃校にする際，市の評議会は反対する意見を示したが，無駄でした。結局は予算が差し止められ，現在ではこの学校は併合するか，あるいは閉鎖されることになっています。

LF：つまり，実際のところは，他の組織と同様に諮問機関なのですね。

A：市議会の委員会も同様です。学校委員会やその他の委員会も彼らの間で何か協議しますが，新たな拘束力のある一般的条例やその他の文書は既に採択されることになっています。彼らも何らかの意見を採択し，賛成や反対の勧告を示すことはできますが，実質的には，彼らはいつも何らかの立場を支持するような意見しか示していません。

LF：市議会の委員会は市の評議会，学校の評議会のほかにある第3の要素ですね。

A：文化や観光，スポーツ，その他さまざまな分野で，市議会議員たちはそれぞれの委員会において活動しています。それらの委員会はこの市議会で会合を開きます。学校問題に関しては，例えば私が知っているところでは，数年前，2008年に私たちはある小学校を廃校にしました。当然ですが，小学校の廃校や何かそういった重要な案件は拘束力のある一般的条例に基づいて行わなくてはなりません。そのため，それぞれの委員会の議論を経なくてはならず，それぞれの委員会はこの案件に対してそれぞれの意見を提示することになりました。例えば，学校に関する拘束力のある一般的条例の議論，例えば，我々が学童保育や幼稚園の使用料を値上げしたいと考えた時には，当然ですが，学校委員会が意見を表明します。今は学校委員会の委員が5人なのか6人なのかは判らないのですが，それだけの議員が委員会に集まり，彼らが審議する際に誰かを審議に呼ぶこともあります。例えば，私自身も学校委員会の委員ではありませんが，何かの案件の審議の際に私が呼ばれたこともあります。これは学校委員会の判断ですが，その他の委員会，例えば地域開発委員会などもそのような判断をすることがあります。こうして，委員会に対して何らかの見解を示すこともあります。ただ，あなた方が知るべきなのは，これらの例えば地域開発委員会が幼稚園の利用料の値上げなどに関する拘束力のある一般的条例について議論を行う時，あなた方がどのように考え，どのような立場を示すかということです。委員たちは，我々は反対である，何故ならば保護者たちは十分に絞り取られてしまっているからである，それでもあなた方は2ユーロから4ユーロに値上げするのか，私たちは賛成できない，何故ならばそこに子どもを通わせている保護者しかそのことを決められないからである，と。そしてこうも言うでしょう，もう十分だと。しかし，最後には何らかの見解をまとめ上げ，発表して，散会します。そして今度は教育評議会がこれに対して意見を示す，といった感じなのです。そして最後には，市議会が開かれ，市議会の場で条例について審議を行い，そしてこの案件はそれぞれの委員会で審議済みであると発言しますが，それはどのような方法でしょうか，賛成する人はいましたが，賛成しない人はそこにはいなかったとして，委員会はその条例案を受け入れるだけなのでしょうか。あるいは拒否すべきでしょうか。実際の市の運営への支持はこのようなところであって，考慮することはできますが，考慮しないこともあり，あるいは配慮することも，前提条件を受け入れることもあるのです。教育評議会に関係するのは基本的には学校に関する案件で，それに加えて，市の生活に関係するその他の案件も扱います。

LF：わかりました。あと1つだけ，質問させてください。あなたはここの市と社会が現在から未来に向けて長期的に発展するために，何に拠って立つべきだと考えていますか。市が拠って立ち，発展する際の基礎となる大事なことは何でしょうか。あなたの個人的な意見を聞かせてください。

A：私の意見は，明確に観光に集中するべきだということです。それは確かです。しかし，観光についても，現在の観光業が質の高いサービスを提供できるかということや，当然ですが，市へのアクセスのしやすさ，インフラ，道路などなどの問題があります。さらに鉄道ですが，鉄道路線の廃線が提案され，その後市長が廃線を免れるために闘いましたが，今では，列車は朝5時と夜10時に走るだけです。正確な時間は判りませんが。つまりはこのようなところであり，我々が交通の問題を解決することは難しいのです。観光客をこの町に来させなくてはなりませんが，全ての人々が道を知っているわけではありません。ええ，私たちも質の高い自転車道を整備するよう努力していますが，ブラチスラヴァから自転車でここまでたどり着くことは難しいのです。私も何回かブラチスラヴァからここまで旅行したことがありますが，とにかく骨が折れます。列車で来る場合は，ズヴォレンで乗り換える必要があり，そこではバスターミナルまでどう行くかを知らなくてはならないのです。乗り換え時間が5分しかないのです。

LF：鉄道の駅が一方にあって，バスターミナルは別のところにあるのですね。

A：その乗り換えを私は5分間で行わなければならなかったかもしれなかったのです。でも乗り遅れることはそうありませんし，アクセスの問題が人の意欲をそう挫くものではないですが，やはりこの状態は市のためにもなりません。しかし，私たちは自分でできることに集中しなくてはならず，つまるところ，それは質の高い観光業の発展です。と言うのも，この町に対する関心は一般に高く，私たち住民もここでそれを見ています。私たちは，かつてプラハでスパルタキアーダ（全国体育祭）が開催されていた頃のプラハっ子のように感じていて，プラハが完全に人で埋め尽くされたために，プラハっ子たちが街から逃れたように感じています。この町も本当にそのような感じになっていまして，ここ最近2年は来客が急激に増えていて，車で訪れる人々が車を止めるための状態の良い駐車場が大きな問題になっています。しかし彼らは私たちのところを訪れた人々であり，お客さまは神様なのです。彼らはお店やレストランなどでこのような場所なのだと学ぶのです。今ではこの町はこのような場所になってしまったと私は感じています。零細企業家は彼らの店でお土産物などを売っています。いまだかつて見たことがないような物もあり，そして彼らは土曜日の夕方まで店を開けているだけにとどまらず，日曜日にも開けているのです。私が尋ねたところ，そこの店長は，私たちはこの観光業で生計を立てているのだと，つまり，夏に観光で稼ぎ，冬の間はその収入で暮らしているのだ，というのもこの町の住民の購買力はあまり強くないので彼らは観光に依存しているのだと答えました。と言うわけで観光に携わる人々は働きたいと願い，日曜日も一日中店を開けているのです。彼らを阻むものはなく，彼らは怠け者でもなく，彼らは収入を得たいと希望しているのです。そして，当然ですが，学校もそのような波に呑み込まれ，高等教育機関を何とか維持することができなかったことを悲しく感じています。そして将来シチアヴニッツァに見合った高等教育機関を設置することに成功するかどうか，私には判りません。

LF：伝統に関してはいかがでしょう。

A：私たちの母校［Alma mate］は，伝統の面では，私の夫が状況にあわせて，ハンガリーの大学と協力しており，後継の組織を母校としている学生や大学生がショプロンや林業・鉱山学部があるハンガリーの他の都市から訪れています。彼ら，200人や300人ぐらいの若いハンガリー人が訪れていて，何年も経った後でも彼らはここに戻ってきています。ですので，ここから道が伸びており，この常連客たちに適応することが大事です。イギリスやドイツ，オーストリアからの常連客に集中することが大事だとの結論が出た時もありましたが，思うに，訪れることがわかっているお客さんに集中しなければならないのです。私たちはこれらのハンガリー人が訪れることを知っており，それゆえ，主に彼らに集中するべきです。もちろん，あらゆる人々を歓迎しますが，我々は訪れるお客さんを知っており，企業家たちはそこから学んでおり，例えば，レストランのメニューやサービスをハンガリー語でも提供し，お客さんたちを大事にしているのです。このような方向に向かっています。もし，幸運にも高等教育機関を設置できるならば，私が考えるところでは，観光に関する状況は良い条件になるでしょうし，私たちが可能なことを行えるでしょう。もし資金を確保できればですが，私はそう考えています。

LF：わかりました。つまり，2点，観光と教育の伝統に基づいてということですね。今では中等学校ですが。

A：はい。主に中等学校です。つまり，中等学校は良い状態であり，高等教育機関を何とか誘致するために中等学校をさらに改良していくことに傾注しています。しかし，ここでも資金が問題です。何らかの研究室を作るためには，大学が資金を提供しなければならないのです。

LF：ありがとうございました。この後はとりあえず，学校を担当する部局の長がいま不在だとしても，経済部の方に話を伺えればと思います。市が責任を負っている学校制度に対する支出がどのようになっているかを伺えればと思います。

A：では様子を見に行ってきます。

MS：She will come back?

LF：Yes, yes, yes, she will try to call to economic department, to call to a person who is responsible for the school budget.

MS：Oh, I see. May I ask several questions? Is she the director of education here?

LF：Yes, education, she is methodical. There are questions. She is responsible for methodical side of education in the city. Economic questions are the matter of the department of economy, so she cannot give us information about the economy.

MS：My questions are concerned in policies and what is school economy? Can it be affected from the central government, you see?

LF：On everything we have answers already. I was told about the system. Besides official state curricula for the elementary school, each school creates own curricula, and that must be complementary to the state. 70% is the official curricula of the government, while 30% is on the hand of the school, so they can add specific topics to the curricula, depending on the local and regional situation. For instance she explained that in Banska Stiavnica these additional topics are environment, also at the elementary school but not only. They started from the kinder gardens, so small children are educated about importance of the environment, that environment is very important to separate the waste.

MS：If there is any screening policy, some committee acts at school....

LF：Yes, I have information that it exists. The city parliament consists of the commissions, including the commission for the education. On the level of the city, too, exists the board of education, that consists of the representatives of the city, the representatives of the school and the representatives of the parents. On the city level that is the second institution, and the third and the basic one is the board of the education of the school that consists of the parents and the teachers. Parents vote from the member of parents the representatives which are members of the three levels of the board.

MS：OK. And about the buiidng policies bullying policy. Bullying (šikana) means children in the school children sometimes passing each other or violate or give bad time to other kids for example.

L：Aha, yes.

MS：Here it is no serious problem, Bullying programs? Some kids commit suicide for example, because of the bullying.

LF：Yes that is, I can ask her if there is such a problem in the city.

MS：Yes, in the local area, for example. Usually we can see it in the metropolitan area but in the rural area also. I see ok. And language policies, another question which I would like to ask.

LF：What?

MS：Language policy. For example in Holland, if you learn mathematics, then foreign language, which is more important?

LF：Yes, exists in the Slovakia generally and in Banska Stiavnica too, also elementary schools started with the language. Now there is discussion, since it is opened, that if there must be two foreign languages or one only. If there is not too much on the level of elementary school to study two foreign languages,,,,.

MS：It is like science, mathematics or something else.

LF：So on the elementary school generally is one foreign language. Of course now English is preferred, and second is German, and others are less preferred such as

French and Spanish. German is very specific because our neighbors are Austrians, you know, and what else, in this region was mining. Still is traditional German, exists in Slovakia as German minority. So German is important too.

MS：I see, Ok. And I don't know maybe I should not ask many questions but local identity, how to cherish national identity as the Slovak while, how to cherish its global identity in the school for example?

LF：I asked if for instance they put to the curriculum the regional history, that builds identity.

MS：Yes, that exists. National identity, regional identity, there are two questions, you know national identity and identity to the region or to the local level because the region Banska Stiavnica is a region with very rich history, with very important people, because in Banska Staivnica as I have been explained yesterday was the first mining academy in the world. So that exists completely in Banka Stiavnica.

LF：佐々木先生はいま，どのようなアイデンティティ，国民や地域といったアイデンティティが，どの程度呼び起こされているかについて，あるいはそれらがカリキュラムの一部に含まれているかについてお尋ねになりましたので，そのような授業は存在しているとお伝えしました。

A：小学校の外国語授業についてですが，現在は１つの外国語かそれとも２つかということが議論されています。今のところは，２つの外国語を教えることになっていて，１つ目は３年生から，２つ目は６年生から始めています。当然ですが，現在は英語が重視され，ほとんどの学校で教えられています。２番目はドイツ語です。残念ながら英語はあまり良く理解できないのです。

MS：If you take too much hours of foreign languages it is difficult to teach mathematics or science for example. National debate in the Holland.

LF：There is the same problem and the same debate as I have explained that up to now on the elementary school they study two languages. From the first class one and from the sixth class the second language. But is opened now debate in the parliament whether it is not too much two languages. She explains that our children have no time to be specialized for some topic, so they are very good in general overview.

MS：In Japan for example we have spent too much time for learning and children have no enough time to joy themselves with playing or everything, so the national government tried to reduce the teaching hours, only from Monday to Friday, and Saturday and Sunday should be off, but now the national educational board has decided to spend more time for the learning, and in Saturday they have to work at school.

LF：スロヴァキアでは学校も職場も土日は休みです。この点，日本と違います。何故なら，日本では土曜日も通学日だからです。そして，日本では，現在，授業時間があまりに多く，児童や教師の負担が過剰ではないかという点について大きな議論があり，土曜日を休校日にするための提案も示されています。日本と共通していて異なる点は，スロヴァキアの子どもたちは，数が減るにつれて，つまり，人口のカーブが減少するにつれて，何か勤勉であることをやめてしまったという点です。そして，中等学校も生徒の奪い合いをしています。学校の経営を管理している同僚がいるのですが，幾つかの件はこうなっていると言えます。

MS：あと，1つ全般的な問題で，我々が知りたいと思っていることを質問させてください。校内での暴力とも言うべき問題について質問したいのです。と言いますのも，我々の国でも主に大都市で問題になり，そして世界各地でも問題になっているからです。シチアフニツァでも校内暴力の問題を感じていますか，そしてそれに対してどのように対処していますか。

A：幸いにも，問題が私たちを避けているかのように，私たちはそのような問題に直面していません。幸いにも，私はここに6年間勤務していますが，解決しなければならない何かしらの暴力に関する問題に遭ったことがありません。そのような大きな問題が起きては欲しくないものです。また，私たちは，暴力の問題も含めてですが，問題と言えるような大きな問題を抱えていません。問題が私たちを避けているのかどうかは判りませんが，私たちは小さな共同体なのです。少し補足しますと，私たちはこのような小都市であり，幾つかの小学校を運営していますが，それぞれの学校にロマの子どもたちが分散しており，どこか1つの学校に集中していないことは，基本的に良いことだと述べておきたいです。

LF：あなた方のところではロマの児童はさほど多くないのですね。と言うのも，私はいわゆる分離の議論に時々違和感がありました。例えば，ヤロヴニツェやその他の人口の約3分の2がロマであるような村々では非ロマの学級を作れないからです。何故なら，それだけの児童がおらず不可能であるからです。そのため，何か宙に浮いた議論であり，無駄に緊張を呼び起こすような議論だと考えていました。アメリカ合衆国のように多くの黒人がいるような国では黒人の学校と白人の学校がなくてはならないでしょうが。何故なら，彼らの数が50％以上であるならば，そのような学校が自動的に設置されるからです。

A：それは我が国ではできないですね。では，明日あなた方は経済部のレヴァヨヴァーさんのところを訪問することになっていますね。あなた方が経済部に着いたその後に合流します。全てのことはその学校を通じてですが，あなた方が一気に終えられるようにそこに一緒にいるようにします。

⑶ 市役所経済部職員

A：基本的には，私たちのところでは，委譲された権限を通じて財政を賄っているので，あなた方がどのような文脈に関心があるのかはわからないのですが，原資料を必要ならば元の数字もお知らせしますし，システムについてもお知らせできます。また，市の予算との関係では，本来の交付額ではどれだけのパーセンテージが我々の部局に割り振られているかという数字もお話しできます。しかし，他のこと，例えば，教育に割り振られる国家予算の総額の影響といったことは，市の予算よりも上のより広範囲なことであり，そのため，減税の影響などといったことや，他の問題については，彼女と議論した方が良いかと思います。

LF：私たちが知りたいのは，実際のところは，市の予算からどれだけの額が，市の管轄下にある学校に割り当てられているかということです。

A：それは，今年度の交付税からの本来の交付額という意味ですか。

LF：私たちが知りたいのは，市が責任を持つ法に基づく学校への大まかな額，つまり市の予算からの割当額です。市は市の独自の財源と交付金から予算を作成していますよね。基本的には，その他の寄付金や目的を指定した寄付金などのことは，私たちは考えていません。つまり，私たちが関心を寄せているのは，市がどれだけの資金を提供しており，そしてそれぞれの項目で学校の運営資金を助けるその他の財源がどの程度あるのかということです。

A：あなたがたは具体的な支出額を知りたいのですか。あるいは，これから話しますように学校が利用できる独自の財源もあります。つまり，市から学校に管理が委ねられている区域の賃貸料であるとか，放課後に体育館を様々なスポーツ団体に貸し出すとかのように，授業時間外に学校のある場所を教育目的で貸すといったことを意味していますが。

LF：少しよろしいですか。佐々木教授に尋ねてみます。

LF：Because our colleague cannot prepare for us budget which is oriented also on the school system in the city, but it is necessary to have a concrete amount or only share, which is from the budget of the city and what is from other sources and which sources. So concrete amount or general?

MS：General percentage share.

LF：大体のパーセンテージで十分だということです。私が知っている限りでは，学校の資金の約 70％は市からの資金であり，そして残りはあなたが話されたように施設の賃貸料や，あるいはもし何らかのプログラムに申請している場合には助成金からきています。

ですので，大体の大まかなカテゴリーごとで十分です。この数字がどのように変化しているかまでは触れなくとも大丈夫です。ただ，1点だけ，ここ最近の5年間に予算の状況が好転しているのか，つまりこれらの収入額が増加しているのか，あるいは収入が増えているにも拘らず，収支が悪化しているのか，大まかな見取り図を示していただけるならばとても興味深いです。

A：悪化しています。とにかく，国からの交付が減少しており，さらに自治体で集められる額も減少しています。つまり，言うならば，2009年の後半から危機的な状況にあって，この状況はまだ悪化しています。

LF：つまり，2009年の状況はこの13番に示されているとおりですね。そして，この全般的なデータは具体的には，2009年には10万ユーロであり，現在はさらにさらに減っていることを示しており，この基礎的なデータはここからどのように減少したかを知るためのものですね。あとは，市がどの位支出しているかのパーセンテージでの割合と，助成金や賃貸料からの収入の同じくパーセンテージでの割合で十分です。

A：良ければ，明日に決めましょう。あなた方は聞き取りのために経済部を訪問し，残りの方は学校の方ですね。では，私の上司に話し，あなた方が望むデータを用意します。

LF：では私たちは明日9時に訪れればよろしいですか。

A：私たちは朝9時から午後1時半まで勤務していますので何時でも構いません。ただ，リヴァヨヴァーさんは今日1日休暇を取っています。市の予算に関係するその他の案件は彼女から聞く必要があるでしょう。

LF：話す内容は誰が私たちに対応するかということ次第ですね。最後の質問になるかと予想していますが，財政全般についても教えていただければと思います。財政に関してはあなたの部局のことだと話されましたよね。それとは別に，もし誰か文化の問題に通じておられる方がおいででしたら，同じように文化についても伺いたいと思います。

A：わかりました。あなた方はここ最近5年間の学校の状況に，それが改善されているかそれとも悪化しているかに，関心を抱いているのですね。しかし学校の状況にだけではありませんね。

LF：文化の状況にもです。文化も市の管轄範囲ですよね。文化についても伺いたいと思っています。と言いますのも，文化に関しても資金集めが大変であることを知っているからです。市が資金を提供して，その次にどこかのスポンサーや文化省の目的指定の助成制度が幾らかの資金を提供しているわけですが，これはここから，あれはあそこからといったことを知りたいのです。

A：ええ，予算では文化と教育はそれぞれ独立した項目です。

LF：ではその2つの項目について。

A：いいでしょう。今は少し全般的な状況について話しておきたいと思います。あなたは先ほど小学校について，小学校は市の予算からだけで運営されているのではないと話していましたが，初等学校は憲法で保障されているように，市の権限に移されています。国からは，これは色々と区分されていますが，初等学校向けに指定された資金については国は教育省の予算から支出し，また財務省からは交付金が支出されています。この交付金について，この包括的なパッケージのうちどれだけのパーセンテージを教育関係に宛てるかは自治体の独自の権限となっています。私たちは具体的には42%を教育に当てています。国の勧告では40～45%の間で分割するように求めていますが，私たちは，42%を当てています。このように，実際のところ，教育に関する国からの資金は，今話しましたように，国がこうこうするようにと指定しており，我々がこの目的のためだけに使用すると決定できるような資金ではないのです。

LF：そうですね。使用目的が定められていますね。

A：ただ，どの位のパーセンテージを何に使うかをどのように決定するかということや，余剰金を作るか否かということは自治体次第，私たちのところでもそうですが，自治体次第です。

LF：ところで，非営利組織に対して何らかの金銭的な支援を支出しているかどうか，お尋ねしたいのですが……。

A：それに関してはリエヴァヨヴァーさんがお答えします。

LF：しかし，あなた方のところでも尋ねることはできますか。

A：経済部でですか。はい，できます。

LF：実は私たち，2人1組で行動していて，そのうちの1つはNGOについて調査しており，すでに幾つかのNGOと会うことで合意しています。そして，彼らについてもまた資金集めが課題になっていることから，市が非営利団体や非政府組織の支援に資金を支出しているかどうかを知りたいと考えています。

A：では明日私どものところで。

LF：誰かがそこにいらっしゃるのですね。

A：あなた方が興味を持っている教育に関しては，国が幼稚園の就学前児童や教育クーポン，余暇活動などに対してどのように補助しているかについて私には詳しくはわかりません。これは社会的に不利な環境にある子どもたちに対して提供されているものです。

LF：Professor Sasaki, do you need more information, because exist some supporting programs, for the poor people, considering the school system such information too?

MS：Yes.

LF：ではその情報についてもお聞かせください。

A：基本的には，教育に関して国やあるいは市の予算，あるいは他のところから提供されていることについてすべてお答えします。明日9時に2階の経済部に来てください。私からリェヴァヨヴァーさんに，あなた方が何を必要としているのか，伝えておきます。

LF：わかりました。ではこれで終わりにして，明日にしましょう。ありがとうございました。さようなら。

(4)　市役所地域開発・国際関係部，経済部

LF：私は自治体がどのように形成されどのように発展してきたのかを調査するプロジェクトを立案し，手始めに何の役割も担っていないスロヴァキアの2つの小都市を選びました。その当時はまだシチアヴニッツァは郡庁所在地ではなかったのです。つまりただの市であり，同じような小都市としてブレズノも選びました。そして1992年に調査に訪れ，次いで1996年と2006年にも調査を行い，そしていま，シチアヴニッツァの状況がどのように変化し，発展したのかを概観するためにまたこの地を訪れています。私はこの調査結果をまとめる必要があります。これが調査の始まりであり，このようなインターバルをおいて訪れている理由であり，また今年再び訪問した理由です。そして今年は，それぞれの3つの都市，というのもその後我々はプレショウも調査地に選んだからですが，その都市の住民を対象に多面的なサンプル調査も行いました。6月にバンスカー・シチアヴニッツァの住民303人を対象にした調査を行いました。この調査の第1次の結果は既に出ており，昨日市議会議員の皆さまの前で発表することを望んでいましたが，議員の方々は関心を示さなかったようで来られませんでした。特に気にしてはいません。この調査の後はいつも，調査報告書の本を，調査を行った全ての市にお渡しすることにしています。箱ごと本を持ってきましたので，お納めください。そして今回の調査からも調査報告書を作成したいと考えています。全ての作業が終わりましたら，つまり我々は6人で来ましたが，日本人とスロヴァキア人のペアに分かれて行動します。そして，組分けの結果，私は地方自治に関心を持つ同僚とペアを作りましたので，昨日は市を代表する人々，教育部や市長，副市長，出納長と話をしまして，今日は経済部を訪問しています。というのも経済部の部長は昨日ブラチスラヴァに出張されていたのでお話しできなかったからです。

A：私たちは一緒に出張で出ていました。

LF：あなたも一緒だったのですね。そして今日はそこを訪問し，文化について調べたいと希望していました。しかし，その後あなたと話した方が良いのではと薦められたのです。と言いますのも，あなたは，様々なプロジェクトを見ているからであり，そして私たちは，プロジェクトがどのように運営されているかということや市のプロジェクトがどの方向に向けられているかということに関心を寄せているからです。

A：われわれの手元にはプロジェクトの一覧表があります。我々が評価中のプロジェクトや実施段階にあるプロジェクトについてです。何かを忘れないようにするためにそれを持ってきましょう。

LF：もしリストがあるのならば，それらのプロジェクトの名称を見ることができます。そして，構わないのであれば，私たちが正確な情報を得られるようにするためにそれをコピーしていただけませんか。

A：お持ちしましょう。少々お待ちください。

(資料を持参)

LF：では，どのようなプロジェクトがあるのか，まずは現在のもの，現在どのようなプロジェクトが進行中であり，どんなプロジェクトが準備中であるのかから始め，その後，できれば，過去に市のために実施された重要なプロジェクトに戻りましょう。そして，それらのプロジェクトがどの程度成功したのかもお話できればと思います。と言いますのも，我々は10のプロジェクトを申請し，この内申請が通ったのは2つのみでしたので，どこに違いがあるのか，これらのプロジェクトをどこが配分していたのかに関心があるからです。私たちの中央省庁なのか，あるいは何らかの財団なのか，あるいは国外からなのか，何故なら，市が外国からの資金を獲得するためにどれだけ努力しているのかについて，私たちは関心を寄せているからです。

A：では，現在欧州連合の構造化基金から資金を得て実施中のプロジェクトから始めましょう。これらのプロジェクトのうちの1つ目はバンスカー・シチアヴニッツァ市の廃棄物の分別収集システムの効率化に関するものです。これは，私の記憶が正しければ，確か2010～11年度に生活環境実施計画の枠組みで環境省に申請したプロジェクトです。ですので，あなたにお渡ししたリストでは実施中のものとして示されていると思います。ご覧ください。あるいは，まだ実施できないもの，つまり，まだ申請しただけであり，評価を待っているためにまだ実施できないプロジェクトもあります。この昨年度のところにありますが，Emailや他の方法で追加の情報をあなたにお知らせすることもできます。ということで，このプロジェクトは構造化基金の枠内の生活環境実施計画に則って申請されたもので，確か，2010～11年度に実施に移されたものです。実際のところ，私は2011年の秋から市役所に勤め始めたばかりなので相対的にまだ日が浅いです。私の前任者がプロジェクト・マネージャーとしてこの件を扱っていました。このプロジェクトがどのようなことを扱っているかまで知りたいと思いますか，それともあなた方にとってそのことは本質的なことではないのでしょうか。

LF：廃棄物管理に関することですね。

A：分別収集場です。分別設備の購入と運搬技術の購入，そして宣伝に関することが記され，用意されました。しかしその計画が実施されるにあたって問題が出てきました。現在私たちはこのプロジェクトについて最高裁判所で争っています。と言いますのも公共入札を通じてEurobuilding社が私たちの計画に参加することになったからです。この会社はある意味ではスロヴァキアで有名です。ほとんどの人が同社との問題を抱えています。

LF：まさしくその通りです。

A：我々のところでもそうなっています。本質的には，Eurobuilding社は我々と訴訟しているのではなく，公共入札庁が同社ではなく我々の側が正しいと裁定を下したために，公共入札庁との訴訟を行っています。というわけで，我々はこの裁判にどのように片が付くかを見守っているのですが，現在のところまだ判決が下っていないのです。ですので，現状としては，この計画はストップしており，来年2014年6月頃に完了することになっています。実際のところ，私たちは既に実施期間を，終了期日を先送りしています。と言いますのも，私たちは本来ならば，今年の6月までにプロジェクトを完了しなければならなかったのですが，この件との関係で終了期日を既に延長しているのです。ですので，何とかしてこの計画を完了できることを願っています。なぜなら，その分別収集場と関連した重量検知器［mostová váha］やその他の設備の建設作業も残されているからです。これが1番目の計画です。現在私たちが実行している第2のプロジェクトはシチアヴニッツァ地域における観光のインフラ整備を支援するものであり，これは地域行動計画から資金を得ており，確か当時は建設省であり，今では建設・地域開発省になっていたかと思いますが，その中央省庁に申請したものです。これは幾つかの活動を包括したプロジェクトであり，現在私たちが行っている公共の催し物もこの計画に含まれています。あなた方がいつからこの町に滞在されているのか存じませんが，この週末に行われているトルコ人との戦いの再現，「トルコ人がくる」と呼んでいる催し物もその一部です。グランドホテルでも様々な催し物を用意しています。春や秋，そして確かちょっとした冬のフェスティバルもあり，これらもその活動の一部です。プロジェクトの活動は他方では分析的戦略的文書の用意を目指しており，その内訳では交通や観光，訪問客に対する様々な調査を考えており，さらに別の面では，我々が配布できるような宣伝用の印刷物や市に関するビデオ，市の絵葉書といった材料の用意に向けられており，それによって5月から9月までの主要な観光シーズン以外の時期にも人々を引き付けること，つまり秋から冬にかけても観光客が訪問するようになることを目指しています。この活動のさらに別の部分はポータルサイトの準備に向けられています。単に市に関するあれこれ様々な活動の情報を提供するだけに留まらず，何かしらの双方向的な方法で，例えば，何かしらの方法で宿泊設備の予約や空室の確認といったことができるようなサイトを目指しています。そして，この包括的なプロジェクトのまた別の部分は法律に関わるサービスを目指しています。

LF：どのようなサービスですか。

A：法律に関わるサービス，これはまだ作業用の名称ですが，法律に関わるサービスとしては，観光に関する地域組織，つまりOCRの設立に向けた規約と材料の用意を目指しています。これは様々な文書からなり，このポータルに催し物に関する分析的戦略的文書がどれだけあるのか私には見当もつきませんが，それら全てのことを考えています。このようにこれは複合的なプロジェクトであり，総額では約25万ユーロの返済の必要がない資金の提供が承認され，実際のところは，既にこのプロジェクトの内約16万ユーロ分の公共入札が実施されており，現在は文書の用意が進み，さまざまな催し物が用意され，ほぼ3分の2が消化されています。私たちは昨日ブラチスラヴァでセミナーを受けていましたが，それはバンスカー・シチアヴニッツァにおける高齢者教育についての私たちのプロジェクトが承認されたためです。このプロジェクトは教育省の教育行動計画から資金を得たものですが，ちょうど今開始されたばかりであって，まだ準備段階ですので，今のところは50歳以上の人々に対する教育活動を目指したものとしか言えません。正確な数は出てきませんが10個以上の様々な分野，例えば，木工芸や芸術史，健康，さらには英語やコンピューターといったような分野を考えています。さらに今どのようなプロジェクトが進行中だったかを考えています。既に終了したプロジェクトについては，混同しないように後で話したいと思います。と言いますのも幾つかのプロジェクトはちょうどこの年度末で終わったからです。ああ，まだ農業支払いエージェンシーから資金を獲得したプロジェクトがありました。この組織は実際のところは指導部の資金仲介組織であるので実際のところは構造化基金からの資金だとみなせるのですが，バス停の改装を実施しました。恐らくあなた方がシチアヴニッツァや市内に到着した時にバス停の改修が進んでいるのを目にされたかと思いますが，これがこのプロジェクトの一部です。第2のプロジェクトはドリエニョヴァー地区での公園の建設です。その公園には休息のためのゾーンが造られる予定であり，このドリエニョヴァー地区はシチアヴニッツァで唯一丘の上にある住宅地です。これで現在実施中の大きなプロジェクトは全て紹介したと思います。現在私たちが実施しているその他のプロジェクトは助成制度を通じて文化省から資金を獲得しているもので，各年度に配分されているものか，あるいは私たちのところの住宅を修復するためには今年は資金を獲得していませんが，この助成の枠組みでは，確か第1次から第8次までの個別の取り組みがあり，様々なプロジェクトを展開しています。例えば，UNESCO世界遺産への登録から20周年に関する記念式典への助成も申請しました。こうして，私たちは何らかの資金援助を獲得しています。また書籍の準備に対しても幾らかの資金援助を得ています。この話があなた方を失望させなければよいのですが。手元には最新のデータがありませんが，私たちは図書館での書籍の購入に関する資金を獲得し，また，お祭りでは私が既に話した毎年開催しているサラマンダー祭やORANGE財団から資金提供を受けたお絵かき祭り［maľovanka］があります。私たちは，UNESCOへの登録から20周年の節目にあたって，子どもたちもこの町の技術遺産やUNESCOの世界遺産を意識するため，あるいはこの位の年齢の子どもたちでも何らかの方法を通じて彼らにも判る方法で何かを表現できるのだということを示すために，ORANGE財団からの資金援助を得つつ，初等芸術学校に通う子どもたちのこのお絵かき祭りを開催したのです。これで全部です。しかし本を得ることはできませんでした。本については申請したが得られませんでした。

LF：20周年に関する本のことですか。

A：正確にお話ししましょう。バンスカー・シチアヴニッツァはスロヴァキア出版［slovenská publikácia］の後援を受けてUNESCO登録の20周年の年に技術遺産に関する書籍を発行しました。かなり多いので全てを完全に覚えているわけではありませんが，この計画はどんどん変化していき，基本的には，この計画を何らかの形で成功させ，出版まで漕ぎつけるために，何らかの方法で資金を提供しているあらゆるところにこの計画を提出しました。つまり，財団や何らかの非営利団体，あるいはそれぞれの省庁，あるいは私たちのために何らかの方法を探してくれるようなその他の組織などです。例えば，私たちは省庁から得て私たちが利用できる手段の余剰金を用いて出版することに慣れましたし，財務省が資金の裏付けをしている市町村の土地利用計画の作成の申請も行いました。そして，今現在はスロヴァキア貯蓄銀行の財団に申請書を提出するかどうかまだ確実ではありませんが，実際のところ市もこの財団への申請者の資格を保持しており，この財団も何らかの形で私たちを支援できるかもしれません。このようにして私たちはプロジェクトを用意しています。最新のところでは，年度末にあるプロジェクトを申請しました。これは評価に関わるプロジェクトで労働・社会福祉・家族省の枠組みのものです。これはショボヴァー地区におけるコミュニケーションセンターの建設に関するものです。ショボヴァー地区については，あまり言いたくはないことですが，この地区はロマ地区であり，ロマ住民や生活保護を受けている住民が居住しているところです。ブラチスラヴァから来る時に通る上手の地区です。ホドルシャ地区です。そこを丘の上の方に曲がっていったところにコミュニケーションセンターを建設する計画です。このプロジェクトはまだ承認されておらず，評価段階であり，まだ評価に少し時間がかかりそうです。これ以外には，私たちは，現在，オーディオ・ビジュアル基金に映画館のデジタル化に関する申請を提出したところです。これはまさに先週申請書を作成したばかりのもので，バンスカー・ビストリツァ県が申請書を提出する呼びかけをしたことに応じたものです。彼らもかなりの額をサラマンダー祭に提供しており，また毎年開催しているチェスや忘れてはいけない工芸品といった催し物にも提供しています。また，環境基金の枠組みでも申請する予定です。環境基金は環境省の基金であり，これにも応募します。何を話しましょうか，それとも少し待ちましょうか。

LF：お話を続けてください。

A：私たちは，環境省によって設立された基金である環境基金の枠組みに対して空気や上下水道に関するプロジェクトを申請しようと考えています。この基金の申請締め切りは今年の10月31日です。これは毎年募集が掛けられているもので，上下水道と水道設備を申請する予定です。

LF：わかりました。これらが，あなた方がこれまでに申請し，現在実施中のプロジェクトですね。これで，成功したプロジェクトについても，あるいは成功しなかったと評価しているプロジェクトについても見ることができました。今度はあなた方が関係を持ったと言及されたNGOについてお話し下さい。

A：私たちのところにはKRUHという名称の市民団体があります。バンスカー・シチアヴニッツァ周辺ではそう呼ばれています。彼らは非常に活発に活動しており，様々なプロジェクトを提案しています。

LF：彼らはそれ以外にどのようなことに関心を示しているのでしょうか。

A：私が思うに，彼らは非常に幅広い分野で活動しています。例えば，私立の初等学校〔あるいは幼稚園？〕を運営しており，そこでは子どもたちが様々な活動を行っています。また，申請書の提出と関連したところでは，彼らの多くは生活環境により関心を向けています。それも例えば，水道管の清掃といったようなより小さな範囲の環境に関心を示しています。私が知っているところでは，私たちの貯水池があるのですが，昨年度に彼らはその貯水池に注ぎ込む小川の清掃を行い，また，例えば，現在，彼らは，私が見るところではUNDPからではないかと思うのですが，助成金を獲得し，チェルヴェナー・ストゥドニャという貯水池の修繕を行っています。あなたがたがこの町に入ってきた時に通ってきた道，ショボヴァー地区の上手にある水源地です。上手の方，ホドルシャの方に向かう時に右手に小さな貯水池，非常に汚れた貯水池を見ることができます。その貯水池がチェルヴェナー・ストゥドニャと呼ばれているのです。

LF：チェルヴェナー・ストゥドニャも知っていますし，その小川も知っています。冬にはクロスカントリー・スキーをしているところですよね。

A：彼らはその小川の清掃や修繕作業に関しても資金面での支援を得ていまして，私が思うに，ベンチやちょっとした桟橋とか何かを設置するのだと思います。正確にはどうなるかまでは分かりませんが。その他のことについては，彼らは私たちには情報を提供しないのです。お互いに情報を提供しあえるような協力関係を構築できれば私たちは嬉しく思うのですが，私が思うところでは，バンスカー・シチアヴニッツァの住民は行政に対してこのようにネガティブな意識を持っているのでしょう。

LF：私たちの調査からも，NGOと市役所との関係において，やや緊張関係があると，もしくは相互の意思の疎通が図れていないと，個人的な反感といったようなことがあると感じられていることが明らかになりました。しかし，何らかの方法を通じて，活発な団体は市を助けることになりますし，あらゆる他のことに比べて多くのことをもたらすはずです。しかしこれは非常に複雑な問題です。

A：そうです。私が思うに，もしこの問題を解決でき，この市の中で協力することやそれぞれの団体同士で協力すること，あるいは自治体の内部で協力することを学べたならば，我々は勝者になれるでしょう。何故なら，それによって我々は大きく前進できるからです。私は，住民が協力することを学べず，その機会を上手く利用できないということがこの市の主要な問題だと考えています。

LF：1つ質問したいことがあります。私はこれまでこの問題に触れることはあまりなかったのですが，土地の人とよそ者，この土地の人と新しく来た人という問題です。私はここに長らく通っていますが，前回の調査からこの土地の古くからの住民がよそ者のことを緊張感を持って眺めていると感じており，そして，新住民が何か活発にやろうと努力すればするほど，古くからの住民たちは何かしら脅かされているという感情を抱いているのではないかと私は感じています。また，彼ら新しい住民に関しても調査を始めましたが，今度は彼ら新住民の方では，彼らは良く見られていないのではないか，彼らは歓迎されていないのではないかと感じていることが判りました。そのインタビューは多くないのでそのようなことが言えるだけですが。あなたはこの土地の出身者ですか。

A：私はここの出身者ですが，実際のところ私の家族はみな別の町から移ってきた人たちです。私の家族はみんなハンドロヴァー出身で，私と兄弟だけがこの町で生まれたのです。

LF：あなたはこの街で暮らしているのですか。

A：私はここで暮らしています。今のところここで暮らしています。

LF：ではご家族はハンドロヴァーに。

A：いいえ，家族もここバンスカー・シチアヴニッツァで暮らしています。かつて仕事を得るためにここに引っ越してきたのです。

LF：では，あなたは新しい住民なのでしょうか。

A：そうですね，実際のところ私たちは新しい住民です。私個人はシチアヴニッツァ人[Štiavničan]であるとは感じてはいません。と言いますのも，私が思うに，シチアヴニッツァ人というカテゴリーは完全に独立したものであり，私は私自身がそこに入るとは考えられないからです。私は誰も傷つける気はありませんが，私自身がこのような土着のシチアヴニッツァ人であるという意識は持っていません。

LF：私たちもここで色々な方法でここに辿り着き生活している人々とのインタビューをしました。私たちに対して，彼らの中の一部はより開放的であるというシグナルを出し，また別の人々は，実際のところ他所からの人々が私たちの街に騒ぎを起こすのだという雰囲気を示していました。引っ掻きまわして騒ぎを起こすのはそのような人々だけであり，彼らはいつも何かを望むのだと。

A：私は彼らと近い関係があるわけではないので，それに対して何か言うのは難しいです。彼らと何かしらのコンタクトがあるわけではありませんが，例えば，ここに越して来て，不動産物件を購入し，現在ここで暮らし，同じような意識を抱いている友人がいます。私の考えでは，この場所には，なんと言って良いのか判りませんが，相互依存心やあるいは内向きの悲哀，あるいはそのようなものが蔓延しているようです。誰かがこの土地にやってきて，その人々が色々な物を直すだけの幾らかのお金を持っていると，自分たちはそれだけのお金を持っていないために，その人々のことが気に障るのです。そのような感じです。住民が互いに好印象を持てるような時が来るかどうか私には判りませんが，もし何も変わらないのであれば，私たちはここで何年も野外博物館［skanzen］で暮らしているようなものであり，何も変わらないでしょう。そして，それは非常に残念なことだと思います。と言いますのも，町のことを別の方向から少し異なるように見始めているのです。つまり，1年を通じてこの町に住んでいるわけではない人々，いわば擬似的な住民やあるいは一時的に住んでいる別荘持ちの住民，彼らは半年から9か月程度ここに住み，冬には別の場所に移ってしまうのですが，その後は彼らの家，修復され綺麗になった家ですが，それらの家は空き家になります。一方で，ここで暮らし，仕事をし，恐らくは市の中心部に住みたいと願っている人々もいます。しかし，中心部には彼らが住めるような物件はありません。何故なら，中心部の住宅は全て購入されているからであり，彼らは周辺の住宅地に住まなくてはならないのです。もちろん，私が思うところでは，この事には様々な角度があり，それぞれの人はそれぞれの意見を持っています。他方で，私の個人的な意見では，私は彼らを完全に歓迎しているというものです。と言いますのも，私は，新しい人々はここに新しい風を吹き込み，新しい習慣をもたらし，これまで考えたこともない異なった視点を持ち込んでくれるという感覚を私は感じているからです。私自身も暫くの間ここから離れたところで暮らしたことがあり，これまでの大部分の時間はバンスカー・シチアヴニッツァ以外の場所で働いてきましたので，私自身もここのシステムの一部ではなく，それに圧迫されているという感覚を抱いています。しかし，住民の大部分は彼らに対して否定的な態度を示し，距離を置きながらこの事を別の角度から眺めることはありません。というわけで，私はこのような人々がここに来て基盤を築くことは良いことだと思っていますが，彼らが1年を通してここに住み，ただ週末に通うだけでなくなればさらに良くなるのではないかと思っています。

LF：さらにもう1つ質問させてください。観光に関するインタビューでは，彼らが歓迎されている一方で，インタビューからは彼らの数があまりにも多過ぎるということも示唆されています。今やこの町は観光客で満杯なのでしょうか，そしてこれだけのよそ者が街にいるということは良くないことなのでしょうか，どうでしょう。このようなことが示されたのです。つまり，当然ですが，まだインフラが十分に整備されていないので，観光と関係して市からの支出が増えるということや，訪問客の急増は市の支出への圧力になるということ，そして主に，これまでも話されていたように，訪問客はある程度予想していたとはいえ，当然ながら，彼らからの要求は増えていき，町も彼らを喜ばせるために，例えば間接的にもそれほど多くの利益が見込めないにもかかわらず支出せざるをえません。しかし，訪問客はここに多くのお金を落とすことはありません。と言うのも，ホテルやレストラン，その他のサービスのシステムの中では彼らにとっては同じことだからです。他方，事業者には赤字にはならないとしても，その後にプラスの面での大きなチャンスがあります。つまり，雇用が増え，この分野で事業を拡大できるわけです。このようにして部分的には，市も彼らが支出しなければならなかった経費の一部を回収することができます。もし市が上手くシステムを構築できたならば，次から次へと回るでしょう。しかし，それはまた別のことです。私が驚いたのは，今年の訪問客がとてつもなく多いことで，何とかして制御し，他のところに分散させる必要があるのではないかということでした。

A：私にも同じような経験があります。私の部屋のそばにインフォメーションセンターがあるのですが，2011年の11月に私はここに勤め，そして2012年に訪問客数の増減を調べました。その結果，2012年には2011年と比べて訪問客数が85%増加したことが判りました。つまり実際のところ急激に増加していたのです。そして，昨年1年間，つまり2012年にインフォメーションセンターを訪れた訪問客は約3万5,000人にもなります。そして，1年を通じてシチアヴニッツァを訪問した人々の70%がインフォメーションセンターを訪れると大まかに予想できます。と言いますのも，何度もシチアヴニッツァを訪れておりこの街のことを良く知っている人もいますので，全ての訪問客がインフォメーションセンターに足を向けるわけではないからです。この7月には2万1,000人もの人々が訪問しました。これは私の試算では，年末までに，昨年の訪問客数を1万人程度越えるということを意味しています。恐らく，私が考えるところでは，訪問客数はさらに増えるでしょう。私自身もこの数に驚いています。そしてこの増加具合は非常に急速であり，ここから何か不都合なことが起きないようにするために何らかの対策が必要だと感じています。つまり，私たちは交通の面で問題を抱えており，例えば2か所に大規模な駐車場があり，多くの自動車の進入を許していないのですが，これらの駐車場の収容台数はあまり多くないため，人々は市の中心部に駐車をしているのが現状です。もしあなたが広場の上手の方，チェルヴェナー・ストゥドニャから下がってきたところや，あるいは浄水場の方に住んでいたとして，多くの車が広場の両側に駐車してしまっているため，家までたどり着くのが難しくなってしまっています。これらの駐車は広場の景観を損ねていますが，私たちのところでは歩行者ゾーンを設定していませんので，これらあらゆることを取り急ぎ解決しなければなりません。また，私も，この町の多くの人々が観光シーズンを5月から9月ないし10月までに留めないように，観光シーズンが通年続くように努力していることを知っています。というのも，私たち自治体のためではなく企業のためにだとしても，あなたも話されたように，観光客は何らかの方法でここにお金を運んで来てくれるからです。その一方で，私は，市はそれらのお金の一部が市の金庫に入るような何らかの仕組みを考えるべきだとも考えています。当然，このような問題は半年1年で解決することはできないでしょうが。このような仕組みが他のところにあるかどうかは私には判りませんが，私個人の意見では，自治体とは，何とか起動させ，何らかの動きを行うために非常に長い時間がかかる重々しい自動機械のようなものです。何故ならば，人々がそれぞれの場所である態度やある方法を受け入れるには長い時間がかかるからであり，いつも完全に受け入れるわけでもないからです。ですので，このような変化の実施を望むには，私が思うに暫くの時間が必要なのです。しかし，どんな場合であっても，訪問客や市の中心部の住民が平穏さを失っているのであれば，何故なら中心部はいつも様々なイベントやコンサートといった催物が行われているからですが，そのような改善は可能でしょうし，素晴らしいことだと思います。と言いますのも，もしあなた方が40代や50代以上になり，疲れて仕事から帰り，家で休みたいと願っている時，町の平穏さは大事だからです。ですので，私が思うに，恐らくはそれなりの抵抗にも遭うでしょうが，何とかして，この改革を押し通したいと思っています。

LF：ありがとうございました。これで様々なプロジェクトの話は終わったでしょうか。では，最後の質問を出したいと思います。すべての方に尋ねている問いです。現在や将来のことを視野に入れた場合，バンスカー・シチアヴニッツァは何に拠って立つべきだと思いますか。主要な発展の軸は何になるのであり，何に依拠し，あるいは，市の戦略において何が選ばれるべきでしょうか。開発のことです。何が新しく，何に拠って立つべきか，市の発展や市の住民のためにより良いことはなにか，ということです。

A：わかりました。個人的な意見を話してもよろしいですか，あるいは職務上の意見であるべきでしょうか。

LF：つまり，両者の間に食い違いがあるということでしょうか。

A：そうです。しばしば起こります。いいでしょう，私が一人の人間として個人的に考えていることをお話しします。

LF：私たちは，どのような職に就いているかに関係なく，この街で生活している専門家である皆さんに対して，何を考えているのか，何を内心で確信しているのかを質問しています。

A：私の考えによれば，それは常に協力です。そして，私はいつも，もし相互に助け合うための何らかの歩道や何らかの小道を見出せるように努力できるならば，活動の一部を何らかの市民団体に委ねられるのにと思うことがあるからです。私たちは彼らが望む場所を低費用で提供し，あるいは私たちの活動の一部分を委託することができるでしょう。もしくは，そのような市民団体が互いに連携しているのかまでは私は判りませんが，市としてあるいはこの地域の主要な団体として我々が彼らと提携することもできるでしょうし，そうすることで本当に我々は前に進めるのではないかと思います。しかし，もし誰かがこれに成功し，これを確実に行なえたのならば，私はその人に拍手したいとも思います。と言いますのも，本当にこの場所には，シチアヴニッツァ原則というもの，つまりこの歩道に沿って我々は上手く歩いて行けるのであり，私が1mだけ横に行くために何かをする必要もないのだから神に誓って何も変えなくとも良いという原則が蔓延しているからです。お判りになるかもしれませんが，私は，一部の住民は時折非常に頑固かつ非妥協的になることがあり，少し違う方法を採ればよりうまく物事が進むかもしれないということを認めようとしないのだという気持ちを抱くこともあります。ですので，本当にこのような協力関係ができればと思い，私も少し試みたことがありましたが，全く成功には至りませんでした。もっとも他の仕事を行う義務があったことも認めますが。私の個人的な目標は，今後は，お互いに助け合い，2つの組織が類似した計画を並行して進めることを避け，むしろ合意を築くため，何らかのプロジェクトを申請する際には，それぞれの団体やそれぞれの組織とより活発なコミュニケーションをとるということです。つまり，計画を示してください，私たちはその呼びかけに応じて，あなた方を補佐するためにできることを付け足していきますという形です。

LF：補完する役割ですね。

A：それも協力の1つの形です。ですので，もしこれに成功できれば素晴らしいと考えています。そしてその一方で，もしここに何らかの仕事があれば人々の助けになるはずだとも考えています。何故なら，ここの人々は基本的に，鉱山が閉山されたために働く場所をなくしてしまったからです。

LF：つまり出資者の獲得ですね。

A：出資者です。工場が閉鎖され，スヴェトロウ鉱山も以前より限定的にしか操業しておらず，タバコ工場もかつては稼働していましたが，今では実質的に閉鎖されています。こうして人々は仕事を失ったままで，不満を抱えたままです。そして，全ての人々がこの地域の外で仕事を見つけられる能力を持っているわけではありません。ですので，当然ですが，より活発な人々はこの地域の外で仕事を見つけられますが，これは，またも知識層が私たちの市を去っていくということも意味しています。そのため，より弱い人がここに残る，私は人の名誉を傷つけるようなことを言いたくありませんのですが，実際に知識のある人々が町を離れ，大学が去り，中等学校も閉鎖されています。言いたくはないのですが，市の知的水準は低下しているとも私は感じており，この流れがさらに進むことを恐れています。ですので，本当にこの熟慮に基づく活動が成功するならば，この町に知識層を繋ぎとめることもでき，ここで彼らと共に活動できれば素晴らしいと考えています。投資をする人がいれば，人々もここに留まり，より良い気分で生活でき，誰かの成功を気にすることも，人の成功を妬むこともなくなるでしょう。

LF：わかりました。この2点ですね。完璧です。

A：ここの住民がラドンの照射を受けていると，私はこう呼んでいるのです。実際，ある時私が思いついたのです。

LF：実際のところ全く変化がないのですか．実のところを言いますと，私の知人がシチアヴニッツケー・バニェに小屋を持っていて，土木作業に私を狩りだし，かなり頻繁にここに通ってきているのです。彼らは何かしらの約束を必要としていて，私はブラチスラヴァからここに来る時間があまりとれないので，手早く木材を調達したり，修復したりしています。私は職人ではないのですけども。それはともかく，この地方の人々があなたと話す時，皆さんはブラチスラヴァ人についてどのようなことを話しているのでしょうか。

A：彼らを貶めるようなことです。

LF：飲み屋に座って，生産的なことは何もせず……とか。

A：まさにその通りです。

LF：そうやってへべれけになる。

A：まさにその通り。住民は呂律が回らないままに話すことに慣れてしまい，仕事がないのだと呂律が回らないままに話しています。一部の人は仕事があるのですが，後ろ向きになっているので，彼らにとっては何も変わらないのです。

LF：そして，例えば，そのシチアヴニッツケー・バニェにはそれなりの数の人が小屋を持っていて色々な作業をしています。そして，数年ほど経ってから何かの連絡が来ていたことにようやく気が付きました。そうすることは知っていましたが，何か一般的なものでした。

A：それと同じことを先ほど話に出した友人も話していました。彼女はそこに住んでいて，彼女の家の周りを清掃していたのですが，彼女の隣に住んでいるシチアヴニッツァの人が彼女のところに来て，彼はそういったことはしないのだと話したそうです。と言うのも彼にとって，雪かきとかゴミ出しとかのそのような作業は自分のプライドを傷つける行為だからだそうです。本当にそうなのかは私には判りませんが，それは個人次第なのか，あるいは本当にこの町の考え方なのでしょうか，私にはわかりません。私たちのところでは，例えば，冬の間にそういったことがよく起こります。何故なら，ここは半年間は雪の季節で，大雪が降るため，それに対処しなければならなくなるのですが，夜から朝にかけて1m近く雪が積もることもありそれは完全に災害と呼べるのですが，住民は朝4時から技術部門の責任者に電話をかけ，彼らの家のガレージの前が除雪されていないと苦情を言いたてるのです。お判りになるでしょうが，それは場所によるのです。

LF：しかしそうなればスコップを持ち出すでしょう。

A：今出したのは極端な例ですが，ときどき私にはまったく理解できないこともあります。しかし，市が何らかの方法で，可能な限り，彼らの世話をするべきだと考えていることは明らかです。そのため，市も彼らを支援していますが，しかし常にいつも完全にできるわけではありません。そして，私たちの技術部門は小規模であり，これだけの要望が届くことを考慮してはいないのです。そうなると彼らは当然のように私のところを個々人で訪れてきます。私は行き止まりの通りに住み，そして，主要な道路の方が優先されることを知っていますので，家にスコップを備えています。そして私は女性であり，手は2本しかないので，完全に処理できないのですが，それでも除雪をします。しかし，全ての人たちがこのように振舞えるわけではありません。これは小さな例ですが，この1つの例の中にも全てのことが含まれていることが判るでしょうか。

LF：最初の調査を通じて発見したことは，このように何も変えず，よそ者を敵と考えるようなこのような特別な性格でした。当然ながら，何かを変えていなかなくてはらないのですが，しかし誰もそのことに触れようとはせず，私も質問しようとは思いませんでした。

A：それはシチアヴニッツァの現象ですか。

LF：ええ，シチアヴニッツァでの現象です。しかし，これは例えばNGOの不信などに由来するものです。これは様々なNGOに当てはまります。これも私はよく知っていますが，全般的に，彼らが活動する時に何も尋ねてこない，訪ねてきた時は彼らを傷つける時だという不信が広まっています。彼らが何かを尋ねに来る時は協力の時なので，それぞれがその部分に手を伸ばそうとしているのです。

A：それぞれがそれぞれにできる方法を通じてですね。

LF：まさにその通り，知っていることを行い，1つの目的に向かうのですが，ここに少し欠けている物があります。彼らは，観光の件で話したように，ここが欠けているのだと述べ，私たちの仕事を指摘しますが，こうなれば良いとか，観光の最終的な姿だとか，2つの立場を同時に指摘します。一方で，このことは問題も引き起こします。我々はその解決策を模索しますが，それは良くないことだと捉えられるのです。

A：その通りです。これはシチアヴニッツァの性格です。恐らくは他の町にもあるのでしょうが，例えばフェイスブックなどで何か活発なシチアヴニッツァの姿を示そうとした時に私が直面していることです。住民は何かを批判したいという傾向を持っていますが，しかし，誰も何かを達成しようと試みようと話しけかることがありません。お判りになれるでしょうが，すべての人々が，あなたはこの仕事を上手くできていないと話しかけてくるのですが，誰もあなたはこれを上手くできましたねとも，別の方法ならばより上手くいったのでは，とは話してこないのです。そういうことは誰も言いません。

LF：私が1つ欠けていると感じているのは，誰も文化に触れようとしないということです。

A：私が考えるところでは，ここには文化的な物は余るほどあるからでしょう。

LF：いえ，起こりうる現象の1つとしての文化についてです。

A：ああ，より普遍的なものですね。

LF：実際のところ，これも市の発展の牽引力になることができます。何故ならば，あなたも話しましたように，これによってこの街に一流の知識人層を引き付けることができるからです。恐らく，シチアヴニッツァはこの面では良い条件を有していますが，なぜだか，誰もここにいわゆる文化産業を誘致できることを気にとめてはおらず，これは醜い考えだと，そして，より広い視点からこの街と住民にお金をもたらすようなこともそう考えているようです。そして，我々はさまざまな町を比較し，シチアヴニッツァとブレズノに関する本も書き，それは日本でも出版されたのですが，シチアヴニッツァはそれだけの潜在力を備えています。シチアヴニッツァは歴史ある町であって，教育や歴史を通じた文化的・社会的な潜在力も兼ね備えています。ブレズノは民族運動家が拠点とした町ではありますが，工業が支配的であり，この工業の力は非常に強く，シチアヴニッツァにおいて鉱山が持っていた力よりも強いものです。しかし，過去にはブレズノとその周辺にも鉱山があり，その鉱山の所有者たちは文化の素地を形成する可能性がありましたが，彼らの多くはバンスカー・ビストリツァに居住していました。シチアヴニッツァは鉱山の所有者たちも居住していたという点で有利であり，これがシチアヴニッツァに多くの知識人たちを引き付けることになったのです。実際のところ，文化の現象は常に重要であり，そこに拠って立つことができ，それを利用することもできます。あなたが話されたことが私たちの出発点です。

A：私が思うところでは，文化と関連した仕事は十分にあります。と言いますのも，私たちはKAPALEフェスティバルを運営していますが，これも文化面での活動として示せるでしょう。私としても，ここで何かのイベントがある時には，シチアヴニッツァもこのような芸術家の特殊な層，これまでは我々の視野の端にもかかっていなかったような芸術分野に関心を持ち始めているのだという気持ちになることがあります。例えば，我々がここで行っているクリエーター・フェスティバルがその例です。

LF：ええ，とは言えそれは大衆的な文化ではないですよね。

A：はい。

LF：その行事は非常に特殊な分野に限定されています，しかし，異なった物をここに運んでくるものです。シチアヴニッツァでは幾つかの異なった特別な物をここにもたらし，引き付けるからです。

A：ですので，これは新しいシチアヴニッツァの1つの姿であり，既にこのような芸術も流入し始めているのだと考えています。

LF：この町を幾人かの芸術家が訪れ，彼らが定着していることは私も知っています。そして6か月から7か月程度この地に留まって活動し，その後はまたこの町を出てまた新しい芸術家が入ってくる場所があることも知っています。

A：ヴィドさんをご存知ですか。

LF：はい。

A：私は彼の娘さんと話したことがあります。私の友人です。

LF：日本人たちが彼の絵を買えるようにするために個人的に彼を訪問したこともあります。三位一体広場の上手の方で何とか辿りつけました。というわけで，既にこの市にとってポジティブな物もあるのですね。あなたがそれを実行すると話す時，誰かしらの個性的な人［čudáci］がいるということを想定しているのですか。と言いますのも，そのような人が数人ここに住んでいることを知っているからです。そのうちの1人はフランス人と劇場を開いているある俳優です。これも他の場所では見られないような現象です。このようなことは，ああシチアヴニッツァはそのような場所なのだと人々を引き付ける力になるでしょう。これらの一連のフェスティバルがあるので，あなた方の夏季の文化行事は非常に豊かなのですね。大都市も含めた多くの都市はこれほどの行事を開催してはいません。どこかで始めないと何も始まりません。

A：それは確かです。

LF：私も怒りっぽい人間ですが，冬のある出来事のことについてはただ怒るだけではなく，奇妙に思い，理解できないことだと話しています。お話ししますと，こんな出来事です。クリスマスから新年にかけての休暇中は全ての店が閉まってしまいます。そこに1人のよそ者がきました。彼は小屋も持っていなければ，第２の家も持っていない哀れな人間であり，亡くなってしまうでしょう。そこで私は何人かの経営者，ペンションの主人の１人に，何故宿を閉めておくことができるのかと尋ねてみました。さらにレストランに対してもこの時期には公共の企業として考えるべきではないのかと書き送りもしました。それに対して彼は「休暇を取りたかった」と。どこか他の場所で，シーズン中に誰かが休暇が欲しいから休暇をとるということが考えられるでしょうか。そのような経営者はどうぞ事業を畳んでください，経営から退場してください，ということになるでしょう。もう１つの問題は人々がここでは震えながらスケートをしているということです。私は，時々，かなり頻繁に外を走るのですが，と言いますのも，ブラチスラヴァからオーストリア側にあるノイジードラー湖まではそれほど遠くないからです。冬のノイジードラー湖にはスケートをしに子どもたちが集まってきているのをご存じでしょうか。音楽が流され，掲示板には安い料金でのスケート靴貸出の案内情報も掲げられています。人々はそこに来て，スケート靴を借りて，滑るだけです。

A：お茶も沸かしているのでしょう。

LF：お茶も沸かしています。湖上には人が沢山いて，あちらこちらでスケートをしています。これが例えば，シチアヴニッツケー・バニェではどうなるかというと，私は夏も冬もそこに通っていて地元の人たちとも良く話をするからなのですが，暖を取るために古い軍用の空き缶に火を起こして，そこにかざす横棒を周りで探し歩いて，もしかしたら誰かがお茶にラムを足すこともあるでしょう。そして，このようなことがあって，伝統として広がっていくならば，また人で満ちることになるでしょう。

A：これと同じことを私は10年前にも話していました。

LF：私もです。どうなりましたか。

A：何も起こりませんでした。おわかりでしょう。

LF：このように，時々は人々の行動は無為なことになります。しかし，それだけの可能性はあるのです。

A：可能性はあります。それらは多くの場合，非常に単純なことで，大きなことでもなく，多額の投資を必要とするものでもありません。

LF：ええ。本当に少しのことなのです。

A：それを望むかです。

LF：望むことです。

A：自分にとって心地良い場所から踏み出すことで，何かを達成できるのでしょう。

LF：ありがとうございました。

⑸　市庁舎市長室

A：皆さんとの協力は既にリヒネル前市長の時期に行われていました。

LF：リヒネル前市長には以前の調査に基づく幾つかの出版物を提供するとお約束していましたが，きょうここにその出版物をお持ちしましたので，どうぞお受け取りください。今回は日本側の先生方が大学から助成金を得て，ブレズノとプレショウでも現地調査を実施します。すでに６月には調査会社 FOCUS エージェンシーを介してここを含む３つの都市で住民対象のアンケート調査を行いました。その結果からの暫定的な結論を市議会議員向けのプレゼンテーションで示したいと思っています。また，市の予算などについて，助役さんからもお話を伺いたいと思います。

A：助役は女性です。今は役所の中の多くの人が不在であり，また当市の予算は全ての分野において何らかの形で市の財政に関係していて，経済部の部長こそがこれらに関するもっとも良い情報を提供しうると思うのですが，部長は休暇を取っているかもしれません。経済部長は女性です。建設部長もそうです。建設部はここからちょっと離れた建物の中にあるので，休暇を取っているかどうかわかりません。

LF：助役はいかがでしょうか。いま幹部会議に出ておられるそうですが，その後にお会いできればありがたいです。

ZŠ：私と石川晃弘教授は産業・経済・労働の分野の調査を担当しています。 私たちが2006 年にこの地を訪れた時にはヤドゥドヴァーさんから話を伺いました。

A：彼女は法務部長です。

ZŠ：我々は 2006 年の最後の調査の時に法務部長からこの町の主な企業の名を挙げてもらい，その所有者ないし代表者を訪ねてからお話を伺ったのですが，例えば，Ramsam 社ですが，同社はまだ存在していますか。

A：その会社はもうありません。解散しました。

ZŠ：STAVASTA 社はいかがですか。

A：STAVASTA 社ももう存在していません。

ZŠ：Svetromoda 社は。

A：Svetromoda 社はあります。同社には女性がいるはずです。

ZŠ：以前お会いしてお話を伺いました。ツォプラーコヴァーさんでした。

A：ツォプラーコヴァーさんはまだ働いているので，交渉できるでしょう。

ZŠ：ツォプラーコヴァーさんは代表者でしたので，それは良い話です。その後我々は書店でバルジャーンコヴァーさんとも話をしました。

A：その書店はもうありません。しかし，別の書店があります。

ZŠ：本当ですか。その同じ場所に，ですか。

A：いいえ同じ場所ではありません。別の場所，市の中心から上に上がったところです。その書店は品揃えの良い書店です。

ZŠ：それは素晴らしい。私たちは，まだ存在している企業とのコンタクトを提供できる人を必要としています。書店が存在し，Svetromoda 社も存在しているので，彼らと接触し，合意を取るための電話番号が必要です。私が思うに，法務部のヤドゥドヴァーさんこそ私たちにその情報を提供できる適任の方ではないでしょうか。

A：ヤドゥドヴァーさんはそういった話はできません。何故ならば，彼女の部局は法務部であり，私たちの市の資産の管理にあたっているからです。

ZŠ：ああ，理解しました。

A：つまるところ，あなた方は小規模商工業事務所［živnostenský úrad］に行く必要があり，そこで情報が与えられることになるでしょう。それはジアル・ナド・フロノムの町にあります。私は直接には商工業事務所についてお話しできませんが，あなた方にお手伝いできるとすれば，ここからそこへ電話をかけることはできます。

ZŠ：次に Svetro 社ですが……。

A：Svetro 社ですね。はい，連絡できます。それから，ほかには……。

ZŠ：あとその書店ですね。そこの方が男性なのか女性なのかは判りませんが。

A：ドゥルボフラヴォヴァーさん（女性）です。

ZŠ：では，以前あった Ramsam 社や STAVASTA 社のような，大きな企業を幾つか教えて下さいませんか。あるいは，何か別の企業でもいいのですが。

A：建設企業の COMBIN 社はどうでしょう。

ZŠ：ああ，以前にも訪問しました。COMBIN 社ですね。

A：では同社に連絡する必要はないですか。連絡先をお持ちですか。

ZŠ：いいえ。やはり同社にも連絡する必要があります。かつて彼らとは昔の時期について話をしただけですので。

A：ではあなた方が当市にきており，もし可能ならば話を希望していることを伝えましょう。COMBIN 社は，投資で実際に活動している本当に優秀な企業です。同社は市が発注した仕事を獲得しているだけでなく，この地区では彼らが納める税金は無視できない額になっています。そして，シチアヴニッツァで，また郡内で最大かつ最良であり，もっとも利益を得ている会社だと言えます。連絡の結果を後であなた方に電話でお知らせします。これで十分でしょうか。

ZŠ：これで十分です。3 社あれば我々には十分です。

A：彼らは以前あなた方の聞き取りを受けており，あなた方を知っていますよね。

ZŠ：8 年前には Svetro 社と書店にはンタビューをしましたが，今は既に両方ともありません。

A：あなた方はCOMBIN社にも触れていましたが，彼らにも聞き取りをしたのですね。

ZŠ：はい，彼らのところでも調査をしました。しかし，それはもっと以前の過去の調査の時でした。

A：Svetro社の女性は既にあなた方の調査を受けたことがあり，あなた方を知っているのですね。

ZŠ：彼女と話したのも2006年の調査の時です。

A：ドゥルボフラヴォヴァーさんは新しい方で，彼女のところとCOMBIN社にも打診してみましょう。もし良ければ，市内の非政府組織の件に話を移しましょう。

ZŠ：ありがとうございます。私たちは既に時間や場所についても合意を取り付け済みです。

A：それはすごい。ではほかに何か抜け落ちていることはありませんか。

ZŠ：では1点。話しましたように助役に尋ねたいことなのですが，市はどの程度，そして，どのような方法で非政府組織の活動を支援しているのでしょうか。

A：はい，この点についてはくわしく回答しましょう。

ZŠ：もう1点質問してもいいですか。労働事務所はないですか。

A：あります。ドルナー通りのところ，幹線道路のガソリンスタンドをアントンの方に向かったところにあります。BILLAの方向です。右手の方に半キロほど行くと，新しくきれいに修復された建物があります。労働事務所はそこに入っています。

ZŠ：そこで何か会合をセッティングすることをお願いしたいのですが。私たちは以前そこで当時労働事務所長で後に市長になったバルジャーク氏と話をしたことがあります。

A：今の労働事務所長は違う人です。今の所長はフィリップさんです。そこにも打診するということですね。打診して，その結果をあなた方に電話で連絡します。今のところは，コーヒーを飲んでお待ちください。暫くしたらまた戻ります。

(6)　労働事務所：フィリプチーコヴァーさん（PF）

ZŠ：この町には交通網が問題を含んでいるようですが。

PF：そして，これは小規模やミクロな事業者に影響を及ぼします。10人から50人程度を雇っている企業です。このことは誰かを雇おうかという意欲に直接的に反映されます。もし，あなたがたが従業員の人数に関して何らかの統計や比較をとっていたならば，恐らくは従業員数は2006年の半分以下に落ち込んでいるという結果を見ることになるかもしれません。

ZŠ：つまり，人々を雇用する潜在的な力が減少しているということでしょうか。

PF：それぞれの企業は…，あなたは先ほどSTAVASTA社に触れましたよね，彼らは破綻しました。また，例えばCOMBIN社も，私が見ている限りでは，かつてに比べて少ない人々しか雇っていないのは確かなところです。つまり，これらの企業はスロヴァキア全体の経済的な状況と同じような状況を示しており，そのような状況から大きく外れている企業はありません。そして，実際のところ，これらの企業の競争力は，このような立地条件のために他の企業に比べて弱いのが実情です。

ZŠ：他にもこの町には電池を生産していた企業があったと思いますが，確か，Akuzit社という名称だったと思うのですが。

PF：Akusit社ですね，確か“s”が付くAkusit社という名前です。

ZŠ：かつての調査ではそこも訪問しました。この町で知っている企業はそれで全てです。

PF：ご存知かどうかわかりませんが，この町で今の時点でもっとも多く雇用している企業は恐らくCOMBIN社とSimKor社です。しかし，実際のところ，最大の雇用主は国の行政機構です。私たちもそうですが，学校や市役所などもあります。ですので，最初にお話ししたようにここの上手にある学校もそのうちの1つです。かつては大規模な学校が2つ並んで建っていました。かつては化学科学校があり，ニット生産を教える学校もありました。そして，下手には鉱山学校もありました。今ではすべて縮小され，1つの校舎に全ての学科が収められています。今はミコヴィーン校と呼ばれることもありますが，あるいは，他の様々な言い方で呼ばれることもあります。

ZŠ：現在では中等専門学校〔odborná stredná škola〕ですよね。さまざまなコースが開講されているのですか。

PF：ええ，その通りです。すべてあそこに集められています。

ZŠ：あなたが今話したことは事実です。つまり，この15年から20年ほどの間に，これは国家行政の方ですがバンスカー・シチアヴニッツァ郡が設置されたこともあり，公的機関に勤める人の数は増えています。私たちも公的機関に勤める人々の数を調査したことがあるのですが，大幅な増加を記録していました。2006年から現在にかけてその人たちの数は増加していたのです。

PF：一般的な話として，国家行政についてどのように考えていますか。役所と同じだとは考えていないのですか。

ZŠ：そのようにはまったく考えていません。自治体としてのバンスカー・シチアヴニッツァは……。

PF：そうですか，あなたがたに役立つように全般的な話をしますと，この役所はここに本拠を置いています。〔バンスカー・シチアヴニッツァ〕郡全体を管轄する役所です。ですが，ジアル・ナド・フロノムとジャルノヴィツァにも支局がありますが，それらの支局では全ての業務を行っているわけではありません。そこでは，ある種受動的な活動のみを行っており，積極的な活動はここで行っています。また，社会保障関係の業務についてはこれらの支局は関与していません。また環境関係でもこのシチアヴニッツァが本部となっていますが，郡庁の機能が改変されたこともあり，現在はそれほどの権限を有しているわけではありません。現在ESOをどこが担当しているのか，私にはわかりません。つまり，本部がシチアヴニッツァに移されたために，かつてはここにあったのです。当時はシチアヴニッツァに権限を集中させる流れがあったのです。

ZŠ：わかりました。

PF：ほんのわずかでもあなたがたの助けになったかどうか。

ZŠ：いえ，大変参考になりました。特にこれらの資料が。これらをいただいてもよろしいでしょうか。

PF：どうぞお持ち帰りください。

（フィリプチーコヴァーさんに電話がかかってきた。）

ZŠ：では，労働事務所のお話の続きを……。手短ではありますが，例えば，スロヴァキア全国平均の失業率が約14%である一方で，シチアヴニッツァでは20%に達しているといったような非公式の情報について話を伺えればと思います。このような状況を体験しているあなたがたもご承知かと思いますが，私たちは将来的に市の経済的な主柱となるものは何か，どのように雇用を増やしていくのか，どのように住民の豊かさを実現していくのか，どのように企業の売り上げを増やしていくのかといったようなことに関心を抱いています。あなたがたの知識と体験に基づくならば，産業のどの部門を伸ばしていけばよいのでしょうか。

PF：ご存知かと思いますが，可能性があるとすれば，かつてこの町にあった産業ではないかと思います。この点に関しては，局長の方がより詳しくお話しできるのではないでしょうか。と言いますのも，局長はシチアヴニッツァ出身ですが，私はこの町の出身ではないのです。それはさておき，この町にはかつてタバコ工場があり，Pleta社の工場もありました。

ZŠ：かつては鉱山もありましたね。

PF：それらの企業はすべてなくなり，50人から100人規模で人々を雇用している企業は１つもない状態です。つまり大企業が何もない状況ですので，どの産業分野をというあなたの質問にどのように答えればよいのか私にはわかりません。何かの技術を志向すればとも思いますが。と言いますのも，私たちの町の歴史や先ほど話に出た町の上手にある学校，ニット生産科があった学校のことを思っているからですが，そのような繊維産業ならばと思います。と言いますのも，小規模ですがまだニット製品の生産が継続しているからです。

ZŠ：かつてのタバコ工場の跡地ですか。

PF：その通りです。そこのどこかを使っています。彼らも彼ら自身の歴史があり，ですので，ニット産業や服飾産業の可能性はあるのではないか，より良い状況になる可能性はあるのではないかと私は思います。私はこの町の学校に通っていたので，それらの企業がまだ良い状況にあった頃のことを憶えているのですが。

ZŠ：農業についてはどう考えていますか。

PF：農業組合ですね。私もアルバイトで通ったことがあります。ですが，現在では農業生産もご覧のような状態です。ここに工場が必要であるとは思えません。私が考えていることが上手く説明できているでしょうか。

ZŠ：何か大規模な工場ということでしょうか。

PF：ええ，何らかの生産工場です。自動車工場は想定していませんが，そのような工業は……。

ZŠ：つまり何か軽工業の工場ということでしょうか。

PF：軽工業やあるいは農業関連の工場も考えられます。あとは，ありきたりかもしれませんが観光業も。

ZŠ：いえいえ，ここは観光の拠点となる場所です。かつてから高く評価されていた場所です。観光について何かお考えですか。

PF：私が思いますに，観光から多くのことが得られるかもしれないと期待しても結局は無駄に終わるかもしれません。ここでの観光は週末のちょっとした体験という具合ですし，夏の季節も非常に短いのです。ですので，ここに建設された施設の稼働期間は短く，この町の住民の購買力はこの通りなので，夏のハイシーズン以外の時期にそれらの施設を活用する術が見つからないでしょう。

ZŠ：地場産業では。

PF：確かにここは美しい地域であると言えると思います。しかし，ここシチアヴニッツァは，私に言わせれば，一年を通じた観光地ではありません。今ではサラマンダー・リゾートが建設され，そこにはスキー場も設置されました。しかし，この計画は何回も縮小された結果，レストランや様々な施設を含んだパッケージではなくなり，収容人数もそれほど多いものではなくなりました。生き残りの条件を満たすためですが，このような地域限定の規模の施設では，私が思いますに，様々なところから観光客を引き付けることはできず，それに見合った利益や生産物を生みだすこともないでしょう。山は素晴らしく，あらゆるサービスが揃っています。しかし，この施設は周辺に住む人々がせいぜい週末を過ごすために来るか，あるいはスキーをしに来る程度の施設です。いわゆる観光リゾートというような施設ではありません。確かに，この夏もご覧になってわかるように，夏の行事は多く，夏のイベント期間にはシチアヴニッツァは観光客で溢れんばかりになります。また１つ大きな違いがあるとすれば，かつてのシチアヴニッツァは学生たちの町でした。私がここで学び始めた頃には数多くの中等教育機関があり，レベルの高い専門学校がありました。私は化学科学校に通っていましたが，その頃には鉱山学校も林業学校もあり，それらの学校と連携した専門学校もありました。普通科のギムナジウムもあり，外国を訪問することもありました。その頃は，本当に沢山の学生たちがこの町で生活していたものでしたが。

ZŠ：学生たちがいれば需要も生まれましたね，寮や食堂とかも。

PF：その通りです。彼らに続いて寮やあらゆる物が生まれました。寮生活を送る学生のためのあらゆるものです。つまり，新しい寮が建ち，次から次へと施設が建てられました。しかし，このような活発だったバンスカー・シチアヴニッツァの時代はもはや……。かつては学生の町だったのです。ですが，衰退が始まり，次第に……*（携帯電話の呼び出し音）*……。

ZŠ：今の話はまさしく私たちが尋ねようと考えていたことでした。つまり，教育や学生と関連する産業セクターの件です。と言いますのも，私たちが以前この町を訪問した時には，教育に関わる産業があり，多くの学生がそこで働いていたためです。この小さな町としてはとても多い数でした。

PF：私もそのような時代にこの町の学校に通っていました。私は中等学校でしたが。ですので，あなたにもお話しできるのですが，その頃は本当にたくさんの人々がここにいました。学校も大規模でして，学校のある通りの上手の方に行きますと……ああ，所長がいらっしゃいました。

（所長が来たために，自己紹介し，調査の内容について説明している。）

所長：私たちが月例統計をどのように見ているか説明しましょう。

ZŠ：もし手元にあるならば，市やあるいは地域を扱った統計が望ましいのですが。

所長：これに関しては事務所内で話し合いが必要です。と言いますのも私の前任者があなたがたにどう対応していたのかわかりませんし，あなたがたが何を求めているのか正確にわかりませんので。この辺の市町村という意味での地域のデータなのか，あるいはどのような地域なのか……。

ZŠ：この件についてデータを得られれば非常に嬉しく思います。

⑺ SVETRO 社：ツォプラーコヴァーさん（PC）とブラシュコ氏（PB）

PC：私から始めてもいいでしょうか。もしよろしければ，私が話した後にブラシュコさんに補足していただく形で行きましょう。いいですね。確か，2006 年の時点では私たちはまだ生産を続けていました。それは確かです。2006 年には確か *（単語を聴き取れず）*，まだその頃のメモを残しているかどうか判りませんし，私の手元には正確な数字はないのですが，あるいはそこまで正確な数字は必要ないのかもしれませんが，その頃の私たちの会社は今よりも多い従業員を雇っていました。その頃はプレタ[Pleta]社が清算されたか，あるいはプレタ社が倒れる直前ぐらいの時期でしたが，確かもうプレタ社が倒産した後の時期だったのではないかと思います。私たちの会社は当時プレタ社で生産していたものの一部を引き継ぎ，ニット製品の生産工場を拡張し，より多くの製品をドイツに向けて輸出するようになりました。と言いますのも，プレタ社は倒産した時点でも大きな企業だったためです。どれだけの従業員を雇っていたかは判りませんが，恐らくは 300 人位はいたのではないでしょうか。ですので，彼らの生産の一部を私たちが引き継ぐ選択肢が出てきたのです。

ZŠ：あなたが今話したことは私も記憶しています。

PC：そうでしたか。そして，それが確か 2009 年頃まで続きましたが，その後も，私たちの会社に大口発注していたドイツの注文主に向けて生産し，あるいは *（聴き取れず）* 自分たちのためにも生産するようになりました。

ZŠ：彼らの設備を使って…… *（聴き取れず）* ……。

PC：私たちは，実のところを言いますと，スロヴァキア市場で自分たちの商標を付けるために生産しているわけではありません。私たちは，警備員や林業作業者向けの商品などを生産している会社に納入しているだけです。しかし，私たちの仕事はいわば賃労働のようなもので，つまり，ドイツの会社のために作業を行い，あらゆる作業をドイツの会社向けに行っています。その会社は私たちにニットの部分品など生産に必要なものを供給しています。現在では，ある会社から少量の発注を受けてその会社に向けてはニット自体の生産も行っているのですが，残りの生産品に関しては私たちはただ刺繍を施し，部分品を集めて完成品を作るだけの作業を行っています。かつてはそのドイツの会社がもっとも大口の発注元でしたが，その会社は今では中国で生産するようになり，あるいはこれは話してはいけないのですが，恐らくはブルガリアへも生産拠点を移しました。つまりまだ労働コストがスロヴァキアやチェコよりも安価ですむ数か国に分散させたわけで，恐らくそこに中国も入っているのでしょう。あまり考えたくありませんが。と言いますのも，今話したことは彼らが私たちに直接伝えた情報ではなく，さまざまなルートを通じて入手した情報ですので，100％正確なものではないかもしれないのです。しかし，ここもヨーロッパ市場向けの製品の生産拠点として機能しています。つまり，彼らはヨーロッパ市場での大きな供給企業であり，さまざまなスーパーマーケット・チェーンに商品を卸しているのです。

ZŠ：ここでは何を。あなたがたはその会社向けにどのような作業を行っているのでしょうか。

PC：ニット製の衣服の生産です。大部分が女性向けの商品です。

ZŠ：縫い合わせの作業も行っているのでしょうか。

PC：部分的にはニットの生産も行っていますし，縫い合わせ作業も行っています。他の部分についてはドイツのニット工場でニットの生産や縫い合わせも行われており，その部分品が私たちのところに送られ，私たちはそれらを縫い合わせるという形です。しかし，かつては私たちのニット工場もあり，そこではかなりの量のニットも生産していました。恐らく彼らが生産するニットの半分近くをここで作っていました。ですので，その当時は，私たちのところで，ニットの生産も縫い合わせも行っていたのです。その頃もそのドイツの会社が私たちに糸などといった必要なものを供給していたのです。

ZŠ：ええ，その話は前に来たときにお聞きして，まだ憶えています。

PC：しかし，すべては賃金に基づく仕事です。またその時に失った顧客もいました。可能な限り，そして契約の解除を前もって知ることができた限り，私たちは新たな発注元を探しますし，幸運にも幾らかの新しい顧客を獲得できたのです。最初は1社だけでしたが年月を経るにつれて2社，3社と増えました。現在では，4社と契約を結び，それらの会社と協力する形で，完成品への縫製作業を行っています。また，それに加えてある1社向けの生産では私たちがニットの生産も担当していますが，それはあまり多い量ではありません。その発注者向けに生産しているのは恐らく1年に8,000枚程度であり，残りの顧客のための生産量の方が圧倒的な多数を占めています。年間の生産量は私は把握していませんが，1か月の平均生産枚数は恐らく合計で100,000枚になるでしょう。もちろん大きく変動しており，時には多く生産し，時には少ない量しか生産しないこともあるので，生産量を答えるのは難しいのですが，これまで私たちにニットを注文していた大口の顧客が私たちのところから離れた後，その穴を別の会社からの注文で埋めることはできませんでした。非常に多い量の注文を受けていたのですが，それがなくなってしまったのです。私たちのニット工場の能力をフル活用し，さらに他社からも機械を借りて対応するほどだったのですが，その機械も返却することになりました。そういった状況ですので，私たちは新たなニットの注文元を探すこともできませんでした。現在私たちのニット工場には6台のニット編み機がありますが，先ほど話しましたように1社の注文に応じる生産だけにこれらの機械を使っている状況です。このような場合にあっては従業員の人数も減ります。つまり，会社の経営状態がこのような状況になり，利益が減少することが予測されている状況にあっては，かつて私たちの経営状態がよく沢山の仕事があった頃の状況と比較することはできず，仕事が少なくなればなるほど私たちの経営状態も悪化するということになります。そのような状況にあるとは見えないかもしれませんが，それは生産品の価格について常に発注元と交渉できているからです。しかし，実際には，私たちは従業員の数を少しずつ減らさざるをえない状況です。これは会社に大きな打撃を与えることになります。と言いますのも，従業員の減員は非常に困難な案件であるとともに会社に支出を強いるものだからです。つまり，退職手当を支払わねばならないのです。今のスロヴァキアの法律では2年間勤務した人に手当を支払う必要があります。つまり，労働法に基づき会社は最低限度のこととして2か月分から3か月分の給与と手当を支払う必要があり，これが非常に重い負担になっています。

ZŠ：今現在，あなた方の会社の従業員は何人いますか。かつてと比較して。

PC：現状では，全員あわせて60人になります。

ZŠ：かつては200人ほど雇用していませんでしたか。私の記憶違いでなければですが。

PC：あなたがたが私たちの工場をかつて訪問した頃は，150人を雇用し，さらに有期間契約の人もいましたので，あわせて180人ほどが働いていました。この規模は会社がもっとも発展していた頃の数字で，生産量や生産枚数，従業員数全てが最高の値でした。それに比べて今では。

ZŠ：すみませんが，先ほどあなたの話に出てきた4社の発注元の会社は全てスロヴァキアの企業ですか。あるいは外国企業なのでしょうか。

PC：いいえ，私たちはずっとドイツの企業向けの生産を行っています。スロヴァキアの国内の企業向けにはまったく生産していません。ドイツの発注元企業が必要なもの全てを供給しています。つまり彼らは私たちの商業上のパートナーであり，彼らは自分たちの商標の品を揃え，そのモデルを揃え，顧客に向けて販売しています。彼らは今ではニット編みの作業もドイツで行うようになり，私たちのところには半完成品を送るようになりました。私たちはそれらのパーツを縫い合わせて，約束した期日までにそれを送り返しています。そして，彼らはその完成品を彼らの顧客のチェーンに向けて流通させているわけです。このようなシステムとして動いています。このように展開してきました。一時的であるかもしれませんが，今年の状況は安定していると言えるでしょう。昨年は人減らしをする必要があり，現在の人数にまで減らさざるをえませんでした。今後もこの状況で安定していくのではないかと考えていましたが，またも発注元の動きがあり，1社が契約を解除しました。しかし，ご承知のように，どこであってもどんなことでも起きるものです。また，ドイツの市場も完全ではありません。2年前にもそれまで4年間取引を続けていたある企業がいきなり倒産することがありました。資金繰りが上手くいかなくなり，競売にかけられたのです。このようなことは世界の各地で起こることで，安定も確実さもどこにもないのです。また取引先の企業が新しい商品の生産を求めることもあり，ある企業がより低い価格での納入を求めることもあります。つまり，ヨーロッパ内でも労働コストがより安くすむ国へと移動することもありえます。あるいは，大量の商品が必要になったときにアジア諸国での生産を考えることもあるでしょう。それは中国に限らず，トルコやインドネシアといったような国も競争相手になりうるのです。さらに言いますと，この繊維業界での競争は根本的に非常に熾烈なものなのです。

ZŠ：すみません，つまりあなたの会社にとって，現状は安定してはいるが，以前に比べて低い水準に留まっているということでしょうか。

PC：従業員の数は減りましたが，安定したといえるでしょう。

ZŠ：営業利益も減少したのでしょうか。

PC：もちろんその通りです。受注額も売上額も減少しました。そのために従業員の数を減らさざるをえなかったのです。もちろん，こちらが従業員に提供できる仕事の量が減ったことだけが原因ではなく，給与に充てる経費を削減する必要もありました。と言いますのも，私たちの経費に占める人件費の割合は非常に高く，その他は光熱費ぐらいしか目立った支出はないからです。

ZŠ：生産に必要な物資は受けとっていますからね。

PC：生産に必要な物資は供給されていますから，その他は細々とした管理費用ぐらいしかありません。ですので，給与と各種の社会保険料が私たちにとって最大の負担となっています。

ZŠ：輸送費用は発注元が負担しているのですか。

PC：それらには発注元が全額を負担しています。ですので，私たちの仕事は一定の給与を得て働く賃金労働のようなものなのです。そして，私たちが負担する最大の経費は人件費であり，私たちはその経費を従業員の数で調整するしかないのです。つまり，仕事量すなわち受注量に応じた数の従業員しか雇えないということです。そして，私たちにとって最悪の事態は発注元企業が契約を解消することです。と言いますのも，彼らが半年程度の猶予を持って事前に契約解消を通告することはなく，他の企業に発注することやあるいは契約を解消すること，その商品の生産を停止することをせいぜい1か月程度事前に通告するくらいだからです。

ZŠ：生産に関する契約はそのような短期的なものなのでしょうか。

PC：契約書と呼べるものは，実際のところ，存在していません。発注元企業は書面での契約を望んでいないのです。そのため，大体は口頭での取り決めで決まっており，伝えられる予測に基づいて取り決めが交わされます。さらに言いますと，年に2回このような打ち合わせがあります。まず1月に打ち合わせ，その後，8月か9月に打ち合わせをします。と言いますのも，冬にコレクションの発表会があり，その発表会の後にどれだけの商品が売れそうかという見積もりがわかり，どれだけの量を私たちに発注するかもわかります。つまり彼らが私たちのところで生産してもらいたい商品の量が計算でき，いつまでの期日に納入しなければならないかもわかります。つまりこの時期に私たちが受け持つ仕事の量が大体わかるわけです。しかし，当然のことですが，2，3か月後の状況まではわかりません。これが私たちにとって一番厳しいことですが，大量の注文がいきなりキャンセルされることもあります。そうなれば，私たちは従業員の仕事量を調整し，あるいは生産するものがなくなった従業員の解雇を迫られることもありますが，この整理の費用も高くつきます。つまり，従業員の雇用を維持することが私たちの経営の助けにもなるのであり，私たちもそれを望んでいるのですが，私たちの仕事は季節労働のようなところがあり，時期によって大きく揺れ動くのです。1月から2月，3月，4月半ばまでの仕事量はあまり多くなく，その後，本格的な生産が始まります。しかし，このような繁忙期であっても，仕事が少ない月のための留保を作ることはできません。と言いますのも，私たちに発注する企業は納入価格に対して強い圧力をかけていて，最低限のコストをカバーできるだけの価格で納入することを求めており，仕事がない月のための留保を納入価格に上乗せすることは全くできないためです。これは非常に厳しい条件です。また，残念ながら話しておかなければならないのは，私たちの国の法律には，長期間市場で活動し，長期にわたって人々を安定的に雇用している経営者を支援し，経営が苦しい時期を彼らが乗りきれるように支援するための法律が存在しないということです。私たちは今年も政府に陳情に行きましたが，そのような法律はなく，私たちを支援する方法は見つからないということでした。もし，生産するものがあれば。

ZŠ：そうですか。あなたが今話したことによれば，あなたがたはシチアヴニッツァではこのようなブランド品の生産をまだ手掛けている唯一の企業なのですね。

PC：シチアヴニッツァではそうです。しかし，20年前にはこのシチアヴニッツァの多くの女性がかつてのプレタ社の衣服工場で働いていたことを考えてみてください。彼女たちの一部はタバコ工場の作業場でも働いていましたが，タバコ工場がなくなってからもうずいぶん経ちます。バンスカー・シチアヴニッツァや周辺地域の女性たちの多くが繊維産業で，プレタ社で働いていたのです。しかし今では，60人程度の仕事しか残っていません。かつての正確な数はわかりませんが，恐らく1,000人以上は働いていたのですが。

PB：ええ，かつてはもっと多くの人が働いていました。

PC：そのため，ご存知のように，この町のこれらの女性たちの雇用は大きな問題になっています。かつて繊維産業での作業に慣れ，長年この産業に携わってきた女性たちは今では50歳かそれ以上の年齢になっています。つまり，生涯ずっと繊維産業で働いてきた50歳以上の女性が他の仕事を見つけることは難しく，そのため私は繊維産業を何とかして維持していくことが彼女たちにとって非常に大事なことであると考えています。しかし，様々な方向から圧力がかかっています。1つ目の圧力は私たちの発注元が求める価格です。私たちが仕事を受注するだけの競争力を保たなくてはなりません。2つ目の圧力は最低賃金と社会保険料の額を引き上げようとする国からの力であり，私たちは様々な手当も負担しなければなりません。さらに言うならば，エネルギー価格も上昇しています。光熱費が占める割合はさほどではありませんが，発注元の企業に対してこの件についてもきちんと説明する必要が出てきます。また，私たちは市や国に税金も納めなくてはなりません。このように様々な方向からの圧力のために私たちの余力はほとんどない状態であり，このような困難な状況に陥っても支援を求めることもできないのです。

ZŠ：市はあなたがたを支援する何らかの権限を持ってはいないのでしょうか。

PC：市が私たちにできるのは，理論的に私たちを支援する唯一の方法は税金の低減です。私たちは事業を行っている設備に対する固定資産税や廃棄物に関する税金を市に納めています。また，私たち雇用主も法律に従って税金を納めています。そして，これらを定めているのは法律，市の市議会ではなく国会議員が決めた法律です。ですので，これに対して市があまりできることはないと私は考えています。と言いますのも私たちはこれまでも市に対して繰り返し陳情し，このような悪い経済状況の中で雇用を維持していることを訴えつつ固定資産税の免除を求めてきましたが，これに対して市からは，固定資産税は法律で定められていることであり，市は国の法律に対して何もできることはないという答えが返ってくるばかりでした。つまり，市が何かできるとすれば，税金の納入の多少の遅れに目をつぶり，追徴金を課さず，国税の担当官に私たちの情報を提供しないということで，厳しい強制力を課さず，何とか現状を維持する位のことです。とは言え，市は市で問題を抱えています。確かに市も税金を必要としており，それで様々な事業を営んでいます。しかし，市が私たちを支援する唯一の選択肢があるとすれば，また，私たちも必要な時はそれを市に訴えてきたのですが，恐らく歩行者のための歩道を整備することでしょうか。

ZŠ：交通や運輸の事情はどうでしょうか。ここで長く経営した立場からどう考えていますか。

PC：交通事情も問題です。これについては，私が思いますに，市もそれなりの権限を有しているのでしょうが，問題のある分野ではないでしょうか。と言いますのも，常に資金を必要としているからであり，また，近年は，私たち全員が知っているように，市内交通は市が直接営んでいる公共事業ではなく，恐らくズヴォレンかどこかの企業に委託している事業であり，補助金の支給によってその企業を支援するという形式になっているからです。つまり，赤字を出さないために，幾つかの村を結んでいるバス路線に対して市が資金を提供しているわけです。

ZŠ：ここに乗り入れているのは都市間連絡バスの路線だけですか。市内バスの路線は一本も来ていないのですか。

PC：市内バスの路線は乗り入れていません。私たちの工場があるのは市の工業地区でして，むしろアントルの方が近いところです。ですので，アントルやプレンチョウ，ネムツェの方に向かうバスがこの近くの停留所に停まることになっています。このような状況では，勤務時間をこのバスダイヤに合わせるべきなのか，あるいはバスダイヤを勤務時間に合わせるべきなのか何とも言えません。しかし，他の会社や学校などに通う人々，子どもたちのための通勤・通学の手段が保障されなくてはなりません。

ZŠ：つまり，あなたがたの会社の女性従業員たちの多くはこの公共交通を使って通ってきているのですか。

PC：彼女たちは公共交通を使って通っています。つまり朝の時間帯のバス路線の時刻に変更があれば，彼女たちの通勤に問題が出てきます。また，必要に応じて，会社が従業員に対して数時間の残業勤務をお願いすることもあるのですが，その時もこの公共交通のことが問題となります。ここからのバス路線がまだ走っているのか，それとももうなくなってしまうのかも見なくてはなりませんし，特にバンスカー・シチアヴニッツァ以外の場所から通っている従業員の場合が一番深刻です。つまりそのような従業員もいます。周辺の村々には仕事場がないので，彼女たちはシチアヴニッツァで仕事を探すことになるのですが，公共交通による帰宅手段を確保することが彼女たちにとって最大の問題になります。なぜかと言いますと，午後の時間のバス路線のダイヤが変更されたために，彼女たちが住む村まで走っていたバスの発車時刻がかつての午後6時頃から変更されてしまうこともありますし，あるいは夕方の便が完全に廃止されてしまうこともあるからです。そのため，会社の側でそのような従業員のために便宜を調整するという課題も出てきます。

ZŠ：どのようにしてこのような問題に対処しているのですか。1台の車に4，5人が便乗するようなこともあるのですか。

PC：1つの村からそれだけの人数がまとまって通勤することもありません。

ZŠ：なるほど，ではそのようなことはできませんね。

PC：ですので問題が生まれてきます。時には，そのような状況が続いてしまったために商品の納入納期が守れないのではないかという事態にまで陥りかけました。その時は，私たちで従業員をそれぞれの家まで送り，あるいはタクシー代を負担するということまで行いました。つまり，雇用主として私たちは何らかの手段を用いて従業員の通勤の足を確保しなければならないのです。と言いますのも，従業員に問題を投げてしまうのでは，彼らに多大な経済的な負担を強いてしまうことになるからです。つまり，この繊維産業の給与はほぼ最低水準に近い額だからです。

ZŠ：もしできればですが，月に大体どの位の額を支給しているのかを教えていただけませんか。

PC：そうですね。ご承知かと思いますが，私たちの会社の給与額には大きな差があります。と言いますのも，多くの従業員に成果給が適用されており，どれだけの成果を残したかに応じた給与が支払われているからです。

ZŠ：なるほど，わかりました。ではどのような基準が設定されているのでしょうか。

PC：この最低賃金は，彼女たちの等級，つまり第2級に関しては1時間当たり2.33ユーロと定められています。つまり最低限でもこの賃金以上に設定しなければなりませんが，大体3ユーロ前後で動いています。

PB：〔月額で？〕400ユーロから500ユーロ程度です。

PC：ええ，1か月でその位の額を稼ぐことができます。しかし，給与総額であるとか手取り額であるとか，労働のコストであるとかは，簡単には述べられません。3種類の給与があり，それを比較しますと……。

ZŠ：とりあえず，私たちの手がかりとなるような大体の数字で構いません。

PC：労働のコストは社会保険料込みで算出しますが，女性の場合の給与総額は，あるいはより興味深いであろう手取り額で行きますと，手取りで大体350ユーロから400ユーロになります。そこに社会保険料であるとか各種手当があり，それらを足しますと大体50％増しになりますから，労働のコストは平均して1人当たり最低でも600ユーロから700ユーロになると思います。

ZŠ：あなたがたの負担額ですね。

PC：会社側の費用です，私たちも従業員の側も負担します。これが大まかな労働のコストになります。

ZŠ：わかりました。ご存知かと思いますが，私たちの手元にある統計学上のデータでは現在の平均給与額は780ユーロです。しかし，この額は300ユーロを得ている人や，その反対側で，例えば5,000ユーロを得ているような人も全てを含めた平均額ですから，実際のところ何かを示しているとは言えません。ですので，現実的には……。

PC：繊維産業では大体350ユーロから400ユーロ程度，これは従業員が実際に受けとる給与の額です。もし可能であれば，私たちは給与を引き上げたいとも思っていますが，その分を誰かが支払う必要があます。しかし，賃金引き上げの負担を喜んでカバーするような発注者を見つけることはできないので，そのような場合は私たちが引き上げ分を負担しなければならないことになります。

ZŠ：今のお話は，私たちにとって様々な比較ができるような内容でした。確認ですが，ここでは50歳以上の人を，ここでは女性ですか，雇っているのですね。

PC：大部分がそうです。若い人もちらほらといますが，大体はそうです。

ZŠ：どのような仕事をしているのですか。また，当然のことかもしれませんが，まだ勤務を続けている人と，退職しなければならなかった人の間で，仕事内容に違いもあるのでしょうか。あなたがたの基準は……。

PC：このような次第です。他の多くの会社と同じように，私たちが誰かを解雇しなければならないときは，解雇対象者をできるだけ傷つけないように配慮します。従業員を相互に比べて，誰を解雇しなければならないかを選択しています。具体的には，職種ではなく，どの機械の担当者を解雇しなければならないかを考慮しています。と言いますのも，私たちの工場には多くの機械が稼働しており，一部の機械の担当者は解雇できないのですが，会社の存続を考えた場合は人を減らさなければならないからです。そのため，解雇者の候補となる集団の中から，次のような判断基準に基づいて解雇対象者を選んでいます。まず，女性の年金受給年齢に達しているか，あるいは早期年金の給付対象になりうるかです。そのような人がいた場合は彼女と話し合い，いついつの期日までに退職し年金生活に入ることについて彼女と合意を作っていきます。しかし，彼女が何らかの収入を得られるようになることが前提です。また，私たちは身体の一部に障害を抱えている人を雇用していることもありますが，そのような人々も解雇の対象になりえます。と言いますのも，私たちは彼女たちにこう話すのですが，あなたは少なくとも障害年金の一部を支給されるが，他の女性たちには何も支給されることはないからです，と。このような観点に基づいて，私たちは選択し，一部の人たちと話し合いを持つことになります。しかし，私たちがこの職場で解雇対象者と話しあうときには，常に会社が置かれた状況について，どのような状況が私たちを待ちうけているかについて，そして，この状況に対処するためにその人の協力が必要となることについて，包み隠さず伝えるようにしています。もちろん彼女たちはこれまで会社に技能や労働の成果を提供してきました，そして，彼女たちも会社が通勤の便宜を提供し，通勤のために多くの費用をかけてきたこと，そして，退職者に対して別の場所での雇用を探してきたことも知っています。ですので，多くの場合彼女たちは，わかりました，どうぞ解雇通知を出してください，それでこの場所が確保されるのですね，というような答えが返ってきます。確かにそのような事例もありましたが，残念ながら最近ではそういかないこともあります。つまり，ある作業から誰かを解雇せざるをえず，その人は労働局に行き，そこで上手くいけば一定の期間の仕事を見つけ出せますが，上手く次の仕事が見つからない人も出てきています。バンスカー・シチアヴニッツァの失業率は非常に高いからです。ですので，もはや，私たちがうまく対処できているのかどうか，私には何とも言えませんが，何か言えるとすれば，私たちは，今話してきたように年金受給年齢に達した人やあるいは早期年金の受給対象になりうる人を選んで，解雇するようにしているということです。

ZŠ：個人の状況を考えながら選んでいるということですね。では，どこか外国に働きに出るような人も出てくるのでしょうか。これは若い人の事例でしょうが。

PC：若い人ならばそのようなこともありえます。しかし，50歳を越えた人ではそのようなことは難しいでしょう。出稼ぎ仕事の多くは体に負担がかかる肉体労働ですから，もしいけるとしても若い人ばかりです。例えばここのニット工場の操業を停止せざるをえない状況になれば，つまり，分業体制が完全に終わり，機械も外に搬出することになれば，若い女性たちはこの町で新しい仕事を見つけるか，あるいは一定期間の出稼ぎ仕事のためにイタリアかどこかに働きに出ることになるでしょう。

ZŠ：つまり，どこかで働ける可能性はあるが，それは労働者の一部の層だけに限られ，家庭環境などもあるので，必ずしも全員が仕事場を見つけられるわけではないということでしょうか。

PC：私が見たところでは，出稼ぎに出ている人はかなり多いと思います。しかし，私たちの会社で雇っているのは，若い人もいますが，多くは50歳以上の女性であり，家に子どもがいる人もいます。ですから仕事を求めて町の外に出るわけにはいきません。子どもがいる家庭では誰かが家族の面倒をみる必要があるからです。一方で，シチアヴニッツァの男性は建設業の仕事についている人が非常に多い状況です。そして，建設業の仕事の多くはバンスカー・シチアヴニッツァ以外の場所で行われているので，ローテーションを組んで交代で勤務しています。つまり，夫婦そろって平日は別の町で仕事を行い，週末にだけ帰ってくることもあります。そうなれば，その家族がうまく機能するためには誰かが子どもたちの世話をして，家を守る必要があります。歴史を振り返ったとしてもそのようにまわってきたのです。今の世界は恐らく当時からは変化しているのでしょうが，マリア・テレージアはバンスカー・シチアヴニッツァに繊維産業とタバコ産業を築きました。その頃は鉱山業が盛んで，そこでは男性が働いていたのですが，それとのバランスをとるためです。つまり，女性たちが軽工業で働けるようにしたのです。つまりその当時の君主たちも人々の何らかの仕事を保障しなければならないと考えていたのです。しかし，現在では，誰もこのようなことに関心を抱いていません。私が思いますに，今の政治家はこのようなことに関心はないのでしょう。そして，それがどのような結果を導くのかも関心にないのでしょう。彼らが言うには，市場が問題を解決するそうですが，数多くの問題が解決されないままに残されているのです。

PB：解決されたことは何もありません。

PC：恐らく自立して対処策を見つけなければ，何も解決されないままでしょう。彼らも時折視察に訪れることがあります。確かに私たちは中小企業として扱われていますが，このような中小企業はそれこそたくさん存在していますし，経済は大企業だけが支えているものではなく，中小企業も支えています。そしてこのような中小企業はそれぞれの小さな地域で活動し，その地域の住民の仕事場を保障しています。つまり，私たちはここで活動を始めてから今年で 20 年目になりますが，そのように活動してきたのですが，国が私たちを助けることは全くありませんでした。誤解がないように補足しておきますと，確かに労働局からの助成はえています。例えば，障害年金の受給者が働くために様々な設備を整備することやあるいは現在では 29 歳以下の若い人を雇用していることに対して一定の金銭的な支援を受けとっています。しかし，これらについては会社側も一定額を負担しなければならず，また，私たちはきちんと期日までに社会保険料なども納付しています。しかし，私たちが多くの問題に足をとられ，何らかの支援を切望している現在のような状況にあっても，私たちから社会保険料の納入を免除するといったような支援は何もないのです。私たちは何よりもまず給与の支払いを優先しています。これで暮らしている人がいるからです。次に光熱費を支払います。エネルギーの供給がカットされてしまっては仕事にならないからです。そしてその後に私たちは社会保険料を納付します。納付期限に遅れることもありますが，1 か月の猶予もなく納めなくてはなりません。遅れてしまうと，もし国から何らかの助成が提供された場合でもそれを利用することはできなくなります。また，先ほどの 29 歳以下の人間の雇用という点では，彼らは何も職業訓練を受けていません。私たちはある程度の経験がある人材を求めているのですが，そのようなことは考慮されません。ですので，過去に国から何らかの支援を受けとったとは言えますが，会社の側で色々と手直しをしなければならなかったのです。

ZŠ：あなたがたは自分たちの会社を小企業であると話していますが，現状では従業員が 50 人までの企業が小企業と分類され，50 人から 250 人の企業は中企業と分類されています。

PC：では中企業の一員であることになりますか，確かに 1,000 人規模で雇用している企業と比べると……私たちは中規模企業ですね。

ZŠ：まさに他社との比較という点を尋ねてみたいと思っています。ここシチアヴニッツァで誰か裕福な企業家や会社はありますか。誰でしょう。どのような分野でしょうか。どのホテル，あるいはどこの建設業の会社でしょう。いかがですか。

PC：いいえ，私が思いますに，どこの企業も良く言って何とか運営している程度であり，統計上の数字では何かあるのでしょうが，私には何ともわかりません。

ZŠ：私もあなたと同じように考えています。

PC：確か一昨年のことですが，私たちの企業はその時60人ばかりの従業員がいたのですが，従業員数の面でバンスカー・シチアヴニッツァにおける第3位の企業であると評価されたことがあります。その時にバンスカー・シチアヴニッツァで最大の企業であると，私たちの企業よりも2社がより高い順位におかれましたが，それらは両方とも建設会社でした。確かCOMBIN社とSimKor社です。そしてその次に私たちの会社がランクされ，その後は，40人から30人，20人程度を雇っている会社がランクに入ってしまった。こんなに小さい企業でもです。

PB：5人から10人程度の会社も……。

ZŠ：COMBIN社ともう1つの会社の名前はなんでしたっけ。

PC：COMBIN社とSimKor社です。両者とも建設会社です。

ZŠ：COMBIN社ですね。データではかなりの事業を展開している企業のようですが。

PC：確か建設会社のはずです。恐らくもっとも多い人数を雇用している会社でしょう。

ZŠ：かつてはSTAVASTA社がそうだったかと思いますが。

PC：STAVASTA社は残念ながらもう活動を停止しました。今年，競売がおこなわれ，完全に終わりました。ですので，この2つの企業のみが大きな企業です。

ZŠ：そしてあなたがたの会社が第3位なのですね。

PC：繊維産業ということであれば，WINNER社という会社も挙げられます。この会社は靴下を生産しており，大体20人位を雇っています。刺繍用機械2台とニット編み機2台を持っている会社です。

PB：そんなに人は多くありません。せいぜい10人位です。

ZŠ：何という名前の会社ですか。

PC：WINNER社です。靴下を生産しています。そこの十字路のところにあります。彼らも安定している会社でして，20年ほど生産を続けています。もっとも生産量はそう多くありませんが，生産を継続しています。市場に留まり続け，バンスカー・シチアヴニッツァの基準ではそれなりの数の人を雇用しています。しかし，バンスカー・シチアヴニッツァに有能な企業家がいないのかどうかは私にはわかりません。恐らくはいるのでしょうが，たぶん飲食業や宿泊業で収入を得て，その収入を元手に人を雇っているような人々でしょう。私の考えでは，商業セクターの経営者もこの町では様々な問題に直面しているのでしょう。何故ならば，この町の住民の収入も，バンスカー・シチアヴニッツァの住民数自体も減少していますし，就業率が低下し，失業率が上昇しているからです。商業関係者も，これだけ給与額が低く家計収入が少ない土地に市場があるとは見込めないでしょう。

ZŠ：小さい商店を経営している人も……。

PC：ええ，ここではそのような小さい商店主が大部分ですが，食料品店は数えるぐらいしかありません。

ZŠ：つまり，BILLA や COOP のような大規模小売店が……。

PC：食料品店についてはそうかもしれません。しかし，私たちの町の小商店主は工業製品や，靴，衣料などを扱っている人もいます。彼らも経営は苦しいでしょうが，夏の観光シーズンで何とか持っているのでしょう。多くの人々が町を訪れ，これらの小さい商店を眺めて，何かを購入することもあるでしょう。しかし，このような状況ですから，彼らが裕福であるとは言えないと思います。

ZŠ：私たちが 1990 年代初めにこの町での調査を開始した頃，バルジャーンカさん［pán Balžánka］という方と会ったことがあります。彼は当時，商店主組合の代表者の 1 人だったのですが，まだこのような組織は存在しているのでしょうか。あるいは商工会議所が機能しているのでしょうか。

PC：私が思いますに，ここには観光業に関わっている企業家が沢山いますから存在していると思います。

ZŠ：なるほど，彼らの組織があると。

PB：ええ，組合があります。

ZŠ：そうですね。観光業者の組合があります。

PC：正確な名称まではわかりませんが，そのような組合があるのでしょう。彼らは会合を開き，協力しています。

ZŠ：あなたがたの業界ではこのような組織はないのでしょうか。

PC：私たちの業界ではありません。ここで唯一の企業だからです。

ZŠ：なるほど。しかし，それは市の範囲で考えた場合でしょうか。

PC：いいえ。

ZŠ：商工会議所がありますよね。市役所から聞いた限りでは，ジアルにあるということですが。

PB：ええ，幾つかの案件を扱っています。司法や警察関係です。

ZŠ：さらに質問したいと思います。あなたがたは将来をどう見ているのでしょうか。あなたがたの会社の展望については既にお話を伺ってきましたのでその点ではなく，シチアヴニッツァの発展を支える柱となるようなものについて，それは何であると考えているのでしょうか。工業ですか，あるいは観光業でしょうか。恐らく，農業ではないでしょう。私にはわかりませんが，商業や観光業などが稼ぎ頭になるのでしょうか。あなたはどの分野がシチアヴニッツァを支える柱になると考えていますか。どの分野に集中すべきなのでしょうか。

PB：難しい質問です。

PC：これは私の個人的な考えですが，何らかの軽工業があればこの町にプラスになるでしょう。それがうまく運営でき，何か新しい投資を引き付けることができ，この分野に関心を抱いている人からの支持を獲得できればですが。しかし，この町には交通や運輸に問題があるので，実際には，大量のトラック輸送を必要とせず，時間通りの配送を求めないような，さらに言うならば，1週間に1度の配送といったようにそう輸送頻度が高くないそういった軽工業が最適でしょう。そして，この町には今では空き家となった工場の建物が多く残っているので，それらの廃工場を利用することもでき，それはここで人を雇おうと考えている人々にとって一定の利点となりうるでしょう。また，当然ですが，一部の力は観光に振り向けるべきでしょう。数年前に経済危機が到来するということもあり，そのため多くの計画が中断し，止まったままになっています。大量の観光客をどう引き寄せるかについては，市かあるいは観光業分野の企業家，観光業組合が相当な力を入れて努力していることでしょう。と言いますのもここ数年にわたって彼らは様々なイベントを開催し，イベントを見ようと思っている沢山の人々をここに引き寄せているからです。このようなことがあれば，より長くこの町に泊まろうと，あるいはシーズンを通じて滞在したいと考える人々も出てくるでしょう。もちろん，どれだけの人が訪れるかは天候に左右されるところも大きいのですが。

ZŠ：こういった人々の購買力や，どのようなことに興味を抱いているかにも。

PC：この町を訪れる人々の購買力は，端的に言いまして。

PB：購買力は減少しています。ですので，観光業を営む企業家の収益も減少しているといえるでしょう。ある統計を見たことがあるのですが，それによるとスロヴァキア全体で現在，レストランや観光客向けの宿泊設備などがあわせて600件売りに出されているそうです。私たちもポチューヴァドロ湖の畔の施設を売りに出しているのですが。

ZŠ：あなたがたの会社が売りに出しているのですか。

PB：いいえ，個人としてです。

ZŠ：ああ，わかりました。

PB：このように，ここでも観光関連の設備が売りに出されています。それなりに質が高く，きれいに仕上げられている施設もです。

ZŠ：かつての時代，この町ではドイツ人たちが最高級ホテルを経営していましたが，今でも続いているのでしょうか。

PB：ええ，今でもあります。と言いますのも，彼らはオーストリア人を顧客にしているからです。

ZŠ：そこから人々が，お客さんがやってくるのですね。

PB：彼の地からお客さんがやってきます。多くは年金生活者です。ですので，非常に上品な方々だと言えるでしょう。

ZŠ：確か，大昔に営業していたオートキャンプ場があって，そこはもう長いこと荒れ果てた状態になっていたと思うのですが。

PB：今でもそのままです。誰も関心を示さないままです。

ZŠ：今では持ち主もいないのでしょうか。

PB：いません。

ZŠ：昔見た時でさえ，既に朽ち果て，荒れ果て，使用できない状態だったのですが。

PC：あそこは，シチアヴニッツァの失敗を象徴するような場所になっています。

PB：そして過ちも。

PC：恐らくその場所に関心を示すような観光客を見つけることもできるでしょうし，かつて夏のシーズンの時期に多くの人が利用していた頃のように営業し，運営されているならば，その施設を埋めるだけの観光客を引き寄せることもできるのでしょう。しかし，確かに……*（早口のため聴き取れず）*……私個人もそのような観光客に出あったことがありました。車を止めここから一番近いキャンプ場はどこなのかと尋ねてきたのです。これに対して，私は，残念ですがシチアヴニッツァにキャンプ場はないのだと答えるしかありませんでした。ですので，恐らく幾らかの集客力はありますが，新しい施設を建設するまでもないのでしょう。と言いますのも，ここにはかつてそのような設備があったのですし，テントを張れるような場所もそのキャンプ場，オートキャンプ場にあったのでしょうから。そうですよね。

PB：しかし，そのキャンプ場は所有権の問題がまだ解決されていないままです。つまり，国有林管理機構が幾らかの権利を有しており，その次に地主のデーキシュ氏も一定の権利を持っています。建物について言えば，市の資産ですが，配分について依然として合意ができていないままです。それぞれが自分の取り分をできるだけ多くしようと画策しているのでしょう。つまりそこから多くの収入が期待できるのです。とは言え，誰もその収入を得るための管理をしたがらないのも事実です。

ZŠ：まとめますと，あなたが指摘したのは，もし何らかの軽工業をここに根付かせたならば，軽工業が支えになるということ，そして，その後話が観光業に移りましたが，つまりこの2つの分野が町の将来を支えるもっとも現実的な選択肢だということでしょうか。

PC：それらは必要な分野です。と言いますのも，観光業が発展したとしても，シチアヴヴニッツァと周辺地域の住民全員が観光業だけに頼って生計を立てていくという見通しはとても立てられないと思えるからです。この兆候は今現在すでに現れていると思います。また，観光の効果を良い方に解釈し，つまりはこの町に様々な宿泊施設や飲食施設が建てられるとしても，そこでの仕事は大部分が女性のための仕事です。つまり，今度は男性がどこかで仕事を見つけなければならないのです。この町から建設会社がなくなってしまったとしたら，恐らくはこの町の男性の住民の数も減少してしまうでしょう。彼らが収入を得る手段がないからです。このように，どのような産業でもいいのですが，何かしらの産業がなければ，どんな町でもまったく立ち行かなくなってしまうと私は思います。

ZŠ：つまり基幹産業になるのは，先ほど話したように軽工業であると。

PC：私の考えですが，重工業がこの町に来ることはないでしょう，むしろ軽工業の方がよいと思います。

ZŠ：鉱山業もなくなりましたから。

PC：ええ，ご存知のように今シチアヴニッツァの鉱脈に残っているのは，かつて採掘が行われた後に残された鉱石の残りで，あまりバランスが取れているとは言えません。もしかしたら，この10年のうちにここでの鉱石採掘の扉がまた開かれることがあるかもしれませんが，それは鉱石の価格次第ですし，また新しい鉱石や鉱脈が見つかるか次第です。あるいは，人類の技術が発展して鉱物を必要としなくなる時代が来るのかもしれませんが，この何十年かという近い将来にはそのようなことは考えなくとも良いでしょう。

ZŠ：どこかで読んだことがあるのですが，ここでは，かつての技術ではもはや利用価値がないとみなされていた鉱石スラグをも利用しているそうですね。シチアヴニッツァの町の上手にあるどこかの鉱山での話だということです。またそのスラグを再度精錬することも行われているのだとか。どこで読んだのかは忘れてしまいましたが。

PB：今の話ですか。

ZŠ：ええ，実際に行われているということです。

PC：その話は知りませんでした。この辺りでそのようなことが進んでいるとは知りませんでした。

ZŠ：私たちの団長が昨日その話をしていました。

PC：本当ですか。恐らくはそのスラグが掘り出された当時にはまだ知られていなかった技術を使って，昔からの鉱石スラグも様々に利用していくということなのでしょう。と言いますのも，ここには100年前から200年前，さらにはもっと昔に掘り出された鉱石スラグ，つまり私たちの先祖たちが最初の鉱山から掘り出した鉱石スラグも残されているからです。そして，当然ですが，その当時の技術が今ほど進んでいなかったことは確実です。それらの鉱石スラグの成分調査が行われたことは知っていましたが，もし私たちが望むならば，そこから様々な鉱物を取り出せるという話を聞いた時は驚きました。まだ金や銀を取り出すことができるのだそうです。当時からこれらの鉱物を求めていたのですし，過去何世紀にもわたってシチアヴニッツァではこれらの鉱物を掘り出していたからです。正確な話はもう忘れてしまいましたが，今またこの事業を行っているとは知りませんでした。

ZŠ：しかし，この事業で多くの雇用が生まれるわけではないのは明らかです。さて，私たちは今，ヨーロッパ化と呼ばれている問題，つまり，欧州連合への加盟から生まれた問題に直面しています。この点について，あなたがたも何か具体的な経験はあるのでしょうか。あなたがたは長年にわたってドイツのパートナーと仕事をしているわけですよね。

PC：ええ。

ZŠ：では，もう1度質問しますが，EUへの加盟とヨーロッパ全体が市場となったことはあなたがたにとってプラスだったのでしょうか。

PC：答えに困ります。あなたがたがご存知かどうかわかりませんが，さまざまな影響を受けました。以前から協力関係にあったパートナーが関係を解消したこともありました。

ZŠ：以前からと言いますと，私たちがEUに加盟した後からということですか。

PC：私たちがEUの一員になってからのことです。私たちはEUのこととは関係なくそのパートナーとの取引を行ってきましたが，EU加盟によって何よりもまず輸出入に関する手続きが幾らか簡単になるだろうと期待できました。

ZŠ：貿易の壁が幾つか消えるだろうと。

PC：その通りです。私たちがEUの一員となり，ユーロを導入すればと。そうすれば次から次へと商取引ができるようになると。しかし，相手の側にそのような関心はありませんでした。彼らは1989年の後に，つまり東西に分断されていた世界が変わった後に，オーストリアや西ドイツの企業が私たちのところにも訪れるようになり，ここの企業と協力する意思を示すようになりました。それで私たちも彼らと協力することになりました。しかし，実際のところどうだったのかと言いますと，その頃の私たちは国内市場を指向しており，国内市場に関しては経験を積んでおり，国内市場ならば価格の面でも競争する能力がありました。しかし，ヨーロッパの市場での課題は国内の市場での課題とは違っていました。ヨーロッパの市場では独自の価格設定があり，それを維持するためにあらゆることが行われていました。競争力を維持するためにより安い価格で納入できる他社に発注を切り替えることも行われていました。このため製品価格が大幅に下がり，そしてヨーロッパ内で行われていた労働も，私たちのところで行われていた作業だけに留まらず他の地域で行われていた作業も含めて，他の地域へと流出しました。つまりアジアへと移ったのです。これが大きな問題であり，恐らくEUに加盟しているかいないかによって生まれる問題ではないでしょう。私たちに対する関心はEUに加盟する前から存在していました。確かにEUへの加盟によって手続きが簡素化された効果もあるでしょう。しかし，全世界を相手にしたグローバルな競争の影響はむしろマイナスのものだったのではないでしょうか。また，EU全域で適用される欧州法の影響や，関税や割当制度といったものの影響もあります。どこか他の場所にいる人が私たちのことを扱っているのですが，その影響はここの工業にも及ぶことになります。

ZŠ：つまり，主にアジアで生産された繊維製品が市場に流入することを導いたので，グローバリゼーションはあなたがたや繊維業界にとってマイナスの効果を与えたということですね。

PC：その通りです。

ZŠ：わかりました。あなたがたの産業は直接その波を受けていると。

PC：そう言えるでしょう。私たちの産業が一番影響を受けていることは確かでしょう。しかし，他の産業も次第に影響を受けるようになっています。自動車産業もそうですし，恐らく，ネガティブな影響を受けていない産業分野はないのではないかと思います。

AI：あなたがたの会社は，アジア，つまり中国，インドネシア，ベトナムといったような国々の企業とも競争しているのですね。

PC：それらすべての国と競争しています。

AI：それらの国の労働力は安価ですから。

PC：そうです。労働力が非常に安いので競争力があります。と言いますのも，労働のコストを低く抑えられるからです。

AI：このような条件の下で，将来に向けてどのような戦略を描いているのでしょうか。

PC：そうですね，実際のところ，私たちの会社は何かこういった戦略を立てるには非常に小さい会社です。こういった戦略はブリュッセルや他の都市にいるような政治家が扱うような案件でしょう。例えば，ヨーロッパでの価格をどのように設定するか，あるいはどの産業を発展させていくか，競争力がどうなるべきかという案件は彼らが扱うことでしょう。

AI：例えば，あなた方で何か新しいファッションを創り出していくというような計画はないのでしょうか。品質の高い衣料ならば世界市場に打って出ていけるのではないですか。

PC：世界レベルの市場にですか。そうやって世界に進出することを試すには，私たちの会社の規模はあまりに小さすぎます。私が思いますに，私たちが商品を納めているパートナーでさえも，何十年をかけてようやく彼らの会社の名称を良く知られるような存在にまで引き上げ，現在の地位を築いたのです。私の考えでは，ヨーロッパ内でこの業界での地位を維持するように努力することは彼らの仕事です。そして，世界中で知られる存在でいるためにはそれなりの販売量が必要であり，それをスロヴァキアから築きあげることができるかと問われると……。

PB：そのためには新しい機械を入れなければならないでしょうし，新しいモデルを生み出していく能力を示す必要もあります。そのためには，さらに原料を効率的に使用して，より売れやすいモデルを開発する必要も出てくるかもしれません。そしてのためには，それなりの資本と会社の体力が必要です。私には何ともわかりませんが，それには150人からの従業員が必要になるのではないでしょうか。ご存知のようにこの作業場で働いているのは，20人かその程度であり，彼女たちが，ニットを編み，製品を作っています。もし，ドイツ企業のように私たちが製品を開発し，部材を作り，それを下請けに送るという形にするならば，私たちはここで製品開発だけを行うことになるのでしょうか。つまりドイツの会社が生産計画を立て，マーケティングも管理するという形と同じですね。

ZŠ：あなたがたが直接市場マーケティングを行うことはないのですか。

PC：ええ，行っていません。

PB：行っていません。私たちにはそれだけの能力はありません。そのための機材もありませんし，それに必要な物資を購入するための資金を出すこともできません。そのようなところです。

ZŠ：あなたがたの製品はスロヴァキア市場にも供給されているのですよね。これを独力で行うチャンスはないのでしょうか。

PB：ないでしょう。と言いますのも，スロヴァキアの市場は，例えば中国やそういった国からの製品で溢れているからです。それらの製品も私たちのようなブランドで販売されています。その中に独力で売り込むとなれば，私たちの会社は消滅してしまうでしょう。

PC：私たちが約20年前に活動を開始した頃は，この産業で活動する会社がスロヴァキアにも沢山ありました。それらの会社はみなスロヴァキア国内の市場に向けて自分たちの商品を売り込んでいました。私たちも自分たちの商品見本を作り，自分たちのコレクションを揃えて販売していました。このような形で動いていたのです。他の会社も同じでした。しかし，20年後の今，沢山あったそれらの会社のうち，自社ブランドを維持している会社は1社も残っていません。全ての会社が下請企業の立場へと落ちてしまいました。何故ならば，彼らの独自商品を市場に売り込むだけの能力や価格競争力を欠いていたためです。ご存知のように，人々は世界的に良く知られているブランドを購入するものです。例えば，アディダスとかピューマ，あるいはベネトン，私にはもうわかりませんが他にもあるでしょう。そういったブランド品に対してならば彼らが持っているお金を支払うことができます。しかし，生まれかけのまだよく知られていないブランドに対してお金を出す気がある人がどれだけいるものでしょうか。このような世界的なブランドはヨーロッパに限ってみても非常に多くの量の商品を販売しています。スロヴァキアやチェコの市場はほぼ完全に彼らが支配しています。長年そのような状態が続いていますから，この業界ではどの会社も独自ブランドを維持できませんでした。価格でも競争できません。つまりそれらのブランドは作業を下請に出しているからです。商品開発も今の国ではできないでしょう。つまり，もし私たちが何とかして独自商品を揃えることができたとしても，それらは別の国で行うことになるでしょう，例えばルーマニアなどです。そのような国でならば，私たちが価格の面でも市場で競争するだけの力を手に入れることができます。その場合，より大きな規模で展開することになるでしょう。

(8) コンビン社（COMBIN）：シムチーク氏（PS）

ZŠ：私たちはコンビン社［COMBIN］社に来ています。あなたはこの会社の代表者ですね，シムチークさん［pán Ing. Šimčík］。よろしいでしょう。では最初の質問です。あなたの会社はいつどのようにして設立されたのでしょうか。と言いますのも私たちが最後にこの町を訪問した時には……。

PS：つまり，あなた方はしばらくこの町を訪れたことはなかったのですね。

ZŠ：ええ。

PS：あなたは建設会社のSTAVASTA社を訪問したことに触れましたが，そこはかつては繊維産業で活動していました。布地やそういったものです。つまり，今とは異なる産業分野です。このコンビン社は実際のところは建設会社として1992年に設立されました。その当時は僅かな人数，そこにはかつての所有者も含まれていましたが，僅か6人が集まって設立されたのです。そして，そのうちの1人，ガッロ工学修士［Ing. Gallo］が現在の所有者となっています。そして，昨年私たちはコンビン社の設立から10年の節目を祝いました。

PS：ここで行われている活動や事業では，市が関係するところでは例えば市街地の再開発などを私たちも担当しています。例えば，アカデミー通り［Akademická ulica］や平和通り［Mierová ulica］の再開発などです。また，現在は，市のために一部の下水道の整備も行っています。これは水道公社の事業ですが，バンスカー・シチアヴニッツァの市内で行っている事業です。私が思いますに，市との協力関係は標準的なレベルで存在しています。当然のことながら，EU基金からの資金調達の可能性が生まれたことによって，市の事業の可能性は大きく改善されました。そのため市との協力関係は，非常に，非常に重要です。しかし，スロヴァキア全域での事業展開を考えた場合にもEU基金からの資金調達の可能性が存在していることは特に建設会社にとって大きな助けになっています。と言いますのも，スロヴァキア単体ではこれだけの建設事業やあるいは下水道の整備事業，道路や交通網の整備事業を実施するだけの資金源を見つけられないのは明白であるからです。また，これは私の意見であり，あなた方も良くご存知のことかもしれませんが，EU基金はスロヴァキア国家自体の財政にとっても大きな助けとなっています。そして，確かにスロヴァキアはEU基金の調達と消化の際に幾らかの問題を抱えているとはいえ，私はこの点に非常に大きな利点を見出しています。EU基金の調達に関わる問題は不幸なことではありますが，これは二義的な問題です。大規模な事業を実施できる可能性が生まれていることが大事なのです。もしもEU基金をこれだけの規模で調達できなくなってしまったならば，人々の生活にどのような影響が及ぶのか私には想像もつきません。しかしこれはありえないとは言えない想定であり，その可能性もそれなりにあります。

ZŠ：EU基金が凍結され，資金を引き出せない事態ですね。

PS：その通りです。そのような場合は，何らかの方法で資金を獲得するしかありません。スロヴァキアがこのような投資を必要としているのは明白です。と言いますのも，ここの失業率はスロヴァキアの中でも非常に高いのです。とはいえスロヴァキアもまた，EU基金の調達にあたっては他にも何らかの義務を負っており，完全に無償で利用できるわけではありません。しかし，調達の可能性は，残念ながら，政府レベルだけの話であり，なぜこのような規模でEU基金が悪用され，実際のところどのようにそれが可能だったのか見当もつきません。しかし，このEU基金の濫用というのは，メディアや新聞で広められ，私も毎日目にするような，非常に世の中に広まっている話であるのも事実です。

ZŠ：あなたがたの活動は市やこの地域の外でも行われているのでしょうか。あなたが今話されたことを論理的に考えるとそう思えるのですが。

PS：もちろんそうです。私たちはスロヴァキア各地で事業を行っています。その通りです。ですが，実質的には，主に西スロヴァキアで活動しています。実際のところは，私たちの技師のネットワークの約70％は下水道や上水道の整備に従事し，今は下水処理場の建設も手掛けています。しかし，当然のことですが，様々な技術設計の作業が求められる現場も数多くあります。工業団地を造成しているような現場で，多くの機械やトラック，建設用機械が稼働しているような現場です。当然ですが，下水道整備や下水処理場といったような現場では私たちが主に担当していますが，初等学校や断熱工事など私にはよくわからない工事もあります。それらの案件に関しても，自治体はEU基金から資金を調達し，工事を行っています。

ZŠ：ええ，ここ数年，そのような手法が非常に普及しています。

PS：そうですね。と言いますのも，繰り返しになりますが，このEU基金に基づく事業の場合には，幼稚園の運営者やその他の施設の事業者である市や村は，実質的には，事業費の5％から10％を拠出する義務を負うだけで済み，残りの額はEU基金から支出されるという大きな利点があるからなのです。

ZŠ：あなたがたもそこから利益を得ているのですね。

PS：その通りです。また他からも。

ZŠ：住宅建設ですか。

PS：住宅もあります。ちょうど今ブラチスラヴァで住宅の建設工事を行っています。しかし，これはむしろデベロッパーが行う，民間の投資家が行っている事業です。これは，チントリーンスカ通り［Cintorínska ulica］での賃貸住宅建設ですが，私たちはブラチスラヴァでは他にもティムラヴィナ［Timravina］地区での改築事業などさまざまな事業を手掛けています。これらはすべて民間セクターの事業，デベロッパーの事業です。しかし，どのような形で事業が展開されているかは関係ありません。また，私たちはブラチスラヴァの空港ターミナルビルでの工事も行いました。そこで全長約200mのベルトコンベアーでの手荷物移送システムを作ったのです。これもまた技術力が必要な事業でした。このように私たちが手掛けている事業は非常に幅広いものであり，地中の作業も地上での作業もあり，また技術力が求められる事業もあります。しかし，当然のことかもしれませんが，私たちは大規模な交通網の整備事業，つまり橋梁の建設工事といったような事業には関心を持っていません。と言いますのも，このような事業は非常に困難な事業であり，機材の確保の面や，高度な知識が求められる面でも困難であるためです。そして，私たちの会社には橋梁建設といったような分野で設計をできるだけの人材はいません。そのため，当然ながら，他のより大きな企業とも協力していますが，スロヴァキア国内では……。

ZŠ：下請業者ということですか。

PS：下請業者になる事もありますし，あるいは複数の企業でグループを作って共同事業者になることもあります。このような形で最近の私たちはZIPP社と手を組んで多くの事業を手掛けてきました。この会社は，実際のところ，スロヴァキアで最大の建設会社の1つです。また，かつては，同じようにSKANSKA社と協力して事業を行ったこともありました。当然ですが，大規模な事業を行う時の話です。

ZŠ：SKANSKA社は鉄道建設でも活動していますね，幹線鉄道高速化などの事業にも携わっていますが。

PS：彼らはそうです。彼らの主な事業は土木建設です。私たちの会社も確かに土木事業が本質的な部分であり，今の首脳部は全員土木の出身者，より正確には鉱山技師であって，私自身も鉱山技師であり，マネジメントを修めたわけではありません。また，ガッロ氏は今のところ唯一の株主ですが，彼もまた鉱山技師です。以前の経営陣も全員鉱山技師でした。しかし，鉱石鉱山の操業や鉱業全般がもはやスロヴァキアではほぼ消滅してしまいました。現在では，ハンドロヴァー［Handlová］やヴェルキー・クルティーシュ［Veľký Krtíš］の石炭鉱山が何とか操業しているだけです。そのため，バンスカー・シチアヴニッツァの私たちは何とかして状況に適応しなくてはならず，鉱山業から建設業に転換しました。建設業ならばまだ可能性が見出せたのであり，現在でもその可能性は残されています。少なくとも建設業ならば，今は例えば自動車産業からの事業を受けることができますし，その他にも先ほどの EU 基金のおかげで様々な事業に基づく建設の仕事があります。この EU 基金はブリュッセルから流れてくるものであって，だからこそまだ可能性が残されているのです。あなたの意見は判りませんが，EU 基金がなかったならば，スロヴァキアでも他の場所でも，このような企業活動を行う余地は恐らく存在していなかったと思います。

ZŠ：あなたがたの会社の強力な競争相手と呼べるような企業はこの町にあるのでしょうか。

PS：競争相手ですか。

ZŠ：すみません，その前に尋ねたいことがありました。あなたがたは株式会社ですか。

PS：私たちは株式会社です。唯 1 人の株主であり，会社の所有者であるのはガッロ技師です。かつて，元々は 6 人の株主がいましたが，その後に 5 人に減り，2007 年からは彼 1 人だけが残っています。

ZŠ：あなたもその中の 1 人だったのでしょうか，そのように話されたと思いますが。

PS：私は違います。何故ならば，私は唯の従業員に過ぎなかったからです。

ZŠ：私にはそう思えません。あなたも鉱山技師だったのですから。

PS：ええ，そうでした。

ZŠ：と言いますのも，このような大きな建築会社の大部分からほぼすべてがそのような形態だったためです。STAVASTA も同様に会社の人々が……。

PS：ある面では競争相手でもありましたが，私たちはかなりの程度 STAVASTA 社と協力して様々な事業を行ってきました。残念ながら，現在では，STAVASTA 社は破綻状態にありますが，彼らはまだ今年前半の時点でも何とかして状況を改善し，会社を再建しようと試みています。しかし，その方法，再建計画はあまり質の高いものではありませんでした。彼らの支援には役立つかもしれませんが，最終的に資金提供者が，その再建計画の枠組みにのっとった場合でも，彼らの負債を返済できるようなものではありませんでした。残念ながら，私たちも STAVASTA 社に対する相当な額の債権を有しています。と言いますのも，私たちもバンスカー・シチアヴニッツァ市で彼らと協力したことがあり，かつて市内で彼らと協力してゴミ処理場の再建事業を手掛けたからです。つまり，私たちは彼らの下請企業という形でゴミ処理場の再建事業に参加したのですが，その際の費用などについてまだ支払いを受けていないままなのです。残念ですが，現状はこの通りです。彼らは現状では破綻状態にありますので，私たちの債権もそこに残されているとは言えますが，実際には……。

ZŠ：では，現在この地域であなたがたの競争相手と言えるのは……。

PS：もしそのように表現するのであれば，私たちの競争相手と呼べるような企業が1社だけあります。しかし，私たちは互いに敬意を払っているのでそれぞれを出し抜くようなことはしませんし，互いに悪影響を与えるようなこともしません。お互いが同じ事業の入札に参加することもあり，時々は協力することもあります。その会社は，現在のところは私たちに比べてやや規模は小さいのですが……。

ZŠ：ここ，シチアヴニッツァの会社ですか。

PS：はい。SimKor社という名称です。SimKor社はさまざまな面で言及することができる会社です。私たちの競争相手であるとも言えますが，私たちとの関係はそれだけには留まりません。彼らは彼らの得意分野があり，私たちにも，言うならば，私たちが得意とする分野があります。私たちはホドルシャ・ハームレにおいて共同で住宅建設を行いました。ホドルシャ・ハームレの町が発注した工事です。つまり，単独では実施できないような時に協力して事業を行ったのです。私たちは，ある企業が別の企業を追い落としていくような厳しいビジネス競争といったようなものに関わる気はないのです。

ZŠ：それとは反対の方向で，あなたは先ほど何かの団体ないし会社の事を話していましたが。

PS：共同企業体を作ることで対処しています。その共同企業体の枠内でZIPP社やその他の大企業と協力することが多いです。これはまた別の問題を生むのですが。

ZŠ：あなたがたがそのような元請企業となることはあるのですか。

PS：この元請企業という立場は，言うなれば，むしろ必要悪のような立場です。何故ならば。

ZŠ：これは安定的な共同企業体なのでしょうか。あるいは，その都度，必要となった時に編成されるのですか。

PS：いいえ，これはある目的を持って編成されるものです。なぜ共同企業体が組まれるのかを説明しますと，これは私たちが関心を示している具体的な案件に従って編成されます。つまり，私たちの企業の規模ではこれは必須なことです。確かに，自治体が行う公共入札に私たちも参加していますが，それは，このように言うのは申し訳ないのですが，現在の一般の人々は貧しく，一般の民間セクターのみを顧客をしていたのでは会社の資金調達が難しいためです。上手く説明できませんが，私たちは民間向けの建設工事も行っています。個人の住宅を建設するなどの工事です。しかし，私たちのような規模で社員を抱えていると，このような個人向けの事業だけでは会社を運営することはできません。そのため，当たり前のことですが，公共工事の入札にも参加する必要があります。そして，これも当たり前のことですが，このような公共工事の入札には様々な条件が付けられており，何らかの方法でこれをクリアする必要があります。これらの条件は非常に厳しく，なかなか満たすことができないというのが現状です。例えば……。

ZŠ：単独の会社ではということですか。

PS：単独の企業では，例えば，何か大規模な工事があったとして，当然利益も大きくなりますが，さまざまな委託も必要となります。

ZŠ：その公共入札に関する条件とは。

PS：厳密に，非常に厳密に設定されています。ご存知のように，そのような場合には，小さな企業を外して共同企業体を組みますが，共同企業体を組めない時もあります。

ZŠ：つまりお零れにありつけない時もあると。

PS：それはさておき，原則としてはある特定の目的のために共同企業体が設立されます。大企業は，何かの入札条件を満たすようにさらに大規模になるために共同企業体を組みます。そして，この時代ではまず確実なことですが，そのような共同企業体が入札を勝ち取ります。このように共同企業体はあたかも1つの企業のように機能し，企業もまた。

ZŠ：そして，その事業が終わる時がその共同企業体の終わりだと。

PS：そうです。共同企業体も解散します。

ZŠ：言うなれば緩い共同体なのですね。

PS：その通りです。ただ，法律に基づいています。つまり，この共同企業体は民法に基づいて設立される法人であり，2つ，3つの企業が結びついて設立されるものです。

ZŠ：契約を交わして提携するのですね。

PS：ええ。書面を取り交わします。しかし，本質的にはこの共同企業体は法的な実態を伴ったものではなく，実際のところは，その事業の工事が進められている期間に単に存在しているだけに過ぎません。ですので，ただそれだけの存在なのですが，利益を出すことはできるものの非常に厳しい条件が設定されている公共調達の事案が多いために，共同事業体が組まれるのです。小さい企業もどこかと手を組みます。ZIPPも非常に大きな企業ですが，何らかの大規模な工事に応募するためより大きな数字を示すことが必要なった場合，その数字を作るためにどこかの大企業と手を組むことがあります。

ZŠ：つまり，共同企業体は，特に大規模な建設工事を行うにあたって普通に採用される手法なのですね。そして元請企業の下で下請企業がどんどん参加していくと。

PS：ええ，その通りです。

ZŠ：では，何かネガティブな影響を受けることはないのでしょうか。つまり，例えばどこかの橋梁の建設工事に参加できなかった場合とかですが。

PS：そのような場合でもそうネガティブな影響は受けません。会社単独で見ても，私たちは約200人の社員を抱えていますが……。私たちにとってより面倒な事態は前もって計画していた事業がなくなってしまうことで，今日あそこの現場の工事が終わり，これだけの人員を何とかして明日は別の現場に振り向けなくてはならないという事態です。建設業ではそのような事態はなかなか解決できないので，何とかして継続的に事業を続けていく必要があります。そのための理想的な方法は，さまざまな方法を使って社員のための仕事を探していくことであって，先を見つつ，できるだけ将来を見ながら，計画を立てていかなくてはなりません。なぜなら，入札がある時は，ただそこに入札があるというものではないからです。入札の経過は1か月から2か月かかることもあり，あるいは場合によっては落札者が決まるまでにまる1年以上もかかることさえもあります。その後，これも当たり前のことですが，省庁からの入札が適切に行われたかどうかに関して監査が入り，その入札から落とされた企業からの異議申し立てが示されることもあり，適切ではなかったと判断されることもあります。このように入札には非常に時間がかかり，これを前もって事業予定に組み込むことはできません。ですので，先を見て，ずっと先を見ながら案件を探し，これも当然のことですが，元請企業として様々な課題に対処しなければなりません。と言いますのも，私たちはあらゆる作業を行える万能な企業ではないからです。例えば，どこかの橋の工事を落札したとして，どこの企業が工事の元請企業になったかは明らかになります。その企業はその橋の建設に関わる特別な工事を担当する下請企業を指定し，さらに様々な案件を取り扱います。しかし，これは共同企業体を組んでいるか否かには関係ありません。これは元請企業と下請企業との関係であり，通常の商取引です。

ZŠ：同じようにすべての工事を扱える企業はないでしょうから，同じような連鎖がさらに続いていくのですね。

PS：まあ，これは物事のある一面です。別の面はスロヴァキアには沢山の企業が存在しているということです。私たちは様々な形で取引しているのでこのことに触れなくてはなりません。つまり，建設会社の多くは実際のところ自社で建設労働者まで雇用しているのではなく，マネジャーや技師，監督者を雇っているだけです。そして，元請業務だけを受注します。つまり，50人程度の社員しか雇用していない大企業もあるのです。彼らは技術者しか雇用していないのですが，彼らの業務の範囲を技術者の活動のみに限り，実際の施工を行っていません。つまり元請の業務だけに限定しているのです。わかりますか。そして，当然のことですが，今では価格が何よりも重要です。つまり，どの企業も価格を引き下げようと努力しているという意味です。そして，相手方の企業とも，当然ですが，価格の面で何とかして妥協点を見出さなくてはなりません。そして，これも当然のことですが，このことはさまざまに反映されます。そして，場合によっては，価格が経費より低く抑えられることや，あるいは経費よりも低い価格まで落ちてしまうこともあります。そして，工事の品質まで落ち，そのことは時に目に見えないこともありますが，目に見えてくることもあります。力学的にしっかりとした工事ではないことや，橋の基礎がまずい位置に建てられることといったような事例です。それは企業体だけの問題ではなく……。

ZŠ：なるほど。私は，業界の外の人間として，どのようにして一番価格が安くなる方法が選ばれているのかが気になっていました。と言いますのも私の親がよく「市販の物だけを買っていては裕福にはなれない」と言っていたものですから。これはバチャの言葉ですが，これが唯一の基準ではないのですね。

PS：そうですね，確かに誰もが品質が大事なのは当たり前だとは言いますが，どこまで品質を求めて，どこまで価格を求めるかという点で合意を見出すのは容易ではありません。

ZŠ：責任も関係しますから。

PS：まさにその通りです。私たちが食料品を買う時と同じことです。とはいえ，残念ながら，誰もが財布と相談しなければなりませんし，当然ですが，財布の中身が沢山ある人ならば，それほど気にせずに質の高い商品を購入するでしょう。しかし，実際はこれとは少し様子が違います。

ZŠ：その点に関してですが，あなた方の従業員は安定した立場なのでしょうか，つまり質問を少し変えますと，従業員はみな正規雇用なのでしょうか。

PS：実のところを言いますと，私たちの従業員の構成は現在までにかなり変動しました。かつては従業員の数は変動しながらも，かなり多い状態でした。人が大量にやってきては，出ていったものでした。これが90年代から2000年代初めにかけてもそのような状況でした。しかし，その後，従業員の構成は少し安定するようになりました。1年に1件から2件の工事となったからです。ここで従業員数が増減することなくなり，現在では大部分が正規雇用の人であり，雇用期間を限定していない人々です。

ZŠ：正規雇用ということは，そのような契約を取り交わしているのですか。

PS：ええ。実際のところ，私が計算したところでは，大体200人から220人位を直接雇用しています。もちろん，すべての雇用者がバンスカー・シチアヴニッツァの人間ということではありませんが。

ZŠ：自営業者扱いの人もいるのでしょうか。

PS：いいえ，全員とも雇用契約に基づく関係です。つまり依存した存在です。

ZŠ：そのような契約を結ぶ人もいますので。

PS：私たちの会社ではそのような事例はありません。しかし，主に服飾産業やあるいは（ブラチスラヴァのような）さまざまな場所でそのような例があることは承知しています。つまりそのような形で解雇しやすくする代わりに，それぞれの企業の中で各自が最大限の利益を上げれば良いのだという形です。しかし，私たちのところでは会社の中で活動するわけですので。

ZŠ：創業時からの従業員も。

PS：創業時の社員とも雇用契約を結んでいます。古典的な雇用契約であり，さまざまな手当などすべてを取り決めてあります。

ZŠ：有期の従業員もいるのでしょうか。

PS：現在は契約期間を定めていない従業員を抱えています。確かに，1年から2年の契約で従業員を雇うことができるでしょうか，その後はどうなりますか。また有期で雇用契約を結ぶか，あるいは会社から放り出すのでしょうか。有期の雇用契約を結べばそのような事態に陥ることが予測できます。

ZŠ：つまりその点を非常に深刻に捉えているのですね。では，次に地域的なことですが，主にこの周辺で活動しているのですか，それとも各地で活動しているのですか。

PS：このようにお答えできるでしょうか。大体60％はバンスカー・シチアヴニッツァで，そして，残りの40％は各地で，つまり，ジャルノヴィツァやレヴィツェ［Levice］で何かをという具合です。主に南部ですが，東部でも何人か，もしかしたら60人を越えるぐらいの数かもしれませんが，その位の人が働いています。人数を調べるには人事課の人に会わないとわかりませんが，あるいは，あなたがたに対して……。

ZŠ：大体の数字で構いません。大まかな見積もりで大丈夫です。

PS：全員がバンスカー・シチアヴニッツァで働いているわけではないのは確かです。先ほど話しましたように60％から70％がここにいますが，残りの人は周辺の各地で働いています。実際のところスロヴァキア全土に散らばっています。

ZŠ：それらの人々は建設現場で働いているのですか，あるいは通いの仕事ですか。

PS：そうです。

ZŠ：もしくは，あなたがたは何か宿泊施設のような設備も所有しているのでしょうか。かつてはそうだったと思いますが……。

PS：バンスカー・シチアヴニッツァ市内に小さいですが自社の宿泊所があります。バンスカー・シチアヴニッツァに住んでいない人のためのものです。そして，私たちはここに幾つかの仕事場を擁しています。また，今は平和通りで水道公社が発注した下水道整備工事を行っています。ですので，私たちは自社の宿泊所に12床のベッドを確保し，そこでバンスカー・シチアヴニッツァ以外の町や村に住んでいる作業員が宿泊できるようにしています。しかし，バンスカー・シチアヴニッツァ以外の現場の作業を行っている作業員は多くの場合ペンションに宿泊し，場合によっては個人の住宅の部屋を借りる形で宿泊場所を確保しています。あるいはモーテルやその他の宿泊施設や……。

ZŠ：自宅から通勤できない距離の場合は，週に1回のみ……。

PS：1週間に1回自宅に戻る形です。もちろん，そのような場合は宿泊費や食費などは会社で負担します。つまり，バンスカー・シチアヴニッツァ近辺で勤務するのと同等の負担になるように，です。

ZŠ：あなた方のところの仕事は人々にとって魅力的ですか。あなた方の仕事に応募する人はたくさんいるのでしょうか。

PS：少し言葉を変えて答えましょう。ご存知のように現在のような時代では，あまり選択肢は多くありません。多くのものを選ぶことはできないのです。つまり，私たちがどこかに現場を抱えていたとして，私たちの従業員はどこが良いかと選べるような立場ではありません。この見地からは，私たちはそここここに現場を持っていますが，このような技能を持っている人がこの現場に必要であるとは言えますが，この現場に行きたいであるとか，この現場は嫌であるとかいうことは愚かなことであるということです。つまり，私たちはこれまでバンスカー・シチアヴニッツァを中心に活動してきましたが，今では，仕事を獲得するために厳しい争いをくぐり抜けなければならないと誰もがわかっています。そして，どこか別の場所の仕事であろうと，人々はあらゆる仕事に適応しなければなりませんし，そうでなければ，仕事を失ってしまうだけです。

ZŠ：そして，そのように敗れてしまった場合は，週雇い，日雇いになるわけですが……。

PS：人々は，バンスカー・シチアヴニッツァにはこのような週雇いや日雇いの人たち向けの仕事しかないと考えています。もし何かあったとしても，必ずしもバンスカー・シチアヴニッツァでの仕事とは限らないのです。

ZŠ：さらに職種ごとの募集状況の違いもあります。

PS：まさにその通りです。つまり，人々も，今のような時代では，ブラチスラヴァであれば，より大きな現場の仕事があるかもしれず，キャリアを売り込む機会があるかもしれないと考えています。そのため，ブラチスラヴァのような場所ではまた違った条件を提示しなければなりません。私たちであらゆることを管轄していますが，残念ながら今では，バンスカー・シチアヴニッツァに残っているのは 25 人から 30 人くらいの管理部門の職員と技術センターで働いている人が数人位です。そこではデスクワークを行っています。またさらに別の町には別のセンターもあります。

ZŠ：そこを尋ねてみたかったのですが，どのような設備なのでしょう。

PS：バンスカー・シチアヴニッツァ地域技術センターと呼んでいます。ここから直線距離にして 3 km ほど離れた場所にあります。

ZŠ：そこでは何を行っているのですか。何らかの部品を生産しているのですか。あるいは修理を。

PS：そこは，実際のところは，車両置き場として使用しています。つまり，私たちはさまざまな建設用の重機や車両などが 130 台ほどあるのでその車両の置き場所として使っています。つまり，それらの車両の維持管理のためにも土地が必要ですし，さまざまな建設現場などへの車両の派遣なども管理しています。また，そこでは，これらの車両の部品管理も担当しています。つまり，私たちで可能な範囲の車両管理を行っているということです。

ZŠ：しかし，自社のみで……。

PS：はい。自社の社員のみで行っています。

ZŠ：しかし，思うに，これは別の企業の自動車修理工場などに委託できないような仕事なのでしょうか。

PS：ええ，それで私たちが管理していました。そして，台数も可能な範囲でした。

ZŠ：自社の社員で事足りる程度だったと。

PS：その通り。自社で賄える程度でした。

ZŠ：つまり，あなたがたは必要な機材をすべて自社で所有しているのですか。あるいは特殊車両などは借りることもあるのでしょうか。

PS：すべての車両を所有しているわけではありません。特殊車両でなくとも，です。当然なことですが。自社で保有できる車両の数にも限りがあり，その一方で私たちはいくつもの戦線で活動する，つまり数多くの契約を遂行しなければなりません。ですので，私たちの車両もそれぞれの現場に派遣されていますが，当然ながら，ここから遠く離れた現場に行くこともあり，保有台数よりも多い車両が必要な時もあります。そのような時は，ある種の下請の契約が必要になります。

ZŠ：例えばクレーン車などを借りる必要もあるのですか。

PS：つまり，どこかが下請に入ることになります。この段階では企業であるか，あるいは零細の個人営業のところもありますが，数台の車両や重機を保有しているだけのところもありますが，そのようなところと下請契約を結ぶことで対処します。

ZŠ：そのように動いているのですか。

PS：このように機能しています。あるいはバンスカー・シチアヴニッツァやどこで必要であるかに応じて手配しています。ここでも問題となるのは値段です。お判りになるでしょう。例えば，私たちはマラツキー［Malacký］で水道工事を行い，シャシュティーン＝ストラージェ［Šaštín-Stráže］でも水道工事があり，最近ではホリーチ［Holíč］でも大規模な水道工事を手掛けました。

ZŠ：それらの工事では地元の業者の支援を得たのですか。

PS：もちろんそうです。と言いますのも価格の問題があったからです。お判りになるでしょうが，バンスカー・シチアヴニッツァからある機材や人々を連れていくよりも，食費や宿泊費の負担をしないでよい地元の人間を雇った方が安価で済むからです。

ZŠ：その場その場で雇った方が簡単ですね。

PS：そして，安上がりです。当然ですが。このように今ではあらゆる問題は残念ながらすべてのことが金額に反映されます。すべてのことです。残念ですが。

ZŠ：あなた方がそれだけ多くの人を雇っていたならば，非常に興味深い問題が出てきます。私どもは把握していないのですが，あなた方の会社には労働組合のような組織は存在しているのでしょうか，あるいはそのような組織はまったくないのでしょうか。

PS：労働組合という形では存在していません。かつての時代のような組織としてはありません。社会的な方向性の組織としては……。

ZŠ：そのような組織について，何らかの社会的なプログラムを持っている組織について尋ねているのです。

PS：私たちは福利厚生基金を立ち上げています。それを通じて従業員は予防的に定期健診を受けられます。標準的な内容と一部の面ではより細かい健診です。また，健康診断についても時折より詳細な面まで行っています。もちろん，従業員に対しては中小企業として金融機関とはまた異なった形でこれらのことを行っています。あるいは，スポーツ大会なども実施しています。最近ではこの夏に夏季のスポーツ大会を開催し，冬のスポーツ大会も開いています。それぞれ 100 人から 150 人位の人がそれぞれのやり方で参加しています。例えば，仲間同士や夫婦，子どもを連れてくる人もいます。確か劇場に観劇に行く企画もあったと思います。

ZŠ：シチアヴニッツァはこのように小さな町ですが，文化プログラムは豊富にありますから。

PS：ええ，しかしここの劇場に通うこともありますが，私たちはエルブに小劇場を保有しています。エルブ劇場という名称で，なんと言う名前だったかは忘れてしまいましたが，ある鉱山技師が開いた劇場です。かつてはどこかの企業にいた人ですが，ああ，エド・ラダ［Edo Rada］という人物です。彼は今ではエルブ・ビール醸造所を経営しています。

ZŠ：ヴィフネではありませんでしたか。と言いますのも，私たちは数年前の調査では彼にもインタビューを行っていたからです。その時，私たちはヴィフネまで彼を訪ねたのです。

PS：そうでしたか。彼はここバンスカー・シチアヴニッツァに住んでいまして，ヴィフネにいたのは，かつての少しの間だけのことでした。

ZŠ：その時の彼は非常に遠大な計画を話していました。少しバチャの夢にも似た計画で，それを発展させたがっていました。

PS：今では他の人に売却してしまったので，その設備は他人の手の内にあります。

ZŠ：すべてをハイネケンに売ったわけではないのですか。

PS：私が思いますに，ヴィフネにあった設備はすべてハイネケンに売却したはずです。しかし，彼はこのバンスカー・シチアヴニッツァで小さな古い建物を購入し，修復工事を行い，そこで自家製ビールの醸造所を開いています。エルブ［ERB］という名称で，エルブ・ビールという銘柄です。発酵ビールを醸造しています。ですが，製造能力はあまり大きくないので大々的な流通ルートに乗せるために製造しているわけではありません。もし興味があれば，この町の上手の方にあるので，ご覧になるのもいいかもしれません。

ZŠ：どこですか。エルブという名前ですか。

PS：ええ。エルブ・ビール醸造所です。ここを行けば見えてきます。

ZŠ：ビール醸造所。大体どのあたりですか。私たちは今マテイに宿泊しているのですが。

PS：そこから少し上手のところです。そこでは非常に素晴らしい品質の発酵ビールを生産しています。生産工程を，つまりビールの生産ラインも見学することができます。そこには，銅製の大釜もあり，内装に直接設えてあります。このような感じで，そこでどのようにビールが生産されているかを見学できるのです。

ZŠ：では，そこでそのラダさんをつかまえることができるのですね。かつてのように。

PS：しかし，彼も元々は鉱山技師です。ですがここでの鉱山業はこのように完全に終わってしまったので，それぞれが別の方向に進み，それまでの技能を活かそうとしました。

ZŠ：つまり，あなた方がさまざまな建設事業などのためにこの会社を立ち上げたような形ですね。ところで，あなた方が関係するさまざまな企業の間に信頼関係はあるのでしょうか。

PS：それは従業員に対する信頼ということではなく，企業間のですか。

ZŠ：ええ，企業や企業家，経営者の間のです。その中に黒い羊がいることもあるのでしょうか。何か慎重に対処しなければならない人物ですとか。

PS：信頼は信頼です。とはいえ，商業上の関係には様々な形があります。家族の中でも些細な諍いが起こったりするのと同じことです。しかし，ご存知のように，信頼は誰かが何かを行っているところに存在します。質の高い仕事があり，それに対して対価を支払う，それがもっとも良い形での信頼であり，質の高い仕事がなされたならば，それに対してきちんと支払うことが信頼です。そして大体の場合は何かしら小さな傷も見つかったりしますが，それを誰がやったのかを特定するということではありませんが，何かひっかき傷のようなものがあれば，それも指摘しなければなりません。これが普通の商業上の関係です。

ZŠ：どのような感情を抱くものでしょうか。

PS：良い気持ちです。誰かが失望させるようなことを行ったのならば，扉を閉めて将来にわたって縁を切るか，あるいは今後はもっと慎重になるかです。しかし，そう劇的なことはありません。私たちは，かつてはSTAVASTA社のために基礎工事の穴掘りを行っていましたが，そこにはかつての同僚たちも働いていました。しかし，ミホク氏もロンガウエル氏も本職は鉱山技師でしたが，私たちも彼らとともにこのバンスカー・シチアヴニッツァ市内で多くの建物を共同で建設してきました。しかし，時とともに経営環境が変わり，彼らは経営に興味を失っていきました。あるいは，正確な額は私にはわかりませんが，残念ながら今では私たちの手元に多額の未払い債権があるような事態になりました。これは重要なことで……。

ZŠ：大体のところでは。

PS：概算で20万ユーロといったところです。これだけの額がCOMBIN社に支払われるはずで，その再建から得られた額を月々の手当や支払いに充てようと考えていました。ですので，重要な……。

ZŠ：つまり，とるに足らないような金額ではないと。

PS：非常に大事な金額です。しかし残念ながら，私たちにできることは何もありません。国は法律を通じて企業を保護していますが，別のX社がいて彼らがより大きな債権者であることは明らかです。

ZŠ：あなたも債権者の1人ですね。

PS：さらに言いますと，そこの従業員も債権者になっています。

ZŠ：なるほど，それで，裁判所を通じて解決しなければならなかったのですね。

PS：裁判所で解決しなければなりませんでした。私たちも裁判所に訴え出て，書類に不備はありませんでしたが，ただ，より大きな債権を持つ者がいて，その中でも最大の債権者は国，つまり税務署でした。と言いますのも，破綻する前から税金や社会保険の保険料を滞納していたからです。銀行もさまざまな融資を貸し付けていましたがこれも返済が滞っていました。リース会社も自社の資産を回収しましたが，その後も少額の債権者が多く残されました。しかし，残念ながら……。

ZŠ：そうなると，あなた方の会社は市にとって非常に重要な雇用主ということになりますね。

PS：それは確かなところです。

ZŠ：しかし，そうなりますと市側はあなたがたに対してさまざまな希望を示してきませんか。つまり，自治体との関係はいかがでしょうか。例えば，私たちは以前にリヒネル前市長とも会う機会がありましたが，かつてと比較できるならば，今の状況はいかがでしょうか。

PS：比べることはできます。かつての前市長の頃は，私個人や会社の役員たちは前市長と会ったことはないのですが，私の個人的な考えですが，その当時は私たちが請け負った建築作業は今よりも少なかった気がします。バブヤコヴァー現市長は，私の考えでは，自らの立場をよく理解している人で非常に正しい職務に就いていると思います。そして，彼女は非常に勤勉です。

ZŠ：ええ。私たちも市の幹部として勤務しているところをこの20年ほど見てきました。

PS：彼女の働きぶりは，私が知っている限りでは非常に精緻です。

ZŠ：非常に行動力のある人物であり，勤勉であり，そして博識です。

PS：そして，真面目で，分け隔てのない人です。つまり，現在では市との協力関係は非常に具体的な次元に入っています。

ZŠ：より良好になったということですね。

PS：ええ，確実にその通りです。

ZŠ：そして，具体的にあなたがたはそこから利益を得ているのでしょうね。つまり何らかの仕事ということですが。

PS：当然のことですが，またそこにも問題があります。公共調達はそう簡単なものでも，単純なものでもないので，そうはいきません。一言で言ってそのような風には動いていないのです。彼女は私的な分野で活動しているわけではないので，当然ですが，公共調達の問題となります。そして，私たちのような地元の企業も何らかの方法を通じて価格を下げて，相対的に低い価格を示すことでこの壁を乗り越えることができます。つまり，地元企業として作業員の宿泊設備に関する経費を負担しないで済みます。ここでは自社の作業員を使えるからであり，さらに自社の機械も使用できます。ですので，例えば，ニトラから進出するような他の企業に比べて低い価格を提示できます。そのような企業はロジスティックの費用も含める必要があるからです。このような方法を通じて私たちは少しでも低い価格を提示し，仕事を獲得しようと努力しています。何故ならば，現在では一番大きな要素は価格であるからです。つまり，私たちが例えば，ブラチスラヴァやあるいはその他の都市で何らかの工事を獲得しようとするならば，何とかして価格に反映させなくてはなりません。つまり，この場合も地元企業は私たちよりも有利な立場にあるからです。そのため，スロヴァキアの各地で仕事をして回る生活になるのです。と言いますのも，このバンスカー・シチアヴニッツァのような地域ではこれまで話してきたように仕事の量は限られていますので，仕事量の観点からも資金繰りを考えても有利な立場とは言えないのです。

ZŠ：ええ，まさに聞きたかったことでした。つまりあなたがたは活動を通じてこのバンスカー・シチアヴニッツァの枠をどう乗り越えようとしているのかという点です。

PS：私たちはそうしなければならないのです。今話したような量や数の問題があります。

ZŠ：人々や市場，効率，どれをとってもここで展開されていることは助けにはならないのですね。私たちはここを訪れ，良い意味で驚きました。多くの新しいペンションが建てられ，商店も新しくなり，あるいは改装されているのを目にしたからです。

PS：ええ，ご覧になった通りです。しかし私から言うことがあるとすれば，それらは規模が小さい工事ばかりで，これだけの人を抱えている企業が何らかの利益を上げるためには少ないということです。つまり，X人の2か月分の仕事が必要なのであれば，どこか他の場所に行くしかないのですが，そこでまた問題が出てきます。これは私たちの問題というよりも他の人の問題ですが，短期の仕事だろうがなんだろうが仕事を探しているのならば，常に多くの物事の中から探さなくてはならないのです。

ZŠ：本当に小規模な工事であっても……。

PS：その通りです。もちろん，何かより規模の大きな工事を獲得する方が良いのですが。

ZŠ：小規模な工事は小規模な業者に……。

PS：その通り。大規模な業者にはそれだけの人を必要とする大規模な工事があります。改築工事などもあります。私たちも長期にわたって仕事を行うため，そのような大規模な工事を獲得しようと努力しています。と言いますのも，小規模な工事ばかりでは，その他に何もできなくなってしまいますし，予定が埋まることもなくなり，それで致命的な打撃を受けてしまうことになるでしょう。

ZŠ：あなたは先ほど元々は鉱山で働いていたと話していましたね。ということは，あなたはシチアヴニッツァの出身なのですか。

PS：いいえ。私はバンスカー・ビストリツァの家に生まれました。

ZŠ：しかし，この町に住み，暮らしていますね。

PS：もう28年になります。学業を終えてからずっと住んでいます。

ZŠ：そうですね。あなたのアイデンティティはどうでしょうか，シチアヴニッツァの人間と感じていますか。

PS：ええ。確実にそう感じています。どのような時もまずそう感じています。

ZŠ：この土地に何らかのつながりを感じていますか。

PS：そうですね。つながりと言いますか，何か自分のバックグラウンドになっている場所と言いますか，生まれた土地ではありませんが，ただ一時的に滞在している場所というわけでもありません。既にこの場所に慣れ親しんでいます。ここバンスカー・シチアヴニッツァは美しい環境や自然があり，非常に素晴らしい場所です。妻は最初の頃は少し問題があったようですが。

ZŠ：何をしているかで変わってきますから。

PS：妻も私たちの会社 COMBIN 社で働いています。私たちは2人とも元々は鉱山技師でした。つまり，私たちは同じ学校に通い，同じ職場で働いていたのです。

ZŠ：どこの学校に通っていたのですか。

PS：コシツェです。その後，彼女はオストラヴァに行きました。そこにも鉱山学部があったのです。

ZŠ：なぜ尋ねたのかと言いますと，ちょうど先ほどある方と話をしたのですが，その人は世代間の対立のようなものがあると話していたのです。単純に年齢の違いによるものではなく，さまざまな形で引退生活を送りその状況に慣れようとしている人々と，何らかの方法で彼らの*（上手く聞き取れず）*……を探している人々との間の緊張です。あなたは後者の方に連なる人だと思いますが。

PS：そうですね。ここで働いている人の間でも誰が立ち去ったであるとか，誰はまだ残っているとかはよく言われていますが，今の時勢では全てはお金の問題，誰がどれだけのお金を持っているかという問題です。今の市長は資金を獲得する能力を示していますが，当然ながら，これは市長だけに関わる問題ではありません。これはスロヴァキアでの政治のあり方全体に関わることです。ロビー活動といったようなことを行える立場にある人々がそのような活動をしっかり行っているのか，それとも全くしていないのかということです。ご存知のようにバンスカー・シチアヴニッツァの周囲には美しい自然があり，この町は実質的には観光業で成り立っています。しかし，私の眼からはこの観光業のあり方がこの町の持つ能力に適ったものであるかどうかという疑念が浮かびます。ここでの問題は市や市議会の側にあります。この町の宿泊設備の数が少ないかどうか私にはわかりませんが，様々なところで新しい設備が建設されていることは知っています。しかし，市内の宿泊設備が少ないのであれば，それは市の構造の問題です。他方，あなた方もご存知のようにバンスカー・シチアヴニッツァには製造業はほとんどありません。ここにあるのはサービス業ばかりか，あるいは建設業です。水利公社は国営です。ええ，スロヴァキア水利公社［Slovenský vodohospodársky podnik］はここに本部を構えています。しかし，ここにあるのは本社だけで，様々な水利施設はホラ川やヴァーフ川，イペリ川，ドナウ川などの別の場所にあります。それでもここに本社があり，それなりの大企業として多くの人がここにいます。

ZŠ：そうですか。どれだけの人間がここで働いているのでしょうか。

PS：すべての設備をあわせてどの位の人が勤務しているのかまではわかりませんが，バンスカー・シチアヴニッツァには大体100人位の幹部職員がいます。ここで各地の水利施設をまとめて管理しています。

ZŠ：この市内にあるのだと思っていましたが。

PS：大体 100 人ほどが勤務しているとどこかで読んだことがあります。

ZŠ：そしてあなたは上手く仕事を始めているのですね。質問に戻りますが，あなたは何がこの町の将来，シチアヴニッツァという地域の発展を支える柱になると考えているのでしょうか。

PS：そうですね。私はここの製造業がこのような状態であると話しましたが……。

ZŠ：だからこそ質問したのです。

PS：かつてこの町には 2 種類から 3 種類の産業があったと言えます。そして鉱石鉱山もあり，この鉱山はかつて世界中にその名を知られるような活動を行い，1,000 人以上の人が働いていました。そして，その鉱石鉱山には機械工場が併設され，さまざまな活動を行っていました。その工場でも 50 人程度が働いていました。彼らも今ではさまざまなところに散って行きました。と言いますのも，かつては有能な社長がいて彼がさまざまな仕事を獲得してきたのですが，今ではその人物は引退してしまっているからです。そして，残された経営陣は明らかに能力を欠いており，仕事を確保して，事業を継続することができなかったからです。そして，この町をかつて支えた柱だったのは繊維産業，つまり Pleta 社などです。その内の幾つかは今でもまだ残っていますが，零細企業に留まり，そこでは 20 人程度のお針子さんが働いているような規模，小さい規模，こういった零細企業に留まっています。

ZŠ：タバコ工場もありました。

PS：タバコ工場は大きな工場でした。ご存知のようにこの工場も閉鎖されてしまい，かつての工場の敷地には革製品の製造工場が入居しています。

ZŠ：ええ。家具や靴の工場もありました。

PS：その後，最近には……。

ZŠ：ええ，Akuzit 社ですね。かつて訪れた時に聞いたことがあります。

PS：しかし，その会社も現在では生産から手を引いています。恐らくは販売のみを行っています。

ZŠ：そうですか。では将来はどうでしょうか。再生はあるでしょうか。

PS：再生する過程をあなたは見ているのです。

ZŠ：鉱山はあり得ませんし。

PS：鉱山は考えられません。完全に掘り尽くされてしまい，地質学的な調査ももう行われていません。ご存知のようにここから近いホドルシャ・ハームレではまだ操業を続けていますが……。

ZŠ：ええ。そこはまだ事業の継続を希望していると思います。確か何とかして再生したいと考えているようで。

PS：かつてはそうでした。まだ社会主義だった頃に日本からの技術者が訪れたことがありました。彼らはバンスカー・シチアヴニッツァの鉱山に興味を持っていたのです。金鉱石の採掘ができないかどうかということでした。日本人はそれを調べる技術を持っていました。まだぼんやりと覚えていますが，私たちのところにある廃土から金鉱石があるかどうかの痕跡を知ることができたのです。しかしこれらすべては体制転換よりも前のことです。

ZŠ：なるほど，つまり今現在の話ではないのですね。私は今進行している案件として耳にしたのですが。

PS：いいえ，現在の話ではありません。

ZŠ：その話をしたのはホドルシャ・ハームレの人で，彼らはそこに住んでいるのですが。

PS：そこではまだ採鉱は続けられています。リヒャルト・カニャ技師がそこの鉱山の持主のような立場になり，さらに2人から数人が加わって経営しています。しかし，そこで採鉱している量はわずかであり，経営陣はほんの少しの利益が得られればそれで十分であると考えているようです。私が聞いたところでは，まだそこには銅鉱石がいくらか残っており，さらに，当然ですが金鉱石の兆候も見られます。つまり，彼らの鉱山からは金鉱石も採掘できる可能性があり，それを行うかは金の価格次第です。現在では金の価格が何ドルであるのか，今はもう手元に資料がないので正確なことは言えませんが。

ZŠ：現状は1,300ドルから1,400ドル位です。少し前の1,600ドルから1,300ドル前後にまで価格が下がったのです。

PS：そうですか。つまり，全ては資金を回収できるかにかかってきます。そして世界市場での価格がどうであるとか，このような金価格の下落によって金の在庫がどうなるかも影響します。これらのことはこの鉱山からはるか離れた場所で起きていることです。

ZŠ：では他に何が残っているのでしょう。

PS：観光業です。私が考えますに，観光業には可能性があります。と言いますのも，バンスカー・シチアヴニッツァは1993年にユネスコ世界遺産とされました。かつての鉱山用の溜め池などもユネスコの世界遺産に指定されているので，それらの人造湖の周辺も期待できるでしょう。

ZŠ：例えばかつての鉱山などはどうでしょう。例えば，かつて炭鉱だった場所が非常にきれいに整備され美術館になっている事例もありますが，そういったこともできるのではないですか。

PS：そうですね，ここにも野外の鉱山博物館があります。そして，そこから市の中心部に向かったところにグレンツェルメル縦坑があります。その縦坑は，実際のところは，郵便局の上手を左に入って道沿いに下ったところから掘られています。そのVÚB銀行のところです。

ZŠ：その坑道の入り口のところにはちょっとした記念碑がありますよね。

PS：はい。そこが縦坑への入り口です。ですが，坑道自体の堀口はもう少し上の VÚB 銀行のところです。今は外に菱形の木製のテラスがありますが，そこが縦坑につながる穴の堀口だったのです。

ZŠ：そこから人間も出入りしていたのですか。

PS：ええ，その穴から人間も降りることができたでしょう。たかだか 20m ほどですから。当然，普通の順路ではないのですが，交渉すれば通ることができると思います。

ZŠ：どうにかして体験できないかと考えたこともあったのですが。

PS：体験することもできます。大人数で訪れ，交渉して合意できれば，普通にその穴を登り，外に出ることもできます。

ZŠ：つまり，その穴を体験できる可能性はあったのですね。

PS：ええ，そうです。しかし，どのようにしてシチアヴニッツァに人々を引き付けるかという視点では，このような興味深い体験も些細なものでしょう。しかし，今の会話のように全体として捉えれば世界的な関心を引き付ける助けになるかもしれません。全体像を示せれば……。

ZŠ：さらに展開でき，将来の発展を支える柱になりうると。

PS：ええ。観光業はそうなりえます。私が思いますに，ホドルシャの方向に向かったところにスキー場があり，さらに新しいサラマンダー・リゾートのスキー場もあります。つまりウィンター・スポーツの設備も整っています。自然はきれいですし，冬にはその中でクロスカントリー・スキーも体験できます。そしてウィンター・スポーツといえば，この辺の湖でスケートをすることもできます。湖面が凍結するからです。このように冬に観光客を引き付けることもできるでしょう。しかし，観光業の問題はそれだけの宿泊客を泊めるだけのキャパシティが整っているかでしょうか，私にはわかりませんが，そのサラマンダー・リゾートにホテルは設置されているのでしょうか。

ZŠ：会議ツーリズムについてはどうでしょう。ある方がその構想を話していたのですが。

PS：そうですね，確かかつてはその方向を追求した計画があったと思いますが，そのために色々とやらなければならないのではないかと思います。恐らくはゴルフ場などを建設することになるのでしょうか，そのような設備を持たなければならなくなるでしょうから。

ZŠ：ウェルネス設備やスイミング・プールなども。

PS：ウェルネス設備はここではどうでしょうか。ご存知のように，ウェルネス設備にはまず良質の水が必要です。温泉やそういった類の水源です。この周辺ではドリエニョヴォ

[Drieňovo]に源泉があり，温泉の井戸が掘られています。しかし，ここからそう遠くないヴィフネにもウェルネス設備がありますし，13km ほど離れたスクレネー・チェプリツェにも夏季に営業しているウェルネス設備があります。ですので，さらにここにウェルネス設備を整備しようと投資するのは民間業者になるのでしょうが，どれだけ投資を回収できるでしょうか。この地域にはそれなりの数の人が集まりますが，さまざまなウェルネス設備が各地に存在しています。第2にどこかに行くとしても，この地域の住民たちは，入場料の高いウェルネス設備に行くよりも，お金を節約するために周辺の湖で泳ぐことの方を選ぶでしょう。

ZŠ：そろそろ最後の方の質問に移りたいと思います。この質問は様々な人に関することですが，誰が豊かな人間で誰が貧しいと思いますか。

PS：会社の幹部と従業員ということで質問しているのでしょうか，あるいは……。

ZŠ：市内でということです。企業家やあるいはどのようなタイプの人間が想定できるでしょうか。10年前に比べて豊かな人間が増えたと感じていますか。

PS：そのような視点で人々を数えたことはないですね。

ZŠ：確かにそうでしょう。しかし，豊かさが広まっていると感じることはありますか。

PS：改善が見られるとか見られないとか，そのようなことを考えたことはありません。そのような観点から見たことがないのです。つまり，ここが改善したであるとか，このような要素が増えているとか，一撃を加えられたであるとか，かつての貧富の差はどうであってどれだけ広まっていたかというような事柄には興味がありませんでした。

ZŠ：確かにそうだとは思いますが，セカンド・ハウスであるとか車であるとか，生活の仕方であるとかで見ることもできます。

PS：確かにそこから垣間見えてくるものもあるのでしょう。とは言え，この10年の間に根本的な変化は何もありませんでした。つまり，私は10年以上も前から経営を通じて知っている人々がいるのですが，彼らの暮らし向きもかつては良いものでした。しかし，会社が経営破綻し，彼らも様々な手段を通じて何とか食べつないでいるような状況です。他方で，暮らし向きが上向いた人々のことも知っています。そういう風に呼ぶとするならばですが。彼らは様々な形で経営活動に関わっている人々で自営している人もいれば，何らかの方法で従業員になっている人もいます。ただ，自分で仕事を選べる立場にある人々です。従業員だと収入が少ないのではないかという人もいますが，自分で経営を行えるほど才覚があり，仕事を見つけ出せる人ならばこうなります。しかし常々話していることですが，そうなるためにはさまざまな困難なこともあります。ご存知のように，今は銀行に行けば誰でも資金を借りることができますが，それを返済できるかが問題なのです。つまり，1つ目に仕事の才覚があるかどうかという問題があり，2つ目にどうやって仕事を見つけていくかという問題があるのです。もしあなたが経営者であるとして，従業員を抱えている立場であるとして，例えば非常に腕の立つ鍵師を雇っていたとしましょう。彼はどんな扉でも開けられるでしょうが，彼の腕を活かせるかは経営者次第です。私はかつて話したことがあるのですが，仕事の腕が立つ人はそれをすぐに見せつけることができます。彼と一緒に仕事をすることは経営者の仕事ではなく，彼らの仕事を探してくることが経営者の仕事であって，それが経営で一番難しいことなのです。実際のところ，現在のような情勢ではそれが一番困難なことです。

ZŠ：事業を継続していくことですね。

PS：ええ。今は良い季節ですが，またすぐに冬が来ます。実際のところ，冬であっても質の高い仕事を行うことに何ら問題はないのですが，従業員のために仕事を見つけていくことに問題が出てきます。これは他の地域でも同じことです。今は誰もただで仕事を行うことはないので，仕事を探さなくてはならないのです。

ZŠ：シムチークさんありがとうございました。まだ私たちが聞いていないことで何か話しておきたいことがあれば，どうぞお話し下さい。

AI：あなたの会社はどこかの外国企業と協力関係を結んでいますか。

PS：いいえ。現在は，外国の企業とは協力していません。過去，1994 年から 1995 年，1996 年にかけては外国の企業と協力して，モスクワで幾つかの建設工事を行い，家族用の住宅や水道整備事業を行ったこともありますが，それだけで，半年だけの仕事でした。しかし私たちはその工事から様々な形の対価を得ました。ロシアの投資家が私たちのことを知るようになったこともありますが，その後ロシアで工事を行うことはありませんでした。また，私たちはチェコでも 2 年ほど建設工事に携わったこともあります。同じく 1990 年代のことで，ムラダー・ボレスラフのシュコダ工場の建設などを行いました。そこでの仕事は 2 年から 3 年ほどかかりましたが，その後は外国企業との仕事はありません。国外での仕事はなく，スロヴァキアのみで仕事をしている状況です。

AI：では，バンスカー・シチアヴニッツァには外国企業と協力している企業はまったくないのでしょうか。

PS：何らかの形で外国企業と協力している企業ですか，どのような形でしょう。何か例はありますか。

AI：例えば，かつての STAVASTA 社はフランスの企業と協力していましたよね。

PS：彼らがフランスの企業と協力していたことは知りません。少々お待ち下さい，人に聞いてきます。

ZŠ：大体のところで構いません

PS：ここに本部がありますが，外国との関係であなたがたに話すような重要なことは何もありませんでした。

AI：わかりました。もう1つ質問があります。あなたがたは先ほど水道工事のことを話していましたが，この工事はどこが発注したのでしょうか。市ですかそれとも民間業者ですか。

PS：水道設備を民間企業が所有していることはありません。スロヴァキアでの水道事業の大部分，ほぼ100%は公営事業です。つまり自治体が水道網を所有していますが，実質的には水道公社がすべての設備を所有することになります。今回の事業の場合は，中部スロヴァキア水道公社［Stredoslovenská vodárenská spoločnosť］が所有者であり，この水道事業に関してもこの公社が管理者かつ所有者になります。恐らくそのような形になっています。

ZŠ：つまりこの公社が事業の発注者であり出資者であると……。

PS：つまり水道公社が発注者であり，出資者であるということです。しかし公社は株式会社ですが民間企業ではありません。

ZŠ：株式会社なのに民間企業ではないのですね。

AI：なるほど。

ZŠ：この公社は株式会社なのですね。名称は……。

PS：中部スロヴァキア水道公社［Stredoslovenská vodárenská spoločnosť］です。この会社がバンスカー・シチアヴニッツァを管轄しています。他にも例えば，ブラチスラヴァにはブラチスラヴァ水道公社［Bratislavská vodárenská spoločnosť］があります。

ZŠ：地域毎に管轄範囲が区分けされているのですね。

PS：ポプラド水道公社やトリエツ水道公社もあります。基本的には，各地域を担当する水道公社がある形です。トルナヴァにはトルナヴァ水道公社があります。

ZŠ：それぞれの公社がこういった工事の発注者になり，出資者になるのですね。ありがとうございました。

PS：バスの交通網がより便利になれば徒歩旅行者も助かるでしょう。まだ可能性だけの話ですが。

ZŠ：これらの道路は県の管轄なのですね。お話，ありがとうございました。

(9)　ペンション・カヘルマン：ケチケシュ氏（子）（PK），ケチケシュ氏（親）（KP）

ZŠ：まず社内でのあなたの立場を教えてください。

PK：運営役員［prevádzkar］です。実際のところ，あらゆること，資金面のプランニングからその他，なんでもやっています。

ZŠ：よくわからないのですが。お父さまが支配人［konateľ］ですか。

PK：父が支配人です。以前にもあなた方とお話ししたことがありましたね。こちらが父，支配人です。*(出迎えを受け，互いに自己紹介をしている)*

ZŠ：以前にもお会いし色々なことを伺いましたね。またお話しをお願いしたいのですが，変化したことやあなたがたの事業がどのように発展したのか，どの位成功しているのかといったようなことを全てお聞かせください。また，市や国があなたがたをどのように支援しているのかもお話しいただければと思います。

KP：そうですね，まず国からの支援はまったくありません。

PK：国からはありません。むしろ，私たちは助成金の確保という問題に直面しています。私たちは毎年申請書を提出していますが，これまでのところ1回たりとも助成金を受けたことはありません。その一方で，他のホテルやペンションは助成金を受けとっています。比べものにならないほどの多額のお金です。

ZŠ：それはどうしてですか。

PK：ご存知のように，助成金を獲得するためには知識がなくてはなりませんが，それが難しいのです。苦労は相当なもので，私たちが融資を獲得する時の苦労よりも比べものにならないほど多くのことをしなければならないのですが，その一方で彼らは助成金を獲得できているのです。

ZŠ：どこからの助成金ですか。

KP：つまりは国からのです。

PK：EU 基金の助成金もあります。私たちの町はユネスコの世界遺産の都市ですから。

ZŠ：EU 基金からの助成金もあるのですか。

PK：ええ，EU 基金にも申請を出しています。

KP：既に5回は申請を出していますが，まだ1度も交付されたことがありません。

ZŠ：そうなのですか。なぜ助成を獲得できないのでしょう。申請書に何らかの不備があったのですか。

PK：彼らが助成金を交付したくないと考えるならば，彼らは書類の不備を見つけるものです。ですので，公式な却下の理由はいつでも書類の不備ということになります。しかし，実際のところは単に予算上の制約に過ぎず，このように配分するべきだという大きな圧力がかかっているのだと知っています。

ZŠ：あなた方の業種ですが，ペンションですか，それともホテルですか。

PK：ペンションです。とはいえ，ホテル並みのレベルですが。

ZŠ：星の数は幾つですか，あるいは星はないのですか。

PK：3つ星です。ホテルとしても私たちは3つの星を貰っています。

ZŠ：あなた方のところに泊まったことがあるのでわかります。日本人の方々も泊まったことがあります。

KP：まだ古い建物だった頃ですね。その後私たちは。

ZŠ：ええ。しかし，ここにあった建物は空き家でかなり荒れた状態でした。確か，ちょっとした倉庫か，かつてのボーリング場だと思ったのですが。

KP：自分たちで少しずつ融資を獲得していきました。

ZŠ：つまり資産の面でもあなた方の事業は成長しているのでしょうか。

PK：そうですね，私たちの資産はそのように評価されていますが。

KP：あなたがたはどうして私たちのところに来ることになったのでしょうか。とても嬉しく思いますが。

ZŠ：そうですね。私たちはこの6年から10年程に起きた変化を知りたいと考えています。

PK：単純に見ても競争的な環境がどんどん強まってきました。どんどん厳しく熾烈になるばかりです。

ZŠ：私たちもペンションの軒数が増えているのを目にしました。私の質問もそこに関するものですが，あなた方の状況はいかがでしょう。あなた方もペンションを経営しているのですが。

PK：ペンション，ペンションとは言っても，実際のところはホテルと同じようなものです。グランドやサラマンダー，そしてホテル・ケルリング［Hotel Kerling］は別格ですが，それ以外のホテルもどんどん増えている状況です。そして，ペンションもどんどん開業し，新しいレストランや喫茶店も山ほど開店しました。このようにさまざまな施設がどんどん増えています。毎年，3店から4店は開業しているでしょうか。

KP：レストランはそれほど増えてはいないかと。つまり，新しい店はそこまでの水準に達していないと思いますが，どうでしょう。

PK：そうかもしれませんが，今年に入ってからもケルリングのレストランの1つとして新しくモナフ［Monach］が開業しました。

KP：とはいえ，それらは5室から6室程度，多くとも10室程度の小さいペンションです。

ZŠ：ええ。他のペンションと比較した場合，あなた方のペンションはもっとも大規模なところなのでしょうか。

PK：大きさという点でしょうか。

ZŠ：ええ。大きさや収容人数の面です。

PK：収容人数の面では私たちのが最大のペンションです。利用率から見ても，私たちは夏季シーズンにもっとも多くの宿泊者を迎えました。私たちよりも宿泊客数が多かったのは，実際のところ，ホテル・グランド・マテイくらいでしょうか，後は，ホテル・ケルリングも上ですが。

ZŠ：そのホテル・ケルリングですが，それはどこの系列なのでしょうか。

PK：かつてのクリシュタール［Kryštál］です。下手の方の。昔はホテル・クリスタルと呼ばれていましたが，今はホテル・ケルリングになっています。下手に下って行けば，右手に見えてきます。

ZŠ：このホテルは例のボーリング場と何か関係しているのですか。そこからケルリングという名前をとっているのですか。

KP：いいえ，関係ありません。なぜそのような名称なのか私にはわかりませんが，ボーリングとは関係ありません。

AI：大体の数でいいのですが，市内には何軒のペンションがあるのでしょうか。

ZŠ：大体の軒数を。

PK：40 軒です。

KP：40 軒ですって。そうではないでしょう。

PK：いえ，そうです。つまり，1 室や 2 室程度を提供しているアパルトマン形式の宿もペンションの数に含めるとこうなります。

AI：ホテルは。

PK：ホテルですか。ここのホテルは，ホテル・サラマンダー，ホテル・グランド・マテイ，そして，ホテル・ケルリングです。

KP：サラマンダーは閉業中だったかと。

PK：いえ営業中です。昨日も宿泊客がいました。

AI：では，2006 年に営業していたペンションの軒数は。

PK：半分位，約 20 軒です。その頃はそう目立つ存在ではありませんでした。私たちのように大規模なところも少なかったです。今では，小規模なペンションが非常に多くなっています。あるいは。

ZŠ：個人経営のところも。

PK：ノスタルジアのように個人経営のところもあります。そこはカニーク家の息子が経営しているところで，4 部屋あります。彼の名前はすぐに出てきませんが。

KP：マテイだったかな。

PK：いいえ。そのマテイはレストランを預かっています。さらにリュボ・カニーク［Ľubo Kaník］やノロ・カニーク［Noro Kaník］もいますが，そうではなく，ホルナー・ルジョヴァ通りの 4 部屋のペンションを持っているのはアルハアンイェル・アコモデーションです。彼らはこのような小規模な施設を 3，4 軒持っていますが，法律上はいまだにペンションの扱いです。しかし，アパルトマンやアパルトマン用の住宅，フラット等を多く所有しています。

AI：つまり，観光客の数も増えているということを意味しているのですか。

PK：確か，今年は観光客数の記録を更新したと思います。観光客の数は増えていますが，それは夏場だけのことで，冬期の数字は悪く，冬季の観光客の数は横這い状態です。しかし，毎年ペンションの数は増えているので，パイの取り分は年々少なくなり，冬を乗り切ることが毎年難しくなっていきます。その一方で夏場は目に見えて数が増えているので経営状態も良くなっています。このTIKの数字からは，シチアヴニッツァを訪れる観光客の数が毎年10%ずつ伸びていることがわかるかと思います。

ZŠ：では，ここに建設されたスキー場もあなた方の経営の助けになっているのでしょうか。

PK：そうですね，最初の2年間は確かに助かりましたが，その後彼らは自前のホテルを建設しました。このホテルは，ホテル・サラマンダーに次いで私たちの地域に登場したホテルになりました。

ZŠ：そのホテルはこの近辺にあるのですか。市内のサラマンダーとはまた別のところですよね。

PK：下手の方です。ホテル・サラマンダーとは別のところです。この〔スキー場の〕ホテルはホドルシャ地域にありますが，彼らの利益のためにこのシチアヴニッツァで彼らが所有していたホテルを売却しようとしていました。昨年のことです。それで新しいホテルを開業し，その直後から，実際のところ彼らは協力する気はないのだと感じるようになりました。つまり彼らが関心を抱いているのは，自社のホテルの部屋を埋めることだけなのです。

ZŠ：今話されたことをまとめますと，あなたがたは収容人数やその他の面でもここで最大のペンションだということですね。あなたがたはこの町の中では裕福な人々に入っているのでしょうか。

PK：融資の返済を抱えていなければそう言えるかと。融資の返済をしなければならないので，利益も確保しなければなりません。

ZŠ：私の父が生涯ずっと私に言い続けてきたことがあります。父はモラヴィア人で，借りたものは皿まで食べきらなくてはならないと言っていたものです。

PK：そうですね，それは明らかにその通りです。

KP：その通りだと思います。とはいえ，私たちは融資がなければ前進することもできませんでした。と言いますのも，この融資は経営規模の拡大計画に対して提供されたものだったためです。宜しいですか，ここには論理があります。一方で，誰かがローンでテレビを購入するとか，借金をして休暇旅行に出るというのはより悪い借金なのです。

PK：それらは消費者金融ですね。

KP：そして2，3年後に返済しなければなりません。

ZŠ：ええ。あるいは，返済できずに持っていたものを失ってしまうか。

KP：あるいはそういうことになります。つまり，私たちの融資はそのようものではありません。私はこれまでの人生で借金をして何かを買ったということはありません。家とかそういったものも，です。それは重要なことです。

ZŠ：あなたが持っている車の種類は何ですか。

KP：ヒュンダイ自動車の Santa Fe です。

ZŠ：なぜお尋ねしたのかと言いますと，第1に経営者の多くが豪華な四輪駆動車を好むからです。もしかしたらここでは必要な機能なのかもしれませんが，ブラチスラヴァや都市部でも四輪駆動車を多く見かけます。

KP：まあ，ここでは必要です。そうでなければ自宅にも帰れなくなります。

ZŠ：市街地でもですか。でも，ここの道路はあまりよくないですが。

PK：とはいえ，私の車は Santa Fe です。ミドルクラス，ミドルクラスの上の方の車種ですね。

ZŠ：しかし，四輪駆動車ですね。それでお尋ねしたのです。

PK：私はトヨタの車を持っています。しかし，今年で7年目か8年目になります。

KP：まあ私にとって必要なものです。狩猟にも通っていますので，それもあります。

ZŠ：なるほど，わかります。では改めてお尋ねしますが，ここでは誰が裕福なのでしょうか。

KP：それは難しい質問です。

ZŠ：いえ，名前とか誰がということではなく，どのような階級，どのような集団がということですが。

KP：恐らくは政治家です。それは明らかです。

PK：そしてこの町にそれなりの数の企業家がいます。TIDLI GROUP です。

KP：ええ。しかし，彼らはロシア人です。ロシアから多くの資金を持ち込んでいます。

PK：とはいえ，彼らは物流会社を経営したり，工場を運営したり，多くの企業を運営しています。

ZŠ：チドリですか。

PK：はい。その企業は TIDLI という名称です。

ZŠ：その企業のことはこれまでまったく知りませんでした。

PK：それは彼らが一般向けのサービスを行っていなかったためです。

ZŠ：新しい企業なのですか。

PK：いいえ，彼らは長い間活動しています。現在は例えば TESCO の店舗を建設していますし，それをTESCO Storeに貸し出す予定です。但し所有権は彼らが握ったままにするということです。

ZŠ：ここ，バンスカー・シチアヴニッツァにTESCOが進出するのですか。

PK：ええ，ドリエニョヴァー通りです。

KP：そこにはロシアからの資金が流れ込んでいます。彼らは向こうでさまざまな企業活動をしています。ギャンブルとかに関したものですが。それで資金を回しているのです。

PK：とはいえ，彼らはここに資本を投下しています。ここでお金をまわす必要があるのです。

ZŠ：ヨーロッパ化から何か利益を得ることはできましたか。つまり。私たちが欧州連合に加盟したことによってということですが。

PK：一面では実質的な助けを得られました。と言いますのも，私たちはEUの中で対等な関係にあるからです。ドイツ人の宿泊料金も39ユーロ，フランス人も39ユーロです。しかし，その一方でハンガリー人の数は50%から70%も減りました。彼らはフォリントを使い続けているため，彼らにとって私たちの料金はあまりに高くなってしまったのです。ポーランド人やチェコ人にとっても事情は同じです。つまりは，ユーロを使っていない国からの宿泊客を失うことになりました。しかし，他のヨーロッパ諸国からの顧客を得ることもできました。ですが，ハンガリー人の宿泊客はかなりの部分を占めており，重要な顧客層となっていました。

ZŠ：以前のインタビューの際にそのような話を伺ったと憶えています。

PK：ですが，今では彼らが来ることはほとんどなくなりました。ハンガリー人たちはサラマンダー・パレードや鉱夫の日の行事にこの町を訪れることはありますが，それ以外の日にはほとんど見かけなくなりました。私たちが価格を変えたわけではないのに，彼らにとって全てが急激に高値になってしまったのです。単純に為替レートがそうなってしまったからだけのことで，私たちはハンガリーからの顧客を失ったのです。確かに西欧からの宿泊客を得ることができましたが，かつてのハンガリー人ほどの数ではなく，彼らが通わなくなった損害を埋められているかどうかは何とも言えません。先ほど，夏季シーズンにバンスカー・シチアヴニッツァを訪れている人の数が毎年10%ずつ増えていると話しましたが，冬にも増えていると感じています。しかしかつて冬期に訪問客の大部分を占めていたハンガリー人は今ではまったく見かけなくなりました。

ZŠ：毎年観光客の数は増えているということで，あなたがたはここの観光業は繁栄しているとお考えですか。何がその背景となっているのでしょう。

KP：やはり市がユネスコの世界遺産に認定されたことです。それ以降市はうまくやっていけています。私は2006年の状況は知っていても，それ以前のことまではわかりませんが，その当時でも建物は荒れ果てた状態で，非常に悪い状態にありました。

ZŠ：建物も，商店も，レストランも。

PK：しかし，宣伝への投資は別です。5 年前にはここでは誰も宣伝に投資をしようとは思っていませんでした。どの企業も全くそのような考えはなく，ただ訪問客に頼っているばかりでした。しかし今では，インターネットを見ればわかるかと思いますが，どの事業者も宣伝キャンペーンを展開して，宣伝への投資を行っています。私もインターネット上でのキャンペーン費用として月に 500 ユーロから 600 ユーロは支出していますが，他の事業者も同じようにしています。そして，その後は宿泊客が増えたような印象があります。市も長年にわたって宣伝を続けてきましたが，宣伝に費用を支出しているというだけで，今年はどうなるかは判りません。と言いますのも前の冬は厳冬で，3 月から 4 月には市の予算が尽きてしまったからです。ですので，今年はどうなるかわからないところです。とはいえ，観光客はこの町を訪れていますし，結果的に夏季シーズンの宣伝は成功しているといえるのでしょう。ただ，問題は冬期です。経営者も市も冬季シーズンのこの町を全く売り込むことはできていません。それが問題です。

KP：つまり，ここには冬季に観光客を呼び込むようなものが何もないのです。山の反対側のリフトは上手くやっていますが，彼らも日帰りの観光客を呼び寄せているだけです。例えば，ニトラから高速道路を使ってやってきて，スキーを楽しみ，家に帰るといった具合です。

AI：あなた方の顧客のうちスロヴァキア人はどのくらいで，外国人はどのくらいの割合を占めていますか。

PK：そうですね，70：30 といったところでしょうか。70％がスロヴァキア人で，30％が外国人です。

AI：では，2006 年にはどうだったのですか。

ZŠ：比率は同じだったのでしょうか。

PK：比率は今と同じではありませんでした。かつてはかなりの数のハンガリー人が来ていましたので，私の感覚ではスロヴァキア人と外国人の割合は 60 対 40 か，あるいは 50 対 50 くらいだったと思います。現在から振り返って話すのは難しいところですが。少なくとも，以前に比べてスロヴァキア人の宿泊者が増えたということは言えます。

KP：あなたは 2006 年にはいなかったでしょう。

PK：いいえ，いました。自分は 2006 年にここに来たのです。

ZŠ：では，あなたがたは特にハンガリー人が来なくなったことを寂しく感じているということでしょうか。観光客としてということですが。

KP：例のユーロ導入によってまったくいなくなってしまいました。ユーロに換算された結果すべての物価が上昇してしまいました。これがよくありませんでした。大企業は為替の影響もユーロに入ったことの利点で相殺されましたが，私たちにとってはすべての物価が上昇したという結果になりました。

PK：ユーロに加盟した後は，すべての価格が上がり続けています。加盟後の経費は6年前に比べて30%から40%程度は増加しました。……ユーロで計算することで隠されているインフレのためです。

KP：つまり，かつてならば人を1人雇った場合の最低賃金は月9,000コルナだったのですが，今ではそれでは何にもなりません。かつてならば，9,000コルナでそれなりの買い物もできましたが，今では月300ユーロで何が買えるでしょうか。

ZŠ：笑ってしまうぐらいの小さな額ですね。私も自分の家の家計を思ってみますと，ユーロが通貨単位になり，一番小さなお金の単位になって，全ての商品がほぼ1ユーロはするようになりました。1ユーロよりも小さい価格の商品はほとんどなくなったように感じました。

PK：その通り。かつての30コルナなのですがね。

ZŠ：30コルナはそれなりの金額だという感覚がなくなってしまいました。20コルナといえばウエイターへのチップとしてはかなりの額だったはずでしたが。今では，10セントや15セント，20セントを渡すのでしょうか。

KP：かつての100コルナは100コルナの使いでがありましたが，今の3ユーロでは何もなりません。

PK：この4年間にどれだけの差が出てきたのでしょうか。

KP：100コルナもあればそれなりのものが買えましたが，今3ユーロで何が買えるでしょうか。

ZŠ：つまりこの点では利点はなかったと。

PK：ええ，今ではありません。

KP：つまり，人々が使えるお金の量が少なくなったので，それが明確な原因になっています。

PK：地元のシチアヴニッツァの市民もかつてのように夕食をとりに町に出るということは少なくなりました。その証拠にこの町のレストランは，冬期は昼間のメニューだけの営業になっています。つまり，実際のところ，シチアヴニッツァの住民はレストランに食べに出かけるだけのお金を持っていないのです。それよりも家で調理した方が安くすむということです。上手く説明できませんが。

ZŠ：先ほどここには多くの同業者がいると，つまり多くのペンションやホテルがあり，家族経営の小さな宿もあるとの話が出ましたが，あなたがたは同業者の間で何らかのコンタクトをとっているのでしょうか。

PK：はい。何か物品を借りるとか，あるいは顧客について他の宿と何かしらの取り決めをするなどといった，必要に応じて連絡を取り合っています。もし私たちの部屋が塞がっていれば，他のペンションに話を送りますし，また他のペンションの部屋がない時に，私たちのところに話が回ってくることもあります。このような点で互いに連絡を取り合っています。

ZŠ：何か書面での取り決めはあるのでしょうか，あるいは単に友好的な関係のみに基づくやり取りなのでしょうか。

PK：そうですね，宿泊客が溢れてしまっているという場合は口頭での申し送りで，友好関係に基づくものです。しかし，この町にも観光業組合［Združenie turizmu］があり，そこの会合では様々な案件を扱っています。

ZŠ：あなたがたも観光業組合の会員ですか。

PK：もちろんです。

ZŠ：では，観光業組合はどのような意味があるのでしょうか。あなた方の助けになるのですか。

PK：意味があります。と言いますのも，観光業組合の枠組みで会員各自が関心を持たないような案件について解決策が見つけ出されていくからです。地図などもそうです。ここに大判の地図がありますが，これも観光業組合で作成したものです。また，市や市の企業家と協力して観光に関わる地域組織も設立しました。この組織に対して企業家たちが基金の形で資金を提供し，国もまた資金を提供したので，実際のところ基金の額は2倍に増えました。この資金は様々なマーケティング活動のために用い，あるいは観光用歩道の整備やその他の箇所への投資に用いています。

KP：後は見本市の出展にもですか。

KP：ええ，見本市にもこの資金を使って出店しています。このように市や企業家も参加しています。

ZŠ：何という名称の組織ですか。

PK：観光振興地域組織［Oblastná organizácia cestovného ruchu］です。

KP：つまり，この点では私たちは6年前に比べて全体的に改善しているといえるでしょうか。

ZŠ：そこが問題ですが。お話を続けてください。

PK：どのように改善されたといえるのでしょう。どの点が。

KP：私が引き継いだときから，そう全く正反対に変わったということはないと思いますが，あなたがたは2006年にも調査に来たのですよね。実際のところ，シチアヴニッツァの状況は改善され，根本的に変わったと思いますか。

ZŠ：私たちはあなた方の視点ではその点がどう捉えられているかを知りたいのです。宜しいでしょうか，あなたがたから見てどうかということです。と言いますのも，表面的には，既に話に出ましたように，商店ができ，市街も美化され，古い建物の上層階もギャラリーや様々な方法で利用されています。中庭にもきれいな店が進出して，ここも利用されている，といった具合です。

KP：私は，BILLA や TESCO といったような大規模な店舗はこのような町にはそぐわないと常日頃から感じています。100％似合いません。

PK：しかし，中心部を外れたところなら良いでしょう。問題はないと思いますが。

ZŠ：つまり町の外れの方にということですね。

KP：しかし，そのような店は買い物客を全て奪っていきます。食料品だけを販売している店ではないのですから。

ZŠ：町の購買力をすべて掻っ攫っていくと。

KP：そう言うことです。彼らの店はシャツから始まってあらゆる物を売っていますし，セールもあります。それにどう対抗できますか。この件については，オーストリアにもドイツにも中心部にショッピングセンターはなく，中心部を庭園のように整備しています。とはいえ，町が生き抜くためにそのようなものは必要ないということであれば，仕方がないことです。

PK：そうなれば，小規模な商店は軒並みなくなっていくでしょう。

KP：単純に考えてもここの歴史的な建物群を維持しなければならないのです。そういった大規模な店舗はコンクリートやコンクリートパネルを使って数日の間に建設できるような代物です。

ZŠ：非常に単純な作りですから。

KP：そしてすべてのものを提供しています。電機製品から始まってあらゆるものです。これでは，小さな店舗は維持できなくなり次第に数を減らしていくでしょう。よいことは何もありません。

ZŠ：では例の観光振興地域組織でもそれを取り上げるのでしょうか。あなたも会員ですのでそうできますが。

PK：そうですね。確かに。

ZŠ：では，協会の会員費はどのくらい納めているのでしょうか。

PK：そうですね，私たちはベッド数に応じた額の会員費を納めています。宿泊施設ではない喫茶店やレストランも会員に含まれていますが，彼らの会員費の決定方法まではわかりません。ただ私たちはベッド数に応じた額を納めています。以前は会員費は一律に決まっていましたが，現在ではある割合に従って決定されています。多くの場合，各企業に請求書が届きますが，私は今でも依然と同じように納めています。かつての観光業組合の時代と同じです。

KP：その当時は1万コルナを納めていました。

PK：ええ，観光業組合に対してその頃は一律の会員費，年に300ユーロを納めていました。そして，観光振興地域組織はこの観光業組合の上部組織です。つまり観光業組合は単なる経営者の団体に過ぎず，市長と定期的に会っているだけですが，多くの課題をこの組合の中で対処してきました。一方，観光振興地域組織は単なる任意の団体として生まれたのではなく，法律に基づいて企業家と自治体，確か首長と地域（県）ですが，を1つの団体にまとめる制度を国が作ったことに由来しています。つまり，それらが連携すれば，自然と財政基盤も生まれてきますし，法律的にも法人としての資格が生まれ，公営企業も私企業も単独の組織へとまとめることができます。つまり，それらが連携し，この組織を設立できたならば，国も一定の資金を提供し，それらの資金を活用できます。国はだいたい……。

KP：資金の50%を提供します。

ZŠ：同様の制度が日本にもありました。まさにその制度についてSvetro社で話してきたところです。

PK：そうでしょう。しかし，この組織にはシチアヴニッツァの自治体だけでなく，ポチューヴァドロ村［Počúvadlo］やこの付近の村々，さらにはプレンチョウ村［Prenčov］や少し離れた場所の村も会員として加盟し，一定の金額を拠出しています。つまり，この組織の中には地域全体が参加しているのだと宣伝できるのです。

ZŠ：しかしこの組織の主な機能はマーケティングと情報発信ですよね。

PK：まさにその通りです。地域組織が最近行ったこととしては地域割引カードの発行があります。シチアヴニッツァに宿泊した際には割引カードを受けとれます。そして，このカードを提示すれば様々な企業が割引を提供するというものです。このカードを提示する時に，その人がいつからいつまで宿泊しているかも記録されます。このカードでは博物館の割引やレストランの割引も提供されています。

ZŠ：なるほど。ブラチスラヴァでもこのような都市全体の割引カードはあります。

PK：私たちのところに宿泊すれば，このカードを受けとることができ，博物館やレストランで割引サービスを受けることができます。地図や様々な小冊子も発行していますし，また観光業組合名義でイベント案内やバンスカー・シチアヴニッツァの散歩案内も既に4か国語で発行しています。しかし，2万部から3万部は印刷し，そこに地図も加わり，地図についても作図やテキストの調整，写真などといったものにも費用がかかりますので，この事業に関しても多額の費用がかかりました。相当の費用です。ですので，小さな経営主体が単独ではそのようなことはとても行えないので，共同で費用を負担したのです。そして，その後，各自がそれらの宣伝材料を例えば50セントといった費用で購入することになっています。観光協会経由で既に1度費用を負担しているのですが，購入した数だけさらに負担することになりました。

ZŠ：この町が前進してきた証拠やさらに発展する可能性があること，そして町が美しくなってきたことについての話ができたと思います。ところで，あなたがたは将来についてどのように考えていますか。この町が発展していくにあたって頼るべき主要な柱は何だと考えていますか。工業でしょうか。私にはわかりませんが，農業やサービス業も考えられると思いますが……。

PK：私たちにはもはやサービス業以外で収入を得る方法はないでしょう。サービス業だけです。

ZŠ：サービス業だけ，そうですか。具体的にはどのようなサービス業でしょうか。

PK：会議ツーリズムに特化できれば私たちにとってもっとも良い結果になるのでしょうが，現在のところシチアヴニッツァにはそれに適した空間はありません。大きなホールは1か所ありますが，利用状況は良くありません。もしも会議ツーリズムに成功していたならば，春や秋といったシーズン以外の季節の利用率も上げられたのでしょうが。と言いますのも，企業はこの時期に多くの研修を行っているからです。例えば，ホテル・シトノ［Hotel Sitno］はこのような研修利用のみに頼って生き残っている状態です。

ZŠ：ホテル・シトノですか。どこのホテルですか。

PK：ヴィフネにあるホテルです。そこの宿泊客のおよそ80％は会議ツーリズムによるものです。

ZŠ：あなたがたがどのように見ているかは私にもわかります。と言いますのも私の息子はこういった機関に勤務しているからでして，そういったところにはスイミング・プールやウェルネス設備とかが揃っているものだということでした。

PK：そのホテルには家族や子ども向けの設備もありますが，会議場もあり，会議ツーリズムに必要な商品も販売しています。ですので，例えば，企業が2～3日間の研修を行ったとして，2日間は講義にあて，夕方はプールを使ったり，パーティーを開いたり，ディスコで楽しんだり，チーム作りのトレーニングを行ったりするのです。

ZŠ：私も何度かインターネットで見たことがあります。

PK：そういった企業はチーム作りを主要な目標にしています。非常に現代的なやり方で，そのやり方にあった場所が必要ですが，シチアヴニッツァにはそのような場所は今のところありません。200人の研修を実施できるような大きなホールはあるのですが，企業は……。

ZŠ：ホテル・マテイにもそのような場所はないのですか。

PK：マテイには50人程度を収容できる部屋がありますが，そのくらいです。

ZŠ：なるほど，あまり大きな部屋はないのですね。

PK：しかし，彼らのグループの中で，ホテル・グランド・マテイの隣に1つの建物があるので，それを使えます。さらに……。

ZŠ：以前のエヴァンゲリック教会ですか，あるいは確か……。

PK：人々の間ではカチャーク［Kaťák］と呼ばれていたカトリックの教会です。

ZŠ：ああ，カトリックの教会でしたか。確かかつては映画館としても使われていたと思いますが。

PK：ええ，そこは映画館としても使っていました。あるいは体育館としても使い，あらゆる用途に使っていました。

ZŠ：私たちがここに来た時の話ですが，あなたは何を専攻していたのでしょうか。

PK：経済です。

ZŠ：経済大学で学んでいたのですか。

PK：はい。

ZŠ：専門は何ですか。

PK：マーケティングとマネジメントです。経済大学ではある分野に特化して勉強はできず，全般的な理論の範囲内で学びました。それで観光業の学校にも通いました。

ZŠ：ビストリツァにそのような学校があると聞いたことがあります。

PK：そうです。ビストリツァの学校です。

ZŠ：そこの学校に通っていたのですか。

PK：ビストリツァにも通っていました。しかし私の専門分野はマーケティングとマネジメントです。ここのレセプションにいる女性の同僚の専門が観光業です。彼女はオリエシュカ准教授とグチーク准教授について卒業しました。あなた方がビストリツァの先生がたをご存知かまではわかりませんが。とにかく彼女は彼らの下で学位を得ました。そして，観光業を専門にしています。私は，どちらかと言いますと，全般的なマーケティング・マネジメントを学んで学業を終えたのです。

ZŠ：これは意地悪な質問かもしれませんが，学校で学んだことは役に立っていますか。

PK：まあ，はい。

ZŠ：今の答えは「まあ，はい」ということですが，どういうことですか。

PK：そうですね，このように答えられるでしょうか。ここで私は本当にたくさんのことを行っています。ある箇所を修理したり，鶏を捕まえたりといった具合です。お判りになるでしょうが，これらのことに学校は必要ありません。

ZŠ：「女の子はすべてのことを」[Dievča pre všetko]，ということですか。

PK：そう，女の子はすべてのことを，ということです。ですので，必要なところでは知識を使っていますし，将来にわたって知識を全く使わないとは誰も言えないでしょう。

ZŠ：学校ですべてを学ぶことはできなかったと。

PK：すべては学べませんでした。大企業の経営に特化した内容は学ぶことができましたが，中小企業では万事が違ったように動いています。つまり，特殊なことがあり，毎日違った課題に直面し，障害を越えなくてはなりません。顧客が予約をキャンセルすることもありますし，ここでは様々な課題に即座に対応しなければならないので，何か大がかりなマーケティング・プロジェクトを計画して実行に移すということはできません。

ZŠ：言葉の面はどうでしょうか。

PK：私は英語を問題なく話せますし，ドイツ語もわかります。ハンガリー語は何となくわかりますが，話せません。

ZŠ：しかし，ハンガリー語もわかり話せるスタッフもいると思いましたが。かつてその人とハンガリー語で話をしましたから。

KP：私もハンガリー語だけはわかりますよ。

PK：しかし，何とか意思疎通はできます。女性の同僚はフランス語と英語，ドイツ語，スペイン語を話せます。

ZŠ：ひとつお尋ねしたいのですが，彼女の主な仕事はレセプションだったと思いますが，慣れるのは大変ではありませんか。

PK：まだ慣れません。8 月 30 日にレセプションの人が辞めて，まだ代わりの人を雇えていない状況です。

ZŠ：つまり，彼女は……。

PK：彼女の主な担当は経理でした。

ZŠ：財務に関する案件を担当していたのですね。

PK：彼女は給与の管理を担当し，従業員の勤務の管理，様々な活動を担当していました。これらが彼女の主な担当です。と言いますのも，今の時代は，例えば，20 人を呼ぶ昼食会を用意するとしても，20 通のメールを送らなくてはならないといった具合です。ですので，20 人向けの行事だとしても，相当な量のメールを送らなくてはなりませんし，毎週，毎週，結婚式だとか企業の行事などでそのような行事が幾つもあるという具合です。企業の行事といえば，今の時代，企業は 1 ユーロでも切り詰めようと厳しい目で見てきます。彼らに見積書を送ったとしても，彼らは厳しくチェックし，何か気に入らない点があれば返送され，また新たな見積書を作成してはまた返されるというありさまです。

ZŠ：それらの作業を主に彼女が行っているのですね。

PK：彼女が主に担当しています。

ZŠ：先ほどの会議ツーリズムの話に戻りますが，そのようなツーリズムないしサービスはつまりは宿泊業ということになりますが，それが将来の柱になると考えているのですね。

PK：その通りです。と言いますのも，誰もその他の事業に潜在的な可能性があるとは思っていません。

ZŠ：何らかの軽工業や工業全般はいかがでしょうか。

PK：ここにあった工場はすべて閉鎖されました。

KP：すべてなくなりました。ここの主要な製造業だったタバコ工場もメチアル政権の時代に売却されました。タバコ工場の大きな建物として親しまれていたのですが。

ZŠ：Pleta の衣料工場も主力産業でしたね。

KP：タバコ工場と併せてこの町でもっとも多くの人を雇用していました。

ZŠ：私たちはさらにかつてのタバコ工場で靴を生産していた頃や，その後は家具を生産していた頃も知っています。さらに言いますと私は，タバコ工場が稼働していた頃も知っています。1952 年のことです。

KP：私も知っています。

PK：昔の頃ですね。もっとも大口の雇用主だった時代……。

KP：それらの工場はどれだけの人を雇用していたのでしょう。とはいえ，売却され，法的にも消滅し，タバコの生産が終わってから一体何年が過ぎたのかわからないくらいです。つまり工業はこのような具合です。

ZŠ：つまり，あなた方は第 3 次産業，サービス業が将来に向けた柱になって行くと考えているのですね。

PK：ええ，今ではほとんどの人がそのように考えているでしょう。と言いますのも，誰も他の可能性を見いだせないからです。今の世の中で何ができるのでしょうか。今は IT 企業の時代ですが，IT 企業がこの町に来ることはないでしょう。実際のところ，彼らはすべての作業を自宅から行えるわけですが，すべてを集めるセンターはブラチスラヴァに置かれています。工業も私たちの町に来ることはないでしょう。なぜならば，この町には広い空地はありませんから，工場を建て，拡張する場所がないためです。この町は歴史的な都市なので。道路もそういうことです。この町から高速道路まではそう距離はありませんが，相対的に見れば遠い場所のままです。運送・倉庫業についてもそれだけの空間がありませんし，生産工場もありません。付加価値型の製造業についてもそれを展開する場所がありません。と言いますのも，かつての工場は倒産し，すでに跡地も別途利用されているので，工場を建てる場所が見つからないでしょう。一言で言うならば，シチアヴニッツァでは工業は展開できませんし，シチアヴニッツァの近郊でも鉱山は閉鎖され，唯一ホドルシャの鉱山が操業を続けているだけです。今でも稼働し，バンスカー・シチアヴニッツァでかつて典型的にみられた鉱業を維持している唯一の鉱山です。

ZŠ：これらに関する教育機関も同じような状況ですか。

PK：学校の多くもこの町から撤退しました。

ZŠ：そうですね。しかし，かつてのシチアヴニッツァは学生の町で，学生が町の支えでした。

PK：昔の話です。その後，県が様々な学校の移転を決定し，校舎も売却しました。それなりの資産価値があったためです。学校は移転し，校舎は売却されて。

ZŠ：そこにいた人々は。

KP：私の意見ですが，もはやもとに戻ることはないでしょう。鉱山学校ですら。

PK：鉱山学校も売却され，これまで空き家になっていました。そこは大きなホテルへと改装される予定で，これもサービス業になります。ホテルが入る予定ですが，今は何もなくただ建物が建っているだけです。というわけで教育機関もなくなってしまいました。かつては大学もあり，ズヴォレン大学データセンターや環境研究所も一時移転してきたのですが，それらも閉鎖され，数校あった中等専門学校も１つに統合されました。

KP：しかし，まだここにはスペースがあり，ハンガリー人が関心を示していると聞いています。ただスロヴァキア国内からの関心がないのです。

ZŠ：教育機関ということで，ですか。

KP：大学の可能性です。ただまだ関心の段階ですが。

PK：つまり，いつ頃からか町の外の人間がバンスカー・シチアヴニッツァの資産について決定を下すようになり，そのためこの町からは学校がなくなってしまうでしょう。と言いますのも，学校を維持する経費よりもそれらを売却した方に関心を抱く人々ばかりであるからです。

KP：林業学校も閉鎖されることになっていました。ご存知でしょう。植物園があるところです。

ZŠ：ええ。植物園ですね，知っています。確かそこには工業科の学校があったと思ったのですが，まだ林業科と木材加工科の学校は授業を行っているのですか。

KP：ええ，まだ活動しています。

ZŠ：当時は非常に著名な学校で，確かオーストリア・ハンガリー帝国時代で初のこの種の学校だったはずです。さらにもっと前から活動していたかもしれませんが。そして，鉱山学校はさらにその前から活動していました。

PK：ええ，そうでした。そして，それらの学校の校舎は今では実際のところはサービス業のために使用されています。ご存知かもしれませんが，夏季は貸し出され，人で埋まります。湖や山々をめぐる観光客向けの施設になっています。

ZŠ：そこでお尋ねしたいのですが，確か私たちがこの町で最初の調査を行った時に，南アフリカからの先生が訪ねてきたことをまだ憶えているでしょうか。ポッツェ先生という名前の白人男性です。私たちと一緒に訪問した後，ポチューヴァドロのオートキャンプ場に宿泊したのですが，そのあと数年もしないうちにそのキャンプ場は廃業し，荒れ果てた状態になり，角笛も何もかもが壁から落ちているありさまになりました。

PK：廃業してからもうずいぶん経ちます。

ZŠ：それでも，あなた方のお話ではまだ大きなチャンスがあると見ている。

PK：ええ，そうですね。ただ，誰かがそこを購入しなければなりません。しかし，かつてのポチューヴァドロは別荘やキャンプ場が多くあり，サービス業が大きな比重を占めていたのですが。

ZŠ：キャンプ場ですね。しかし，データによれば，現在，シチアヴニッツァにはキャンプ場は1か所もありませんね。キャンプをできる場所はどこにもないのでしょうか。

KP：誰かに貸し出されていましたが，完全な更地になってしまいました。私もかつてどうだったのかを憶えていますが。

PK：ポチューヴァドロは今では独立した自治体になっています。1つの村として，彼らの村長がいますし，そこの住民が管理しています。そして，ポチューヴァドロの別荘地は1度全て建物も崩れてしまいましたが，次第に建物の建設が進み，新しいコテージなども開き始めています。時間がたてば昔のような光景に戻るでしょう。と言いますのも，ポチューヴァドロには大きな湖があり，可能性を秘めているからです。かつて財産の横流しが大々的にあった時代には，荒れ果て，あらゆるものが盗まれ，建物も崩れてしまいましたが，今では再び人の手が入るようになりました。私の考えでは，ポチューヴァドロはまた自力でやっていけるようになると思います。そこではコンサートも開かれるようになりました。

KP：かつてはそのようなイベントも開かれ，人が集まっていました。文化の夏ではなく，文化の冬とかそういった催し物です。

PK：ポチューヴァドロは成長するでしょう。

ZŠ：札幌の雪まつりもあります。同じような冬のイベントは世界各地で開かれていて今では中国でも行われています。私は札幌の雪まつりを見たことがありますが，実はその地域の冬の気候は私たちの地域よりも厳しく，むしろカムチャツカ半島に近いような気候です。想像できるでしょうか。それでもそこで雪まつりが開かれ，私も飛行機を使って見に行ったことがあります。行きの便は満席で 1 席の空席もないほどでした。しかし帰りの便は乗客よりも乗務員の方が多いような状態でした。なぜならば，まだ雪まつりの期間中で，観光客はだれも帰ろうとはしていなかったからです。雪まつりの後だったならば，行きの便と同じ状況だったでしょう。私たちがそこで見たのは，もちろん観光に関連した面ですが，すべてのホテルのサービスの質の高さでした。

PK：まさに私たちに欠けているものです。冬に行事を行う。私たちはスキー場が開設されたことで喜んでいましたが，今のところ何も変わらないままです。

ZŠ：色々と反対方向から考えてみる必要があるでしょう，地理的ということではなく，関心の面でも。

PK：反対方向……関心でも。つまり，何か可能なことを考えてみる必要があるということですね。ここも水は豊富にあるのですから。

ZŠ：まさにタイヒ湖［Tajchy］があり，クリンゲル湖［Klinger］もあります。それが私が知っているすべてですが。

PK：ただ，ここでもそれらの人造湖の周りのインフラを整える必要があります。つまり，訪問客がシャワーを浴び，着替えをする場所が必要ですし，トイレも必要です。この湖は原生林の中にあるのですが，何とかして整備する方法を見つけられればと思います。この場所はシチアヴニッツァの住民にとって良い場所になるでしょうが，観光客にとってはそうではないかもしれません。それが問題です。つまり，この場所全域やタイヒなどの湖は全て水道公社の所有地になっており，彼らはこの場所を開発することに関心を示していません。また岩場なので水面までのアクセスも悪い状態です。このように課題は山積していますが。

ZŠ：そこには砂浜はなく直接水面になっているのですね。

KP：そこの学校に通っていた頃のことを今でも憶えています。その頃はクリンゲルに木製のプールがあり，そこから木製の通路を通って湖に入れました。

PK：そういう設備が欠けているのです。そういったものが，です。

KP：そこは子どものための場所になることもできます。怖がることがあってはならず，誰もが楽しめる場所になることが大事であり，着替え場所などの一連の設備が必要です。

PK：まさにそういう設備が欠けています。この一帯には人造湖が沢山ありますが，インフラはまったく整っていません。まったくないのです。

ZŠ：その通りです。先ほど近代化ということを話した時に心に浮かんだのはまさにそのような点でした。私がニトラで体験したこと，かつてホテル・スターリングラードなどと呼ばれていたホテルでのことですが，そこには数部屋共同でのシャワーしかなく，部屋の水回りも冷水だけという状況でした。これが 91 年から 92 年，93 年にかけての状況です。

あなた方はここからどのように適応していったのでしょうか。例えば，客室は1人用や2人用のものも整備したのでしょうか。

PK：全客室が2人用です。

ZŠ：すべて2人部屋ですか。1人で使う場合は……。

PK：1人で利用する場合は室料を30%割り引きます。1人なら30%引きです。

ZŠ：なるほど。と言いますのも，例えば日本などではこのような使い方はしないからです。そこではホテルの部屋の作りは使う客層に合わせています。それで，ここにもそのようなシステムに慣れた人々が次第に来るようになるでしょうが，彼らに合わせていくのは大変かもしれません。

PK：そうですね。ですが，例えばホテルなどでは客室の一部，10部屋から15部屋くらいを1人部屋として対応しています。しかし，彼らにとっても2人部屋を設えた方が利益に適うのです。ハイシーズン中は2人部屋として稼働できますし，1人で使いたいという宿泊者がいれば割引料金で泊めればいいからです。

ZŠ：ウェルネス設備はどうですか。

PK：私たちのところにはサウナとジャグジーがあり，マッサージも予約制で対応しています。

ZŠ：なるほど，価格設定はどうでしょう。と言いますのも，申し訳ありませんが，今回我々はマテイに滞在しているのですが，そこでマッサージなどの料金表を見てみたら，とてつもない価格が記されていたので，尋ねてみたしだいです。

PK：マッサージの価格は予約内容に応じてマッサージ師が定めています。私たちはそこから利益を得ることはありません。私たちはただ場所を提供しているだけで，マッサージ業者側が料金を得ます。ただ，それほど高額ではありません。と言いますのも，私たちはアントルで開業しているマッサージ師の女性と契約しているのですが，まったく高い料金をとらないからです。

ZŠ：私のメモ書きによりますと，私の妻や時には孫たちともマッサージに行くことがありますが，そこでは通常の半身マッサージ・コースで8ユーロから10ユーロという設定になっています。一方マテイで見た価格は20ユーロ台でしたので，とんでもない価格だと，シチアヴニッツァではブラチスラヴァの2倍もするのかと思ったのです。

KP：あなた方はグランド・マテイに滞在しているのですか。

ZŠ：はい。

KP：なぜ私たちのところに来て下さらなかったのですか。

ZŠ：前の調査の時はあなた方のところに宿泊したのに今回はなぜ違うのかはわかりません。誰が手配したのかはわかりません。かつては私の部局のトップが予約したのですが，たぶんそれは彼が以前にもここに泊まったことがあるからでしょう。

PK：なぜそんなに高価なのかご存知ですか。それは，彼らが自前のマッサージ師を雇っているからです。ですので，彼らはマッサージ師の給与も支払わなくてはならず，そのためにマッサージからも利益を得ようとしているのです。一方，私たちはマッサージからは利益を得ていません。ただ仲介しているだけです。

ZŠ：先ほども尋ねましたが，あなた方のところでのマッサージの値段を教えてください。

PK：私たちが値段を定めているわけではないので，マッサージの値段は話せません。

ZŠ：大体のところで構いませんから。

PK：非常に安いです。20ユーロと比べてはるかに安い値段です。基本のマッサージは確か7ユーロか，その程度です。

ZŠ：それでよくわかりました。この基本料金は私が通っているところと大体同じ水準ですね。

PK：ええ，つまりこの値段はそういうことです。もし私たちがマッサージをサービスとして提供しているのであれば，そこからもマージンを確保しなければなりませんが，そこまでするほどマッサージの需要は多くないのです。

ZŠ：お尋ねしますが，このウェルネスの需要はどの程度あるのでしょうか。

PK：ほとんどは冬場です。夏は自分で事足りますし，人々がそのような場所に通うこともまずありません。冬場は体が硬くなりますし，冷えも出てきます。それで身体を温め，マッサージをして，少し筋肉をほぐしたいと思う人が出てくるのです。

KP：週末の宿泊客はウェルネス設備を無料で利用できるようにしています。

PK：ええ，最低2泊している宿泊客はウェルネス設備を1時間無料で利用できます。ジャグジーやサウナを利用しても料金がかかりません。そうではない場合は，7ユーロで2人まで利用できます。サウナを含めたすべての設備を利用できますが，利用権を誰かに譲ることはできません。

ZŠ：なるほど。しかし1人でも利用客がいればかかる経費は同じですよね。

PK：経費はかかりますが，かつてほどではありませんし，現在では，ほぼ全てのペンションがこのような小規模なウェルネス設備を備えています。

KP：私たちはシチアヴニッツァで最初にこのような設備を導入したのですが，今ではそこかしこにあります。

PK：従業員以外にはあまり知られていませんが，私たちが最後に売り出した時は，外からの関心をあまり引き付けませんでした。つまり，ここにもより大きなウェルネスがあるのです。例えばスクレネー・チェプリツェにもあり，この設備はどんどん拡張しています。また，ヴィフネにもあります。これらの設備はプロフェッショナルなレベルにまで達しており，利用客もそれらの設備が提供するサービスに慣れています。ですので，私たちがこの点で彼らと競争する意味はなく，彼らと同じレベルのサービスを提供する気はありません。

KP：私たちの設備はスペースも限られているので，できる範囲で提供するようにしています。

ZŠ：費用の問題もありますね。一定の規範も守らなくてはなりませんし。記念物があり，自然があって，山の斜面もあり……。

KP：しかし，制約もあります。全てはその範囲で行っていますが，私たちはこの点では幸運でしょう。

ZŠ：何かそちらから質問はありますか。それでは，今日は時間を割いていただき，本当にありがとうございました。

⑽ 書店：初老の女性オーナー（PD）

ZŠ：私たちはかつて書店経営のバルジャーンコヴァーさんとも会ったことがあります。と言いますのも，私たちはかつてここを訪れたことがあり，ここに来たことがあるからです。そのため，私たちは6年前に私たちが面接した同じ人を探す努力をしました。つまり，この期間に彼らの周りの状況がどのように変化したかを知りたいと思っているからです。では，あなたはどうだったのでしょうか。あなたは本の合間で生活し続けたのでしょうか。

PD：私は本の合間にいました。私は化学学校に勤めていましたが，インフォメーション・センターに移り，そしてそれと同じ時期に書店を開業しました。

ZŠ：同時期にですか。並行して行っていたのですか。

PD：はい。そうして私は書店の従業員になったのです。

ZŠ：あなたは書店の所有者でもあったのですね。

PD：はい。

ZŠ：あなたは独立して収入を稼ぐ自営業者ですね，それともそうではないのでしょうか。

PD：今ではもう私は年金生活者です。

ZŠ：そうですか。しかし形の上ではあなたはこの店の所有者ですよね。

PD：この店の所有者です。

ZŠ：この商店は株式会社として登録しているのですか。どのような形で所有しているのでしょうか。

PD：いいえ，ただの自営業です。

ZŠ：では，実態としても，自らで事業を営む自営業なのですね。わかりました。では，事業の状況はいかがでしょうか。あなたが先ほど話されたようにすでに2006年からここで経営されているわけですが，その頃から大きく変化したのでしょうか。

PD：そうですね。かつて私は反対側にあるより小さな場所で店を出していました。市から場所を借りていましたが，そこから街のもう少し上手にあるところに移りました。そして，2005年からはここで店を構えています。

ZŠ：この店はもともとあなたのものですか。あなたはこの場所を購入したのですか。

PD：この場所を購入しました。その時はとても荒れ果てた状態でした。

ZŠ：では，今あなたがこのようなお宅に住めるようになるためには，1から修復しなければならなかったのですね。

PD：ええ，少しずつ直していきました。そして，その頃から書店をはじめ，本を仕入れ，売り始めるようになりました。しかし，売れない本もあり，それが私の財産のすべてです。しかし，委員会のようなものもあります。

ZŠ：あなたを委員に指名し，あなたが販売を行うための何らかのシステムがあるのでしょうか。古本屋ではそのようなものがあると聞いたことがありますが。

PD：ここは古本屋ではありません。ここにあるのはすべて新刊の本です。

ZŠ：そうではなく，私が考えていたのは……。新刊書でも，そのようなシステムがあるかでした。あなたが本を仕入れる時のことですが。

PD：私は本を仕入れて，それを売ります。このように動いています。

ZŠ：そして売るわけですね。わかりました。あなたは従業員を雇っていますか。

PD：今は1人の女性を雇っています。

ZŠ：小規模の自営業者たちは家族を従業員にすれば有利になると話すことが多いのですが，あなたにはそのような考えはなかったのでしょうか，あるいはそうしたくはなかったのでしょうか。

PD：そのような考えは浮かびませんでした。誰も候補はいませんでした。

ZŠ：候補がいなかったのですね。そのような雇い方にはもちろん欠点もあるのですが，非常に大きな利点があるので，質問してみたのです。

PD：ええ，家族経営の企業がうまくいくことが多いのは確かです。しかし，私の娘はニトラにいて，息子の方は変化を求めてイスラエルにいるのです。

ZŠ：ここから移住したのですか。向こうに住んでいて，向こうで働いているのですか。

PD：仕事を求めてここから出て行き，向こうに留まっています。

ZŠ：お孫さんたちはいないのでしょうか。

PD：まだまだ店を任せられる歳ではありません。16歳の男の子がいますが，まだギムナジウムに通っています。

ZŠ：ニトラにいらっしゃるのですね。

PD：いいえ。息子の子どもです。

ZŠ：イスラエルに行かれた息子さんの子どもですか。どなたが面倒を見ているのでしょうか。

PD：より小さい孫もいます。13歳です。まだ彼らの面倒を見ていますが，今のような状況を続けることはできないでしょう。誰か賢い人に面倒を見てほしいのですが。

ZŠ：どのようにあなたの職歴が始まったのかを話していただきたいと思います。あなたは書店での仕事を完全に一から始めたのでしょうか。学校を終えたところから話していただきたいのですが。

PD：70年代からになります。私が図書館学校を終えた時からです。

ZŠ：中等の学校ですか。

PD：延長課程です。つまりギムナジウムに通い，図書館学校にも通っていました。当時はSVŠという名称でした。その後延長図書館学校になりました。

ZŠ：では，あなたはその課程に留まったのですか。

PD：はい。

ZŠ：どうでしたか。つまり，私たちがかつて調査に訪れた時，この課程の学生の数が急激に減少していましたが，どのように感じていましたか。

PD：そうですね。大学がなくなった時は一時的に売り上げが3分の1程度は減りました。全般的に言うならば，学生の数が減れば売り上げも落ち込みます。

ZŠ：どんな時でも彼らは書店の大きな顧客ですから。

PD：その通りです。いつだって学生たちは傍らに置く何かを必要としていますから。

ZŠ：そのような学校があったからには，さまざまな教科書や教材も置いていたのでしょうか。

PD：ええ，そういった専門書もありました。私は本屋としてあらゆる分野の書物を店に入れようと努力していました。と言いますのも，それらの本はいつも市場に出ているわけではないからです。またある時は教材も店に置こうと望みましたが，それらの教材は何とかして学校から入手しなければなりませんでした。

ZŠ：現在はここに残ってどのような感じなのでしょうか。

PD：今では例の化学学校も名前が変わりました。

ZŠ：そうなのですか。かつては化学工業学校という名称でしたよね。

PD：化学工業学校でした。

ZŠ：かつては鉱山学校もあり，林業学校もありました。

PD：鉱山学校もありました。正確には鉱業科の学校でしたが，元々は違う学校でした。

つまり鉱山学校から中等学校へと改組され，商業科のような様々な課程が設置されました。その後は飲食店従業員の育成コースも設置され，かつてのように学ぶために様々な本を必要とした化学学校は，今では衣服や服飾，デザインの学校に変わりました。

ZŠ：まだ同じ場所にあるのでしょうか。

PD：まだあります。今では，薬学科も設置されました。しかし，かつては1学年に4クラスあり，1クラスで30人の生徒が学んでいたのですが，今では1クラスの生徒は10人から12人程度です。ですので，学生数は大きく減りました。子どもの数が減っているからなのでしょうが。

ZŠ：学生が減っているということを市内の他の場所でも感じることはありますか。

PD：ええ。実際に感じることがあります。ご存知のように……。

ZŠ：そうですか。例えば町の文化生活はかなり繁栄しているようですが。

PD：この町には文化的な生活があります。と言いますのも，夏季にはさまざまな文化的な行事が行われるからです。

ZŠ：そうですよね。かなり繁栄していますね。

PD：私に言えるとすれば，多くの外国人や別荘地の住民，ここに資産を持っている人々を多く見かけるということだけです。

ZŠ：週末を過ごすための家とか。

PD：この町の住民の立場から話しますと，この町の住民は郊外の住宅地に居を構えています。そして買い物については，市内に出るよりもむしろズヴォレンまで行くことが多くなっています。ご存知のように駐車場の問題が深刻になっているからです。つまり，どの住民も市内の店に立ち寄りたいと思っているのですが，遠くまで買い物に行っているのです。

ZŠ：住宅地に駐車できるのならば，いい方です。ブラチスラヴァでも事情は似たようなものです。

PD：経営に関してでは，会計から始めましたが，その後，調整を繰り返し体験しました。分野は大きくなり，すべてが大きくなりましたが，利益は減りました。つまり，生き残るだけになりました。また，ここの雇用は労働事務所を通じて紹介させてもらっています。そのため，去年は卒業生がここで実習しました。

ZŠ：そうですか。彼女は同じ課程を出た人ですか。

PD：いいえ，しかし学士号持ちです。非常に頭のいい人です。彼女のような人間が家にいて労働事務所に通っているのは残念なことです。

ZŠ：労働事務所が何らかの支援を提供することがあるのでしょうか。あなたは実習に対して何かを受け取っているのですか。

PD：最初の 1 年間は給料の 90%を負担してくれます。ですので，私もこの制度を試してみました。

ZŠ：私たちも昨日，労働事務所を訪れました。そこでもこのような制度が機能しているのだと話していました。

PD：しかし，労働事務所のお役所仕事はひどいものです。つまり，この給料の分の書類として毎月 32 種類の書類を提出しなければならないのです。システム全体が完全におかしくなっています。コンピューターがあり，すべてが接続されているならば，このような官僚的な書類の山ではなく，もう少し単純に済ませられるのでしょうが。

ZŠ：私も悩まされています。私自身も自営業者としてまたアカデミーの研究者として，書類と長く付き合ってきました。もう私は仕事を辞めていますので，悩まされることはなくなりましたが，このお役所仕事は本当にひどいものです。

PD：本当にカタストロフのようです。かつて 2006 年から 2007 年にかけて，どこからも補助金を得ることなく普通に従業員を雇っていたのですが，その頃は何とかやっていましたが，その後ユーロが導入されて。

ZŠ：なるほど，それでひどいことになったのですか。

PD：とても事情が悪くなりました。

ZŠ：どのような点でしょうか。

PD：まず，ご存知のように書物の価格が上がりました。

ZŠ：通貨の単位がユーロに切り替わったことですね。かつては 30 コルナだったものが，1 ユーロになりました。

PD：ええ。1：30 の比率で書き換えることになりました。

ZŠ：通貨改革ですね。それまで 30 コルナというお金の感覚が，1 ユーロという小さな額になってしまったと。

PD：さらに，ユーロが導入された時点では，3 ユーロを持って，つまりそれまでの 100 コルナを持って買い物に行けば何でも買うことができましたが，今では 3 ユーロでは朝食すら買うことができません。

ZŠ：たしかに，私たちもここのホテルの朝食に 6 ユーロも支払うことになりました。ソーセージが 2 本に目玉焼き 1 個にそれだけ払ったのです。そしてコーヒーはコーヒー・マシーンから。これで 1 日 6 ユーロです。

PD：そのような感じです。しかし，本については，本のセールをしても売り切ることができなくなります。

ZŠ：なるほど。では，例えば，あなたがたの店では電子化も進めているのでしょうか。

PD：必要となればやりませんと。

ZŠ：私はそうは考えていません。私はこう考えています。私の妻は教師をしていましたが，子どもたちは本を読まなくなったと常々話していました。印刷物も読まないし，必要なものも読まなくなったと。子どもたちはまったく何も読みたがらなくなってしまったのだと私は思います。

PD：ご存知のように，私が話しておきたいのは，小さな頃から何かを読んでいた子どもたちは，その後も何かを読むことに親しんでいくということです。

ZŠ：家庭環境をつうじて何かを読むように導かれていきます。

PD：それは少し違います。

ZŠ：なぜでしょうか。

PD：ある子どもたちは読むことに親しみ，別の子どもたちは読まない。読むことに関心がないのです。何かが必要な時だけに，あるいは学校で必要になった時にだけ本を読むのです。

ZŠ：私は家庭環境がかなり影響するものだと考えていましたが，そうではないのでしょうか。

PD：違うと言いきることもできません。私はこれまで若い人たちとも一緒に仕事をしてきましたが，家庭環境には左右されないようです。言いきることまではできませんが。

ZŠ：では例のインターネットやずっと座ってネットにのめり込んでいることなどには影響されないものでしょうか。書物や読書への愛着に関係している気もしますが。

PD：もしもインターネットがなかったならば，より多くの本を読んでいたことはあったかもしれません。ですが，例えば，私の孫は今ギムナジウムに通っています。そして，タブレット端末を持っているのですが，その端末に教科書の全ページを保存しています。彼はいま2年生ですが，ほとんどの教科をタブレット端末から学んでいます。タブレット端末でスロヴァキア語の作文をして，話すようになっています。今の子どもたちはますますこのような機械を使うようになり，自分で字を書くこともなくなっていくのでしょう。

ZŠ：そうでしょうね。もう電卓も使わないようになってからずいぶん経ってしまいました。

PD：しかし，私が思いますに，この事は一方では大きな助けにもなります。インターネットに接続して，そこで必要なことすべてを見つけることもできます。これが1つの面です。しかし，他方ではこのシステムから本のところに戻る子どもたちも多いのではと思います。と言いますのも，本を手に取りページをめくれば，画像ばかりのインターネットとは比べ物にならないほど多くの事を知ることができるからです。

ZŠ：そうですね。私も何かを学び始めた最初の時から本に噛り付いていました。自分のところにない本を3回から4回読むのが習慣になり，後には文学作品でもそのような読み方をするようになりました。もっとも最初のページから最後のページまで通しで何回も読むというものではないのですが，いつも読む箇所は決まっていて，そこに立ち戻ることがあります。本の名前や，私が何時も本の上に座り両親からきつく怒られたといったようなことも私の記憶に深く刻まれています。ところで，あなたのお話を私がきちんと理解していればですが，あなたはシチアヴニッツァの生まれですよね。

PD：この周辺の出身です。

ZŠ：この周辺と言いますと，どこの村でしょうか。

PD：バンスカー・ベラー［Banská Belá］です。すぐ近くです。

ZŠ：わかります。それでここの学校に通われたのですか。

PD：ここの SVŠ［Stredná všeobecnovzdevacia škola］〔ギムナジウムに相当〕に通いました。中等教育までです。

（どの道を通って学校に通っていたかやシェピタ校長，スロヴァキア語教師のブザールコヴァー先生，かつての同級生についての話が弾んでいる。調査に関係ないと思われるので記録には残していない。）

PD：タバコ屋さんがあったならば，みんなタバコを吸っていたでしょうね。

ZŠ：購買力が下がってしまったと先ほど話していましたが，学生たちに対する売上も減ってしまっているのでしょう。

PD：そうですね。学生たちの数も減りました。生まれる子どもの数が減っていますから。

ZŠ：そして，あなたはここで開業していますが，バルジャーンコヴァーさん［pani Balžánková］の書店はまだ営業していますか。

PD：いいえ。昨年のクリスマスに店じまいをしました。ですので，もう1年近く閉まったままです。

ZŠ：では，あなたの店が唯一の書店なのですか。そこの三位一体広場に古書店があったと思いますが。

PD：ええ，書店は私の店だけです。あそこの店は古書店です。

ZŠ：そうですか，古書店ですか。道理であの店には新しい本が見当たらないわけですね，わかりました。つまり，この町の中にはあなたの店の競争相手はいないということですね。

PD：そうです。しかし，バルジャーンコヴァーさんの店が開いていたときでも事情は同じでした。あの店はあまり影響がありませんでしたから。

ZŠ：影響がなかったのですね，わかりました。ではあなたは，他の自営業者と何か業界団体のようなものを組織しているのでしょうか。と言いますのも，私も90年代にそのような団体を組織したことがあるからですが，今はどうでしょうか。

PD：ご存知かもしれませんが，以前市が私たちを選出しました。まだ初めの頃，リヒネル市長の頃の話です。

ZŠ：リヒネル市長の時代は長かったのですが，あなたは何に選出されたのでしょうか。どのような役職ですか。

PD：ええと，昨年末に役員に選出されました。そこでは，さまざまな改善のために評価を行っています。しかし……。

ZŠ：……あまり意味がなかったのでしょうか。

PD：そのとおりです。私たちが集まったのは1回か2回のみで，それ以上招集されることはありませんでした。

ZŠ：現在，あなたは自治体や市議会とどのような関係があるのでしょうか。

PD：そうですね，税金は納めていますが。

ZŠ：それですべてですか。

PD：はい。市側が私たちのところに何かを購入しにくることもありません。新生児の生誕祝いの品を購入することはありますが，大きな金額にはなりません。数個程度ですから。

ZŠ：では，他の人々との関係はどうでしょうか。あなたはこの地域の唯1人の自営業者ということはないはずです。他の自営業者との関係はどのようなものなのでしょうか。何か彼らと会合を開くような場はないのでしょうか。

PD：特に思いあたることはありません。

ZŠ：と言いますのも，ここにも何らかのつながりが存在しているはずです。あるいは，あなたはそのような関係の少し外側に立っているのでしょうか。

PD：私は色々と利用された経験があるものですから，それで……。

ZŠ：どのように使われたのですか。

PD：それで私はこの男の子を家においているのです。

ZŠ：なるほど，よくわかりませんが……。その子はここの学校に通っているのですか。

PD：ギムナジウムに通っています。この子はここの学校に通い，私と一緒に暮らしています。ですので，私が食事を作り，服にアイロンを当て，洗濯もします。*(ここからは回答者の女性の生活について，夫はいるのか，孫に対してどのような態度をとっているのかなどを質問している。調査の本質には関係しない箇所であると思われ，かつ非常に個人的な内容であるとも思えるので，記録から省いた。)*

ZŠ：あなたはこの町の将来についてどのように考えていますか。何がこの町の将来を支える柱なのだと，あるいは柱にならなければならないのだと考えていますか。この町はどのような基盤に拠って立つべきだと思いますか。

PD：そうですね，第1に，ここに店が立ち並ぶようにならなくてはと思います。

ZŠ：なるほど。どのような商店が必要なのでしょう。

PD：すべての人々がここで必要なものを揃えられるようにするためにも，あらゆる種類の商店が必要です。と言いますのも，今では各地に大規模なショッピングセンターが建てられ，ここにも1か所ありますが，かつてのように小さな店が立ち並ぶという市内の風景は変わってしまいました。しかし，今では市内にも多くのペンションが営業しており，市内にも宿泊客がいますので，そのためにも商店を維持していくことが基盤だと私は考えています。

ZŠ：そうですね。この5，6年の間に状況はずいぶん良くなりました。では，ペンションがあるということは，観光業も上手くいっているということでしょうか。

PD：観光は，そうですね，すでに町の基盤ではないでしょうか。かつてのように1つの大きな工場が操業していて，そこに多くの人々が雇われていて，収入に余裕があるという時代ではありませんから。

ZŠ：観光にチャンスはあると考えていますか。

PD：私にはわかりませんが，難しいのではないかと思います。

ZŠ：では，例えばどのような産業分野ならばチャンスはあると思いますか。鉱山や重工業はもう難しい状況ですが。

PD：タバコ工場は残念でした。あの場所はさまざまに活用できたはずの敷地だったのですが。ご存知かと思いますが，電球の工場があります。そのくらいです。

ZŠ：その電球工場にはちょうど昨日調査に行きました。スヴェトロ社ですね，この町に残った唯一の大企業ですね。では，観光業については……。

PD：ご存知かもしれませんが，彼らは，例えば，ここで何か土産物になる物などを生産していますが，しかし，この町の敷居は高く，電気料金もガス料金も高いのです。お判りになるでしょうが，そのような場所で少しずつ物を作って，価格に転嫁していては何も売れません。製造費用は上昇する一方ですが，その後は……。

ZŠ：ここはとても魅力的な地区ですが，商品の需要は少なく僅かなものです。人々は貧しく，生産の費用もかかる。このような状況では，生産コストばかりかさみ，この生産と消費の歯車もどこかで止まってしまいます。

PD：人々も毎月の遣り繰りこそ楽しみながらも何とかやっていけますが，他の事に使うだけのお金は手元に残っていません。それまでに車の部品とかそういった様々な物を買おうという考えが浮かんでしまうのです。大体どこか壊れたところがあるのですから。そうでなくとも，この場所で生活するためには道路にも慣れなくてはなりません。今の時期は良い状態ですが，冬期には，この町から外に出るためには腕の良いドライバーである必要があります。

ZŠ：まったくです。私たちも冬に訪れたことがあり，ヴィフネ［Vyhne］の辺りを走ったことがありますが。

PD：しかし，よく話しているのですが，メチアル時代にすでに完成しているはずだった別の道路の計画がありました。すでに建設計画も承認されたはずでしたが，まったく話に出なくなってしまいました。その一方で，この辺りでは自然が良く残されています。しかし，案内はされていませんので，車でもこの辺りを観光しながら見て回るのは難しいと言えます。

ZŠ：そこにいいこともあるのでしょうか。

PD：そこにいいことがあるかどうか，私にはわかりません。

ZŠ：我々が初めてここに来た時より様々なやり方で町を繁栄させることはできます。例のユーロも私たちにとっては価格上昇をもたらしたものかもしれませんが，あなたがEUへの加盟が何かよい結果を導いたとも考えるようなこともあるのでしょうか。

PD：かつてと今との違いは，かつて私たちは国境の外に出ることができず，国の外に出るためにはビザが必要であり，そのビザもなかなか取得できなかったことです。今では，必要な書類をすぐに受けとることができますが，それに必要なお金がありません。そこがかつてと今の違いです。ですので，人々は……。

ZŠ：実際のところ，ヨーロッパ化はあなたに何も影響しなかったのでしょうか。つまり，例えば，あなたの店では地図も置いていますので，そういった地図などを観光客に販売するようなこともあると思うからですが。

PD：確かに，観光客もこの市内を歩き，時々はスロヴァキアに関する何かを買うこともあります。ここには絵ハガキも置いています。またシチアヴニッツァに関する冊子も幾つかあります，翻訳されているものです。

ZŠ：ブラチスラヴァの事情はここよりも少しばかり進んでいます。向こうでもかつては何もありませんでしたが，どのように外国人を迎えるかということを学びました。つまり，ブラチスラヴァにもとても魅力的な一角があったのですが，ほとんどの店は閉まったままでした。と言いますのも，観光客がそこを訪れることがなく，物を売る相手がいなかったからです。しかし，なぜ観光客がその地区を訪れないのかといえば，店が全く開いていないからでした。ですので，今あなた方に言えることがあるとすれば，誰かが始めなくてはならないということです。企業家はそのような事に取り組む義務があります。ここにレストランをまず開くべきであって，扉を閉めたままではだめなのです。そうですよね。

PD：それは一面では真実です。私も，例えば，店を始めた頃，まだコルナが使われていた頃には，シーズンを通して，さらにより長い間，人々が町を訪れている間は，店を開け続けていました。つまり私は他の人よりも長く店を開いていました。しかし，ユーロが導入された後は，店を開けていても意味がなくなりました。そして，今は，例えば，サラマンダー祭が開催されるようになり，多くの人々が訪れるようになり，町を見て回るようになりました。しかし，誰も何も買わないのです。これがあなたの言う魅力的な一角の実情です。

ZŠ：では，あなたはよく出てくるグローバリゼーションという言葉についてどう感じていますか。これは何を意味しているのでしょうか。これについて何かご存知でしょうか。何らかの形であなたに関係していますか。どこにいたとしても何もかも同じというのではあなたの利になることは何もないのでしょうか。

PD：それはあなたが必要としていることですね。

ZŠ：ええ。あらゆる物がさまざまな場所で生産されるようになっています。

PD：中国でも。

ZŠ：どこで生産された物でも私は気にしませんが，しかし。それが……。

PD：ちょうどこの前，知人がリオデジャネイロを訪問しました。そこでローマ教皇と青年との集いがあったのですが，そこに小さなキリスト像が持ち込まれたのだそうです。本当に小さくかわいらしい像です。そこの写真立てのところに飾ってあるものですが，まさに中国製だということです。

ZŠ：では，何らかの強い利点があるということでしょうか。なかなか探し難い気もしますが。

PD：青年にとっては確実に利点があります。つまり，彼らはいろいろな場所に移動することができます。しかし，今ではかつてのようには食糧は自給できなくなってしまったので，相当の量の食料品を輸入できなくなった時にどうなってしまうのかと考えることもありますが，どうにも見当がつきません。私たちが何を食べているのか，それがどのようにして食卓まで運ばれてきたのか，わからなくなってしまっています。恐らくは外国の企業が様々な生産組合のところを回って買い付けているのでしょうか。これでは，かつてのような生産組合にはチャンスはありません。かつては組合の構成員の庭園でさまざまなものを栽培し，脱穀し，組合が彼らから買い付け，乾燥された穀物を少しばかり売って100コルナを手に入れるということもあったのですが，今ではそれを買う組合はありません。こうして，人々は，畑を耕すという作業から切り離されていくのです。つまり，それを収穫して，乾燥させた後に，どうすればいいのでしょう。蒸留酒でも作ればいいのでしょうか。つまり，私たちにとっていいことは何もないのです。

ZŠ：話を変えますが，人々の間の貧富の差についてあなたはどのように考えていますか。

PD：そうですね，中産層の人々はその多くが下の方に押し出されていますが，その一方で僅かな数の賢い人々は上の方に動いていると思います。

ZŠ：この10年間でその傾向は強まっていますか。つまり，豊かな人々がより豊かになっていると思いますか。

PD：そう思います。

ZŠ：そして，貧しい人々はますます増えていると思いますか。

PD：貧しいと言われている層の人数も増えています。この，中産層が下方に押し出されているという問題は，実際のところ，国レベルの話です。ご存知かもしれませんが，ポーランドでは昔からこのような零細企業がたくさん活動しています。

ZŠ：ええ，零細企業の数は，ハンガリーでもポーランドでも，私たちの国よりもずっと多かったものでした。

PD：そして，それらの国を通った時には畑がきちんと耕されていて畝がきれいに並んでいたものでした。それに比べて私たちの国はどうでしょう。雑草の方が私たちよりも多いのではないでしょうか。

ZŠ：では次の質問です。あなたは従業員を1人雇っていますが，どの程度の賃金を支払っているのですか。

PD：最低賃金と同じ額です。

ZŠ：現在はいくらですか。

PD：総額で502ユーロ，手取りでは300ユーロです。

ZŠ：なぜこのことを持ち出したのかといいますと，私たちが行ったアンケート調査の第1次の結果がまとまったからです。そのアンケート調査において，私たちは統計的な平均月収も尋ねました。私たちの国の今年の平均月収は780ユーロです。しかし，当然ながら，これは統計学上の結果であり，この結果からそこらかしこにある現実を語ることができるわけではありません。普通の給与額は大体400ユーロから500ユーロ程度であり，普通の労働者や普通の従業員はこの位の額を受け取っていると言えます。この結果に基づき，私たちはこの平均月収ラインを下回る階層が増えているのかどうかを尋ねています。そして，さらに完全な下層に属する人々が失業者であり，この町でも失業率は約20%に及んでいます。

PD：しかし，従業員の彼女が高い学歴を保持していたとしても，労働事務所がより高い給与を提供することはありません。彼らはより多くの人々に仕事を提供することが重要であり，それ以上のものを示すことはないのです。あたかも就業という境界までいければそれで十分だと考えているようです。

ZŠ：何か問題を抱えているのでしょうか。

AI：ここ最近の20年から30年はバンスカー・シチアヴニッツァにとってどのような時代だったのでしょうか。

PD：そうですね，新しい時代が始まった90年代はさまざまなことが自由になった時代でした。あなたもご存知でしょうが，私たちはさまざまな会議に出席せずにすむようになりました。89年以前に頻繁にそして無駄に開かれていた会議の類です。そして，みんな一息つき，全員で良いことを考えればいいのだと思うようになりました。スイスのようにです。しかし，90年代になって，まだ93年から94年まではまだ私たちの購買力もそれなりにありましたが，その後はさまざまな経費が一気に上昇しました。電気料金も上がり，ガス料金も，そして様々な手数料も値上げされました。そのために手元に残るお金は年ごとに少なくなりました。

ZŠ：つまり，生活費が年ごとに嵩むようになったということですね。

AI：ではこの20年間にどのような時期があったのでしょうか。

PD：90年代には確かに上向きの時がありましたが，その後はゆっくりとした下降傾向が続いています。

ZŠ：それは経済的な意味でしょうか。

AI：町の生活です。

ZŠ：市での生活ですね，なるほど。

PD：市は90年代から再び拡大しました。発展も始まりました。

ZŠ：社会活動や文化活動のことを念頭においているのでしょうか。

PD：そうです，社会活動や文化活動です。

AI：良くなったのでしょうか。

PD：良くなりました。

AI：その数年間の後，最近ではどうでしょうか。

PD：そうですね，90年代以降はざっと見るならばずっと良い方向に進んでいます。

ZŠ：ずっと上向きなのですか。

PD：ええ。そう思っています。

AI：90年代から。それはどのような意味でしょう。

ZŠ：1990年から。

PD：つまり，その時から発展が始まったのです。ご存知のように，それ以前の文化は全く異なるものでした。私が知っているのは，65年からですが，それから70年までは，いま私たちが当然だと感じているようなレベルでの文化が存在していたと記憶しています。

ZŠ：そうでした。プラハの春の時期，社会主義を改良できるという幻想があった時期ですね。

PD：その後は何か窒息させるような時期が始まりました。

ZŠ：ええ，「正常化」の時期ですね。

PD：その時期はあの89年までずっと続きました。

ZŠ：そして，その90年の後について，あなたは話されたのですね。自由を得た陶酔感やそういったすべてのことについて。

PD：その通りです。そこから発展し始めたのです。

ZŠ：その時から上向きの時期があり，横ばいもあり，下向きの時期も……。

PD：ええ。消え去った物もあれば，新しく登場した物もありました。しかし，文化的な生活の場面では絶えず何かが起きていました。ここはとても良い場所です。

AI：最近の10年間はいかがでしたか。私たちがここを訪れたのは，何年前のことだったでしょうか。

ZŠ：6，7年前です。

AI：その時と比べると，街はより心地よく，より綺麗になりました。

ZŠ：建物も増え，より清潔になりました。

PD：ええ，多くの古い建物が修復されました。

ZŠ：それらの古い建物や中庭，商店も新たな装いになっていますね。

AI：しかし，それらのことは必ずしも人々の生活が好転したことを意味しませんよね。

PD：それでも，ある程度は良い方に変わりました。それは確かです。と言いますのも，この街が89年以前にどのような外観を示していたのかとはとても比較できないと感じているからです。

ZŠ：そこここの漆喰がはがれ，壁は柱でようやく支えられている様子などなど私も覚えています。

PD：私も屋根が落ち，壁もはがれていた建物を購入したのです。

ZŠ：では家1軒を購入したのですか。

PD：ええ。

ZŠ：それでここに住んでいるのですか。

PD：いいえ，まだ向こうの家です。

ZŠ：ここに住まいを移す計画もあるのですか。居住スペースを確保する余裕もあると思われますが。そしてこの階段は良い店舗になるでしょう。

⑾　地域振興関係のNPOリーダー：回答者（PK）

PK：I will speak English.

ZŠ：It will be very good for us.

PK：Okay, so let speak English. So according to this law, if there are towns and villages together with entrepreneurship organization in one organization. They can get financial support from the state, which means that if we collect the membership fees, that same amount will be given from the state.

ZŠ：Like subvention.

PK：Without the necessity to give back. Yes. We have to write down project, what we are going to do with this money. Of course there is, there are things we can do and things we cannot do from this subvention.

ZŠ：Is money biding for this project? Only for this project? Can use. Not for the other one, only for this one.

PK：Yes, definitely.

ZŠ：Only for this one.

PK：So mainly use, and now are we speaking about our organization, our budget, yearly budget is about 80,000 euros, which means we have approximately forty thousands of membership fees. And then we get another forty thousands for the activities, which we mostly pay ours.

ZŠ：I can help you.

PK：Prevádzkové náklady?　事業の運転経費ですか。

ZŠ：The costs for the….

PK：Salaries.

ZŠ：Regional costs, not regional but regime costs.

AI：Running costs?

ZŠ：Yes running costs.

PK：So we mostly use, we need, there are two of us, me and the managing director. And then I have one colleague who works with me and so our running costs are about, I don't know, 30,000 euros and the rests we use for the activities. So we have 10,000 left from our budget then 40,000 we have to write a project and then we will be given from the state, let's say, forty thousand for activities.

ZŠ：ここで一言よろしいでしょうか。この点の調査を英語で進めるのはあまり良いことではないでしょう。私たちの側で編集し，翻訳に出します。努力したとしても英語では伝わらないこともあるでしょうから。

PK：わかりました。いいでしょう。もう一度お話しします。

ZŠ：いえ，この部分は私たちでまとめておきますので，手短にお話し下さい。

PK：法律に従い，私たちは 1 個 1 個の事業に対して資金を獲得していますが，それと同じ額の会員費を会員である自治体や企業から受けています。国から受け取った額と同じ額です。しかし，活動に対する支援のために受け取っているのですが，このことは，私たちの収入，私たちの予算は私たちの運転費用に充てられ，国からの補助金の大部分がこのために使われているということを意味しています。つまり，私たちは費用の大部分を私たちの活動を具体化するために使用しているのです。私たちはすでに 1 年半ほど活動していますが，最初の 1 年はほぼ組織作りだけで終わりました。当然ながら，これと並行して私たちはさまざまな事業も行っていました。

ZŠ：あなた方の組織の加盟者数は何人ですか。組織の基盤はどうなっていますか。

PK：私たちの組織には 13 の自治体とバンスカー・シチアヴニッツァ郡が加盟しています。それに加えて，ヴィフネやオンドルシャ，ハームレといった郡の外にある重要な自治体も参加しています。So we have thirteen municipalities as members and then we have about 35 entrepreneurs as members.

ZŠ：自営業者ですか。

PK：私たちの組織には約 35 社の企業やその他の組織も参加しています。私たちの最初の活動は訪問者に関する調査でした。そして，その調査では，様々なことに加えて，彼ら訪問客が十分な情報を得られておらず，この街でどのようなことができるのかをまったく知っていなかったことがわかりました。それが当時の状況でした。

ZŠ：見るものや使えるもの，体験できるものに関してですね。

PK：そのため，私たちはこれらに関する情報を提供することから事業を始め，そこから次第に，情報提供のためのパンフレットも作成し，市内や周辺の町村にも案内板を設置するようになりました。そのためあなた方もこのような地図を手にすることができるようになったのです。

ZŠ：その通りです。今では新城砦のところにも案内板が設置されていますよね。

PK：新城砦のところにも旧城砦のところにも設置しました。つまり，それらの箇所にある案内板は私たちによるものです。また，私たちは道案内の標識も設置し，さらにこれらに加えて，投資家の興味を引かないようなところでも様々な投資も開始しました。

ZŠ：すみませんが一つお願いです。スロヴァキア人の会話がとても速いので彼らが少し苦労しています。申し訳ありませんが，ゆっくりとそしてより判りやすいようにお話しいただけませんか。あなたも英語をよく理解されていますので，英語で手短にお話しいただくだけでも構いません。つまり，お話しされていることがあまりに多く，あまりに早く流れていくのが大きな問題の種になっているのです。上手く言えませんが，早くともあまり多くの内容は入れないように。私の妻のようにです。彼女はかつて教師を務めていたので，話し方が非常にわかりやすく，発音も明確です。ですので，彼女の話は非常に理解しやすいのです。

PK：わかりました。

ZŠ：もしかまわなければこれを味見してみたいのですが。

PK：乾杯。どうぞ，どうぞ。

ZŠ：私たちのために貴重な時間を割いていただき心から感謝しています。あなた方もお飲みになるようですが，彼（石川）は東〔スロヴァキア〕の魅力にとりつかれ，彼らのように振る舞って。ですので，もしあなたが酒の席で他の日本人を見た時には注意してください。彼にとっては違いますが，他の人々にとっては死ぬほどきついお酒なのです。彼は日本人よりむしろ東〔スロヴァキア〕の人と言った方が良い位ですから。

PK：So we started with information, information like this, this is for the Banska Stiavnica city, this is more or less, what you will find on the information tables, main attractions what to do and what to see in Stiavnica and. . . .

ZŠ：In which language do you have it?

PK：この英語版と，当たり前ですが，スロヴァキア語版もあります。ただデザインは違います。

ZŠ：なるほど，少し異なるデザインなのですね。

PK：また，もう少ししますと，この周辺の町村のために私たちが作成した最初のパンフレットも出来上がります。

ZŠ：それはこの辺の町村を扱ったものですね。彼らにとって非常に役立つものになるでしょうか。

PK：このパンフレットはまだスロヴァキア語版のみで，この後家族や子ども向けのパンフレットも作成していく予定です。

ZŠ：なるほど。つまり目的を限定した，あるいは細かい目的をもった訪問客も使えるようなパンフレットも作成していくのですね。素晴らしい考えです。

PK：私たちが行っているまた別の案件は，これまでスロヴァキア語で説明してきましたが，ここは英語で説明できるよう試してみます。There are things that are not interesting for entrepreneurs.

ZŠ：Or more expansive for them also.

PK：Because it cannot bring the money back for them, such as building moating trails in the mountains. 自転車道の整備や自転車用の登山道の整備などです。そして，あなた方が三位一体広場を通った時に目にしたかもしれませんが，広場に芝生の箇所を設営しました。

ZŠ：ええ，見かけました。

PK：それもまた私たちが作ったものです。と言いますのも，その広場にはそれまで立ち止まってくつろげるような場所がなかったためでして，そのために整備したのです。

ZŠ：ちょっとした島のような空間ですね。

PK：夕方には私もそこをよく散歩しています。Because in the Stiavnica it is always walking downhill and uphill. So this is the place where people can rest. ですので，私たちはここで進められていた自転車用そして冬季のクロスカントリー・スキー用の登山道の整備と連携し，協力して進めていくことにしました。なぜならば，このような登山道はシチアヴニッツァに人を引き付ける資源になり得ると思えたからです。

ZŠ：ええ。まさしく私が言いたいと思っていたことでした。

PK：私たちはまだ別の案件も手掛けています。３年から４年，５年程前に EU 基金に提出するために計画を立案し，その内４つの計画が実現されることになりました。第１は訪問客への調査に基づいた観光開発戦略の策定であり，それを交通計画に反映させていくことです。訪問客への調査とは，visitors research, so we are asking people why did they come, how did they come, what they are looking for, how long they stay, when did they stay, and so on, and so on, and so on.

ZŠ：You have some questionnaire?　この調査の質問票はまだありますか。

PK：この調査ではある企業が私たちのためにすべての作業を行いました。

ZŠ：尋ねたいと思ったのはまさにその点です。

PK：この調査は分析の一部分になっています。最初にデータを収集し，分析し，そして最後に戦略が姿を現すことになるでしょう。この戦略はこの地域のステークホルダーと協力しながら作成される予定になっています。ステークホルダーとはスロヴァキア語で言いますと……。

ZŠ：開発の担い手ないしそれを支える存在。計画の実行に携わる人々ですね。

PK：この地域でこの計画を理解している人々でもあります。

ZŠ：またも話の腰を折るようですみませんが，この質問は私たちが関心を抱いているさまざまな点の１つでして，それもあまり重要な点ではないのです。先ほどあなたは自転車道やクロスカントリーやスキーのコースの整備について話していましたが，あなたはこの先もこれらは今後の発展を支えるプログラムないし柱になると考えているのでしょうか。

PK：柱の１つにはなるかと。

ZŠ：わかりました。つまり，あなたはこの町やこの地域をこのような地域であると捉えているということでしょうか。

PK：その通りです。

ZŠ：すみません，つまり私たちは，町の将来を担うような産業分野ないし町の将来的な柱になるような分野についてあなたがどのようにお考えなのかを尋ねたいと思ったのです。これは，このインタビューで必ず尋ねなければならないことですので，お尋ねした次第です。

PK：つまり，この市は夏の観光シーズン，この観光シーズンとは実際のところは6月半ばから，7月，8月，そしてもっとも長く取った場合でも9月半ばまでということですが，この観光シーズンで訪れるメジャーな観光地として既に受け入れられているということです。9月初めの段階でも宿泊施設の70%から80%はふさがっています。これは参考までの数字で，私たちは正確な人数は把握していません。私が思いますに……。

ZŠ：見積もり，専門家による見積もりということですね。

PK：そうです。専門家による見積もりでは，この市の宿泊設備の使用率は今話したとおりです。しかし，シチアヴニッツァを訪れた訪問客の滞在日数をさらに延ばしたいと私たちが願うのであればもはや市だけに頼ることはできず，地域全体で考える必要があります。そしてこの地域ではバンスカー・シチアヴニッツァ以外に夏季でもこれだけ宿泊施設が稼働することはありません。ですので，私たちの課題は以下の2点になります。第1に観光シーズンを伸ばしていくこと，第2に地域全体に対する関心を高め，人々が地域の他の場所を訪れるようにすることです。

ZŠ：それは訪問客を引き付けるような魅力あるものをこの地域で整備していくという意味でしょうか。

PK：まさにその通りです。そして，まさにその点で，バンスカー・シチアヴニッツァで可能な観光の内容を割り振らなくてはならないのです。バンスカー・シチアヴニッツァで可能な観光は基本的に目的の面で2つのグループに区分できます。第1はいわゆる文化型の観光であり，文化や建築物，博物館といった施設に興味を持つ人々を引き付けるものです。第2のグループは様々な体験に興味を持つ人々を引き付けるもの，つまりコンサートや映画といったイベントです。この点でもシチアヴニッツァが文化フェスティバルを開催しているという点において，この小さな町がスロヴァキアの中でとても強力な存在となっています。

ZŠ：さまざまなイベントですね。わかります。

PK：私たちはジャズ・フェスティバルも開催していますし，クラシックの音楽詩のフェスティバルも開催しています。これらはそれぞれの分野の主流や多くの人々が参加するものではなく，傍流とも言えるジャンルですが，このことはむしろ質に特化しているのだとも言えます。つまり，これらの文化イベントにおいて市は素晴らしい背景を提供しているのです。

ZŠ：より親密な雰囲気ですね。

PK：つまり，私たちが観光シーズンをより引き延ばしたいと願うのであれば，この主要なシーズンから外れた時期にフェスティバルを組織すれば良いということになりますが，これはまた問題を引き起こすことになります。と言いますのも，天気が絡んでくるのですが，この地域の山地の天候は変わりやすく，信頼が置けないからです。

ZŠ：宜しいでしょうか。まさにその点はケチュケシュさん［pán Kečkeš］も私たちに話されたことですが，一方で私は彼に札幌を訪れ，そこの氷像フェスティバルを見にいった話もしました。つまり，氷像フェスティバルは夏季の観光シーズンに代わるものを冬にでも行えるということでして，あなたがたもそれを引き継いでさらに展開できるのではないかと思います。

PK：訪問客は大きく2つのグループに分けられるという話に戻りましょう。彼らのためにさまざまなイベントが開かいれているわけです。私たちはそこに3つ目のグループを加えられればと考えています。つまり家族や子どもたちです。

ZŠ：なるほど。

PK：と言いますのも，都市部に住む家族は休息する場所を必要としている，ブラチスラヴァといった大都市に比べて時間の流れが遅い場所を必要としているという明確なトレンドがあるからです。ブラチスラヴァといったような大都市からシチアヴニッツァやその周りの地域やバンスカー・ビストリツァなどを訪れることになります。バンスカー・ビストリツァは私たちにとってこの地域の中心のように思える場所です。このような家族にとってこの地域は非常に複雑であり，それなりのリスクを感じる場所です。この町は小さな子どもたちを連れて歩くには難しいところです。と言いますのも，このような丘の町ではベビーカーは使いづらいので，子どもたちを背負って歩くしかないからです。その一方，ブラチスラヴァから1時間半から2時間ほどでこの町を訪れることができます。私が思いますに，この町やこの地域が提供できる物事は彼らにとって，特に子どもたちにとって興味深いことでしょうから，そのためにも活動していこうと考えています。

ZŠ：交通面はいかがでしょう。と言いますのも，子ども連れの家族にとっては，自家用車以外にも，バス交通網がそれなりに使えることが大事であるからです。鉄道はあなたがたの町の場合は実際のところ1つの路線しかありませんから。

PK：交通の便は数ある問題の中の1つです。交通の便はこの町が抱える制約の1つですが，統計資料によれば昨年の宿泊者数は増加しました。外国人の訪問客を計算から除いた場合，スロヴァキア人の訪問客は29%増加しています。

ZŠ：スロヴァキア人の訪問客の数ですね。

PK：スロヴァキア人の訪問客数です。2011年と比較して2012年はほぼ30%近く増加しました。さらにそれに加えてスロヴァキア人の宿泊者数も30%程度います。このような結果を残せた1つの理由は高速道路が開通し，ブラチスラヴァから約1時間半でここまで来られるようになったことです。

ZŠ：そうですね。私たちもジアルまで高速道路を使い，そこからスクレネー・チェプリツェを越えてきました。これが一番短い経路ですね。さらにその先にも向かうことができます。

PK：その通りです。

ZŠ：バス交通はいかがでしょう。都市間の長距離バスということですが。

PK：これも問題だと考えています。スロヴァキア人を呼ぶ時にも問題になりますが，外国人を呼び込む時にさらに大きな問題になります。彼らは旅行ガイドブックを手にしてスロヴァキアを歩き回り，シチアヴニッツァはどのガイドブックにも掲載されているのですが。

ZŠ：ユネスコの世界遺産登録のためですね。

PK：世界遺産登録のためです。彼らの第1の目的地がブラチスラヴァで，それに次ぐ第2の目的地がシチアヴニッツァです。しかし，彼らがブダペシュトからここに来ようとしたら10時間はかかるでしょう。ブラチスラヴァからでも長い時間がかかり，旅程に組み込むのが現実的な話ではなくなってしまいます。

ZŠ：直通のバス路線はないのですか。

PK：私たちで設定することはできるかもしれません。訪問客の間でシチアヴニッツァに対する関心が高まったならば，直通路線を設定することもあるでしょうが，そうでなければ難しいでしょう。

ZŠ：TURANCAR〔トルナヴァのバス会社〕や私も個人的にそのような話をしたことはあります。

PK：人々の間で理解が広まれば，シチアヴニッツァを通るバス路線の運営会社は見つけられるでしょう。

ZŠ：シチアヴニッツァを経由する形で既存のバス路線の経路を変更することは考えられますね。このような質問をしたのは，見たところ子ども連れで旅行をするような中産層の下の方の人々が少ないと感じたためです。

PK：私が思いますに，あなたもご存知のように，ブラチスラヴァの住民はほぼ自家用車を所有していて休暇旅行に出る時にも車を利用するので，そのような問題があることにも気がつかないでしょう。これは基本的には外国人に関係している問題なのです。

ZŠ：シチアヴニッツァは駐車場の問題もありますね。

PK：市内の駐車場は最近問題として取り上げられるようになり，この先5年ほどは大きな問題であり続けるかと思います。しかし，私たちもこの問題の解決に向けた取り組みを始めています。つまり，パークアンドライドを実現できる可能性があるか，収容台数はどのくらい必要で，値段設定をどうすべきかに関する分析を行っています。当然ながら，これはまた多額の投資が必要な事業ですので出資者を見つけなくてはなりませんが，訪問客の利便が向上すれば，投資も回収できる可能性は高いのではないかと考えています。

ZŠ：あなたはとても能動的に活動していますが，他の会員はどうなのでしょうか。つまり，企業家やホテル経営者，ペンション経営者の活動はいかがでしょうか。そして，この活動と関連したマーケティングの話も耳にしました。そして電子メディアでの活動はいかがですか。

PK：EU の資金によるプロジェクトの件に話を戻しましょう。先ほどはこのプロジェクトの前半，つまり戦略策定のところまで話をしました。このプロジェクトの第 2 の部分は印刷物の用意です。第 3 の部分は観光客が比較するための評価システムや予約システムを備えたインターネットのポータルサイトの開設です。利用客自身が宿泊施設を評価できることやさまざまなイベントなどのあらゆる情報を掲載することが非常に重要であると考えています。このようなポータルサイトの開設が第 3 の部分であり，そして第 4 の部分がさまざまなイベントの開催です。

ZŠ：まさにあなた方が先日行ったような企画ですね。

PK：例えば，最近ではサラマンダー祭がありました。

ZŠ：先週末でしたね。

PK：この週末には「トルコ人が来た！」というイベントも開催しました。これはカルヴァリアでのトルコ人の戦いを再現したものです。オスマン・トルコ軍とハンガリー王国軍の戦いの再現です。話がわかるでしょうか。

AI：わかります。

PK：わかりました。ここであなた方が興味を持つような経済指標をお見せしましょう。先ほど話しましたが，公式の統計によれば年間約 5 万人がシチアヴニッツァに宿泊しています。1 年に 5 万人です。この中で外国人客はほんのわずかな割合を占めているだけです。ほんのわずかです。国籍別にみた場合それぞれ約 1,000 人未満が宿泊しているだけです。1 年に 1,000 人もいないのです。

ZŠ：外国人全員の数字ですか。

PK：いいえ，国籍別にみた数です。

ZŠ：なるほど，判りました。つまり，1,000 人を越えているのはオーストリア人の数字ですね。

PK：More than one thousand overnights per year, of course we have Czechs, we have

Hungarians, then we have Austrians and that is more or less all. That are the biggest parts of it and then, let's say English people or French people, are under one thousand overnights per year. つまり，外国人訪問客の中の主な集団はチェコ人やハンガリー人，そして……。

ZŠ：オーストリア人。

PK：オーストリア人のみが 1,000 人を越えています。残りの国の人々はいずれも 1,000 人に届いていません。この数字が示しているのは，今のところ，私たちはスロヴァキア人のお客さんをベースにしなければならないということです。We have to build; we have to raise the Slovak visitors. Because there is the rule which was according to that, if you are looking for foreign tourism, the local tourism must exist. That is the rule. ですので，まずスロヴァキア人向けの観光業を整え，それに基づいて外国人向けのものをその上に重ねていかなくてはなりません。私たちのインターネット・ポータルサイトがマーケティングの主な手段になるでしょう。すでに私たちはポータルサイトを開設していますが，この EU 基金に基づくプロジェクトの資金が入ってくるのを待っているところです。

ZŠ：あなた方は基金から資金を獲得できたのですか。

PK：資金を獲得しました。そして，サイトの作成を開始したところです。なぜならば，インターネット・ポータルサイトがなければマーケティングを行えないからでして，上手いマーケティングを行っている市はどこでも市のインターネットを開設し，その一部に観光客向けの情報を掲載しています。ここにも観光協会があり，彼らも自分たちのサイトを持っていますが，私たちは今のところ独自のサイトを開いていません。つまり，私たちはマーケティングの基本的な手段すらまだ手にしていない状態なのです。ですので，まずは１年以内にインターネット・ポータルサイトを開設し，そこから通常のマーケティング活動を開始したいと考えています。

ZŠ：あなた方が設置した案内板や地図は非常に喜ばれていますので，今後の案内板の設置やホテルの住所などの掲載といったあらゆる情報の提供も喜ばれるでしょう。しかし行うのは大変かと思います。

PK：私たちが今年進めているまた別のプロジェクトは地域全体の割引カードです。

ZŠ：ああ，誰かが話していました。

PK：このカードはインターネット・ポータルサイトがなくとも実施できるマーケティングの手段です。ですので，まず手がけましたが，まだまだ初期段階にあり，この第１期の内容を評価して，今後も継続してきたいと思います。

ZŠ：単純に見ても興味を惹きつけますし，このような割引はさまざまな人々を呼び寄せます。そして，どれが一番効果的だったのか，人々はどこにお金を落としたのか，どこに行こうと思ったかも判ります。

PK：この総額4万3,000ユーロ相当の割引カードの発行を含めたメディア・キャンペーンの効果は十分費用に引きあうものでした。

ZŠ：どのくらいの割引を提供したのですか。

PK：15%です。そう大きな額ではありません。しかし，このカードは無料で提供しました。そして，レストランやカフェの多くで使用でき，一部の健康施設でも利用できます。ホテルでは使用できません。宿泊料金の割引はこのカードのサービスには含まれていません。と言いますのも，そこまで踏み込むと様々な複雑な話が出てくるためです。割引対象はレストランのみで，宿泊には適用されません。つまり，この地域割引カードはより単純な方式で行いました。と言いますのも，私たちはまだこのカードがどう機能するか見極められていないからであり，より洗練された方法を導入する意味を見いだせなかったためです。電子的なカード読み取り機とかそういった設備は多額の経費がかかりますので。

ZŠ：お尋ねしたいのですが，先ほどあなたがたがどのような資源を手にしているかという話をした際，道路や鉄道の事情はそれなりの複雑さを与えてはいるものの，それらは主要な障害ではないということで意見が一致したかと思います。では，この観光業という主要産業の今後の発展にとって一番の障害となるのはどのようなことなのでしょうか。

PK：私たちが如何ともしがたい障害は色々あります。例えば地理の問題です。

ZŠ：しかし，それは同時に有利な点でもありますよね。

PK：障害となっているのはアクセスの問題，つまり峠越えをしないとここに辿り着けないという点です。しかし，これはそう大きな問題ではありません。よい物を提供できる限り，関心を惹きつけられるでしょう。If there is interest people would come, they would come even though there are some obstacles, how to get to Banska Stiavnica of course, it is not easy to get to Banska Stiavnica. But if the attractiveness is high, they will come.

ZŠ：障害を克服しようとしているのですね。

PK：この丘の町での駐車場の問題も同じです。空いている場所を見つけるのは難しいですし，ユネスコの世界遺産登録との兼ね合いもあります。

ZŠ：無計画に壊して再開発するわけにはいかないと。

PK：つまり，新しいホテルや新しい建物を建設するわけにもいかないので，大規模に投資することもできません。ユネスコの世界遺産登録は一方では非常に良いブランドになっていますが，他方で様々な制限をもたらしています。つまり，この町ではこのような開発の案件の進め方は非常に難しく，交通問題を解決するにも多くの費用がかかることになります。もう1つの大きな障害は人々の考え方です。

ZŠ：住民の意識でしょうか。

PK：住民もそうですが，企業家も含まれます。

ZŠ：まだ 20 分ほどあります。

PK：歴史的に見た場合，長い間シチアヴニッツァにはヨーロッパの知的エリートが集まっていました。この町にはヨーロッパで最初の鉱山技術大学が存在していたのです。

ZŠ：林業科や化学科の学校も。

PK：林業やその他の学校もありました。かつては世界的な技術革新の場所だったのです。

ZŠ：黒色火薬が初めて使用された場所でもあります。

PK：黒色火薬やその他のものも。この町にはエリートが集まり，どのように技術を発展できるかを語り合っていました。彼らエリートたちは 1919 年にこの町を去ることになりました。その後は普通の人々，鉱夫だけが残りましたが，彼らが新しい思想を受け入れ，経営に長け，微笑みを絶やさない人になることは難しい注文でした。このような状況からの突破口は，この点ではバンスカー・シチアヴニッツァはとても幸運だったと言えますが，この人口 1 万人程度の小さな町に，毎年毎年新しい家族が移り住むようになったことでした。

ZŠ：それは最近の話ですか。

PK：最近の話，つまりこの 30 年ほどの傾向ですが，この傾向は強まっています。毎年この町に新しい家族が移り住んでいますが，彼らの多くは大都市から移住してきた人々です。

ZŠ：第 2 の居住地を構えるようになったということですか。

PK：いいえ。彼らは移住してきたのです。つまり，このシチアヴニッツァは彼らにとって魅力的でファンタスティックな町，素晴らしい街であり，彼ら移住者は町の中心部に住んでいます。移住者のコミュニティには彼らの子弟が通う学校や彼らが集まる居酒屋も含まれています。

ZŠ：ある種の非公式のコミュニティですね。

PK：非公式のコミュニティです。公式にはまったく現れてこないような，そして昔からのシチアヴニッツァの住民とは全く異なる考えを抱いているコミュニティです。昔からのシチアヴニッツァの住民は，あなたがたも話をすればわかるかと思いますが，何か事を起こそうと色々と話はしていますが，上手く動こうとはしません。彼らは不信感を抱いています。一方，新しい住民はエネルギーを内に抱えていて，物事は変えることができると信じています。問題は，今のところ，この 2 つのコミュニティの間に架け橋がないことです。

ZŠ：それは年齢の問題でもあるのでしょうか。

PK：年齢のためであるとも思います。また，このように伝統が強い環境の中で新しい住民として移り住んだこともあるでしょう。私もまたこの新しい住民のコミュニティの一員です。つまり，このコミュニティの新住民たちはここシチアヴニッツァではなく，外の町，ブラチスラヴァで収入を得ているのです。インターネットを通じて，あるいはまた別の方法で仕事をしています。しかし，動機は感じています。

ZŠ：担い手ですね。

PK：彼らはこの発展の担い手です。そして，彼らが大きな力を発揮できたならば，権力構造の内部に入ることもできるでしょう。

ZŠ：つまり，この新住民たちは裕福な人々であるということでしょうか。あるいは，それはあまり関係ないことでしょうか。

PK：それよりも重要なのはこの新住民の大部分が芸術家だということです。想像力のある人々は裕福ではありませんが，物事を作り上げていくポテンシャルを持っており，彼らが展示会やフェスティバルを開催するとなれば，さらにこういった人々を集めることができます。

ZŠ：なるほど，しかし，まだ今のところはこの新住民は市の権力構造に入りこめてはいないのですよね。

PK：まだ今のところはそうではなく，そのような大望を実現する機会もそう多くはありませんし，有権者のことを考えるならば，そのような望みは実現できないかもしれません。

ZŠ：有権者は自分達の仲間の中から選びますから。

PK：彼らの仲間に投票します。

ZŠ：よくわかりました。では，学生たちはどうでしょう。と言いますのも，かつてシチアヴニッツァに数多くの学校があった頃，学生たちは大きな勢力だったのですが，今の彼らは知性の潜在的な宝庫とはなっていないのでしょうか。

PK：かつて学生たちが多くいた頃はシチアヴニッツァにとってのチャンスだったのかもしれませんが，今ではそうではありません。問題は，この町に学校を誘致するのは簡単ではないということに尽きます。スロヴァキアでは私立の学校はまだまだ少なく，私立学校に通う学生たちの数も多くはありません。第２に，学校を卒業した後，学生たちはこの町を離れてしまいます。なぜならば，シチアヴニッツァの失業率は非常に高いためです。非常に高いのです。ここで仕事を見つけるのは非常に困難なのです。

ZŠ：ジアルやジャルノヴィツァと比べてもこの町の失業率は高いですから。

PK：そこまでの数字は知りません。

ZŠ：今日，労働事務所で話を伺ってきました。

PK：ジアルやジャルノヴィツァの事情はわかりませんが，この町で仕事を見つけることが本当に難しいということはよく知っています。ですので，多くの人々がこの町の外で働いています。週に１度は車に乗り，２時間かけてブラチスラヴァに行き，そこで様々な用事や会合をこなして，この町に戻って仕事を進めていくのです。つまり，学生たちが来てこの町が活性化したとしても，それは一時的な現象に過ぎないということです。またシチアヴニッツァが抱える別の問題は，市はユネスコの世界遺産について全く権限を有しておらず，市は世界遺産を保存しなければならない一方で，開発することができないということです。私たちは世界遺産地区の地下空間を利用することを考え，そのための計画も立案しました。この町に人々とお金を呼び寄せ，この町の新たな魅力となるような計画です。観光シーズン以外の季節でも人々を呼び寄せられるような計画でしたが，問題はそのための資金がないことでした。地域が持つ資力を遥かに越える資金が必要だったためにこれを実現することができず，また行政の壁も乗り越えることができませんでした。と言いますのも，鉱山はどこかの省庁の管轄下にあり，開発時の安全策の確保などといったような問題点を山ほど突き付けられ，それを乗り越えることができなかったためです。もしかしたら，大規模な出資者が見つかっていたならば，このような障害も克服できたのかもしれませんが，そのような出資者も見つけられませんでした。なぜなら，市のキャパシティは投資を回収できるほど大きなものではなかったためです。このような大口の出資者はプールやレジャーランドといったような手堅い案件にのみ資金を投下するものです。プールならば2，3年ほどで建設でき，1万人ものお客さんが宿泊するようになり，巨額の利益を手にすることができるでしょう。しかし，ここにはホテルもなく，ホテルを建設することもできません。ここには駐車場もなく，駐車場を建設することもできません。これでは投資家も進出できないままでしょう。また別の大きな投資案件としてはスキー場の建設も考えられますが，この地域の降雪量はあまり多くなく，スキーのシーズンも長くありません。つまり，標高があまり高くなく，積雪がないかもしれないというリスクがあるので，投資家も進出しづらいのです。そのようなわけで，私たちが選んだ道は，よくある開発の手法から外れ，創造力に頼るものでした。そして，創造性の源となるのは人々だけです。つまり，まずはこの町に創造力豊かな人々を集め，彼らの創造力に拠って立つしかないのです。

ZŠ：私たちが最後にこの町で調査をしたのは2006年でしたが，その後２年前にもう一度この町を訪れました。しかし，それはスクレネー・チェプリツェに住むある教授の招待を受け週末に訪問したというだけのことです。その時は私たち２人とともに私の妻もチェプリツェやここに来ました。私たちはこれまでも何回もチェプリツェを訪問していましたが，その数年の間に急激にシチアヴニッツァがきれいになり，建物の中庭も利用され，テラスも使われるようになっていたのを見て，非常に驚いた覚えがあります。それらの建物を使ったきれいな商店のショーウィンドウがあり，居酒屋も古くからの家具を上手く使っていたという具合です。つまり，今あなたが話していたような人々は古民家を修復し，それらを販売し，あるいは利用する方法を知っているということですね。

PK：私は，当たり前のことですが，グローバルな視点からお話をしています。シチアヴニッツァにも幾人かの目端の効く投資家がいますので，幾つかの投資案件はこの町の環境を熟知しそこから利益を得る方法をよく知っているシチアヴニッツァの住民が携わっていますが，しかし多くの投資案件は外部の人間が持ち込んできたものです。非常に興味深いことですが，2009年ないし2010年までこの地域では宿泊施設が毎年2つずつ建てられていました。2つの宿泊施設ないし2つのペンションです。2011年と2012年にはすこし規模が小さくなりましたが，この地域全域で15の施設が建設されました。

ZŠ：ええ，その変化はここシチアヴニッツァでも見てとれます。

PK：つまり，投資家たちは，明らかに，シチアヴニッツァのポテンシャルを感じ，それを信じ，そのため宿泊施設を建設しているのです。ここで重要なのは，私たちが観光客のために丸2日分の観光プログラムを提供することであり，主要な観光シーズン以外の時期にも彼らを呼び込めるようにすることです。この点について，私たちは山々を走るサイクリング道を作ることが要になると見ています。と言いますのも，サイクリングのシーズンは4月や5月から始まり，9月から10月，場所によっては雪が降らない限り11月まで続くからです。そして，家族全体が数日間滞在するようになるからです。その一方で，私たちはサイクリング客と地方の住民との仲を取り持ち，地方の住民がサイクリング客を迎える用意を手助けする必要があります。ご存知のように，地方の住民たちは都会からのお客さんに好奇心を向けるでしょうが，彼らから経済的な利益を得る方法はまだ知らないままです。例えば，ここには動物を飼育している観光農園が2か所あり，乗馬なども体験できます。この2つの農園は次第に拡張し，経営も上手くいっています。

ZŠ：その農園の経営者もあなたがたの仲間なのでしょうか。

PK：彼らの内の1人はそうですが2人目は違います。ですが，私たちの考えを理解すれば，参加してくれるでしょう。私たちもいつも譲歩ばかりはしていられません。

ZŠ：少し異なった角度からの話が聞けて非常にありがたく思います。例えば，住民の気持ちがある種の障害になっていることや，新しく移住してきた世代の人々は非常に創造力が豊かな人々であるというような，住民に関する話は私にとって，非常に興味深いものでした。そして，今後の発展の柱を何かの物事に求めるのではなく，そのような世代に求めていこうとする話もとても興味深いものでした。

PK：この点は心理面から理解できることでしょう。つまり，60年代から70年代にかけて鉱山が閉鎖され，この地域の失業率も高まりました。人々は何も仕事がないという状態に慣れてしまい，僅かばかりの年金で生きていくことに慣れてしまったのです。

ZŠ：生活に必要なことに慣れていったのですね。

PK：必要なことに慣れていきました。そして，彼らの子どもたちもそのような状況の下で育ちました。

ZŠ：そのような状況にすでに適応していたのですね。

PK：そして眼を覚まして，そこから抜け出すことは非常に困難です。

ZŠ：ええ。私もまさにそのような態度の転換に関心を抱いています。

PK：1つの可能性は彼らが外国に行き，そこで12年は働き，どのようにして働けばいいのかを学びとり，また故郷に戻ることです。まだうまく回っていませんが，このような回路がいつかは動いてくれるのではないかと信じています。

ZŠ：素晴らしい。石川先生，何か質問があればどうぞ。私たちはこの後，他の人との聞き取りがありますので，まだ話していない点でお願いします。

AI：毎年5万人程度の人々がここに宿泊されているとのことでしたが，2006年や2007年の状況はどうだったのでしょうか。

ZŠ：毎年どの位の数の人々が宿泊しているのか，もし情報をお持ちならばお願いします。

PK：統計の数字はあまり興味をひくものではないかもしれませんが，統計によれば，2008年には約4万5,000人が宿泊しました。そして，2008年以降，数字は減少しています。2008年はスロヴァキア全土で観光がブームとなったピークの年でした。2008年にはあらゆる数値が伸び，そして，2008年を境に下降に転じました。それも急激に減少しました。少ししますと減少の具合は緩やかになり，緩やかに上昇に転じ，そして最近はまたかなりの増加を示しています。

ZŠ：なるほど，先ほどあなたが話した5万人という数字は2012年の数字ですね。

PK：その時は平均して30%近い伸びが見られました。また外国人観光客の数も20%程度増加しました。〔以下英語〕私は観光客の数ではなく，宿泊者の数を話しています。

ZŠ：訪問者数ではなく，宿泊者数ですね。ここにもかなり大きな裏経済があるのではないかと強く思っているのですが，この統計はあくまでも公式の数でしかないのですよね。この数字は宿泊カードを記入した人の数ですね。

PK：So the accommodation, they should bring us the support to fill some right to that statistical office. But they are cheaper and we do not know how much we just guess that it is between 30 and 50 percent. 30 and 50 percent so if we speak about 50,000 overnights for Banska Stiavnica only. The reality might be 100,000 overnights.

ZŠ：宿泊者として申告しない，そのような手続きを経ないで泊める例もあるかと思いますが。つまり，正式な手続き書類に則った宿泊者数に応じて税金なども納める必要があるはずですが，その辺りはどうでしょう。

PK：ですので，統計上はとお話ししたのです。統計について話す時は，統計上の絶対値のみが評価の対象とされます。その数字を信用できないこともありますが，例えば，統計で伸びが見られたならば，それは現実を反映していると信じることもできましょう。数字が正しいかはともかく，現実を反映しているのです。

ZŠ：わかりました。ありがとうございます。まだ他の方との調査がありますので，つまりまだ7人の方と会う必要があるのです。時間を割いていただきありがとうございました。

AI：あなたはこの町の出身ですか。

ZŠ：彼はこの町に移り住んできたのです。

PL：この町に引っ越してきました。

ZŠ：それはいつ頃のことでしたか。

PK：3年前です。

ZŠ：なるほど，3年前に移住したのですね。その頃は私たちもアイデンティティに関する調査を行っていました。つまり，地方や都市の住民が現在住んでいる場所についてどのようにアイデンティティを獲得していくのかということを調べました。これは今までの質問とは関係なく，個人的な研究テーマですが，あなたは自分がシチアヴニッツァの住民であると感じているのでしょうか。

PK：私はある一面ではシチアヴニッツァの住民であると，多くの点でシチアヴニッツァを地元にしている人間だと感じています。と言いますのも，その点こそにシチアヴニッツァのポテンシャルがあると信じているからです。私は，これがシチアヴニッツァの力の源であり，人々を惹きつけるものだと見ています。つまり，このような観点から私自身も他の住民と同じようなシチアヴニッツァの住民だと考えています。他方で，私たちのように新たにこの町に移ってきた人々が受け入れられているかどうかはとても答えづらい問題です。ここには2つのグループの間に敵対感情はありませんが，別の言葉が飛び交っています。私たちは異なった関心を抱き，異なった心理状態にあり，それらを互いに理解できるのは，シチアヴニッツァの住民のほんの一部だけです。

ZŠ：あなたは誰かと血縁関係にあったりするのですか。

PK：つまり，私たちは行きつけの居酒屋があり，その店には，実際のところ，この町に移住してきた10%の住民しか通わないということです。

ZŠ：どの店ですか。

PK：そのような居酒屋の1つは市庁舎の向かいにあるアルハンイェル［Archanjel］とい

う店です。市庁舎から道を渡ったところにある小さな店です。

ZŠ：あそこの教会と向かい合っている店ですか。

PK：そうです。エヴァンゲリック教会があってそこから少し坂を登ったところです。市庁舎の周りの階段を降りて，少し行ったところです。

ZŠ：昔は軽食堂があった場所ですね。次の約束の時間が迫っているのでこれで失礼します。ありがとうございました。

⑿ バンスカー・シチアヴニッツァ＝ホドルシャ鉱山協会：ミラン・ドゥルバーク氏（PD），ヨゼフ・オスヴァルド氏（PJ）

PD：では始めましょう。私たちにどんな質問をされるのですか。

PF：あなた方の協会の主要な目的と基本的な活動内容はどのようなことでしょうか。

PD：私たちの基本的な活動内容は，バンスカー・シチアヴニッツァに古くからある鉱山アカデミーの伝統を再興し維持することです。ええ，バンスカー・シチアヴニッツァには１千年以上にも及ぶ鉱山業の伝統が存在しています。歴史あるいは伝統，このような１千年にも及ぶ鉱山業の歴史が，そしてシチアヴニッツァ西郊の鉱脈での金鉱石や銀鉱石の採掘が，いまだに連綿と続いているということ，これはスロヴァキアの中では完全に例外的なことです。現在では，この場所はホドルシャ・ハームレ［Hodruša Hámre］という町に含まれています。ここでは地下掘り法で金銀鉱石の採掘が行われています。

PJ：スロヴァキアで唯一の場所です。

PD：かつてのチェコスロヴァキア時代でも鉱石を採掘する唯一の鉱山になってしまいました。

PF：バンスカー・シチアヴニッツァ＝ホドルシャ鉱山協会は何時から存在し，また誰が設立したのですか。

PD：ええ，その協会は1992年に設立されました。バンスカー・シチアヴニッツァ鉱石鉱山企業付置スロヴァキア科学技術協会の分工場が転換する形式で誕生しました。また，1992年には，バンスカー・ビストリツァの国営企業である鉱石鉱山企業はバンスカー・シチアヴニッツァの工場を閉鎖し，それによって国が運営する形でのバンスカー・シチアヴニッツァでの鉱山の操業は終了しますが，採掘自体は民間企業によってその後も継続しました。その企業の名称はHell社，“l”は２つです。これは18世紀の偉大な発明家であるヨーゼフ・カロル・ヘル［Jozef Karol Hell］に因んで名付けられた名称です。こうして1992年に鉱石鉱山企業の工場が閉鎖されたため，かつての従業員たちは何らかの方法で活動せざるをえなくなり，そのため私たちはバンスカー・シチアヴニッツァとホドルシャに協会を設立したのです。と言いますのも，ホドルシャ，つまりバンスカー・シチアヴニッツァの西にホドルシャ・ハームレという町があるのですが，ホドルシャでも，少し遅れて1994年に鉱石鉱山企業は工場を閉鎖したためです。こうして企業の従業員たちはここでも何らかの方法で活動するためにこの協会を設立しました。集まることで，昔から引き継いできた鉱山と学術の伝統を維持し再生するためです。これは1762年にマリア・テレージアの命令によって設立されたバンスカー・シチアヴニッツァの鉱山アカデミーの場で生まれ育まれてきたものです。この場所で，1919年まで活動していたこの鉱山アカデミーにおいて，独特の儀礼も生み出されてきました。具体的には，例えば「シャフターグ」［šachtág］の儀礼です。この儀礼を通じて新入生が鉱夫の世界に迎え入れられ，あるいは「革越えのジャンプ」［Skok cez kožu］と呼ばれている行為によって迎え入れられるのです。革は実用的なもので，元々は鉱夫の作業服の一部分であり，後には鉱夫の制服の一部分にもなりました。さて，鉱山アカデミーに関して話しますと，そこではいわゆる「サラマンダー・パレード」の伝統も生まれました。これは本来は式典の一部分として行われていたもので，多くの場合は悲しみにくれる学生たちの行列でした。彼らは夕刻にバンスカー・シチアヴニッツァの坂でうねった道を火の付いたランプを手に持ちながら練り歩いたのです。ランプを持ちながら坂を上り下りするその様子は，あたかも何か蜥蜴のように，まだら模様のサラマンダーのように見え，まさにサラマンダーのようだと彼らと関係のない訪問客は考え，そのためサラマンダー・パレードという名前が生まれたのです。ということで，私たちの鉱山協会が設立された目的は，これらの行事，つまり，鉱夫のシャフターグとサラマンダー・パレードに加えて，一連の活動を行うためです。教育的な活動もあります。つまり，1990年からは協会の会員向けのいわゆる火曜の午後の教育プログラムを開始しています。そこでは，バンスカー・シチアヴニッツァでの鉱山業と関連した鉱山学や地質学，歴史学などのテーマに関する講義を行っています。

PF：1992年に協会を設立した時にはどのような人がいたのでしょうか。これらの鉱山の幹部やあるいは他の従業員も含まれていたのでしょうか。

PD：そうですね，鉱山の幹部は，先ほどあなた方にお話ししましたように，スロヴァキア科学技術協会の創立組織に参加していました。そしてこの設立組織がこの1992年の11月19日にこの協会をバンスカー・シチアヴニッツァ＝ホドルシャ鉱山協会へと転換させることを決定したのです。そして，設立総会が招集され，その設立総会の席上で，スロヴァキア分工場が，というのも既にこの分工場が閉鎖されていたからですが，この分工場がバンスカー・シチアヴニッツァ＝ホドルシャ鉱山協会に転換することが宣言されました。その時は何か準備委員会のようなものもありました。その当時，私はスロヴァキア科学技術協会の分工場組織の委員長の役職についていました。これが，その11月19日の文書です。この文書では，組織の転換とバンスカー・シチアヴニッツァ＝ホドルシャ鉱山協会の設立が宣言されています。

PF：では，そのスロヴァキア科学技術協会の構成員は？　そこには会社の従業員も含まれていたのでしょうか。

PD：これは興味深い組織でした。国営企業として生産を行う鉱石鉱山や生産工場があり，そして鉱山の専門家がこの科学技術協会に集まっていました。そこで教育活動も行っていました。そこには完全なシステムがあったのです。ご理解いただけるでしょうか。以前の体制の時にもあったのです。

PD：昨年私たちは記憶に残すためのこの年鑑［almanach］を発行しました。この年鑑の中で私たちの20年の活動が手短に回顧されています。ここには規約もあり，さらに実用のために，様々に書かれていたあらゆる種類の略称も記されています。そして，ここには会員名簿もあります。この年鑑は私たちの協会の会員の必要に応えるために出版したものです。この年鑑をあなた方に寄贈しましょう。私たちのことを世界に向けて宣伝できるでしょう。そして，世界の遠く離れた場所，日本でも，バンスカー・シチアヴニッツァにバンスカーシチアヴニッツァ＝ホドルシャ鉱山協会という団体があるのだと知ってもらえることができます。それは私たちにとって非常に嬉しいことです。

PF：協会の現在の会員数はどの位でしょうか。

PD：現在は確か145人の会員がいます。

PF：あなた方のところでは職員を雇用していますか。

PD：いいえ，私たちのところには有給の職員はいません。私たちは全員無給で働いており，有給の職員を1人も雇用していません。全ての事を任意で勤務時間外に行っています……。

PF：ここにいるのは全員男性ですか，それとも協会の会員の中には女性もいるのでしょうか。

PD：いいえ，そのようなことはありません。後で私たちの規約をご覧ください。私たちはどちらかの性に固まろうとしているのではありません。そうではなく，私たちの会員は全ての人々に開かれています。会員の中では鉱山の専門家が多いですが，しかし，鉱山を愛し，私たちの規約に賛同する人もいます。私たちの会員の中には政治家もいますし，他の分野の専門家も，そして，私たちの何かを気にいった個人の会員もいます。彼らは私たちの催物に通っています。このように私たちは全ての人々，男性にも女性にも開かれている団体です。私たちは何らかの基準にもとづいて隔離することはありません。私たちは，開かれた協会です。私たちの会員は国外にも幾人かいます。彼らのうち1人はハンブルグに住んでいます。ゲランブ博士［Doktor Geramb］です。彼は一時期ここで活動していたことがあり，また，ここホドルシャ・ハームレにはかつてゲランブ連盟もありました。

彼は古くからの鉱業従事者の一家の子孫です。今では，彼はハンブルグに住んでいますが，年に2回程度は私たちの催物に通ってきています。

PF：協会には年齢の面でも様々な人がいるのでしょうか。

PD：年齢の面でも非常に様々な人が入り混じっています。しかし，熟年層の人々が多くを占めています。と言いますのも，おわかりになれるかと思いますが，鉱業従事者という職業を体験することが必要ですが，若い世代はもはや鉱山業にあまり関心を示してはいないからです。なぜならば，ここスロヴァキアの鉱山業は衰退状態にあり，そして，1度も鉱山の坑道に降りたことがない人間にとって，鉱山の伝統はなかなか想像できないものであるからです。そして，若い世代から私たちの活動に加わろうという関心が示されることはなくなってきています。ここには多くの学校があり，私たちは青年に向けて話をする機会を非常に嬉しく思いますが，そのような活動が何か良い結果に結びつくことはありません。何か肯定的な結果を導くことはないのです。

PF：実際のところ，会員の中にはまだ本当の鉱夫はいるのでしょうか。

PD：いいえ。しかし，例えば，私は鉱石鉱山で19年間雇用されていました。現在はバンスカー・シチアヴニッツァの鉱山局に勤め始めてからもう18年になりますが。とは言え，会員の中にはまだホドルシャで操業を続けている鉱山の従業員もいます。

PF：彼らはまだ坑道に降りているのですか。

PD：ええ。今も坑道に降りています。

PJ：ほぼ全員，99%が鉱山に降りたことがあります。今では会員の大部分は年金生活者ですが。

PD：そうです。今では大部分の会員は年金生活者です。このヨシュコ・オスヴァルド氏もかつては鉱山の救援隊員であり，保安技術者でした。

PF：協会の組織はどうなっているのでしょうか。

PD：それでは，まずは私たちの組織に戻りましょう。私たちの協会の会員数は145名です。この数字は多少上下しています。なぜならば，年月を経て歳をとった会員の幾人かが天に召されることもあるからです。協会の活動を指揮するのは，鉱山協会運営委員会であり，25人の委員がいます。そして，私たちの協会は内務省に登録された独立した市民結社でもあるのですが，私たちの協会の代表はリヒャルト・カニャ工学博士［Ing. Richard Kaňa］です。彼はホドルシャ・ハームレ工場の工場長でもあります。そして幹事が私です。私たちは執行役員ですが，そこに25人の運営委員が加わります。規約に則り運営委員会は3か月に最低1回は開催されます。運営委員会と運営委員会との間は執行役員が協会の活動を管理します。運営委員会は1年に1回総会を招集します。そして，総会では次の年度の役員，つまり会長と幹事，会計を選出し，彼らが責任を負うことになります。

PF：毎年会長を選出しているのですか。

PD：はい。毎年会長を選出しています。しかしこれは多かれ少なかれ形式的なことで，大体の場合は同じ人物が選出されることになります。

PF：では，今の会長は何年間会長を務めているのでしょうか。

PD：彼は実質的に二代目の会長です。長年の間，ヨーゼフ・カラベリ博士［Doktor inžinier Jozef Karabelly］が 80 歳になるまで私たちの協会の会長を務めていましたが，博士が 80 歳になられた時，健康上の理由から会長職から退き，リヒャルト・カニャ工学博士が会長職を引き継ぐことになったのです。

PD：ここ最近は，私たちはかつての鉱山アカデミーの建物，現在はサムエル・ミコヴィーニ中等工業学校になっている建物で，年次総会を開催しています。これは，1919 年まで鉱山アカデミーの授業が行われ，アカデミーの学生が学んでいた，歴史的な講堂がそこに残っているという具体的な理由にもとづいています。私たちの最近の年次総会の多くはその講堂で開催され，その場に年に 1 度集まり，私たちの協会の方向を決定するのです。

PF：協会の会員はどのような動機から協会に参加しているのでしょうか。

PD：既にお話ししましたように，鉱山の伝統にシンパシーを感じているからです。

PF：地域の自治体の側からは，あなた方の協会に対してどのような支援が寄せられているのでしょうか。

PD：そうですね，あなたの質問に対しては，私たちは自治体と非常に良く協力していると言えるでしょう。市は私たちと協調しており，さらには市が私たちに協会の事務スペースを提供するほどの関係です。その場所は私たちの文書の保管場所になっており，例えば，私たちの年鑑などといった様々な文書がそこに保管されています。そこをご覧いただくこともできます。

PF：その事務スペースはどこにあるのですか。

PD：それはここにあります。具体的には地下の空間ですが，それ以外にも居住スペースもあり，市は私たちに対して大きな部屋を 1 つ提供しています。私たちはその部屋を事務室と文書の保管場所として利用しています。実際のところ，会長と幹事はその部屋に通い，そこで事務作業を行っています。

PF：あなた方は自治体から毎年の運営資金の助成を得ているのでしょうか。

PD：自治体は私たちに対して間接的な支援のみを提供しています。つまり，私たちが事務所として使っているその部屋を 1 ユーロで貸し出しています。それ以外ではシャフタークの式典といったような大きな催物を開催する際の場所を提供しています。シャフタークの場合は，私たちに対して文化センターの部屋を提供しています。それは自治体がどのようなことを提供できるか次第です。例えば，私たちは幾つかの書籍を出版していますが，市はそれらの書籍を一定数購入しています。あるいは，どこかに行く必要が出た場合には，私たちに交通手段を提供することもあります。また，私たちが行う催物に対して寄付金を寄せるその他の後援者との関係を取り持つこともあります。このように自治体と非常にいい協力関係があると言えるでしょう。そして，私たちは彼らからのこのような支援に応えています。例えば，大統領が市を訪問するといったような機会があれば，私たちの会員は鉱夫の制服を着用した出迎えを用意します，あるいはアルベルト公子が来訪された時のように，シャフターグの儀式を開くこともあります。私たちが市のためにこのような儀式を開くこともあるのです。

PF：あなた方の活動でまだ触れておくことはあるでしょうか。

PJ：スロヴァキアの大統領のほぼ全員が私たちの市を訪問しています。また，モナコの公子も訪問されています。まさにUNESCOに指定され，そのトップが彼だったためです。

PF：その際，この場所を訪問したのですか。

PJ：ここです。ここの坑道の1つにまで入りました。詳しいことはドゥルバークさんがお話しできるでしょう。何回かこのような訪問があり，また私たちもお返しにホルニー・スラフコフ［Horný Slavkov］を訪問しています。

PF：友好の証としてですかね。

PJ：はい，そうです。かつてのチェコスロヴァキア共和国全土で，私たちは様々な鉱山協会のすべてを訪問しています。

PF：スロヴァキアにはこのような鉱山協会が多く存在しているのでしょうか。

PD：そうですね。私たちはバンスカー・シチアヴニッツァ＝ホドルシャ鉱山協会として1992年に初めてこのような結社に転換しましたが，私たちの例に倣ってスロヴァキアのその他の市町村でも同じような協会が誕生しました。現在では既に25の協会があります。このように私たちバンスカー・シチアヴニッツァの人達は先駆者とも言うべき存在です。例のオキムラ氏も2002年に訪問しています。

PJ：あの時このようになると知っていれば。

PD：彼はUNESCOの事務局長です。2005年にここを訪問し，坑道にも降りました。*（本の中でUNESCOの事務局長の日本人〔香坂注：松浦晃一郎氏のことか〕を示している。）*まだ歴史に関することをお話ししていなかったと思います。例の「サラマンダー・パレード」ないしそれが始まった時のアカデミーの学生たちのことですが，彼らが新入生として活動を始めると，彼らはまずバンスカー・シチアヴニッツァの地下に潜り，鉱山に降りることになります。この鉱山はグランツェンベルグ坑道と呼ばれていました。この坑道はここのそば，道の反対側にあります。そして，彼らは例のサラマンダーのような行列で固まってシチアヴニッツァの町へと下って行き，この道の反対側にある坑道から鉱山へと降りて行くのです。そこから500mほど地下を下って行くと開けた場所に出ます。「皇帝の階段」と呼ばれている場所です。この「皇帝の階段」ではかつて1751年にロートリンゲン家のフランツ1世が，時の支配者であるマリア・テレージアの夫君として鉱石の採掘をしたこともあります。その後，1764年には彼らの息子たち，つまり後のヨーゼフ2世と当時レオポルド皇太子，後のレオポルド2世も採掘をしました。また，さらなる別の重要人物であるフランツ・ヨーゼフ帝も坑道に降りています。そして，近現代に入ってからは私たちの大統領たちも坑道に降りてきました。ルドルフ・シュステル大統領とイヴァン・ガシュパロヴィチ大統領の両氏です。そのため，ここには彼らと関係したあらゆるものがあります。この地下の開けた空間，この居酒屋，彼らと関係がある坑道といった具合です。なぜなら，彼らのような著名な人物，ちょうどここに写真がありますが，シュステル大統領がここを訪れたとか，この居酒屋に来た，ここを補強したなどなどのことがあるからです。そして，最近の訪問者では，例のモナコのアルベール公子，現在のモナコ公ですが，2001年にここを訪問し，ここでビールを飲まれています。そして，アルベール公子は市庁舎であの「革越えのジャンプ」を行われました。ですので，市庁舎にはその記念のパネルが，アルベール公子のサインが入った記念パネルがテーブルに据えられています。

PF：あなた方の協会の運営のために地域の実業家からの支援を求めることはあるのでしょうか。

PD：はい。私たちは支援を求めており，私たちが実業家にこの件を話し，彼らが私たちに寄付を行うこともあります。彼らは，第1に直接的な方法を通じて，つまりいわゆる後援協定の形式や寄付協定の形式を通じて私たちを支援することがあります。そして，主要な第2の方法が例の税金の2％の受取人になるという方法です。ですので，私たちは，法人や自然人に対して，具体的には私たちの町の大口の支援者に対して，税金の2％の受取人として，ホドルシャ・ハームレのスロヴァキア鉱山株式会社を記すように呼びかけています。この企業がスロヴァキアで最後の，そしてかつてのチェコスロヴァキアでも最後となった鉱石鉱山の所有者であるからです。

PF：あなた方は実業家の態度に満足していますか。支援についてですが。

PD：ご存じかとは思いますが，鉱山業に携わる企業の数は現在では非常に少なくなっています。今ではここには鉱山に関わる組織は2つしかありません。ホドルシャ・ハームレのスロヴァキア鉱山株式会社とここのコンビン・バンスカー・シチアヴニッツァ株式会社の2社，そして，バンスカー・ビストリツァの国営企業である鉱石鉱山企業。これらが主要な支援者と言える企業です。

PF：2012年度の協会の予算を見せていただくことはできますか。主要な収入源と支出先はどうなっているのでしょうか。

PD：私たちの収入源は，会員からの会費と例の税金の2％，そしてそれに加えて，私たちが出している出版物の販売収入，これは私たちが販売しているものも委託して販売しているものもありますが，それらの売り上げがあります。会員からの会費に関しては，全会員が会費を納める義務を負っています。これが私たちの収入源です。

PF：会費は年にいくらですか。

PD：実際のところ，会員からの会費はむしろシンボリックなものです。生産年齢で職業に就いている会員は年に4ユーロを納め，そして，年金生活者は50％の割引があるので年に2ユーロを納めています。

PF：市民もあなた方の団体を支援しているのでしょうか。世間一般のことを考えているのですが。

PD：世間ですか。世間は私たちのことを受け入れ，世間も支持していると思います。ただ，お話ししましたように，世間の人々からの支援は，私たちの催物に彼らが通うということに限られています。彼らは私たちの催物に通い，私たちは彼らのためにシャフターグを行うという具合です。と言いますのも，おわかりになるかと思いますが，私たちが自分たちのためだけにこれらの行事を行っていたのでは，私たちにとっても楽しいことではないからです。しかし，誰かが私たちに資金を提供するというような形での支援はありません。

PF：他の非営利組織との協力についてはいかがでしょう。

PD：そうですね，私たちは様々な団体と様々な形で協力しています。具体的には，まだ話していませんでしたが，スロヴァキアには鉱山協会やギルドの連盟があります。様々な団体の上にある連盟です。彼らもまたバンスカー・シチアヴニッツァに本部を置き様々な協会を傘下に収めていますが，彼らの側でも個々の団体や協会の活動の擦り合わせを行っています。つまり，25の協会があるのですが，それらの協会が開催する催物の日程が重ならないようにするための調整などを行っています。このように多くの催物はこの鉱山協会・ギルド連盟の調整を経た後に行っており，また彼らは最高位レベルでの国際的な協力体制も確保しています。つまり，世界の他の国にもこのような連盟組織があるのです。

PF：先ほど，あなたは例えば他の団体との協力関係があると話されていましたが，それはこの鉱山協会・ギルド連盟とのことに言及されていたのであり，彼らが主要なパートナーであるということなのでしょうか。

PD：ええ，そしてスロヴァキア鉱業会議所もあります。これは鉱業分野の経営者が集まる全国的な組織です。そして，就業者連盟やスロヴァキア共和国鉱業・冶金業・地質学連盟，スロヴァキア砕石製造業組合などとも関係があります。

PF：その団体のことに話を少し戻してもよろしいでしょうか。

PD：……鉱山協会・ギルド連盟のことですか。

PF：いつからその団体は存在しているのでしょうか。そして，その団体の代表はどなたでしょうか。

PD：スロヴァキア鉱山協会・ギルド連盟の会長はヤロスラフ・マハレーク工学博士［Ing. Jaroslav Malchárek CSc.］です。彼はブラチスラヴァに住んでいますが，この連盟の所在地はバンスカー・シチアヴニッツァです。より正確に言いますとカメルホフスカー通り20番です。

PF：その連盟の加盟者は様々な法人や鉱山協会などなのでしょうか。

PD：ええ，そのとおりです。私たち，バンスカーシチアヴニッツァ＝ホドルシャ鉱山協会もこの連盟の会員です。連盟は傘下に様々な団体をおさめている団体でして，先ほど話しましたように団体間の調整や国際的な協力を担当しています。また，この鉱山協会連盟は *Montan Review*（この雑誌の名称の綴りは不明）という名称の独自の雑誌も発行しています。この雑誌は年に4回発行されています。これはこのようにフルカラーの雑誌であり，また現在スロヴァキアで発行されている中では鉱山のテーマを扱っている唯一の雑誌です。その雑誌には情報が満載されていまして，えっ1号も見つからないの？　とりあえず，そのような雑誌も発行しています。

PF：収入の内訳がどうなっているか，それぞれの収入源の割合がどの程度であるのか，わかりますか。

PD：内訳を説明するのは難しいですが，法人税の2％分の寄付金が相当の部分を占めています。

PF：協会の活動に関するこの他の情報をお持ちでしょうか。

PJ：ヤンコ，何か彼らに話すべきことはあるかな，例の記念プレートのことは……。

PD：同僚のヨシュコ・オスヴァルド氏が私に話したように，私たちは一連の技術遺産に関する記念プレートの管理を行っています。と言いますのも，市内とその周辺の技術遺産というこれらの記念物は1993年にUNESCOの世界文化遺産に登録されたものですが，沢山の記念物が散在しているためです。そこここに坑道や立坑，技術遺産，溜め池，そして18世紀に築かれたダムがあるという具合です。その当時の機械の動力源は水力だったためです。そして私たちはこれらの一連の技術遺産を管理しており，そしてそれぞれの記念物の修復を主導しています。私たちが自由に使える資源があるわけではないので，主導しているというのは，技術的な助言を行い，幾つかの文書を用意し，そして担当の国家機関にそれを示すということです。名前を出すのを忘れていましたが，バンスカー・シチアヴニッツァのスロヴァキア鉱山博物館や同じくバンスカー・シチアヴニッツァの国立中央鉱山文書館がそれらの作業を実施する主要な機関であり，私たちはそれらの組織とも協力関係があります。と言いますのも，スロヴァキア鉱山博物館は例えばグランツェンベルグ坑道やバルトロメイ坑道を管理し運営しているからです。これらの坑道は鉱山野外博物館の敷地内にあり，そこにはバンスカー・シチアヴニッツァのその他の記念物も展示されています。そのため，私たちはそこでも活動し，さらに加えて私たちの私的な取り組みとして，例えば，それぞれの記念物の詳細に関する記念プレートの設置を，あるいは，かつての鉱山アカデミーの校舎といったようなそれぞれの建物に関する案内標識の設置も進めています。それらの建物にはこれまで記念プレートは何も付けられていなかったのです。そのため私たちが案内板を設置することとし，毎年1枚から2枚程度のプレートを順々に設置しています。これらは主に石造りのプレートです。何故なら，今では金属のプレートを設置すると，くず拾いの連中がすぐに引き剥がしてしまうので割に合わないためです。そのため私たちは花崗岩で作った石板のプレートを多用しています。とりあえずこれまでのところは泥棒は幸いにも石板には関心がないようです。

PD：ああ，まだ忘れていたことがありました。私たちは鉱業従事者の舞踏会を開催しています。今年で第21回目になります。これは全国的な規模のもので，年に1回スロヴァキア各地から鉱業に携わる数々の重要人物が集まる社交の機会であり，2月に近年ではグランドホテル・マテイで開催しています。このように私たちも社交的な生活を支持し，主導しているのです。

PJ：この年鑑にも，毎年毎年幾つかの行事を行っていることが記されています。

PD：これらは……。

PF：ああ，これがアカデミーの部屋ですね。

PJ：ええ，そのとおりです。

PD：ここがその歴史的な講堂です。

PF：記録のために写真を撮っても構わないでしょうか。

PD：もちろんです。これは年次総会の様子です。年に1回協会の総会を開催するシステムになっています。そして参加者は年に1回総会に出席するためにバンスカー・シチアヴニッツァに通うことになります。

PF：先ほどの舞踏会のことについて質問してもよろしいでしょうか。この最後のページに載せられているのはその第21回目の舞踏会の様子ですか。

PJ：探してみましょう。これは2月の……，ああ，例えばこれです。

PF：私からの最後の質問です。あなた方の協会はどのような見通しを持っていますか。会員の減少などは予想していませんか。

PD：そうですね，会員になるという興味が減っていることなどについてはお答えするのが難しいです。私たちは20年間活動しており，20年前にこの鉱山協会を設立しました。しかし，会員の大多数は仲間内である状態に留まったまま年月が過ぎ，最初の方であなたにもお話ししましたように，若い世代からの何らかの関心を引き付けようとしており，次の世代に引き継ぎたいという意図や理念を表明してきました。協会の活動を継続していくことはそう容易なことではなく，いつまで続けられるかもわかりませんが，何とかしていきたいです。しかし，このバンスカー・シチアヴニッツァやこの町の歴史と結びついた伝統を残すために私たちはあらゆることを行っていますし，私たちの鉱山協会も長い間その手伝いをしています。おわかりかと思いますが，これは困難なこと，うまく話せるようなことでもありません。しかし，1点だけ確かなことがあります。それは課題がここに存在しており，私たちはそれを何とかして解消し解決しようと努力していることです。そのために，私たちは，若い人々，主に学生ですが，例えば，コシツェの工科大学の鉱山学部の学生に対して呼び掛けています。そこには私たちの会員も多く，このようにしてゆっくりとではありますが，次の世代にバトンを渡そうとしています。とは言え，将来的にどうなるかは何とも言えません。このバンスカー・シチアヴニッツァという都市に私たちが行ってきた共同作業がどうなるか。そしてここにある様々な組織，バンスカー・シチアヴニッツァの中央鉱山局，これは鉱山行政に関わる国の全国的な組織ですが，それらの組織とも私たちは協力関係を築いてきましたが，彼ら中央鉱山局を煩わせることは望んでいません。

PF：あと1つだけお伺いしたいのですが，あなた方が様々な催物を用意している時に，あなた方が実際の準備作業を行っているのでしょうか，どこかからの支援，例えば，会員が所属している組織などからの支援があるのでしょうか。

PD：私たちは，それぞれの催物に際して準備委員会のようなものを設立します。それらの委員会の会合において，私たちは誰が何を用意するのかという課題を割り振り，彼らはその件に関して，後援者やあるいは自治体に支援を要請します。そして，他の人々も何かを確保するために動き，そしてその後の実際の用意の段階で動きます。つまり，全てのものが揃った後でも，会場の用意などが必要になるためです。このように全ての行事に際して，その催物を用意するための組織いわゆる準備委員会が集まり，そこで課題が割り振られ，それらを確保し，実現することになります。

PF：準備作業にあたって何か問題に直面したことはありますか。協会の行事に対する関心などですが。

PD：私たちは，課題を割り振られた会員もその義務を喜んで引き受けています。と言いますのも，私たちは多かれ少なかれ課題を抱えていますし，私たちの行事のカレンダーには，先ほどもお話ししましたように，精密なサイクルがあります。しかし，年度の間にそこに何か別の催し物が割り込むこともあります。つまり，他の団体からの要請にもとづいて，私たちが何かを行うこともあるのです。例えば，そのような伝統を持たないような団体からの要請に応じて，私たちがシャフターグを行うために駆けつけることもあります。その場合は4人から8人のグループで出向きますが，その際の用意も私たちが行うことになります。そして彼らも次第にシャフターグなどのやり方を学び，彼ら自身で行うようになっていきます。

PF：あなた方が話しているのは，スロヴァキアでの他の鉱山協会でのことでしょうか。

PD：そのとおりです。私たちはハンドロヴァーで教え，ハンドロヴァーの人々は自分たちでできるようになりました。プリエヴィザでも，コシツェでもそのようになり，こうして次第に全ての人々ができるようになりました。実際のところ，彼らは独立した組織であり，彼ら自身で執り行うようになっています。

PF：例えば，バンスカー・シチアヴニッツァの団体と協力することはあるのでしょうか。つまり，鉱山関係以外の団体との協力ということですが。

PD：おわかりになるでしょうが，私たちの協会は何かの催物が開催される時にあちらこちらから声を掛けられています。と言いますのも，バンスカー・シチアヴニッツァは魅力的な町で，色々なところからの修学旅行の団体がここを訪れ，例えば，グランドホテル・マテイに宿泊するのですが，その時に例のシャフターグの実演を体験してみたいといったような希望が示されることもあります。そして，グランドホテル・マテイが私たちに依頼し，それを受けて私たちがホテルに赴き，彼らにシャフターグを実演することもあるのです。そして，あるいは，例えば，鉱夫の受け入れの儀式に興味を持つ人がいれば，彼のためのその儀式を，つまり「革越えのジャンプ」をすることもあります。

PJ：ついでに結婚式でも……。

PD：去年には私たちはとうとう結婚式でシャフターグを実演することになりました。私たちの会員の1人，彼は鉱夫でしたが，彼のお嬢さんが結婚することになり，新郎と一緒にシャフターグをしたいと，夫婦関係を結びための儀式として，そして鉱夫になるための儀式としてシャフターグを経験したいと希望したためです。ということで，シャフターグを執り行い，花嫁は新郎と2人で鉱夫の儀式を経験したのです。

PF：質問してもよろしいでしょうか，この儀式に対して彼らは返礼を支払うのですか，それとも無料で行っているのでしょうか。

PD：いえ，会員に対しては無料で行っています。ですが，例えば，グランドホテル・マテイからの依頼などの時には，依頼主に対価を支払ってもらいます。ビールなどのお酒代を持ってもらうのです。つまり，私たちが駆け付ける時には，ビール代と交換にこれらの儀式を執り行うのです。

PJ：私もそうです。シャフターグの宴会がどうなるかが楽しみなのです。

PD：昨年には，私たちはここでスロヴァキアの鉱山都市・町村の第5回会合を開きました。これは毎年毎年別の町で開かれている会合です。ということで，私たちは非常に大きな行事を開き，これは実際のところ，本当に多彩な催し物でした。さらにもう1つの行事の話に戻りますが，1998年以降は中央鉱山局がここバンスカー・シチアヴニッツァに居を構えていますが，1998年のこの中央鉱山局のバンスカー・シチアヴニッツァへの移転以降，ここバンスカー・シチアヴニッツァで，鉱業従事者と地質学者，冶金業者，製油業者の日という行事が組織されるようになりました。つまり，1年に1回レヴォチャに〔宗教的な巡礼のために〕通うかのように，1年に1回，ここでスロヴァキア鉱山冶金業組合が会合を開くのです。こうして鉱山従業者たちは1年に1回バンスカー・シチアヴニッツァに集まります。ここがスロヴァキアでもっとも古い鉱山都市であるからです。

PJ：数日後には，亡くなった人々のことを悼む日が来ます。

PD：スロヴァキアでの鉱山事故犠牲者の日です。これは2009年以来毎年行われているもの，2009年にハンドロヴァー鉱山で発生した20人の犠牲者を出した事故に由来したもので，スロヴァキア共和国の記念日の1つです。私たちも犠牲者を悼みます。

⒀ ジヴェラ，スロヴァキア全国規模の団体の地方組織：ヨラナ・シャモヴァーさん（JS），エディタ・ペトリンツォヴァーさん（EP）

シャモヴァーさんは年金生活者でジヴェラの地方組織の副会長，エディタ・ペトリンツォヴァーさんは同じく年金生活者で，ジヴェラの書記。

PF：あなた方の団体の活動目的と活動内容はどのようなことでしょうか。

JS：このプログラムをご覧ください。コピーいたしましょう。

EP：何よりもまず文化的なプログラムが主な部分を形作っています。

JS：つまり，これは大きな問題です。私は繰り返したくはないのですが，ここはフロン川流域地域のセンターでもあるのです。

EP：文化的な……。

JS：ジアル・ナド・フロノムに属しているということです。

EP：そして，お互いに逃げ回っています。これはスロヴァキア流の言い回しですが。

JS：ええ，そして彼女は私からちょっとしたものを取り上げるのですが。

PF：ジアルの下ですか。ここはフロン川流域地域のセンターではないのですか。

EP：これは単純に笑ってしまうような過程を経て生まれてきた状態です。ちょっとした情報代わりにお話ししますと，ここシチアヴニッツァでは現在，ジアル向けの活動と市内での活動の両方を行っています。しかし，私たちのことを管轄する雇われた職員もいます。シャモヴァーさんが探していたような，周辺地域や他の都市，他の村からも私たちが行うべきプログラムが届けられるのです。そして，雇われ職員の彼女はこの状況を上手くこなすようになりましたが，その活動は私たちと競合する状態になっています。

PF：職員はジアル・ナド・フロノムに所属しているのですか。

EP：はい。そうです。

JS：彼女も文化委員会からお金を得ています。私と同じように現在は 400 ユーロです。

EP：ええ。と言いますのも，文化委員会は町のためにも活動しているからです。ですので，当然ですが，彼らは彼女にも資金を提供しています。しかし……。

PF：ここにはフロン川流域地域の各郡のセンターがあるのではないですか。

EP：各郡のためのセンターがあります。

PF：なるほど。

JS：つまり，バンスカー・ビストリツァ県と，さらにはジアル・ナド・フロノムのフロン川流域地域のセンターがあるのです。この活動拠点が移転してきたのです。彼女はそこからも給与を得ています。

EP：彼女は専門職員であり，そこに雇用されているのです。

JS：一方，私は無給で働いています。

EP：多少なりの喜びの気持ちと熱意からです。

JS：ここに関わることで私は喜びを感じ，生涯を通じて関わろうと思っています。これがそのプログラムでこちらは昨年度の評価書，つまり年次報告書です。

EP：こちらもご覧になり，必要であれば訳してください。

PF：あなた方の協会はどのような組織形態になっているのでしょうか。

JS：私たちは地方組織です。本部はマルチンにあり，本部の代表者はブラチスラヴァにいます。しかし彼女は非常に高齢であり，そのため新たな代表を選ぶ必要があります。3 月に新たな代表の選出があったはずですが，どうなったのかは聞いていません。

EP：今のところ，何も情報は入っていません。

PF：あなた方はこの団体は市民結社として登録されているとお考えですね。

JS：はい，市民結社です。

PF：では，あなたはどれほど長い間ジヴェラの代表を務めていたのでしょうか。

JS：私は 13 年間勤めています。以前の代表者が亡くなられた後に私が選ばれました。終身務めることになります。

JS：このような形です。私たちは会合を開き，資金を集めます。これは私の役目ですが，自慢したいわけではありません。私は委員が集まり，ここに座り，協議をするために委員会を開きます。彼女は議事録を作成し，お金の出し入れを記録し，会計管理をします。と言いますのも，様々なところに配分しなければならず，それをすべて理解することはできないからです。この会計管理を400ユーロの対価で行っています。そして12月にはこれら全てのところで問題が生じてきます。資金集めをしなくてはならず，スポンサーのところを駆け回ることになりますが，これはとても恥ずかしいことです。

PF：誰がいつ，ジヴェラを設立したのか，会員数はどの位であり，会員層はどのような人々であるのか，お知らせください。

JS：協会では，実際のところ老婦人が多くを占め，そしてある新教の牧師の妻ラドヴァーニヨヴァーさん［pani Radványiová］がジヴェラに再び戻ることができるようにまた計画していました。

PF：あなたは1989年以降の時期のことを話しているのでしょうか。

JS：1990年のことです。

PF：あなた方がジヴェラを再建した時に，そのような提案がなされたのですね。

JS：ラドヴァーニヨヴァーさんがその福音派新教の牧師の奥さんです。

PF：そして彼女があなた方，つまり，関心を抱いている女性の方々に働きかけたのでしょうか。

EP：はい。

PF：その当時のジヴェラの関心事はどのようなことだったのでしょうか。その設立ですか。

JS：いいえ，確かにそれも関心の1つでしたが，まずは40人が集まりました。私がその時代に知り合った人々からその40人を集めたのです。

PF：では，常に40人程度の女性が活動されていたのでしょうか。

JS：しかし，それほど長い間ではありませんでした。と言いますのも，これは1990年のことで，そして2000年に彼女が亡くなりました。最後の数年は病に伏せってもいましたので，数か月はある人が仕事を分担し，そして数か月後に次の人にまわすというように運営していましたが，それでは都合が悪いので，改めて会議を開くように私が提案しました。彼女はその会議にも出席したいと望んでいたのですが，それまで生きながらえることはできませんでした。そして，この2000年の会議で私が選出され，その後は私が選ばれ続けています。

PF：なぜ若い人々，つまり若い女性をジヴェラに引き付けることに問題が出てきているのでしょうか。

JS：シチアヴニッツァではこのような活動に対する関心はあまり高くありません。例えば，教師は全く参加していません。

EP：とは言え，それについては，仕事を持っている人の都合に合わないという問題もあります。

JS：仕事を持っている人の都合もありますが，彼らも行事には参加しています。しかし，会員ということになりますと，仕事を持っていない人が多くなっています。多くの人々はイタリアや，あるいはオーストリアに働きに出ているのです。

EP：あるいは幼い子どもを育てているかです。そしてその後は会に関わることを望まなくなります。恐らくは，別の活動に関わっているのでしょうか。時間的にも。

JS：また，私にはこんな経験もあります。私が出向き，あなた方のために活動するので，委員会に誰かを送ってくださいとお願いするのです。そうすればこうなります。そして，委員会は今では20人規模になっています。それでも，若い人々も行事には参加しています。

PF：ジヴェラがこの町で最初に設立されたのはいつでしょうか。

JS：それについてはここに記してあります。設立されたのは1927年2月20日です。

PF：設立以来一貫して活動を続けているのでしょうか。

EP：継続して活動しています。

JS：はい。当時は作家の方，マリエンカ・クプチョコヴァーさんが会長でした。しかし，その時の活動の動機は……。

JS：とはいえ，これがジヴェラです。ジヴェラはマルティンで設立され，マチッツァ・スロヴェンスカーと結びついた団体でした。私たちのところにも，2名の名誉会員がいましたが，お二方とも亡くなりました。

EP：マルチン，文教の中心地……。

JS：8月4日にトルチアンスキ・マルチンのリンデンの木の下で集ったという記録があります。この時に会の規約が承認され，12人の委員が選出され，アンナ・ピリコヴァーさんが副会長に選ばれ，マチッツァと協力したということです。1874年ないし1875年の民族的な災厄の中をジヴェラのみが生き延びたのです。

EP：この団体のみでした。

PF：しかし，1874年を生き延びたということは，さらにそれよりも前に設立されていなければなりませんが。

JS：私は何年だと話しましたか。

PF：1896年です。

JS：96と話しましたか，間違えていました，69，反対にして69年です。確認してください。そして，その後の災厄を唯一生き延びて，つまり，例のスロヴァキア語ギムナジウムが3校とも閉鎖された災厄ですが，その後1900年にはジヴェラは社会的や文学的な課題を担い，さらには家族学校の設立という役割を担いました。ここ，バンスカー・シチアヴニッツァにも家族学校がありました。そして，その次の会長に就いたのが，エレナ・マローティ・ショルテーソヴァーさん［Elena Maróthy Šoltésová］です。

JS：ここバンスカー・シチアヴニッツァでも 499 人の会員がいました。

EP：大きな組織だったわけです。

PF：現在のスロヴァキアでもこのような基礎的な地方組織は多く残っているのでしょうか。

JS：多くはありません。確か 7 つの都市にあるだけです。

EP：維持できている組織はですね。

JS：これらは 1989 年の後に復活したものです。と言いますのも，1953 年にリタヴァヨヴァーさん（社会主義期のスロヴァキア女性連盟の議長）が解散させたからです。

EP：その後に女性連盟が設立されたのです。

JS：ジヴェラは解散させられました。

EP：国民戦線内にはその女性連盟が残り，ジヴェラは解散させられたのです。もし比較することができるならば，ジヴェラとそのスロヴァキア女性連盟との間のもっとも大きな違いとはどのようなことだったのでしょうか。

JS：私が考えるところでは，そう大きな違いはありません。

EP：そう大きな違いはありません。ただ，当時の政治路線に寄り添っていこうとしていたということだけです。

JS：しかし，私たちもまたその中で干し草をかき集めに，あるいは奉仕作業やそういった作業に通ったものでした。私は多くをお話することはできませんが，私が昔そこに通っていた頃には，連盟の人たちが私たちをまとめ，私は午後に集会があったときにはチューター役を務めたりもしました。また，合唱団でも私は女性連盟で時間を過ごすことになりました。しかし，私が女性連盟の会議に出席することはありませんでした。なぜなら私は既に就職していたからです。

EP：どのような違いがあるか私には判りません。もし違いがあるとするならば，ジヴェラが完全に非政治的である一方，女性連盟は国民戦線の内部にあることである方向を向き，当時の政治の下にあったということでしょうか。

EP：しかし，文化的な方向の活動もしていました。

PF：どのように文化的だったのでしょうか。彼らは何も文化的なことはしていませんでした。

EP：その組織はもうありません。しかし，全体的には私たちが話したようなものでした。

JS：シチアヴニッツァで文化的なものですか。その当時でも，市では様々な文化的な催物が開催されていました。と言いますのも，ここには劇場があり，あるいはコンサートを開催できるような建物もあったからです。しかしそれらは市が招待したものでした。

EP：ええ，女性連盟も様々な催物を組織していました。

PF：では，それらの団体の活動条件は，社会主義の時代と比べた場合，困難になったのでしょうか。

EP：そうですね。できるだけ，党の路線を支持するようにしていたという点で，かつての方が困難でした。

JS：現在の方がより困難です。

EP：たしかに現在の方が困難です。なぜなら，自分たちが希望するものは全て自分たちの力で獲得し，組織し，資金も自分たちで集めなければならないからです。

EP：かつては，それらはカバーされていましたから。ご存じでしょうか，党は必要ならば様々なことを禁止できました。と言いますのも，私たちは何かをしようとして望んでいたのですが，しかし，その当時，その女性連盟もそれらの行事を行うことを希望しており，そして連盟にはそれが可能でした。場所が与えられており，もし何かをしようとしたら資金面でも支持を受けられました。一方，今では私たちはすべてのことを自力で確保しなければなりません。と言いますのも，私たちは自前の場所すら持っていないからです。何もありません。

JS：何もです。会場についてもプログラムのために私が申請しました。

EP：ええ。必要ならそれをしなければなりません。つまり，現在ではすべて自助によって組織しなければならないのでより困難になっています。

PF：それらのものを女性連盟の地方組織があなた方のために確保することはあったのでしょうか。あるいは，あなた方が話をして……。

EP：どの時期のことでしょうか。女性連盟があった当時のことでしょうか。

PF：はい。

EP：ですと，かつてはより単純でした。と言いますのは，もし何かが必要であれば，党があなたを支援したからです。あなたがわざわざ面会に行くことを望まないとしても，党の郡委員会に出向けば十分でした。ご存じでしょうか，かつてはそれで上手くいったのです。そして私たちは，自分たちでも簡単に動けました。会長が全てを確保できたのです。

EP：今では，私たちのために上から圧力をかけ，助けてくれるような人物はいません。

JS：いません。彼らがそれで気をもむことはありません。と言いますのも，会長はもう90歳を越えているのですが，彼女はマルチンで暮らしていますが，彼女の健康状態はかなり悪化しているという話です。実際のところ，本部をマルチンからブラチスラヴァへと移さざるをえなくなり，そこで会長を選出しなくてはならないのですが，非常に話が入り組んでいるようです。

EP：彼らに指示を出せる人がいないのです。

JS：マルチンには会の建物もありますが，ブラチスラヴァにも建物はあります。そこの建物は特徴があり，大統領府のそばのジヴェラの建物です。しかし，今では，そこも独力では。

EP：私たちが建物を持てて喜んでいたことが忘れられてしまったかのようです。

JS：しかし，その建物をどうすれば良いのか，私たちには判りません。3月からはそこで会合を開くとの通知が3月には届いていましたが，会長が病に伏せっているためにそのままになっています。

EP：あらゆる活動も，人々の意欲も滞ったままです。

JS：そして会員の間からは，新たな会長を選出すべきだとの要求が提示されています。ここにその要望書があり，私は署名しませんでしたが，……何という名前でしたか。

EP：マグダ……。

JS：マグダ・ヴァシャーリオヴァーです（女優，スロヴァキア共和国国民議会議員）。彼女はシチアヴニッツァの出です。しかし，お判りかと思いますが，この町の会員はほぼ全員が彼女の要望に反対しています。

JS：ええ，反対しています。

EP：なぜなら役職についているからです。私は役職についていて，色々なところで，私が出席できないことに対してお詫びをしているのですが，それもそのような役職についているからです。彼女はあらゆる活動に参加できるような人物なのです。

JS：そしてそのような役職は本当に数多くあります。ここにリストがあるのですが，誰かが何かの役職についているような状態でして，とても正常な運営ができない状態です。

EP：とても自発的な活動は。

JS：シチアヴニッツァからも私たちは，彼らを2度ここに招待したのですが，1度も返事はきませんでした。ですので，私たちは委員会を開き，シチアヴニッツァの会員に事情を知らせ，その要望を支持しないと決定したのです。

PF：協会の会員数はどの位ですか。

JS：80人です。

PF：会員の年齢層はどうでしょうか。

JS：高齢化しています。

EP：組織が高齢化しています。

JS：ええ，高齢化しています。会員の間では年金生活者が多くなっています。私も間もなく81歳になります。

JS：とは言え，若い会員もいます。

EP：いますが，多くは年老いた人々です。

PF：協会の会員は皆さんシチアヴニッツァの人たちですか。

JS：はい，そうです。しかし，バンスカー・ベラーの人もいます。

EP：アントルからも。

PF：彼女たちはここに住んでいるのでしょうか。

JS：いいえ，今挙げた場所は近隣の町です。

EP：シチアヴニッツァ地域の町です。

JS：ええ。まだ他にも会への参加希望があります。今週も希望が届いて，昨日の雨の中少し出向いたのですが，2人とも年金生活者でした。60歳以上の方はもう参加させたくはないのですが。

JS：60歳以上がどういうことかはおわかりでしょう。

EP：まだまだ若い女性ですよ。あなたはもう80歳なのですから，60歳は若いでしょう。

JS：まあ，いいでしょう。私たちはジヴェラの中で歳をとりましたが，彼女たちは今年金生活者になったところです。私たちは，会を若返りさせたいと願い，若い人たちに参加してほしいのです。彼女たちが高い代価を支払わなくとも私たちの活動に参加できるようにしたいのです。私たちを支援できることは大事なことですが，会員として高齢者たちを迎えることは考えていません。なぜなら，なんと言いましょうか，年金生活者クラブになってしまうからです。もっとも協会の皆がすぐにそうなってしまいそうですが。

EP：彼女たちは助けてもくれます。

JS：プログラム次第で彼女たちは今でも私たちの行事に参加しています。

EP：生産年齢の人が課題です。

EP：ですので，彼女たちが既に高齢であることを，なぜあなたは問題にするでしょうか。あなたも活動できるかが問題であることを承知していて，彼女たちは少なくとも少しは若いのですから。

JS：ここに少しでも若い人たちが参加するためです。

EP：と言いますのも，反ファシスト闘士連盟もこのような方法で若返りを果たしています。もし高齢の人々だけがいる場になれば，ただ単に消滅してしまうでしょう。

PF：ジヴェリの会員になろうという女性たちはどのような動機を抱いているのでしょうか。

JS：実際のところは，時間がある時に参加して私たちの活動を気にいったということでしょう。とは言え，私の時は40歳を越えた時に会員として受け入れられました。そして，今は，彼女ら高齢者に対しては，どうぞ，私たちの活動に通い，支援してください，でも会員として受け入れることはありませんと薦めています。しかし，例えば，母の日の行事などには多くの人が参加し，その中には若い人々，若い母親もいます。

PF：地方自治体からはどのような支援を得ていますか。

JS：そうですね。去年についてはお話しできますが，今年の分は，このようなところです。昨年の市からの助成金は文化委員会からの分と共に支給されました。具体的には600ユーロが文化委員会から，180ユーロが市からです。これは私たちからの要請を基に受け取ったものであり，この資金を元手にこれらの活動に必要なものを購入できます。

PF：なるほど。つまり，文化委員会からの分と市からの分はそれぞれ別個のものなのでしょうか。

JS：しかし，文化委員会も市の組織です。

EP：市の下にありますが，市もさらに助成を出しています。

JS：市長さん自身が自分の基金から私たちに助成を提供しています。180ユーロです。そして文化委員会は昨年度に600ユーロを助成しました。今年度はすでに資金難に陥っているということですでに400ユーロということになりました。

EP：はっきりとした理由ですが，危機の時期とはこのようなものです。

PF：あなた方の団体に対する自治体からの支援はどのようなものですか。

JS：私たちに活動場所を提供しています。

PF：どこに拠点を構えているのですか。

JS：私たちは自前の拠点は持っていませんが，この文化センターに場所があります。

EP：自前の場所を持っているわけではありません。

JS：この文化センターに1か所場所があります。しかし，多くの団体が共有している場所で，私たちが専用で使えるのはロッカー1つだけです。それ以上のものはありません。

PF：企業家からのあなた方の団体への支援はどのようなものですか。

EP：ここには企業が沢山あるわけではありません。自営業者とかそのような存在があるだけです。

JS：そして，ご理解できるでしょうが，私だけが企業家に支援を求めて通っているわけではありません。本当に多くの人々が彼らのもとを訪れているのです。

EP：小さい町です。

JS：そして企業家の数も少ないのですが，彼らは私たちを支援しています。一部の企業家は私たちを助け，市も私たちを支援しています。

PF：2012年度に後援者から得た支援はどの位の額になりますか。

JS：後援者からは150ユーロです。もちろん総額です。

PF：会費収入はどの位ですか。

JS：会費収入は320ユーロです。しかし，今年度（2013年）にはこれまでのところ，後援者からこれまでより多い額が寄せられています。

PF：今年度は後援者からはどの位の額の支援が寄せられているのでしょう。

JS：これまでのところ，私たちが受け取ったのは，すでに100，200，そうですね，大体300ユーロ前後を後援者から受け取りました。そして，敬老月間に対する支援を提供すると約束しているところもあります。

EP：そのような大きな活動を控えているのです。

JS：打ち明けますと，多くの団体が（支援獲得のために企業家のところを）訪問していますが，そちらには反ファシスト闘士連盟が，あそこには何とか連盟が，といった具合です。

EP：同じ後援者から同じような支援を求める団体が非常に多いのです。

JS：非常に多くの様々な団体があり，彼らが同じ支援者のもとを訪れているのです。どうなるかはおわかりでしょう。

JS：疾病者連盟や……。

EP：障害者の協会も。

JS：ええ，障害者の団体もあります。そして，私たちの市には非常にレベルの高いテキサスミュージックのバンドもあります……。

EP：スポーツ団体もあります。

JS：彼らは多額の支援を受けています。現在でも1,000ユーロの助成を得ています。一方で，私たちが自治体から得ている額は400ユーロです。

EP：なぜなら，彼らは多くの額を申請しているからです。

JS：しかし，お話ししなければならないのですが，ここに母の日で集まった100ユーロがあります。市長さんの子どもや私の息子の同級生からのお金，彼らが自分の財布から出しあったお金です。組織にお金がなくとも，赤字に陥った企業にお金がなくとも，集まるのです。さらに，お話ししなければならないことは，私たちは非政治的な団体であり，信仰を広めるための団体でもないということです。私たちの会の目的は会の規約に書いてあることそのままです。

PF：では，支援者を探す際に何か制約はあるのでしょうか。

EP：どの団体も私たちを受け入れるので，ありがたく思っています。

EP：どの団体も私たちを受け入れてくれます。そこに違いはありませんが，支援を提供するかどうかは……。

JS：ですので，私はSMER（政党名）に感謝しています。私たちにいつも50ユーロを提供しているのです。

PF：毎年 50 ユーロですか。

EP：それぞれの活動に対してです。

PF：それは彼らの地方組織が提供しているのでしょうか。

JS：地方，地方組織としてです。

EP：問題なのは，私たちは組織であり，市全体のために活動しているのですが，私たちの会員だけしかこれらの大きな行事に出席していないということです。

JS：私たちは無料で行事を行っていますので，誰も入場料などを支払う必要はないのですが。

EP：無料で市全体に向けた行事を行っていますが，周辺の村々からの参加者もいます。ですので，広く世間に向けた活動です。

EP：またそれらの行事にあたっても市は私たちに支援を提供しています。ですので，ジヴェラの会員のためだけに行事を開いているのではなく，市全体のために開催しているのです。決して会員だけのためではないのです。

EP：世間に向けた活動です。

JS：ここに私たちが何を行っているかというプログラムがあります。ですが，実際に何かを行う時には，何かお菓子を焼くように会員に呼び掛け，参加した人全員をもてなし，少しワインを飲み，そして……。

EP：ちょっとしたプレゼントを参加者は受け取るのです。

JS：母の日や国際女性の日の花束や花といったようなプレゼントです。こういったプレゼントを受け取ります。ある時はすこし大きめなものを，またある時は小さなものです。しかし，これらは後援者，例えばスヴェトロ社といった企業が私たちに提供したもの次第です。工場が……。

EP：かつてのプレタ社の工場です。

JS：しかし，私たちは電球を配ることになったのです。

EP：そうでした。しかし，今では例のプレタ社からは分離しましたから。

JS：というところです。現在はスヴェトロ社という名称になっています。しかし，私たちがその分社だけに謝意を表明することは望まず，スヴェトロ社全体に謝意を示すように希望していました。というのも同社の関係者の感情を損ねてしまったためです。何かあると，このようになってしまいます。

JS：私たちはこのようなすべての活動で通うようにしています（回答者はこの言葉で民間経営のグランド・ホテルのレストランを想定している）。しかし，今ではこのような活動のためには場所を提供してくれていないのです。

PF：いつ頃からそうなったのですか。

JS：この3年ほどです。

PF：彼らが改装を行ったからでしょうか。

JS：いいえ。

PF：所有者が変わったためですか。

JS：いいえ，新しい所有者が来たからでもありません。所有者は以前と同じままです。しかし，このような活動に対してはどの団体にもレストランの空間を貸し出さないようになったのです。と言いますのも，私たちはその会場にあらゆる食べ物を持ち込み，彼らは私たちに給仕をするだけになっていたためでした。お菓子やコーヒー，お茶に至るまですべてを持ち込んでいたのですから，どうなるかはおわかりでしょう。

EP：彼らは私たちから何も収入を得ることができなかったのです。

JS：そして，そのような形になっていたのは私たちの行事だけではなく，他のあらゆる団体の行事でもそうでした。ですので，ホテル側は，私たちだけでなく，他の団体にも同様に通告しました。そのため，今では私たちは文化センターを使うことになり，そこの所長であるバブヤコヴァーさんからの許可を申請する形になっています。彼女は私に対して，ただ単にわかりましたと言うだけです。

EP：市長さんもいますし。

JS：彼女〔市長〕は私たちの全ての催物に顔を出しています。国際女性の日の行事では，例のプレタ社が私たちに支援を提供していました。

JS：スヴェトロ社です。90着のプルオーヴァーを3回に分けて提供してくれました。

EP：後援企業としてです。

PF：今もですか。

JS：それが，今はありません。と言いますのも，彼らは余剰分を私たちに提供していたのですが，今では余剰分は返却しなくてはならないのだそうです。彼らは，靴下から始まり，テレビやサラミ，ジャケットまでも3回にわたって提供してくれたのですが。それでも，今でも彼らは何かしらを，例えばショールを提供してもくれました。しかし，国際女性の日にプルオーヴァーを提供していた頃に比べると僅かなものです。今回，参加者はどのショールにするかを選ばなくてはなりませんでした。どれにするかを選び，数も確認したのです。

EP：色や大きさを選べました。

JS：そして余ったショールはこの前ノヴェー・ザームキの子どもたちに提供したところです。喜んでもらえればいいのですが。

PF：協会の行事はまだ他にもありますか。

JS：お話ししましたように，私たちの活動はこのプログラムに記されています。これは設立当時に本部で行われていた内容に沿っていますが，様々な記念物を訪問したりすることもあります。シトノやアントルに行き，あるいはここシチアヴニッツァの記念物や付属施設を訪問し，そこでいろいろなことを感じるのです。

EP：伝統なども。

JS：私も参加していました。そしてそこで朗読もしたのです。

PF：それらは1日をかけた日帰り旅行でしょうか。

JS：いいえ，午後だけです。

EP：ちょっとした遠足です。バスを使った小旅行もあるので，日帰りの小旅行というべきでしょうか。

JS：様々な記念物を巡るものです。

EP：歴史的な場所を巡ることもあります。

JS：こちらをご覧ください。ここに初めのころからの，1990年からの写真があります。私がここの会長を務めるようになってから写真をたくさん取るようになったのです。私たちはこのような活動をしてきました。ご覧ください，彼らを知っているでしょう。パーンティクさんやドゥルディークさん（いずれも俳優）です。私たちのところに来たのです。

EP：クラーロヴィチョヴァーさん（女優）も。

PF：しかし，あなた方の会員の多くは年金生活者ですよね。

JS：大部分がそうです。私たちの会員はどんどん高齢化しています。私もジヴェラの中で歳をとっていったのです。

EP：今も会に残っている会員は会の活動に積極的ですが，年月はどんどん積み重なっていくものです。ですので，私たちは若い新しい会員を望んでいるのです。

PF：他に協会はどのような活動を実施しているのでしょうか。

JS：*（何か写真を引き抜き，それを見せようとしている）*これはシトノで1日活動を行った時のものです。またここにその時のプログラムがあります。

EP：これは私たちが鉱山の坑道に降りた時のものです。また，文化行事や民俗音楽などの団体が別の村からこの町に来た時には，私たちもそれ見に行ったり，鉱山にいったりもします。

JS：これらが私たちの文化的活動です。ここに写っている人々がわかりますか。そして，この活動はホール（バンスカー・シチアヴニッツァのグランド・ホテルのホール）で続けられます。つまり，ホール全体が参加者で埋められるのです。これはノヴェー・ザームキの団体が私たちの街で公演を行った時のものです。とても良いプログラムでした。私が彼らをノヴェー・ザームキから招待したのです。ここの写真は全てそのノヴェー・ザームキの人が来た時のものです。そして，私たちの市長と一緒に撮った写真があり，こちらは練習をしている時の様子です。

EP：ご覧になってわかったかと思いますが，ホール中が埋まっています。

EP：もう１つお見せしましょう。私たちのところを小さな鉱夫たちが訪れた時の様子です。つまり鉱夫の制服を着た子どもたちです。

JS：あらまあ，幼稚園の園児たちですね。

EP：幼稚園の園児たちです。私たちのところを訪れて，お芝居を見せてくれたのです。

JS：市はこういったことも行えるのです *(何かの写真を探している)*。あなたが話したその「インスピレーション」と関連しているのがこの写真です。これは（ある文学作品コンクールの）表彰式の様子です。ご覧になればわかりますように，色々な人が出席しています。受賞者に何か贈ろうとしていたのですが，彼らに手渡せたのは２年後でした。それ，こうして私が表彰しているのです。

EP：賞を渡しているところです。このコンクールの評価はなかなか難しかったのですが，彼らも遠方からここまで来なくてはなりませんでした。

PF：これは文学コンクールだったのですか。私も公募が出されているのをネットで見たことがありますが。

JS：スロヴァキア全土から集まった候補作を私たちが評価しましたが，全員がここまで来たわけではありませんでした。

EP：チェコやフランスからも応募がありました。これは今何回目でしたか。

JS：19 回目です。毎年１回です。ですので，10 月 20 日までにスロヴァキア全土から作品が送られてきます。フランスやチェコからも送られましたし。

EP：独自に運営しています。委員会が評価します。

JS：委員会で評価し，11 月に結果を公表します。

EP：韻文と散文です。

JS：彼らがこれらの作品を読んで評価します。これがその写真です。こちらが表彰式に出席した人々，私たちが彼らに賞を渡しました。表彰式の合間のプログラムもありました。この写真も表彰式の様子です。

EP：ないですね。コンクールの名前もあるのですが。

JS：「シトノの麓のインスピレーション」です。インターネットには，私たちは情報を掲載していません。ただ，図書館が情報を掲載しているので，そこで見られるのでしょう。

EP：単純に図書館が情報を公開しているのです。

JS：私たちのところにはインターネットがないので，図書館が公開しています。それでスロヴァキア中に情報が伝わります。

EP：市立図書館です。

PF：では，他の団体や組織，例えば学校とはどのような協力関係があるのでしょうか。

JS：ええ，協力しています。4 月終わりには私が声明を渡してきました。

PF：さらに他の団体とも協力しているのでしょうか。

EP：鉱山協会との協力関係があります。

JS：彼らがいかに有能であるかをお見せしましょう。これはそのメダル授与の時の写真です。この時私たちもカトリックの教会にいました。UNESCO に指定された教会です。（バンスカー・シチアヴニッツァは UNESCO の文化遺産に登録されており，市は世界遺産に登録された日に毎年メダルを授与している。）

EP：ああ，それは思いつきませんでした。UNESCO の記念で市は毎年記念の集会を開催していまして，そこでこのメダルの授与式があるのです。

PF：あなた方にもメダルが授与されているのでしょうか。

JS：ええ。ジヴェラの会長として受け取っています。そして，さらにお見せしたいのは，（ジヴェラの会長の）80 歳のお祝いにその鉱山協会の面々が駆け付けた時の写真です。彼らは私を鉱山のギルドに迎えたのです。これは 80 歳のお祝いのすぐ後の様子です。彼らはシチアヴニッツァの有名人に対してこうしているのです。

EP：市のためにこのように彼らも活動しているのです。

JS：市のために彼らも活動しており，このように周年の記念祭も開いています。見えるでしょうか，奥に歌手もいます。……このようにして，彼らは私に署名をして，私は特別会員になるという免状を受け取りました。それまで，彼らはジヴェラの会長として私を招待していたのですが，これで変わりました。彼らの行事にも出席できます。

EP：既に私たちはホドルシャの坑道にも降りました。ホドルシャでは〔鉱山協会の〕リヒャルト・カーニャ会長が私たちを鉱山へと案内し，私たちに対して鉱山の歴史を話しました。まだ，金鉱石の採掘が続いているのだそうです。

JS：これは鉱夫の合唱隊です。ホールの全てを写真に残すことはできませんでした。

PF：さらにどのような協会との協力関係があるのでしょうか。学校とはいかがでしょう。

EP：他には，マルガレートカという市民団体との関係もあります。

JS：ええ，そうですね，マルガレートカ。障害児のための団体です。団体のトップはコチョヴァーさんです。ここの水利企業のところで働いています。私は彼女たちを尊敬しています。と言いますのも，彼らコチャ夫妻，ヘレナ・コチョヴァーさんはバンスカー・ビストリツァ県全体で活動し，ここの水利企業で働いています。どこにあるかご存知でしょうか。

EP：彼らも障害児を育てています。

PF：どこかに書かれていたのを私も読んだことがあります。彼らのところにも障害児がいるのだと。

JS：彼らはそのような子どもたちを呼び集めて，様々なことを行っているのです。

EP：様々な活動です。

JS：実際のところ，彼女はバンスカー・ビストリツァ県全域で車いすを必要とする人々のために車いすを手配しています。私は彼女たちを支援する活動のためにシトノまで出向いたことがあり，そこで見かけることになりました。本当に彼女は障害を負った子どもたちに献身しています。もし私たちがそのような子どもたちを育てていたとしても，彼らのような血のつながりのない父親や母親が私の子どもの世話を手伝ってくれるのです。本当に大きな組織です。

PF：実際のところ，彼らはこのバンスカー・シチアヴニッツァの子どもたちの世話をしているのですか，あるいは周辺地域も含めての活動でしょうか。

JS：お話ししましたように周辺地域も含めた活動です。

PF：バンスカー・ビストリツァ県で活動していると読んだことがありますが，そのような地域的な団体なのでしょうか。

EP：恐らくそうなのだと思います。実際のところは家族が必要とすることを支援し，あるいは，外国，たとえばイギリスから彼らに対して支援が届けられるように手配するなどといった能力もあります。

JS：私や市長さんもそこ〔マルガレートカ〕に招待されたことがあります。彼女〔市長〕が私に話したことでは，マルガレートカの会長が私にも会合に参加してほしいと頼んでいたのだそうです。実のところを言いますと，彼らの会の障害者の１人が私たちの会の行事にもそれなりに参加しているのです。と言いますか，私たちが敬老の日といったような日の行事を行う時に，彼らも参加していたのです。

PF：まだ他にも活動に関するデータはありますか。

EP：ええ。まだ他にも私の手元にあれば，例えば，200 人以上が集まった母の日のものを補足できるならば。

JS：しかし，ここから移動しなくてはなりません（ホテル・グランドからという意味)。

EP：そうですね。しかし，200 人が集まったというのは少し違います。実際のところは，180 人向けの用意をしていました。

JS：それでも人で一杯でした。階段も外も人で一杯でした。

EP：このように私たちの活動も人々を引き付けています。そして，人々は私たちの活動を高く評価しています。例えば，ある人が通りで知り合いに対して私たちの活動に参加したのだと話して，その人も私たちの活動を訪れるといったような具合です。と言いますのも，高齢者はただ家で座っているだけではなく，文化的や社会的な生活を送る必要があり，そのためにもさまざまな活動に参加する必要があります。喜びを感じ，楽しみ，あるいはできる範囲で歌ったり踊ったりする必要があるのです。

JS：そのとおりですが，今ではできなくなってしまいました。文化（センター）で開催できなくなってしまったからです。

PF：狭すぎるのでしょうか。

JS：十分な広さがあります。しかし，かつてはこのようなテーブルがあり，色々なことができましたが。

EP：板張りの広間もありました。

JS：そして階下にはプログラムも掲示されていました。

PF：今ではないのですか。今はそこではできないのですか。

JS：今ではそこで開催できません。そこには机しかなく，様々なプログラムを開ける場所がないのです。

EP：子どもたちの場所になり，両親や祖父母が彼らを連れてくる場所になっています。そして，いつも様々な活動が開かれていて人々が集まっています。無料で，入場料もかからず，お花やちょっとしたプレゼントを貰える場所になっているのです。つまりは，私たちの活動にも参加するような人々を引き付ける場所になっています。何も支払う必要はなく，会場に座り，人々と繋がり，お酒を飲んだりするのです。

JS：例えば，かつては 120 束の花束を用意していたのですが，今では足らなくなっています。母の日には 200 束の花束を用意する必要があるのです。あと，まだ有線放送が存在していた頃がありまして，今では有線放送は機能していないのですが，その頃は有線放送でも私たちの活動を広報していました。

EP：宣伝ですね。

JS：しかし今でも，週に 3 回「シチアヴニッツァ新聞」で活動案内を掲載し，招待を出し，そこに絵入りの広告も出しています。

EP：そして，活動の後にはローカル・テレビにも取り上げられます。

JS：*（面接対象者は何かのポスターを取り出している）*そうですね，ここにありますように，行事の後には軽食も用意していますし，子どもたちのための様々な文化プログラムも用意しています。これは母の日のプログラムです。ええ，参加してくれるだけでも主宰者としては喜ばしい限りです。そして，その後には会員のための会があり，そこには会の外の女性も何かを持ち寄ったりしています。

EP：このようにテレビ局の記録に残されることも意味があります。彼らは私たちの活動を録画してくれるのですが，これで活動が広く知られることになります。このテレビ局はこの地域のシチアヴニッツァのテレビ局ですが，会の活動を放送し，録画して保管し，それがまた人々を集めるのに役立ちます。

JS：くじ引きもありますが，これは年に1回だけです。

EP：ですので，シチアヴニッツァの住民の間で親しまれていると言えるとは思います。確実に。

JS：母の日でも他の行事でも，私たちは日曜日に催物を開くことはありません。つまり，週末には開かず，月曜日から金曜日の間に開催しています。

JS：月曜日から金曜日までの間，あるいは月曜日です。何故ならば，学生や大学生たちは金曜日には実家に帰省してしまうからです。そして，多くのプログラムには大学生が参加しているからです。

PF：税金の2％規定を通じて社会があなた方を支援することはありますか。あなた方は税金の2％規定を通じて資金を獲得しているのでしょうか。

EP：いいえ，私たちはそれを求めていません。

JS：お待ちください。私から説明しましょう。なぜならば，私たちの団体の本部はマルチンにあるからです。税金登録や様々な書類もそこに集まります。そして私たちも知り合いに対してそこを2％規定の受け取り手にするようにお願いしていました。私の娘も2％をそこに送っていました。そして私は，マルチンに対してその分をこちらに送るように要請していたのです。

EP：私たちのところから寄せられた割合の分をです。

JS：さらに私たちの組織はジアル・ナド・フロノムにもありますが，ここシチアヴニッツァにも管理者がいまして，会員に混ざって色々な活動をしていますが，私たちに資金を回すことはありません。ですので，私たちも先ほど話したようなやり方を止め，書類を手元に残すようにしています。今では，例の文化委員会の関係もあり手元で会計を扱っています。税金登録はマルチンのままですが書類は私たちが扱っているのです。ご存じのようにシチアヴニッツァでは税の低減措置を受けられないので，私たちはズヴォレンのČSOB銀行に口座を作り，文化委員会もそこに助成金を送るようになっています。

PF：つまり，あなた方は市民結社として完全に独立しているわけではないのですね。

JS：ええ，独立していません。しかし，今では私の娘も，例の2％分を彼らにではなく，私たちの先ほどの口座に送る方法はないのかと尋ねています。

PF：あなた方の活動の資金と物資の調達元はどこになるのでしょうか。

EP：様々な問題が。

JS：それらの問題の中でも，資金の問題が第1の問題です。なぜなら，私たちは会員からは4ユーロしか徴収していないためです。私たちの会員数は80人ですので，私たちの活動を行うには余りにも少ない額しか集まりません。毎月4ユーロではなく，1年に4

ユーロです。少ない額です。ですので，このような状況です。そして，文化委員会からも幾らかの額を受け取っています。

EP：市役所に附置されている組織です。

JS：はい，文化委員会は市役所の傘下組織です。後は，後援者からも。後援者の間を回らなくてはなりません。

PF：あなた方の収入の基盤はどのようになっていますか。今年度の予算はどのようになっていますか。

JS：今年度の活動に関する全体の予算は 2,045 ユーロであることは話しておきたいと思います。しかし，あらゆる物の物価が上昇しています。今年は，これまでのところ，後援者からの支援獲得が上手くいっています。

EP：これは活動全体のための予算です。

JS：つまり，この中で活動しなくてはなりません。

EP：内容を確保しているのです。

Ⅱ　ブレズノ

⑴　市役所経済部，教育部，地域開発部

A：はじめに尋ねておきたいのですが，あなた方は何か数字でのデータを必要としているでしょうか。私は会合があるとは聞いていましたが，正確なことをお話しできるかわかりませんので。

LF：私は，大まかな情報が欲しいとしか記していませんでした。現在は市の予算から大体20％が教育に向けられています。これは私たちがウェブで予算が掲載されているのではないかと予想して，ウェブで見つけた情報です。ええ，これがとりあえずの手持ちの情報です。

A：昨年度の決算も掲載されています。毎年度分を振り返ることができます。

LF：それは知っていますし，後で閲覧しようと思います。これらの詳細な数字には私たちは興味がありません。むしろ何らかの傾向を知りたいと思い，できればあなたの口からも，市の予算と関連したどのような問題があるのか，それが停滞気味なのか，拡大傾向であるのか，あるいは減少傾向にあるのかを知りたいと思います。そして，現在，それらの問題をどのように解決しようとされているのかも。と言いますのも，今話したように，多くの新しい要素が予算にあるからであり，そして，予算の状況を何らかの方法で改善し，増額するために，様々な財源からの様々な資金の獲得が目指されている状況にあるからです。これが1点目です。2点目は，日本から来た同僚が関心を抱いていること，つまり市の予算においてどの程度の額が市独自の税金や手数料から成り立ち，そしてどの位が国家予算から来ているのかということです。つまり，交付税交付金やあるいは目的を限定された助成金などがありますが，それらはどのくらいの割合なのでしょうか。あるいは，その他のプロジェクトの予算等も。

A：あなた方に対してパーセンテージで答えられるかどうかわからないところです。と言いますのも，パーセンテージにまで踏み込んだ詳細な分析は手元にはなく，交付金に関してもまた私たちの税金に関してもです。また，ご存じでしょうが，プロジェクトや国家行政から移管された業務などの形で様々に部分的に様々な形で国庫からも入ってきているからです。

LF：正確な数字は求めていません。それらは後から知ることができます。ですので，市が行っている事業への大まかな配分を知りたいと思います。と言いますのも，自治体の間で幾つかの点で相違が見られるからです。シチアヴニッツァでは教育に一定のパーセントが割り当てられていると知ることができました。この教育分野でのプロジェクトから一定の額を得ているのです。このような感じです。詳細まで触れる必要はありませんが，10％

単位で全体像を示していただければと思います。よろしいでしょうか。

A：しかし，この内容について，正直なところ，私たちは一昨日電子メールで打診されたばかりです。確かそうだったかと。つまり，私は一昨日にメールを受け取り，あなた方のためにリストを印刷しましたが，このリストは全く簡素なものです。説明しますと，予算の基本項目の欄には，例えば，経済的などとあります，つまり予算を作成するようにこのリストも作成してあります。しかし，話しておかなければならないのですが，パーセンテージについては，幾つかの項目は知っていますが，ご存じのように，多くの場合は，決算にあたってパーセンテージの割合を出しています。ですので，ここであなた方が知りたいことが判らないと話しているのです。と言いますのも，幾つかの資料は手元にありませんからそれらを持ってこなくてはならないからです。もし数字を知りたいのであれば，既にお話ししましたように，2012 年度の数字を出し，そこに 2013 年度がどうなっているかを加えますが，しかし私たちは既に 2014 年度予算の立案に関心を向けています。そのため，この数字のデータは私の作業のためのものであり，パーセンテージも全般的なものです。私が日夜作業をしている部分については資料があります。100 万ユーロ単位で上下させているので，うっかりして 12 年のものと 13 年のもの，14 年のものと間違えないかと嫌になってきます，と言うのも私は 14 年から経済担当職員として勤務し始めているからです。

LF：年単位での話でしょうか。あなたは年度のことを話されているのですか。

A：既に終了した 2012 年度のことについてもっとも関心があるのでしょうか，仰ってください。2013 年度はまだ終了しておらず，まだ 3 か月ほど残していますので。

LF：わかりました。2012 年度についてですね。では，今年度がどうなると見ているのか，より悪くなるだろうと見ているのかどうかお話しいただけるでしょうか。他の市も，私がそれら市のウェブページを見たところでは，過去数年間，4，5 年分は遡って公表されていますが，それ以上はないようです。

A：私たちは，2005 年度分からは承認された予算を，またおそらく 2007 年度分からは決算も公開しています。私が覚えている限りでは確か 2005 年度からであり，2004 年度分はないのは確実でして，2005 年度か 2006 年度からになります。決算の方は，確か，2007 年度分からだったはずです。しかし，すべてのデータが公表されています。

LF：わかりました。それはあなた方に委ねます。もしもお望みならば取りに行って来てください。その間，私は同僚と話をしています。

A：教育についてもお話しできます。あるいはその教育関係のことをあなた方がお望みならば，ヤンカ・ベロコヴァーさんのところに行って持ってきます。

LF：私がお願いしたいのは，市が住民のために行っている重要な基本的なサービスに関する概観です。現在の市の予算でそれらの業務がどれほどの割合を占めているのか，中央の財源に由来する収入がどのくらいあるのでしょうか。交付金やその他の目的を限定された助成金やあるいは何らかの資金とかは。そして外国の投資家に対してどのような政策を採っているのでしょうか，またもし市内に外国の投資家がいるのならば，彼らに対して市はどのような条件を提示しているのでしょうか。

A：それについてはどのようにお答えすればよいのかわかりません。市内には外国の企業はありませんので。外国の投資家を掴もうともしているのですが。投資家についてはグレゴロヴァーさんの方がより知っているのではないかと思います。

LF：それは確かです。現在市がどのようなプログラムを実施しているのかは，グレゴロヴァーさんに尋ねることにします。

A：あなたもご存じのように，経済的分野は非常に幅広い分野です。

LF：私たちもそれは承知しています。私の友人の中にも市長や町長を務める人がいるので，私個人も助言をしたことがあります。そのため，私があなたに対し，予算について何か話してくださいと言うだけでは，意味がないことも知っています。話しましたように，例えば，市の予算において文化に割り振られる予算の割合といったようなことのみで，非常な詳細までは求めていません。では，それらの枠組みの情報をお願いします。その後，市が保証しなければならない基本的な機能に振り向けられる予算の割合をお願いします。既にお話を伺ったシチアヴニッツァでは，経済状況が悪化したので，例えば住宅などに割り当てたとのことでした。市営住宅です。このように，ここからだけでも，彼らがどのような機能を市が果たすべきもっとも重要な役割だと考えているかがわかります。これは一連の質問の1つであって，あなただけに向けられたものではありません。私は市長や副市長，助役とも話す必要があるのです。何故なら，これらは市政全般についての質問だからです。この質問であなたを煩わせたくはありません。よろしいでしょうか。では教育では。

A：資金はありません。何故なら，教育関係の資金はありますが，ヴェールがかかっているからです。

LF：あなたは教育部長ですよね。

A：いいえ，教育部の者です。

LF：教育部ですね。教育再生のためです。ですので，市が実際のところ，初等教育を管轄し，運営していることは明らかです。私は幼稚園のことを考慮していませんが，市が初等学校の設置者であるはずです。

A：初等学校や幼稚園，芸術初等学校と，余暇センターです。

LF：余暇センターもですね。では，最初の質問です。あなたは，実際のところ，これらの学校，つまり初等学校と芸術初等学校ですが，どの程度事項のカリキュラムを独自の教科で補強しているかご存知でしょうか。つまり，各学校は維持しなければならない基本教科に加えて，一定程度様々なテーマの個別の授業で各校のカリキュラムを補強する権利を有していますが，それに基づくものです。あなたは，各学校がこの権利をどのように活用しているかに関して何かしら把握していますか。また，それらの独自教科はどのような方向を向いているのでしょうか。特に補強科目に関してですが。

A：まず，各校には学校教育プログラムがあり，これは毎年作成する必要があり，ブレズノ市も承認します。そしてこれに基づいて補助金を決定します。そこには，各学校の詳細が記され，各校がそれらの独自教科に用いなければならない自由選択の時間がどのようになっているか，どのような方向性であるのかも補足的に記されています。大部分の学校は補助金の多くをこれらの教科の時間のために利用しています。2つの学校はスポーツを志向しており，1校はサッカーと体操，もう1校は陸上競技とアイスホッケーを強化しています。そして当然ながら，外国語教育に対しても多くの補助金を提供しています。特に1つの学校に向けてです。実際のところ，それぞれの学校が何らかの方向を打ち出しています。現在では，1つの学校が教育実行プログラムに基づく大きなプロジェクトを実施中です。つまりこのプログラムの枠に基づいて学校教育プログラムを改訂し，それに基づいて教科の時間も見直そうとしています。

LF：初等学校は何校あるのですか。

A：幼稚園を併設した初等学校が3校あります。

LF：併設校なのですか。

A：我々の学校は併設校です。

LF：3校の初等学校ですね。判りました。次に外国語についてです。と言いますのも，私たちが皆知っているように，現在，初等学校で外国語を2つ義務的に教育するべきか否かに関しての議論があるからです。1つ目の外国語は3年生から，そして2つ目を6年生から始めていますが，現在これを減らすべきではないかという議論があります。あなた方のところではどの言葉を選択できるのですか。

A：英語とドイツ語に対してもっとも多くの関心が寄せられています。しかし，ロシア語やフランス語も教えています。

LF：ロシア語も，ですか。わかりました。では，「保護者と学校の友の会」はどのような役割を果たしているのでしょうか。どのような機能を担っているのでしょう。そして，どのような方法で彼らの学校を助けているのですか，あるいは何か特別な方向を向いているのでしょうか。あるいは何か彼らの綱領を公表していますか。これが最初の質問です。

A：彼らが何か特別な方法で彼らの学校を支援しているとは考えていません。学校は彼らに学校の目標や，どのようにその目標を達成しようとしているかを知らせています。そしてこの「友の会」は学校の活動を支援しているのです。また，様々な活動にあたって，むしろあらゆる場面で，彼らはあらゆることについて意見を交換し，あらゆる活動にあたって協力しています。彼らのあらゆる歩みにあたってです。学校は保護者を避けることはなく，保護者も学校の全ての活動について十分な情報を得ています。

LF：では，例えば，先ほど話に出た学校の教育プログラムで試行している自由選択時間の分野でもそのような方法で協調しているのでしょうか。それに関しては学校が単独で決定できるのでしょうか。

A：それに関して私は十分に知りませんが，彼らにも告知しているのではないかと予想できます。と言いますのも学校協議会［rada školy］と保護者協議会があり，つまり，学校協議会には保護者も代表を送っていますので，その協議会の席では確実に保護者の声も代表されているからです。そして，協議会はその学校教育全体に関して意見を提示します。また彼らは教育プログラムに対しても発言しますので，確実に意見を述べ，彼らが表明した意見を反映させることができます。

LF：市の協議会のような組織は存在していますか。

A：はい，市教育協議会［mestská školská rada］も存在しています。

LF：その協議会には誰が代表となっているのですか。

A：協議会には学校協議会の議長たちが代表を送っています。個別には各校の校長と保護者代表，そして市議会の議員代表です。協議会の正確な構成は法律の趣旨に従って正確に定められており，それぞれのグループが学校評議会と市教育評議会，そして国の協議会にどれだけの数の代表を送れるかはそれぞれのグループごとに定められています。

LF：このシステムでは，学校評議会の議長たちは彼ら本来の役職の肩書で送られてくるのでしょうか。

A：そうです。しかし数が定められているので全員がそうではありません。ですので，彼らのうちの一部は選出されて，市教育協議会に送られています。

LF：では，選出されて委員になるのですか？

A：はい，選出されています。市側の代表者つまり私たちの市議会議員だけは代表者を派遣していますが，他の委員は全て選出されています。

LF：そうですか，つまり彼らだけが代表者を派遣する形ですね。

A：はい。このように教育協議会では全ての委員は選出されていますが，市の代表者だけは代表を派遣する形になっています。

LF：わかりました。これは重要なことです。どのように選ばれているのかという方法ですから。では，次にあなたの同僚にも関係する質問をしたいと思います。学校に関してですが，市の予算からは大まかに言ってどれだけの額が教育関係に計上されているのでしょうか。つまり，当然ですが，市の権限に属している教育機関に対してです。

A：市の独自権限に関してですよね。と言いますのも，私たちのところには，独自の権限と国から市に委譲された権限があり，委譲された権限に関しては国が全額の予算を付けているからです。これらについても私たちは学校や教育機関に関して項目ごとに詳細を記しています。そして，それらの機関でどれだけの額を私たちが握っているか，どのように分配しているかも記しています。他の方法で資金を賄うことは，学校財政に関する法律の内容を考えると実質的には不可能です。市の独自権限について話しますと，法律に基づき，市が得ている交付金から資金を賄っています。ですので，この法律の法的な枠組みに則るならば，市の独自権限に含まれる教育機関に対して市は交付金から40％の額を提供していると回答できます。これらの教育機関には私立学校も含まれていますが，法律の規定に基づいて，私立学校に対しても大体35％を提供しているとお答えできます。何故なら，市が委ねられている額よりも多い額を割り振ることもでき，様々な補修や学校と学校設備の維持管理を実施しているからです。ですので，私たちはこの40％の枠を確実に履行し，さらにそれを越えることも許されるでしょう。と言いますのも，過去数年間には，私たちがこの40％の枠の外側で様々な投資を実行し，この枠を大幅に越えていた時期もあったからです。しかし，ご存じのように予算は予算であり，キャッシュフローや実際の口座での資金の流れはまた別のことです。具体的に教育分野の資金を管理している同僚のベルコヴァーさんを呼んでもよろしいでしょうか。一緒に話せると思いますが。

A‘：私と同僚は，当然ですが，同じ部局にいますので，あなた方が教育に関して詳細を知りたいと思うのであれば，数年間，教育財政に携わってきた専門家である私がお答えします。と言いますのも，教育に支出される経費の大体40％は市の予算から来ているからです。委譲された分と独自権限の分を併せてです。

LF：それに加えて，私はあなたがどのような展望を持っているのか判らないのですが，その他の資金源からの資金もあるのでしょうか。

A‘：私たちは委譲された分の資金しか受け取っていません。プロジェクトは考えられますが，今話したように委譲された分と独自権限の分だけです。彼らは法人としてプロジェクトなどから資金を受け取ることができますが，それは彼ら自身で行う必要があります。

LF：ええ。しかし，あなたのところにも，市内で助成金を獲得している学校があるかないかや，それらの学校が助成金によって資金を増やす方法を知っているかなどの情報があるのではないのですか。

A‘：はい。私たちもそのような情報を知っておかねばなりません。彼らはプロジェクトを通じて獲得した資金の全額を学校の設置者を通じて引き出すことになっていますので，彼らはそれらの資金について市に知らせ，我々はそのような資金の流れを把握しなければなりません。ですので，私たちはプロジェクトを通じて各校が獲得した資金源の全てを知っています。

LF：それらはどのようになっていますか。それによってどれだけ改善されたか把握していますか。各校は交付金から40％を受け取っていますが，しかし，その後，ある学校は別の資金源から10％ほど上積みすることになります。あなた方は良い学校を持っていると話しているのですよね。

A'：私たちのところには，例えば，教育行動プログラムの枠で450万ユーロを獲得し，既に大規模なプロジェクトを完了した学校があります。そして，現在は，第2の同じく大規模なプロジェクトが承認されたか，あるいは既に実施されているところです。私が考えるところでは，ここの予算はやや限られていますが，実際のところ，教育過程に対しては誠実にお金が振り向けられています。そして，より小規模なプロジェクトもあります。彼らはApetit財団を通じて，教育の第2段階や，書籍，教育過程に関するプロジェクトの資金を獲得しています。そして，さらに学校の運営に用いることができる財源としては，手数料や保護者から寄せられるお金などがあり，これらはそれぞれの学校の収入になります。

LF：それらの大部分は市民団体ですか。

A'：いいえ，違います。市民団体とは異なる組織です。授業料を支払いますが，私が思うに，これは保護者団体への寄付金です。

LF：例の2％税はどうですか。それを受け取ることはできるのですか。

A'：はい，できます。しかし，それらは学校の設置者を通じて流れる資金ではありません。

LF：そうですね。しかし，それによっても学校財政は改善されます。

A'：ええ。私たちの学校ではこれも機能しています。税金の2％についても，ZRPŠ（保護者と学校の友の会）や，幾つかの保護者団体や，あるいは市民団体や非営利団体も活用しています。しかし，それらの資金源について，私たちは視野に入れていませんし，それらに関する展望も把握していません。それらは，学校の設置者を縛るものではないのです。

LF：その点に関してさらに幾つか質問させてください。既に話に出た様々な協議会のことに戻りますが，学校レベルで協議会があり，その後は市のレベルであり，さらに，議員の間，つまり市議会にも委員会があるということですね。

A'：学校問題委員会は，そこでは記録上も委員会となっていますが，私が話したように3つのレベルがあります。その間での協力がどうなっているかですか。私たちのところにあるのは市教育協議会です。私は現在の教育協議会がどのような活動を行っているのか，全く知りません。私たちの学校問題委員会は実際にも学校が抱える様々な問題に関心を寄せています。何故ならば，代表者ないし市議会に附置されている委員会のメンバーは，具体的にはそれぞれの学校や教育機関からの代表者であり，唯一初等芸術学校からの代表者は送られていませんが，その他の全ての法律に基づく組織の代表者が参加しているからです。個々の学校の代表者を通じて学校に関する様々な問題がこの委員会に持ち込まれ，解決されることになります。そして，当然ですが，委員会は，市議会の様々な委員会に対して解決案を提示するだけでなく，協力もします。学校問題委員会の委員長は実際のところ，市教育協議会の委員でもあり，市議会議員でもあります。つまり，情報は共有されているのです。

LF：なるほど。あなたは先ほど交付金からの資金が私立学校にも提供されていると話されましたが，ここにはどのような私立学校があるのですか。

A‘：私立幼稚園が１校あります。その幼稚園は法律の規定に則ったものです。

LF：さらに中等学校（日本の高校に相当）について質問したいのですが，中等学校の設置者は県ですが，それでもそれらの学校は市域の内部で活動しています。これらの中等学校や設置者である県と市との協力関係はどうなっているのでしょうか，また，どのような点，どのような形式で市域の内部にあるこれらの学校と協力しているとあなた方は捉えているのでしょうか。

A‘：そうですね，例えば，スロヴァキア全体の教育関係者が集まるコンテストであるChalupkovo Breznoという行事にあたっての協力があります。その際には私たちは市内にある中等学校と協力し，彼らの校舎において私たちが様々な活動を行い，一方で，宿泊設備や給食設備を提供しています。このように必要があれば，喜んで協力する体制があります。また，例えば，私たちのところには私立の中等学校が１校あるのですが，そこと今協定を結ぼうとしています。

LF：どのような専攻の学校ですか。

A‘：教育・社会アカデミーです。実際のところ，私たちの初等学校はこの枠組みに基づいて彼らに協力を提供し，あるいは彼らの卒業生や在校生が実習を行えるようにします。つまり，私たちの初等学校ないし初等学校のクラブで彼らが実習をするのです。また，私たちのところ，市庁舎での実習もあります。しかし，想定されているのは学校同士の協力です。市や学校にも私はこの話をしています。

LF：コシツェ大学やあるいはトルナヴァ大学が分室をここに設置していたと思いますが。現在はトルナヴァ大学とスロヴァキア工科大学でしょうか。ここに工学科があるのを知っているからですが。

A‘：はい。スロヴァキア工科大学とブラチスラヴァ大学とトルナヴァ大学です。トルナヴァ大学はここに分室を置いていました。この2，3年はもうすでにないはずです。

LF：では，それはここにはないのですね。

A‘：私たちのところには，経済学と公共行政管理に関する私立大学があります。この大学はすでに2年間運営されています。

LF：その学校はブラチスラヴァとヴラクニにもキャンパスを置いていたはずです。

A‘：他にどこにあるかまでは知りません。ここには外部事務所があり，ホテルアカデミーの建物に間借りしています。現在，最近の2年間は，私が知っている限りでは，ここで活動しています。私が思うに，もう3年目になったでしょうか。

LF：しかし，公共行政に関することでは，私は，それらの組織とあなた方がどの程度協力しているか，あるいはそれらの組織があなた方をどの程度支援することがあるのかに，関心があります。

A‘：そのようなことはありません。

LF：わかりました。これで，この市にある教育設備に関すること全てに関して質問できたかと思います。そして，それらの組織の大まかな資金やその割合に関してもお話しできました。つまり教育に割り当てられている資金に関してです。次に，少し異なったこと，つまり，経済面に移りたいと思います。

A‘：ただ基礎資料が手元になく，それを参照できないので，上手く話せないことがあるかもしれません。

LF：そうですね。

経済部長との会話の続き

LF：よろしいでしょうか。最初は私が質問の方向づけをしたいと思います。市の枠内で行われている自治行政の機能に関して，それらの大まかな割合はどのようになっていますか。あなたは市が財政面で支えなくてはならないこれらの領域についてどのように見ていますか。どの分野が圧倒的なのかはあなた方がご存じでしょうから，あなた方にお任せします。

A“：確実に教育分野です。

LF：それは確かです。そして，もっとも多い資金が割り当てられているのもですね。

A“：ええ，同僚がもう話したように教育分野がもっとも多くの資金を消化しています。ですので，予算の観点では最大の支出が教育に向けられていると話したのです。その他の分野は，資金の点からは，市民が税金や手数料の形で私たちに納めたお金を，市民向けの支出やサービスの保障という形で彼らに返しているようなものだということができるでしょう。そう言うことができます。ですので，第1に私が話したことに関係するものとしては，例えば，各地区からのゴミの運び出し費用に多額の資金が充てられています。恐らく，教育分野に次ぐ多額の資金が支出されています。実際には，私たちは，独自の補助金組織や技術サービスの部局を通じてこの分野をカバーし，廃棄物収集と移送，分別と廃棄物処理場での保管を行っています。ですので，正確な数字は判りませんが，例えば，大まかに言って1,000万ユーロを支出していたとして，これは単なる数字にすぎませんが，確か私たちは総額1,000万ユーロ程度を計上していますが，さらに国庫から総額で大体1,200万ユーロ程度を得ています。そして，私たちは各地区のごみ処理費用として年間に80万ユーロ程度を支出しています。これは大まかな数字ですが，私たちはゴミを保管する時にも手数料を支払っています。廃棄物処理場はブレズノ市内にあるのですが，法律に基づいてゴミの保管に対して手数料を支払う必要があります。その一方で，他の自治体から持ち込まれるゴミの分の手数料を受け取ってもいます。数％程度ですが。

LF：質問したいのですが，廃棄物処理場は市営ですか，あるいは自治体以外が経営しているのですか。

A“：市営の廃棄物処理場ではありません。この廃棄物処理場は市内にありますが，所有者は市ではありません。環境組合があり，その環境組合の傘下に企業があります。この傘下の企業，そして実際のところ，この環境組合も自治体の連合組織であり，各地区から出るゴミの処理を目的に設立されたものです。市も環境組合に参加しています。この組合がプロジェクトに参加する際や活動にあたっての比率は住民数に従って定められています。つまり，市が最大の割合を占めているということです。この環境組合がセコローグ社［s.r.o. Sekológ］の設立母体になっています。セコローグ社，廃棄物処理場の所有者です。つまり，廃棄物処理場は私たちの物ではないのです。そしてそのために，今話したように，私たちも他の自治体と同じように，廃棄物に対して通常の手数料を支払わなくてはならないのです。しかしその一方で，この廃棄物処理場はブレズノ市内の土地にあるため，法律に定められた義務に従って，廃棄物処理場側は，法律の規定の比率に従って廃棄物処理に伴う大気汚染の損害分を市に支払う必要があります。しかし，私たちだけがその費用を負担しているのではなく，その廃棄物処理場にゴミを持ち込んでいる他の自治体も負担しています。ですので，県の生活環境局によってこれらの動きは監視されています。私たちは環境に関する案件は十分に監視されていることを知っています。このように私たちは事業者からも金銭を得ており，これによって私たちが支払う手数料の一部を相殺しています。以上が，私たちが住民に提供しているサービスのうちの大規模なものです。そして，財政担当者として予算を区分するならば，そこにまた別の経済的カテゴリーがあり，例えば，融資の返済費用は，恐らくは廃棄物の処理に充てられている費用よりも確実に高額になっています。この融資とそれに伴う利子の返済費用について話しますと，この案件が非常に大きな部分を占めており，この多額の返済義務が私たちの負担になっていることは事実です。しかし，またも，その一方で，私たちはブレズノ市の競技場とスケートリンクを建設するためにこれらの融資を得ました。ですので，私たちは2件の融資を獲得し，これらの融資を基に広場の整備を完了し，その後はそれほど多額の返済義務を負っているわけではありません。現在抱えているものでは，私たちは住宅開発国庫からの融資を得て2棟の住宅を建設しています。これは，市が受けた融資には含まれないものであり，融資には分類されていませんが，実際のところは30年の分割返済の融資であり，利率もそれほど高率ではありません。私たちはこの資金で改修工事を完了し，実施義務を完了しました。私たちは広場の改修工事も実施しましたが，この費用の一部は基金から得て，また融資を通じても獲得しました。

LF：その基金は欧州連合の基金ですか。

A“：欧州連合の基金も含まれます。私たちは今年初めにこの工事を終えたところです。この工事は隣接する通りや市やゾルニク地区にも関係していましたが，2000年から開始されたものです。私は2007年と言いましたが，その時に最初の建設作業が開始されたのです。これはいわゆるPPPプロジェクト〔官民協力プロジェクト〕であり，現在私たちはこの道路の建設費用を返済しているところです。来年にはこれまでで最大額の請求書が届く予定であり，これを返済しなければなりません。どれだけの額かと言いますと，毎年12月31日までに60万ユーロを返済しなければならないというものです。これは非常に大きな額です。他方で，交通や道路，歩道，駐車場などを包括的に整備できたので，市にとって大きな助けとなりました。ですので，この事業の結果，市は少し違った外観を手に入れ，このような姿を作り上げることができたと言えるでしょう。このように，これは古典的な銀行からの融資とは異なり，管理された融資とも言えるものですが，私たちは返済の義務を負い，返済しているところです。私たちは，融資の返済に問題があると話したくはなく，また実際にも問題を抱えていることはありません。

LF：わかりました。これらが予算をかなりの程度消費する重要な項目ですね。これらの融資の返済費用と地区のゴミ処理以外にもこのような分野はありますか。

A“：このように大規模で，法律に規定されていると言えるもので，公共の利益と住民に寄与するために提供しているサービスとしては，市民に対して一定程度の快適な移動を保障している市内の公共交通や市の近郊の公共交通があります。ですので，この事業に対して，平均して年間10万ユーロ程度の補助を拠出しています。この拠出金は，市の近郊から通学している学生に対する割引運賃から発生した赤字の補てんに利用するためのものです。年金生活者向けにも割引運賃を設定していますが，これほどの費用はかかりません。

しかし，確かに年間 10 万ユーロという額は十分に大きな額です。また当市活動に関して，このプロジェクトの範囲のことについては，グレゴロヴァーさんとお話し下さい。と言いますのも，私たちはちょうど去年ある投資計画を完了させたところであるからです。この計画はほぼ 2 年間実施してきたもので，ポトコレニョヴァー地区の上下水道の整備を終えたところです。私たちはそこで EU からの資金と併せて整備プロジェクトを実行しました。また市広場の北側の整備も完了させたところです。これらが大規模な投資計画ですが，当然ながら，これらの投資に加えてより小規模な様々な修復や補修もあります。あるいは，学校でも色々な作業を行う必要がありますし，あるいは，住民のための何か，駐車場や道路に絡んだ様々な活動もあります。こういったところです。実際のところ，あなた方の同僚の方が市民団体のことを話していましたが，予算に関する法律に則りつつ，市はこれらの団体に定期的な助成金を提供しています。去年は先ほど話しました広場への投資のためにとうとう年末までこの予算を施行できませんでした。ですので，毎年提供していたのですが，去年初めて，私の記憶している長い期間の中で初めて，この助成金を提供できませんでした。しかし，今年はこの助成金を増額し，7 万 5,000 ユーロ前後に設定しました。これは文化団体やスポーツ団体向けのものです。あなたの同僚の方は文化団体の方により関心をお持ちのようですが，私たちの市ではスポーツ団体も活動しているためです。例えば，体操クラブやホッケー・クラブです。ですので，助成金の一部を彼らにも振り向ける必要があります。

LF：しかし，彼らは様々なプロジェクトを通じて応募するのですよね。

A“：いいえ，違います。私たちの独自財源に由来する予算から直接支出されるわけではありません。

LF：では，シチアヴニッツァとは少し異なるのですね。

A“：彼らはプロジェクトを通じて申請することもできますが，独立して応募することもできます。と言いますのも，彼らは独立した法律の主体ですから。私たちは，法律に則り，彼らと契約関係を結んでいるだけです。

LF：シチアヴニッツァでは，少なくとも私たちに話したところでは，市民団体が自分たちからプロジェクトを立案に，そして当然ですが，評価と承認の過程を経て，誰が勝者になるかが決定され，市民団体宛に確保された予算の中から，適切な額が彼らに助成金として付与されます。私の考えでは，助成金はどのようなプロジェクトが立案されているかに基づかなくてはなりません。

A“：つまり，共同の資金提供のように，別のところも共同で助成を提供するのですか。

LF：当然，彼らはまた別のところからも資金を獲得しています。

A“：私たちは助成金の提供に関する一般政令［všeobecne záväzné nariadenie, VZN］を制定しており，実際のところ，私が知る限りでは，2004年にこの一般政令が初めて制定され，それ以前からも何らかの方法で提供していたのですが，2004年からは，この一般政令にいつ，どのように，どれだけの額を提供するかの規範が定められ，またどのように収支決算を行い，どのように開示するかも定められました。ご存じのように，私たちは財政に関する全ての事を開示しなければならず，これらの市民団体に対しても，私があなた方に話したこと，私の記憶にあることを提供しています。これは私がお話したいと思っている社会的な分野です，つまり，教育について取り上げる時，これらの融資を取り上げる時，そしてさらに各地区のゴミについて取り上げる時，私は私たちのところで大きな意味を持つこれらの分野を考え，市がこれらの社会的な分野に対して手厚く財政的に支援していると考えています。私たちがこれらの分野に関する資金を予算から獲得する時，各地区のゴミや融資の影にそれ以外の社会的な分野を見ているとも話すことができるでしょう。第1に，補修事業を保障するだけの支出枠を確保しています。この枠は，どれだけの補修工事の要請が届けられるか次第で変動しますが，大体毎年35万ユーロ程度を拠出していると見積もることができます。そして，例えば，標準以上のものについても，既に4，5年ほど私たちが行っている事業ですが，市は年金生活者向けに完全に標準以上のことを行っています。私はスロヴァキアで誰がこれに詳しい知識を持っているかは知りませんが，私たちは，65歳以上の年金生活者に対して14ユーロの額面のクーポン券を発行しており，これらのクーポン券について，例えば，薬局やあるいはペディキュアやマニキュアの事業者とも契約を結んでいます。つまり，このような形で市は年金生活者に対して自由に使える14ユーロを提供し，彼らが薬を買い足せるようなサービスを提供しています。また，さらに福祉タクシー事業に対しても助成金を提供しています。これは，実際のところ，高齢者や子どもを育てている母親が移動に使える足として利用されている事業であり，スロヴァキア赤十字委員会と協力して運営しており，私たちは年間1万1,000ユーロから1万1,500ユーロの助成金を提供するという内容の事業契約を締結しています。この事業は私たちからの資金援助で成り立っています。このような事業をご存じではないでしょうか。

LF：どれだけの額ですか。1万1,000，それとも1万4,000ですか。

A“：1万1,000です。年間，1万1,500ユーロを助成金として提供しています。また私たちはシェルターも運営しています。多くの支援事業を展開しています。

LF：ホームレスに対しては。

A“：ホームレスについても私たちはシェルターを運営しています。お話ししますと，私たちは国からベッド数に応じた額の助成金を得ています。しかし，これだけでは不十分です。と言いますのも，私たちはそこから3シーズンのみの運営資金を受けていまして，主に冬季に必要となる完全なサービスを提供するだけの額ではないからです。

LF：その点をお聞きしたいと思っていました。シチアヴニッツァでは冬期のみの運営を行っていたためです。

A“：私たちのところでは通年の運営です。また，宿泊所もあり，このシェルターではアルコール類は全く出していません。ただ，この宿泊所を正確にどのように呼んでいるかまでは私は判りません。何らかの名称はあるのでしょうが，この設備は，寒さが厳しい時期にも運営されています。この施設には権力に適応できないような人々も通うことができます。

LF：国からの補助金を受けていますか。

A“：大まかに言って３万ユーロを得ています。

LF：３万ユーロですね。それに加えて市も資金を出していますか。

A“：これと同じだけの額を支出しています。と言いますのも，施設の電気代や暖房費などがあるからです。ですので，３万ユーロか，あるいは，それ以上の額を市は支出しているということができます。大体この３万ユーロの水準で支出していますが，主に光熱費がどのように推移するか次第で変化します。また，この他の施設もあります。つまり，孤立し暴力を受けている母親のための緊急の住まいです。つまり，暴力を受けている母親と子供のための施設であり，これに対しても国が私たちに補助を支給しています。大体２万ユーロ前後の額であり，これもまたその時点でこの設備の収容能力がどの程度埋まっているかで変わります。私たちのところにも，このように部分的には国から補助を受け，部分的には可能な範囲で運営している施設があります。

LF：市はどのくらいの補助を追加して支出しているのですか。

A“：ここでもほぼ同じ程度の額を支出しています。と言いますのも，職員が必要であり，また暖房も提供する必要があるからです。また，これらのシェルターに住むホームレスやあるいはこれらのキッチンを備えた住宅に子どもたちと住む孤立した母親たちは，当然ですが，その費用を支払わなくてはならないことは言うまでもありません。

LF：彼らにも何か補助を提供していますか。

A“：幾らかの手数料がありますが，またここでも，相反する財政についてお話ししなくてはなりません。実際のところ，彼らはほぼ無料であらゆるもの，この社会福祉分野に由来するものをほぼ無料で入手できるというものではありません。当然ですが，私たちはそれだけのものは持っていません。恐らくこの後この分野について出納長と話されるかと思いますが，彼女はこの分野を完全に掌握しています。と言いますのも，私たちのところでは，例えば，屋外社会労働が機能しています。これは国家予算と欧州連合の資金と共同で運営しているプロジェクトです。これはすでに長期的に行っているもので，今年で３年目になり，今では，全国的な屋外社会労働があり，事業の条件が少し変化していますが，実質的には私たちのところで実施しています。しかし，詳細な条件についてあなた方にお話しできるだけのことを私は知りません。ここでも，例えば，ちょうど今実行しているプロジェクトや，あるいは7月1日に完了したプロジェクトがありますが，私たちは，これらのプロジェクトに対して法律で定められた割合を支出しています。家族内での子どもの養育に関するものもあります。これもまた欧州連合のプロジェクトに基づく事業です。ですので，当然ですが，市内での社会活性化事業を活用しています。つまり，これらが，私たちが保障している活動であり，これらは多かれ少なかれ社会活性化のための事業であり，労働・社会福祉・家族局を通じて資金が提供されています。この一部について私たちも資金を提供していると述べることもできますが，その割合はあまり大きなものではなく，社会活性化事業に携わる人々の数によって支払う額が決まります。

LF：どれくらいの額が文化に振り向けられていますか。

A“：文化については，大体17万ユーロが支出されていると言えます。私たちは，ある団体を介して文化事業を運営していますが，それについては同僚が既に話したかと思いますが，市文化センターの外郭団体［príspevková organizácia］を介して文化事業を保障しています。この外郭団体は，法律に従って，原則的には設置者から提供された資金に依拠して運営されています。

LF：残りの額は。

A“：残りは主要な事業を通じて確保されますが，また，彼らは当然ですが，経済事業も営んでいます。つまり，彼らは私たちからの補助金ではカバーできない経費について，彼らの独自事業を通じて確保しているのです。これは主要事業と経済事業の両方を通じてです。私たちは，年間に平均16万ユーロを提供しています。そして，彼らは彼らのカテゴリーに従って振り分け，費用がかかるのか私には判りませんが，映画や独自事業，あるいは，私たちが行っている様々な事業，例えば既にお話ししたChalupkovo Breznoに振り分けます。Chalupkovo Breznoは彼らと協力して長年行っている行事ですが，これまで問題が起きたことはありません。しかし，文化について私たちは図書館以外にも市の文化事業を行っていますが，図書館は市の組織に直接属していることも話しておきます。私たちのところには市立図書館があり，この図書館の職員は原則的には市の職員であり，私の考えでは，図書館のソフトウェアにも十分な投資を行い，利用者が快適に利用できるような環境を整えています。

LF：文化についてでは，さらにそこには博物館も属していますか。

A“：いいえ，属しません。博物館はバンスカー・ビストリツァ県の管轄です。博物館は私たちのところ，市役所の建物に入居していますが，私たちは資金を提供していません。

LF：わかりました。あと，観光はいかがですか。

A“：観光について，私たちは市として特に関心を寄せているわけではありません。観光情報センターは市の文化センターの下に，つまり私たちの外郭団体の下にあります。ですので，私たちの補助金を通じて観光情報センターは運営されています。観光の分野で行われていることについて私が大きく取り上げないのは，この分野では非営利団体のCクラスターが活動しているからです。このクラスターはこの地域の地域的な組織や団体が立ち上げたものです。例えば，私たちは，市としてこのクラスターの構成員となっていますが，今年は，まだ今年度は終わっていないのですが，今年度は寄付金や会員の拠出金の形式で，このクラスターに1万ユーロの資金を供出しました。また市自体も，観光の発展に貢献するために様々なイベントを後援し，市がこれらのイベントに参加することもあります。そして，この枠の中にもまたスポーツがあり，観光の中にもスポーツや文化に関するものがあり，観光クラブもあります。私たちはそれらのクラブにも助成金を支出し，そしてサイクリング・クラブのような団体もあります。このように市民が非営利団体を通じて活発に活動することができます。そして，市は補助金を通じてこれを支援しています。補助金という形で支援しているのです。

LF：私が観光に触れたのは，観光も市の政治の重要な一部分になり得るからです。私たちは観光分野でより先に進んでいる他の町と同じようにブレズノでも観光に注目したいと考えています。とは言え，観光事業の大部分は，民間企業が中心となって進められているのですが。

A“：あなた方は恐らくはバンスカー・シチアヴニッツァを考えているのでしょう。

LF：はい。すみませんでした。私たちはバンスカー・シチアヴニッツァも訪れたものですから。

A“：恐らくは，あなた方はこのクラスターの理事長であり，発起人である人物と話した方が良いかと思います。彼らはあなた方が来ていることをまだ知りません。彼らは市の入り口（Mýto）のところに事務所を構えています。彼らは今，ちょうど活動と資金運営に関する評価書を作成しているところであり，また多くのことを実施に移そうとしているところです。サイクリスト用のバスも運行が開始されたところですが，これらの案件に関して，あなたにお話しできるほど，私は詳しくないのです。しかし，同僚はより詳しく知っています。地域振興部です。

地域振興部

LF：まずあなた方に対して，シチアヴニッツァでは観光の急成長が記録されていることをお話ししておきます。彼らが話したところでは，2011年から2012年にかけて観光客が

85％増加しました。これは非常に急激な増加です。

A：ファルチャンさんは観光業について質問されましたが，私たちが話すとすれば，ここではそれが基幹産業ではないということです。観光に関する「クラスター」は非営利団体です。しかし，実際のところ，市はこの「クラスター」の加盟者として資金を提供し，また「クラスター」の活動に参加しています。「クラスター」の活動はまだ始まったばかりですが，今後伸びていくでしょう。

LF：さらに補足的に話しておきたいのですが，シチアヴニッツァでも当然ながら観光業の大部分ないし核となる部分は私的セクターを通じて行われています。ホテルやレストランなどなどです。しかし，市も，例えば駐車場の需要の急激な拡大といったような点に関わっています。つまり，インフラの必要という話に結び付くのであり，そのため市にも直接的に関係する案件として観光に言及したのです。あるいは，このようなインフラ整備の必要を予感させるようなことは感じていないのでしょうか。もしそのようなことがあるのならば，この話を続けたいですが，いかがでしょうか。

A：これは極端なことだということは私にも判ります。お答えしますと，反応は限られていますが，それなりの人が関心を抱き，観光客がこの町を訪れ，住み始めてもいるということは喜ばしいことだと考えています。この町に住み始めている人も実際にいます。また，今では，町の住民が色々なグループに出会う機会もあります。しかし，残念ながら，反応はこの程度であり，何か規制や制限が必要な程度ではありません。もし，交通の機能のあり方を変えるとなれば不満が多く出てくることになるでしょう。駐車場の問題は，詳しくはわかりませんが，さほど問題となっておらず，今後協議することになるでしょう。

LF：わかりました。つまり，文化に関して話したことと基本的には重なるでしょうか。つまり，市の権限を越えたところで，経済的な形をとる観光サービスの点で問題があると感じ，まだ市に欠けているものがあるとみているのでしょうか。どの分野のサービスを経済的な手段を用いてでも形作らなければならないと，市はどの点が弱く，あるいはまったく欠けている部分があるとみているのでしょうか。

A：この社会的分野に関して同僚が話しましたように，市はそれなりの金額を支出してきたということに触れておきたいと思います。ですので，これは私の個人的かつ主観的な意見であるかもしれませんが，お話ししますと，私たちは市の住民が減少し市の基盤を侵食しないようにするためだけではなく，反対に市が成長できるようにするために，若い世代の家族と協力し，彼らのための投資を行ってきました。さらに休息のための場所や子どもたち向けの広場も整備してきました。このような活動を発展させてきました。この件も金銭的な影響力がありますが，これについては，市が一定期間の計画として作成したいわゆる経済・社会発展プログラム（PHSR）のコンセプトに関する文書の中で触れています。

現在は2007～2013年の期間が終了するところです。この部分では，私たちは，その計画で設定された具体的な目標や財政目標を検討しているところです。まだ返済は完了しておらず，またまだ1つの四半期を残していますので，誰が評価に参加するかで変わってきますが，最初の見積もりでは，私たちはこれらの目標の96％を達成したと評価しています。我々が達成できなかった4％は，自然なことですが，財政の債務超過であり，また，環境に配慮したインフラ整備では98％の水準を達成したが，解決できなかった課題も残されていると見ています。しかし，これらの未解決の課題についても理念的な立場から2014年から2020年にかけての経済・社会発展プログラムに引き継ぎ，現在，大規模なインフラ整備計画を立案し，提出しているところです。スロヴァキア共和国の（*聴き取りできず*）ビジョンの枠組みに則ったものです。ですので，経済・社会発展プログラムに立ち返りますと，現在のこの計画はあらゆる分野をカバーしています。文化から社会保障まで，交通問題から環境に配慮したインフラ整備まで，企業の支援といったことも含めた計画です。ですので，このコンセプトに基づいて市が発展することになりますので，あなた方に対しても2014～2020年の計画期間に関する文書のリストをお渡ししたいと思います。経済に関する計画を一番大きな泡として考えるならば，個々の分野の計画はそれにくっ付いた泡のようなものといったところです。このプログラムの下に教育の発展に関するコンセプトやスポーツ支援に関するコンセプト，質の高い住宅開発に関するコンセプトなどがあります。このリストを受け取ってください。また約束していたもの，私たちがこれまでに実施したプロジェクトのリストも提供します。経済・社会発展プログラム（PHSR）は当然ですがウェブ上でも公開されています。複合的な立場からの地域戦略も含めた完全な計画はまた別の文書であり，同僚が話しましたように，私たちはこのビジョンに基づき，この実現を目指しています。実際のところ，社会的分野では，社会の活性化や社会的に縁辺化された集団に対する支援があります。これはブレズノに住むロマ・エスニック集団だけを意味しているわけではなく，その他の形で社会から疎外されがちな集団，つまり心身に障害を持つ人々や低収入の人々なども指しています。これについてはいわゆるLKSPプログラムがあり，これもまたウェブ上で公開されています。ウェブ上には，市の土地利用計画や予算・決算などのあらゆることが掲載されています。

LF：わかりました。ここで1つ質問します。その後は同僚の方を引き留めているのも気がひけますので，プロジェクトのところに席を移したいと思います。しかし，今は，今回お話を伺っているすべての方に対して行っている質問を1つしたいと思います。どのように見ているかを伺いたいのですが，現在の市はどのような発展の柱の上に成り立っており，また将来の発展はどの柱の上にあるべきだと考えていますか。

A：就業支援と雇用です。

LF：つまり，それが市の柱であるべきだと。雇用はつまるところ支援の問題であり，市は雇用を獲得するため，また雇用を生み出す企業を誘致するために活動しているのでしょうか。

A：私が既に触れたような活動があります。地域計画を立案する組織である市の役割は，土地利用計画を定める立法組織として，この計画に基づきつつ，地理的にも機能的にも整理された空間を整備することです。この地域は工業生産のための地域であり，こちらの地域は文化に，野外劇場のような文化的・社会的な催物のために使う地域といった具合です。つまり，土地利用計画は基礎的な手段であり，企業家と連絡を取り合って立案され，市のプレゼンテーションはウェブ上でも公開され，またSARIO（スロヴァキア投資開発庁）や各省庁とも連携して作成されます。

LF：そこで伺いたいのですが，その計画は実現できているのでしょうか。つまり，市の外からここに来ようとする企業の関心を引き付け，交渉できているのでしょうか。どこかの企業と交渉できているのでしょうか。ここが本質的な部分だと思いますが。

A：私たちがPHSRを実施しているとお話ししましたが，現在のところ，このうち95%は達成できており，例えば，工業団地のために確保された土地があります。私たちは，SARIOとも活発に交流しており，SARIOや各省庁はブレズノ市が外部に向けて発信するのを支援しています。その結果については，今のところ，何か直接の個別の案件として描くことはできませんが，進出を考慮している企業が私たちと連絡を取ることもあり，この地域の利用に関するより細かい条件に関する交渉を進めています。これは今年度の最終四半期に関して一昨日受け取った情報に基づくものです。

LF：わかりました。まだ進行中の件については話せないという立場を尊重します。では，例えば，様々な形の投資の獲得に向けた市の戦略といったことはいかがでしょうか。市は，市にとって良くないことがある案件を望まないとか，このような案件を望むとかといったことも発信できるかと思います。このような方向性はいかがでしょう。

A：先ほど私が話したような土地利用計画を通じて本質的に解決されていくことが，まさにそのような問題です。ご存じのように，私たちは産業地区，観光産業に特化した産業地区を設定しています。例えば，具体的な例を挙げますと，ルォズネイ地区の利用計画に関して私たちが協議した時，私たちは数ヘクタールの土地を工業地域とするが，いわゆる観光工業に特化した工業地区にすることを決定しました。これは，この土地には機械工業は進出しないこと，あるいは靴工場も進出しないこと，しかし観光向けの工業のみが進出できることを意味しています。そして，観光工業向けの区域を設定することで事業者も満足させられます。

LF：障壁があることもわかります。スロヴァキアにどれだけの数の工業団地があるのか，ご存じでしょうか。そして，どれだけ空き地があるかも。50%が空き地のままです。ネットを整備しても無駄だった例すらもあります。

A：私たちはより慎重かつ用心深い立場をとっています。と言いますのもこの工業団地は低タトラ山脈への入り口の方向にあるからです。建設予定地自体は市の所有地であり，私たちはかつてのブレズノ橋梁工場（モスターレン）の敷地と呼んでいます。この工場の所有権が移された後，1つの大工場の敷地が個々の企業向けに分割され，「褐色の土地」と呼ぶようになりました。工場も操業し活気があり，そして1月から1月半に1回程度，休暇シーズン以外の時期にはブレズノ市も分局を設置し，企業家たちとの会合を持ち，彼らからの要求や要望を聞き，どこに進出しようとしているかなどの動機も聴いてきました。最後の会合では，例えば，私たちは技術研究所と名付けられるようなモデルを設立することで合意しました。なぜなら，企業側は既に製品生産に関する専門的知識を持つ若い人々が不足していると発言するようになっていたためであり，私たちも，それに関して，中等学校教育のシステムの中でその問題を扱っており，子どもたちがそれらの職業現場を訪問しそれらの企業に関心を持てるようにするために，学校と協議していると話をしました。ですので，私たちは，中等学校の3年生や4年生，5年生の子どもたちがそれぞれの学校の特徴に合わせて企業の人々と交流し，企業の人々が1，2週間の実習を提供できるようなフォーム作りのモデルを構築したのです。生徒たちがそれぞれの企業を知り，より適切な決定ができるようにするためにイメージを掴むための機会です。この試みがどうなっていくのか，今私たちが育てている新しい時代の子どもたちがどうなるのか見守っていきたいと考えています。

LF：しかしこれは実際のところ，独自の学校を設立しなければならないことへの対応ですね。

A：ええ。彼らもそのように考え，この制度に関する全てのものを築こうとした時には，観光工業の立場から行動しています。また，彼らの生産の維持に欠かせない次の世代を育成するという立場もあります。そして，私たちは，ゆっくりとではありますが，この事を構想に移し始め，ここの小企業家の考えをまとめ始めています。市で活動している企業の多くは，U.S. スチール社のような大企業とは対極的な中小企業が大多数なのです。これらの企業はこのような案件を扱ったことがないのですが，実行しています。例を挙げてみましょう。私たちが「褐色の土地」に事務所を構えていた時，これと併せて市街地を迂回するバイパス道路の問題も解決しなければなりませんでした。この道路も投資の誘致を助けるような重要な要素になりえます。と言いますのも，この町の道路交通はまだ市街地を通って行われているからです。そして，市の助けにもなるので，この迂回バイパスの建設工事を実施に移すことになりました。そこに企業家たちが現れました。迂回バイパスが議題になっている時に，道路交通の流れ方全体も解決する必要があり，また交通標識を改善してここに工業団地があるということを判りやすくする必要があると要望しました。このような大規模な工事にあたっては些細なことかもしれませんが，これは私たちにとっては企業家からのシグナルであり，このような形での協力関係は今までなかったものでした。これは彼らにとっても最初の一歩でした。私たちは彼らが企業経営を維持する手助けを行い，彼らは人々を雇用し，人を育て，この町の人を雇う。4人家族があったとして，この家族の2人が雇われているならば，非常なプラスになります。そしてこれこそ，経済・社会発展プログラム（PHSR）が目指していることです。

LF：ブレズノの失業率はどのくらいですか。

A：実際のところ，市内での見積もりを考えますと，労働・社会福祉・家族局が公表しているデータは十分に実際的とは言い難いのですが，平均して15%から18%の間で推移しています。

LF：他の地域を含めたものではなく，市内の数字ですか。

A：市だけの数字です。地域の数字はこれよりも少し高くなっていますが，市の数字も季節によってプラスマイナスの変動がありますので，平均しますと同じように15%前後で推移しています。

LF：ありがとうございます。私たちはこの調査で各地を回り，一連の調査を行い，今は新たに観光についての情報を掴もうとしていますが，ブレズノは観光地への入り口のセンターではないという点で少し立場を弱めつつあると思われます。

A：ええ，観光地はより標高の高い地域に移りつつあります。ルドホリエ山地の麓にある村々の多くは，魅力的な環境の中にあるオーストリアの幾つかの町が担っているような役割を担えないままですが，そこには，観光を支援するインフラの基本的なベースが存在しています。そこには山小屋やホテルもあり，それは二義的ですが，それでも素晴らしい水準です。そのために，先ほど話した「クラスター」が設立され，その活動には大規模な企業も満足しています。

LF：そこで観光に関する戦略を質問したいと思います。観光は市にとっての将来の柱の1つになりうると考えていますか。

A：ファルチャンさん，観光はプログラムにも盛り込まれた主要な理念です。観光の支援と発展は2014～2020年度の経済・社会発展プログラム（PHSR）にも書かれています。プログラムの主要な理念です。

LF：わかりました。つまり実際のところ2つの柱があるのですね。雇用状況を改善するために投資を引き付け，観光も市を発展させるための柱となる要素であると。他にもまだありますか。

A：あなたが先ほど話したような地域の基盤作りです。駐車場や上水道へのアクセス，清潔な空気，美的な住宅環境，これら全てが詰まったパッケージです。

LF：わかりました。ありがとうございました。まだあなたとはお話を続けさせてください。そして様々な情報をありがとうございました。幾つかの話は詳細まで聞くことができました。これは日本から来た同僚からあなた方へのプレゼントです。これは緑茶です。あなた方もすぐに飲めるようになっています。それでは，お話ありがとうございました。

(2)　森林公社の野外イベント会場（立ち話）：ドリャン氏（Doljan）

Doljan：脱国営化の中で国は市にも資産を返還し，ブレズノ市の森林公社が私有林を管理することになりました。これが 1993 年のことでしたから，今年の 7 月 1 日で 20 周年を迎えることになります。そして，まさに今日は，森で夏にお別れを告げる日として少し特別な日としてイベントが組まれています。少し紹介したいと思いますが，私たちが市内にある全ての初等学校のために行っているもので，子どもたちと自然との関係を少しでも取り戻し，彼らが家でコンピューターやテレビの前で座っているばかりにならないように，彼らが少しでも外で遊ぶようになるために，彼らが好む様々な体験や活動を提供しています。私たちはこの金曜からこの行事を始めましたが，保護者の中には土曜日に子どもを外に連れて出かける人もいます。しかし，一部の子どもたちはそんな機会を持てないでいます。そのため，学校ごとにまとまって外に出て自然に触れ合う機会が必要でしょう。そして，これが私たちの目的です。もし午後もあなたがたがブレズノに留まっているのならば，是非 17 時にアカデミーに来てください。イベントがあり，民俗舞踊団の公演もあります。心から招待します。

ZŠ：広場で行われるのですか。

Doljan：いいえ。文化会館の映画ホールで行われます。17 時の少し前にいらしてください。と言いますのも，私たちの評判は良く，また音響も良いので，ホールは満席になるでしょう。また，ドキュメンタリー映画も上映する予定なので，映画関係者もくるでしょう。ちょうど，2 週間から 3 週間ほど前にブレズノの森をテーマにしたドキュメンタリー映画の制作が終わったところですので，それを上映したいと考えているのです。今日が初上映です。ですので，是非いらしてください。

ZŠ：ご招待ありがとうございます。必ず行きます。

Doljan：その映画をご覧になれば，この 20 分の間に私が話せないことも全ておわかりになるかと思います。

ZŠ：とはいえ，まずは基本的なことをお話し下さい。例えば，あなたがたの会社はブレズノ市が最大の所有権をもつ市営企業のままなのでしょうか。

Doljan：国内の法律が少し修正されるように私たちが願っていることは確かですが，私たちがここの資産を横領しようとしているということは全くありません。このような批判は，私や同僚たちが自分たちのために活動し，会社の収益を私物化しているというように見ているのでしょうが，そうではありません。今，私たちは新しい車両を購入しなければならず，私たちに有利な条件で購入するために，購入条件が本当に私たちに有利であるのか吟味しているところです。また今では，私たちは何らかのヨーロッパ的な組織を通じて調達しなければならず，この手続きには3か月から4か月ほどかかることもあります。ですので，このような制度をどのように悪用できるのか私には見当もつきません。また，私たちの活動目的はブレズノ市の森林のためだけでなく，スロヴァキアの各地の市有林において私たちのモデルを広めていくことであり，森林が悪用されないように法律の改正を求めていくことです。

ZŠ：これは，実際のところ，欧州連合の中であなたがた直面している問題の1つなのですね。

Doljan：これについて私は答えを控えたいと思います。つまり，欧州連合が必要であるのか，それとも必要ないのかは答えたくありませんが，欧州法がどのようなものであるかはお答えしたいと思います。私たちはそれを腐敗させ，損なってきたのです。

ZŠ：なるほど。

Doljan：恐らく私たちの環境では，完全に正確に規定されていない限り，スロヴァキアの人々はそれを悪用してしまうのでしょう。

ZŠ：法の穴を見つけるとか。

Doljan：穴を見つけるのです。

ZŠ：しかし，他の人も同じようにすると考えるものでしょう。

Doljan：残りの人々は非常に厳しい状況に取り残されることになります。

ZŠ：それはわかります。

Doljan：そして，日本で大きな自然災害が発生した時，彼らは何百キロにも及ぶ道をいかに修復するかを知っていました。しかし，私たちにはそのように対処できないでしょうし，まったく想定してもいないでしょう。

ZŠ：フクシマのことを話しているのですか。

Doljan：はい。私たちのところでもタトラ山地の暴風災害がありました。その後私たちも全力を尽くして管理してきましたが，あなたがたは2006年の状況をご覧になっているはずです。

ZŠ：それ以前，2001年や2002年の状況も見ています。

Doljan：つまり2006年には既に災害の状況についてご存知になっていたのですね。しかし，その時はここでもひどい混乱がありました。つまり2004年に倒木被害が発生したわけですが，その時私たちは非常に大量の作業を処理しなければなりませんでした。私たちが管轄する森林はタトラよりもひどい被害を受けましたが，幸いにも私たちの地域に注目が集まることはありませんでした。大体森林の5分の1から6分の1の面積が被災したのです。私たちが発注者になり様々な事業者の助力をえた結果，私たちは何とか後処理を行うことができました。しかし，この時も，法律が，つまり自然保護に関する法律があらゆる点で私たちの作業を妨害することになりました。と言いますのも，この法律では，倒木もその場所に残すように求め，また自然保護区としての扱いを求めていたのです。この折衝に手間取ったため，私たちが管轄する森林では害虫が大繁殖してしまいました。つまり，私たちの森林では（オウシュウ）トウヒが多いのですが，この虫はトウヒに住みつき，どんどん被害を広げたのです。恐らく風害自体よりもこちらの被害の方が大きかったのではないでしょうか。

ZŠ：あなたは今様々な業者があなたがたを助けたと話されましたが，5，6年前の状況と比べた場合，あなたがたのところで働く従業員の状況はどうなっているのでしょうか，同じ人数ですか，それとも増減があったのでしょうか。

Doljan：2004年の年末にこの大規模な風害が発生し，あなたがたがここを訪れた2006年には私は登録から外れていました。と言いますのもその頃私たちは各地を転々と動き回っていて，ここには本部勤務の主任技師しか残っていなかったからです。その頃は500人から550人位の人と契約を結び，彼らが私たちのために働いていました。その頃はもっとも仕事が多かった時期で暴風被害の後処理のために多くの人手が求められていました。今では縮小された体制で動かしています。と言いますのも，現在では年間に大体3,000立方の木材を切り出しているのですが，災害に見舞われた直後の時期には1万7,000立方を切り出していたからです。そのため，倒木を全て伐採し，後処理が終わった後は少し体制を整理せざるをえませんでした。森林を伐採することが私たちの目的なのではなく，森を維持することが目的であるからです。ですので，現在は私たちの森から切り出される木材の量は低く抑えられており，経営も緊縮状態にあります。そのため，作業員の数も抑えられているのです。

ZŠ：大体どのくらいの人数ですか。

Doljan：現在はおよそ100人程度です。

ZŠ：100人ほどですか。どのような形でしょうか。

Doljan：今話したような形のままです。

ZŠ：しかし，彼らは管轄下の森林のあちこちに散らばっているわけですよね。そして，あなたがたの木材の購入者はどうなっていますか。つまりあなたがたは切り出した木材に何らかの一次加工を施しているのでしょうか，あるいはただ原木を切り出すままですか。

Doljan：ご存知のようにこの森の周囲の各地に製材所がありました。かつての社会主義体制の頃は製材所が稼働し，それを乗り越えた今の体制の下でも稼働していました。しかし，どういう理由なのかはわかりませんが，これらの製材所の経営がうまくいかなくなり，閉鎖されていったのです。もしかしたら何らかの失敗があったのかもしれません。こうして，100年以上も操業を続けていた製材所も閉鎖されるか，細々と事業を行うだけになっています。

ZŠ：しかし，あなた方の顧客はその中に含まれていなかったのですよね。

Doljan：閉鎖した製材所には私たちの顧客も含まれていました。しかし，それは彼らの設備が古く，私たちの木材の製材能力の計算には含められなかったからです。私たちはその製材所を競売に出し，新しい設備を揃えることにしました。私たちは森での作業についてはよくわかっていますが，どのように椅子を作ればいいのかは別の企業に任せています。

ZŠ：では，製材は彼らが行っているのですか。

Doljan：彼らが行っています。私たちは彼らに原木を供給していますが，森の中の状況や彼らの需要を考慮しつつ，できるだけ両方の求めを近付けるように努力しています。

ZŠ：あなた方が原木を直接外国に輸出することもあるのですか。

Doljan：外国への輸出は非常に限られた量だけです。実際のところスロヴァキア国内で需要がないときのみです。風害の後に大量のパルプ材を抱えていた時，針葉樹のパルプ材の加工技術が国内になかったためにチェコに輸出したことがありました。その時もスロヴァキア国内で買い手を探すこともできたのですが，提示された価格は非常に低かったのです。そして，2年前にはある目的をもってドイツへの輸出を行いました。ドイツ側から非常に興味深い提案と興味深い条件が提示されたためです。その条件は価格だけに関心を寄せるものではなかったのですが，その後求められる量が減少し，木材の品質に対して彼らが不満を抱くようになりました。最終的には彼らが制裁条項の発動を仄めかす事態になりました。このように，最終的には価格が一番の問題になるとはいえ，品質も考慮しなければならないことがわかりました。ですので，現在では，輸出は最小限にとどめ，針葉樹の原木についてもスロヴァキア国内の顧客に供給するようになっています。

ZŠ：なぜ，近年は減少しているのですか。

Doljan：原木の伐採量ですか。

ZŠ：原木の量です。

Doljan：伐採は森から切り出すことを意味しています。私たちが実地で調査したところでは，年に3万立方まで伐採しても森の均衡を保つことができます。そして風害や虫の食害があった時は 18 万立方まで切り出しました。

ZŠ：非常に大量に伐採しなければならなかったのですね。

Doljan：折れて地面に倒れていました。そして私たちはその木材の価値を落とさないようにするため急いで切り出さなくてはなりませんでした。つまり，私たちは 2004 年以降の 7，8 年間は非常に大量の木を切り出さなくてはならなかったのです。

ZŠ：通常時に伐採すべき量よりもはるかに多い木を切り出したのですね。

Doljan：まさにそのために，現在私たちは伐採量を抑えなくてはなりません。木を成長させ，また新たな均衡状態にまで回復させるためです。そうすることで子どもたちに森を残すことができますが，少しずつ回復の軌道に乗っています。

ZŠ：では，あなた方と市は市営企業としてこの事業を始めましたが，近年はこの市との関係はどのように展開しているのでしょうか。以前と同じままでしょうか，それとも関係が悪くなっているか，あるいはより良くなっているのでしょうか。

Doljan：私が評価すべきことではないですが，より良い関係が築かれているのは確実なところです。と言いますのも，市の指導部や市長との間に完全に良好な関係があるからです。例えば，市が私たちに対して無意味な監査を行うことはありません。もちろん必要な時には監査が入りますが，全く意味なく監査を求めてくることはないのです。私たちは市に対して業界のルールを伝え，また，市のために全力で利益を確保しようと，できれば彼らが求めてくる数字を上回るだけの利益を出そうと努力します。市の財産である以上，市有林の経営から市は何らかの利益を得なければならないからです。そして，当然ですが，市に有利な条件であるべきですが，例えば，市があまりに過大な要求を突き付けてきた場合には彼らを批判することもあります。

ZŠ：しかし，市への情報の流れがどこかでブロックされることもありますし，国有林との競合関係もありますよね。

Doljan：私は国有林が競争相手であると考えていません。

ZŠ：どのような関係なのか，興味があります。

Doljan：教授にも以前説明したことがありますが，私たちの森にも国有林にも同じように木が生えています。そのため，今話しましたモデルはどこでも適用でき，そして，健康な森林を維持するためには，私たちも国有林も同じように一定の数の木を伐採することになります。そして，それらの木は市場に安定的に供給されます。ですので，私は，国有林と私たちは決して互いに競争する存在ではなく，互いに助け合う存在であるという見方をもっていますし，そのような見方が定着するように働きかけています。私たちは意見を交換していますし，価格の動向について協議することもあります。

ZŠ：むしろ協力関係やあるいは提携関係といえるようなものがあるのですね。

Doljan：今日のイベントでも国有林管理企業から派遣されてきた同僚が子どもの相手を手伝っています。と言いますのも彼らの方がより大きな企業ですから，人手に余裕があるのです。私たちはより規模が小さい存在です。

ZŠ：互いの規模を比較するとどうなりますか。私には見当がつかないのですが，あなた方は国有林の 3 分の 1 の規模ですか，4 分の 1，あるいは 10 分の 1 ですか。

Doljan：そうですね。スロヴァキア国内の国有林は全部あわせて 100 万ヘクタールほどあり，さらに国有林ではない森林が百万ヘクタールほどあります。

ZŠ：ええ，個人の私有林かその他の所有者がいる森林ですね。

Doljan：現在では，個人の地主や自治体，教会が所有する森林があり，私たちのように所有権を半分ずつ持っている森もあります。つまり，私たちはブレズノの市有林の内 7,500 ヘクタール分を所有しています。大まかに言って最大の市有林が私たちの下に帰属していますが，100 万ヘクタールを所有している組織とは比較しようもありません。しかし，何らかの比較はできるでしょうし，市有林や町村の森林組合との協力関係もあります。

ZŠ：なるほど，興味深い話です。

Doljan：スロヴァキア全国町村森林組合連合［združenie obecných lesov Slovenskej republiky］での協力関係の可能性もありました。そこでは周囲の賛同を得て，私が理事長を務めたこともありましたが，その時点でも，町村の森林組合に加えて，森林をもつ個人や教会の団体である非国有林所有者連合と協力する可能性もありました。そこでは市有林は対等なパートナーだったと言えます。と言いますのも，私たちの側はその連合の中で約 50％の森林を所有しており，残りの 50％が国有林だったためです。ですので，そこで協力することができるでしょう。つまり，彼らの側でもその場での協力に利点があり，また，彼らは私たちとは異なり，一元的な経営陣の下にあるからです。私は連合の中でそれぞれの森の所有者に対してどれだけの価格で木材を販売するというようなことを指図できないのですが，それはさておき，法律の枠内で連合体を組むことは，確かに批判もありますが，必要なことであり，自分たちの立場を表明できるようになります。一方で国有林の側は，そこには任命された代表を送っており，常に自由に発言できるわけではありません。

ZŠ：この連合は法人格をもっていますか，あるいは任意団体ですか。

Doljan：任意団体です。しっかりと守っている規約があります。

ZŠ：任意団体ですね。そして会員がいて継続的に活動している団体ですね。そして，もしかしたら，私が上手く理解できなかったのかもしれませんが，その連合には市有林も個人が所有している森林も加盟しているのですか。

Doljan：教会の森林も加盟しています。つまり，スロヴァキアの森林の半分の所有者がこの組織に参加しています。私たち，つまりブレズノ市の市有林は自治体所有の森林という資格で参加しています。また，これと同時に私たちは，森林所有者と国有林の評議会の会員でもあります。ここでも大小様々な非国有林の所有者は地域毎の団体へとまとまっています。同じような組織はスロヴァキア全土に11あり，これらの評議会も非国有林所有者連合に参加しています。このような回路を通じて森林所有者を率いる指導部のようなものが作られ，例えば，団体の加盟者が大臣に対して法律を整備するように働きかけるといったような活動を行っています。

ZŠ：わかります。つまり利害を守るための団体なのですね。あなた方の団体はそれらの法整備に対して実際に影響力を行使できるのですか。

Doljan：2年程前に自然保護に関する法律が用意されていた時に，私たちは実際に影響力を行使することができました。その法律から林業従事者が大きな打撃を受けることが予想されたのです。私たちはその法律に関して交渉し，自治体の首長に向けてこのような法律に賛成することはできないと表明しました。そしてこの法律に関する議論が湧き上がり，幾つかの法律は完全に一から作り直されることになりました。

ZŠ：それは感嘆に値します。と言いますのも，私もスロヴァキア商工会議所の活動状況を目にしていますが，彼らも同じく法律に基づく団体でありそのため立法府の議員たちと強い関係をもっているはずですが，彼らの成果はあまり満足がいくものとは言えないからです。

Doljan：私たちの場合は，既に法案の修正や変更に対する意見が求められていた段階であり，それに必要な資料も示されました。

ZŠ：あなた方は自分たちがいるべき場所を見つけられたのですね。

Doljan：いるべき場所がありました。

ZŠ：それは素晴らしいことです。ところで，あなたはここで長い間活動しているとのことですが，あなたブレズノの生まれですか。

Doljan：そうです。

ZŠ：では，あなたはこの町のすべてを，つまり，モスターレン社がこの町の経済を支えていた時期からその後のポドブレゾヴァーの製鉄所の状況もすべてご存知なのでしょう。それでは，現在何がこの町を支えていると見ていますか。そして将来に対してどのような可能性を感じていますか，将来のためにまず何をしなければならないのでしょうか。誤解を避けるために付け加えますと，つまりこの町が上手く動いていくためにということです。

Doljan：働くことです。何故ならば，何か議論するだけでは不十分であり，活動し何かを成し遂げなくてはならないからです。そうしなければ何も始まりません。

ZŠ：しかしどの分野でしょう。どの分野を発展させればよいと思いますか。

Doljan：ここで木材を加工する大規模な産業を展開できればよいのではないかと思います。

ZŠ：なるほど。

Doljan：そのような構想があったのですが，構想とまではいかない噂話のようなものでしたので，それについて公式の場で意見を示すような機会は残念ながらありませんでした。つまり，誰かがその構想を考えたのですが，公式の議論には上がりませんでした。ですが，ここには原材料があり，運び出す手段を確保できれば少なくとも50万立方という大量の木材を調達することができます。ただ，風害があったためにそのための林道がまだ修復されていないのです。人々は風害から被害を受け，木材の切り出し量も現在では少なく抑えられていますが，大量の木材を切り出す体制に戻すことはそう難しくありません。また，このような木材加工も軽工業に分類されるのでしょうが，かつてのブレズノには機械工業の伝統がありましたし，まだその技術を保っている住民がここにはいます。

ZŠ：そして非常に質が高い。

Doljan：質が高い機械工業の伝統があります。昔からの学校があり，祖父母や父母たちもその学校に関わってきました。ですので，強い関係が保たれ，現在でも機械科の学校が授業を行っています。またここブレズノには製鉄所もあり，今では統合されてしまいましたが機械科の中等工業学校もまだ授業を続けています。ですので，このような工業を保つことが私たちにとって正しい道なのではないかと思います。

ZŠ：観光業はどうでしょう。

Doljan：観光業も必要な分野であるだけでなく，さらに発展させなくてはならない分野でしょう。ここには美しい自然があるのは明らかですので，必要なのは観光客をここに引き付けるための正しい考え方だけです。1,000万人も私たちを訪れることはありませんし，もっと少ない数ですが，ポーランド人の観光客の数はかなり少ないです。私たちはどのように彼らを引き寄せればよいのかわかっていないのです。恐らくさまざまな設備にプールを設置する方法もあるでしょうか。しかし，彼らにも自前のタトラ山地があります。ポーランド側のタトラは人で溢れている一方で，私たちの方はがら空きです。どこかでこの状況に対処するために何をしなければならないかという考えがあるのか私にはわかりませんし，恐らくそのようなアイデアはないのでしょう。キャパシティを増やし，観光を振興するためには，多額の費用が求められますが，その効果が全くないことはあり得ません。長年にわたって私たちはこのような議論を続けてきましたが，どのような方法が適切であるのかという結論はいまだにわかりません。そして，若い人々は外の世界へと飛び出し，なぜだかは判りませんが，誰も何かしらの行動もしないような状況になっています。

ZŠ：教育の状況はどうなっていますか。

Doljan：ここの教育の状況はスロヴァキア全体の状況そのままです。確か，今では各郡の郡庁所在地に大学［vysoká škola］がありますね。

ZŠ：つまり，ここにも大学と呼ばれている学校があると。

Doljan：ここには工業系の技術大学があり，現在では経済科の大学も設置されています。

ZŠ：その状況についてどう考えていますか。

Doljan：今では，私たちは国内の大学で子どもたちを学ばせることを望んでいないので，そんなにたくさんの高等教育機関は必要ないのではないかと考えています。こんなにたくさんの大学が必要であるとはとても思えません。 また，これらの大学の教育の質は言うまでもないでしょう。私の考えでは，このような学校は私たちの国の教育制度の失敗を象徴するような存在です。ここの技術大学の講師陣はズヴォレンの工科大学に送るべきでしょう。このような制度がうまく機能するためには，多くの学生や子どもたちがいることが必要です。このような制度は中央のイニシアティブで取り除いていく必要があるのではないかと思います。

ZŠ：また別の質問に移りますが，住民の間での貧富の差についてはどうでしょう。この10年間にどのように変化したのでしょうか。裕福な人は以前に比べて増えたのでしょうか。

Doljan：裕福な人が増えたかどうかはわかりませんが，裕福な人はさらに裕福になりました。

ZŠ：私もそう感じています。

Doljan：豊かな人がさらに豊かになっています。急に豊かになった人々はどのように振舞えばよいのか知らないため，非常に奇矯な振舞いをすることがあります。それに対して四世代も財産を保っている家はより豊かになり，会社を経営し資金を運用するようになっています。

ZŠ：彼らはその重みを知っているのですね。

Doljan：ですので，急に財産を得た人たちは，残念ながら，その後お金が足りなくなり，生活の中でさまざまな困難に直面するようになることがとても多いのです。そして，すべてのエネルギーをそれに費やすことになり，生き延びるだけで必死になっていきます。これはとても悪い状況です。そして，多くの人々は恐らくその転落直前のぎりぎりのところにいます。

ZŠ：つまり，中層の下の方ですね。

Doljan：私はもはや彼らは中層の人々とは呼べないと思っています。ですので，下層の人々と呼ぶべきでしょう。とは言え，私たちは楽観的でいられるでしょう。それなりに良い暮らしを送れていますし，世界やヨーロッパの中で戦争も飢餓もない安全な暮らしを送れています。ただ富の配分の具合が少しばかり奇妙であるだけなのです。

ZŠ：そうですね。ところで，あなたがたの町のロマはどのような具合ですか。

Doljan：彼らの状況は彼らの子どもたちの占める割合が高いことを考えてみてください。そのためある学校ではロマの子どもたちの割合が10%を占めるようになり，彼らにいかに生きていくべきか，いかに適応していくべきかを教えることが重要になっています。と言いますのも，私たちが調べたところでも，人々はロマの問題は重要なことであると考えていること，そして彼らに振舞い方や生活のやり方を教えることが重要であると考えていることが明らかになっているからです。これによって彼らの状況が少しでも改善されるとお考えでしょうか。彼らに対しても様々な事業が展開されてきましたが，ほとんど成果はありませんでした。そして子どもたちを義務的に学校に通わせるようにしたのです。その結果は，見ればわかりますが，服装もそれなりのものを身に付けるようになり，衛生状態も良くなり，栄養不良もなくなりました。

ZŠ：今でもこの町にロマ集落はあるのでしょうか。かつては酷く荒れ果てた状態の家があったと思いますが。

Doljan：今でもひどい状態の住宅はあります。町の周辺にそういった家が多くありますが，ロマ集落になっているとは言い難いです。そのような家の周りにも白人が住んでいますので，家にお金がある時にいろいろ問題が起こっていると，そういった話はよく耳にします。

ZŠ：さすがに1日2日の滞在では聞くことはありませんが。

Doljan：そして，この件についてはいわゆるヤミ仕事についても話さなくてはなりません。彼らはそこから収入を得て，その一方でまったくお金をもっていないような素振りをしているのです。

ZŠ：捜査の手が入ったことはないのでしょうか。

Doljan：ないと思います。最低限の捜査だけです。役所も彼らのところに立ち入ろうとはしません。私たちはみな，彼らの存在を容認しようと考えていますが，そのためには普通の生活様式を取り入れなくてはなりません。かりにあなた方が彼らと同じような振舞いを見せたなら，あなたがたにも制裁を加えなければならなくなるでしょう。

ZŠ：しかしロマたちを脅すのでは何の意味もありません。私が読んだところでは，ロマには彼らなりの生活様式があり，警察もそれを尊重しているとのことです。しかし，もしあなたたちが誰かに対して実力を行使すると脅すというようなことを話しているのならば，それには何も意味はないでしょう。

Doljan：確かにその通りです。

ZŠ：標準的な振舞い方ないし標準的な振舞いがどのようなものであるかがはっきりしていればこの仕事もかなり楽になります。私はこれについて詳しくないのですが，この意見には賛同していただけるでしょう。

Doljan：私はここブレズノでロマ達との問題が他の地域よりも多く発生しているとは思っていません。ブラチスラヴァでも同じ問題はありますし，西スロヴァキアでも非常に多くのトラブルが発生しています。東には非常に酷い状態のロマ集落もあります。ここにはそのような問題はなく，ロマの家の近くを普通に歩くこともできます。彼らは車を持っていないことが多いのですが，携帯電話は普通に手にしています。そしてこれは記録してほしくないのですが，彼らは武器を求めていて，そしてアメリカの黒人のように彼らの権利についてすでに知っており，テレビを通じて普通の暮らしがどのようなものであるかも知っています。ですので，彼らの問題は時限爆弾のようなものでもはや先送りできず，すぐに対処しなければならないでしょう。実際のところ熟慮に基づく政策が求められており，正しい解決方法を見出し，そして，その政策を2年や4年程度ですぐに転換することなく確実に実施していかなくてはなりません。

ZŠ：なぜこういうことを尋ねたのかと言いますと，住民アンケート調査では，多くの人々がロマ達との関係に問題を抱えていること，特に治安とかそのような面に問題を感じていることが明らかになったからです。

Doljan：また，私たちが得たお金から彼らの生活保護が支払われていることは確かです。そのことについて私たちみんな何か一言でも言いたい気持ちを抱えています。さらに悪いことに，私たちが彼らのためにお金を払わなくてはならない一方で，彼らは怠け，ビールを飲み，ヤミ仕事に携わっているのです。これは彼らの側の間違いというばかりではなく，私たちの側の過ちでもあります。私たちの白人の役人たちが彼らに関わる仕事をしていないからです。もしヤミ仕事がしっかりと摘発されていたならば，彼らもまっとうな仕事につかざるをえないはずです。労働事務所に通うばかりで生活保護のシステムに頼ることもなくなり，私たち全員にとってよりよい結果になるでしょう。

ZŠ：また別の質問に移りますが，多くの人々が携帯電話を持ち，車を持ち，あらゆる物を所有する時代になりました。これはいわゆるグローバリゼーションの表れ方の1つですが，このグローバリゼーションはあなたがたの町にどのような影響を及ぼしていますか。あなたの会社にも影響はあるのでしょうか。

Doljan：グローバリゼーションですか。グローバリゼーションを押しとどめる必要はないと思いますが，良い面を積極的につなげていくべきだと思います。常にマイナス面も付きまとうもので，これは日本でも同じでしょう。ここには非常に礼儀正しく勤勉な人々がいますが，その反面マフィアのような人々もいます。私たちはこのような悪い側面を見てグローバリゼーションの過ちを口にしますが，この流れを押しとどめるべきではないと思います。ただ，それぞれの民族に留まるべきものをより多く見ていくべきです。日本人は日本人らしく，私たちスロヴァキア人はスロヴァキア人らしくそれぞれのフォークロールや伝統を保つべきですし，欧州連合もそれを変えていくべきではありません。例えば，製薬会社からの圧力がかけられていることも事実ですが，これまで長い間森の自然のハーブを使って私たちの国の人々は病気を治してきました。今では，このようなことが禁じられるのではないかと，香りのよいハーブティーが飲めなくなるのではないかという噂も出ているのです。もうしそうなったら，それはグローバリゼーションのよくない面だといえるでしょう。

(3)　ブレズノ郡小規模事業事務所：回答者 PM 氏

ZŠ：1991 年以来私たちは社会主義崩壊後のスロヴァキアの地方都市の変化に関心を抱き，日本からの研究グループと合同調査を行ってきました。そして，それぞれの調査にあたってこのようなインタビュー調査を行い，それをアンケート調査で補強してきました。今回もブレズノで約 310 人を対象にしたアンケート調査を実施し，そこで抽出された住民の代表者に対して，暮らし振りや，豊かさと貧富の差，そして彼らの仕事状況などの質問を行いました。こういった調査を通じて全体を補強しようとしています。

PM：わかりました。私の手元には幾らかの資料を用意していますが，それらはあなた方が知りたいと願っているような過去 5，6 年の状況をすべて示すものではありません。ここにあるのは 2 年間分の資料ですが，私が話すことはあなた方が期待していなかったような数字も含まれています。あとでメールで商工業者の経営活動に関するデータをお送りします。そこにはすべての数字が含まれ，ここに出ている数字も掲載されています。これは私たちの活動のまとめでして，ブレズノ郡内の営利事業者の総数が出ています。 私たちはこれらの営利事業者を，スロヴァキアの他の地域と同じように，自然人と法人に区分し，それぞれの正確な数を月ごとの表にまとめています。この表には過去 3，4 年分のデータがあり，そこからは営利事業者の数がどのように変化したかを読み取ることができます。私たちのブレズノは季節労働がかなりの部分を占める地域ですが，この季節労働は主に森林での仕事です。このようにここには季節的な産業ないし季節的な伐採作業，そして林業があります。営利事業者の数，とくに自然人の事業者の数もかなりの程度この状況に左右されます，このような事業者は人々の間で「森の女性」と呼ばれている人々であり，毎年秋の時期に事業を始めています。私たちのところでは，このように 1 度事業を畳んだ後に再度再開するかあるいはまた新たに登録する人々の数が非常に多いのです。彼らは春から秋にかけて事業を営み，そして秋が来ると事業を終えるのです。

ZŠ：冬にさまざまな費用を払わないようにするためですね。

PM：その通りです。主に社会保険料などの納入を回避するためです。もしかしたら，自宅で何らかの別の活動を行っている可能性もあります。事業経営の観点からは，このような事業者はこの地域では典型的な形です。また，ポドブレゾヴァーの製鉄所がこの地域では最大の雇用主になっていることはすでにさまざまな人の話に出ているでしょうから，私はここでは同じ話は繰り返しません。彼らは大まかに見て3,000人を雇用しています。より正確には約2,700人ですが，200人から300人程度は変動しています。

ZŠ：大体のところがわかれば結構です。

PM：製鉄所に加えて私たちの地域で重要な企業となっているのは，かつてのモスターレン社の跡に立地している企業です。

ZŠ：私たちも以前訪れたことがあります。

PM：モスターレン社の跡地には現在，25社の企業が立地しています。ここにはそれらの企業のリストもあります。その中でも大企業と言えるのは，M.B Industry社です。ここにも名前が出ています。

ZŠ：もしそのリストをお送りいただけるのならば非常に嬉しく思うのですが。私たちはかつてモスターレン社で調査を行いましたが，その後の後継の企業のことはあまり知らなかったのです。跡地ではそれだけ多くの企業が活動しているのですね。

PM：現在までの間には，幾つかの企業が競売にかけられ，あるいは解散するという沈滞した時期もありました。その後は企業の経営も軌道に乗り，Pipeco Slovakia社のような企業も登場するようになりました。同社は断熱ダクト［izolované potrubie］の生産を急拡大させ，スロヴァキア市場を支配しているだけでなく，ヨーロッパ全体でもかなりのシェアを得るようになりました。

ZŠ：その企業はどのくらいの従業員を雇用しているのですか。

PM：Pipeco社は恐らく60人から70人くらいを雇用しています。Brezno industry社も同じくらいを雇用しています。あなたを悩ますことがないようにBrezno Industry社については後で書いて示しましょう。彼らは150人から200人の従業員を雇っています。この従業員の多くは生産活動に携わっています。さまざまな作業を行う溶接工です。彼らは正規雇用ではなく，先ほど名前が出た2つの大企業の注文に応じて溶接作業を行い，その他の時期には農作業を行っています。また，ここには，当然ながら，中小企業も何社か入居していますが，オーストリアやドイツとも取引をしている会社もあります。クレーンの部品や削岩機の部品，さまざまなドリルなどを生産している会社でREAS社という名称です。この会社はTECHNOS社の傘下にある会社でその中でも規模が大きい会社です。

このTECHNOS社はフロネツ［Hronec］に本社を置いている株式会社で，様々な設備を生産しているほか，原子力産業のプロジェクトにも携わっています。そしてこのTECHNOS社の傘下でREAS社が活動している形です。先ほどこのモスターレン社の跡地には大小あわせて25社が入居していると話しましたが，どこかにそのリストがあるはずです。少しお時間をいただけるならば，探し出せるはずですが。ここにありました。今すぐコピーします。モスターレン通りにはICO社もあり，多くの会社もそこに籍を置いています。しかし，あなたのようなアカデミーからの人には，このような情報を提供すべきではないのですが，つまりはこれは個人情報ですから。

ZŠ：実際のところ，私たちに関心があるのは，どれだけの就業機会が提供されているのか，そしてこれらの企業の活動範囲がこの地域だけに留まっているのか，それともスロヴァキア全体や外国にまで広がっているのかという点です。

PM：このBrezno Industry社が今話したところです。

ZŠ：そうですか。この私たちが関心を抱いている3つの分野について付け加えてもらえると嬉しく思います。

PM：Bilta社はおそらくもうありません。Hniezdovka社も競売に出されました。このDermas社は活動しています。製紙関連です。K-Supra社について私は従業員数を把握していませんが，外国とも取引をしています。林業会社はそこに資材置き場を構えています。チエルニ・バログ林業会社です。国営企業でこの地域で最大の雇用主の1つです。オトシェプニ［Otšepny］とベニュシュ［Beňuš］，チエルニ・バログ［Čierny Balog］に作業場があります。

ZŠ：私たちはちょうどブレズノ市の林業会社の社長とのインタニューを終えたところでしたから。

PM：そして，ブレズノ市営の林業会社もあります。国有林企業の下で彼らもチエルニ・バログに作業場を構えています。彼らもこの地域では最大の雇用者の1つです。

PM：コシツェのMetalex社もこの周辺の各地に製材所を構えています。また，ここには先ほど触れたようにPipeco社もあり，この会社は約80人を雇用し，外国にも製品を輸出しています。

ZŠ：Pipeco社はパイプラインの製造や敷設を行っている会社ですよね。

PM：さまざまなパイプの製造です。一部の作業は発注に応じてのものですが，そうではないものもあります。

ZŠ：わかりました。

PM：まだ触れておくべき会社はあるでしょうか。ホレフロニエ地方の大口の雇用主としてはザーヴァトカ・ナド・フロノム［Závadka nad Hronom］の会社に触れておくべきでしょう。

ZŠ：そうですね。その会社も有名です。私も名前を聞いたことがあります。

PM：しかし，今では別の会社になっています。

ZŠ：確かそこにはポンプの会社があったと思いますが。

PM：Slovpump 社ですね。今ではどうなっているのかわかりませんが。ですが，私が触れようと思っていたのは Bohuš 社です。確かそこには Bohuš 社の管理人としてラチャルドヴァーさんという方がいて，100 人から 150 人くらいの従業員がいたかと思います。正確にはわかりませんが，受注の具合で変動しています。またこの会社もヨーロッパの各地に製品を輸出しています。

ZŠ：どのような事業を行っているのですか。

PM：いろいろな専門部品の製作ですが，特に金属製のジョイントや屈折管，様々なジョイント部品の製作に特化しています。彼らはパイプを仕入れて，ジョイント部品へと加工しています。

ZŠ：パイプライン用の部品ですか。あるいは水道用の。水道管の部品も小さくはないと思いますが。

PM：水道用の部品は製作していません。より大きな普通のパイプライン用のジョイント部品です。この会社はホレフロニエ地方では大きな企業で，その他には，木材の加工を行っている小さな会社が幾つかあります。

ZŠ：それらの企業は少し離れたところにある会社ですよね。私たちはその辺りの地域に関してはあまり全体像をつかめていません。と言いますのも，私たちはこの町を集中して扱っているからです。それらの企業が市の雇用状況に影響を与えているのならば話は別ですが，それらの企業にもこの町から通勤している人がいるのでしょうか。

PM：当然通っている人がいます。この町の住民でもザーヴァトカに仕事を持っている人もいます。その一方で，ザーヴァトカやホレフロニエの各地からもポドブレゾヴァーの製鉄所に通っている人もいます。

ZŠ：両方向あるのですね。

PM：私自身もテルガールト［Telgárt］やポホレラー［Pohorelá］，シュミアツ［Šumiac］からポドブレゾヴァーの製鉄所に通勤している人を多く知っています。大体 40 キロから 50 キロの距離を通勤する事例もあるでしょうか。同じようにチエルニ・バログからポドブレゾヴァーへと，あるいはブレズノからチエルニ・バログに通っている例もあります。

ZŠ：つまり，言うなれば，統合された人の動きの網のようなものがあるのですね。

PM：当然ですがその通りです。私の考えでは，決してここが特別な地域ということはなく，どこでも同じではないかと思います。つまり，単純に言うならば，誰かその仕事に就きたいと願う人がいればその仕事を探して移動するものでしょう。木材加工工場で働きたいと考えるならば，例えば，バログやミハロヴァーに小規模な製材所がありますが，ホレフロニエ地方の各地により大きな製材所があり，そこでは木材加工だけでなく，ちょっとした台所用家具の製造まで手掛けているところもあります。

ZŠ：そのような工場で最終加工まで行っているのですか。

PM：ええ。そのような業者は零細企業ですが，そのような小企業がこの地域にはたくさんあり，さまざまな家具や台所用品の生産を手掛けています。例えば，台所用品を生産しているスタジオ・ハマナス［štúdio Hamanas］もこのあたりにありますし，個人の事業として行っている事業者もいます。このようにホレフロニエ地方には木材の加工作業をしている個人事業者が多く存在しています。そして，彼らはホレフロニエのさまざまな企業，例えば，Bartrans 社に加工された木材を卸しています。この会社もポホレラーに本社を置いていますが，たくさんの人を雇用している会社の1つです。

ZŠ：このように都市に雇用が集中し，都市と周辺地域が一体化している状態は私も承知しています。そして，必要に迫られた時に人々は移動しなければならないこともわかります。しかし，それはまた就業率や失業率がどうなっているかにもかなりの程度左右されるでしょう。この10年の就業率や失業率はどのように推移していますか。現在の失業率に関するデータはお持ちですか。

PM：そのような数字はお話しできません。

ZŠ：では，労働事務所で尋ねることにします。

PM：私から話しても良いのですが，恐らく労働事務所の方が正しい数字をもっているでしょう。

ZŠ：パウチーコヴァーさんのところに行くことにします。

PM：少し付け加えますと，観光業や旅行業に関しても幾らか問題があります。と言いますのも，私が思いますに，私たちの地域は近年注目を浴びるようになり，役所の主導で観光業の事業者が集まるクラスター組織が設立されました。その組織ではさまざまな事業者が連携するようになっています。

ZŠ：まだ設立されていないのでは。まだ誰もその組織のことは話していませんが。

PM：観光分野で活動しているさまざまな事業者が集まっている組織です。当然ですが，ブレズノ市もこのクラスターの一員となっています。また，いろいろなカードやこのクラスターに参加している企業の割引券などを発行しています。グーグルで“Cluster Horehronie”と入力して検索すれば，このクラスターに参加しているすべての企業や，提供されているサービスや割引にどのような種類があるのか，つまり，ホレフロニエ地方やミート・ポド・ジュンビエロム［Mýto pod Ďumbierom］やビストラー［Bystrá］，ターレ［Tále］にあるアパルトマンやホテルやペンションでの宿泊費の割引や，ビストラーやミート，ポロムカ，チエルニ・バログのスキー場での様々な割引の内容を知ることができます。

ZŠ：フロネツでも何か同じようなサービスがあったと思いますが。

PM：彼らが何かしているかまでは知りませんが，そこにもリフトがあり，このようにこの分野では多くの人々が雇用され，また法人や自然人を含めて多くの事業者が活動しています。例えば，ここにはホテル・パルチザンがあり，最近ではターレの町で約 100 人分の雇用を生み出しています。このホテルでは約 100 人が働いているのです。

ZŠ：このホテルはもう製鉄所の傘下にあるではなく，独立した株式会社になっているのですか。

PM：いいえ，ある個人が所有しています。確かキチャ夫妻がホテル・パルチザンをもっているはずです。有限会社なのか株式会社だったかは忘れましたが，それはあまり関係ありません。というわけで，今では製鉄所の傘下から外れています。製鉄所はホテル・パルチザンから 100m ほど高いところにあるストゥプカーに施設をもっていまして，そこでも 60 人から 70 人ほどを雇用しています。基本的にはゴルフ場です。製鉄所が保有していますが，子会社が運営する形になっているので，ポドブレゾヴァーの製鉄所の傘下にある施設であるとは考えていません。このように観光業もこの地域を支える柱になりうると私は思っています。

ZŠ：では少し別の質問に移ります。あなたはそれぞれの産業分野に将来はあると考えていますか。

PM：観光業に将来があるのは確実でしょう。夏であろうと冬であろうと人を呼び込めます。つまり，私たちの地域には，フロネツや，チエルニ・バログ，ホレ・ナ・ホレフロニエ，ザーヴァトカ，ポロムカといったように 2 つに 1 つの村にスキー場があり，テルガールトの近くにもスキー場があります。ミートやターレ，ホポク南斜面のスキー場は今ではホポク北斜面のスキー場と一体化されて運営されるようになり，そこではリプトウ地方に向けて滑って行くことや，あるいはスキー場を通って私たちの地域に来ることもできるようになります。

ZŠ：デメノウスカー・ドリナ［Demänovská dolina］のスキー場と相互に行き来できるのですね。

PM：今年はこの体制ができて初めて迎えるシーズンになります。あなたがたもテレビ報道でこの事を聞いたことがあるのではないでしょうか。このように私は観光業がこの地域を支える柱になると考えています。また夏にもこの地域の素晴らしい自然を満喫できますし，野外博物館もあり，水の動きを体験できる場所があり，森林鉄道もあります。また，ジュンビエル山のトレッキングも観光コースです。

ZŠ：私もかつてはハンググライダーを楽しんでいました。

PM：では，山頂からの飛行も経験したことがありますね。

ZŠ：また，製鉄所ではアンカ・モチアロヴァーさんという活発的な女性にもお会いしました。

PM：彼女のことはわかります。

ZŠ：今，彼女は気球でのフライトを提供していますね。

PM：彼女はフライト体験会を運営しています。

ZŠ：私も昨年ここを訪れた時に参加しました。

PM：2週間前にもありましたね。

ZŠ：2週間前のフライトは参加できませんでしたが，昨年の会でお会いしました。

PM：市もこのフライト体験会のイベントを後援しています。

ZŠ：そのことは私も知っていますが，その一方で，観光業を支援することは当然だけれども，この地域の主要な観光シーズンは冬期であり，気球のフライトのような夏期だけのイベントを支援するのはいかがなものかという意見も耳にしました。どれだけ多くの意見なのかはわかりませんが。ところで，この他にも観光業と同じぐらいの柱になりうるような産業はあるのでしょうか。先ほどの話では多くの製品を運ぶのにさほど苦労しない軽工業の話が出てきましたが，あなたは軽工業についてどのように考えていますか。

PM：私は，軽工業も私たちの地域にとってプラスになる存在だと思っています。雇用を創出するでしょう。またこの地域にはすでに造成済みの工業団地がありそこに新しい工場を建てることもできますし，かつてのモスターレン社の跡地の背後には広大な開けた土地があります。現在は緑の牧草地ですが，そこにも工場を建設することができるでしょう。

ZŠ：そこにはすでに水道管やエネルギーの配線も敷かれているのですね。

PM：もちろんエネルギーや水道に接続されています。また，ブレズノ市内には，もう1つロホズナー工業地区もあります。そこはブレズノの市街から5キロほど離れた場所で，かつて小さな飛行場として使われていた場所です。現在では利用されていませんが，第2次世界大戦中やその頃には飛行場として使われていた場所で，今では広大な野原になっています。その土地に関して，確か少し前のことですが，市議会がそこを工業団地として整備し，進出を考えている企業に何らかの工業センターを提供するという計画を採用したことがありました。この際に唯一問題となったのは，ブレズノとバンスカー・ビストリツァを，そしてさらに西とを結ぶインフラのことです。

ZŠ：道路ということですか。

PM：ええ，道路のことです。高速道路もバンスカー・ビストリツァからさらに延伸されることになっていますが，現在のところは，ブレズノとズボイスカーを結び，ティソヴェツ方面に伸びる道路の改修工事が進められており，2015 年までに道路の拡幅工事が終えられるように交渉しています。あなたがご存知かどうかはわからないのですが，この道は冬期に閉鎖されることもあります。また古くからの曲がりくねった幅の狭い道なので，運転がとても難しい区間もあります。現在の工事ではこれらの区間を全面的に改修し，道幅を広げようとしています。この工事が終了すれば，インフラも改善され，インフラに関する問題点も大きく解消されるのではないかとみています。

ZŠ：つまり，この軽工業を発展させるという方向性について，ここには知識をもった人的資源の大きなポテンシャルがあると，つまりかつてモスターレン社や SP Piesok 工場に勤務していた人々を機械工業に活用できると考えているのですね。

PM：SP Piesok 工場のことに触れるのを忘れていました。この Ber Hutky 工場もまた大口の雇用主です。この会社は Brezno Industry 社と同じように橋桁に使う部品などの生産を請け負っています。

ZŠ：部品の生産ですね。

PM：ピエソク（Piesok）の工場では部品の生産が行われていました。彼らはヴルートキの工場と連携して何人もの事業者と契約を結んでいます。

ZŠ：つまり，常にこの地域には機械工業の工場が存在していたので，ここの人々はこの分野の知識を潜在的にそなえた人的資源であると。

PM：これも完全に話から抜け落ちていましたが，ここにはジョイント部品の生産を行っている Kovok 社という企業もあります。非常に清潔な新しい工場でジョイント部品の生産を行っていまして，ヨーロッパ各地に輸出しているほか，生産ラインの設定も行っています。

ZŠ：少し時系列に沿ってみてみたいのですが，私はこの 10 年程の状況を知らないのですが，実際のところ，近年の動向は喜ばしい方向に進んでいるのでしょうか。どのように展開していますか。

PM：観光業の展開のことですか。

ZŠ：全般的な経済的な状況のことを考えています。

PM：私は経済が活性化しているとは言えないと思います。かつてはより経済的に活気づいており，今ほど失業率が高い時期はかつて経験したこともありませんでした。

ZŠ：〔失業率は〕大体 25%ですか。

PM：いいえ，17%から 18%くらいです。恐らくその位の高さの数字だと思います。

ZŠ：ロジュニャヴァ［Rožňava］やレヴーツァ［Revúca］，オルシャヴァ［Olšava］も含めた数字でしょうか。

PM：シチアヴニッツァは約 25％です。25％からもしかすると 30％程度にまで達しているプレシヴェツやその周辺地域に比べると比較的良い数字ですが，5.7％程度でしかないブラチスラヴァとは比べようもありません。ですので，経済が活況であるとは到底言えません。

ZŠ：そうですね，しかし，これらの企業は，機械工業の知識を持つ人々の就業先に悩んでいるという情報を得てここに進出したのではないのでしょうか。そのように判断できると思えるのですか。

PM：私たちはそれなりの数の企業に対して私たちが置かれている状況を書き送りました。一部の企業は 50 人から 100 人程度を雇用するようになりましたが，私たちが期待していたような数には届きませんでした。と言いますのも，ポドブレゾヴァーでは 3,000 人程度が雇用されており，ブレズノ地域全体では 6 万人が居住しているからです。ブレズノ市だけでも 2 万 2,000 人です。

ZŠ：市の人口は約 2 万 2,000 人ですか。

PM：もっとも最近の国勢調査によれば，2 万 2,000 人です。そして，この数字から生産年齢にある人がどのくらいいるのかを考慮する必要があります。

ZŠ：もっとも多く見積もってもこの 3 分の 1 ですね。しかし，思うのですが，8 年から 10 年前にはこのような形で経済が展開するとはだれも予想していなかったのではないでしょうか。

PM：2004 年から 2007，2008 年までが，私から見れば，もっとも好調な時期でした。実際のところ，2006 年や 2007 年，2008 年はどの事業者も経営が順調な軌道に乗っていた時期だったのです。彼らの製品を購入する顧客がいて，経営者の中には 2 つ会社を掛け持ちして働く人も出てきました。

ZŠ：私たちの調査でもこの時期に自営業者が増えていました。

PM：現在では，ここ最近の 4 年間分の統計資料を見てみますと，私たちの地域における営利事業者の数はほとんど変化しなくなりました。ブレズノ郡全体で営利事業者の数は約 6,000 のまま横ばい状態が続いています。

ZŠ：そうですか。ブレズノ市についてよりグローバル化した話をお聞きしましたが。

PM：私はブレズノ市が単独でやっていける都市であるとは考えていません。そのため，私たちのデータベースからより一般的な答えを引き出さなければなりませんし，そのために仕事をしなければなりません。しかし，ブレズノ郡全域で見た場合には，私たちの地域に流入する動きも記録されるようになっています。もっとも最近の数字ですと，2013 年 6 月に 4,800 の個人事業者が登録されています。 そして，有限会社や株式会社といったような法人が 1,300 です。ちょうどこの直前にちょっとした会議に出席していましたので，たまたまこの統計資料が手元にありました。郡内の事業者の数は大まかに見て5,800から6,500の間で動いています。ですので，平均してみると6,200から6,300程度になります。しかし，季節的な労働のために5月の数字と11月の数字の間には200から300の差が生まれます。主に自然人が登録している営利事業者の数が変わっているのです。

ZŠ：2006年にはどうだったのですか。

PM：ここには当時の数字はありませんし，改めて調べないと何とも言えません。

ZŠ：もし当時の資料が見つかりましたら電子ファイルの形で電子メールに添付して送付してください。

PM：わかりました。もし見つかりましたら電子メールで送ります。と言いますのも，ここにはここ最近の数年間の数字の記録しかないものですから。

ZŠ：なぜかと言いますと，私たちがブレズノで最後に調査を行ったのが2006年ですから，その時期との比較を行いたいと考えているからです。例えば，欧州連合への加盟の影響やヨーロッパ化全般がこの地域の生活にどのような影響を及ぼしているのか，あるいはグローバリゼーションと呼ばれているものの影響について，どちらの方向に向かっているのかを尋ねてみたいのです。

PM：これは難しい問題です。私が思いますに，それぞれの主観が入る問題であって，すべての人から別々の答えが戻ってくるのではないでしょうか。しかし，通貨連合への加入，つまりユーロの導入はここでもかなりの影響を与えました。また経済危機について話していませんでしたが，あちこちで言われていますように，2008年以降の経済危機の時期，2009年は非常に危機的な時期でした。スロヴァキア全国での影響は言うまでもなく，具体的に私たちの地域もその危機の時期の影響を未だに克服していません。例えば，ポドブレゾヴァーの製鉄所も収益確保あるいは製品販売の点でさまざまな問題を抱えています。さらにこの企業はスロヴァキアでも第40位から第50位ぐらいまでに位置する大企業であることを考えるならば，市場の状態がどうなっているかもわかるかと思います。

ZŠ：つまり良い点でも悪い点でもさまざまに絡み合っていると。

PM：そうです。スロヴァキア全体が他の国と，特にドイツと強く結び付いています。そのため，例えばドイツでの生産が拡大すれば下請契約を通じて私たちのところの生産量も増えるでしょう。自動車産業の例を出すまでもないでしょう。しかし，これはすべて私の個人的な意見です。

ZŠ：町の状況がどうなっているか，あなたの意見を伺いたいのですが。

PM：もし，事業者として話すのではなく，あるいは公式統計に基づいて話すのではなく，私個人として話して良いのであれば，私の主観的な意見を話したいと思います。この場所で私は大量の若い人々が外へと流出する様を見てきました。彼らは学校を卒業した後，つまり中等教育あるいは高等教育の学校を卒業した後にもここブレズノに戻ってくることはなく，大学時代に滞在した都市，つまりブラチスラヴァやジリナ，コシツェに留まるか，あるいは仕事を求めて外国に出ていくことになります。と言いますのもここブレズノやこの地域では，彼らが得た知識を活かす適切な職を見つけることができないから，あるいは，彼らはより金銭的に魅力がある仕事やより評価される仕事を求めているからです。これは私の意見ですが。

ZŠ：明快な考えです。外国からの投資はどうでしょうか。

PM：私たちの地域への外国からの投資についてすべてを把握しているわけではありませんが，大規模な投資はなく，大企業が進出した例もありません。ここでは小さな工場が建てられている位で大きなものはありません。ここに進出しているのは外国企業からの発注に依存している企業です。しかし，特殊な技術が必要な軽工業の分野，例えば，ちょっとした電機製品などの製造ならば大規模な投資を行う余地があるのではないかと思います。ただ，日本やそのような国からの投資はここには入ってきていません。

ZŠ：ここで操業している企業は外国の顧客や発注者のために仕事をしている企業が多いのでしょうか。

PM：そのような企業の社員ではない限りなかなか答えづらい質問です。そのような質問には答えられません。

ZŠ：しかし，ここの企業の多くは外国企業の方を向いて仕事していると話していませんでしたか。

PM：ええ。その例がBrezno Industry社です。この会社の製品はすべてドイツに輸出され，桟橋やクレーン船などの部品として使われます。あるいはBohuš社やポドブレゾヴァーの製鉄所の製品もすべて外国に向かいます。

ZŠ：では，ここで長年活動している，6年から10年以上も活動している有力な企業がそうであるならば，外国の発注者のために仕事をしていると結論付けても良いのではないですか。と言いますのも，かつてと比べて今では外国企業の発注に応じて仕事をする割合が増えたという話を色々と聞いているからです。

PM：私の考えではそのような会社は以前から存在していました。まだ私が学生だった2005年や2006年頃に私はここのPipeco社でアルバイト作業を始めたのですが，このPipeco社自体はそれ以前から存在していた会社です。また，同じようにBrezno Industry社も以前から存在していました。しかし，いつ頃から存在していたかは，グーグルでこれらの会社を検索して情報を得るか，会社の登記簿を見ればわかるかと思います。

ZŠ：長い間活動していたのですね。

PM：登記簿にすべて記されていますので，それを見れば，その企業がいつ事業者として登録されたのか，すべての企業について知ることができます。

ZŠ：もし今話していただければ，私たちにとって非常に価値ある情報になります。と言いますのも，私たちはここを何度も訪問する余裕はないからです。私たちがこの町で調査を行えるのは実質的には今日だけです。明日も私たちは滞在していますが，明日は土曜日でありどこも訪問することはできないでしょう。ですので，今お話しいただければ，私たちにとって非常にありがたいのです。

PM：これらの情報があなたがたの役に立つならばこちらも嬉しく思います。

ZŠ：非常に価値ある情報ですし，非常にありがたく感じます。私たちが扱っている問題に関わりますし，そのような見取り図は私たちに必要なものなのです。

PM：就業者数などの具体的な数字ですね。私たちが具体的に関心を抱いている事項ではないので，私たちの手元にもデータがないのです。

ZŠ：それらのデータは労働事務所で手に入りますが，もしあなた方で把握しているならば，どの企業が最大の雇用主であるとか，どれだけの人が雇用されているかやパーセンテージなどの統計資料があればと思います。

PM：まさに私たちが把握しようとしていることです。

ZŠ：何か私たちに尋ねたいことはあるでしょうか。もしなければ，お時間を割いていただいたことに感謝いたしますとともに，切り上げたいと思います。

PM：ご存知かどうかわかりませんが，私たちは今日から伝統的な木造民衆建築についての展示会を開く予定でして，14 時から開会のセレモニーが始まることになっているのです。

ZŠ：そうでしたか，知りませんでした。ちょうどその時間は私たちが労働事務所にいる頃ですね。

PM：13 時半に開会し，セレモニーは 14 時から始まります。

ZŠ：ちょうどその時間にゼマンチーコヴァーさんとの約束が入っています。恐らく 14 時半から 15 時頃まではこれまでの調査結果について市役所で説明のプレゼンテーションを行っている時間です。

PM：もし 5 分でも時間がとれ，興味をお持ちでしたら，セレモニーの前に案内したいのですが。

ZŠ：是非見てみたいです。

PM：是非ご覧ください。

ZŠ：こちらにいる石川教授もスロヴァキアやスロヴァキア語，スロヴァキアの民俗文化の大の愛好家です。

(4) 労働・社会事務所：パウチコヴァーさん（PP）

PP：統計資料が欲しいのであれば，私たちのウェブページで探した方が良いかもしれません。そこで失業率がどのように推移しているかの統計も見つけ出せるはずです。"www.upsvr.sk/br" あるいはブラチスラヴァの労働・社会問題・家族センターのウェブページもあります。そちらのアドレスは，"www.upsvr.goal.sk" です。これはスロヴァキア全体に関するウェブページですが，地域毎のデータもあります。統計指標があります。

ZŠ：私たちが見たいのは，失業率がどのように増減しているかの傾向と，そしてその傾向に関するコメント，あなた方がその数字をどのように見ているかという点です。

PP：私はサービスと失業に関する専門家ではないので，この件についてコメントしていません。私の所属は厚生部です。私は，現在のところ，重大な健康被害を受けた人々や医師の診断を受けた人々に対する金銭的補償を扱う課の課長を務めています。

ZŠ：シチアヴニッツァでも同じような部局で勤務されている方に話を聞きました。

PP：そうでしたか。私はすでに20年近く，重大な健康被害を受けていると診断された人々への補償や健康被害を受けている人への国からの援助，さらに社会保障全般の問題と生活保護，あるいは法的な保護の問題などの案件を扱っています。

ZŠ：その点についてもう少し詳しく話してください。

PP：失業率について話しますと，私たちの地域では長期失業者の数が増加する傾向が見られます。恐らく季節労働が減少していることが1つの原因になっていると思われます。何故ならば「森の女性たち」が山に入り，非正規の仕事とはいえ季節的な労働に従事している夏には，失業率が改善する傾向も見られるからです。

ZŠ：スロヴァキア国外に通う例もありますか。

PP：はい。多くの学生たちも確実に外国に通っています。そして，9月初めには，中等教育や高等教育を終えた卒業生たちが失業登録を行うために失業率が幾らか上昇する傾向も見られます。と言いますのも，この地域には製造業分野の企業はあまり存在しないため，つまり製造業分野で活動し，大量の人々を雇用できる企業はポドブレゾヴァーの製鉄所のみという状況であるためです。そのため，失業は大きな問題になっています。他方，多くの人々が十分な収入を得られる，あるいは資格が求められる仕事に就くことが難しい状況となっていることを示すデータもあります。また，10年以上も失業状態にあるような人々はもはや労働の習慣を完全に失ってしまっています。さらには，これだけ失業率が高い状況の中で，別の形で収入を得ようと努力するようになった人々もいます。例えば，私の部局の仕事を通じて感じていることですが，家族内に誰か病人がいる場合に看病に対する金銭的支援を求める申請の数が増えています。一定の期間を看病に費やすとしてその分の補償を求めるのです。もちろん，労働市場に介入するための様々な全国的なプログラムも進行しています。現在は，29 歳以下の若年層の失業問題に対処するための全国プログラムが実行されています。これに関してはウェブページでこのような 29 歳以下の人々，つまり主に新卒者を雇用した事業者に対するさまざまな助成制度について情報を提供しています。彼らは学業を終えたばかりでまだ労働習慣を失ったわけではないので，うまく適応できる可能性があります。また，これ以外の全国プログラムとしては，50 歳以上の長期失業者を対象にしたものがあります。と言いますのも，年齢のせいもあり彼らもまたこの地域で雇用を見つけることが難しい集団となっているからです。また，当然ながら，新卒者を対象にしたインターン研修のプログラムも実施中です。これは国が補助金を提供して高等教育や中等教育を終えた新卒者の雇用を促進するもので，この制度を通じて，私たちは，このような新卒者が私たちのところを訪れた場合，彼らを事務作業や文書整理などのために 6 か月間雇用することができます。このように必要に応じて私たちは申請書を記し，問題に対処しようとしています。もちろん金銭的な支援が得られる限りですが。

ZŠ：つまり，季節労働の働き口は減少する傾向にあり，夏季もこの地域の外に働きに出なくてはならないということですか。では，秋口にはどうなるのでしょう。

PP：秋は失業率が上昇する季節です。その理由の 1 つは，夏季の季節労働を終えた新卒者が 9 月になると失業登録をするようになるからです。外国でのアルバイト仕事が終わるので，冬期を通じて失業率は高くなります。

ZŠ：確かに市やこの地域にとって失業は大きな問題でしょう。では，あなたはどのような分野がこの地域の将来を支える柱になりうると考えていますか。つまりこの問題を和らげ，市の発展を支えるような産業は何であると考えていますか。あるいは何かしら思うところはあるのでしょうか。

PP：いろいろと思うところはあります。

ZŠ：あなたはいろいろなことをご存知でしょうから。

PP：何と言ってもここには人々の働き口がありませんから，どのような種類であっても投資は大事でしょう。かつてはそれぞれの自治体で集団農場や国営農場が機能していましたが，それがなくなってからは農業生産も停滞しています。恐らくポロムカやあるいは他の場所でも，農繁期には上手く経営できるでしょうし，再び農業に投資しても良いのではないかと思います。そうすれば，教育を受けておらず補助的な作業にしか就けないような人々の多くも収入を得られるようになるでしょう。そこが良い点になるでしょう。もし農業への投資が行われれば長い間失業登録を続けてきた人々でも，大学を卒業しておらず中等教育の修了資格しか持っていないような人々でも仕事を見つけることができるようになると思います。また，サービス業分野について言えば，私たちの地域は貧しいですが，観光業を発展させる努力を続ければ，ここにも観光客を引き付けられるのではないでしょうか。住民の購買力に関して言えば，この地域の人々が完全な貧困の中で生活しているということはありませんが，人々の収入の点では，恐らく過半数以上，60％程度の人々が貧困線ぎりぎりのところにあると見ています。つまり生活保護や何らかの支援を得て生活している人が非常に多く，何らかの仕事に就いている人々も，給料の額が非常に低いので私たち行政から何かしらの支援を得ている事例が多くあります。ですので，どんな種類の投資であっても歓迎されますし，何か工場を誘致できそこで人々が雇用されるようになればと思います。しかし，この地域の歴史的背景を考えた場合，私は農業や木材加工業に将来があるのではないかと思います。つまり，この地域には，山地と森林という美しい自然環境が広がり，自前の製材所を備えた国有林も広がっています。しかし，民間の製材所の多くが操業を止め，ここの木材の大部分が原木のまま地域の外に運び出されてしまっている状況です。

ZŠ：ここでは大量の人が雇用される機会は少ないのですか。

PP：唯一あるとすれば，ポロムカの会社です。そこには例えば，木材加工の会社がかつて活動しており，その Redenmajer 社はかつてその木材加工のラインにかなり多くの人を雇用していました。また機械工業ではポホレラーで多くの人が雇われていましたが今では閉鎖されました。またピエソクの機械工場も大きな工場を備えていますが，今では経営が苦しくなっています。

ZŠ：私が以前ここに調査に訪れた時はまだモスターレン社の橋梁工場が操業を続けていましたが，その後に来た時にはもうその跡地には多くの小さな企業が入居している状態になっていました。

PP：そのような感じで，そここの工場跡地が借り手を求めています。

ZŠ：今回私たちが聞いた話では産業の再生の兆しがあり，150 人から 200 人を雇用している重要な会社があるということでしたが。

PP：ボフシュ氏が経営している Bohuš 有限会社［Bohuš.s.r.o.］の話でしょうか。

ZŠ：その話もあります。

PP：残念ながら Strojsomg 社で火事があり，その機械工場全体が焼け落ち，操業が止まってしまいました。給油設備から火が出たのです。

ZŠ：ピエソクにも大きな機械工場がありますよね。

PP：そこにも複合的な機械工場があり，かつては 600 人程度も雇用していました。

ZŠ：この BMD industry 社は今でも相当重要な企業なのでしょうか。

PP：その通りです。

ZŠ：先ほど農業の重要性について話していましたが。

PP：私個人の意見ですが，この分野は他の分野ではなかなか就業できないような人々，つまり教育を受けていないような人々にも就業できる機会を提供するのではないかと考えています。この分野で仕事をするには自立心さえあれば良く，今でもさまざまなところの庭先で栽培したものを販売している人がいます。私がこう考えているのは，かつては農業がうまく機能していたから，つまりそれぞれの自治体に国営の農場かあるいは集団農場があり，それぞれの経営がうまく動いていたからです。すべてがうまくまわっており，私も学校を卒業した後に，国営の農場で働いたことがありました。まだそのような時期でした。

ZŠ：あなたはどこの学校を卒業したのですか。

PP：私はソーシャルワークと社会教育を専攻し，教育学の博士号を取得しました。ただ，ギムナジウムを卒業した後に2年間，国営農場の会計係で働いていました。まだ国営農場は活動していたのです。

ZŠ：そうだとは知りませんでした。

PP：私が働いていたのは1998年ですが，その頃は販売額も伸び，さまざまな農産物の直売も行っていました。しかし，多額の負債も抱えており，多額の赤字を出していたのです。90年代に私たちの国の農業は完全に破綻し，多くの人々が仕事を失い，そして，それらの人々は現在に至るまで失業者として登録されるようになりました。

ZŠ：その頃は共同出資組合への転換が進み，そしてその後完全に経営が破たんするようになりました。私もこの町に友人がおり，しばしば会うことがありました。彼は農家として型破りで，ヤノ・コリティアク［Jano Koritiak］という男です。彼について何にかしら話すことはありますか。

PP：ええ，あります。と言いますのも，ここでもまだ幾つか民間の農園が経営を続けているからです。

ZŠ：ええ，彼のところも家族全体で農業を経営し，彼の息子も従業員として雇う形になっています。非常に意思の堅い父親であり，そのように振舞っています。

PP：そのように大規模ではない家族経営の農家は国からの補助金を受ける機会もあります。国はさまざまな方法で支援していますが，また，農地や家畜の購入に対して金銭的な支援を提供しています。しかし，これは非常に僅かな額であり，個人経営の農家の多くは家族を社員扱いにしています。彼らは生き残るために農産物を販売しています。かつての農業協同組合はさまざまな建物を所有していましたが，それらの建物の大部分は今では荒れ果てたままになっています。ですので，そこに投資が入り再生できれば，私たちにとって非常に良い展望が開けるのではないかと思います。

ZŠ：それは興味深い考えかと思います。ここでお会いした人の中で農業の可能性を話した人は今までいませんでした。観光や軽工業の話ばかりでした。

PP：もちろん観光業も大事です。もし私たちの地域が豊かであったとしても，ここを見たいと思う人は沢山いるのではないでしょうか。と言いますのも，ここには低タトラ山地があり，またホレフロニエ地方の強い個性もあります。しかし，観光業は農業と同じぐらい多くの人を雇用することはないでしょう。

ZŠ：あなたはこの地域には大量の失業者がいるという認識に基づきつつも非常にきれいな展望を描いていると言えませんか。彼らに十分な仕事を提供できるでしょうか。

PP：もちろん今では，さまざまな活動が機械化されていますが，手作業が必要な仕事もあります。また，専門知識を必要としない仕事もあり，ここにそのような仕事があれば，人々を喜ばせることになるでしょう。

ZŠ：そこからは中産層が，ないしはかつての中産層世代が利益を得ることができるのだと言えましょうか。

PP：彼らも何かしら自分のためになることを見いだせるでしょう。ですので，私の個人的な意見ですが，このような展望を強く推したいと思います。

ZŠ：先ほど，農産物の直売について話していましたが，農家での宿泊体験を通じて農業と観光業の両方を結びつけることもできますね。

PP：そうすれば，彼らの購買力も増します。

ZŠ：チャンスはあると考えていますか。

PP：私はあると思います。

ZŠ：と言いますのも，現在では里山地帯の農業になっていると思えるからです。

PP：確かにそうですが，今でも民間の農家はさまざまな形で直売を行っています。そのような農家のところに行けば，肉でも卵でも買えます。

ZŠ：誰か教えてもらえませんか。なぜなら，私たちは明日もまだこの町にいるので，彼らが自宅にいれば訪問したいのですが。

PP：あなたがたは，例えば，ミハロヴァーを訪れたことはありますか。

ZŠ：そこのペンションに宿泊しています。

PP：ペンションにお泊りですか，何と言う名前のペンションですか。

ZŠ：ファンタジアです。そのペンションの主人ではないですが，誰かが話していました。

PP：ズボイスカー［Zbojská］のことですか。

ZŠ：ズボイスカーとは村の名前ですか。

PP：村の中の集落です。もしズボイスカーを訪問したいのでしたら，あなた方が宿泊しているミハロヴァーで尋ねればわかると思います。そこには羊小屋［salaš］があり，そこで羊を飼育し，チーズなどの乳製品を作っています。そして，そこで彼らの製品を使った料理も提供しています。あるいは私があなたがたをズボイスカーまで送っても良いのですが。

ZŠ：そこの人の名前を誰かご存知ですか。

PP：すぐには出てきませんが，誰のところまで送れば良いのか考えてみます。

ZŠ：もし明日そこを訪問できれば嬉しく思います。

PP：あなた方が行くのであれば，近くに宿泊しているのですから，ミハロヴァーで尋ねてみてください。誰もが知っている場所なので，教えてくれるでしょう。

ZŠ：宿での朝食の時にそのような話が出まして，そういった品を作っているところを紹介しましょうという話も出ました。

PP：ズボイスカーのことですか。

ZŠ：チーズなどを作っている場所があるという話でした。

PP：どこに行けばいいのかおわかりですか。

ZŠ：同じ場所のことを話していたのかどうかわかりません。

PP：もしかしたら，ザーモスティエ［Zámostie］のことかもしれません。そこではメドヴェジさんが養鶏場を経営しています。そこでは羊も飼育し，チーズの製造も行っているほか，醸造所もあります。メドヴェジさんです。ここからバンスカー・ビストリツァ方面に向かったところです。

ZŠ：なるほど，反対の方向ですね。

PP：ええ，反対方向です。またポドブレゾヴァーではロンペイさんの直売所もあります。街道からもその直売所の建物は見えていますが，街道を右に折れて少し入ったところにあります。また，誰のところだったか名前まで憶えていませんが，養鶏場もあり，そこでもチーズを買うことができます。

ZŠ：そのような小さな農家が経営している直売所に行けば，そこをどのように動かしているか，そして経営状態がどうであるかも尋ねることができますね。それこそ私たちが関心を抱いていることですし，いいアイデアをもらいました。

PP：ズボイスカーでも尋ねられます。

ZŠ：そこは私たちが今朝，朝食の場で聞いた場所とは違うのかもしれませんが，第2の候補として考えておきます。

PP：ズボイスカーでは確実に話を聞けると思います。地元の人とも話ができるでしょう。また，そこの近くに別の羊小屋もあったかと思います。

ZŠ：ミハロヴァーにはユーロ・サラシュ［Euro salaš］という羊小屋もあったかと思います。

PP：そこのことです。

ZŠ：その名前には少し驚きました。今ではヨーロッパ・リンデンやヨーロッパ・カバノキもあるとはいえ。

PP：ユーロ・サラシュでもさまざまな農作物が栽培され，家畜が飼育され，それらの製品が販売されています。同じようなことはズボイスカーでも行われています。

ZŠ：わかりました。では，次にヨーロッパ化がどのような影響を及ぼしているかについて，町の生活やあなたの視点，あるいは貧富の差や失業問題などとの関連からお聞かせください。

PP：これも答えるのが難しい質問ですが，ヨーロッパ化は私たちに何かをもたらすと同時に何かを奪っていきました。私個人としてはプラスに評価していますが，人々がどこで生活し，どのような条件の下で暮らしているかによって意見も異なるかと思います。もし，教育程度が低い人々であれば，ヨーロッパ化のプラスの側面をほとんど理解することはないでしょう。と言いますのも，彼らはこれによってかつての安定をすべて失ったからです。主に社会的な安定さです。つまりかつては仕事があり，一定の収入が得られるとわかっていましたが，今では不安定さしか感じられません。今日は仕事があったとしても，明日も仕事があるとは限りませんし，そもそもまったく仕事を見つけられず，まったくお金がない人もいます。私も家族を養い子どもたちを学校に通わせましたが，そうすることすら問題になってくるでしょう。このように，私たちがEUに加盟したことがそれぞれの暮らしに与えた影響について，すべての人々が対応できることも，理解することもないでしょう。私の場合はプラスに評価していますが，それはそこから仕事を得ているからであって，この国の中でそのように評価できる人は少ないでしょう。ですから，それぞれがそれぞれ異なった意見を抱いているのではないかと思います。

ZŠ：確かにEUの内部でも事情は大きく異なります。

PP：ですので，非常に答えに困ります。仕事に通っている人々であっても生活が苦しい人もいます。行政からの支援も得られず，お金をアルコールやギャンブルに使ってしまう人もいます。その後で，どうしようかと考え始めるのです。

ZŠ：これらの問題について私たちは午後3時に市役所でプレゼンテーションを行う予定です。ですが，さらに情報を集めたいと思っています。私たちの調査結果では統計上の平均給与額は，あくまでも統計上では780ユーロでした。この額はここで平均的に得られる額だと言えるのでしょうか。

PP：ここにも大きな差が見られます。この町での平均給与の額は私たちの調べでは約500ユーロです。

ZŠ：私たちの数字は総額です。あなた方の場合は総額か手取り額のどちらですか。

PP：私たちの場合も総額です。総額で500ユーロから550ユーロです。もちろん，どのような仕事をしているか，あるいは，どのような地位に就いているかで大きく変わります。例えば，店の売り子は毎日職場に通っている場合でも総給与額は350ユーロぐらいに留まります。毎日仕事に通っている人でも平均給与の半分ぐらいです。一方でマネージャーなどのポストに就いている人や常に報酬額が変化している状況の中で働いている人は，当然ですが，平均給与額よりももっと多くの収入を得ています。しかし，とりあえず，平均値を出すならば，500ユーロぐらいになります。年金生活者の収入はもっと低く，それはスロヴァキア全国で統計を取っても同じ傾向が出てきます。

ZŠ：建設業などの状況はいかがですか。

PP：建設業の平均給与額は380ユーロ程度，年金は200ユーロから350ユーロの間です。

ZŠ：総額で350ユーロが上限ですか。

PP：はい。もちろん年金生活に入るのを遅らせた人はより多くの額を受給できますし，それまで収入額が高い仕事に就いていた人もより多くの額を得られます。しかし，私がこれまで見てきたことですが，我が国では健康被害を受けた人々に対する金銭的補償の額が毎年の収入額に合わせて調整されています。つまり前年度の収入額を申告しその額に基づいて調整されるのです。また年金生活者にとっては非常に酷な話ですが，これまでずっと働きようやく年金生活を送れることになった人々も得られる年金の額は月に290ユーロから300ユーロでしかありません。彼らはこのような年金の額はあまりにも不公正ではないかと感じています。彼らが国を批判するのも当然な話かとは思いますが，正義というのも相対的な概念であり，それぞれが異なったように考えている概念でもあります。

ZŠ：構造的に見て，この地域には就職先を見つけることが困難な失業者が多いと感じていますか。

PP：そう思います。

ZŠ：あえて質問しますが，それはロマ達の問題と関係していますか。

PP：もちろんです。

ZŠ：確かにロマ達はこの市の問題ですが，社会全体の問題でもありますね。

PP：彼らのことは大きな問題です。何故ならば，ロマ達の問題に対して人々からの理解を得ることが非常に難しいからです。つまり本質的に彼らを我々とは異なるマイノリティとして見て，国がロマ達を支援することへの理解です。これはすべての人々を同じレベルで扱わないということであり，法律はすべての人々を平等に扱う，つまり肌が白い人も黒い人も同じように扱うべきではないかと考えているからです。ここで彼らと社会的な給付との関係に触れたいと思いますが，彼らは多くの子どもを産み，そこから利益を得られますし，彼らが掘立小屋やテントに住んでいればそこからも僅かですが手当を得られます。つまり，彼らは社会保障を受け取りに行く場面で人々の目に触れるのです。彼らが受け取る社会保障の額はかなりのものです。失業して2人の子どもたちと暮らしているような人々は彼らよりも少ない額しか受け取っておらず，このような制度は不公平であると感じています。しかし，そういった人々も，ロマの子どもたちがどれだけいてどれだけの費用がかけられているかまでは知りません。ですので，私に言わせれば，普通の人々が感じているのは，実際のところ，ロマに対する妬みのような感情です。

ZŠ：平等ではないという感情ですね。

PP：平等ではないという感情は非常に広まっているので，人々に話を聞けばすぐに感じられると思います。私たちもそのような単純な問題ではないと説明してはいますが，不信感も広まっています。と言いますのも，そのように完全には公正とは見えない制度が行われ，機能していると見られているからです。

ZŠ：私も見てきましたが，いまだにひどい状態の家屋もありますね。

PP：そのような家もまだあります。

ZŠ：それに対してどうすればよいのでしょうか，部分的にも同化を進めていくのか，あるいは他の住民と混じっていけば良いのか。

PP：私が思うに，彼らの側で他の住民から距離をとっているのです。ここにはロマ集落はなく，荒れた家がある位です。そのようなひどい状態の家は町までの道の右側に見ることができます。ドルフシアル地区［drhsiar］と呼ばれています。

ZŠ：そういった状態の家屋があるのですね。

PP：木立が広がっており，その後整地したところに出ます。そこはロマ集落ではなく，普通の集合住宅が建っています。しかし清掃されておらず，ひどい無秩序状態です。実際のところ，そこに介入する必要はあまりないのですが，ムラデージュニーツカ通り〔青年通り〕にも同じような状態の集合住宅があります。そこには社会に適合できないロマ達が固まって住んでおり，たえず誰かが様子を見に通っています。その仕事に就いているのは，社会保護課の同僚です。しかし彼らは生活改善の呼び掛けも気に掛けず，彼らの子どもたちも学校に通う必要を感じていません。そのような状態です。

ZŠ：いろいろと質問させていただき，ありがとうございました。

PP：失業率の数字を提供できず，すみませんでした。

(5)　ブレズノ吹奏楽団：ラチャーコヴァーさん（PR），シュヴォニャヴァ氏（PS）

PF：この団体が設立されたのはいつですか。60年ほど活動しているとのことですが，継続的に存在していたのでしょうか。

PR：はい，ずっと存在していました。基本的には，1876年にブレズノに消防隊吹奏楽団が設立された時から，私たちの活動が始まったと言えます。

PF：あなたも団員ですか。

PR：この団体は市民結社として活動していますので，規約にもとづく代表者を置かなくてはなりません。私たちのところでは毎年初めに総会を開き，その席で代表者を選出します。そして，その後で，役職を割り振ります。こうして，イヴァン・シーコルカさんが代表者に選ばれ，マリアーン・シュヴォニャヴァさんが指揮者になり，私は彼らを補佐することになりました。と言いますのも，組織として活動するためには会員たちを手早く取りまとめる必要があるからです。何かの機会で私たちの演奏が必要になった時には市からも連絡がきますし，あるいは，ちょうど今のことですが，私のところに連絡が入り，私はちょっとした演奏を組織するために会員たちと連絡を取って手配をするといった案配です。私はこの団体との関わりが20年目を越えた後にこの役を引き受けることになりました。それ以前，20年前には私もこの吹奏楽団で活動していたのですが，その後に結婚し，子どもを産み，そして4年前に関係が20年を越えたところでこの役を引き受けました。ですので，私にとっては，この団体に関わり続けることはとても自然なことでして，この役職に選ばれ，私はとても満足しています。

PS：ええ，私たちも皆とても満足しています。

PF：あなたのお名前はラチャーコヴァーさんですね。今年で42歳になるのですか。シュヴォニャヴァさん，あなたはどのような役職についているのですか。

PS：私は指揮者です。私は29歳で，私も数年前，何年前だったかは覚えていませんが，4年ほど前にここに来ました。

PF：いつ頃から市民結社として存在し，活動しているのでしょうか。

PR：89年の後からです。それまではモスターレン社の企業内クラブとして活動していました。このクラブはそれまでの消防隊吹奏楽団の伝統を拡大する形で発足したもので，民俗舞踊も含めた当時のあらゆる分野の文化団体を傘下に収めていました。ROH（労働組合）クラブと言う名称です。そして，89年の後，企業が分割された時に，私たちは市民結社を発足させました。そして，ブレズノ市が上部団体となり私たちを管轄する形になりましたが，練習室は私たちのもとに残されました。と言いますのも，練習室が入っている建物はモスターレン社が所有していたからです。しかし，その後，練習室もブレズノ市の管理下に移りました。

PF：1989年の後ですね。わかりました。創設者については，はるか昔のことですので，そこまで遡る必要はないでしょうか。

PR：お尋ねになっても構わないですよ。1952年当時の企業内クラブ設立時の創設者はクノシュコ氏［pán Knoško］でした。彼は長い間指揮者を務め，彼の後はシーコルカさんが指揮者を引き継ぎ，4年前からはシュヴォニャヴァさんが指揮者になっています。

PF：会員数はどのくらいですか。

PR：30人です。

PF：会員全員が演奏家なのですか。

PS：ええ，演奏家です。何人かはプロの演奏家で，学校などで仕事を持っています。しかし，大部分はアマチュアの演奏家ですので。

PR：自主的に参加している人々です。

PF：しかし，30人全員が演奏家としてのメンバーなのですか。

PS＋PR：はい，演奏家です。

PF：それ以外の仕事や役職は，誰かが助けているのですか，あるいは何か。

PR：いえ，全ての作業を私たちだけで行っています。

PF：会員たちが自発的にすべてを担っているのですね。

PR：ええ。

PF：例えば，年齢別などの面でこの団体の特徴を示すことはできるでしょうか。あなた方の団体の核となるのはどのような人々なのでしょうか。

PR：そうですね，4年前までは基本的には古い世代が中心でした。今でもクノシュコさんやホルスキーさんたちは彼らを代弁しています。彼らに次いで，40歳前後の私たちの世代がいましたが，私たちより若い世代はほとんどいませんでした。世代交代が4年前に起きたのです。その当時でも古い世代の中では今年70歳になるズールさん［pán Zúr］だけしか残っていませんでしたが，古い世代に続く40歳前後の会員は10人から15人程度で，残りはより若い人々でした。このマニョ［Maňo］もその若い世代の1人です。しかし，どこの団体でも同じ問題に直面しているのではないかと思うのですが，子育てという大きな問題に直面しました。私たちの団体でも若い世代の会員が揃って子育てに入る時期がありましたが，シュヴォニャヴァさんが勤務している芸術初等学校との協力もあり，何とかその波を乗り切り，会員が復帰しています。これは小さなシステム的な活動ですが，何とか乗り切ることができました。

PF：あなた方の団体には何かしらのセクション分けがありますか。

PR：ええ。

PF：青年世代や子どもたちのためのセクションですか。

PR：ええ，子どもたちのバンドもあります。児童吹奏楽団です。

PF：そこでは何歳ぐらいの子どもたちが活動しているのでしょうか。

PS：実際のところ，このバンドは芸術初等学校の付属の団体です。ですから，14歳から15歳ぐらいの子どもたちが参加しており，そして当然ですが，彼らより少し年上の世代たちも彼らを助けています。今私たちに足りないものと言えば，幾つかの種類の楽器です。ですので，より年上の会員たち，その中には芸術初等学校の教員もいますが，彼らが学校から手配するか，様々なところから調達しています。また，私たちのところにはもう１つのグループがあります。これは小規模の吹奏楽団で「モスターレンカ」[Mostárenka] というグループです。見ればお分かりになるかと思いますが，彼らのレパートリーは幅広いのですが，主に民謡を演奏することが多いです。
PR：大編成の吹奏楽団にも参加している管楽器の奏者，10 人から 15 人ぐらいがこの楽団のメンバーになっています。彼らは楽しみのためにこの楽団を始め，民謡や民俗的な作品に特化していきました。
PF：では，その児童吹奏楽団は自分たちだけでステージに立つのですね。
PR：ええ，その通りです。形の上では私たちは同じ１つの市民団体に属していますが，３つに区分されています。しかし，私たちはそれぞれが独立した楽団であるとは感じたことはありません。
PF：しかし，私は，それぞれのセクションが別々に公演をするのだと考えましたが。
PS：ええ，私たちのところには３つのグループがあります。
PF：そのうちもっとも年長者のグループに関して，メンバーは何人だと話されましたか。
PR：30 人です。
PF：そして，児童吹奏楽団の方のメンバーは何人だと話されましたか。
PS：今は大体 19 人から 20 人です。
PF：あなたはこれら３つの楽団全部の指揮者なのですか。
PS：いいえ，私はブレズノ市の吹奏楽団と児童吹奏楽団だけの指揮者です。
PF：では，モスターレンカの指揮者はだれですか。
PS：モスターレンカはマテイ・クレラ氏［Matej Krela］が指導しています。彼は首席奏者です。つまり，モスターレンカは誰かの指揮の下で演奏するのではなく，彼らは全員で演奏するのです。
PF：この大きな写真に写っているのが彼らですか。*（本のページをめくっていると思われる）*
PS：そうです。
PF：あなた方も十分にお若いですね。
PR：この写真ではそうですね。この写真はもう４年前のものですから。
PF：あなた方の大部分はブレズノの出身ですか。
PR：ええ，ブレズノの出身です。
PS：ブレズノと周辺の町村の人々です。
PR：どこかのアンサンブルに通うことはできませんから。

PF：そして，団員の皆さんの職業について特徴づけられるのであれば，どのようにまとめることができるのでしょうか。私には非常に様々な仕事についている人がいるように思えますが。

PR：あらゆる職業の人がいます。建設工や電気工，金融機関の窓口の人もいます。

PS：自分たちの仕事に加えて，団員たちは自発的にこのサークルに参加し，ここに通ってきているのです。

PF：どのくらいの頻度で集まっているのでしょうか。

PS：週に1回全体練習を行っています。それに加えて，何かの公演の前には土曜日にも練習することがあります。

PF：つまり，多くの問題があるのですね。公演があるときには，それぞれの団員の仕事にそれが加わり……。

PR：ええ，非常に大きな問題です。

PF：では，そのような時には，どうするのですか。

PR：有給休暇をとり，家族から離れることもあります。

PS：コンサートの多くは夕方に行われます。しかし，日中に演奏するように求められることもあり，その時には。

PR：例えば，国外への公演旅行ですと，3日間はここから離れることになります。

PF：すみません，私は確認していなかったのですが，あなた方はウェブページを開いていますか。

PR：ええ。

PF：あなたが活動を続ける動機はどのようなことなのでしょうか。初めてこの楽団に参加した時や，そしていま再び活動に参加するようになった動機とは。

PR：私は6歳の時から芸術初等学校に通い始め，15歳の時まで吹奏楽を演奏し，芸術初等学校の楽団にも参加していました。そして，今では同じように，8歳と5歳になる私の子どもたちがここに参加しており，私はそのことをとてもうれしく思っています。人間には何らかのコミュニティの中で生活することが必要です。そして，私たちはここでとても良い集団的な関係を築いているのです。

PF：あなたはプロの演奏家ですか。

PS：はい。私はリマウスカー・ソボタの出身でバンスカー・ビストリツァの芸術アカデミーで学びました。そして学業の傍らで，芸術初等学校の仕事に就きました。大学に通っていた同じ時期にそこで働いていました。そして，卒業後も芸術学校の希望に応えてそこに留まりました。と言いますのも，そこでの仕事を楽しく感じていたからでもあり，また，そこでの指揮にちょっとした間違いがあることを見つけたからでもあります。そのため，学校は私に残るようにたのみ，そうでなければ，私が学校のオーケストラを指揮できなくなることになりました。そこで私は学校の要請を受け入れ，喜んでこの学校に留まることにしたのです。

PF：あなたの職業を聞いてもよろしいでしょうか。

PS：私は教師でアコーディオンの演奏法を教えています。

PF：ブレズノの芸術学校の教師ですか。

PS：はい。

PF：あなたにも職業を聞いてもよろしいでしょうか。

PR：私は金融機関に勤務しています。

PF：地方自治体からの支援はいかがでしょうか。

PR：ふぅ…… *(長い微笑み)*。

PS：話しますか。

PR：Very hard question。彼らは私たちの上に傘を広げ，私たちの組織拡大に対して幾らかの金銭も支援しています。それが十分なお金かどうかということですが，今の世の中で十分なお金というものがありうるでしょうか。私たちには次のような経験もあります。私たちがブレズノを，そしてさらにスロヴァキアを代表して外国に公演旅行に出なければならず，そのために，自治体に対してちょっとした特別の補助金を申請したことがあるのですが，その時は一銭たりとも受け取ることができませんでした。この例だけではありません。私たちがポーランドに行った時も，自分たちで資金を調達しなければなりませんでした。一部の人々はこれに何とか成功し，例えば，同僚のところに行き，これこれこういった理由のために公演旅行に行く機会があり，町を代表しなければならないが，自費で行かなくてはならないのだと説明し，うまく支援を受けられた人もいます。しかし，まずもって自分たちでしなければならないのです。

PS：望むならそうしなければなりません。

PR：ええ，望むのならば，それも望むまでです。このように団員たちにとって自治体からのお金はさほど重要ではないのですが，その一方で，演奏することで良い気分になることができるものです。とは言え，彼らは有給休暇を消費し，家族からも離れ，さらにお金までも演奏活動のために費やさなければなりません。ですので，支援はあるのですが，私たちが希望する程度のものではありません。

PS：最低限のものだともいえるでしょう。

PF：例えば，かつてのメンバーからの話では，つまり社会主義時代に活動していた古い世代の人々の話では，モスターレン社に所属していた時代の活動ではどうだったのでしょうか。

PR：そのころとは比較になりません。私もその時代から演奏していたのですが，その時に私が体験していたのは……。

PF：あなたもその頃をご存じなのですね。

PR：ええ，知っています。企業内のROH（労働組合）クラブが私たちの上部団体でした。そこには報酬を受け取り指揮だけに専念できた指揮者もおり，労働日の欠勤に関してもまったく問題はありませんでした。さらには，それ以上のものもあり，吹奏楽団の練習や公演に対しても給料を受け取ることができました。大きな金額ではありませんでしたが。しかし，このような形で刺激を受けていました。服装に関しても問題はなく，公演旅行に関しても問題はありませんでした。全ての大企業がそれぞれ自前のバスを所有しており，運転手も雇っていました。チェコやポーランド，ハンガリーとの友好協定もあり，外国への公演旅行にもどんな時にも行くことができ，公演旅行の回数も今よりも多かったです。周辺地域との関係では様々な周年記念がありました。その当時はイデオロギーに縛られていたことを私もわかっていますが，今もまた困難なことが多い時代です。

PF：あなた方がモスターレン社の下で活動していた時代は，自前の楽器を買うことはできたのですか。

PR：それに関してまったく問題はありませんでした。さらに言いますと，私たちの楽器保管庫は練習やゲネプロ用の楽器で満杯でした。今では，ゲネプロ用にフルートを借り，トランペットを借りる，それには300ユーロがかかるといった具合で，これもまた予算に計上しなければなりません。これらの支出については，誰かが人生の節目のお祝いを迎える時に，ちょうど今ズールさんが70歳になったところですが，当人に請求することになっています。彼は今ティソヴェツに住んでいるのでそこまで出掛け，彼の誕生日のお祝いで私たちも演奏することになっています。あまり意識されていませんが，全てのことにつけてお金が必要になるのです。

PF：あなた方の活動に向けてどのような資金源を探していますか。

PR：後援企業や税金の2％とか。そしてさまざまなプロジェクトを立案して，県やさまざまな財団，文化省に申請書を提出しています。

PF：それは団体の維持のためですか。つまり，その助成金であなた方が持っている独自の資金源を補う必要があるのでしょうか。

PR：そのとおり，補填する必要があります。

PF：ウェブページでも，獲得したプロジェクトの事例を何か掲載していますか。

PR：恐らくウェブページには載せていないと思います。しかし，どのようなプロジェクトであるのかを知りたいのであれば，お話ししましょう。去年には私たちは教育コンサートのプロジェクトを実施しました。これに対して全ての金融機関が私たちに援助を提供し，また市からもホールの賃貸料20ユーロが支援されました。その一方で，私たちは子どもたちの間で宣伝を行いました。つまり，私たちのバンドに若い世代を引き寄せることが必要だったのです。そして，定番の眠たい曲ばかりではなく，モダンな曲，マイケル・ジャクソンやセリーヌ・ディオンといった人の曲も演奏した素晴らしいプログラムでした。

PS：つまり古典的な吹奏楽の曲目ではありませんでした。

PR：まだそのような内容には慣れていません。

PR：そして，今度は非常に嬉しい驚きが届きました。今，私たちはCDの制作計画を進めています。私たちの楽団を紹介する最初のCDとなるもので，そこには大編成の吹奏楽団とモスターレンカ，そして児童吹奏楽団の演奏が収録される予定です。そして，資金面では，ブレズノ市と県が費用をカバーすることになりました。

PF：例えば，企業家からの支援はどうなのでしょう，ここでも何か問題があるのでしょうか。それとも，問題はありませんか。

PR：そうですね，問題はあります。と言いますのも，彼ら企業家も自分たちのポケットから資金を提供するのですが，私たちが彼らに提供できるのは，ウェブやキャビネット，ポスター，宣伝パンフレットなどを通じた宣伝の機会だけであるからです。2009年以降は集まり方が悪いままで，さらに減っています。

PF：危機的なのですか。

PR：危機的，非常に危機的です。

PF：現物の支援はいかがですか。金銭的な支援以外に寄付などもあるのでしょうか。

PR：ええ，それもあります。印刷物が必要な場合には無料で印刷していただけるところがありますが，デザインの修正が必要な場合は自分たちで行うことになっています。

PF：この他にもこのような例を示していただくことはできますか。

PR：支援に関してですか。

PF：金銭的支援以外にも，何らかの現物での支援がありますが，誰にお願いしているのですか。

PR：思いついたところにお願いして回るのです。これもまた私の仕事です。

PS：ええ，今までに私たちが話してきたようなことだけではありません。

PR：例えば，交通費で1,500ユーロが必要になったとして，スポンサーが必要であるならば，私は彼らの間を駆け回ることになります。スポンサーの体力次第のところはありますが，とは言え，私から1,500ユーロ全額をお願いすることはできません。少額ずつお願いすることになります。例えば，ここからは50ユーロ，そこからは20ユーロといった具合です。あるいは，例えば，合宿を開く場合には，ポロムカのパン工場からパンが届けられ，あるいは，ザーヴァトカ村が私たちにサウナ付のプールを貸し出すといった具合です。その代わり，私たちは彼らのために無償で演奏します。

PF：互恵的な関係ですね。

PR：ええ，場合によってはグラーシュと引き換えになる時もありますが。

PF：市に対してはどうですか。もしあなた方が何かを求める場合には。

PR：市との間では次のような協定があります。すなわち，市は私たちの上に屋根をかけ，つまり場所を提供し，その対価として私たちは年に 10 回の演奏を提供します。つまり，SNP〔スロヴァキア国民蜂起〕の記念日や解放記念日〔第二次世界大戦の戦勝記念日？〕，文化の夏，ブレズノ市の日，3 月のブレズノ市の解放記念日，新年，クリスマス・コンサートなどの機会です。

PF：同じく市が屋根をかけているハルプカ劇団の場合には，地方自治体との互恵的関係がありましたが，彼らもブレズノ市を拠点にしているのですよね。

PR：彼らの拠点は私たちの練習場の隣にあります。彼らも私たちと同じような関係を市との間に結んでいます。すなわち，市が屋根を与え，その代わりに市のために演じるという関係です。

PF：市のために無償で行う。そういうことですよね。

PR：はい。市のための日があり，そのプログラムの中に様々な公演や文化的な行事も含まれています。恐らく，彼らの場合も同じでしょう。

PF：さて，企業家たちのためにもあなたたちは何か特別なお返しとなるような行動を用意されているのでしょうか。もし，何か多額の寄付金を受けとったような場合や，あるいは，何か特別な要請があった場合などですが。

PR：選挙があった時に，私からちょっとした提案もしてみましたが，誰もそれに乗ることはありませんでした。と言いますのも，私たちを後援していたある企業家が政治の世界にも関わっていたからです。そして，私が彼に資金援助を要請した時，もし彼が私たちのことを必要としているのならば，私たちが彼のために演奏すると約束しました。しかし，私たちに要請が来ることはありませんでした。恐らくは，私が彼に提示したものがあまりにも少なかったのか，あるいは彼が懸念を感じたのか，あるいは選挙期間中のことだけに他のことが原因だったのかもしれません。

PF：では，例えば，世間の人々があなた方を支援することはあるのでしょうか。普通の人々が，例えば税金の 2 ％規定を利用して支援するようなことですが。

PR：例の 2 ％規定ですね。あとは，出入りを管理できる閉ざされた建物でコンサートを開くときに，例えば，ここやザーヴァトカにあるホールのような建物ですが，そこへの入場料を無料にすることもあります。

PF：あなた方の会計，例えば2012年度の会計はどうなっていますか。もしお話ししたくないのであれば，正確に話す必要はありませんが。

PR：私が会計を担当していますので，正確にお話することができます。具体的には，2012年度には，ブレズノ市は私たちに対して1コルナの補助も提供しませんでした。その前年には，市は私たちに2,000ユーロを提供していました。また，私たちの予算の総額は約5,500ユーロです。

PF：その金額をあなた方自身で集めなくてはならないのですか。

PR：ええ，私たちで集めなくてはなりません。

PF：このお金はあなた方になくてはらないものですね。では，他の市民団体とも協力することはあるのでしょうか。

PR：合唱団でしょうか，私たちは彼らとの間でクリスマス・コンサートの共同プロジェクトを進めています。

PF：それについて何か書面での取り決めはあるのでしょうか。

PR：はい。全ては取り決めにもとづいています。

PF：しかし，市のコンサートについてはそうではないですよね。市との間にもあるのですか。

PS：はい，あります。

PF：先ほどの5,500ユーロの予算総額の中で誰が最多の額を寄せているのでしょうか。あるいは，どの資金源がもっとも重要なのでしょうか。あなたにはわかりませんか。細かく分類することはできませんか。

PR：全ての数字が頭に入っているわけではないのですが，まず1,500ユーロ程度が税金の2％規定を通じて入ってきており，そこに市からの2,000ユーロが加わります。2013年度についても市はそれなりの金額の支援を約束していますが，まだ口座には振り込まれていませんので，とりあえずのところは，それを計算には含めないようにしています。また，県も私たちに対して1,400ユーロを提供しており，後援者の1人となっています。

PF：市はあなた方に対してどれほどの金額を約束したのですか。それは非現実的な額だったのでしょうか。

PR：私たちに4,500ユーロを支援すると約束しました。しかし，去年も同じ額を約束していたのですが，1ユーロも提供されることはありませんでした。どうなるか見守りたいと思います。

PF：*（指揮者の男性が立ち去る）*……あなたの予定を邪魔してしまいすみませんでした。本当にありがとうございました。また，これからも活動を頑張ってください。ところで先ほど，税金の2％規定に言及していましたが，年にどの位の額を受け取っているのでしょうか。

PR：1,500ユーロです。

PF：そうでした，すでに出ていました。では，金銭的な側面や人の集まり方への影響という観点から見た場合，そして，この活動に関わっている人々の活動条件という観点から見た場合，将来的な展望はいかがですか。

PR：おわかりになるかもしれませんが，現在では音楽や吹奏楽は，もはや義務的なものではなく，趣味のひとつです。しかし，どんな趣味を望むとしてもお金の問題が立ちはだかります。ですので，ここに集う人々はそれぞれの方法で協力しようとしていますが，もし得ることができた場合には，公的なお金からの支援がそこに加わります。ですので，私の考えでは，資金的には運営し続けることができます。喜ばしいことに，私たちは質の高い楽器を購入することもできますし，普通の品質の楽器も購入できます。とはいえ，例えば，最高品質のドラムに1万ユーロを支払うだけの資金は私たちにはありませんし，持っていても仕方がないところがありますから，私たちにとっては普通の品質の楽器で十分です。ですので，私たちが今後も現在の水準を維持し，それに必要なものを満たしていくのであれば，少なくとも今得ている程度の支援を考えていくことになります。そして，私が思いますに，その程度の援助を得ることは金銭面では特に問題はないでしょう。むしろ問題なのは子どもたちのことです。この20年の間に継続的な流れは失われてしまいました。つまり，89年以降に，この地域の親たちが子どもたちを児童吹奏楽団に通わせるという伝統が途絶えてしまったのです。そして，それぞれがビジネスや生き残りのことばかりを気にかけるようになりました。このようにして，継続性が途切れてしまったのです。それでも，もし私たちが若い世代を引き寄せることができたならば，まだ見通しは開けます。この町にはまだ多くの人々が住んでおり，参加したいと思っている人々もいるのです。

PF：ラチャーコヴァーさんは宿泊業で働いていると理解してもよろしいのでしょうか。

PR：いいえ，ザーヴァトカ・ナド・ホルノムでホテルやペンションを経営している会社に勤めています。この会社も私たちのスポンサーになっていまして，食事付きで3日間ホテルに泊まらせてくれます。そこで私たちは会議を開き，全体練習を行い，3段階のトレーニングを行い，次のイベントに向けた強化合宿を行います。昨年は私たちの結成60周年でしたので，結成60周年の記念コンサートを開催しました。さらに前には……。

PF：何があったのですか。

PR：私たちのクラブはここにありますが，ザーヴァトカで合宿を行っていました。現在もそこで合宿を開いています。と言いますのも，例の私たちのCDの録音が控えているからです。これは私たちの最初のCDになりますので，非常に重要です。このような機会を得たことを非常に嬉しく思っています。私たちは市民結社ですので，全ての収益について，税務署に申告する必要があります。つまり，この CD の売り上げについてもです。と言いますのも，誰かがコンサートの場で入場券を購入しこの CD を受け取ったとしてもこれまでと扱いが変わってきます。また，今後は私たちが無償でこの CD を提供することはなくなるでしょう。私たちにとって，この CD はお金に等しい価値があるのです。

PF：では，あなた方にとって市民結社という組織として活動する意味はあるのでしょうか。

PR：ええ，確実にあります。

PF：他の市民結社のことも考えているのでしょうか。

PR：そうです。つまり，私たちは IČO や DIČo を取得しています。組織として活動でき，様々な助成にも応募できます。これはとても大事であり，市民結社として存在する意味があります。

PF：ええ，確かにそうです。あなた方はかなり早い時期に市民結社へと転換したのですよね。

PR：ええ，確か，1990 年か 1991 年だったでしょうか。

PF：まだまだ市民結社が少ない時期に率先して転換したのですね。

PR：ええ。

PF：どなたの主導権で行ったのでしょうか。

PR：その頃はまだクノシュコさんやホルスキーさんといった古い世代の人々が主導権を握っていました。

PF：市民結社へと登録するためには，普段の演奏活動に加えて，大量の様々な作業をしなければならなかったのですよね。経済的な問題に加えて。

PR：楽譜集めもありました。

PF：あなたもそれに携わったのですか。

PR：はい。

PF：全員分の楽譜を集めたのでしょうか。

PR：いいえ，それぞれのパート・リーダーの分です。

PF：それぞれのパートの分だとして何人のリーダーがいるのでしょうか。

PR：全体を統括する人が 1 人，全員を統括する人と彼を補佐する人です。今では，楽譜は購入しなければなりません。吹奏楽曲の楽譜はパートごとで 100 ユーロします。

PR：メンバー 30 人分ですね。

PF：他に確保しなければならないものはあるのでしょうか。もっとも頻繁に行うことになるのはどのような作業ですか。

PR：まずは楽器の手入れです。これは資金面でも大きな比率を占めています。後は，2

年前に私たちは絨毯を購入し，昨年は塗り替えを行いました。それらは後援者からの支援を受けつつ行いました。

PF：楽器の手入れも自分たちで行わなくてはならないのでしょうか。

PR：すべてのことを自分たちで行っています。

PF：修理もですか。

PR：はい。すべての作業をしています。

PF：劇団の人たちもすべて自分たちで行っているのでしょうか。

PR：恐らくそうだと思います。私たちの頭の上には屋根があり，暖房もあり，照明もあります。もう私たちにとっては見慣れたものですが，扉の奥に様々なものが保管してあります *(様々なポスターや写真などを見ていると思われる)*。これはポーランドで行われた国際フェスティバルに私たちが参加した時のものです。そこでは入賞することができましたが，国際的な参加手続きや交通手段は私たちが自前で確保しなければなりませんでした。そうこうやってポスターを眺めることができるのです。ここには消防隊吹奏楽団の曲もあります。ここには一番古い時代からの歴史が詰まっています。これは1952年にモスターレン社が設立され，そこに吹奏楽団が置かれた時期のものです。

PF：ここにはその時代の歴史も保管されているのですね。あなた方は吹奏楽団の歴史について何か本を書かれたことはありますか。

PR：クロニクルを作りました。鍵のかかった書庫の中に保管してあります。非常に申し訳ないのですが，私はその書庫を開ける鍵を持っていないのです。このクロニクルの記録は，私たちの吹奏楽団の新しい歴史が始まった1952年から始まります。私たちが東側ブロックに属していた時期です。そして，私が生まれた1971年には，モスターレンカ，つまり10人から15人の小編成の楽団が生まれました。

PF：どこかから出版されたものもありますか。

PR：ええ。機会を得られれば様々なところに記しています。多くはこの「上フロン地域」［Horehronie］という地方紙です。そこに掲載されているすべての記事を送りましょう。

PR：ここあるのは今のもの，正確には1990年から2000年にかけてのものです。今のものはこうなっていますが，あなた方にお見せしたことで，年代順に整理しなくてはという考えが生まれました。この絵は芸術学校と私たちが協力して作成されたものです。ポーランドやフランスへの公演旅行，コンクール，記念の手紙 *(様々なポスターなどを見て，写真を撮っていると思われる。英語で何か尋ねている)*，ここにはルーマニアのナドラク［Nadlak］からのものがあります。

PR：私たちはルーマニアを訪れ，そこでも演奏したのです。ナドラクのプロテスタント教会の礎石が置かれてから200年を祝う式典でした。

PF：教会とも何かしらの方法で協力することがあるのですか。

PR：ご存知かもしれませんが，在外のスロヴァキア人は教会を介して組織されているのです。セルビアでもそうです。例えば *（ある記事が載った新聞を手渡した）* 私たちがある記念祭に参加した時のものです。これは私たちが来ることを地元の人々に伝えている記事です。記念のコンサートが開かれたとあり，記事の終わりと見出しに私たちのことが記されています。また，例えば，お話ししたように新年にも演奏します。これは私たちが自分たちだけで行っていることです。すべて自分たちで行っています。この絵もそうです。

(6) ブレズノ市ヤーン・ハルプカ劇団：ユーリウス・オーベルナウエル氏（PX）（劇団員・ブレズノ市文化センター所長）

PF：劇団の歴史について，多くのことがインターネット上で，ウェブページに記されており，またそこには劇団のプログラムや活動に関しても記されていますが，例えば劇団の団員数などは記されていません。劇団の団員は皆アマチュアなのでしょうか，それとも雇用された職員もいるのでしょうか。

PX：いいえ，職員はいません。私たちの劇団は完全なアマチュア劇団です。つまり，劇団員は全員，自分の空き時間に劇団の活動を行っているのです。今年は近代的な劇団の誕生から 90 周年を迎える年になります。と言いますのは，ブレズノではすでに 140 年前から演劇が上演されていましたが，かつての劇団の活動は長続きせず，そのために今年が 90 周年ということになります。私たちは既に 40 年近くプロの劇作家や脚本家とも協力してきました。俳優の配役やその他の人員の配置については，既にお話ししましたように，アマチュアの劇団員が担当しています。大胆な言い方かもしれませんが，私たちの劇団は，この 40 年間スロヴァキアのアマチュア劇団の絶対的な頂点に立つ劇団の 1 つ，トップクラスの劇団であると言えるでしょう。先週の火曜日，つまり 10 日前ですが，私たちはブラチスラヴァの SND（スロヴァキア国民劇場）の舞台にも立ちました。また，私たちの劇団は，今年で 9 年目になりますが，ブレズノの演劇祭も主催しています。これは，「劇場の小屋」［Divadelná chalúpka］という名称の演劇祭で，私たちの劇団の名前ヤーン・ハルプカ劇団の名前の基になっているヤーン・ハルプカに因んだシンボリックな小屋［chalupka］でのインスピレーションを大事にした演劇祭です。私たちの劇団には劇団の活動に積極的に参加している約 20 人の常任劇団員がいます。また，私たちは我々の後継者の育成にも気を払っています。彼らは私たちの劇団の作業を手伝い，あるいは，同じく制作の訓練をしている若手劇団員スタジオでの手伝いをしています。また，彼らは定期的に会合を開き，そこで，俳優としての演技の基本を習っています。このような方法を通じて，私たちは彼らの成長を支えています。

PF：劇団員は何名だと仰いましたか。

PX：20人です。

PF：この中には裏方も含まれているのでしょうか。

PX：はい。ここには俳優や台詞の付け役，朗読者，大道具，技術者，そして裏方なども含まれます。舞台制作にあたってもっと多くの人が必要になった場合は，勧誘などの方法で補充します。あるいは，常に必要な人数を確保しようと努力しています。

PF：あなた方が市民団体を設立，もとい市民結社へと組織化したのですね。

PX：はい。かつては市自体が設置者であり，それよりも以前，最初は企業のクラブ活動でした。

PF：どこの企業のクラブ活動だったのでしょうか。

PX：モスターレン・ブレズノ社［Mostáreň Brezno］のクラブでした。その後は会社自体がほぼ倒産状態に陥り，会社から文化活動にまわせるだけの資金が枯渇し，そのため，市が支援の義務を引き受けることになりました。そして，大体6年ほど前に，あらゆる趣味芸術活動団体，つまり合唱団や吹奏楽団，民俗舞踊団，そして劇団も市民結社へと鞍替えすることになりました。それには一つ理由がありました。つまり，市民結社として法的に独立した団体になり，独力で活動資金を獲得する可能性を生み出し，それによって市の負担を軽減するためです。こうして，劇団も税金の2％規定にもとづく寄付金を獲得するようになり，あるいは助成金を申請し，後援者を探すことができるようになりました。このような経緯を経て，劇団は市民結社として活動することになりました。

PF：現在，市民結社に転換した後に，活動への支援に関してどのような財源を探していますか。例えば市からの支援や，あるいは税金の2％規定でしょうか。

PX：これは重要なことです。頭の上に屋根があることが大事ですが，現実には，我々に対して市がこの屋根を提供しています。つまり，文化会館の一室を提供し，それも非常に有利な条件，ほぼ無料と言っても良いような条件で提供しています。この場所の提供以外にも，市は私たちの劇団も含めたそれぞれの団体に対して，彼らの活動資金を獲得する可能性を提供しています。そして，私たちの劇団は，さらに独自の方法で，つまり例の税金の2％規定を通じてや，あるいは様々な助成金制度，もちろんそこには文化省やバンスカー・ビストリツァ県の助成金も含まれていますが，それらの助成金への申請を通じて活動資金を獲得しています。欧州連合（EU）が公募している助成金からも資金を獲得しようと努力することも時折あります。そして，当然ですが，後援者からも資金を調達しようと個人的にも努力しています。このようにして，幸運にも，このような資金獲得の手段を通じ，あらゆる方法を通じて資金を獲得できています。

PF：では，これらの資金獲得の方法を通じて，どのような集団から資金を調達しているのでしょうか。企業家層からでしょうか，あるいは広く社会一般からも集めているのでしょうか。

PX：ええ，大部分は企業家からです。社会から集めている分の大部分は例の税金の２％規定を通じての分です。

PF：どのような企業から集めているのですか。

PX：現在ではそう簡単なことではありません。資金調達は非常に困難になっています。と言いますのも，私たちのブレズノ地域とその周辺地域はブラチスラヴァやニトラ，コシツェなどの地域と比べて経済力は強くなく，そのために資金の獲得も困難になっています。それにもかかわらず，金銭的な支援やあるいはその他の物資の支援という形で，ここブレズノと周辺地域の企業家たちは私たちの活動を支援しています。

PF：あなたは劇団にとっての財政問題は非常に大きい問題であると考えていますか，つまり，この問題をどのように評価されていますか。劇団の活動が制約されていると感じているのでしょうか。

PX：時々は制約されます。それでも，できるだけそれに立ち向かおうとしています。しかし，活動資金が十分ではない時もあります。私たちの劇団の質を維持するためにプロの人々と協力しているわけですが，非常に多くの場合，彼らは友人価格で監督や舞台監督も含めたそれらの作業を引き受けてくれますし，本当に友人として，シンボリックな対価のみで引き受けてくれることもあります。しかし，それでも，舞台の用意や出張公演などのために常にお金は必要です。その中でももっとも高くつくのは交通費です。つまり，移動のために常に対価を支払わなくてはならないのですが，私たちは国外に住むスロヴァキア人とのコンタクトを維持しており，特にハンガリーやルーマニア，セルビアの人々とはパートナー関係，市が結んでいる公式な友好都市関係の枠組みにもとづく関係を維持しています。つまり，チェコのノヴィー・ビジョフやルーマニアのナドラクとの関係です。このためしばしば劇団一同でそれらの町に通うことになりますが，当然ながらその準備にあたって資金をかき集める必要があります。私たちは何回も行ってきた公演を通じて，私たちの公演がこのスロヴァキアの下方にある国々の私たちの同胞たちを支援することになり，彼らもスロヴァキア本国とのあらゆる接触の機会を心待ちにしていることを知っていますが，これらの機会は何よりもまず資金に依存しているのです。

PF：なるほど，つまり地方自治体の活動とも関連しているのですね。つまり，市からは場所や金銭での支援そして助成金もある一方で，あなた方は市が主催する様々な活動に参加する，あるいはそのような活動を自ら組織していくと。

PX：市との契約関係といったような様々なことを処理できれば，自分たちで行事を組織することもあります。どの劇団も市や市の文化センターに対して負っている義務があり，彼らに対して無償で何らかのパフォーマンスを行う必要があります。市は様々な式典を主催しており，例えばSNP（スロヴァキア国民蜂起）の記念式典などですが，それらの式典の場でも私たちの劇団が定期的にパフォーマンスをしています。他にも吹奏楽団や合唱団など，市に対する義務を負っている関係にある団体もその式典に駆り出されます。そして，当然ですが，パフォーマンスの内容についても議論することになります。

PF：では，例えば企業家たちもまたあなた方の活動をかなりの部分支援しているのならば，彼らに対してもあなた方の活動を通じて何らかの見返りを提供しているのでしょうか。あるいはそのようなことはないのでしょうか。

PX：当然ですが，企業家に対しても私たちができる範囲で応えようとしています。具体的には，かつてSND（スロヴァキア国民劇場）での公演に際して色々な支援の獲得のために駆け回り，ブラチスラヴァまでの交通費を支援してくれる，つまり私たちの交通費を支払ってくれるブレズノ市の企業家を何とか見つけたことがありました。そこで，私たちは，この企業家と彼の企業で働く従業員のために，1人当たり1ユーロという形だけの入場料を受け取る公演を行ったことがあります。当時の普通の入場料はもっと高かったのです。

PF：誰があなた方を恒常的に支援する後援者になっているのでしょうか。

PX：恒常的な大口後援者となりますと答えを探すのが難しくなります。幾らか迷いがありますが，ここで誰の名前も挙げないことで誰かを傷つけたくはありません。まずは，もっとも安定した支援者となっているのは市です。これは確実です。そして，市内の企業家からは彼らができる範囲やその時々の状況に応じて様々な支援があります。と言いますのも，私たちに支援を提供する方々は，次のように話すことがあるからです。「今年の業績はあまり良くないので，残念ですが支援できません」と。これは理解できることです。そして，ある時は金銭での支援があり，またある時は現物の形で，例えばパン工場が私たちにパンを提供するという形で，また，私たちが演劇祭を開催する時には，公演した劇団に贈る花束を花屋が提供する形もあるので，本当に様々な形の支援があると言えます。私たちはどのような形の支援にも感謝しています。なぜならこの花束はお金が変わった形でもあるからです。またパンもそうです。ですので，フロスニーク・パン工場［pekáreň Flosník］はこのような形での支援者だと言えます。そして，他に誰にも言及しないわけにはいきませんが，ジャラクさんの薬局［Lekáreň pán Ďalak］も定期的に支援を提供しています。そして，バンスカー・ビストリツァからはキンデルナイさん［pán Kindernay］ができる範囲で定期的に寄付を寄せてくださっています。後は，彼女の会社の名前を思い出せないのですが，マーリコヴァーさん［pani Máliková］も支援しています。ストロヤールスカ社［Strojárska］です。かつてのモスターレン社の跡地に入居している機械工場です。この会社も定期的に支援を提供していると言えます。

PF：あなた方は社会から広く，つまりブレズノの市民からも支援を得ていると感じていますか。これはすでにあなた方が言及された税金の２％規定だけに留まるものではないですが。

PX：社会一般については，この点での支援は劇場を訪れてくれることに見出しています。つまり，私たちの劇団は本拠地のこの劇場で７回から８回公演していますが，いつも満席になっています。これはここのような小さな都市では非常に上出来と言えますし，この町で私たちは観客からの支持を得ていると言えます。他の劇団をこの町に招いた時にも，その中にはプロの劇団も含まれているのですが，このことを感じることができ，私たちの町には非常に目の肥えた観客がいるのだと言うことができます。恐らく，このことも私たちの利点の１つです。ですので，人々からも支援を得ているのだと言えるでしょう。

PF：実際のところ，劇団員自身が自らお金を持ちだして自分たちの活動に充てることはあるのでしょうか。

PX：私たちはしばしば自分のポケットから色々取り出さないとやっていけません。私たちの余暇の時間を使っていることに加えて，勤務日に出張公演が入れば，有給休暇を消費しないといけませんし，また私は市の文化センターの所長を務めていますが，出張公演に出かける時には私も有給休暇を取得しないといけません。さらに活動にはお金がかかりますので，もし劇団がコルナ不足，今ではユーロ不足ですね，資金不足に陥った場合に，10ユーロから20ユーロぐらいの額を代わりに払ったことも何回もあります。このようにして私たちは市を代表できるように努力しています。

PF：ええ。これこそが自助ということです。

PX：まさにその通りです。時間と仕事。舞台製作を取り巻くようにして，勤務外の時間にも１時間から10時間，100時間の活動時間が必要なのです。

PF：さらに質問したいのですが，もしこれまで話されてきた様々な支援，つまり金銭的な支援や現物での支援も含めてですが，それらの支援の比率を比較できるならば，それらの比率はどのくらいになるでしょうか，どの位が市からで，どの位が企業家から，どの位が一般市民から，そして他の支援元からがどのくらいになるのでしょうか。

PX：難しい，比率がどのくらいかというという問いに答えることは難しいです。むしろ反対にもっとも支援の割合が少ないものが何かということにお答えしますと，劇団でも民俗舞踊団でも国からの支援は最小です。国の基本的な文書で文化的な価値を保存していくなどと謳っていますが，残念ながら国からの支援は全てにおいて鈍重であるのが現状です。あたかも大部分の文化活動が市や村のレベルで行われていることが忘れさられているかのようです。文化活動は国民劇場やSTV（スロヴァキア・テレビ）のみで行われているのではないのですが，他のメディアもこの認識に追従し始め，ゴミのような番組を放送しているとも感じています。このように，国は草の根レベルで行われていることの価値を忘れているのです。

PF：あなたに（日本から来た客人が）それぞれの町での活発な創作活動を評価していることをお話しておきたいと思います。私たちはすでにバンスカー・シチアヴニッツァも訪問しましたが，私たちが市民セクターと呼んでいる部分の活動が実際にも市の文化生活の重要な一部分を構成していると感じていました。実際のところ，あなた方は独立した劇団なのでしょうか，それとも市の組織の下にあるのでしょうか。

PX：現在はすでに独立した法人です。ですが，市が活動条件の基礎的な部分を形作っています，僅かなものですが……。

PX：私たちの劇団の名称は，ブレズノ市ヤーン・ハルプカ劇団ですが，かつては，ここでは私は文化センターの所長としてはあらゆる団体，つまり民俗舞踊団や吹奏楽団等に対して，市から直接，やや多額の支援を提供していました。しかし，それらの団体が市民結社へと衣替えした後は，それらの団体は自力で社会の海を泳ぐようになりました。私が思うに，これには良くない面もありました。と言いますのも，それぞれの団体が活動を続けるために専門知識を伴った指導部が求められることになったからです。このような指導部はそれぞれの団体のために専念する必要があります。しかし，例えば，子どもの民俗舞踊団がありますが，この舞踊団の子どもたちも代替わりすれば，保護者たちも入れ替わることになります。子どもたちが活動している2年から3年の間という期間だけでは，保護者たちがこのような舞踊団の運営に必要な知識を学びとることはできません。ですので，私の個人的な考えですが，もっと大きな支援が必要だと思います。恐らくは，そのような支援は団体を維持する助けになるでしょう。つまり，現在と言う時代の近代化はアメリカ化ももたらしています。つまり彼らはやや閉ざされた生活様式を送り，私たちの子どもたちもテレビやコンピューターの前で過ごす時間が長くなっています。こうして，様々な活動に関わるまでのハードルが少しずつ高くなっています。これは，私の考えでは，まったく正しくないことです。もし子どもたちが自分で身体を動かさないのなら，子どもたちが参加するのは文化的な活動でもスポーツ活動でもどちらでも良いのですが，そこに子どもたちを引き付けることが必要です。そうでもしなければ次の世代がどのように育っていくのか想像もできません。彼らはヴァーチャルな世界だけでは生きていけず，生活がどのように営まれているかを知らないままではいられないのです。

PF：助成金の獲得具合はいかがですか。

PX：そうですね，様々です。今年度はあまり上出来とは言えません。具体的には，市の文化センターを代表する形で話しますと，私たちは11の助成制度に申請書を提出し，そのうちの2つを獲得できました。昨年度はもう少し良い状況でした。助成金の獲得具合は様々ですが，助成金に応募する団体がますます増えていくでしょうから，助成金から獲得できる資金はますます少なくなるでしょう。このような資金を獲得することはいつも難しいものです。

PF：文化省はあなた方を直接的に支援しているのではないでしょうか。そのような助成金の競争をせずに済むように直接的な交付金を手渡してはいませんでしたか。

PX：確かそうだったかと思います。もし公正に評価するための何らかのシステムや評価基準があるならば，さらに良くなるのですが，100％公正な制度はなかなか難しいのでしょうか。特に将来に関係する，子どもたちが関係するところでは，まったく体系化もされず，技術立てられてもいません。

PF：実際のところ，あなた方が獲得した助成金は申請書の通りに使用されていますか。あるいは申請書は単なる申請書にすぎないのでしょうか。それらのプロジェクトは用意するだけでも金銭的な負担が大きくはありませんか。

PX：採用されるためには，まずそれぞれの助成制度への申請書の書き方を知る必要があります。なぜなら，用語の選び方を少し間違えたために，あるいは書類が揃っていないために助成金の申請が却下されることが多々あるからです。書類については省庁の官僚が書類を確認して，この書類が欠けているから補充するようにと連絡することもできるかもしれませんが，彼らは単に書類が揃っていない申請書を撥ねるだけです。というわけで，最初の1，2回の申請書の出来は非常に悪いもので，すぐに取り下げることになりました。そして，国からのある程度の手助けもありました。もしもどこか上手く書けていない箇所があったとしても，すぐに撥ね退けるのではなく，注意するようになりました。また，私が考えるところでは，法律の面でも状況は変わりました。かつての社会主義の頃の制度では，労働法の第124条においてこれらの案件は代表に関するものとみなされ，実際のところ人々はこれらに関して労働を免除されていたのです。現在ではより難しくなりました。もしある人が民間企業で勤務していたとして，経営者が次のように突き付けることもあります。つまり「劇団で活動するならここから立ち去れ，あるいは〔劇団を辞めて〕私のところで働くかだ」と。実際のところ，このような興味深い芸術活動を続けていくことは現代では非常に困難になっています。雇用主からの理解がなかなか得られないこともその理由の1つです。勤務を休むことへの理解がなかなか得られないという理由から，生活の糧を守るために多くの人々がこのような芸術活動から身を引いてしまう例が多く見られます。つまり，劇団の活動は夕方や土曜，日曜に限られているのではなく，平日の午前中に活動することも多いからです。

PF：劇団員の年齢はどうなっていますか。初めの方では話題に出なかったと思いますが。

PX：年齢ですか。私たちの劇団に入っていただければわかりますが，私たち自身もどんどん高齢化していると感じています。この2年の間には私たちの団員の中からもあの世へと旅立つ人が多く出ました。常任の劇団員の平均年齢は確実に50歳を越えています。しかし，先ほども話しましたように，私たちは後継者の育成にも力を入れています。つまり，若い世代のためのスタジオや制作場を開いており，若い世代とも連携しようとしています。

PF：それらも独立した団体なのですよね。その若い世代向けのスタジオは。

PX：若い世代向けのスタジオは独立した組織ではありません。これはヤーン・ハルプカ劇団のスタジオであり，資金面でも私たちが獲得した資金源から運営されています。

PF：つまり，劇団の発展という視点から若い世代を育成しているのですね，将来的な展望はいかがでしょうか。

PX：そうですね，既にゆっくりとではありますが，この若い世代に劇団のバトンを渡し始めています。彼らの熱意が消え去らず，何とか維持できると信じています。それでも，私たちは60代，少なくとも50代以上です。いつまで私たちが活動できるかわかりませんが，この若い世代を引っ張ることができると期待しています。

PX：私は劇団の団長ではありません。私は市の文化センターの所長であり，劇団では単なる団員です。劇団で初めて舞台で演じたのは1964年のことでした。ですので，間もなくそれから50年を迎えることになります。

PF：そうですか，私はあなたが劇団を率いる立場にあるのだと考えていました。

PX：違います。まったく違います。しかし，間接的には市の文化センターの所長として劇団の多くのメンバーとしばしば顔を合わせています。さらに，私は劇団に積極的に関わってもいますので。

PF：しかし，誰かがいなくてはなりません。

PX：劇団を取りまとめる人ですか。署名人がいます。彼は団長であり，団員の中から選ばれます。また，マネージャーもいましたが，残念ながら，長年マネージャーを務めてきた団員はつい先月に次の世界へと旅立ちました。それももう4か月ほど前になりますが。

PF：団体のトップはどなたですか。

PX：トップ，トップは委員会です。象徴的なトップとしては団長がいますが，彼は組織上の長として委員会で協議されたこと，委員会での決定に従いながら，劇団を運営します。あらゆることを用意し，様々なところに電話をかけ，劇団の活動を維持するためにあらゆることをとり仕切ります。当然ですが，技術的な面では，それぞれの分野の技術者が担当し，それぞれの分野で誰かが責任者となっています。劇団の組織はこのようになっています。

PF：委員会は何名から構成されていますか。

PX：委員会の委員は5人です。

PF：私たちが組織について伺いたいと考えていたのはそのようなことです。私が思いますに，あなたは劇団の中でも中心的な人物ではないのでしょうか。

PX：直接的にはそうではありませんが，間接的にはそうとも言えます。と言いますのも，私は新しい組織上の長を助けようと尽力していますし，長年団長を務めている人物は私の兄弟です。彼はつい3年ほど前までは私よりも多く舞台に立って演じてきました。最初は劇場についてその後は様々なことについて互いに相談しあってきました。なぜなら，これまでの団長であり組織上の長であった人物が私たちを残してこの世を去ったからです。そのため，私たち兄弟はほぼ毎日のように会い，様々な問題を解決していきました。組織の問題も含めて，劇団が抱えていた問題は山ほどあったのです。ですので，私は間接的にそれなりの影響力を持っていたと言えますが，劇団のトップではなく，むしろ補佐役でした。彼ら2人が劇団を始め，発展させていたのです。

PF：吹奏楽団での調査でも感じましたが，文化団体ではそのように強い個性を持った人物がいるものです。

PX：そのとおりです。しかし，私たちのところで設立されてからもっとも日が浅いのはカントリー・バンドですが，彼らも今年で35年目になります。つまり私たちとほぼ同じ時期です。そして，この35年の間には当然ですが多くのことが変化していきました。変化したことの中にはまだ設立されてから年の浅い団体への市の保護もあります。幸せな子どもたちという子どもの民俗舞踊団があるのですが，彼らもすでに35年も活動を続けています。吹奏楽団もです。その団体の今のトップが誰だったか忘れましたが，彼らも10年以上も活動を続けています。この楽団は数々の成功を収めてきました。旧モスタール吹奏楽団もまたトップレベルのバンドなのです。しかし，今の時代にあってはどの団体も上に下に翻弄されています。それでも私が思いますに，このバンドは非常に良いバンドであり，そのために様々な問題を抱えつつも生き残り，活動を続けているのです。

PF：その問題とは雇用や職場との関係でしょうか。

PX：ええ，それもありますが，資金の問題，資金的な援助の問題もあります。と言いますのも，彼らの活動を取り巻く様々な仕事があるのです。そして練習もしなければなりません。これらのことを勤務外の時間に行わなければなりません。もちろん，彼らはそれをしたいと思っているからこそ活動を続けているのであって，それは彼らの趣味であるのですが，しかし，ある種の義務とも言えるような活動になっているのですが，その一方で物資や金銭面での支援が行き届いていないのです。そのため，本当に彼らの活動が途絶えてしまいかねない恐れがあります。ですので，国が何とかするべきであり，特に国が何かを考えるべきではないかと思います。何故ならば，市は全てに援助をするわけにはいかず，彼らの活動を直接的に支援することができないからです。

（野外で行われている森の式典の合間に行われた録音。森の式典は市と共同で子どもたちのために開催されているものである。自然保護団体のヴィドラ［Vydra］についてはこれに続くインタビューで扱うが，そのヴィドラも参加している。以下の部分は，この式典の司会者を務めたブレズノ市の文化センターの所長との自由会話である。）

PX：ヴィドラも活動を続けています。一面では彼らのプログラムを実行し，また別の面では学校が彼らの下を訪問するなどの宣伝活動も行っています。バログ［Balog］の野外博物館にまで伸びている森林鉄道があるのですが，実際のところはヴィドラが彼らの教育活動の一環としてこれを支援しているのです。

PF：彼らの施設も市の施設として登録されているのですよね，ということはブレズノとの何らかの関係があるのでしょうか。

PX：ヴィドラのことですか。観光の枠組みにもとづいています。市はずっと観光を振興していますから。なぜならバログは近くにあるからです。

PF：私は，市はヴィドラと密接に協力しているだと思っていました。

PX：ええ，そのとおりです。

PF：そこでどなたと話していたのですか。市のスポーツ・クラブの人ですか。

PX：市のスポーツ・クラブです。その団体もまた市のスポーツ設備を運営している団体でして，市民結社となっている様々なスポーツ・クラブに対する援助を彼らなりの方法で提供している団体です。

PF：つまりあなた方はすぐに市民結社に登録して，例の税金の２％規定の受け手になる可能性を作りだしたのですか。

PX：そのようにも言えます。すべての団体がそうしました。

PF：つまり，ほぼすべての団体が一気に登録申請を提出したのだと。

PX：ほぼ同時期にですね。

PF：あそこにいるのはヴィドラのメンバーですか。

PX：あの民族衣装を着た人たちと，会長はあのジャケットを着た人です。彼らは木の伐採などの活動をしています。今どきの子どもたちは釘打ちの方法すらわからなくなりつつありますから。彼らはそこで様々な製品の販売もしています。それらの大部分は手製のものです。

PF：あの女性がヴィドラの会長ですか。

PX：ええ，そうです。

PF：野外森林公園は市域の中にあるのですか。

PX：野外博物館があるのはバログです。野外森林博物館はチエルニ・バログの国有林にあります。非常に面白いところですので，もしあなた方がこれまで訪れたことがなく，もしあなた方に自由時間があるのでしたら，2，3時間ほどそこで過ごすのもいいかと思います。そこには長い間維持されている森林鉄道もあります。ナローゲージの鉄道です。今ではアトラクションとなっていまして，また，その野外博物館自体も非常に興味深いと思います。また森の中を散歩するのもいいですし，そこには教育目的の様々な展示もあります。森の中でこれら全てのことを行い，管理しているのです。また石炭で暖をとる体験もできます。また，そこでは子どもたちが木材に触れることもでき，非常に面白く整備された場所です。

PF：彼ら〔ヴィドラ〕が，その野外森林公園を管理しているのですか。

PX：いいえ，そうではありません。ヴィドラには彼ら自身のプログラムがあります。この野外博物館は国有林の管轄下にあり，森林企業が管理しています。しかし，学校やクラスなどでこの場所を訪れる時にはヴィドラが彼らのためのプログラムを提供しています。恐らくこれについてはヴィドラの会長を務めるあのマリア女史の方が詳しいことを知っていますし，野外博物館や森林鉄道との協力についても話してくれるでしょう。彼らは自前のインフォメーションセンターを構えていますし，非常に様々な活動を行っていますので。

PF：いろいろとありがとうございました。さようなら。

(7) ヴィドラ：マリカさん（PM）

PF：ヴィドラはいつ設立されたのですか。

PM：ヴィドラは1997年に設立されました。今年で16年目になります。ヴィドラは本質的には，持続可能な観光開発に関心を向けている非営利組織です。つまりこの地域における様々な活動を支援し，それを通じてこの地域の文化的伝統や精神的伝統，そして自然の伝統を保全するように努力し，そして何よりもまず，ボランティア活動を維持するように努力しています。私たちはヴィドラの夏のキャンプ場でのボランティア活動を行っており，そこではボランティア・スタッフがスロヴァキア各地から集まった子どもや青年たちを指導しています。ヴィドラのキャンプ場は，実際のところ，以前から存在していたチエルノフロン鉄道の保存運動の伝統を引き継いだものです。これは1985年にチエルノフロン鉄道を保存することを動機として開始された運動であり，森林鉄道の保存に成功し，現在ではこの森林鉄道は観光客向けのアトラクションになっていると同時に，青少年向けのキャンプ場としても使われています。そこから私たちはチエルノフロン鉄道の支援活動にも通っていますし，また周辺の自治体や野外森林博物館でのボランティア活動も行っています。私たちは，実際のところ，様々な活動を展開しており，学校遠足向けや団体観光客向け，そして個人旅行客向けの様々な活動プログラムを提供しています。これらの活動はこの地域の文化的な伝統の保持を目的としたものであり，例えば，林業体験も行っています。と言いますのは，チエルニ・バログ村［obec Čierny Balog］は林業を生業にしていた村であり，林業の歴史が豊かに残っている場所であるからです。ですので，私たちが務める案内役は民族衣装を身に付けています。ですので，私たちがこの地域の伝統を話しても構わないでしょう。子どもたちは林業に関連した様々な活動を体験します。のこぎりで木を切り，釘を打ち，民族衣装を着て，鞭を打ち鳴らしたりもします。つまり，この土地の伝統に近づくための活動です。また，環境教育を志向した活動も行っています。それは子どもたちが再生紙を作るという活動でして，子どもたちはそれを通じてリサイクルによる第2の原料も使うことができるのだということを学べるのです。また，私たちは，例えば職人の中庭も開いており，そこで，バログから来た高齢の職人たちが伝統的な職人芸を披露しています。また機織り機もあり，子どもたちが機織り作業を体験することもできます。あるいは，子どもたちは木彫りの体験もできます。そして，それらの中でも喜ばれているのが蜂蜜菓子作りの体験です。菓子作りの専門家が子どもたちにどのように蜂蜜菓子を作るのかを教えながら，子どもたちは自分たちのためのお菓子を焼きあげていきます。これらの活動以外にも，私たちは今年で自然保護区域に設定されてから100年目を迎えることになるドブロチスキー原生林［Dobročský prales］の自然保護区域へのガイドツアー・サービスも行っています。私たちのところには原生林への境界まで伸びる自然歩道の道筋で訪問客を案内することができるガイドが2人います。原生林の境界までというのはなぜかというと，原生林自体は高度に保護される国の自然保護区域に設定されているので，立ち入りが許可されていないためです。しかし，それでも普通の森林と原生林との違いは一目瞭然です。このように私たちの活動は非常に多彩でして，またそれぞれの季節に新しいプログラムを提供できるように努力しています。また，スロヴァキアではなかなか見られない非常に魅力的な観光地であるヴィドロウスカー渓谷に沢山の人を引き付けるように努力しています。ここの野外森林博物館は中央ヨーロッパでも唯一とも言ってよい内容であり，また100年の歴史があるチエルノフロン鉄道もあります。ですので，人々の関心を引き付けることができます。

PF：どなたがヴィドラを設立したのですか。

PM：ボランティアたちがヴィドラを設立しました。

PF：どのような人々だったのですか。若い人だったのでしょうか。

PM：若い人々でした。実際のところを話しますと，ヴィドラの創設メンバーとなった彼らの中でも，特にミシュカ・ガルヴァーンコヴァーさん［Miška Galvánková］が重要人物でした。

PM：彼女は長年ヴィドラを牽引してきました。その後，彼女自身の人生が別の方向に向ったためにヴィドラを辞めることになりましたが，その後も当時のボランティアたちが敷いた路線と精神にもとづいた活動が続けられています。例えば，執行評議会の議長であるツィラ・ドゥロポヴァーさんはもう16年もその役を務めているのですが，彼女もかつてヴィドラが設立された時からの会員であり，ずっと活動に携わってきました。彼女たちのような古くからのボランティアたちも今では40代になりましたが，それでも毎年定期的に会合を持ち，「育成キャンプ」を組織しています。これは子どもたちや若い人々のためのキャンプで毎年開かれています。このようにヴィドラは非常に良い基盤を持った団体です。と言いますのも，かつてヴィドラを設立した人々がこのように今でも活動に参加し続けているからです。

PF：あなた方の会員数はどのくらいですか。公式には何人の会員がいると登録されているのでしょうか。

PM：市民結社ですので……。そうですね，私たちの会員基盤は本質的には開かれているものです。さらに元々のボランティアたちが大体20人から30人くらいいまして，そして新たに加わった若いボランティアたちも20人から30人位います。このように開かれた団体です。なぜなら，私たちは，実のところ，会員資格という方法で人々を拘束することを望んではおらず，実際のところ，同じような考えを持つ人々が集まる組織として機能すればそれで良いと考えているからです。

PF；性別からみた会員構成は。

PM：これにも正確にはお答えすることはできません。ほぼ半分ずつではないかと思います。

PF：会員の皆さんはどこの出身ですか。

PM：スロヴァキアの各地からの出身者が集まっています。ええ，ボランティアたちはスロヴァキア各地から来ていますが，雇用されている職員の数次第です。と言いますのは，ハイシーズンの時期には，私たちは，5月から9月まで私たちのインフォメーション・センターで働く職員を雇用しています。このようなセンターを私たちは2か所に開設しています。ここで働いているのは，主に学生や失業者です。つまり，このような方法で，私たちは弱い立場にある人々を支援しようと努力しているのです。このように，私たちのところではチエルニ・バログから来ている職員も働いていますし，スロヴァキア各地から集まったボランティアたちも働いています。

PF：協会の運営に必要な資金はどこから獲得しているのですか。

PM：まずは自分たちの活動からです。つまり，私たちのインフォメーション・センターで販売している土産物の売上金や私たちの製品の売上金，あるいは私たちが学校遠足向けに提供している活動プログラムからの収入，そして，ガイド事業からの収入です。さらに様々な助成金を獲得するための努力も行っています。私たちの活動は文化的なものに関わっていますので，私たちは文化省に対して，各地の学校がこの文化活動に対する対価を支払えるようにするための資金に関する申請書をいつも提出しています。また，私たちは税金の２％の受け取り手でもあり，そして自治体も私たちを支援しています。私たちは自治体からの補助金も受けとっており，その中から私たちが雇っている職員の給料という人件費の少なくとも一部だけでも捻出できないかと努力しています。しかし，まずは私たち自身が獲得している自前の財源が主な部分です。私たちは開かれた団体です。観光シーズンには約 20 人の職員を雇用していますが，雇用する人数は私たちの会員数次第であり，彼らがどれだけいるかによって変動します。

PF：地方自治体からの支援はいかがですか。

PM：ええ，市も私たちを支援しています。

PF：あなた方も市のために多くの活動を行っているのでしょうか。

PM：私たちは，実際のところ観光振興に向けた宣伝を担っています。なぜなら，私たちは町の宣伝材料を携えて各地の展示会や見本市を回っているのです。このような方法を通じて町の存在を目に見えるように知らせ，そして観光客にこの町を訪問するように呼びかけています。と言いますのも，観光業は他の働き口が非常に少ないこの地域の多くの人々にとって生活の糧を得るための手段になっているからです。つまり，観光は飲食業にも関係し，さらには宿泊業や観光に関係するその他のサービスにも影響を及ぼすのです。

PF：それでは，この地域あるいはこの町の一般の人々もあなた方の活動を支持しているのでしょうか。

PM：私たちは自治体や，そして実際のところ住民たちとも協力しています。と言いますのも，例えば，私たちのところには手製の工芸品を製作している職人たちがいますが，私たちは彼らを支援し，彼らの熱意を高めようと努力しています。なぜなら，これは彼らの生産活動というよりも，むしろ，私たちにとってはこれらの古くからの工芸を維持することの方が大事であるからです。ですので，私たちは彼らの工芸品を販売する機会を提供し，また，彼らの工房を提供しています。このような方法で私たちは常に，町の工芸家や職人たちと協力しています。また，私たちは様々なイベントも用意しています。つまり，観光シーズンの初めの村開きや子どもの日，ミクラーシュの日などのイベントです。このように多くの人と触れ合える機会を作ろうと尽力しています。例えば，明日は「助け合いマラソン」［„Bežím pomáhať“］という行事を行います。これは，実際のところは，チエルニ・バログで活動している「助け合いながら助け合う」という非公式団体の行事です。

この団体はがん患者の支援活動を行っています。それで，ここでは私たちがプログラムの中身を提供し，司会を務め，それを通じて，町で活動している団体のために人集めをすることで彼らを支援しています。このような相互の頼り合いがここに存在していることを示すことができます。結局のところ，互いに助け合うことが私たちの活動の本質です。これがボランティア活動ということなのです。

PF：あなたも何かの職業に就いているのでしょうか。

PM：いいえ。私はこの団体の仕事に毎日毎日 24 時間全部を捧げています。

PF：では，あなたは職員という形で収入源を確保しているのでしょうか。

PM：私は……自分のための収入源を確保しています。

PF：自営業という形でしょうか。

PM：はい。私は委任契約にもとづいて働いています。これが私の雇用の基盤です。

PF：そして，他の誰かとも業務契約を結んでいるのでしょうか。

PM：インフォメーション・センターを管理している私の同僚との間にも業務契約が結ばれています。ということで，私たちのところには通年勤務している職員が 2 人いることになります。そして，観光シーズンだけ働くプログラム担当の職員も別にいます。彼らは若い人々で様々な活動プログラムを担当しています。そしてインフォメーション・センターの職員やガイドもいます。

PF：市民結社としての本拠地はどこに置いているのですか。

PM：私たちの本拠地はチエルニ・バログです。しかし，実際のところ，私たちはこの地域全域で活動しています。例えば，ブレズノでは，観光に関する授業を行う観光科を設置しているホテル・商業アカデミーと協力関係にあり，アカデミーの学生たちは実習のために私たちの施設に通っています。また，何かしらのイベントが行われる時に，私たちがホテル・アカデミーに呼ばれることもあります。例えば，この月曜日にホテル・アカデミーが主催した「ブレズノが踊るマズルカ」という大きなイベントがあったのですが，私たちもこのイベントの後援者になりました。このように，私たちが連携しようと努力するのならば，それぞれの町村の境界線は意味をなくすのです。

PF：では，自治体としてのブレズノ市自体との協力についてはいかがでしょうか。市と協力しているのでしょうか。

PM：私はかつてブレズノの市議会議員だったこともあり，ブレズノ市長の代行を務めたこともあります。しかし，実際のところ，人は自分が持っている関係やコンタクトをできるだけ広げていこうとするのは普通のことです。ですので，もしその関係を継続できるのならば，それは素晴らしいことだと私は思います。なぜなら，私はブレズノの出身であり，ブレズノのことを細かに知っているからです。私はブレズノ出身であって，実際のところブレズノに住んでいますが，活動はバログで行っているのです。

PF：ここで活動しているその他の非営利団体との関係はどうですか。

PM：私たちはチエルノフロン鉄道と協力しています。この鉄道も非営利団体です。

PF：もう独立した組織になっているのですか。

PM：ええ，独立しています。チエルニ・バログでも私たちは彼らと協力していますし，そして例えば，非公式団体の「助け合いながら助け合う」とも協力しています。さらに，民俗舞踊団の「キーチェラ」[Kýčera] といったような他の団体とも一緒に活動しています。そして，ブレズノで私たちは市の文化センターや市のスポーツ・クラブとも協力していますので，私たちの活動範囲は非常に広いと言えるでしょう。

PF：あなた方の主な収入限に就いては既にお尋ねしましたか。

PM：事実上，私たちの活動によるものです。私たちの活動，つまり，活動プログラムや土産物の売り上げ，ガイド事業，これらが主要な収入源です。

PF：どのような……。すみません，話を遮ってしまいますが，あなた方を引き留めて予定の邪魔をしているのではないかと思ったものですから。あなたは先ほど市議会議員を務めたと話されましたが，出身の学校はどちらでしょうか。

PM：私は哲学部のジャーナリスト学科を卒業しました。つまり，元々は新聞記者の仕事に就いていました。しかし，実際のところ私はこのヴィドラのお母さん役のようなものです。と言いますのも，もう48年もここで活動していますし，活動を支えるスタッフたちは私の大きな子どもたちのようなものです。

PF：では，ヴィドラの中でどこか変えなくてはならないことや，あるいはヴィドラの将来的な展望についてどのようにお考えでしょうか。

PM：私が思いますに，観光に対する国の考え方を変えなければなりません。国からの支援はもっと増えなくてはなりません。と言いますのも，観光は利益を上げることができる分野ですし，何かを加えることなく，元々そこにあるものから利益を引き出せる事業であるからです。しかし，まずは国からですが，様々な組織からの観光に対する支援はもっと増える必要があります。それは宣伝に関してでもそうですし，また様々な基金から資金を獲得することは非常に難しいのが現状です。基金への応募はあまりにもお役所主義的であって，一般人も確かに資金を獲得することはできるのですが，その手続きには非常に苦労することになります。国からの支援はこのような感じなのです。活動の方向性に関しては，私たちの方向性は正しいものだと考えています。なぜなら，この地の伝統を保持することは将来の世代にとって非常に重要であるからです。そして，環境教育もまた私たちの社会でとても大事なことですし，ボランティアもまた大事です。と言いますのも，多くの人たちがボランティア活動の意義を忘れてしまっているからです。私が思いますに，ボランティア活動は生活の一部分であり，単純に言うならば，必要なことに関して人々が互いに助け合うことなのだということを意識することが大事なのです。

PF：ヴィドラの活動に対する関心はどうでしょうか。関心の低下のようなものは見られるのでしょうか。

PM：若い世代の間からは，ヴィドラのスタッフとして働きたい，あるいはTIKU*（どのような組織であるか理解できなかったが，何らかの観光インフォメーション・センターの略称だと思われる）*の職員になりたいという関心が寄せられています。私たちはできるだけ，チエルニ・バログの人々を雇用するように心がけています。また，ボランティア活動に関しても，ここで活動しているコミュニティ次第，私たちの周囲からどれだけの人間を引っ張ってこられるかということ次第のところがあります。つまりは，私たちはもっとボランティアを増やしたいと思っているのですが，現在のところは活動を回していくことができます。

PF：つまり，市民結社としての意味があるということでしょうか。市民結社であることはあなた方にとってどのような意味があるのでしょうか。16年前にあなた方は市民結社となっているのですが。

PM：16年，そう16年になります。市民結社であることには意味があります。何よりもまず，観光分野で活動するにあたって，私たちは市場調査を行いますし，私たちの独自の宣伝材料も作成しますし，各地の見本市にも出展します。このように観光事業の枠組みでは非常に意味があります。ここにも宣伝用の材料がありますが，私たちが見本市などに出店する時はいつもこの地方の民族衣装を身につけ，この地域の宣伝を行っていることも意識しています。

PF：私が考えていたのは，法律的な意味のことだったのですが。

PM：法的には私たちは独立した団体であり，このことも私たちにとって非常に大事なことです。資金獲得については非常に苦労することだけでも重要なのですが，いつも今後の展望に関して大きな疑問符を心に抱いています。

PF：どこかの企業家があなた方を支援することはないのでしょうか。そのことについてどこか避けられていたような気がするのですが。

PM：企業家についてお話しますと，私たちが何らかのイベントを主催する際，彼らからの後援を獲得できる時もありますが，金銭面での支援は非常にわずかなもので，シンボリックと言った方がよい位の程度です。なぜなら，この地域には，私たちを継続的に支援できるような企業がまったく存在していないからです。

PF：例えば，この森林祭はどこからの支援も得ないで行っているのでしょうか。*（インタビューはブレズノ市の市有林が主催した子供向けの森林祭の合間に行われた。）*

PF：では，多くの活動を行っているのですか。

PM：私たちは多くの活動を無償で行っています。これは非常に困難なこと，本当に困難なことで，その人の全てを求めることになります。多くの時間を捧げることになりますし，何よりも，この組織を代表するために，ヴィドラで活動している人々のことについて知るために，ヴィドラの人たちと多くの仕事を行う必要があるのです。

(8)　マチッツァ・スロヴェンスカー，全国組織の地方支部マロシュコ：マーリア・ホラーチコヴァーさん（HM）(団体内での役職：支部長)，マテイ・チェルナーク氏（CM）(支部の会員)，コヴァーチク氏（マロシュコという名称のマチッツァ・スロヴェンスカーの部門長）

PF：マチッツァ・スロヴェンスカーのブレズノ支部はいつ設立されたのでしょうか。

CM：多分，1919年です。

HM：恐らくその辺りです。しかし，その後，長い間活動を停止していまして，活動を再開したのは……。

CM：社会主義の時代は休眠状態でしたから。

HM：スロヴァキア全体のマチッツァが設立されてから140年になりますから。

CM：150年です。

HM：そうですね，今度150周年を迎えます。

PF：あなた方のグループはマチッツァ・スロヴェンスカーの地方支部ですが，(1989年に）社会主義体制が崩壊した後，いつ頃から活発に活動するようになったのでしょうか。

HM：ブレズノで活動する人々がいたのです。それは彼女（マチッツァ・スロヴェンスカーのブレズノ支部のマツリョヴァー［Macuľová］元支部長のこと）よりもさらに前のことですが，マチッツァの幹部もいました。

HM：1993年のブレズノの話です。

PF：マーリア・マツリョヴァーさん［pani Mária Macuľová］は，この20年間ずっとマチッツァの活動を続けてきたのですか。

HM：はい，そうです。彼女は20年間活動を続けてきました。最近は健康が優れず活動を続けられなくなりましたが。彼女はマチッツァの活動に非常に献身した方です。この図書室も全て彼女の手によるものです。また，ここで行われている活動，社会的活動や遠足，あるいは記念すべき場所の訪問もそうです。ここには何人もの作家も生活しています。そのうちの1人がクレウツさん［pán Kreuz］です。彼は教師ですが，何冊かの本も記しています。また，フランチシェク・シュヴァントネルさん［František Švantner］もミートのところの集落に住んでいますが，彼もまたスロヴァキアで有名な作家です。ですので，私たちも彼のところを何度も訪れています。これらすべてのことがマチッツァに関するもので，記念日などの機会に，それを維持するためにたびたび訪問しています。

PF：マチッツァ・スロヴェンスカーのブレズノ支部にはどれだけの会員がいるのでしょうか。

HM：ブレズノには大体400人ほどの会員がいます。そして，周辺の町村，つまり，ここからバンスカー・ビストリツァの方向に向かったところにあるヴァラスカー［Valaská］やヴァラスカー＝ピエソク［Valaská-Piesok］といった村や，上フロン地域［Horehronie］の様々な村，例えば，ヘリュパ村［Heľpa］はその中でも非常に強い特色を持った美しい村ですが，そこにも非常に賢い幹部の人がいます。そして，ヘリュパやシュミアツ［Šumiac］，ポホレラー［Pohorelá］といった村々の間でも相互に助け合う関係ができていまして，彼らの間でも様々な行事を行っています。例えば神父さまが訪れる教会でのミサに出向くといったことです。また，私もクリスマスの集会に参加したことがありますが，それは素晴らしい体験でした。本当に小さい子どもたちが民族衣装を着て集まっていて，年老いた人たちもいて，ミサがあり，そして村のホールに皆が集まり，芸術初等学校の生徒たちが歌い，その後一同が集まって食事をとり，歌いあっていたのです。どこの村でもこのような感じでして，それぞれの村で同じようなことを行う習慣があります。今度はバログ，チエルニ・バログ村の話ですが，ここもまた，非常に特色を持った村です。ここはまた違う地域で，民族衣装も違います。このように村ごとにそれぞれの民族衣装があります。彼らはそれらの村々の民族衣装のことを知っており，色使いや刺繍の違いのことを知っています。ポロムカでもヘリュパでもそれぞれ違っています。バログでは羊飼いの日という行事があります。つまり，そこには羊飼いの山小屋があり，チーズを販売し，その他の様々な製品も売っており，そして民俗楽団が演奏したりもしています。

PF：これらの行事はマティツァが主催しているのですか。

HM：マチッツァは共催者になっています。

PF：誰と共同で運営しているのでしょう。

HM：主催者は村，村役場でマチッツァが共催者になっています。ポホレラーではマチッツァの会員が主催者になっています。彼は教師ですが，草刈り世界選手権という行事を主催しています。機械ではなく普通の草刈り鎌での草刈りを競うのです。世界各地から人々が集まります。ポホレラーには牧草地が広がっていまして，そこに民族衣装に身を包み，髪を編み，帽子をかぶった選手たちが集まるのです。ですので，これはここでマチッツァが行っている行事だといえるでしょう。

PF：あなたはいつからマチッツァの会員になっているのですか。

HM：そうですね，この10年ほどでしょうか。

PF：あなたにもいつから会員なのかと尋ねても構わないでしょうか。

CM：私は2008年からです。5年目になります。

HM：お話ししますと，マチッツァは私たちの家庭の中にあり，私たちの両親たちの間，私たちの祖父母の間にもありました。私の祖父はこのマチッツァが発行している論集に収録されている写真にも写っています。と言いますのも，私の祖父はマルチン出身の演劇家だったためです。このようにマチッツァは私たちと共にある。かつてはそのようなところでした。そしてその精神を引き継ぎつつ，私たちはかつて存在していた調和を大事に思っているのです。しかし，今では，変化してしまっていることにも触れなくてはなりません。私の家族の中にもマチッツァはありましたが，彼らの活動に何らかの興味を示したのは私だけでした。そして，私は合唱団に参加し，ブレズノのヤーン・ハルプカ劇団の団体会員となり，2つの合唱団に所属するようになりました。そして，マチッツァが何かの式典を行う時には，それらの合唱団のどちらかが呼ばれるため，私はほぼ全ての式典のプログラムに参加するようになりました。ちょうど今は最初の憲法の記念日があり，あるいは，キュリロスとメトディオスの日には教会でコンサートを開いています。このように合唱団はマチッツァの支援で行われている様々な行事に参加しています。さらに，私は詳しくは知りませんが，ここでは様々な講義も行われています。多くは高齢者向けのものですが，青年向けのものもあります。ですが，ここの会員の大多数は高齢者なのです。また，私たちのところには医師もいます。彼らが行う講義は非常に人気が高く，多くの人々が集まり，興味深い話を聞くわけですが，それぞれがそれぞれの問題を抱えていますので，大体1時間から2時間ぐらいで散会します。あるいは，今では1人から2人の心理学者に話を聞く機会があるのですが，そのうちの1人は鉱山に強い関心を寄せています。この周辺でも鉱石の採掘を行っていたのです。さらに色々なことがありますが，私にはもうわかりません。この周辺で何かを見つけたようで，それに関する講義があり，それもまた非常に面白いものでした。きりがありませんが，こんなところです。

PF：あなたはこの支部の支部長をどれほど長く務めているのでしょうか。

HM：私が任命されたのは最近のことです。今年，2013年1月1日から支部長になりました。

PF：あなたは長い間マティツァの活動に参加され，その際ブレズノから様々な人がこの地域の村々を訪れることになったと思いますが，彼らは会員としてこの地域の全ての行事をまとめて組織していったのでしょうか，あるいは，それぞれが独立して行っているのでしょうか。

CM：それぞれが行っています。

HM：はい。それぞれがそれぞれの行事を行っています。しかしこのような具合で動いています。私たちはオペレッタやオペラ，劇場公演など見るためにバンスカー・ビストリツァへと通い，その度に日帰りのバス旅行を企画し，そこにはこの周辺の村々の人たちが参加することになります。例えば，この案内にあるようなところです。私たちは，宣伝ビラを作成し，メールでそれを送り，参加したいと思う人々はそれに応えます。このような手続きを経て私たちは集まりますが，その場には別の村から来た人々がいることもあります。いつもいるわけではありませんが，そのような時もあります。こうして年に3回から4回ぐらいオペラに観劇に通っています。また，シチェファーニクの記念碑に花輪を捧げるための小旅行もあります。ブレズノにもかつては広場にシチェファーニクの銅像がありました。彼は，平等と主権のシンボルでした。

CM：ハルプカも，ヤンコ・ハルプカもかつてはそう扱われていました。

HM：ええ，かつては多くの聖職者がいました。ブレズノにも沢山の聖職者が住んでいました。

CM：サモ・ハルプカ［Samo Chalupka］自身はレホタ［Lehota］に住んでいました。そして，ヤンコ・ハルプカはブレズノに住んだのです。

HM：そして，マルティン・ラーズス［Martin Rázus］もそうです。

CM：ラーズスもですね。しかし，それはかなり後になってからのことです。

HM：多くの聖職者がいました。マトゥナークもいました。彼は私の母の教師でもあったのです。

CM：クズマーニもですね。彼はマチッツァの設立者の1人でもありました。彼もブレズノに住んでいたことがありますよね。クズマーニです。

HM：ええ。

HM：ここには上フロン地方を管轄する地域支部も置かれています。つまり，ブレズノから先が上フロン地方とみなされているのです。

PF：つまり，ブレズノには，この地域を管轄するマチッツァ・スロヴェンスカーの地域支部と，ブレズノ市のための支部の両方があるのですね。

HM：ええ，そのとおりです。

CM：ここの支部長は2人います。1人目は……。

HM：（マチッツァ・スロヴェンスカーの地域支部の）ブレズノ市委員会のクルジュリアコヴァーさんです。この委員会もここで会合を開いています。

CM：ここには市委員会があります。そしてホラーチュコヴァーさんは地域支部の方の支部長です。そうですよね。

HM：ええ，地域支部の方です。まあ，両方が協力して活動していますが。

CM：郡全体に向けた活動をしています。

PF：委員会には何人の委員がいるのでしょうか。

HM：13人です。

PF：どの位頻繁に集まっているのですか。

HM：月に1回です。

PF：会員の年齢層についておわかりになりますか。若い人が多いのでしょうか，あるいは高齢者が多いのでしょうか。

HM：そうですね，マチッツァの会員には若手もいます。ここで3年ほど活動している人々ですが，芸術家や詩人，画家，写真家といったような人たちがいます。

HM：ええ。そして，今，私たちはあるプロジェクトを進めていまして，また本も1冊出版しました。

HM：青年部も存在しています。これはマルチンにもある組織ですが，彼らは劇場の運営も手掛けています。彼らはまったく異なる組織で，異なるスタイルで活動しています。しかし，彼らの活動は非常に興味深いのも確かです。と言いますのも，音楽家や，学校を卒業したばかりの彼らの友人たちが集まって活動しているからです。彼らのすべてがマチッツァの会員ではありませんが，こういった活動をしている芸術家たちです。私たちはシナゴーグを所有しているのですが，そこの音響は素晴らしく，また，すでに中の調度は半ば取り払われている状態になっています。しかし，内部は補修され，様々な展示会などが行えるようになっています。

HM：今のところは開催されていませんが，また近いうちに「ハルプカのブレズノ」というイベントがあります。これは劇団員が行っている「劇場の小屋」の一部であり，市の会館やこのシナゴーグを使った様々な公演が予定されています。この10月の予定です。

PF：若手のマチッツァの会員はどの位いるのでしょうか。

HM：彼らは大体10人程度です。

CM：もっと多いです。

HM：彼らの数はそれほど多くないと思いましたが。

PF：彼らはあなた方の委員会には参加していないのでしょうか。

JM：1人が参加しています。

PF：では，彼らはいつ頃からマチッツァの会員なのでしょうか。いつ頃からこの若者たちは芸術活動を始め，青年部を作ったのでしょうか。

HM：そうですね，恐らく，この2，3年ほどでしょうか。彼らはマチッツァには参加していません。

PF：そうではなく，彼らはこの組織を作っているわけですが……。

HM：そうですね，ええ，彼らはこの組織を作っています。

PF：しかし，ということは彼らもマチッツァに属しているのですよね。

HM：はい。金銭的に彼らは独立して運営できないので，私たちが彼らに資金を提供しています。つまり彼らは私たちを介してプロジェクトを実施しているのです。

PF：それは，あなたたちがマチッツァの主要な幹部とどのような関係を有しているか次第ということを意味しているのですか。彼らもある種のマチッツァの会員として登録しているのでしょうか。あるいは，そのようなことはありませんか。

HM：ええ，登録しています。

PF：マチッツァの会員は年にどの位の会費を納めているのでしょうか。

HM：ここブレズノでは，年に1ユーロの会費を納めています。しかし，会費の額は町村ごとに違います。財政状況が悪いところでは年に2ユーロを納めるところもあります。しかし，幹部たちの話では，彼らが自分たちの財布から相当の額を出しているということです。なぜなら，それらのお金がなければ，組織の財政を上手く回していくことができないからだということです。

CM：とはいえ，勤労者は2ユーロを納め，年金生活者は1ユーロを納めています。

PF：あなた方は1ユーロずつ納めているのでしょうか。

HM + CM：年金生活者はそうです。学生も1ユーロです。

PF：学生の会員もいるのですか。

CM：例の若い人々がそうです。

HM：あの若者たちは学生です。

PF：では，彼らからマチッツァはどの位の額を集めているのですか。

HM：大きな額ではありません。1人10セントずつです。

PF：あなたがたは何か共同の計画を策定しているのでしょうか。あるいは，マチッツァ・スロヴェンスカーの本部の幹部たちと共同の作業会合のようなものを開くことはあるのでしょうか。

HM：いいえ。何か役員の選挙があるようなときにのみ本部に出向いています。あるいは，何かしらの行事が催される時だけです。

PF：では，活動面ではあなた方は本部から独立しているのですか。

HM：しかし，例えば，最近あったことですが，私たちの会長がある戯曲を書きました。伝道者聖キュリロスとメトディオスに関する戯曲で，ブレズノ出身の高齢の紳士が舞台監督になりました。それで，会員全員がこの劇を練習し，合唱団のうちの1つが歌を付けました。と言いますのも，これはフランツ・リストに関する曲でして，そこに伝道者を讃える歌詞を付けた曲だったのです。そして，この戯曲の公演の際には，トカーチさん（マチッツァ・スロヴェンスカー会長）も当地を訪れました。一行はある式典のために来訪したのですが，招待に応じて訪問したのです。しかし，全ての用意は郵便のやり取りで行いました。あるいは何かがある時には，メールか電話で打ち合わせをします。あるいは，準備会合を開くこともありますが，それは私たちがマルチンに出向かなくてはならない時です。

PF：なるほど。では，それ以外の時は，あなた方は独自に行事を組織しているのですね。

HM：はい，自分たちで行っています。

PF：しかし，あなたがたは本部から何らかの資金援助も受けとっているのですよね。

HM：たいしたものではありません。支援を得て何かプロジェクトを行おうと考えるならば，年の初めに本部に対してプロジェクトについて書き送る必要があります。そして，それにもとづいて本部から資金が送付されますが，あまり多い額ではありません。

PF：それはマチッツァとして申請するのですか。

HM：はい，マティツァとしてです。

PF：そのプロジェクトに関して何か条件はあるのでしょうか。何かの申請様式に従って全てのことを記す必要があるのですか。

HM：ええ，そのとおりです。他のところと同じです。

PF：なるほど。公式の書類なのですね。

HM：ええ。また，何かの式典がある時に本部が私たちを招待することもあります。例えば，ついこの前にマチッツァの式典がありました。また，コシツェでも大規模な式典がありました。しかし，まさに猛暑の折の行事でしたので，健康に不安を感じてしまい，誰も自分から参加したいとは思いませんでした。

PF：あなた方の年間予算はどのようになっていますか。収入と支出はどの位ですか。

HM：ええと，私にはわかりません。恐らく……。

CM：マツリョヴァーさんなら把握しているはずです。

HM：そうですね。彼女が会計を担当していましたから。つまり，私たちのところには会計担当がいるのです。しかし，非常に少ない額だと思います。

PF：そうですか，おおよその額はどの位ですか。

HM：わかりません。2,000ユーロ位でしょうか。

PF：そうですか，では，あなた方の収入源は，会費収入などの独自の資金にもとづいて運営しているのですね。

HM：会費収入からです。

PF：それに次いで本部などからの支援があるのでしょうか。あるいは，それはほとんど存在していないのですか。

HM：例えば，どこかの慈善活動家や個々人，企業家などが私たちに支援を提供することはあります。しかし，それは稀なことです。

PF：しかし，あなたがた自身から何らかの支援を求めたり，あるいは後援者を探したりすることはないのですか。

HM：ここでは後援者探しは難しいのです。ブレズノには後援者がほとんどいませんので。

PF：では，一般的な話として，人々はどのような動機にもとづいてマチッツァ・スロヴェンスカーで活動しようと思うのでしょうか。あなた方は何か例を思い浮かべることができるのでしょうか。

HM：そうですね，つい最近のことですが，私のところにカナダからのお客さんが来ていました。彼らが話していたのですが，駅の奥の方から色々な音が聞こえてきますよね。それについて，私は，これがスロヴァキアなのですと返しました。しかし，お分かりかと思いますが，アメリカの曲ばかり流していたのです。広場を歩けば英語の店名ばかりです。グリーン・パブとか何とかパブ，かんとかパブといった具合です。なぜ私たちの国では英語ばかりで，なぜスロヴァキア語が少ないのでしょうか。そこここに集まっている若者たち，多分彼らは学生たちだと思うのですが，彼らがマチッツァについて話すことはまずありません。私が思うに，彼らには歴史の意識も欠けており，あるいは，何と言いましょうか，私たちがスロヴァキア人だという意識を忘れてしまっているのです。私たちはスロヴァキア人であることに誇りを持つべきです。私たちの間にも偉大な人物はいるのですから。

PF：地域との関係，あるいは地方自治体との関係はいかがですか。あなた方はどのような関係を築いているのでしょうか。具体的にはどのような協力関係があるのでしょうか。

HM：私が思うに良好な関係です。市長さんが……。

HM：金銭的な面では，上積みを得られるわけではありません。しかし，私たちの市長は文化的な方です。しかしこの町にはこのような団体はたくさんあります。それでも，可能な限り支援を提供してくれます。

PF：毎年一定の額を受け取っているのでしょうか。

HM：いいえ。

PF：何らかの機会の際だけですか。

HM：ええ，何らかの機会の時だけです。

PK：というわけで，去年は受けられませんでしたが，今年は支援を受けることになりそうです。それは市の予算次第です。私は市議会議員ですが，市の予算に余剰金が出るか，あるいは赤字になるか次第で，その年に支援を受けられるかが決まります。今年は，恐らく何らかの支援を受けられるでしょう。というのも私は……。

HM：なるほど，それはマロシュコ［Maroško］（PKはマロシュコという部門のトップである）の話しですよね。

HM：このようにして大体300ユーロから400ユーロの支援を受けています。

PK：それがどう機能しているかご存知でしょうか。あらゆる申請書が集められ，それらに目が通されます。どの助成の枠組みに入るのか，その助成に適ったものか，そしてその後にどこに違いがあるのかも見て，1,000ユーロの支援に値するか，500ユーロ分なのかを決定していくのです。

PF：それは市の枠組みなのですか。市があなた方に助成を提供しているのですか。

CM＋HM：はい。

PF：しかし，この場所の維持費も必要ですよね。それとも維持費はかからないのでしょうか。

HM：この場所は私たちが管理していますが，光熱費や暖房費といった全ての費用は市が提供しています。

PF：では，あなた方はまったく支払っていないのですか。

HM：ええ，支払っていません。

PF：つまり，あなた方は無料でこの場所を使用しているのですね。また，あなた方が市のために何かしらのイベントを組織することはあるのでしょうか。

HM：いいえ。企画に加わることはありますが。

PF：市が何かの催し物を開催する時にあなた方も参加するのですか。

HM：そうですね，そういうことも時折あります。しかし，今では様々な団体があり，年金生活者クラブといった団体まであります。そして，そのクラブにもマチッツァの会員が多く参加しているので，2つの組織が重なり合うようになっています。さて，具体的にどのような活動をしているのかということですが，マチコ・シャリアンスキー［Maťko Šaliansky］という人物，つまり，ヨゼフ・ツィーゲル・フロンスキー［Jozef Cíger Hronský］という人物がいるのですが，彼はとても美しい子ども向けの本を書きました。これは詩ではなく散文ですが，学校単位でコンクールを開き，その後に県単位のコンクールとスロヴァキア全国のコンクールも開催されました。それでブレズノでも行われたわけです。その際，私たちが子どもたちに賞を授与しました。賞といってもその本ですが。それでも子どもたちが関心を示してくれたので私たちも嬉しく思いました。とてもいい機会でした。私は初めてこのようなイベントに参加したのですが，長いお話を朗読する子どももいまして，このような関心を払う子どもたちがいるのだということをとても嬉しく思いました。ここの子どもたちは，午後の時間ずっと暇にしているのですが，そのためマチッツァは余暇センターの運営を行っていて，そこでは私たちは……。

PF：共同運営者になっているのですか。

HM：ええ，共同運営者になっています。

PF：市の下にある文化センターですか。

HM：ええ，そのとおりです。

PF：企業家からの支援について先ほど触れていましたが，普通の住民があなたがたの活動を支援することはないのでしょうか。

HM：ありません。

PF：学校について話していましたが，あれは文学コンクールですよね。

HM：ええ。そうです。

PF：マチッツァ・スロヴェンスカーの将来に関してどのような展望を抱いていますか。

HM：現在の状況を解決できればと思っています。と言いますのも，あなたがご存知かどうかはわかりませんが，マチッツァの金庫に問題が起きています。前会長の時期からの問題です。

HM：そして別の問題もあります。私たちは，学校で歴史の授業に加えて，スロヴァキア人意識を強めるための授業をもっと増やすように要望しています。なぜなら，もし学校でそれを始めなければ，良い結果に終わらないからです。私たちは，人々の間を回りながら努力していますが，高齢者の間で次第に理解を得はじめ，中年世代の人たちも次第に私たちに加わり始めています。しかし，今はそれぞれの人が自分の生き残りに必死になっているので，文化などということの優先順位は低くなっています。関心があるとしても，そうなのです。しかし，少しずつでも支援を寄せている人もいます。

PF：先ほど本があると話していましたが，あなた方の活動を扱った本なのでしょうか。

HM：ブレズノに住んでいたマチッツァの活動家の人物像を扱った本です。

PF：どこから出版され，どのような場で販売しているのでしょうか。あるいはどのようにその本の宣伝をしているのですか。

HM：私たちは会員の間でのみその本を宣伝しています。

PF：書面での宣伝ですか。

HM：会員による宣伝です。そうです，コンピューターを持っていない会員もまだいますので，印刷して，配布しています。5人から6人のボランティア，彼らは委員会のメンバーですが，彼らがブレズノ市内の会員のところに宣伝を配ります。ほかには，市の放送局に情報を伝えて，そこから放送してもらいます。さらに村に対しては，ここに情報センターがありますので，そこで配布するようにしています。また，市で開催された文化行事やスポーツ行事に関する月報もあり，そこからも何があったのかを知ることができます。

PF：何かの行事を開催する時に，他の会員たちがあなた方を助けることはありますか。

それとも，委員会だけで準備を進めるのですか。あるいは別の方法があるのでしょうか。

HM：いつも，いつも，必要な人に呼び掛けて，助けに来てもらっています。

CM：回覧状にそのことを記し，そして会員全員のところに回覧状が届くように手配しています。

HM：ええ，プログラムを作成し，委員会では，その月のプログラムを実施します。そして会員のところに届けられます。

PF：送付用のリストか何かがあるのですか。クロニクルに記録してあるのでしょうか。

HM：クロニクルはあります。たくさんあります。そして，会員の家族が亡くなった場合には家族にこの本を贈っています。また，ヴォイヴォディナに住むスロヴァキア人同胞にも送付しています。 私たちはクレノウスキー・ヴェポル［Klenovský Vepor］というイベントも開催しています。ここには他の部門からの人も参加します。例えば，フォークロール演奏家も参加しますが，彼はバンスカー・ビストリツァのマチッツァの人です。

PF：つまり，あなたがたはバンスカー・ビストリツァとも緊密にコンタクトをとっているのですね。

HM：バンスカー・ビストリツァとはそうです。はい。

PF：ここは地域支部だと仰いましたか。あるいは別の名称があるのでしょうか。

HM：はい。重要な人物の名前をとった名称もあります。こうして彼のことを記念します。あるいは，ここに生き，ここで亡くなった人の名前を受け継いでいます。彼らを顕彰するために墓地に行くこともあります。

PF：誰がクロニクルを書いているのでしょうか。あなたですか。

HM：いいえ。私は合唱団（合唱団もマチッツァ・スロヴェンスカーの傘下で活動している）のクロニクルを持っていますが，ベトカ・プレプレタナーさん［Betka Prepletaná］がそれを書いています。また彼女は節目の誕生日を迎えた会員向けにも手紙を記しています。綺麗に書かれ，ルーフスなどの詩を引用した手紙です。彼女は多くのことを手掛けています。

HM：彼女は司書で，図書館で働いています。

PF：彼女はお幾つですか。

HM：今度70歳になります，9月1日の憲法記念日にです。この日の式典は博物館のところで行います。式典はその場所で行われることになっています。国旗を掲げることができ，花束を捧げることもできる場所です。

PF：合唱団もですか。（クロニクルのページへのコメント，市の合唱団のこと。）

HM：ええ。

PF：合唱団のメンバーは何人ぐらいですか。

HM：メンバーは年金生活者でして，大体 25 人位です。毎年毎年別の人がその場で歌っています。1 人は教師で，また別の 1 人はマツリョヴァーさんです。支部長だった方です。そして，教会でのコンサートもありました。

PF：それは先ほど話に出たコンクールですか。

HM：これは，芸術，造形芸術に関するコンクールです。その場には神父さんもいました。

PF：彼もまたマチッツァ・スロヴェンスカーの会員だったのでしょうか。

HM：ええ。作家でもありましたが，2001 年に亡くなりました。チャシュキー神父という名前で，バログから来ていたのですが。

PK：今，チャシュキーさんに関するスピーチを送りました。これはチャシュキーさんに関するもので，私たちは今度，チャシュキーさんの誕生日だった9月19日にヴェリキー・クリージュ［Veľký Klíž］を訪問する予定です。

HM：そこには私も……いやそれは謝肉祭の時，仮面行列の時でした。とはいえ，彼もそこにいたとは気がつきませんでした。年次集会があったのですがね。その集会は学校で開催しました。学校が私たちに場所を提供したのです。と言いますのも，多くの人が集まることになっていたからです。

PF：では，学校にも多くの会員が勤めているのでしょうか。

HM：学校にはあまり多くはいません。

CM：その学校がマチッツァの協力会員という扱いなのです。合唱団と同じようにその学校やハルプカ劇団も協力会員になっています。

PF：なるほど，では，そこの全員が会員という扱いなのですか。

PX：協力会員です。構成員それぞれが会員ということではなく，団体として会員になっているのです。

HM：憲法記念日の行事は毎年行われるのですが，市長が様々なことに貢献した人を表彰します。ここには私たちマチッツァの会員やマロシュコの会員が選ばれることも多いです。私たちの会員の 1 人（CM）は音楽監督として式典を司っています。

CM：ここマチッツァでも，また必要な時はまた別のところでも演奏します，例えば，後でお見せしますが，私たちがボシュコさん［pán Boško］のところを訪れた時もそうでした。その時は……。

PF：あなた方は遠足や旅行のようなことも行っているのでしょうか。

HM：そうですね，また私たちの作家のことに言及することになりますが，これは私が通っている市の合唱団のことになります。また，市の文化会館には良いホールもあり，そこで活動しています。私たちの作家のシュヴァントネルさんのことですが，彼は著名なスロヴァキア人作家の……。

CM：ビストラー［Bystrá］出身の……。

HM：そこに通っています。そこには彼を記念するプレートがあるのです。私はジュンビエル［Ďumbier］の記念碑も訪れたことがあります。また，ここにはラーズスを記念するプレートがあり，彼の銅像もあります。

CM：そうですね，例えば，2013年ですとこのような行事がありました。この案内は配布しましたが，ご覧になりましたか。まず，3月12日には様々な活動家を表彰する集まりがあり，そこにはボシュコさんも出席していました。ボシュコさんは今年で100歳になったのです。この場はその記念でもあり，私たちも駆けつけ，指揮者の代わりに私が演奏に加わりました。他に代わることができる人が誰もいなかったのです。ここで演奏したのは使徒パヴォル聖歌隊でしたが，彼らは全体3の分の1を占めていただけでした。ですので，指揮者と合唱団を調達する必要があり，そこで，私たちは，指揮者に代わって私が入り，彼らがボシュコさんの曲を歌うことにした方が良いと考えたのです。

HM：この催物を主催したのは新教の教会でした。そこでは先ほど話しましたクロニクルの記録者の話と並んで，誕生日を迎えた会員たちに行っていることを示せるのではないかと思います。そして，この女性もクロニクルの記録を行っています。いや，こちらの女性ではありません。彼女は獣医さんです。ここで講義を行いました。

HM：これは鉱山に行った時のものです。あるいは鉱山に関心を持つこの男性が訪れた時のものです。彼は心理学者なのですが。そしてこの方が彼の奥さんです。彼らはいつもできる限り私たちを支援していまして，マチッツァの総会にも参加しています。

PF：では，あなたがたは1か月の間にこれらの5つの行事を行っているのでしょうか。

HM：ええ，必ずしも行う必要はないのですが，私たちが開きたいと望む行事は行うようにしています。ですので，具体的には，2つの行事を行う予定です。そして，何か特別の行事があれば，案内で連絡するようにしています。私たちは墓地もよく訪問しています。そこに眠っている著名な人々に蝋燭を手向けるのです。しかし，参加者は3人だけでした。最近は関心が薄れてきているのです。ええ，そして私たちはみな年老いてきています……。キュリロスとメトディオスのコンサートの時もそうでした。この時はトカーチさんが来訪したのですが，これが彼のサインです。彼はマチッツァの会長です。かつては彼の講義には大勢の人が集まったものでしたが。

CM：ええ。私もその場にいました。その時はまだ10歳でしたが。

HM：時折，時間がある時に，ブラチスラヴァの作家と電話で話すことがあるのですが，つまり，バーナシュさんもここに来たことがあるのですが，それは私たちの行事ではありませんでした。しかし，図書館で行われた行事に私たちも加わったのです。

CM：ハベルさんのことですね，親の方の。

PF：そして，ブレズノに実際のところ，どの位の数の会員がいるのでしょうか。あなたがたは先ほど400人位だと話していましたが。

CM：ええ，ブレズノからは400人位です。しかし……。

HM：ブレズノからと，そして周辺の村にも会員がいますので。

PF：あら，私は，周辺の町村も合わせた人数だと考えていたのですが。

HM：いいえ，そうではありません。

PF：これまでに話してきた活動に興味を示している会員もいるのでしょうか。

HM：ええ，もちろん。

CM：例えば，この音楽部門では，私がプロジェクトを担当しています。

PK：ここにクロニクルがあります。

PF：これだけは教えていただきたいのですが，なぜあなたは独立したクラブを設立したのですか。それはいつのことですか。いつから活動していて，誰がメンバーになっているのですか。

PK：私たちの活動は6年目に入りました。私たちはマルチン・ラーズス・クラブで，マロシュコという名称もあります。つまり，マルチン・ラーズスはこの町で7年間活動し，彼の著作の多く恐らくは70％程度と10本の小説はこのブレズノを扱っているのです。実際のところは，彼の著作のコレクションを作るという計画から始まり，そのコレクションを集める計画は成功裏に終わり，最後には，彼の銅像を作るところにまで至りました。今はブレズノの広場に建っている銅像です。また，そこにはマルチン・ラーズスの記念室もあります *(写真を示している)*。

HM：そこは新教の牧師館です。そこにコレクションが集められています。彼以外の作家のものもありますが，ラーズスのものもあります。

PK：つまり，最初のステップはマルチン・ラーズスの銅像の建立でした。そして次のステップは，マルチン・ラーズス・クラブが記念室設立の主唱者になることでした。

HM：そうしてマチッツァと協力して私たちはそれを成し遂げました。

PK：そう，マチッツァと協力してです。そのとおり。私たちはマチッツァから生まれた小さな子どもマチッツァのような存在，マロシュコです（「マロシュコ」とは作家マルチン・ラーズスの作品の題名）。

PK：マロシュコは優れた作品です。しかし，私たちの小学校ではこの作品を学びません。ちょうど良い時期に学ぶべき作品だと思うのですが。それはさておき，私たちは，マチッツァの活動と同じように，文学史上の人物としても彼を宣伝することに努力してきました。例えば，私たちは，招待状に記したとおりに，クレノウスキー・ヴェポル峰に登りました。その際に私たちは植物の鉢植えといったような様々なものを設置しました。ラディスラウ・チャシュキーさんは「ヤーノシークの涙」というとても美しい作品を記しています。その美しい作品にならって私たちは鉢植えを設置したのです。また，私たちは毎年このような登山を行っています。私たちはチエルニ・バログでの活動にも参加しました。と言いますのも，彼らはSNP〔スロヴァキア国民蜂起〕の足跡を辿る活動をしており，私たちもそれに加わったのです。彼らがグラーシュを調理し，私たちもご相伴に預かれるからです。今年は250人が，あなたがたにも送付しましたこの招待状に記したクレノウスキー・ヴェポルの登山に参加しました。

PF：あなたがたはこのチエルニ・バログの活動についてもブレズノから私たちに案内を送ったのでしょうか。

PK：この催物にはスロヴァキア各地からの人が参加しました。例えば，あなたがたにも送ったようにヨゼフ・ライゲルト氏も参加しました。そこにはクレノウスキー・ヴェポルの頂からの水が出る湧水があるのですが，私たちはそこに樋を設けました。そこを伝って水が流れるようにしたのです。これはまあ，観光客向けのものですが，かつてはこのような樋があったのです。その後チャシュキーさんのお祝いがありました。これは私たちがチエルニ・バログで開いたもので，私たちマロシュコの総会も兼ねていました。私たちの会員は42人ですが，集会には大体25人位が出席しています。しかし，一部の人たちは……とは言え，私たちには定まった会員資格はなく，自発的に参加している人たちが会員となっています。この事には利点があります。もっとも熱心といえる人たちだけが参加し，多くのことを提供できるからです。また，私も執筆が好きなのですが，スロヴァキアのあらゆる新聞に様々な文章を投稿しています。

PF：あなたがたは以上のような活動をマチッツァの会員たちと協力して行っているのでしょうか。

PK：ええ。もちろんです。私たちはマチッツァの子どものような存在ですから。

HM：一緒に活動しています。

PK：また，ゼヘンテル＝ラスコメルスキー［Gustáv Kazimír Zechenter-Laskomerský］に関する活動もあります。彼もまた，18年間ブレズノで生活していたので，私たちは定期的に彼に関する活動も行っています。

HM：彼は医者としても活動していました。しかし，彼は周辺の村々を回り各地で……。

PK：彼は医者であり，作家でもありました。私たちもまた様々な仕事を持っています。例えば，私たちは観光客相手の活動も行っていますし，チエルニ・バログでも活動しています。また町長も私たちに様々なものを提供しています。お話ししますと，以前とは状況が変化しています。かつては……これは，ブレズノ市民だったフランチシェク・クレウツに関する話ですが……。

HM：彼は教師であり，作家でした。

PK：私たちは，彼の生地であるチノバニャ［Cinobaňa］に記念プレートを設置しました。

PF：ところで，あなたがたの財源ですが，自発的な寄付をもとに活動されているのですか。

PK：そういった自発的な寄付がもとになっています。私たちは 200 ユーロから寄付を受け付けています。

PF：また，誰かしら後援者を探すこともあるのでしょうか。

PK：それは非常に難しいです。現在では，誰かにそのような話をしたとしても，あたかもそれぞれが聴力に問題を抱えているような感じになります。

PF：あなたはここでは誰と話をしているのでしょう。

CM：ここの郡役場です。あの奥にあるところです。また彼の子どもたちもそこにいます。

HM：エスコラピオス修道会です。そこにはかつてエスコラピオス派の修道院がありました。現在では郡役場になっていますが，礼拝堂は今でも残っています。

PK：今私たちはちょっとした小旅行を企画しているところです。そのために，リプトウスキー・ミクラーシュのマルチン・ラーズス協会と協力しています。マルチン・ラーズスはリプトウスキー・ミクラーシュで 1 年ほど生活したのですが，彼らはそれをマルチン・ラーズスの年輪のようなものだと考えています。そのリプトウスキー・ミクラーシュでの年輪の最後を見るために私たちは小旅行を計画しています。また，24 日には，ブラチスラヴァでマルチン・ラーズスの記念碑が除幕される予定です。私たちもその場に出る予定ですので，あなたがたもいらしてください。例えば，私がやっていることとして，私は 300 通のメールを持っていますが，ラーズス家のメールも 25 通持っています。何という名前かご存じでしょうか，彼の直接の孫がいて，非常に力強い方ですが，どういう名前だったか，今思い出せません。私の記憶力はあまり長続きしないもので，しかし，マルチン・ラーズスの孫です。ええ。ビョルンセン通りのどこに住んでいるかわかりますか。ツェスナクさん，アカデミーの画家のツェスナクさんが住んでいるところ，彼らは隣人なのですね。イゴル・ラーズス，ビョルンソン通りですね。もう一度繰り返しますが，私はラーズス家のメールも 25 通所有しています。そして，それについてお話ししますが，彼らが今どこで何をしているかご存知でしょうか。私たちは大きなイベントを開催したのですが。

PK：私たちはアカデミーの画家であるツェスナクさんのところを訪れました。彼は今ブラチスラヴァのビョルンソン通りに住んでいるのですが，〔ブレズノ近郊の〕バツーフ

［Bacúch］の出身です。このツェスナクさんはアカデミーの画家ですが，私たちは彼のためにある催物を開きました。ほとんど費用をかけずに開けたのです。ロゴは彼が私たちのために作りました。非常に美しい物を作ってくださいました。

CM：彼は36歳の誕生日を迎えたところです。

PK：この19日の木曜日に私たちはクリージュを訪問します。チャシュキーさんを記念するためです。チャシュキーさんはチエルニ・バログの出身ですが，これはチャシュキーさんの葬式でした。その場も私たちの集会のようでした。また，私たちはリプトウスキー・ミクラーシュを再度訪問しました。そこでも総会を開いたのです。そこには私の親戚の作家であるペテル・コヴァーチクもいました。「ネヴェラ・ポ・スロヴェンスキー」（「スロヴァキア流の不信心」）という映画です。ご存知ですか。ブラチスラヴァのオリヴォヴァー通り16番に住んでいます。

PF：その映画は彼の著作をもとにして作られたのですか。

PK：ええ。彼の作品を基に，ヤクビスコ監督が撮影しました。また，チエルニ・バログが物語の舞台になっています。ここで私たちは，草刈りの方法をまだ憶えているか試したりもしました。そして，練習して見せることができました。この作品は市長賞を受賞しました。私たちはまだまだマチッツァほどの行事を組織するまでには至っていません。

HM：現在，私たちは２つ目の新聞を発行しています。ブレズノが発行地です。ですので，様々な記事を書く場所ができたわけです。しかし，現在はビストリツァの下にあるのですが，彼らは多くの部数を発行したくないと考えているようで，あまり状況は宜しくありません。

CM：私たちは一度新聞を失ってしまったのです。

HM：ええ，その新聞は紙面のほとんどを広告が占めるようになってしまいました。

PK：その新聞は，先ほど触れたゼフンテル＝ラスコメルスキーの流れを継ぐものだったのですが。

PF：なるほど，では，その方がこのクラブの設立者でもあるのですか。

HM：シチェファン・ギエルトリさん［Štefko Giertli］です。

PK：あるいは，シュテフコ・ギエルトリですね。正確には彼は……。

HM：小学校の校長です。

PK：しかし彼もかなりの歳で，私と同じように定年を迎えたはずです。私も近々そうなりますが。

PF：しかし，十分に活動されていますよね。

HM：できる時はそうしています。しかし，今はそれなりにです。私が知っている限りですが。

PF：あなたは，活動の条件がどんどん悪くなっているとお考えですか。

HM：ブレズノで印刷されていたものも，今ではバンスカー・ビストリツァで刷られるようになりました。そしてそこには様々なボスがいて，どんどん入れ替わります。

CM：そして，それらの地方紙は広告ばかりです。

PK：私たちは，クレノウスキー・ヴェポルの山頂に立ち，ヤーノシークの涙という湧水を訪れ，そこで様々な活動をしました。私たちは今またヤーノシークに戻り，彼はクレノヴェツを眺めています。非常に苦い思いを持って眺めています。そこで彼は捕えられたのです。

HM：彼らはひとつの頂から次の頂へと歩きまわっていました。

PK：今年はヤーノシークの活動から300周年になります。

PF：あなたがたの会には若い人はいますか。クラブに参加するような若い人はいますか。

PK：もしかしたら，私が最年少ではないのかもしれません。おわかりになるでしょうが，私たちの世代はまだこういったことと関係を持てました。しかし，今の世代は様々な問題を抱え，人々は数多くの問題を抱えています。彼らは未来について考えることはできず，現在の状況についてしか考えることができないでいます。私たちは幸運でした。私は大学を卒業した後，小さいとはいえ住まいを得て，仕事を得て，若い世帯向けの融資も受けることができ，それで将来について考えることができました。しかし，今では，私の子どもたちを見ていますと，息子がビストリツァに住宅を購入したのですが，私から多額のお金を借りに来たのです。

Ⅲ　プレショウ

⑴　プレショウ市役所経済部

LF：市として取り組んでいる公共福祉活動のお話からお願いします。

A：公共の福祉のための活動となるのは，実際のところ廃棄物の処分です。これは私たちの場合ですが。

LF：各地区のゴミと共同で処理するのですか。

A：列挙する必要がありますか。

LF：いいえ。公共の福祉のための活動は市長たちの関心の大部分を占めており，私が彼らのところに通い，話を聞く時にも，公共の福祉のための活動の話を省かないようにお願いしています。

A：はい。

LF：では，これが各地区のゴミですね。

A：各地区のゴミ。次に，市の公共交通機関。

LF：ああ，公共交通機関（MHD）。

A：それから，公共の緑地帯，草刈り，あるいは緑地帯の手入れ，道路の管理と補修。補修と管理ですね。

LF：あなた方が管理する権限を有している道路についてですね。

A：はい。

LF：わかりました。では，それが予算の中で最大の項目なのでしょうか。どの位の比率を占めていますか。30％あるいは20％程度でしょうか。

A：具体的にどの項目ですか。それらすべてのもののどの程度支出しているかということでしょうか。

LF：そのパッケージの総額です。

A：このパッケージですか。では2013年分の支出を計算してみてください。と言いますのも，私たちはこのように聞かれた時のために頭の中に数値を入れておきたいのですが，多くの場合，時間がなく，あるいは他に優先すべき事項があるために，予算に定められた額を受け取れないことがあるためです。そしてこのように年度の途中でも予算の内容は変化していき，予算の完全な修正に至ることもあります。そうなりますと，人間はそのようなことを記憶するための努力をしなくなります。とは言いましても，中核の部分は逃げませんので，その部分のパーセンテージを話すことはできます。

LF：その通りです。私もそのようなことに頭は使いたくありません。時々，多くの人々がこのような数字を記憶しようと努力していますが，毎年や年度の途中にも非常に数多くの変化が加えられ，そうなってしまいますと，何かしら記憶しようとすることもなくなります。

A：そうですね，66%になります。学校ないし教育関連の数字も出しましょうか。

LF：では，学校にはどれだけの額が支出されているのでしょうか。

A：教育でも私たちは食べていますので。

LF：つまり，教育もあなた方の権限の範囲なのですね。あなた方が管轄しているのは，初等学校と芸術初等学校，余暇センター「文化と休息の広場」（PKO）ですね。

A：教育には９％です。これはカトカが扱っています。確かにこの17%から得ています。計算を間違えてしまったようです。38%です。間違った支出を含めていたようです。社会サービス向けの額はやや少なくなりますが，私たちは高齢者向けの２つの施設を運営しています。ツェミアタ［Cemiata］とここプレショウにあります。

LF：最初の地名がわからなかったのですが。

A：ツェミアタです。プレショウからマルゲツァニの方向に向かって6kmほど行ったところです。私たちの市の一部です。ツェミアタは市の一地区です。ですので，そこの施設も市の予算に含まれる組織です。計算の仕方は人によって異なり，ある項目をそこに付けたり別のところに付けたりしますが，総額は同じです。６％が支出されています。この数字は完全なものではありません。何故ならば，この６％はこれらの高齢者施設のみに使われている支出額であるからです。そこに社会サービスの分が加わります。

LF：文化にはどれくらいの額が支出されていますか。

A：これはさほど大きな額ではありません。特に今年は元々計画されていた額から大幅に予算が減額されたために非常に少ない額になっています。その点では今年は例年とは異なっています。１％です。 ですので，非常に少額です。

LF：１％ですか。では，同じように重要な項目は他にもありますか。

A：これらが実際のところ最も重要な項目です。

LF：文化は重要な項目だと考え私たちも関心を寄せていますが，他に同じくらい重要な項目はないのでしょうか。

A：その次に来るのが廃棄物の処理と管理です。

LF：しかし，その話はもうしました。

A：戦略的な発展に対しては十分な資金をつぎ込んでいます。つまり，何らかの計画文書を作成するといった活動や，あるいは市が将来に向けて立案した建設計画への投資などです。しかしこれも現在は非常に不活発な状態です。

LF：つまり，これらの戦略的な案件が１つのパッケージにまとめられているのでしょうか。

A：これらは投資案件です。建設などの。投資的な建設も加わります。そして，欧州開発基金から資金を受け取った時にプロジェクトマネージャーが置かれます。このようにして，実際のところ，彼らがプロジェクトの入札と施工，計画の実施過程全体を保障することになります。今後は増えていくでしょう。2012年度には1,000万ユーロを充てていたので，これに関しても大きく減っています。今年度は300万ユーロ程度です。

つまり6.6%です。 今年に入ってからは来年度の予算の用意が進められていますが，さらに減らすことが計画されています。もしかしますと現在進行中の幾つかの計画が中断するかもしれません。

LF：では，あなた方自身の財源に由来する予算の収入の比率はどの位なのでしょうか。

つまり，あなた方の税金や手数料に由来する収入です，そして交付税からの収入は予算の中でどの位になるのでしょうか。

A：全体としての額でしょうか。と言いますのも国外からの資金も入ってきているからですが。

LF：総額をお願いします。その次に国外からの資金について話しましょう。こうしましょう。予算全体から始めて，次に国外からの資金がどれだけであるのかを話してください。さまざまなものがあると思いますので。

A：では，交付税ですが，交付税は収入の42%を占めています。私たちの独自の税金による収入は17%です。

LF：後者はどの位の額になるのですか。

A：まずは税金について話し，次に私たち独自の税金以外の収入に触れようと思っていました。

LF：各種の手数料などですね。

A：はい。

LF：それらはひとまとめにするとどれだけの額になるのでしょうか。

A：28%になります。

LF：つまり，併せて28%があなた方の独自の財源なのですね。では，それらを個別に教えてください。

A：今挙げたのは市の財源です。そこに学校の収入も付け加える必要があります。さらにさまざまな他の収入も加わりますので，恐らくは30%程度になると思います。

LF：わかりました。これが総額ですね。では次に，この他の財源からどの位の額が予算に加わるのでしょうか。つまり寄付や助成金などを意味していますが。

A：それらは26%，26.5%になります。

LF：わかりました。ではこれが基本的なデータですね。私たちは訪れた町で現在の状況がどうであるかということと同時に，今後どのようになると考えているかということも尋ねています。と言いますのも，助役や副市長が私に話したことを考えているからです。投資を行う可能性のある外国の投資家に対する市の政策はどのようなものでしょうか。ここでは何か重要な外国からの投資家が活動しているのでしょうか。

A：私たちのところには工業団地があり，そこには私たちが購入した土地があります。実際にも，この工業団地に外国企業が入居するという話が始まっています。この企業はハネウェル社［HONEYWELL］であり，現在のところはいろいろな話が進められているところですが。

LF：ちょうどその話を読んだところです。Johnson Control 社も進出するという話だったと思いますが。

A：その計画もあります。

LF：しかし現実はいかがですが。現実にはどこかの企業が入居しているのでしょうか。

A：入居の計画は沢山あります。また交渉も進められています。何故ならば，将来の活性化に関することは実際のことよりも多くありますので。

LF：実際のところはどうなのでしょうか。

A：現在私たちはそれを確認しようとしているところです。

LF：つまり，現在存在している外国企業の投資は小売チェーン店ということでしょうか。

A：例のハネウェル社がどうなるかも私にはわかりません。彼らは工業生産のために進出するのではないでしょうから。

LF：私が知っているところでは工業生産のためではないですね。しかし，現在のところ工業分野は弱いとあなたも話していましたが。

A：LEER 社です。この会社も，リドル［LIDL］のように小売業です。恐らくあなたはそのような企業のことを想定されているのでしょうか。私はこの IPZ［Industrial park Prešov Záborské］の工業団地に進出してほしいと話しているのですが。

LF：リドルがあり，テスコ［TESCO］もここにあります。カウフランド［KAUFLAND］もありますね。

A：バウマックス［BAUMAX］がどうであるか私はわかりません。あそこも外国企業なのか，どこの資本なのかはわかりません。そう，あれも外国企業でオーストリア資本です。

LF：ここにはビラ［BILLA］もありますね。オーストリアかあるいはドイツ資本です。ええ，カウフランドはドイツ系です。カルフール［CARREFOUR］はありますか。

A：いいえ，カルフールは進出していません。

LF：あそこはフランス資本です。テスコはイギリス資本です。

A：ポーランド資本ではマーキュリー・マーケット[Mercury Market]がここにあります。彼らはここにセンターを置いていて，財務管理などを行っています。しかし，私たちのところで活動しているこれらの企業のうち，私たちのIPZで活動している企業はさほど多くありません。

LF：それでは，それらの企業は何らかの税金やらを市に納めることになりますね。

A：ええ，そうなります。ただ私たちは，その工業団地が工業団地として機能するための分だけを徴収しています。

LF：進出している企業のうち，例のハネウェル社とLEER社のみが大企業と言える存在でしょうか。他の大企業が進出する見通しはあるのでしょうか。

A：しかし，実際のところ，IPZ社も企業を誘致し，企業との間での交渉を行うために設立された企業です。そして。実際のところ，IPZ社の活動はそこまでに留まります。

LF：IPZは市営の企業ですか。

A：はい。市の傘下の企業です。

LF：それはどのような意味ですか。

A：それは独自に工業分野に投資をしているという意味です。IPZは英語での略称です。

LF：インベストメントのIですね。

A：どのような意味なのかはわかりません。Zはザーボルスカーの Zです。私がそう思ったのではなく，IPZはその略称だったはずです。正確な名称はどうだったか覚えていませんが，私たちはIPZやIPZプレショウと呼んでいます。これは私たちの市の企業です。

LF：つまり，外国企業誘致のための市営企業ということですね。わかりました。

A：雇用の拡大に向けたことなども行っています。これに関しては市長がより詳しくお話しできるでしょう。

LF：あなた方はあなた方の部局を通じて実行されているプロジェクトの実施状況に関する見通しを持っていますか。つまり最終的な用途にどれだけの資金が回されるかなどですが。

A：金銭的な指標について私たちは見通しを必ず作っています。どれだけ具体化されたのか，どのプロジェクトにどれだけの資金が流れているのかを知ることができます。それぞれの部局が知っていることですが，私たちは全体的な見通しを作成しています。

LF：では，現在どの位の数のプロジェクトが実行中なのですか。現在実施されているものは幾つでしょうか。

A：現在，かなりの数のプロジェクトが実施されています。それらのうちの幾つかは間もなく完了することになっていますが。

LF：どの位の数と言いますと5，6，7個でしょうか。

A：これらのうちの大部分は間もなく完了します。見てみましょう。区別されていますので。はい，私たちのところには，既に完了したものの，決算が出ていないために財務的にはまだ終了していない数多くのプロジェクトがあります。しかし，これらは実際のところは既に紙面上のみで存在しているプロジェクトです。

LF：これらのプロジェクトは主にどのような目的のものだったのでしょうか。

A：学校の補修工事です。これらのプロジェクトでは小学校７校の補修を行いました。

LF：これは国内の財源にもとづくものですか，あるいは国外からの資金によるものですか。

A：欧州連合からも国からも資金を得ました。資金の大部分80％は欧州連合から，そして10％程度が国家予算から，残りの10％から５％程度が私たちの予算からです。協定にもとづいて，80％から85％が欧州連合から提供され，10％から15％が国から提供されることに，そして残りを私たちが負担することになりました。さまざまです。あるプロジェクトでは欧州連合が資金の85％を提供し，別のところでは80％をという具合です。幾つかのプロジェクトでは私たちは資金の５％を負担し，別のところでは10％を負担しました。当然これらは実際の補修工事に対する支出です。

LF：これらの学校の補修工事以外には何かありますか。

A：１％は高齢者向けの教育に向けられています。しかしこれはさほど大きな割合を占めているわけではありません。このプロジェクトはまだ開始されたばかりですが，既に全力で実施されています。また。文化に関わるものや，若い芸術家に対するさまざまな支援活動といったようなソフト・プロジェクトも多く行っています。「ソフト」というのは，特別な項目を立てるのではなく通常予算の枠内で運営するということ，何らかの投資活動を意味しているのではなく，むしろ，通常の運営活動を意味しています。これらは主に文化の分野を志向しています。若い写真家への支援などで，定額のプロジェクトですが，それでも彼らにとってはこれらのプロジェクトは十分な意味を持っています。

LF：つまり，文化分野が得る資金の１％を使ったそれらのプロジェクトを通じて，それらの分野が改善されているのですね。

A：はい，そうです。しかし，その分野の額はそれほど多額ではありませんでした。

LF：この町では文化分野は快く見られていないと涙ながらに訴えられているという理解でよろしいのでしょうか。

A：そうではなく，文化は完全に尻尾のような扱いを受けているのです。ここ最近は実際のところそうなのです。かつてはこうではありませんでした。とは言え，見ようとしても，この点について数字も減少していることがまだはっきりとは見えてきているわけではありません。

LF：さまざまな地域で2011年から2012年にかけて支出カットがあり，大きく見直されていました。

A：ここでもそのようなカットは山ほどありました。私がそれらをすべて把握しているわけではありませんが，プロジェクトの中からの幾つかの支出カットを話していきましょう。私が予算から引き抜き，現在の予算案に送った項目です。現在も進行しているプロジェクトは，例えば，カラッファ監獄［Caraffova väznica］プロジェクトです。これは市が所有している歴史的な建物ですが，文化の発展のために役立てようというものです。そこで芸術作品の展覧会やさまざまな一般向けの，文化関連とみなせるような催し物を開けるようにしようという計画です。これもまた投資を伴う活動ですが，文化的な性格のプロジェクトです。

LF：つまり，修復後も見据えた，修復のためのプロジェクトですね。

A：はい，修復が進められています。ほかに初等学校が7校と建物1棟の修復。6校はここで記されていますが，1校は入っていません。ここにあるのは，2011年度の文書，2011年度に既に開始されていた事業のリストです。しかし，これらの事業はまだ継続中です。

LF：しかし，ここにはどのプロジェクトに欧州連合からの資金が入っているかがわかるような文書はないのでしょうか。

A：すべてです。ここのプロジェクトすべてに欧州連合からの資金が入っています。

LF：つまり，すべてがEUからの支援を受けているのですね。では，どれだけの額を市民の活動への支援や，あるいは市民団体への支援に支出しているかに関して，何らかの見通しはあるでしょうか。と言いますのも，私たちはバンスカー・シチアヴニッツァやブレズノのような町でどれだけの額をこの分野に支出しているかに関してのデータを持っているからなのですが。

A：私たちの市ではLapančという市民団体に少額の資金を提供していましたが，昨年はほぼゼロになりました。その後は，社会的な活動を行う組織，市民結社や非営利組織に資金を提供しています。

LF：どの団体に出ているのでしょうか。どのような基準にもとづいて支給されているのかということになりますが。

A：それらの団体は社会的な分野の活動に従事している団体へと私たちが支給している資金の大部分を得ている団体です。実際のところは，市の条例に従って，私たちはそれらの団体に対して何らかの支援金や助成金の提供，あるいは，同僚が話したような国家以外が運営する社会施設への資本移転，そしてスポーツに対する支援などを行うことができます。スポーツには相当多額の資金を提供しています。実際のところそれ以外の形に私たちは慣れていません。ここにも団体の名称にあらゆることを盛り込んでいるような非営利組織や市民結社などはありますが，それらを純粋な市民団体と言っていいのかどうかがわからないのです。

LF：スポーツに対しては 17 万ユーロ前後が支出されていると既に聞いています。

A：もっと多いです。現在のところは，スポーツ向けと文化向けをあわせて，26 万ユーロ程度になります。

LF：では，スポーツに対してはどの位支出されていますか。と言いますのも，スポーツに対してはスポーツ分野のやり方で，同じように文化に対しては文化分野のやり方で資金が流れているからです。

A：まず，スポーツに対する助成金として15万6,900ユーロが支出されています。さらに，スケートリンク［zimný štadión］への助成金を考慮に入れる必要があります。これもスポーツに対するお金です。26 万ユーロになります。

LF：スケートリンクへの助成金を足す必要はないと思います。それはリンクの運営に対する助成ですか，あるいは補修に対する助成ですか。

A：これは運営に対する助成金です。

LF：運営に対するものですね。いくらだと仰いましたか。

A：スケートリンクに対して 26 万ユーロです。

LF：そこに 15 万 6,900 ユーロが加わるのですね。

A：はい。それは全般向けの資金です。また，スイミングプールもあります。私たちの市のスイミングプールは，実際のところ，学校設備の一部ですが，一般の人々もプールを使用することができます。今年度はその予算が増額されました。今年度は，11 万 8,000 ユーロから 12 万 5,000 程度に引き上げられました。ただ，今では国も幾らかの資金を提供しています。

LF：つまり，スイミングプールに対して 10 万 8,000 ユーロが支出されているのですか。

A：スイミングプールには総額で 24 万ユーロが支出されています。しかしその一部は国庫からの資金です。と言いますのも，私たちは，国からの幾らかの助成金を要請し，それが認められたためです。認められた額はだいたい 5 万ユーロです。つまり国庫からだいたい 5 万ユーロを受けています。2 万 5,000 ユーロと 2 万 5,000 ユーロです。

LF：わかりました。これで基本的な見取り図ができました。そこには投資的なものも投資的ではないものもあります。いいでしょう。あなた方を煩わせるつもりはありませんし，他の質問に対する答えは既に知っていますので，全体的な見取り図を把握するための質問だけにとどめたいと思います。上手く把握できていれば良いのですが。最後に次のような質問をしたいと思います。これまでに話を聞いてきた全ての方に尋ねてきた質問をお 2 人にもしたいと思います。現在のプレショウ，そしてプレショウの将来の発展はどのような基礎の上に成り立つべきだと考えていますか。今のような苦境から市が一歩前に踏み出すためにどのような柱に拠って立つべきだと考えていますか。どのような分野が重要になると考えていますか。

A：私はプレショウに住んでいるわけではありませんから。

LF：ではどこにお住まいですか。プレショウにお住まいではないのですか。

A：プレショウから20kmほど行ったところに住んでいます。そこの出身です。

LF：しかし，あなたもこの町に何が必要なのかはご存じでしょう。

A：それはもちろんです。

LF：プレショウはどこで何を必要としているのでしょうか。

A：私が考えるところでは，プレショウは国からの支援を必要としています。道路を建設した時の現実がそれを示しています。何故なら，市だけでは，市の中心部を通る道路交通を整備するだけの力がないのです。中心部だけの話ではなく，住宅地での道もそこに加わります。例えば，中心部だけのことではなく，住民が多く住んでいる住宅地の道を通る時もありますが，それによって市民の生活を大きく脅かしているのです。そして，これは市内交通だけではなく，実際のところは市を通過する車の話でもあるのです。実際のところは国際的な自動車運輸です。その根っこの部分は住民として受け入れなくてはならないとしても，道路が整備されたならば，市の生活も完全に変化することになるでしょう。

LF：つまり，道路インフラの問題ですね。他にもあるでしょうか。何がプレショウを一歩前に進めることになるでしょうか。

A：そうですね。やはり雇用です。理論的には創出できるのでしょうが，実際に生み出すのは困難です。必要なのはどこかの企業を誘致することです。

LF：市内では失業がどの程度広まっているのでしょうか。失業率はどのくらいですか。

A：現在の数字は判りませんが，大きな問題になっています。失業率は非常に高いです。パーセンテージはさまざまに出ていますが，本当に高い値です。

LF：シチアヴニッツァでは市内の失業率は22%であり，郡全体での失業率はわからないということでした。

A：私が考えるところでは，ここでは市内の失業率も周辺地域を含めた失業率もそう異なることはないでしょう。

LF：ブレズノでは市内の失業率は18%から20%の間だということでした。

A：ペチョがそう話したのでしょうか。何故なら彼はPHSRを計画し，その前提として出版物に取り組んでいるからです。そして私が昔，家にいた時にそれを見ていて非常な興味を抱いたことがあったからです。つまり，もし興味があるなら彼にも話を聞くと良いですね。しかしあそこにあるのは古いデータで，今はそのような情報を集めていないはずです。新しい情報を持っているのは労働事務所だけです。唯一労働事務所だけが持っていますが，私が考えるところでは失業率は20％程度でしょう。私個人の考えですが，雇用は多くのことを導くということです。人々が仕事を持ち，収入源を持っていれば，彼らは何かを行うことになるでしょう。その場合は，文化やスポーツ，あるいは他のそのような活動に没頭することもあり，その時にまたお金を使うことになります。しかし，これは反対方向でも当てはまります。文化は必要な時には自分の論理を持っています。

LF：わかりました。私たちは，何が必要なのか，何がプレショウを助けるのかということについて，意見を一致できたかと思います。交通網と，どこかの企業を誘致することを通じた雇用の改善でしょうか。ありがとうございました。

A：ところであなた方の調査ですが，今後はどのように使われることになるのでしょうか。

LF：私たちは学術機関です。よろしいでしょうか。私たちは論文を書き，そこで何らかの評価や情勢判断を記し，幾つかの提案も書くことになるでしょう。しかし，この論文は，一面では，社会を知るためのものであり，それは他の場所でも行っていることです。しかし，私たちはまさに具体的な都市のレベルでこの作業を行おうと努力しています。まさにあなた方が文書に残そうとしていることを知ろうとしています。私はこの作業を行い，まだ全般的な見取り図を持っているわけではないですが，このような全体的な見通しを築こうと考えています。これは私たちの社会の鏡だろうと考えてください。今までのところ，ブレズノの町だけで最初の結果を報告しました。そこの場には2人の市会議員と2人の市役所の職員が出席し，住民の反応などに関する幾つかの点に驚いていました。私は彼らとも話し，今は市議会もなぜこのような結果が出たのかということについて議論していることでしょう。例えば，なぜ住民はこれほど不満を抱えているのか，ということなどです。この点は，あなた方がどのような政策を採用するかを考える時に見なければならないことでしょう。まさにそのための資料をあなた方にお渡しして，あなた方が市の政策を実現していく際の手助けをすることが私たちの目的です。これがこの調査の応用的あるいは実際的な目的です。これに対して市は何らかの対価を支払う必要はなく，無料で調査結果を受け取ることができます。私も長年活動してきましたが，このようなこともありました。つまり，私たちの調査をまとめた本を持参し，この本を個人的に市役所に寄贈します。そして，その後暫くしてまた訪れ，あの本はどうでしたかと市の人に尋ねてみると，本が行方不明になり，市内でも人々がそのようなことがあったとは知らないままなのです。彼らは私たちが何もしていないと批判的になりますが，私はそれに対して何も言うことができなくなります。

A：私は，もし何か似たようなことを行っている人々にそれを委ねられるならばそれはそう悪いことではないと考えています。と言いますのも，私たちは全てのものに目を通して多くの数字と取り組むだけの時間はありませんし，それだけの余裕はないからです。そのような時に誰か別の人間が行ってくれるのです。それは良い面も悪い面もありますが，文化やスポーツ，廃棄物回収，公共交通等といったさまざまな分野についてただ監視するだけになります。そのような感じです。そのような場合，優先順位を定め，別の人々に示していくことが重要です。

LF：政治家だけがそのようなことを行えます。

A：そして，それは熱い石炭のようなものです。

LF：それは外からの目線が前提です。そして，私たちは私たちが他の人にどう意識されているかということに関心はありませんし，誰かを傷つけたいと望んでいるわけでもありません。私たちは村落や都市でそのような作業を行い，地域を分析し，そしてその地域がどのように見えるのかという見取り図を作成します。問題となるのは，地域を引っ張っていく時に都市がどのような役割を担うのかということです。

A：あなたは日本でそれがどのように機能しているかということについて見通しを持っているのですか。もしよければ，世界の反対側ではどうなっているかを知りたいと思いますので。

LF：私たちはここで日本人がやっているような調査を日本ではしていませんので，見取り図を示すことができません。私は日本を何回も訪問し，市議会を訪れ，小都市や村落を訪問し，まさに同じような質問をしたことはありますが。

A：日本において，それらの市は，資金や意思決定に関してどのような力を持っているのでしょうか。そして地方自治は全体として機能しているのですか。と言いますのも，日本では国が自治体に大きな権力を移譲していますね，それとも権限はあまり委譲されていませんか。

LF：日本の自治体は大きな権限を持っています。1点だけあげますが，私たちのところでは経営セクターと自治体との協力関係はいまだに築かれていませんが，日本では協力関係があります。私たちの国では市議会と経営者の相互敵対関係をよく見かけます。他の人々との関係は言うまでもありません。日本ではそのようなことはありません。恐らくはそれぞれの市の中小企業の経営者が商工会議所のような自分たちの団体を結成しているためなのでしょう。そのような組織は私たちのところでは稀です。私が思いますに，プレショウにはそのような組織があるのではないかと思いますが，同僚に尋ねてみましょう。彼らは商工会議所を訪れると話していましたから。しかし，私たちの国ではこれらの商工会議所は地域ないし県単位ですが，日本では市ごとにあり，彼らは市と交渉し，あるいは市のパートナーになっています。と言いますのも加盟者は個人個人では市の交渉相手になりえないからですが，彼らは合意の築き方を知っており，当然ながら立法もそれを支援しています。例えば，私はある小都市を訪れたことがあるのですが，地元の商工会，同業組合，自治体，県当局など，相互間での意思疎通が日常的に行われているのを目にしました。

⑵ プレショウ市役所文化部：プトノツカーさん

LF：市民団体についてお伺いします。一般にいろいろな町村がそれぞれの方法で彼らを支援し，彼らとコンタクトをとっていますが，ここではどうでしょうか。

A：同じように私たちもコンタクトをとっていますが，幾つかの例外もあり，また私たちは全体像を把握しているわけでもありません。

LF：全体的な把握は問題にしていません，それについては既に調べてあります。そうではなく，どのような方法で市が市民団体と協力しているのか，あるいはどのように市民団体との意思疎通を図っているのか，そしてどのようなカテゴリーの市民団体とコンタクトをとっているのか，彼らとどんな点で関係しているのかを教えてください。

A：どのようにということでは，私たちは第1に共通する案件を扱っています。多くの場合，市民団体が何らかの活動を考え，私たちに協力を持ちかける形です。反対の形はあまり機能していません。多くの場合，市民団体は市からの資金を希望しているのです。

LF：多くの場合はそのような形ですね。

A：ここ最近の3年間は彼らに資金を提供しているかどうか私には判りません。と言いますのも，ここ4年間，市議会議員の皆さんは，それらの資金は別の団体の活動に際しても支出すべきだとして，私たちの予算の枠にある市民団体向けの資金の枠組みを承認してきませんでした。つまり彼らを団体として支援するのならば，方法に関する何らかの手助けを行うことが全てであり，場合によっては場所を提供し，それによって文化とスポーツに後援を提供するべきだというのです。文化やスポーツの分野で活動し貢献する市民団体があり，さらには社会的な分野で活動する団体もあります。彼らの多くはその分野を紹介する，あるいは，広く世論に向けた活動を行っており，私たちは彼らとコンタクトをとっているというよりもむしろ，それらの事実を知っており，方法面や組織面のみで支援しています。

LF：大部分の団体は文化に関わるものなのですか。

A：文化団体と社会団体です。はい。

LF：わかりました。つまり，過去に提供していたような支援を現在では提供していないのですね。

A：地方自治体の予算規範に関する法律があり，その枠内において，予算の一部分として彼らの活動を支援する助成金を設置できるのですが，市議会議員の皆さんがこの 3 年間この予算を承認せず，1 ハレルたりとも助成金に回せないのです。

LF：その当時，3 年前にはどれだけの額が支出されていたのですか。

A：その当時の枠組みの総額をお知りになりたいのですか。

LF：その当時の市議会議員たちがどれだけの額を承認し，支出していたのかという総額です。

A：大体，1 年間に 5,000 から 6,000 ユーロでした。これだけの額を私たちは，要請に応じて配分していました。つまり，ある団体は 100 ユーロ，別の団体に 200 ユーロという具合です。平均しますと，1 つの団体設立者に対して 200 から 300 ユーロが支出されていました。

LF：つまり，実際のところわずかなシンボリックな額ですね。それは興味深いことです。と言いますのも，私たちが訪れた幾つかの都市では，シチアヴニッツァは大体 1 万 4,000 ユーロを支出し，ブレズノでも私たちが驚く位の額を支出し，私たちが確認した位なのですが，数万ユーロを支出していたのです。

A：私たちのところでは，そのような額を支出したことは 1 度もありません。

LF：しかし，当然ですが，これはシステムにもとづいているわけでして，私はこのシステムがどのように機能しているかを尋ねているのです。

A：確かに，助成金の支出に関する一定の基準はあります。

LF：プロジェクト毎ということでしょうか。つまり，彼らが何らかのプロジェクト案を作成し，それに対して助成を求め，行政がそれに支援を行うという意味ですが。そして，スポーツに対しては全く支出していないのですか。

A：スポーツに対してはこの年に，市議会議員の方々は 17 万 1,900 ユーロの予算を承認しました。我々が市議会での承認を求めた新たな基準に従ったこの助成制度では，団体側は申請書を提出し，評価制度に従って 1 つの団体設立者に対して 2 万 3,000 ユーロが割り振られ，また私たちが設定した基準に従って 200 ユーロや 300 ユーロといった少額の支援が提供されます。これは文化にはない制度です。

LF：しかし，プレショウには重要な文化組織があると認められているのに，文化に対する助成制度がこのようなものであるというのは，興味深いことです。それもこれらの文化団体の中には市を越えた性格のものがあるというにもかかわらず，です。

A：ええ，まさにおっしゃる通りです。

LF：県［VUC］が運営しているのではないとすれば，あなた方のところにも劇場がありますが。

A：県営の劇場です。

LF：県営の劇場ですよね。私が知っている限りでは。

A：この劇場は，これまでに述べてきたような市議会議員や市長との関係では，文化関連の施設とは認識されていません。

LF：ではこれよりも小さい組織がそのように認識されているのでしょうか。

A：私たちのところでは，実質的には，市はただ1つの文化施設しか保有していません。この唯一の文化施設とは「文化と休息の広場」［Park Kultúry a Oddychu, PKO］であり，市の外郭団体として機能しています。市内のこの他の全ての文化施設は県が設置者となって運営されている施設か，あるいは民間の施設です。

LF：それらの施設が県営であるか，あるいは民間の施設であり，ただ単に市内にあるだけだということですが，それでは，それらの施設と協力するかあるいはコンタクトをとる何らかのシステムはあるのでしょうか，それともそれらの施設は完全にあなた方が関知しないところにあるのでしょうか。

A：そのようなことはありません。通常のように機能し，私たちは彼らともコンタクトをとり，大きな催物の開催日が重ならないようにするため幾つかの案件について調整しています。どの程度それらのことに成功しているかについて話すことは難しいですが，私たちが助けを求めている時は彼らが支援しますし，私たちが彼らを助けることもあります。当然ですが，無償での支援です。お話ししておきたいのは，これはこれらの施設の所長の間での非常に良好な個人的関係にもとづいているということです。何か博物館やギャラリー，劇場や図書館に関して何かを合意するために，私が県と接触する必要はありません。

LF：では，この分野にいる人の中で誰が誰ともっとも強く協力しているのですか。文化といっても幅が広いと思いますが，どの分野で良好な協力関係があるのでしょうか。

A：そうですね，アレクサンドル・ドゥホノヴィチ劇場との間には非常に良好な関係があります。また，TEZ は図書館と上手く仕事ができますし，実際のところ，博物館とギャラリーは基本的に全く問題なく共通の理解を築くことができます。私たちは彼らが必要としている時に支援を提供することになります。確かに市は彼らの努力に対して税金の低減などを図ってはいません。固定資産税の一部免除なども残念ながら行っていません。と言いますのも，法律に拠ればそのような措置はできないということだからです。

LF：ええ。明日も予算のことを質問したいと思っていますが，予算の中でどれだけの額が文化関連に割り振られているのか，ご存じでしょうか。

A：この案件の一部を扱っている私たちの部局がどれだけの額を受け取っているかということでは，今年は完全に制限されています。と言いますのも，市長と市議会議員との力関係が再び拮抗したからです。つまり，私たち独自の活動のためには全く受け取っていません。昨年までは，2001年の額からPKOの経費を除いた分を受け取っていたのですが。

LF：しかし，現在は全く受け取っていないのですか。

A：独自の活動に対してはゼロです。私たちは幾つかの催物をPKOで行っています。

LF：なるほど，ではPKOはどの位受け取っているのでしょうか。

A：PKOがどのような枠組みで資金を受け取っているのか，私はわかりません。それについては，明日所長とお話しするときに尋ねてみてください。私たちは，助成金以外にも市の式典や市全体の催物の幾つかに対して，2011年には9万ユーロ，2012年には7万ユーロを受け取っています。現在は1万2,000から1万4,000ユーロです。かつては7万ユーロです。今年は1万4,000ユーロです。

LF：ずいぶんと急激に変動するのですね。

A：私たちは，共催者として何か大きな催物を支援する時に，助成金という形ではなく，共賛金という形で，この枠組みの資金を受け取っています。今年も市の式典やそれに付属する様々なことがありましたが，私たちはこれらすべてをスポンサーからの援助で行い，また一部の催物は中止しました。我々が要求した予算に変更が加えられたため，そのようなことになりました。市長はこのような行事を多く開催したいと考えていましたが，予算が付かなかったのです。

LF：しかし，その行事のための予算が付かなかった場合は，その行事は開催されないのですよね。

A：予算を制約する時に市議会議員はそのことを気にかけません。お話ししたように，これは私たちの市の2つの政治組織の間での相互関係について話なのです。

LF：つまり，緊張関係があるのですね。

A：市議会の議場に30分でも座り，雰囲気を感じていただければ，どのようなことかわかると思います。

LF：何か問題があるとどこかで読んだことがあったのですが，このような難しい関係があったのがわかりました。いいでしょう。まだ他にもこのような質問があります。予算については明日も話しますが，予算と並んで市の文化に関する他の支援プログラムは存在するのか，それともそのようなものは存在していないのでしょうか。つまり，1つ目は予算として，これ以外の支援プログラムがあるのかないのか，そしてどの程度機能しているのでしょうか。これについて，あなた方にはどのような他の財源がありうるのでしょうか。

A：そうですね，文化省の助成金制度があります。現在では，EHMと関係して，今年は市からは40本程度の申請を行ったと考えています。また，市役所からは具体的なことは話せませんが，市内の市民団体からも4，5本の申請が提出されました。このような省庁の助成金制度に加えて，当然ながら欧州連合の資金もあります。また，市は直接利用してはいませんが，市民団体はガス会社（SPP，スロヴァキア・ガス工業）の財団の制度やORANGE財団の制度も利用しています。また，それらよりも小規模ですが，ビール醸造会社 Veľký Šariš の財団を使う選択肢もあります。市民団体はこれらの財団やプレショウ県の助成金制度を利用しています。

LF：では，専門家であるあなたにお聞きしたいのですが，もちろんお答えはあなたの個人的な意見で構いません。これは，あなたが市の人間であるか，実業家であるかに関係なく，すべての方に尋ねていることです。あなたはどこの出身ですか。

A：直接この町の出身というわけではありませんが，ほぼ40年間プレショウに住んでいます。

LF：この町に住んでいらっしゃるのですね。では，今現在，そして将来の発展を考えた時，プレショウはどのような柱を持つべきだと見ていますか。プレショウの町の発展は主にどのようなことにかかっていると考えていますか。もし可能であれば，プレショウが発展するために拠って立つべきものを具体的に話してみてください。

A：第1に，住民が仕事を得るために，プレショウは投資を獲得しなくてはなりません。

LF：つまりそれは投資家次第なのでしょうか。

A：住民が仕事を得ることが基本なのは確かです。彼らが仕事を得ればお金も得ます。そしてお金を得たのであれば，そのお金を，私たちが提供しているものも含め，彼ら自身のために使うことができます。

LF：わかりました。しかし，投資家は投資家です。投資を獲得するための努力はどこに向けられるべきだと考えていますか。どの分野で投資を獲得できるのでしょうか。

A：そうですね，私が考えますに，住民に職場を提供できるようなあらゆる分野です。*(聴き取りできず)* の後，私はここに来て，成長したところとの交渉を行ったことがあります。と言いますのも，私たちのところには工業団地の空き地があり，そこに1社でも2社でも誘致したいと望んでいたためです。まだまだ進出企業は少ないままです。

LF：ご存知でしょうか。私たちが訪問した幾つかの町において，私たちは，我々はこのような投資家を希望している，我々は環境的にも受容可能な工業分野，つまりこのような工業分野のクリーンな投資を望んでいることを伝えてきたというような明確な見解に出会ってきたのです。

A：そのようなことを話すのは難しいです。基本は人々が仕事を得ることです。

LF：ええ。そして，プレショウはどの分野に特化すべきなのでしょうか。それに向けたどのような基盤があるのでしょうか。そして，あなたが話されたように，住民は何を頼りにするべきなのでしょうか。

A：私は27年間市役所で勤務しており，いつもそのことに頭を悩ませてきました。ですので，私の立場は少し異なります。

LF：ええ，当然ながら，このことはシチアヴニッツァでも尋ねたのですが，そこでは彼らは幾つかの投資が入っていると話していました。シチアヴニッツァでも鉱山が閉山された後の状況は厳しいもので，鉱山はすでに社会主義時代に閉鎖されていましたが，その後も，他の町と同じように，社会主義期に操業していた企業が倒産しました。

A：それはどこでも同じです。

LF：しかし，今や彼らはここ最近の2年は観光ブームを経験しています。観光です。

A：シチアヴニッツァはあのような町ですから。

LF：彼らもそのように話していました。ブレズノでもそうでした。つまり彼らはブレズノ市がそれだけの観光の中心地になる条件を基本的には形成できないことを認めつつも，地域全体の観光振興にシフトしています。しかし，彼らはまだそれだけ多くの観光客を地域の観光地に惹きつけるだけの資源や背景を持っていません。

A：ええ。同じように観光客に提供できるものが私たちにも欠けています。全体として何を提示できるのか，それからどのようなビジネスを展開できるのか私たちには判りません。私たちはプレゼンテーションのやり方も判りません。確かに，私たちの同僚が各地で開催されている観光見本市に出展し，そこで写真を掲示し，何百万枚のパンフレットを配り，どうぞプレショウを訪れてくださいと宣伝しています。しかし，それだけでは観光客にプレショウを提示しているとは言えません。どうぞお越しください，私たちはあなた方に4日間のこのようなプログラムを用意しております，ここではこれを，そこではそれをなどと言うようにまとめて提供できるものがないのです。残念ですが。そして，それに加えて，私たちは県都としてそれなりの基盤を整備し，この周りの地域へのエクスカーションを提供しなくてはなりません。私たちのプレショウには興味を惹きつけるものが山ほどあります。ですが，私たちは，かつて観光の案件が文化の下にあった頃のように，それを1つにまとめて示す方法を知りません。私たちも努力していますが，まだ今のところは，私たちの努力は実を結んでいません。このように観光は私たちを助けてくれるでしょうが，私たちプレショウにいる人々はまた別です。

LF：そして，あなた方は，文化から何か人々を引き寄せる，人々をこの場所に移住させる何かを作るやり方もご存じではない。

A：私たちのところでもそのような活動は幾つかありますが，2，3日の活動です。私の考えでは，ここに人々を引き付けるまでには至らない小規模の活動のままです。また，私たちは市の日や，3日間から1週間の野外市場［jarmok］も開催していますが，これも何かしらのスポーツイベントの一部として行われているもので，その市場だけで引き寄せられる人はまだまだ少ないままです。

LF：幾つかの案件では県［VUC］と協力しているのでしょうか。当然ですが，県は支援し，それは何らかの影響を与え，市の発展に向けた提携もできるはずですが。

A：そのような努力は何回かありましたが……。

LF：では，市も県もあまり積極的ではないのでしょうか。

A：それぞれが砂の上に乗っているようなものです。

LF：これはよくある例です。他にはお互いを好ましく思っていないといえるような関係もあります。

A：私は県についてあまり話すことはありません。私たちは様々な組織と直接的に関係していますが，県とはそれほどの関係はありませんから。

LF：わかりました。しかし県も文化を志向しています。

A：そうです。しかし，県のやり方は，私たちのやり方から幾らかあるいは完全に異なっています。市内にある県の組織に対するやり方を私たちは多かれ少なかれ見過ごしてきました。つまり，連携のための組織と言うべきであって，私たちは今では県を文化の部局としてではなく，何らかの連携のための組織として見ているのです。

LF：交渉のための組織ということでしょうか。最初はコミュニケーションをとり，その後に何らかの方法を見出すことはできますが……。

A：協議はしますがそれがすべてです。残りの人々もその協議の場に留まったままです。

LF：わかりました。実際のところ万事がその通りです。残りの経済の話や他の案件も。

A：それについてはシャリスカーさんのところで，あるいは，PKO に出向いて尋ねてください。そこでは他の話を聞けるでしょう。本当に様々な話です。所長のエミル・フラペチェックさんは今日，市議会に出席しています。

LF：前にも彼のところを伺ったことがあります。キシェリャークさんからの紹介で知っています。

A：ラツォ・キシェリャークさんも市議会で活動していますね。シャリシャンでも。

LF：その民俗舞踊団を通して知り合いました。ということで，私は彼のことを知っています。それどころか，彼と共に，フラペチェクさんのところを訪れたのです。

A：彼は今，市議会です。私どもの同僚から聞いていませんか。ここでは，教育部の部長です。

LF：ではそこを訪れることもできるでしょうか。

A：2つ隣の扉のところです。

LF：ありがとうございます。お話しいただき本当にありがとうございました。

A：私の話が何かに少しでも貢献できれば幸いです。

LF：役立ちます。人々が期待していること，市の多数の人の見方，文化部門との関係が少し異なることなどを知ることができました。文化部門はもっとも弱い個所なのだと。

A：と言いますより，私どもの市の最高幹部の方々が話しているのは，まずは歩道を整備し，良い道を作り，水道管を清掃し，ゴミを片付けなくてはならない，そしてその後に何か別のことに資金を回すことができ，その時に文化にも資金を回すことができるということです。と言いますのも，文化は私たちに何ももたらすことはない，これはお金という意味ですが，文化は私たちのお金を使うばかりですが，すべての物事以上の意味があるということです。

LF：しかし，他の分野でも同じですが，人々は具体的な物に拠って立っています。道がデコボコし，汚いところには，文化もないでしょう。

A：そうだと思います。今の話をしたのは，私たちの首席監察官です。今は2か月から3か月に1回新たな監査がありますが，かつては私たちに対して全く異なる見方をしていました。私たちは，今ではただただ支出を切り詰める必要があるのです。

LF：あなたはそれを決定する側の人です。

A：私たちが持ち込んだわけではありませんが，寂しいことです。上手く説明できていませんが，その金額だけの話ではないのです。

LF：あなた方に望むことがあるとすれば，態度を少し変えて文化分野の周囲で活動している非常に重要な組織と協力することでしょうか，彼らは子どもたちのように様々な書類を見せにくるでしょうが。

A：私は，そのような文化関係者たち全員に話をしています。スポーツ関係者はスポーツ関係者が知っていることを知っています。その結果が助成金です。

LF：文化の分野は知識人が多く，彼らは個人主義者ですから。

A：そして，私たちの市議会には文化関係者よりも多くのスポーツ関係者がいて，彼らが権力を握っているのです。

LF：本当にありがとうございました。私たちがこのように驚かしたからといって，気分を害されていなければ良いのですが。

A：快適な話でした。

(3) PRERAG［Prešovská rozvojová agentúra］（プレショウ開発エージェンシー）：ペテル・ラーズス氏（RP）

PF：この活動をどのように始めたのですか，どのような方向性と目的を持っているのでしょうか。

RP：実際には様々な方向性があります。全般的に言うならば，地域開発に関する話し合いを行っています。私たちの法的な形態は法人の連合体です。第1段階では地域開発に関する計画作成に際してのコンサルティングを志向していました。これは実際のところ，市町村に関する法律やNUC 4とNUC 5に関する法律から生まれたものです。〔訳者注：RP氏の会話に出てくる「NUC 4」と「NUC 5」はかつてのEU統計で使われていた地域単位「NUTS 4」と「NUTS 5」だと思われる。現行のEUの統計ではそれぞれ「LAU 1」（スロヴァキアでは郡に相当）と「LAU 2」（スロヴァキアでは市町村に対応）と呼ばれている。〕

PF：経済や社会に関する計画ですね。

RP：経済と社会の発展に関する計画です。ええ。その後はEU基金から資金を調達するプロジェクトの用意に向けた協力もありました。これらが第1段階の活動であり，これらのプロジェクトは，主に地域開発に関わるプログラムであるERDF〔欧州地域開発基金，European Regional Development Fund〕に由来しています。しかし，その後の第2段階では主に2つの分野に特化した活動を様々に行ってきました。それは欧州社会基金〔European Social Fund〕に関わるもので，プロジェクトの準備やコンサルティングで，就業支援や就職機会の開発といった方向性のプロジェクトです。また，いわゆる社会的に排除された集団に関しても私たちは非常に多くの活動を行い，あるいは少数民族に関する活動や心身に何らかの障害を負った方々に関する活動も続けてきました。あるいは，長期失業者に関する活動も行いました。これらが1つ目の方向性です。また私たちの別の活動として，教育活動があります。これはもっとも集中的に行っているものです。そして，この2つ目の分野では地域の観光業の支援も行っています。これは観光業者の計画作成の支援やコンサルティング，プロジェクトの準備が主な内容であり，経済省の関連組織が指揮する立場にあります。その後の第3段階では，国境を挟んだ協力や国際協力のプログラムを実施しています。国境を挟んだ協力については，私たちはポーランド側やハンガリー側，ウクライナ側，そして石川晃弘氏とも相当の活動実績があり，実質的には国際協力でも同様の方向性を示しています。この分野については，第1段階の時期には数人の交換滞在活動に限定されており，同じような活動は以前から行われていましたが，地理的な距離を無視することはできず，実際のところは単に紙面で考慮されているだけという形になっていました。現在の活動段階では，私たちは，何よりもまずバリアフリー観光に集中しています。つまり，アクセスがしやすい観光であり，あるいはユニバーサル・デザインの要素ないし全ての人々が扱えるようなデザインを取り入れた観光です。また，ここで，私は私自身の文化的なバックグラウンドにも立ち戻っています。つまり，私たちはある文化プロジェクトも現在進めています。その中でももっとも重要なプロジェクトは「Brain sneezing」，つまり「頭のくしゃみ」というプロジェクトです。これはユーモアを感じさせる絵の国際展示会とコンクールです。しかし，これは単なる童話や朗読に関する展示会ではありません。ということで，ここに理解しやすく具体的な概要を用意しました。つまり，この企画は，本質的には文化活動であって，今，第3段階で進めているものの一環です。私たちは日本からも出展者を招待していますが，コンタクトの手段は限られています。ですので，ここであなたがたにビデオや書類，さらに3冊の小冊子をお渡しします。このプロジェクトをめぐって，専門的な立場から私たちが協力して作成したものです。これらは私たちが研究者として作成したものでロマ・コミュニティに関するもの，こちらは家族経営に関するもの，つまり家計の備えについて記したもの，つまりはロマの台所事情に関するものですが，コミックのような体裁ではなく，挿絵を多く取り入れたある種のマニュアルのような形にしてあります。とはいえこれらの冊子は非常にきれいかつ効果的であって，目標にしている集団からの関心を引き寄せやすくなっています。

PF：彼らはこの小冊子を無料で受け取ることができるのですか。

RP：ええ。この行事に参加し，このコースに繰り返し参加している人々はこの冊子を受け取ることができます。ここで私たちは主に講師やコンサルタントを呼んで活動しています。つまり，さらなる資金獲得を目標にしたネットワーク形成や基金の立ち上げに向けた活動をしているとも言え，非営利分野に関するマーケティングを行っているとも言えるでしょう。これに関して，私たちは様々な分野の研究者と連携しています。つまり，私がマーケティングを担当し，同僚が経済的な助言を行う形です。これは現在実行しているプロジェクトであり，女性の失業者を対象にしているものです。また，ある部分では失業者だけを対象にしているのではなく，暴力を受けている人々も対象にしており，この暴力の問題に関してはまた別の冊子，マニュアルを出版しました。私は単なるサポート役に過ぎず，まずは女性たちが動かなくてはなりません。ですので，法律相談や手助け，ある種の助言，あるいは様々なコンサルティングに相当するようなことも行っています。これらはこの冊子を，これらの出版物をどのように読むかという解釈の話です。さらに，また別のこととして，現在また別のプロジェクトを進めようとしています。このようにあなた方が関心を示すことができる別の課題やテーマがあることは非常に喜ばしく思います。

PF：私はすでにこの「私たちはママ」［“My mami”］ついて聞いたことがあります。

RP：「私たちはママ」ですね。彼らはプレショウにも支部を構えており，私たちは彼らとも緊密に協力しています。

PF：しかし，彼らがプレショウに支部を構えていたとは知りませんでした。この組織は全国的なネットワークを持つ組織なのですか。

RP：「私たちはママ」は恐らくそうでしょう。彼らは本部を持っている団体，つまり，元々はブラチスラヴァで設立された団体です。ここにはその後に。

PF：あなた方が設立されたのはいつのことですか。

RP：このエージェンシーが現在の形で設立されたのは 2007 年です。

PF：会員構成はどうなっていますか，法人が会員なのですか。

RP：法人も加盟しています。2 つの企業と 2 つの非政府組織です。ですので，法人の連合組織としても設立されました。と言いますのも，私たちは，実際のところは，地域開発省の，当時は建設・地域開発省ですか，助成金への応募を考慮していたからです。なぜかと言いますと，私たちのバックグラウンドは実際のところ 90 年代初めにまで，私たちが様々なプロジェクトの用意に専念しはじめた時期にまで遡ることができます。この時は主に観光や文化活動，一部の企業活動を扱っており，当時の戦略開発庁［Úrad pre strategický rozvoj］の指導の下で活動をしていました。当時はラマチ通りに事務局を構えていましたが，後に県開発エージェンシーに改組されました。そして，このエージェンシーは，その後も，実際のところは，政治的な構造に左右されながら運営されました。そして，2005 年に私たちはこの協会から離脱しました。私たちは，結局のところ，このエージェンシーは，何よりもまず，政治的な基盤ではなく，専門的な基盤に立って活動しなければならないと考えるようになっていました……。

PF：かつては RRA だったのですか。

RP：そうです，RRA でした。私たちは，実際のところ，スロヴァキアで最初に設立された RRA の中の 1 つでした。

PF：最初はどこに本部を置いていたのですか。

RP：ブラチスラヴァに置いていました。ラマチ通りです。ここにはかつて戦略開発庁がありました。当時はラスチョ・トート氏［Rasťo Tóth］が事務局長を務めていました。しかし，ご存知かもしれませんが，メチアル派の機関だと攻撃されました。そして，スロヴァキア政治の構造の中でこの特別な解釈が形成されていったのです。これは実際のところ，法的な立場にも関わってきました。つまり，私たちは，当時は法人の連合体だったのですが，かなりの程度の独立性を保っていました。執行会議の構成員として，私たちにはフリーハンドが与えられており，何か厳密に定められた義務というよりもむしろ非常に具体的かつ友好的な合意の基に成り立っていたのです。

PF：あなたがたはどのような組織構造になっているのでしょうか。

RP：まず執行会議があります。そして，執行会議で任命された役員がおり，役員の内の 1 名が事務局長となります。私たちの今の事務局長はバラノヴァーさん［pani Baranová］です。このように私たちの現在の組織は，本質的には，より小規模な団体の組織に似ています。つまり私たちの役員は 3 人であり，様々なプロジェクトにあたって協力しています。役員それぞれが自営業者として登録しています。これは私たちにとって有利に働きます。と言いますのも，それぞれが資金を能動的に管理でき，ある種ネットを介したネットワーク型の組織として活動の大部分を実行できるからです。私たちはそれぞれの活動の多くを自宅で行い，より大規模なプロジェクトにあたってはこの1か所の事務所に集まります。まさに企業ないし市民団体としての「私たちはママ」との協力活動の時がそうでした。これは，このような法律上の形態へと脱線していったのだとも言えますが，ここ最近の2年間はこのような形を集中的に追求しています。ちょうどバリアフリー観光に集中していた時期ですが，非政府組織や非政府系エージェンシーの地域的なネットワークを形成し，心身の障害を抱える人たちが加入している組織もそこに加わるようにしました。このように，現在，私たちは，彼らのためのプロジェクトを準備しています。そして，必要ならば，その実施にあたっても支援しようと考えています。現在，私たちは2つのプロジェクトを進めています。1つ目は……*（聴取不能）*。

PF：実際のところ，あなたがたの組織は3〜4人でこれらの活動を行っているのですか。

RP：ええ，恒常的に活動しているのは3人です。そして必要に応じて協力者に加わってもらっています。

PF：教育レベルや年齢層の見地からはあなたがたの団体はどのような団体だと言えるのでしょうか，つまり，それらの見地から特徴づけることができるのでしょうか。

RP：そうですね，まず私たちの団体には女性が2人いまして，私が唯一の男性です。また，私が最年長であり，同僚2人は私より少し若いです。私は今年で59歳ですが，他の2人は45歳かそのくらいです。私たち3人全員とも大学卒です。このうち2人は成人教育学を修め，副専攻で社会学を，より正確には文化社会学を学び，同僚は経済学を専攻しました。このような専門的な背景があるからこそ，一面では文化や文化事業の管理運営といった点から，そして後には，宣伝やマーケティング，教育の分野から考えることができ，そしてプロジェクトの準備にあたっても論理的に進めることができました。つまり，2つから3つの優先事項を設定し，全員がそれに関して積極的に講義し，様々なプロジェクトを設定し，用意し，そしてそれらの多くを実際にも実施してきました。全員が大学の修士課程を修めています。また，ボランティア・セクターとも密接な協力関係があることにも触れておきたいと思います。

PF：どのような動機から活動しているのですか。このエージェンシーを設立した動機はどのようなことなのでしょうか。

RP：このエージェンシーを設立した動機ですが，ご存じのように，私たちのようなエージェンシーは多種多様な社会的・政治的な目的をもって設立されています。幾つかのエージェンシーはスロヴァキアが資本主義化したごく初めの頃に，非営利セクターが真剣な活動を行うことができる場所として誕生しました。あなたがたも90年代初めのこと，第3セクターが，社会の発展の方向性であるとして，ボランティア活動を伴いながら，非常に多くの分野で受け入れられた時期を記憶されていることと思います。そこにあった唯一の問題は，それらの団体の設立に向けたスキームがその団体の構成員ないし構造に左右されるということでした。つまり，それらの第3セクターに数多くの人々が集まりましたが，彼らはかつて芸術分野や学校外教育，オルターナティブ文化等の分野で活動していた人々でした。つまり，そのような人々にとっては，何よりもまず，積極的に活動し，真剣に評価される何らかの成果を挙げるということが課題となったのです。他方で全く寄生的な人々の組織も生まれてきました。彼らは様々な変化や様々な転換を宣言することを好むような人々であり，それなりに真剣にPRの設立を考え，何よりもまず，アメリカ合衆国に強力な資金源を持っていました。彼らに欠けていたのは，責任感と実際の効率的な活動でした。つまり，彼らは様々な会議や講義に登壇することは非常に好んで行っていましたが，彼らは年齢を主な判断の基準にしていました。と言いますのも，彼らは80年代に生まれた人々であり，つまり，それ以前に存在していた社会的なプロセスに捕らわれていない人々だったからであり，多くの人々を思いとどまらせることを基本的な基準にしており，何よりもまず，多くの団体をいかに早く他の組織へと転換させるかに集中していました。私が思うに，そのために第3セクターはただの略称として呼ばれるものになり，今となっては，実際のところ，ほとんど成果のないただのお飾りのようなものとなってしまっています。単純に言いますと，ここで活動し始めたその時に，標準以上の給与を受け取ることはできず，また帳簿に付けなくてもいいお金もないことがすぐにわかるでしょう。非常に明確に話しておきたいのですが，私の個人的な意見は非常に厳しい現実に根ざしています。これが1点目です。そしてそれに次いで重要なことは，私たちは標準的な教育・文化組織とは異なり，本質的に柔軟な決定機構を持つ組織であることです。私が思いますに，この事は効率的な財政運営に寄与しました。5人のプロフェッショナルがいるだけの組織には，15人から20人の管理機構，1か月に2回も評価会合を行うような機構は必要なく，より実際的かつ素早く機能する機構が必要なのです。ですので，現在私たちが成し遂げているような成功は，そこには国際的なプロジェクトも含まれていますが，何よりもまず，柔軟な組織運営や念入りな語学面での準備，そして情報の取り扱いに由来しているのです。

PF：あなたがたは，地域や市役所，市などとの何らかの関係やあるいは協力関係を築いているでしょうか。

PR：ええ，一定の関係はありますが，本質的にもっと効率的な関係を築けるのではないかとも考えています。

PF：この関係は何かの活動を通じて築かれたものでしょうか，それとも，地方行政も何らかの形であなたがたの活動を支援しているのでしょうか。

RP：地方自治体が私たちの活動を支援することはありません。彼らは私たちからの提案を待ち，それに対して原則的な立場からの意見を示すだけです。これは，誰と協力するかという個々人それぞれに左右されるところがあり，その一方で当局は様々な声明を発するだけであり，専門家は専門家なりに行動しています。ご存じのように彼ら専門家も様々な前提条件の下にあり，様々な企業に雇われているということに左右されています。国家行政との関係も似たようなところがあり，公共行政は完全にマクマーフィやパーキンソンの法則に従って作用しているといえます。

PF：会員についてですが，企業会員も含まれていますね。

RP：2つの企業会員と2つの非政府組織が創設時からの会員となっています。

PF：あなたがたも企業会員の代表を務めることはあるのでしょうか。

RP：いいえ，私たちは非政府組織です。私は個人として非政府組織を代表しています。

PF：もう少し具体的にお話しいただけませんか。具体的にはどのような名称の団体ですか。

RP：わかりました。IOK Homo hominiという団体です。市民コミュニケーション組織Homo hominiです。私はこの組織の1人目の設立者です。この組織は非政府組織であり，いつのことだったのか正確にはもう憶えていませんが，93年ないし94年には活動を開始していました。2人目の設立者となったのは，スロヴァキア日本文化親善交流協会でした。この団体は実際のところ石川晃弘氏のイニシアティブで設立された協会です。3人目の設立者であり，最初の企業会員となったのは，IBECO社です。そして設立者の最後はECO-ARCH社です。これは建設や建築，建設プロジェクトの書類作成を専門とする企業です。

PF：あなたがたの非政府組織は93年に設立されたのですか。

RP：IOK Homo hominiはその通りです。

PF：あなたがたはすでに93年に設立していたのですか。

RP：お待ちください。90年代です。90年代にはすでに設立していました。スロヴァキアが独立した直後のことです。1990年第83号法によって非政府組織，つまり市民結社の設立が可能になりましたが，この法律に基づいて私たちはこのIOKを設立しました。これが最初の一歩です。

PF：普通に機能したのですか。あなたがたは何に集中したのですか。

RP：普通に機能しました。その後は……ご存知かもしれませんが，私たちは90年代に多くの活動を行いました。反メチアル派が勝利した選挙があったのはいつでしたか，98年ですね，この時も市民運動として活動しました。その時は本質的には1つの分野で活動していました。つまり，地域の政治家や国政に関わる政治家を呼びスロヴァキアの今後の方向性に関するテレビ討論を行いました。つまり，それこそがもっとも関心を集めるテーマだったからです。また，これはこの前の2007年のことですが，ロマ向けのインフォメーション・キャンペーンにあたっての協力も行いました。つまり，実際のところは，EUへの加盟に先だって同じようなインフォメーション・キャンペーンを行ったのですが，2007年にはより具体的なテーマに即して行ったのです。これはロマ住民を対象にしたPHAREプロジェクトの枠内で行いました。

PF：市民団体の方を向くことに問題はあったのでしょうか。

RP：いいえ，それは問題ではありませんでした。と言いますのも，私たちはそれらの市民団体とコンタクトを保っていたからです。

PF：それはわかります。しかしその時は法人の団体だったということですので，その団体の活動に必要な資金をどのように確保したのでしょうか。

RP：このような具合です。それらの組織それぞれは市民団体として同じ立場にあります。私たちも本質的には同じであり，1つの船に乗っています。つまり，様々な助成プログラムに参加しています。これが最大の収入源です。また，私たちの経営活動からも幾らかの資金を得ることができます。そして，ここ数年は省庁を経由して国の補助金も受けとっています。現在は交通・地域開発省からの補助金を受給しています。つまり，ここのメカニズムは90％程度同じものですが，税金の2％については，私たちは働きかけを行っていません。と言いますのも，私たちの活動に支援するように説得させることは難しいと感じており，時間の無駄であるように思っているからです。

PF：その経営活動ですが，どのような活動が含まれているのでしょうか。

RP：私たちは規約に基づいて経営活動を行っています。これは実際のところ，私たちの活動資金，つまり，プロジェクトの用意や申請書の作成，その実施などに必要な資金を得るための活動ですが，それに加えて，時々は施行やモニタリング，あるいは広報業務のような活動や出版活動も行っています。と言いますのも，私はこれらの分野に関して十分な経験を積み重ねており，同僚の方は講義や，あるいは少し別の構想を持ち，このような目的の団体とコミュニケーションをとることに長けているからです。

PF：あなたがたに依頼する団体はどのような方々ですか。

RP：現段階において，私たちは，これらのプロジェクトに際して，また別の市民団体と仕事をしています。これは私たちが協力関係を持っている1つ目の面です。そしてまた別の面では村や市とも関係を持っていますが，現在はこちらの方はやや弱くなっています。と言いますのも，これもまた財政と，何よりもまず私たちが申請できる計画の数や金銭的助成の数と関係しているからです。現在の状況はあなた方もご存じのようなものですので，こちらの方はほぼ休眠状態にあります。

PF：中でももっとも重要な依頼主は町村だったのでしょうか。

RP：一時期は町村でした。現在ではこの点でも市民団体がもっとも重要な依頼主へと代わっています。

PF：世間はどのようにあなたがたを支援しているのでしょうか。

RP：ご存じのように，世間は賛成を示すことや私たちが行っていることについて何らかの道徳的な支援を寄せることができます。しかし，そのようなことを行っているのは，私たちが連絡を取り合っている手が届く範囲の世間のみです。つまり，今現在の例で言うならば，そのような人々とは身体障害者であり，世間のごく限られた部分に過ぎず，そのため，私は何か社会全体に跨る基盤についてお話しすることはできず，そうではなく，社会のそれぞれの部分部分についてしか話せません。また，さまざまなコンクールも世間に受け入れられています。私たちの例では，造形美術のコンクールがあります。これはギャラリーに展示される芸術品のコンクールではなく，病院に置かれる芸術品のコンクールでした。病院では3種類の人々を想定できます。まず，入院患者，次にその病院に通う通院患者，そしてお見舞いの客です。そして，私たちはまず病院スタッフや医師にも注目しました。このような考慮はそれなりに成功を収めたと言えます。そして，それは私たちにとって大事なことでした。

PF：バリアフリー観光計画では誰の方を向いているのですか。あるいはどのようにその計画を実現していくのでしょうか。

RP：現在はこのように進めています。さまざまな非政府組織が私たちの指導のもとで連合体を形成します。そして，ちょうど今締めくくろうとしている段階では，活動実態の調査や，あるいは外食施設や宿泊施設，文化的な記念物，観光コースなどのマッピングを行っています。

PF：スロヴァキア全土でしょうか，あるいはこの地域だけでしょうか。

RP：ピエニニ地方について実施しています。つまり，ここから30〜40kmほど行ったところです。ピエニニ一帯にはスピスカー・スタラー・ヴェス［Spišská Stará Ves］やチェルヴェニー・クラーシュトル［Červený Kláštor］，レスニツァ［Lesnica］，ヴェルキー・リプニーク［Veľký Lipník］といったようなこの計画にとって重要な町や村が点在しています。また，私たちは，スタラー・リュボヴニャ［Stará Ľubovňa］や，ポーランド側のニジュネー・ストロモウツェ［Nižné Stromovce］，シチアヴニッツァ［Štiavnica］，ニエジツァ Niedžica といった場所も部分的にこの計画に組み入れています。つまりこれらの場所で私たちはマッピングを進めています。それはバリアフリーでのアクセスから始まり，階段昇降機［schodolez］や台車［plošinky］といったような技術的な支援の可能性，さらには60cm幅の扉の場所と90cm幅の扉の場所，トイレへのアクセスや人間工学的な使い勝手，つまり，手すりの有無や車椅子を回転できるだけのスペースの有無，水道が低い位置に取り付けられているかなどを調べます。よろしいですか。また，やや周辺的な物事として，私たちはマーケティング活動も行っています。しかし，これは恐らく今後は独立したプロジェクトとして進めていくことになるでしょう。

PF：マーケティングとは，このバリアフリー観光に関係したマーケティングですか。

RP：はい。つまり，この第1段階では，私たちは次の2点についての品質をマッピングしました。場所と製品です。そして，その後に続く情報提供，つまりそれらの商品の使用方法を知っている人々に対してどのように情報を提供するかということですが，その情報提供は，やや個人的なテーマであり，これは独立したプロジェクトとして進めていく必要があると感じています。と言いますのも，それに関する予算は現在付けられていないからです。

PF：あなたがたの目的は，市や村といったそれらの施設の運営者に対して，バリアフリー観光の条件を整えるように影響力を行使していくことでしょうか。

RP：私が思いますに，それは第2段階での課題になるでしょう。つまり，私たちが一定レベルの意見を持てるようになった時，企業の間で自由討論や会合を開けるようになった時，様々な講義にあたって自分たちの意見を示せるようになった時に，これらの問題についての情報をこれまで得られなかった世間やその一部に向き合えるようになります。それまでの間は，家族の間に身体障害者の方がいたことのない人々は，彼らの事を重荷と捉え，あるいは嘲り，あるいはまた別の視線を投げかけるでしょう。しかし，その一方で，当然ながら，彼らを受け入れようと尽力している施設もあります。しかし，そこに何かシステムがあるのかということであれば，どのような場合であっても，そのようには言えません。観光に関する法律は確かに社会ツーリズムやバリアフリー観光について語っていますが，あくまでもそれは努力目標的な語り方であり，私たちは3回も担当者と電話で会話をしましたが，彼はただただ時間が取れないと話すばかりでした。そのため，私たちは今度ブラチスラヴァに出向き，彼らの見解を示すように，あるいは，この問題に関する何らかの具体的なプランか行動計画を示すようにと迫るつもりです。ご存じのように，私たちがそれを支持すると示さなければ，消え去ってしまうだけです。と言いますのも，新しい建物が建てられたとしても，そこにこのような要素が取り入れてなければ，効果的ではなく，要請に適ったものとも言えないからです。スロヴァキアではこのような感じです。シャリシュ地方ではこのようにもいいます。“*Kučšičko mne polub, kuščičko mne pučš*”と。（この言葉の意味は理解できず，恐らく東スロヴァキア地方の諺だと思われる。）ご存知のようにこのように動いているのです。このような感じです。しかし，彼らは本質的には，写真での資料を作成し，またさまざまな行事のビデオ録画を作成し，私たちが正しい視点を持てるようにこのような障害を持つ人々のところを訪問しています。と言いますのも，これはただ単に企業を批判するだけの話ではないからです。私が思いますに，このように動きが制限される人々というのはただ単に車いすが必要な人々だけではありません。つまるところ，私たちも次第に年老いていき，膝や関節に問題を抱えるようになります。あるいは，ご存じのように，子育てをしている母親たちも様々な問題に直面しています。そのためこのような人々にも関係しています。

PF：あなた方が障害者のところを訪問することもあるのですか。

RP：はい。

PF：それは今挙げられた市民団体の仲介を通じてですか。

RP：はい。6つの市民団体がこのプロジェクトに参加しています。

PF：それらはピエニニやその近郊地域の団体ですか。

RP：ピエニニやプレショウ，ヴラノウ，そしてある理由から，スタラー・リュボヴニャからは匿名の団体が参加しています。それまではスタラー・リュボヴニャからはどの団体も参加していなかったのですが，私たちの友人のつてを辿って参加を求めるというなし崩し的な手法で参加することになりました。つまりはそこから多額の資金を調達することが期待でき，私たちはその資金から食費や宿泊費を支弁することはできますが，交通費は自分たちで支出する必要があります。恐らくこのメカニズムは，これまで孤立していた人々と会い，彼らと話し合い，彼らが正確な形ではなくとも心情を述べるには有効ですが，自発性が求められ，時々はこのコンセプトに沿って動く人々がいることが前提となっています。また，現在ではプレショウから選出された議員も私たちを支援しています。彼は現在こそ様々な出来事の結果車いす生活のを送っていますが，かつては活動的なスポーツ選手であり，劇場の役者であり，私の長年の友人だった人物です。私たちの活動はこのような基盤の上に成り立っています。

PF：彼はプレショウに住んでないのですか。それともプレショウ住まいですか。

RP：プレショウに住んでいます。イヴァン・ベンコ議員［Ivan Benko］です。確かなことは，おわかりでしょうが，私たちが自分自身の目で見るということです。私たちはちょうどシュトルプスケー・プレソ［Štrbské Pleso］から戻ったばかりです。3日間をかけた大きな行事があり，そこには，6か国から約60人が集まりました。そこに私たち10人も加わりました。そこで，私たちはシュトルプスケー・プレソ一帯を見て回りました。私はこれまで2回そこを訪れたことがありますが，今回，私は観光客としてだけでなく，観察者の立場になって見て回りました。私たちはそこで車いすの利用者2人に出会いました。2人の男性で30歳から40歳ぐらいの人物です。明らかに交通事故に遭った後の生活のようでした。イヴァンは体格が良く，体重が約100kgあります。障害にぶつかり激しい痛みを感じたようで，小さい子どものように，私を叩きました。私が意図的にぶつけたと思ったのでしょうか。しかし，まさにこのような体験を反映しなければなりません。これは様々なことが絡み合った絆のようなものです。時には感情的なものになり，またある時には単純なものにもなりますが。とはいえこれは，さまざまなことを見つけ出し，官庁に見せつけるための探検計画のようなものでした。

PF：上手く通れないのであれば，まったく意味がないのでは。

RP：機会がないのはわかっています。しかし，私が先ほど第3セクターについて話したことが，第3セクターだけでなく，その他の特定の人々が集まる組織についてもあてはまるようになるのではないかとの恐れを抱いています。

PF：では，そこには社会福祉を志向している市民団体だけではなく，文化に関する団体も参加しているのでしょうか。

RP：彼らは何よりもまず身体障害者の境遇改善を志向しています。2つの団体は車いすを主に扱い，1つの団体は暴力を受けている女性，社会的なハンディキャップを負った人々を主に扱っています。また，精神的な障害を負った人々と活動している団体も参加しています。つまりこのプロセスはその知見のために関心を抱かれています。と言いますのも，普通の人が乗った車いすも問題に直面することがありますが，彼らは通れないとわかった場所にそのまま立ちつくすことはありません。しかし，精神的な障害を負った人であればどうでしょうか，様々な反応が考えられます。人々からの嫌悪の視線を浴びた結果であることもあるでしょうし，疲れからそのような反応をとることもあるでしょう。現在の私たちは彼らが何かを感じ取れる場所があることをわかっています。彼らにも休息が必要です。タトラも良いですし，チェルヴェニー・クラシュトルも彼らにとって素晴らしい場所です。しかし，彼らは多大な苦労を払うことになりますし，彼らが受ける理不尽さもかなりのものです。そのため，私たちが行うことを知るためにもこの組織はこのような構成をとっています。そして現在次の国際的プログラムを準備しています。これはGrundtvigプログラムかあるいはErazmusプラスに乗っかったもので，以前からのプログラムと連結し，我々と協力する意向を示している6か国から7か国の参加を見込んでいます。

PF：これは現在あなたが進めているプロジェクトですか。

RP：はい。

PF：例えば，このようなバリアフリー観光のようなプロジェクトからあなたは何かしらの収入を得ることができるのですか。

RP：講演料を得ることができます。また，技術的な支援や様々な技術の購入料があり，それらを費用に充て，様々な機材のリース料の支払いに充てています。また，私たちは

Grundtvigやヴィシェグラード4か国協力機構（V4）からも助成を得ており，文化省からも助成を獲得しています。ですので，仕事は多く，これまでの名誉職的な仕事から変化しました。しかし，だからと言って権力を握っているわけではありません。

PF：何かしらの協定があるのですか。

RP：はい。

PF：では法制の面からみて，あなたがたの活動を阻害し，また団体の今後の発展に対する最大の障害となっているのは何でしょうか。

RP：私たちはこれを非常に大きな問題だと理解しています。例えば，資金源の透明性が著しく低いことは腐敗とも大きく関係しています。私はこれを繰り返す気はありません。と言いますのも，これは本質的には証明することが非常に難しい事柄であるからです。しかし，この透明性をより簡単な手段で示すことができるならば，つまり，アムネスティが行っているようにあらゆる収入源について証明することで示せるということならば示していきます。そして，管理や官僚的な作業の軽減を図っていければと思います。と言いますのも，もし継ぎはぎだらけのプロジェクトを書きあげただけであっても，ここで*（聞き取れず）*県が管理しているスロヴァキア・ポーランド共同計画ですが，かつてマリア・テレージアが有していたよりも柔軟なシステムが求められています。この点では，これらの欧州連合の一部の助成金や助成のスキームはそれに適っています。すべての書類は電子的に提出することができ，誰が申請書の評価を担当するのかもわかり，どの点が良くどの点が悪いかという審査担当者からの評価も知ることができます。これらは透明性を支えている要素の一部に過ぎませんが，他方でこちらでは，評価担当者は匿名であり，彼らの唯一の基準は政党との関係や家族関係だけです。そのため，素人主義や専門性の軽視の臭いが漂うもので，他の基準とはまったく異なっています。MP03の指針に依拠している欧州社会基金の審査とは比べるまでもないでしょう。何らかの構造を知っていたとしても，絶え間なく終わりなく公共調達に関するマニュアルが改訂され，広報に関するマニュアルが改訂され，タブレット端末の調達に関するマニュアルも改訂されます。どれもこれもさまざまなプロセスを複雑にして，さまざまな問題を取り扱うさまざまな組織を設立するためだけに行われています。かつてラディチョヴァーさんが〔首相の〕座に就いた時，彼女は2つのことを宣言しました。腐敗をまったく許容しないことと，資金獲得や管理の簡素化と文書作業の軽減です。彼女の試みはあなた方もご存じのような形で終わりました。そして，今のところ，この問題を解決できる人間はスロヴァキアにはいないと私は感じています。このメカニズムで得する人がいるとすれば，このシステムの中で活動している人々でしょう。

PF：団体の将来をどのように見ていますか。

RP：そうですね，私たちがもっとも関心を寄せられるような方向性や優先事項を探すように努力しています。現在のところは2つあります。1つ目は欧州社会基金です。と言いますのも，スロヴァキアは失業率が高い国であり，現在のところは非常に不器用な方法を通じてこの問題を取り扱っていますが，私が考えるところでは，優先事項としてこれを定める必要があります。これが1つ目の方向性です。2つ目の優先事項は国境を越えた協力関係です。現在のところ，私たちはウクライナとの協力関係を発展させています。ウクライナは欧州連合の加盟国ではありませんので，このウクライナとの接触は非常に難しい案件となっています。それでも，2つの助成スキームを通じて彼らとの関係を築いています。そして，欧州連合の新しい行動計画「創造的なヨーロッパ 2014-2020」も始まります。そこでは，私たちはより活発な申請者になれればと希望しています。これは私たちにとってマーケティング戦略の新たな収入源になるでしょう。私たちは政府組織がこの行動計画のプロセスをどのように具体化していくかを見守っているところです。

PF：ありがとうございました。

⑷ スーズヴク：カタリーナ・ブルゴヴァーさん（PB），団体会長

PF：この結社はいつ設立されたのですか。

PB：2000年にはこのような考えが示されていましたが，はじめは結社設立にかかわる行政的な手続きをあれこれするつもりはありませんでした。それでも皆さんは市民結社のたち上げに成功しました。ですので，2000年から私たちはプレショウの文化生活に関わりながら活動を続けています。

PF：あなたがたの団体はどのような活動を志向しているのですか。どのような活動に関わろうとしているのでしょうか。

PB：私たちの活動は幾つかに分かれています。私たちの主な活動の1つ目は出版活動です。これは私たちの会員の学術活動に関するもので，それらの多くは音楽史かあるいは音楽教育法に関するもの，または昔の楽譜の編集に関するものです。これらの楽譜はラテン語ではムジカ・セプシィ・ヴェテリス［Musica Scepusii Veteris］と呼ばれているもので，スロヴァキア語ではスピシュ地方の古い音楽という意味になります。なぜこうなっているのかと言いますと，マトゥーシュ准教授と私，そしてマトゥーシュ准教授のお嬢さんであるSAV〔スロヴァキア科学アカデミー〕のペテチョヴァー博士はみな，スピシュ地方の古い音楽の調査に関心を寄せているためです。具体的には，ペテチョヴァー博士は16～17世紀の音楽を専門にしており，私は18世紀の音楽の調査を行っています。つまり，この時代の興味深い楽譜に批評を加えた版を公刊しているのです。これ以外の私たちの活動となっているのがコンサート活動です。これらのコンサートは主に教育目的のもの，つま

り，誰よりもまず子どもたちや若者たちを対象にした教育コンサートを実施しています。

PF：実際のところ，この団体の役員となっているのは，その准教授ですか。

PB：はい。彼らが会長と副会長です。ですが，現在は一時的に私が会長を務めています。副会長はリュボミール・シムチーク氏です。

PF：あなたがたの団体は定会員がいるのですか。

PB：定会員はいます。彼らは多かれ少なかれ私たちの学科とプレショウ大学哲学部音楽学科のスタッフです。しかし，会員の多くはいうならば，受身的な会員です。活発に活動しているのは，私たちの団体を介して何らかの助成金を獲得し，それらのプロジェクトを実施しようとしている人々です。そして，これらの活動のため，私たちの活動範囲は学校でのコンサートや子ども向けや若者向けのコンサートに限られています。そして哲学部音楽学科のメドニャンスキー准教授は毎年アカデミックな室内楽コンサートを組織しています。今年でもう10年目を迎えることになるでしょうか。この室内楽コンサートの多くは私たちの大学の構内で開かれています。ここ最近の数年間は大学図書館で開催されていますが，コンサート・グランド・ピアノが必要な場合はPKOで開催されることもあります。それはひとえに機材のためであり，ここにはそれだけの機材を置けるだけのスペースがないのです。それらのコンサートでは主に学生たちが演奏していますが，このプレショウ地域出身の芸術家が演奏することもあり，あるいはスロヴァキアの作曲家が作曲した楽曲に新たな解釈を加えながら演奏することもあります。つまり，国内での解釈を示し，スロヴァキアの音楽がどのようなものであるかを示すことが大事である時もあります。しかし，当然ながら，そのようなコンサートばかりではありません。異なった時代の楽曲を演奏する演奏家や他の作曲家が作った曲を演奏する演奏家を迎えることもあります。それはその時々のコンサートが何を大事にしているかによります。そして，今年で10年目を迎えるわけです。このプロジェクトは常に文化省からの支援を受けて運営されていますが，そこからの支援がなければ実現できなかったでしょう。このコンサートには私とメドニャンスキー准教授が積極的に関わっています。つまり，私たち2人がもっとも活動的なメンバーだと言えるでしょう。当然ですが，マトゥーシュ准教授もずっと関わり続けています。彼はもう年金生活者の年齢ですが，ここで行われている歴史的な楽譜の編集活動に携わっています。

PF：あなたがたの団体の会員は何名であるか正確に述べることはできるでしょうか。あるいは，あなたがたは公式に誰が会員であるかを把握されているのでしょうか。つまり，会員の登録の問題ですが。

PB：会員の数は大体18人か20人位です。その間で動いています。ここ最近は，団体の中で積極的に活動している会員のみが会費を納めるような制度に代えた方がいいのではないかと考えています。と言いますのも，受け身的な会員は，言うなれば，単に形式的に会員となっているにすぎないからです。もちろん，団体の活動について彼らにも情報を提供していますが，積極的に参加しようとはしていません。

PF：あなたはいつから会長の仕事を行っているのでしょうか。

PB：それについては記録を見ませんと。

PF：大まかなところで構いません。

PB：だいたい5年位でしょうか。

PF：団体の内部に何かしらの組織は存在しているのでしょうか。

PB：はい。組織もあり，規約も定めてあります。当然ですが，会員総会が最高機関です。私たちはほぼ1年に1回は総会を開いています。現在でも総会には多くの会員が参加しており，その場で執行部と各委員会が選出されます。

PF：では，役員のそれぞれが各自の仕事を遂行するのでしょうか，あるいは，全ての仕事をあなたが行うのですか。

PB：そうですね，実質的には全ての仕事を私たち2人が行っています。

PF：組織の資金管理も，ですか。

PB：はい。私は口座資金の管理にも責任を負っていますが，実際には出納の記録のみを行っています。最終的な決算や税金申告は専門の会計士が担当しており，費用を払って彼らに行ってもらっています。

PF：実際のところ，あなたがたは税金を納める必要があるのですか。

PB：税金は払っていません。と言いますのも私たちは非営利組織であるからです。しかし，それでも税金の申告書を提出する必要はあります。私たちの収入はごく最低限のものです。

PF：今後の展開のための費用はあるのでしょうか。

PB：私たちは今まで述べてきたプロジェクトの費用を支出しています。と言いますのも，文化省からの助成にはプロジェクトの総額の内少なくとも5％を独自財源から投入するという条件が課されているからです。また，私たちは税金の2％規定の存在も常に考慮に入れており，いつも幾らかの額を受け取っています。会員の多くは税金の2％の受け取り手として私たちの団体を指名しています。そして，この税金の2％規定から得られる資金の一部を私たちは団体の運営費用に充てています。つまり，会計費用や銀行の口座手数料，それらにかかる雑費などです。

PF：さらにそれらの収入源について質問したいのですが，それらについても責任を負っているのでしょうか。

PB：はい。助成金です。主に文化省からの助成金ですが，他の資金源もあります。

PF：他はどのようなところからのお金ですか。

PB：SPP〔スロヴァキアガス工業〕財団からは楽団や民俗舞踊団のシャリシャンのCD作成を目的とした助成金を受けています。後は，税金の2％です。

PF：では会員が会費を納めることはないのですか。

PB：今年度は会費を徴収していません。しかし，一般的なこととして話すならば，私たちも会費を徴収しています。年に10ユーロです。

PF：昨年度，つまり2012年度のあなたがたの予算はどのようなものだったのでしょうか。

PB：数字には変動がありますので，それについては確認しに行く必要があります。頭の中で数字を記憶しているわけではありませんから。資料を見にいってもよろしいでしょうか。

(回答者の女性は予算の資料を見に行き，そして戻ってきた。)

PB：この外部の会計担当者が作成し，収入が全て記録されている会計記録によれば，全収入は1万2,350.67ユーロになります。そして支出の総額は1万4,240ユーロです。ですので，差額は1,890ユーロになります。この赤字は年度末に私たちがある書物の印刷費を支払ったために生じたものです。この書物は翌年度に発行されるものでしたが，そのために赤字が生まれました。少し混乱していますが，このようにしか説明できません。

PF：わかります。私もどこから資金を確保するのか説明しなければならないことがありますから。

PB：これは借方のようなものではなく，現実的な収入になるものです。しかし，前年度から引き継いだ項目が多く残り，支出の方が多くなってしまった場合は，決算が赤字かあるいは余剰金がゼロに終わることもあります。私たちは，実際のところ，言うなれば，翻訳の拠点のようなものであり，私たちのところで様々な本を作成しあるいはコンサートを開くことで，これらのことを伝える役目を担っています。

PF：先ほどの文化省からの助成のところに話を戻したいのですが，応募して獲得しているのでしょうか。

PB：はい。申請書を書いて応募しています。

PF：それらの申請書を記している時には，プロジェクト関連の支出はないのでしょうか。

PB：確実に持ち出しがあります。何よりもまず，私たちの仕事は見返りが期待できないものです。ですので，このような費用はそれぞれの作業という形で支払うことになり，それもボランティアのような無給の仕事です。つまり，私たちは助成金への申請書を書き，費用を計算し，実現し，そして全ての事を記入しなければなりませんが，その際に何らかの管理も必要になります。支出の多くはこのような費用です。と言いますのも，プロジェクトの実現に必要となるその他の費用は助成金でカバーできるからです。しかし，助成金で支出できない費目については，そのプロジェクトを実行している人がカバーすることになります。このように私たちの活動は多かれ少なかれボランティア的なものです。

PF：では，その５％分を何らかの方法で確保するということは組織にとって負担になりませんか。

PB：ええ，その分は常に税金の２％からのお金を充てています。しかも，助成金の制度では，この５％は実際の支出の内の５％ではなく，申請額の５％と定められています。このため，非常に大きな額を申請することができないようになっています。後で申請額の５％を負担しなければならなくなるためです。

PF：あなたがたはウェブページを開いていないのでしょうか。

PB：ウェブページは持っていません。

PF：正確なところを確かめたかったのですが。例えば，それぞれの年度にある助成金や別の助成金にいくらぐらい申請しているのでしょうか。と言いますのも，先ほどあなたはSPPの助成金にも応募していると仰いましたよね。

PB：このSPPの助成金は１回限りの助成金で，昨年CDを作成した時に応募しました。その一方で，私たちは文化省の助成金には毎年２つから３つの申請書を送っています。

PF：これは先ほど話に出たコンサートのためですね。

PB：はい。アカデミックな室内楽コンサートのためです。そして，私が行っている学校向けコンサートのための助成金もあります。

PF：その中からあなたがたはコンサートの会場代などを支払っているのですよね。

PB：このコンサートの実現に必要なすべての費用を出しています。

PF：すべての経費ですね。

PB：私たちが申請した額の全額を得られない時もあります。そのような時はコンサートの回数を減らし，その助成金で賄えるだけの回数を実施することになります。ここに助成の際の契約書があるので見てみましょう。

PF：あなたがたが行っているのはアカデミックなコンサートですが，招聘した演奏者には謝礼を支払わなくてはならないのでしょうか。

PB：はい。これはメドニャンスキー氏の仕事です。電話をかけ，構成を考え，契約書を作成し，契約書に署名する。しかしこれは無給の仕事なのです。

PF：メドニャンスキー氏もこの学科のスタッフですか。

PB：彼は哲学部音楽学科に勤務しています。

PF：あなたがたの組織はどのように仕事を配分しているのでしょうか。どこかに仕事が偏り，問題を抱えているのでしょうか。

PB：問題はあります。私たちがしたいことをすれば仕事が増えますから。つまり，ひたすら自発的な活動が求められます。

PF：そう，活動次第ですね。私がまさに言いたかったことです。

PB：会計や管理に多くの時間がとられてしまいます。そして，言うまでもありませんが，これらの活動のために時間をひねり出さなくてはなりませんが，喜んで行っていることなのです。

PF：これはあなたがたが管理のための対価として支払っているものなのですね。

PB：ええ。私はすべての書類をこのようにわかりやすく保管しています。何のためのものなのかを彼女が知ることができるようにするためです。そして，彼女は特別なソフトウェアを使って専門的な形式にまとめ上げます。その作業に関しては専門家に任しており，私は手出しししないようにしています。つまり，私は，すべての文書や書類の署名と保管だけを担当しています。

PF：しかし，あなたの器用さを考えるならば，そのやり方を習った方が良いのではありませんか。

PB：そうですね，私も習うべきです。例えば，契約書の細かな読み方もそうでしょうか。これは「地域の遺産」というCDを作成した時のSPP財団との契約書です。私たちはこの「地域の遺産」CDのために1,700ユーロの助成を受けとりました。1,700ユーロです。そしてこちらは，文化省との契約書です。学校でのコンサートのために1,600ユーロの助成を受けた時のものです。そして，2,800ユーロをまた別の名目，別のプロジェクトに基づく学校でのコンサートのために受け取りました。そして，こちらはアカデミックな室内楽コンサートに関するものです。1,500ユーロ分です。これらは全て昨年度に受けた助成です。

PF：これはまだここに書いていませんでしたが，3つの助成を受けとっているのですか，それとも4つですか。

PB：文化省からの3つの助成と，SPPからの1つです。

SO：*（同行の小熊信が助成金はどれだけ獲得できるものなのか，ないし助成金の獲得がどれだけ難しいのかを質問した。）*

PB：つまり，それらの助成金を獲得するのは困難なのかということですね。困難と言えるかは難しい質問ですが，採用率は非常に低いです。私がこの市民団体の活動を始めた時に，私は応募できるような枠組みを見つけたらさまざまなところに申請書を送りました。非常に骨の折れる仕事でした。そして，文化省からしか助成を獲得することができなかったので，私は実際にも助成を与えてくれる組織のみに応募するように切り替えたのです。

PF：そして，これらの助成金は毎年獲得できる継続的な収入と言えるのでしょうか。

PB：定期的に得られるかどうかですね。私たちは文化省からの助成を受け続けています。今年でもう10年目になります。ですので，文化省の側もこれは専門家が実現するプロジェクトであるとみなしほぼ自動的に助成金を支給することを決定するようになっているのでしょう。そこに私たちは活動を継続する可能性を，さらには発展させる可能性を見出しています。つまり，何らかのコネが助成金の獲得に必須であるとよく言われていますが，そのようなコネクションが全くなかったとしても，時折文化省の人間に会うこともできます。彼らは，私たちの仕事の専門性を信頼しているということが根底にあるのでしょう。

PF：コンサートは年間1回ですか。

PB：4回のコンサートです。そして，さらに10回の学校向けのコンサートが加わります。子どもたちのための教育コンサートです。

PF：では，あなたがたは国家から，つまり文化省からの支援が最大の支援だと考えているのでしょうか。

PB：ええ。これは私たちが他のところからの助成を申請していないということと関係しています。つまり，他のところにも助成を申請していたならば，比較できたのかもしれませんが，それらの助成の申請書を書くのは私の同僚の仕事なのです。CD作成に関するSPP財団への申請書はシムチーク氏が作成しました。しかし，これは定期的に行うものではなく，1回限りのものでした。

PF：税金の2％の方は，毎年どの位の収入になりますか。

PB：約500ユーロです。

PF：地方自治体とはどのような関係があるのでしょうか。

PB：地方自治体との関係ですが，市役所とは非常な良好な関係があります。しかし，当然ですが，何らかの文化的活動が求められた場合であっても，彼らの側からの金銭的な代価は限られています。しかし，どのような場合であっても，彼らは何らかの方法で演奏の対価を支払おうと努力しています。例えば，毎年開催されるクリスマスコンサートでは，市のクリスマスの式典の一部として私たちのところの学生の女性合唱団である „Juventus Pedagogica“ やあるいは混声合唱団の „Nostro Canto“ が登場しますが，合唱団への金銭的な対価も私たちの団体を通じて支払われることになっています。

PF：あなたがたがそれらの合唱団を指導しているのですか。

PB：いいえ。この合唱団は指揮者のカニチャーコヴァーさん［pani dirigentka Kaničáková］が指導しています。哲学部音楽学科の先生です。つまり，市役所から私たちのところに合唱団の出演依頼が持ち込まれるのです。そして私たちが合唱団の出演の手筈を整え，市側は出演料を払います。しかし，例えば，今年の6月にプレショウ市の日があったのですが，この時は全くひどい条件下で行われました。と言いますのも，市役所は自分たちのウェブページにおいて無償で演奏することを望む人々だけが参加できると告知したのです。つまり，自治体の財政は，非常に，非常に苦しい状態にあったのです。そのため，私たちも金銭的支援の要請を控えました。もし，彼らが何らかのプログラムを必要としていて，それに対する対価を支払うことができるならば，彼らは私たちに出演を依頼することができるでしょう。

PF：状況は悪くなっていますか，それとも良くなりつつありますか。

PB：今年が早く過ぎ去ればいいのにと願うほどでした。最悪だったのは6月で，市の財政にまったく余裕がなくなっていました。

PF：昨年はどうでしたか。

PB：今年の6月がもっとも悪い時期でした。

PF：この件については文化省が管轄しているのではないでしょうか。彼らはそう発言していますが。

PB：いいえ，そうではありません。文化省は市役所ではありませんから。

PF：それはわかっています。しかし，助成金について，文化省が話していることによれば，より多額の助成金が国から支払われているのではないですか。

PB：その通りです。しかし，市役所からのお金も，異なった予算から支出されていますが，実際のところは国のお金です。

PF：企業家に支援を求めることはないのですか。

PB：もうしていません。かつて試みたことはありましたが，僅かな額しか得られませんでした。おわかりかと思いますが，これは友人関係を基として得られたお金です。あるいは，私たちが彼らの子どもたちを教えているという関係を介してえられたお金であり，また幾人かの企業家が楽器を演奏しているから得られたお金です。しかし，非常にわずかな額であり，費やした労力に見合う額ではなかったので，今では彼らへの働きかけは行っていません。

PF：他の団体や世間との協力はいかがでしょう。例えば，例の税金の2％などですが。

PB：税金の2％の大部分は会員の申請によるものです。

PF：会員の家族が申請することはないのでしょうか。

PB：税金の2％の手続きはかなりのエネルギーを必要とします。そして，その効果はと言いますと，この制度は広く知られており，現状ではほぼ全ての初等学校がこの2％の受け入れのための市民団体を設立しているまでになっています。そのため多くの保護者は彼らの子どもたちが通う学校を2％の受け取り手に指定しています。また，どこかの企業に勤めている場合は，その企業も2％の受け入れ先を持っています。このように多くの団体がありますので，この座を争うことは自分の品格を落とす行為のようにも感じてしまいます。そのため，私たちの行っていることと本当に関係があるのだと思う人々や，あるいは私たちのコンサートに足しげく通っている方だけに２％のお願いをしています。つまり，この２％の支援はかなりの程度心からの支援であって，何らかの方法で強制されたものではないと考えています。

PF：あなたがたは学校といったような他の組織とも協力しなければなりませんよね。あるいは，教会などでの公演を考えますと宗教団体との協力もあるでしょうか。

PB：その通りです。このような協力は，私たちが活動を行うためにはどこかの場所を借りなければならないということから制約されています。そのため，当然ですが，教会組織やあるいはPKOとの協力が必要になりますが，彼らがどのようなサービスを提供できるかがかなりの程度判断基準となります。つまり，彼らは私たちに対してサービスのみを提供し，私たちはそれに対する対価を支払います。ですので，彼らが私たちのプロジェクトに参加しているかのように見ることはできませんし，彼らとの関係を完全な協力関係であると言うこともできないと思います。

PF：なるほど，取引ということですね。

PB：はい。実際のところそのようなものです。

PF：ビジネスですね。

PB：ですので，協力と呼ぶことは難しいかと思います。さらに，もっとも緊密な協力関係はプレショウ・オペレッタ協会との間にあります。この組織もプレショウで活動しているものです。

PF：彼らも市民結社ですか。

PB：そうです。

PB：このプレショウ・オペレッタ協会は，ヨナーシュ・ザーボルスキー劇場で活動していた国営のプレショウのオペレッタ劇団が2005年に解散したのを受けて誕生しました。そして，この協会はオペレッタを保存し，上演を実現するために努力しています。何回かは公演に成功しましたが，お判りのように，資金繰りは非常に厳しいです。それでも今日まで存続し，幾つかの小規模のプロジェクトを実施しています。

PF：先ほどあなたの話に出てきました大学の合唱団は未登録の団体なのでしょうか，あるいは彼らもまた市民結社として登録しているのでしょうか。

PB：彼らはプレショウ大学内の合唱団であり，学生たちの活動です。私たちは，例えば，彼らが市内で公演する時に支援しています。しかし，何かの活動のために仲介するときのみで，それほど関係が深いわけではありません。

PF：彼らは独立して活動しているわけではないのですか。

PB：いいえ。彼らは彼らでコンクールや大学のコンサートを中心に活動しています。コンクールについては彼ら自身のカテゴリー分けがあります。

PF：また，あなたがたが教育コンサートを行う場合は，あなたがたから学校に話を持ち込むのでしょうか。

PB：はい。しかし数年ほど開催していますので，私たちのコンサートに毎回参加する学校も出てきています。彼らはいつどこで開催するのか，新しい情報はないかと期待しながらその時期を待っています。このようにすでにシステムが出来上がっていて機能していると言えるでしょう。

PF：それらの学校に何らかの要求を課したり，義務を求めたりすることはないのでしょうか。

PB：そのようなことはありません。

PF：またどこでその学校向けのコンサートを開催しているのでしょうか。

PB：PKO か，あるいはスカラ映画館です。この映画館は PKO に所属しています。

PF：なるほど，この文化センターにあるのですね。

PB：「文化と休息の広場」［Park kultúry a oddychu : PKO］です。このチエルニ・オロル［Čierny orol］の建物です。

PF：また，さまざまな公演の機会にこのオペレッタ協会とも協力することがあるのでしょうか。彼らを支援し，彼らのために何かを保証することはあるのですか。

PB：はい。例えば，私たちのところで芸術家が必要となった場合に彼らが私たちのために融通することがあります。一方で，私たちが彼らのために何かをすることもあります。

PF：しかし，それは無償で行っているのでしょうか。あるいは，あなたがたは金銭的にも支援しなければならないのでしょうか。

PB：市民団体は無償で活動しています。私たちが対価を支払うのは芸術家に直接謝礼を支払う場合のみです。

PF：人々の関心という視点から見た場合，あなたがたの団体の将来についてどのように見ているのでしょうか。あるいは，あなたがたがこの活動をやらなければ他の誰も同じような活動はしないだろうと考えているのでしょうか。あるいは他の見通しがあるのでしょうか。

PB：私は私たちが活動を楽しみ続けているということに展望を見出しています。楽しみ続ける限り，このようなレベルでの活動を続けられるでしょう。もしも，誰かが私たちの活動を拡大深化するためのイニシアティブや計画を携えてやってくるとしたら，それは私にとって非常に嬉しいことです。しかし，そのような人々も自発的に無償で働くことを望むような人々でなくてはなりません。つまり，近い将来にそのような望みがあるとは予想できません。しかし，私たちはこの活動を維持するために尽力しているのだと決意を込めて言うことはできます。

(PB 氏は文化省の助成がどのようなプロジェクトを支援しているのかについて説明している。幾つかの誇大妄想的なプロジェクトに対して非常に多額の助成が支出されていることに対して批判を加えている。)

PB：何百万ユーロをかけるような巨大なプロジェクトがあります。そして，そのためにこのような小規模なプロジェクトのための資金が残らないのです。と言いますのも，一面では，私たちが行っているようなことは小さな砂粒のようなものだと誰かが言うことはあるでしょうが，それでも私たちの活動は，もう誰も注目していないことを救い出そうとしているのだと考えています。

PF：そうでしょうか。多くの人々が私に対して，このような活動を支援しなければならないと，主要な劇場の外で行われている文化的な活動を支援しなければならないと話しています。そのような巨大プロジェクトばかりではないのではないでしょうか。

PB：文化省はこのような失態ばかりです。と言いますのも，私たちがコンサートのために受け取る額は，先ほどあなたも聞いたかと思いますが，本当に最小限の額です。一方で 6 月にブラチスラヴァで巨大な誇大妄想的なプロジェクトが行われました。こちらも文化省からの支援を受けています。1 回限りのイベントに 7 万ユーロも与えられたのです。これは非常に賢い実業家であるドゥルリチカ氏が考えたイベントでした。800 人の子どもたちがアイスホッケー・スタジアムに集まってオーケストラの伴奏で歌うというものです。その 800 人の子どもたちは確か 8 曲を歌ったのですが，彼らは 1 年間かけてその曲を練習しました。そして，どこかの合唱団も参加し，さらには，プロの俳優たちが演じたシトノ騎士団の劇があったのですが，彼らにもこの助成金から支払われているのです。つまりこの 800 人の子どもたちはちょっとした前座役として持ち出されたにすぎなかったのです。彼らが歌えたのは良かったとしても，何故私たちの税金から費用を出す必要があったのでしょうか。そして，なぜブラチスラヴァの子どもたちだけなのでしょうか。そのためにこれだけ多額の費用をかける必要はあったのでしょうか。私の計算によれば，私たちのプロジェクトならば 2 万 3,000 人の子どもたちにコンサートを見せられただけのお金です。それは 800 人の子どもたち向けだけのものでした。私はこれに対して非常に批判的な見方をしています。私たちは要望書を書き，文化大臣あての公開書簡も送りましたが，どうにもなりませんでした。そして，次の年度には 80 人の子どもたちを対象にした同じようなイベントのための助成金が付きました。

PF：同じようなイベントですか。それはひどいお金の浪費ですね。

PB：その通りです。さらにそれに加えて，スロヴァキアでの音楽教育を維持するためのプロジェクトなるものも宣言されました。と言いますのも，子どもたちは歌うことに愛と喜びを感じるべきだということになったからです。

PF：そのイベントはどこで，どこのアイスホッケー・スタジアムで行われたのでしょうか。まったく知りませんでした。

PB：どこかのスタジアムでした。また，入場券も販売していたので，それが目に留まったのです。入場するために10ユーロを支払う必要があったのです。

PF：ここのヨナーシュ・ザーボルスキー劇場ですが，この劇場は県に所属する県営の劇場ですか。

PB：そうです，県営です。彼らの費用は完全に国庫から賄われています。つまり国の補助金を受けて運営されている劇場です。そのため非常に費用がかかるステージを維持できています。多少なりとも文化のための施設ですが，私は認めることができません。と言いますのも，ここのミュージカルは，私たちが求めているものではないからです。オーケストラの生演奏もなく，昔の演目の再公演ばかり行っています。歌手も再公演ばかりに参加しています。と言いますのも，質の高い歌声を示せる俳優がもはやいなくなってしまっているからです。それでもかつてと同じように資金が注ぎ込まれているのですが，私たちはそこにひとつかみの砂粒を付け足しているだけの役に過ぎません。

PF：また，あなたは市が劇場をより手厚く支援すべきだと考えているのでしょうか，それとも別の考えをお持ちなのでしょうか。

PB：市が支援すべきだと考えているわけではありません。市にはそれだけの予算はありません。市は合唱団や劇団の補助を幾らか支出していますが，非常に限られた額です。それらは市民結社であり，それぞれが主な活動分野を持ち，資金の調達元を持っています。いいですか。つまり市民結社として機能するためには，自分たちの給与や自らの運営資金を確保しなくてはなりません。これは本当に骨の折れる仕事です。私はこれを趣味のように行っていますが，それは私が本職を持っているからです。つまり，私はこれで収入を得るために活動しているわけではないのです。

PF：では，どのような団体ならばうまく運営できるのでしょうか。例えば，プレショウで成功している団体はあるのでしょうか。

PB：ここには「私たちはママ」という名称の団体があります。虐げられた母親を支援するための団体です。また，緊急の場合のためのシェルターも運営しています。彼らはこのような社会的な活動を行う団体ですが，市民結社として機能しています。私の友人はこの団体の役員を務めています。そのため，私もいかに彼らが助成金を獲得するために奮闘しているか，また彼らの名声を保つために奮闘しているかを知っています。これは本当に大変な活動です。確かに趣味として活動することもできるのでしょうが，彼らの主要な活動は本当に大変困難な活動だと言えます。不安定さ，常に不安定さが付きまとっています。と言いますのも，その助成金が本当に得られるかどうかは判らないからです。そして，誰か人を雇っていたとしたらどうでしょうか。彼らの活動は経済活動ではありません。社会的な活動です。しかし，そこからでも利益を確保することはできます。

PF：具体的には誰に。

PB：働きかけているかですか。私たちのところでは支援者は少ないです。例えばSOROŠですが，SOROŠや同じような財団がかつて活動していた時はこのような具合でした。私は沢山のお金を持っているので，そのうちの一部を何かに提供し，スポンサーになろう，と。という具合ですので，いつもスポーツばかりにお金が流れていました。確かにスポーツも支援されるべきですが，他のものにもお金を提供してほしいものです。クラシック音楽のコンサートにもお金を提供してほしいと思っていましたが，非常に困難でした。

PF：文化を広めるためには，多かれ少なかれ…… 。

PB：スポーツを犠牲にすると決断しなければなりません。恐らくどこでもそうでしょう。

PF：そうですね。

⑸ A・ドゥフノヴィッチ・ルシン文化啓蒙協会：ガブリエル・ベスキド氏（PB），協会会長

PB：まずは，この協会，プレショウのアレクサンドル・ドゥフノヴィッチ協会は1924年に設立されたこと，後でお話ししますが，ウジゴロドの協会の支部として設立されたことをお話ししておきたいと思います。ウジゴロドは現在西ウクライナの町ですが，その当時はチェコスロヴァキアのポトカルパツカー・ルス地域に含まれていて，その中心的な都市がウジゴロドでした。そこに，1923年にアレクサンドル・ドゥフノヴィッチ協会が設立され，翌1924年の6月に，正確には6月のどこかの時点に，プレショウのギリシャ・カトリック教会の司教区にこの協会が設立されました。その当時のギリシャ・カトリック教会の司教はニャラーディ師［Nyarády］であり，彼はユーゴスラヴィア出身でした。そして，6月に行われた会合の席には，ポトカルパツカー・ルスからの2人の賓客が招かれました。ウジゴロドの中央委員会の幹事長を務めていたシュテファン・フェンチーク［Štefan Fenčík］と，当時のポトカルパツカー・ルス地域の知事だったアントン・ベスキド法学博士［JUDr. Anton Beskyd］です。ベスキド博士は私のおじにあたる人物です。

PF：なるほど，この出来事についてウェブページで記しているでしょうか。

PB：彼らは，その前の1923年にウジゴロドで協会が設立された時点で，協会を代表する人物としてここを訪問した経験があります。しかし，1923年に協会の設立が行われたの

は実際にはウジゴロドではなく，ムカチェヴォでしたが，本部はウジゴロドに置かれることになりました。そのため，記録によれば，プレショウのアレクサンドル・ドゥホノヴィチ協会は支部となり，1923年にムカチェヴォで承認された規約が適用され，それに基づいて運営されることになりました。つまり，ウジゴロドからです。こうして，1930年まではアレクサンドル・ドゥホノヴィチ協会の支部となっていました。設立大会が開催されて協会が設立された1924年には，ヤーン・キザーク博士［doktor Ján Kizák］が協会の会長に選ばれました。彼は当時のプレショウのギリシャ・カトリック師範学校の教授でした。

PF：その協会が現在まで続いているのですか。

PB：お待ちください。私たちがそこまで辿り着けば，私がお話ししたいことがあなたにも理解できるでしょう。

PF：と言いますのも，私たちはむしろ現在のことに関心を寄せているからでして。

PB：しかし，その事については，後ほどあなたがたにお話ししようと考えていました。宜しいでしょうか。様々な変化を理解していただきたいのです。

PF：わかりました。

PB：こうして1924年に協会が設立され，この協会の幹部たちは24年やそれ以前からこの仕事についていたのですが，と言いますのも，1923年にプレショウで，つまりチェコスロヴァキア共和国の建国直後に，ルス・クラブが設立されていたからです。このように呼ばれていました，ウクライナ・クラブではなく，モスクワ（・クラブ）でもありませんでした。これはルシン人のクラブでした，そのクラブに参加した多くの人々はギリシャ・カトリック教会の幹部でした。彼らは世俗の人々であり，ウクライナ人ではありませんでした。このように彼らはこの1923年に協会を設立したのですが，彼らが集まる場所はありませんでした。彼らはカフェで会合を開くか，あるいは司教館に集まるか，あるいはそれぞれの個人の家に集まることになりました。そのような時に，先ほど話が出たキザーク氏やテオドル・ロイコヴィチ氏［Teodor Rojkovič］といった教会の幹部は，フラヴナー通り，その当時はマサリク通りと呼ばれていましたが，そのマサリク通りの62番，今のフラヴナー通りの62番の建物が売りに出されていることを知ったのです。デジョフィ伯が所有していた建物です。かくして，1925年6月にキザーク博士やテオドル・ロイコヴィチ氏はその建物の管理者，つまり伯爵に対して購入の意思を示し，購入手続きを開始しました。ギリシャ・カトリック教会の信徒や協会幹部や世俗の有力者，あるいはルシン人同胞，アメリカ在住のギリシャ・カトリック信徒からの支援を得て，28万コルナを集めて，1925年にその建物を購入しました。現在のフラヴナー通り62番の建物，正面の上のところに「ルス会館」［Ruský dom］と書かれている建物です。解放者広場62番の広場のところとも呼ばれていましたが，その建物を28万コルナで購入したのです。こうして，アレクサンドル・ドゥホノヴィチ協会はその建物を本部として用い，協会は様々なクラブ活動や分科会活動を通じて，様々な文化活動を行いました。このようにこの会館があり，協会があり，クラブがあり，ロシア・クラブもそれらのクラブのうちの1つでした。アレクサンドル・ドゥホノヴィチ協会やロシア・クラブはそれぞれの規約を定めていましたが，1925年からそれぞれの文化的な活動を展開するようになりました。その当時のプレショウ司教区，大体のところ，現在のプレショウ県に相当するような東スロヴァキア全域で文化的な活動を展開したのです。例えば，科学・文化分科会といったような様々な分科会もありました。あるいは，ルシン人が生活している村々でも，ギリシャ・カトリック教会の信徒たちが支部を立ち上げました。それらの支部は，最初の頃は，読書室という名称でした。と言いますのも，まだまだ文字を読めない人々も多く，多くの場合，教会学校の教師たちはその読書室でも新聞や本などを使いながら読み書きを教えていたからです。こうして，多くの村や都市，そして，ストロプコウやメジラボルツェといったような小都市にもこれらの協会の支部が設立されました。ここでお話ししておきたいのですが，彼らはルシン人画家の作品や刺繍，民族衣装といったありとあらゆるものの展覧会を行いました。1927年から28年にかけてもこのような展覧会を2回開催しています。さらに，この建物には，ルシン人教師連盟も入居していました。なぜなら，ギリシャ・カトリックの教会学校がこの町にもあり，さらには教会学校の教師を育成する師範学校もあり，ロシア語ギムナジウムもこの町にはあったからです。ルシン人教師連盟以外にも，ルシン人女性連盟なども設立されました。彼らはさまざまな講義や講演会，新年の舞踏会といったような様々な文化的な行事を主催しました。さらに，ここは是非記してほしいのですが，彼らは文化的な偉人の記念碑を建立することも決定しました。こうして，1933年に，そうです，1933年の6月11日に，ロシア文化ないしルシン文化の日が開催されました。その場でアレクサンドル・ドゥフノヴィッチの記念碑も除幕されたのです。お話ししておきますが，この記念碑は，今はヨナーシュ・ザーボルスキー劇場となっている場所に建てられました。あなたもその劇場はご存知ですよね。その場所は，現在ではレギオナール広場と呼ばれています。判りますか。しかし，社会主義の時代に，この記念碑は問題となりました。と言いますのも，ドゥフノヴィッチはギリシャ・カトリック教会の聖職者だったからです。そして，その広場に聖職者の像があり，彼の横には子どもが立ち，本を開いている。つまり，知識の広め手の役を聖職者が担っているのです。そのため，夜の間にその像は引き倒され，破壊され，解体され，博物館へと移送されました。しかし，これもまだ社会主義の時代に，その当時の共産党の幹部たちを，彼らの間にはルシン人の共産党員もいたのですが，彼らを説得し，ドゥフノヴィッチは文化的な人物であり，ルシン民族の覚醒者なのであると納得させることができました。その結果，彼の像は，まだ社会主義の時代に現在その像が立っている通りへと移設されました。革命が起きたのは，11月のいつでしたか。

PF：11月17日です。その場所にあるのは私たちも知っています。

PB：あなたがたも見たことがありますか。ドゥフノヴィッチの像はそこに移設され，その場所もドゥフノヴィッチ広場へと改称されました。今の場所に移設されたのです。

PX：話を続けましょう。彼らが建立した記念碑は他にもあります。是非記して下さい。例えば，ミハロウツェにはスロヴァキア人と協力して建てたアドルフ・ドブリアンスキ［Adolf Dobriansky］の像があります。ご存じのように，アドルフ・ドブリアンスキはマチッツァ・スロヴェンスカーの創設者の１人でした。また，キリル文字でマチッツァ・スロヴェンスカーに関する多くの書き物も残しています。彼らは最初の新聞を発行するために多大な資金を提供したのです，マチッツァもです。つまり，ルシン人ないし彼らの代表者たるアドルフ・ドブリアンスキとスロヴァキア人やマティッツァとの間には，まだまだ話さなくてはならない関係が沢山あるのです。しかし，今は1925年のことをお話ししましょう。ここで1925年から始まった文化的な活動は1938年ないし39年まで発展しました。つまり，39年の９月に戦争，ドイツのポーランドに対する戦争が始まるまでです。その後ソ連を敵にした戦争が始まり，いわゆる文化的な活動は抑圧されました。一面では危険な活動になったのです。判りますか。さらに，スロヴァキア独立国の初期にはほとんど活動できず，そして44年以降も活動できませんでした。と言いますのも，ドイツ人は書面を通じて，ソ連や共産主義者との協力はまかりならんと通告してきたからです。そのためゴイディチ氏［Gojdic］〔香坂注：ギリシャ・カトリック司教？〕のところに避難することになりました。ここで１つお話ししなければならないのですが，かつてこの町にはロシア語ギムナジウムがありましたが，44年にゲシュタポたちによって爆破されかけました。彼らがやってきて，ロシア語ギムナジウムはパルチザンを育成していると宣言し，破壊しようとしたのです。どのような調子だったかはわかるかと思います。しかし，ギムナジウムの校長は，ゲシュタポ隊員をギムナジウムの礼拝堂に呼び寄せ，これが祭壇であり，彼らが聖家族であると説明し，ギムナジウムでは宗教的な精神に基づいて教育を行っていると説いたのです。ゲシュタポ隊員たちは帰りました。校長の言葉の意味はおわかりでしょう。私たちは文化の担い手であって，共産主義の担い手ではなかったのです。その事を何とか示すことができました。こうして45年まで生き延びました。そして，45年の後には教会学校は国有化され，ギリシャ・カトリック教会も接収されました。つまり，これ以上活動を続けることはできなくなりました。ゴイディチ司教は，それでも，45年から，46年，47年までは活動を続けていました。しかし，48年２月に共産主義者が権力を握ったのです。それでも，45年の後に協会の活動が再び始まった，つまり，このセンターの文化活動が再開されたことにも触れなくてはなりません。つまり，この会館は文化センターとなり，活動が拡大し，ルシン文化の日の行事も行われるようになり，それは，47年にストロプコウで開催された行事で最高潮に達しました。この時には，すでにホプコ助祭も活動に加わっています。ドゥフノヴィッチが生まれたトポリャでは様々な場所で活動が行われました。しかし，共産化した48年の後，1950年にはギリシャ・カトリック協会は解散させられ，ゴイディチ司教も収監され，その他のギリシャ・カトリック協会の幹部たちも収監されました。それでもこのロシア会館にドゥフノヴィッチ協会は残りましたが，ただ単に民間の協会，世俗の協会としてのみ活動することになりました。また，それまではウクライナ路線を主張していた一方でこの会館は「ロシア会館」と書かれており，矛盾が生まれていたのですが，この会館の中に大ホールが設置され，ウクライナ評議会も開催されました。そして，さらにこの時に関してもう1つお話ししなければならないことがあります。ある報告では，ルシン人が居住している東部地域がウクライナに，ソヴィエト連邦に併合されたことが示されました。これは大変危険なことでした。お判りでしょう。モロトフを手先として使い，スターリンが裏切ったのです。そして，彼は，私はゴットヴァルトと協議し，全てを解決した，私たちはこれ以上立ち入ることはない，後のことはまた別の問題だと話したのです。そして，まだ話さなくてはならないのは，1964年のことです。この時に，ウクライナ人がこのロシア会館を自らの手中に収めようとしました。しかし，この時の協会の会員たち，ドゥフノヴィッチ協会の会員もロシア協会の会員もですが，この協定に署名することを拒みました。そのため，会館は国の手に，当時のチェコスロヴァキア国家の手に収まることになりました。確かに，ウクライナ人たちがこの会館を手に入れていたならば，彼らはここで文化的な活動を続けることができたかもしれません。しかし，それはウクライナ文化に関する，ないしはドゥフノヴィッチに関する活動となっていたでしょう。ここにもウクライナ人はいました。彼らは全て歴史的な活動を代表する人々であり，ルシン人の歴史や大ウクライナの歴史と結びついた人々でした。そして，このような状態がおおよそ40年間，40年間続きました。しかし，彼らは仕事を行い，会館も開き続けました。とはいえ，会館は，より正確に言うならば，市の管轄下にあり，市の住宅公社が管理を任されていたのですが（博物館の館長であるオルガ・グロシーコヴァーさん［pani Oľga Glosíková］が現れた），今すぐ終わります，しかし，1989年の後から建物の所有権をめぐる裁判が始まり，これは10年間続きました。この会館をめぐり，ウクライナ人が争ったのです。つまり，この建物の元々の所有者だった彼らの団体が争ったのです。そして，2002年に元々の所有者はこの建物を取り戻すことに成功しました。市は彼らに会館を返しましたが，その状態が長い間維持されることはありませんでした。なぜなら，少人数のグループが組織の核に潜むようになっていたからです。あたかも木食い虫のようなものです。彼ら3人は，彼らの名前を出したくはありませんが，彼らは組織の中に潜り込むことに成功し，2006年には，あの28万コルナの寄付金で購入され，ルス・クラブの名前で登記されていたすべての財産を握り，財団へと移管したのです。つまり，汚い手段を使い，財団を設立したのです。偽造めいた手段で書面を作成し，中央省庁に提出しました。判りますか。省庁に提出し，財団を登録したのです。それがどうなったと思いますか。

PF：さあ。彼らは登録されたのでしょうか。

PB：登録されました。財団となり，財団は3人の委員から構成される資産管理委員会を設置し，件の3人が資産管理委員となりました。しかも，その資産管理委員は解任できないという規定で，斧使いのシュテファン〔セケラーク・シュテファン〕と噂される次第です。今は彼らがこの建物，この会館に居座り，私たちのように彼らにとって望まれざる人々はこの建物への立ち入りを禁じられています。

PF：それで，この協会は現在でも活動を続けているのですか。

PB：協会は今でもきちんと機能しています。今年再建され，活動を再開しました。また，1962年の規約が再度採用されました。

PF：あなたはその当時すでに協会の会員だったのですか。

PB：私はその当時，協会の書記であり，副会長を務めていました。

PG：あなたは92年のことを考えているのですよね。

PB：12月のことです。私は91年にはすでに加わっていました。そして，92年に規約が登録されました。

PG：62年ではありません，92年です。

PB：しかし，会館をめぐって争ったことと関係して，その時点ではほとんど活動らしい活動はありませんでした。ですので，活動が再開されたのは，実際のところ，2003年ないし2004年頃のことです。

PF：91年から活動は再び活発になったのでしょうか。

PB：91年からです。その時点で元々の規約が復活しました。

PG：社会主義の時代には停止されていた規約です。

PB：しかし，会館をめぐる争いがありました。つまりは，カフェで人と会うか，あるいはどこで会えるのかということです。会合の場所がありませんでした。そのため，活動も様々な場所で行わざるをえませんでした。

PF：91年の後もそのような状況だったのでしょうか。

PB：2003年までです。つまり，2002年に市役所から会館が返却されました，つまりこれまで所有権を保持していた市役所が会館を返還したのですが，それまで続きました。

PF：では，その2002年の時点であなたはどのような役職についていたのでしょうか。

PB：2000年の時点で私は幹事長でした。1999年12月に選ばれたのです。そして，2003年にはこの会館で文化行事を執り行いました。さらに，2003年にはミクラーシュ・ベスキドに関する専門的な講義も行いました。彼は歴史家であり，文筆家でもあった人物です。また，私たちは，レグナヴァ［Legnava］やスタラー・リュボヴニャ［Stará Ľubovňa］などでも式典を行い，記念プレートの除幕式を執り行いました。

PF：その2002年の時点であなた方の協会の会員は何人いたのでしょうか。

PB：2002年，2002年には，大体30人位の会員がいたと言えます。しかし，今では向こう側についた人々も5~6人位いました。彼らはそのことを認めませんが，2003年から2004年ぐらいの時期は活動に参加していましたが，2006年に件の斧使いシュテファンがトップの座に座ることに成功し，彼が財団を設立しました。それで，彼らが運営を牛耳ることになりました。会館の1階にはメガネ屋や楽器店が入居していますが，それぞれの店から月に約1,500ユーロの家賃を徴収しています。さらに，健康用品の店を入居させました。このようにして，会館の中を歩けばすぐにわかりますが，様々な電気製品や，雑多物を売る店が入居するようになりました。つまりこれらの店は店子であり，そこからお金を集めることができるのです。

PF：協会が活動を再開した1991年にはどなたが副会長だったのですか。

PB：ええ，その当時はイヴァン・ボバーク氏［Mgr. Ivan Bobák］が会長でした。しかし，彼は2003年の初めにこの世を去りました。

PF：では，その後に誰が会長の仕事を引き継いだのでしょうか。

PB：2003年に，お待ちください，しかし，彼は高齢であることを理由として，1999年に会長から退きました。そして，ロシア語学科のミロン・シサーク博士［doc. PhDr. Miron Sisák Csc.］が会長に選ばれ，2000年，2001年と彼が会長を務めました。彼が音頭をとって様々な仕事を処理し，コシツェから例のバルナもきました。そして，2002年にミロン・シサーク氏は仕事で多忙になったために退き，現在の会長の代がくるのですが，彼はプラスチックバッグに書類を詰め，印鑑を盗り，インクパッドも盗り，逃亡したのです。書類や印鑑を盗んで，会長の座に就いたのです。ですので，誰も彼を会長に選んだ覚えはありません。実際のところ，誰も彼を会長に選んでいません。2002年にも，2004年にも選んだことなどありません。2004年にも彼は汚い手段を使いました。偽造した書類をブラチスラヴァに送ったのです。ここであなた方にお話ししておきたいのですが，2006年のことです。あなた方もお気づきでしょうが，私はここでの幹事長としての仕事にまったく満足していません。2004年にも彼らは似たような手段を用いたのですが，会員たちがそのことを知ったのは，冬になってからでした。つまり，彼は偽造した規約を12月から1月頃に送付したのですが，ちょうどその頃多くの会員が扁桃腺を患っており，寝込む人もいました。しかし，4月9日に会員総会が開催され，会員は彼を拒否し，私を会長に選びました。そして，6月に，6月5日に内務省は私が会長に選出されたという議事録と規約の有効性を確認しました。しかし，選ばれなかった方の彼らは，秘密裏に会合を開き，謀を行い，新たな規約を内務省に送付しました。そしてその規約は内務省で承認されてしまったのです。これに対して私たちはまたも会員総会を開催しました。2002年からいくつの規約が承認されているのか想像してみてください，11もの規約が登場しているのです。考えられますか。そして，内務省はいつも承認の印鑑を押してきました。それでこのような状況が生まれてしまったのです。

PF：すでにその当時から市民結社として登録されていたのですか。

PB：市民結社としてですか，そうです。市民結社としては，アレクサンドル・ドゥフノヴィッチ・ルス（カルパトルス）協会［Ruský (karpatoruský) spolok Alexandra Duchnoviča］という名称です。

PB：ルスの次に括弧の中にカルパトルスとしています。かつてはプレショウのアレクサンドル・ドゥフノヴィッチ協会としていましたが。今，私がこの協会の会長の座に就いた後，3か月ほどかけて内部の状態を立て直しました。しかし，彼らは私が行っていることに対して顔をしかめており，私は望まれざる人物として扱われています。こうして，私は2006年にアレクサンドル・ドゥフノヴィッチ協会を再生しました。また，ガブリエル・ベスキド氏もこの活動再開に関与しました。現在，私は，次のような方法を段階的に進めています。まず，協会の名称を変更しました。ほとんどの部分は変えていませんが，現在の「ルス（カルパトルス）」という名称に代えて，ルシン［Rusínsky］という名称を与えました。と言いますのも，現在のスロヴァキア国家ではこの少数民族はカルパトルスという名前ではありませんし，ルス［ruský, ruská］という名称は大ロシアを思い起こさせるからです。私たちはそうではありません。それで，私は「プレショウのアレクサンドル・ドゥホノヴィッチ・ルシン文化・啓蒙協会」という名称を与えました。そして，2007年に規約を全面的に見直しました。それまでにも規約の初めの部分を見直していましたが，2002年に全く新しい規約を採択し，今もその規約にもとづいて運営しています。そして，2007年には，ここに館長もいますが，彼女と協力して，彼女が運営する博物館を作りました。かつての博物館は，マサリク通り10番に，今よりも少し下の方にありました。私はいつも文化的な性格のプロジェクトを進めています。これ以外にも過去の文化を取り纏め，私たちの中の様々な人物や偉人，彼らの活動や仕事などをまとめていく様々な計画やプロジェクトが思い浮かんでいます。

PG：教育も。

PB：……教育についても，そして，教会，ギリシャ・カトリック教会についても関心を寄せています。と言いますのも，教会はかつて，つまり教会の合同が合意された時，言い換えるならばまだギリシャ・カトリック協会が存在していなかった時代から，非常に大きな役割を担っていたからです。そのため，私たちの文献にはラテン語の時代のもの，つまり彼らの神学者が学んでいた時期のものもあります。それらの文献がどのようにして生まれてきたのかは今となっては話すことがなかなか難しいのですが，大量の文献があります。そして，2007 年からほぼ毎年，私たちは年に 1 回から 2 回の専門講義を開いています。今年はこの 10 月 5 日に開く予定で，プレショウを中心としたプレショウ司教区の 2 代目の司教だったヨゼフ・ガガネツ［Jozef Gaganec］の教会活動と文化活動の意味に関する講義を行うことになっています。彼は，歴史に，教会の歴史だけに留まらず，ルシン人の歴史にも金文字で記されるに値する人物です。と言いますのも，ハンガリーの時代，オーストリア＝ハンガリーの時代にマジャール化の圧力が猛威をふるっていましたが，彼は教会の典礼をラテン語にすべしという圧力に対抗し，東方の典礼，ビザンツの典礼を支持し続けたのです。また，彼は教育も支持し，東スロヴァキアに生きるルシン人たちを支援しました。ですので，私たちは彼に関する講義を行うのです。このような内容です。

PF：では会員は。どのような人々が会員になっているのでしょうか，どのような職業の人々ですか，また，どのような年齢層の人が会員なのでしょうか。

PB：会員構成についてですが，アレクサンドル・ドゥフノヴィッチ・ルシン文化・啓蒙協会については，この協会は。

PG：あらゆる年齢層の人がいます。

PB：あらゆる年齢層の人がいます。会員には教師やあるいは年金生活者もいます。例えば，ヴァシル・ヤンコさんは医師です。医者や法律家も。さまざまな職業の人がいますが，ルシン人であることを表明している人々です。現在の状況を反映して，ギリシャ・カトリックの信徒も正教徒もいます。と言いますのも，現在ではルシン人にはギリシャ・カトリックの信徒も，正教徒もいるからです。そして，今では宗教を信じていない人もいますが，彼らもルシン人です。このように言うことができます。つまり私たちは民族性に関心を寄せているからです。

PF：現在では会員は何人ですか。協会の会員はどの位いるのでしょうか。

PB：協会の会員は 35 人です。

PF：このような協会でも会員は会費を支払うのでしょうか。

PB：いいえ。私たちの規約には会費について記されていますが，会員それぞれが 1 年につき 1 ユーロを納めるだけ，シンボリックなものです。想像してみてください。あなたが何か建物を購入するとして，1ユーロを納めるだけで良いのです。良い質問でした。次をどうぞ。

PF：あなたがたの協会に対して地方自治体から何らかの支援はあるのでしょうか。

PB：地方自治体からですか。市からですね。これについては，市から私たちはなにも受けとっていないということができます。

PF：あなたがたから支援を求めたことはあるのですか，もしくはそのようなこともないのでしょうか。

PB：私たちから求めたこともありません。ただし，私はヴェリキー・シャリシュ町［Veľký Šariš］からの支援を求めたことはあります。その時も何らかの文化的事業への支援に関してでした。ビール会社は私たちへの支援を約束していたのですが，他に誰か私たちを支援するところはあるのかと尋ねてきたのです。他の支援者は見つかりませんでした。それでその話も流れてしまいました。他には，私たちは2007年と，さらにその前には2003年に，少数民族文化に関する枠組みで，文化省と今はスロヴァキア政府の首相府から資金援助を得たことがあります。当時はフメル氏がいた頃で，ハンガリー人も得ていました。首相府からです。ブラチスラヴァのスロボダ広場（自由広場）に面した今の政府の首相府です。さらに1点話しておかなければならないのですが，かつてのセンター，かつて協会が本拠を構えていたところには，出版に関する協定があり，そこには本の出版や座談会の開催を支援するという条項も含まれていました。今では意味のない条項です。私たちは望まれざる人物として扱われており，私たちにとってそこには敵のような人々しかいないからです。

PF：では，実際のところ市とは全く協力していないのでしょうか。

PB：状況をご覧ください。私も市に支援を求めましたが，それは私たちだけではありません。私が名前を挙げられるだけでも，少数民族団体からは，ルシン人のルシン再生の代表者，彼らはここに地方支部を開設しているので，ルシン再生の支部ですが，彼らも支援を求めています。そこには非常に活発に活動しているカリカチュア作家のフェドル・ヴィツォ氏がいます。そのため私たちが支援を受けられるとしても，それは金銭的な支援にはならず。

PG：精神的な。

PB：メディアや新聞からの精神的な支援に留まります。かつてはルシン人の民族的な新聞だった『民衆新聞』［Ľudové noviny］のみがあり（*彼は方言ないしルシン語でこの新聞の名前を述べた*），アレクサンドル・ズズリャクさん［Mgr. Alexander Zuzuľak］がその編集長を務めていました。当時，何人かの市会議員は，会館をめぐる法廷闘争を解決するように，そして私たちが会館を取り戻せるように，市長のハジャリ氏に支援を求めていたのですが，何も結果は得られませんでした。つまり，法廷の裁断は既に話したような結果でした。最終的な判決が出るまでに7年かかりました。郡（地方）裁判所と県（高等）裁判所での審理を経たためです。県裁判所でも権利行使の可能性に関して非常に難解な判決がくだされ，そのため，私たちは1年以上もかけてその取り消しを申し立てることになりました。まだ何も解決されていないのです。

PF：では，あなたがたはいつからこの建物を利用しているのですか。この建物はいつ建てられたのですか。

PG：すみません。アレクサンドル・ドゥフノヴィッチ協会はここが完全な本部所在地であるとは捉えていません。あくまでも，個々人の家が送り先になることを避けるために，郵便の送り先として示しているだけです。確かに，博物館もルシン組織を支援する人々と協力しているとは言えますが，少なくとも完全に正当な要求については，彼らは私からの支援を期待することができます。しかし，そうではない場合は，彼ら自身で扱わなければなりません。問題は，彼らが集まる場所がないということです。つまり，40以上のルシン人の市民団体があると言われており，そのうちの幾つかはプレショウに本部を置き，また別の幾つかはスロヴァキア全土で活動していますが，彼らの活動の困難な点はこの点にあります。しかし，できることは支援したいと考えています。

PF：では，あなたはそれらの団体が参加するような様々なイベントを組織することもあるのですか。何か専門的なイベントとか。

PB：はい。記録に留めてほしいのですが，私たちは，2つから3つ，あるいはそれ以上の数のプロジェクトに関して申請書を送り，資金を得ています。それらのプロジェクトを扱う委員会は私たちの申請を承認し，これらの計画に対してどれだけの額を支出するかを決定しています。

PF：それらのプロジェクトはどこに対して申請しているのですか。文化省ですか。

PB：政府の首相府宛です。

PG：首相府の少数民族部局宛てです。

PB：つまり，ここには例えば研究者向けの物，研究者が行う調査活動を評価するために定められた枠組みや，研究者が行う講義のための枠組みもあります。それは2か月から3か月の時間枠のものです。つまり，資料を調べ，報告をまとめる間の支援です。これも首相府が私たちに提供しているものです。大体この程度です。

PG：助成金は全くありません。

PB：残りの資金は，市民結社として私たちが開設している銀行口座に預けてあります。毎年，公証役場との間で公証契約を取り交わしています*（法律で定められた手続き）*。そして，この公証契約には毎年65ユーロかかりますが，この費用については私たちの会員から納められた資金を充てています。彼らが自発的に登録した例の税金の２％制度を経由して入ってくる資金です。この資金も私たちの活動の助けとなっています。ただ，例えば，様々な書類や書面を作成しなければならず，様々な手続きを経る必要があり，様々なコピーをとる必要もあります。通常の収入源に加えて，この２％からの収入もあります。

PF：実際のところ，あなたがたはこれだけの少ない収入だけで生き延びていけるのですか。

PB：そうですね，どう思われますか。あなたには真剣にお答えしますが，書き留めないでいただけますか。例えば，娘や息子，妻が私に資金を提供しているのです。

PG：つまり，家族の全員です。

PB：私の息子はブラチスラヴァで働いています。大統領府からそう遠くないところです。彼は法律家，弁護士です。娘はここの県裁判所の判事ですが，お分かりのようにこの件に関与することはできません。このように収入がある人々が２％を寄付しています。この方法で大体500ユーロから600ユーロの収入を得ることができます。

PG：また別の人々からもお金を集めることができます。

PB：お金を集めることができます。そして，そのお金は文化事業に使われますが，それについては委員会が決定します。当然ですが，全てのことが紙面に記録され，すべての記録が保存されます。

PG：笑ってしまうくらいです。と言いますのも，私たちのところの様々な文化組織でも，多少なりとも情熱を持って活動しているところ，参加している人々が，このような情報に触れられるところは，と言いますのも，長い間ここで活動していますが，このような方向性の団体では，単純にこういった感じなのです。関心を抱いた人が質問することはありますが，それだけの関心を持っている人はさほど多くありません。単純にお客様気分でいるだけにはいかず，すでに出てきた問題を見なくてはならないのですが。

PF：では，例えば支援を得ているプロジェクトについてですが，どのくらいの額の支援を得ているのでしょうか。

PG：例えば，今年度ですね。

PG：プロジェクトに関してどれだけの額を受け取っているのでしょうか。

PB：こちらをご覧ください。例えば，この承認されたプロジェクトでは，10月に資金を受け取ることになっていますが，これは重要な司教で民族の覚醒者でもあったヨゼフ・ガガネツに関するプロジェクトで900ユーロを受け取ることになっています。6人の研究者に80ユーロずつで，場所代も支払います。これ以外の事柄についても支出します。つまり，この900ユーロですべてを手配することになります。

PF：どこで開く予定ですか。どこを会場として利用する予定なのですか。

PB：レギオナールスケ広場（軍団兵広場）のところのレストランを予定しています。そこにはあらゆるものが揃っています。しかし，おわかりかと思いますが，すべては予算に収まるようにそれぞれの支出が計画されています。このような状況です。
PG：プロジェクトはすでにかなり進行しています。
PB：また，すでに進行中のプロジェクトということであれば，来年には私たち少数民族にとって重要なことがあります。と言いますのも，手にマイクを持って通りを歩いて声を集めてください。今の若者たちは10年前，20年前に何があったのか，まったく知らないのです。19世紀に何があったか，20世紀に何があったかに関してはいうまでもありません。彼らはこの建物に関してすら知らない，つまり，ここにセンターがあったことを知らないのです。あるいは，学校に関しても知りません。ですので，私たちはこのプロジェクトを進めていこうと考えています。私たちはここに講師を呼び，たとえば特定のテーマに関して講義を行ってもらおうと考えています。ただ，これは普通の人々を対象にしたものではなく，それなりに教養を持つ人々が参加するものです。つまり，参加者の多くは大学教育を修めた人々や数年間社会で働いている人々，たとえば，博物館の館長や博士号持ちの人，それ以外にも学部で授業を持っている人々などです。つまり，参加者には教会での出来事などに関する論点についての報告を示すことになります。そして，プレショウ大学神学部教会史学科の学科長を務めているヤロスラフ・ツォラニッチ博士［Jaroslav Coranič, PhD.］が，ちょうど今日，私にそのような計画を示してきました。
PG：彼は副学長です。
PB：このように私たちは誰かれ構わず資金を出すわけではありません。と言いますのも，一部の人は本をさっと持ってきて，それを読むだけであるからです。そこからは何も生まれません。つまり，中身があり，何かをもたらすものである必要があります。
PF：それでは，他のどこかのルシン人団体との協力関係はあるのでしょうか。
PB：ええ。ルシン文化・啓蒙協会はプレショウ大学附置言語・文化研究所と協力関係にあります。
PG：ルシン語です。よろしいですか。ルシン語研究機関との関係です。
PB：……スロヴァキアにおけるルシン団体全スロヴァキア協会［Slovenská asociácia rusínskych organizácií na Slovensku］とも協力しています。
PF：その組織はプレショウに本部を置いているのですか。
PB：はい。ルシン団体全スロヴァキア協会は8つの団体の統合組織です。
PG：1つの組織の下にまとまっています。
PB：略称はSAROです。また，彼ら以外の私たちのもっとも緊密な協力相手，もっとも緊密な協力関係を築いているのは，スロヴァキア国立博物館－在プレショウ・ルシン文化博物館です。その博物館との間には，楽観主義や刺激，そして様々なプロジェクトがあり，そのような様々な形容詞をつけて呼べる関係があります。と言いますのも，一定の刺激がなければ，一定の楽観主義がなければ，私たちは何も行えないからです。つまり，ペシミズムはただただ墓場へと，消滅へと続いているだけなのです。

PG：ところで，まだサシャのことがあります，あの新聞のことです。

PB：そうです，まだ別のことがあります。と言いますのも，この期間に大量の出版物があったからなのですが，それはある人との協力，名前を出しましょうか。

PG：ある新聞との協力です。

PB：『民族新聞』［Národné noviny］，つまり，スロヴァキア語で言うならば『民衆新聞』［Ľudové noviny］との協力です。この『民衆新聞』は，第一共和国の頃に出版されていた『国民新聞』［Narodnaja gazeta］，ガゼットという名前の新聞に由来しています。当然のことですが，新たな歴史的環境の下で発行されています。つまり，当時はロシア語で書かれていましたが，今は正書法に基づいたルシン語で記されています。『民族新聞』と『ルシン』という雑誌，これは文化に関する雑誌ですが。

PG：特にこの雑誌についてですが，私たちの集会や専門講義などの記事も掲載されています。ですので，講義で話されたことは忘れ去られることなく，反対により広く世間に広められるのです。

PB：以上のことが私たちの協力関係です。

PF：あなたがたの団体に関して将来をどのように見通していますか。あなたがたの活動を引き継ぐ人はいるのでしょうか，関心を示す人はいるのでしょうか，それとも関心は弱まっているのでしょうか。

PB：これに関しては……。では，将来に関するある事例をお話ししましょう。私たちないし私たちの協会の会員や支持者，ルシン人に属している個々人にとって大きな問題となっているのは，これはプレショウに限った話ではなく，周辺地域やこの地域一帯にも関係していることなのですが，問題となっているのは，私たちの文化的なセンターが存在しないということ，会館が存在しないということです。つまり，チェコ人にとってのプラハの市民会館のような存在として，ルシン人にはルス（ルシン）会館があり，これは寄付金を寄せ集めて購入されたのですが，実質的にこの会館は私たちの手を離れてしまいました。このように私たちは文化的なセンターを持っていないのです。私たちが何か活動をしようとするならば，どこか別のところに行かなくてはなりません。このような次第です。今，私たちは7年間の法廷闘争を闘ってきましたが，私たちの会員の一部はこの世を去り，また別の人々は信頼や楽観的な展望，そして私たちの間にあった多くのことを失いました。例えば，最高幹部たちは今あの会館を管理している人々が汚い手を使った人々であること，腐敗した手段を用い，そのような手法を利用している人々であるということを理解していません。あなたにもお話ししますが，テレビを見ていますか。チャンネル JOJ でスニナの二言語教育ギムナジウムが取り上げられたことをご存じでしょうか。

PF：いいえ。

PB：つまり，関係者が二言語教育ギムナジウムの開設を希望し，それに成功したという内容です。新聞には長文の記事も掲載され，取材マイクも彼に向けられましたが，現在進行中ということで彼は取材から逃げました。これは 10 月 9 日付の『コルザール』紙に掲載されます。これに関し，二言語教育ギムナジウムと，そして，ここに彼の名前も言及されています。ここには賃貸料に関して多額の未払い金があるともあります。私は，彼がどこかからこれだけの多額のお金を調達できるのかどうか，誰かがこのような無愛想な人物に，学業を終えていない正教の聖職者にお金を貸すのかどうかは判りません。つまりは，彼は，実際のところ，この会館と関係がない人物なのです。と言いますのも，この会館を購入したのは，ギリシャ・カトリック教会の信徒であり，彼は 3 年生か 4 年生を終えただけの人物であって，その後は図書館で働いていた，しかし，文化の分野には全く関係がなく，このようなことにはまったく関わっていなかった人物なのです。

PF：まだ質問してもよろしいでしょうか。たとえば，市民結社であることに関して，法的な面で国はあなたがたの活動を支援できているとお考えでしょうか，あるいは，そこには官僚制の高い壁があるとお考えでしょうか。

PB：どうぞお聞きください。私たちは権利行使の可能性に関して非常な疑念を抱いています。つまり，私たちが法廷で直面している問題がすぐに解決するかどうかに疑問を感じています。たとえば，私たちはすでに 1 年以上も県裁判所での判決が下されるのを待っています。一方，彼の側はこの時間を有効に利用しています。他方で，私たちは内務省がなぜ彼の側を支持しているのか全く理解できません。想像してみてください，私たちは会員総会を開き，そこで規約を提示し，規約を読み上げているのです。そこには会長が誰であるのかという名前も記され，最後には，会員総会が委員を選出した段階で，総会で承認された規約が発効するとも明記されています。このように義務も備えた形式であり，退任する会長もこれに署名しています。よろしいですか。つまり，フィツォが就任するにあたって，彼が就任することを承認するとズリンダからも署名を得ているようなものです。しかし，内務省は現会長宛にも前会長宛にも，何度も何度も，退任する前会長と副会長の義務的な署名が添えられていない限り，この規約を承認することはできない旨を送ってきているのです。では今どうすればいいのでしょう。彼を切り分けてしまえば良いのでしょうか。3 人の人間を集めて，彼を捉えてどこかに押し込め，署名するように強要すればいいのでしょうか。義務的な署名……。私がこの規約を作成した時は，スロヴァキアの市民団体はこのような義務を課せられているとはまったく知りませんでした。一方で，彼はそれを上手くやったのです。もしあなたがあちら側に行くことがあれば，彼のすぐ後ろに１人の女性がいることに気が付かれるでしょう。ヴェルキー・シャリシュのヴェロニカ・グミトロヴァーという女性です。向こうはそういった状況なのです。私はこのように考えています。おわかりになったでしょうか。最後に１つ宜しいですか。私は世界の遥か遠い場所からも私たちの文化に関心を寄せる人々がいることをとても嬉しく思っています。 またあなたがたの仕事も評価しており，成功することを期待しています。と言いますのも，この事情を知っているのか知らないのかいろいろ人々が訪れるものですから，最初はその程度に考えていました。しかし，その後に電話でお話しした時，何かブラチスラヴァの方から光が射しているように感じました。あなたが話している時非常に心地よく感じました。ご存じのようにあらゆることが起こるものです。しかし，良い心を持った人にはおのずから興味が惹かれます。それで私はあなたに対して，何が起きているかをお話ししたのです。

（録音終わり）

資料2．住民アンケート調査票（原票）および地域別集計表

調査実施時期：2013年5月～6月

調査委託機関：FOCUS: Centrum pre sociálnu a marketingovú analýzu (Bratislava)

調　査　方　法：本書序論参照

集計表作成者：小熊　信

FOCUS, Centrum pre sociálnu a marketingovú analýzu

DOTAZNÍK

VZŤAH OBYVATEĽOV K SVOJMU MESTU, máj-jún 2013

REGISTRAČNÉ ČÍSLO ANKETÁRA:

"Dobrý deň! Volám sa ..... a som anketárom/-kou agentúry FOCUS, ktorá sa zaoberá prieskumom trhu a verejnej mienky. V rámci spolupráce Sociologického ústavu SAV a Ústavu spoločenských vied CHUO Univerzity v Tókiu sa realizuje projekt „Sociálna zmena k občianskej spoločnosti v období globalizácie", ktorej súčasťou sú i prípadové štúdie v spoločenstvách troch slovenských miest. *Uvedený dotazníkový prieskum je jeho súčasťou, je anonymný a poslúži na* vedecké účely. Budeme Vám povďační, ak sa na uvedeného výskumu zúčastníte a vyjadríte svoj osobný názor na veci, ktorým sa dotazník venuje. Ďakujeme.

Rozhovor bude trvať **približne 10 minút**. Výskum je **anonymný**, to znamená, že Vaše odpovede budú spracované **hromadne** na počítačoch **spolu s názormi stoviek ďalších** oslovených občanov a Vaše **meno nebude nikde zverejnené**."

ANKETÁR! **KÓDY UVEDENÝCH ODPOVEDÍ** V TOMTO DOTAZNÍKU **KRÚŽKUJTE** - DO HRUBO-ORÁMOVANÝCH **RÁMIKOV!**

SKRÍNING

F0. MESTO: **"V ktorom meste žijete?"**
Which city are you living in?

1) Banská Štiavnica
2) Brezno
3) Prešov

1	2	3
Banská Štiavnica	Brezno	Prešov

F1. POHLAVIE RESPONDENTA:
Gender

1) muž Man
2) žena Woman

ANKETÁR, OZNAČTE!

1	2
muž	žena

F2. VEK RESPONDENTA: **"Koľko máte**, prosím, **rokov?"**
Age

ANKETÁR, ZAPÍŠTE VEK!

Rokov
Years old

F3. **"Aké je Vaše najvyššie ukončené vzdelanie?"**
Educational level

1) "bez vzdelania / neúplné základné
Basic school (unfinished)
2) Základné Basic school (finished)
3) stredné bez maturity
Middle school (without final exam)
4) stredné s maturitou
Middle school (passed the final exam)
5) nadstavbové pomaturitné
Higher school
6) vysokoškolské (bakalárske, magisterské, PhD.)"
University (bacheror, master, doctor)

1	2	3	4	5	6
bez vzdelania / neúplné základné	základné	stredné bez maturity	stredné s maturitou	nadstavbové pomaturitné	vysoko-školské

1.A. **"Bývate v tomto meste od narodenia alebo ste sa sem prisťahovali?"**
Have you been living in this city since your birth, or did you move hereto later?

1) od narodenia
since my birth --> ot.2
2) prisťahovali ste sa sem * → ot.1.B
later

1	2 *
od narodenia	prisťahovaný/-á *

* AK SA SEM **PRISŤAHOVAL/-A** (ot.1.A = 2)

***1.B.** **"Približne ako dlho bývate v tomto meste?"**
How many years have you been living in this city?

1) "5 rokov a menej 5 years or less
2) 6 – 15 rokov 6-15 years
3) 16 – 30 rokov 16-30 years
4) viac ako 30 rokov" Over 30 years

1	2	3	4
5 rokov a menej	6–15 rokov	16–30 rokov	viac ako 30 rokov

→→→ PÝTAJTE SA VŠETKÝCH !

2. **"Chceli by ste bývať v tomto meste do konca života?"**
Would you like to live in this city up to the end of your life?

1) "rozhodne áno Definitely yes
2) skôr áno Maybe yes
3) ťažko povedať Difficult to say
4) skôr nie Maybe not
5) rozhodne nie" Definitely not

1	2	3	4	5
rozhodne áno	skôr áno	ťažko povedať	skôr nie	rozhodne nie

3. **"Ste hrdý/-á na svoje mesto?"**
Do you proud of your city?

1) "rozhodne áno Definitely yes
2) skôr áno Maybe yes
3) ťažko povedať Difficult to say
4) skôr nie Maybe not
5) rozhodne nie" Definitely not

1	2	3	4	5
rozhodne áno	skôr áno	ťažko povedať	skôr nie	rozhodne nie

4. "A teraz dve otázky **na tému komunálnych volieb, teda volieb starostov/ primátorov a poslancov do obecných zastupiteľstiev miest a obcí.**" Local election (city assembly members, and the mayor)

A. "**Skúste si**, prosím, **spomenúť – zúčastnili ste v tomto meste komunálnych volieb v roku 2006?**"
Did you vote at the local election in 2006?

1) Áno Yes
2) Nie No
9) už sa nepamätám" I don't remember

komunálne voľby **2006**:

1	2	9
áno	nie	už sa nepamätám

B. "**A zúčastnili ste v tomto meste komunálnych volieb v roku 2010?**"
Did you vote at local election in 2010?

1) Áno Yes
2) Nie No
9) už sa nepamätám" I don't remember

komunálne voľby **2010**:

1	2	9
áno	nie	už sa nepamätám

5. **"Pokladáte informácie, ktoré máte o práci a dôležitých rozhodnutiach mestského zastupiteľstva v tomto meste, pre Vás osobne za: .... ?"**
How do you personally evaluate the work and important decisions of city assembely members in your city?

1) **"dostačujúce** Satisfactory
2) **nie veľmi dostačujúce** Not so much satisfactory
3) **Nedostačujúce** Dissatisfactory
4) nezaujímate sa o to" I have no interests in such matters

1	2	3	4
dostačujúce	nie veľmi dostačujúce	nedostačujúce	nezaujíma sa o to

6. "**Aké sú**, podľa Vás, **najdôležitejšie problémy Vášho mesta, ktoré treba prednostne riešiť**? Uveďte **tri** podľa Vás **najdôležitejšie**. **Začnite najzávažnejším**."
What do you think are most important problems to be solved with top priority in your city? Please raise three.
ANKETÁR, ZAPÍŠTE PODROBNE! DODRŽUJTE PORADIE UVÁDZANIA!

1. ....

2. ....

3. ....

PREDLOŽTE **POMOCNÝ LÍSTOK 7** (ŠKÁLA)

7. **"Ako hodnotíte životné podmienky v tomto meste v nasledujúcich oblastiach?** Na hodnotenie použite škálu od 1 do 5, kde **1** znamená **veľmi zlé**, 2= skôr zlé, 3= ani dobré, ani zlé, 4= skôr dobré a **5** znamená **veľmi dobré**."
How do you evaluate the living conditions in youe city regarding the following matters?
1=very bad, 2=rather bad, 3=not good but not bad, 4=rather good, 5=very good

POSTUPNE ČÍTAJTE OBLASTI A až L! PRI KAŽDEJ OZNAČTE ODPOVEĎ, TEDA V KAŽDOM RIADKU ZAKRÚŽKUJTE JEDNO ČÍSLO ODPOVEDE!			1 veľmi **zlé**	2 skôr zlé	3 ani dobré, ani zlé	4 skôr dobré	5 veľmi **dobré**
A.	"zdravotníctvo a lekárska starostlivosť Health and medical care	**A**	1	2	3	4	5
B.	výchova a vzdelanie Education	**B**	1	2	3	4	5
C.	zamestnanecké príležitosti a pracovné podmienky Employment and working conditions	**C**	1	2	3	4	5
D.	kultúra a podmienky na oddych a rekreáciu Culture and recreation conditions	**D**	1	2	3	4	5
E.	prírodné danosti Natural environment	**E**	1	2	3	4	5
F.	dopravné spojenia mesta s inými sídlami (autobus, vlak) Access to large cities (bus, train)	**F**	1	2	3	4	5
G.	hromadná mestská doprava, teda doprava v rámci mesta Public transportation inside the city	**G**	1	2	3	4	5
H.	bezpečnosť života vo Vašom meste Safety and security of life in the city	**H**	1	2	3	4	5
I.	starostlivosť o deti a mládež Care for children and youth	**I**	1	2	3	4	5
J.	starostlivosť o starších ľudí a dôchodcov Care for elderly people	**J**	1	2	3	4	5
K.	technická infraštruktúra mesta (miera plynofikácie, vodovodná sieť, možnosti pripojenia na internet a pod.) Technical infrastructure in the city (Gas, water, internet connection, etc.)	**K**	1	2	3	4	5
L.	kvalita ciest" Quality of road and path	**L**	1	2	3	4	5
			veľmi zlé 1	skôr zlé 2	ani -ani 3	skôr dobré 4	veľmi dobré 5

PREDLOŽTE **POMOCNÝ LÍSTOK 8** (ŠKÁLA)

8. "Ako by ste zhodnotili svoj záujem a ochotu zúčastňovať sa na nasledujúcich podujatiach?"
(Hodnotenie: 3= veľký záujem, 2= čiastočný záujem, 1=nezáujem)
How much are you interested willingly in participating in the following matters?
1=very much, 2=a little, 3=not at all

POSTUPNE ČÍTAJTE PODUJATIA A až H! PRI KAŽDOM OZNAČTE ODPOVEĎ, TEDA V KAŽDOM RIADKU ZAKRÚŽKUJTE JEDNO ČÍSLO ODPOVEDE!			3 veľký záujem	2 čiastočný záujem	1 nezáujem
A.	"spoločné podujatia zamerané na rozvoj mesta Joint action for local development	A	3	2	1
B.	spoločensko-kultúrne podujatia Socio-Cultural activity	B	3	2	1
C.	športové podujatia Sports activity	C	3	2	1
D.	politické podujatia organizované politickými stranami Political action organized by political party	D	3	2	1
E.	riešenie problémov verejného poriadku a občianske-ho spolužitia Solving of problems related to public order and civic life	E	3	2	1
F.	charitatívne akcie, pomoc blížnym Charitative action, help for the handicapped	F	3	2	1
G.	ekologické podujatia v rámci mesta Ecological action in the city	G	3	2	1
H.	skvalitňovanie svojho obytného prostredia" Improvement of residential environment	H	3	2	1
			veľký záujem	čiastočný záujem	nezáujem

9. "Ste Vy osobne členom niektorej z miestnych nadácií, spolkov, združení alebo klubov alebo sa **aktívne podieľate na ich činnosti?** Ak áno, **ktorých?"**
Are you a member of any circle, group, club or association, or do you participatre in its activities?,

ZAKRÚŽKUJTE KÓD ODPOVEDE! (1 = áno, 2 = nie) **AK ÁNO, ZAPÍŠTE VŠETKY NÁZVY!**

1 = **áno** (ZAPÍŠTE NÁZOV/NÁZVY:) ....

.Yes (Write its/their name(s)..

nie, nie ste členom/-kou žiadnej nadácie, občianskeho združenia, spolku

2 = No

PREDLOŽTE **POMOCNÝ LÍSTOK 10** (ŠKÁLA)

10. "**Život v meste** prináša rad **pozitívnych, ako aj negatívnych vzťahov medzi ľuďmi a rôznymi záujmovými skupinami**, ktoré v meste pôsobia. Tieto vzťahy vplývajú na celkovú atmosféru v meste. **Ako Vy osobne hodnotíte nasledujúce sféry vzťahov vo Vašom meste?**
In local life there are positive as well as negative relations between people and interest groups. Those relations affect a general atmosphere in the city. How do you estimate the following relations in your city?

Na hodnotenie použite škálu od 1 do 5, kde **1** znamená **veľmi zlé**, 2= skôr zlé, 3= ani dobré, ani zlé, 4= skôr dobré a **5** znamená **veľmi dobré**."
1=very bad, 2=rather bad, 3=not bad, not good, 4=rather good, 5=very good

POSTUPNE ČÍTAJTE SFÉRY A až I ! PRI KAŽDEJ OZNAČTE ODPOVEĎ, TEDA V KAŽDOM RIADKU ZAKRÚŽKUJTE JEDNO ČÍSLO ODPOVEDE!			1 veľmi **zlé**	2 skôr zlé	3 ani dobré, ani zlé	4 skôr dobré	5 veľmi **dobré**
A.	"bežné **rodinno-príbuzenské vzťahy** Family and kinship relations	**A**	1	2	3	4	5
B.	**susedské spolužitie a výpomoc** Neighborhood relations	**B**	1	2	3	4	5
C.	vzťahy medzi **veriacimi rôznych vierovyznaní** Relations between believers of different religions	**C**	1	2	3	4	5
D.	vzťahy medzi **politicky rôzne orientovanými skupinami** Relations between political groups of different orientations	**D**	1	2	3	4	5
E.	vzťahy medzi **podnikateľmi navzájom** Relations between entrepreneurs	**E**	1	2	3	4	5
F.	vzťahy medzi **podnikateľmi a ostatnými občanmi** mesta Relations between entrepreneurs and other citizens	**F**	1	2	3	4	5
G.	vzťahy medzi **mladými a starými** Relations between young and elderly people	**G**	1	2	3	4	5
H.	vzťahy medzi **Slovákmi a inými národnosťami** v meste Relations between Slovak and other nationalities in the city	**H**	1	2	3	4	5
I.	vzťahy medzi **nerómami a Rómami** vo Vašom meste" Relations between non-Roms and Roms in the city	**I**	1	2	3	4	5
			veľmi zlé	skôr zlé	ani -ani	skôr dobré	veľmi dobré

PREDLOŽTE **POMOCNÝ LÍSTOK 11** (ŠKÁLA)

11. "**Mohli by ste mi, prosím, povedať, ako často chodíte na nasledujúce podujatia**?"
How often do you attend the following events?
(Hodnotenie: 4=často, 3=občas, 2=zriedkakedy, 1=nikdy)
4=often, 3=from time to time, 2=seldom, 1=never

"Ako často chodíte ... ?"	POSTUPNE DOPĹŇAJTE A až F! PRI KAŽDOM OZNAČTE ODPOVEĎ!		4 často	3 občas	2 zriedka-kedy	1 nikdy
A.	"**do divadla na činohru, operu, operetu** či **balet** Theater for drama, opera, operetta or ballet	**A**	4	3	2	1
B.	na **koncerty vážnej hudby** Concert for classic music	**B**	4	3	2	1
C.	na **folklórne podujatia** Folklore event	**C**	4	3	2	1
D.	na **koncerty pop-muziky** Concert for pop music	**D**	4	3	2	1
E.	Dancing party	**E**	4	3	2	1
F.	Exhibition of arts	F	4	3	2	1

12.A. "Ste v súčasnosti zamestnaný/-á alebo podnikáte?"
Are you employed or running business?

1) áno * → ot. *12.B
Yes

2) nie —> ot. 13
No

1 *	2
áno *	nie

* AK ÁNO (ot.12.A=1)

PREDLOŽTE **POMOCNÝ LÍSTOK 12.B** (ŠKÁLA)

***12.B.** "Ako sa v priebehu posledných 10 rokov zmenili nasledujúce veci vo Vašej pracovnej sfére?**
How has the following matters changed in your working life these 10 years?

Na hodnotenie použite škálu 1 až 5, kde **1 znamená**, že v danej oblasti nastalo **výrazné zhoršenie**, **2= zhoršenie**, **3= zostalo rovnaké**, **4= zlepšenie** a **5** znamená, že v danej oblasti nastalo **výrazné zlepšenie**."
1=remarkably worse, 2=worse, 3=no significant change, 4=better, 5=remarkably better

POSTUPNE ČÍTAJTE SFÉRY A až E ! PRI KAŽDEJ OZNAČTE ODPOVEĎ, TEDA V KAŽDOM RIADKU ZAKRÚŽKUJTE JEDNO ČÍSLO ODPOVEDE!

			1 výrazné **zhoršenie**	2 zhoršenie	3 zostalo rovnaké	4 zlepšenie	5 výrazné **zlepšenie**
A.	**"istota zamestnania** Job security	**A**	1	2	3	4	5
B.	**Príjem** Income	**B**	1	2	3	4	5
C.	**pracovný čas** Working time	**C**	1	2	3	4	5
D.	**náročnosť práce** Work load	**D**	1	2	3	4	5
E.	**medziľudské vzťahy** v zamestnaní" Human relations at work	**E**	1	2	3	4	5
			výrazné **zhoršenie**	zhoršenie	rovnako	zlepšenie	výrazné **zlepšenie**

→→→ PÝTAJTE SA VŠETKÝCH!

13. **"Keď zvážite všetky zmeny, ku ktorým došlo, znamenali pre Vašu prácu a Váš život celkovo:"**
How do you estimate generally the changes in your work and life as a whole?

1) "výrazné **zhoršenie**
Remarkably worse
2) Zhoršenie Worse
3) žiadnu zmenu (je to asi rovnaké)
No significant change
4) Zlepšenie Better
5) výrazné **zlepšenie**"
Remarkably better

1	2	3	4	5
výrazné **zhoršenie**	zhoršenie	asi rovnako	zlepšenie	výrazné **zlepšenie**

14. **"Vy osobne sa považujete v tomto meste a vo Vašom okolí za príslušníka: ...... ?**
According to your perception, to which social stratum do you belong in this city?

1) "**vyššej** strednej vrstvy Upper-middle
2) **strednej** vrstvy Middle
3) **nižšej strednej** vrstvy Lower-middle
4) **dolnej** vrstvy" Lower

1	2	3	4
vyššej	strednej	nižšej strednej	dolnej

15. **"Sú teraz rozdiely v bohatstve medzi ľuďmi vo Vašom meste väčšie** alebo **menšie než boli pred 10 rokmi?"**
Has the difference between the rich and the poor in this city increased or decreased these 10 years ago?

1) "sú **oveľa väčšie rozdiely** Increased very much
2) sú **trocha väčšie** rozdiely Increased to some extent
3) je to **približne rovnaké** Almost the same
4) sú **skôr menšie** rozdiely Decreased to some extent
5) sú **oveľa menšie** rozdiely" Decreased very much

1	2	3	4	5
oveľa **väčšie**	trocha väčšie	približne rovnaké	skôr menšie	oveľa **menšie**

16. **"Myslite si, že zmeny, ktoré nastali v spoločnosti počas posledných 10 rokov, priniesli do života vo Vašom meste viac** alebo **menej spravodlivosti?"**
How much do you think the social changes in the past ten years have brought social justice to the life in your city?

1) "**oveľa viac spravodlivosti** Yes, very much
2) **trocha viac** spravodlivosti Yes, but a little
3) je to **približne rovnaké** Without significant chang
4) **skôr menej** spravodlivosti No, decreased a little
5) Ovela menej No, decreased very much

1	2	3	4	5
oveľa **viac**	trocha viac	približne rovnaké	skôr menej	oveľa **menej**

PREDLOŽTE **POMOCNÝ LÍSTOK 17** (ŠKÁLA)

17. "Vymenujem Vám **postupne niektoré hodnoty** a Vy mi **pre každú z nich povedzte, akú dôležitosť jej vo svojom živote pripisujete?** How much importance do you attach to the following values in your life?
Na hodnotenie použite škálu 1 až 5, kde **1 znamená**, že danú hodnotu **nepovažujete** vo svojom živote **za vôbec dôležitú**, **2= málo dôležitú, 3= priemerne dôležitú, 4= dosť dôležitú** a 5 znamená, že ju považujete vo svojom živote za **veľmi dôležitú**."
1=not at all, 2=not so much, 3=more or less. 4=saficiently, 5=greatly

POSTUPNE **ČÍTAJTE** HODNOTY A až EE **ROTAČNÝM SPÔSOBOM!**
PRI KAŽDEJ OZNAČTE ODPOVEĎ!

táto hodnota pre mňa:

1) **vôbec nie je** dôležitá
2) **je málo** dôležitá
3) **je priemerne** dôležitá
4) **je dosť** dôležitá
5) **je veľmi** dôležitá

				1 vôbec nie dôležitá	2 málo dôležitá	3 priemerne dôležitá	4 dosť dôležitá	5 veľmi dôležitá
➢	**A.**	"nezávislosť od iných Independence from others	**A**	1	2	3	4	5
➢	**B.**	budovanie vlastnej autority Building of own authority	**B**	1	2	3	4	5
➢	**C.**	čestnosť Honorableness	**C**	1	2	3	4	5
➢	**D.**	peniaze Money	**D**	1	2	3	4	5
➢	**E.**	viera vo vlastné schopnosti Self-confidence of own ability	**E**	1	2	3	4	5
➢	**F.**	rovnosť medzi ľuďmi Equality between people	**F**	1	2	3	4	5
➢	**G.**	tradícia Tradition	**G**	1	2	3	4	5
➢	**H.**	úcta k zákonu Respect to law	**H**	1	2	3	4	5
➢	**I.**	práca Work	**I**	1	2	3	4	5
➢	**J.**	pokora Humility	**J**	1	2	3	4	5
➢	**K.**	kolektívnosť Collectivity	**K**	1	2	3	4	5
➢	**L.**	spoločenské postavenie Social status	**L**	1	2	3	4	5
➢	**M.**	rodina Family	**M**	1	2	3	4	5
➢	**N.**	solidarita Solidarity	**N**	1	2	3	4	5
➢	**O.**	rešpekt pred autoritami Respect for authorities	**O**	1	2	3	4	5
➢	**P.**	bohatstvo Richness	**P**	1	2	3	4	5
➢	**R.**	tolerancia Tolerance	**R**	1	2	3	4	5
➢	**S.**	láska Love	**S**	1	2	3	4	5
➢	**T.**	morálka Moral	**T**	1	2	3	4	5
➢	**U.**	národ Nation	**U**	1	2	3	4	5
➢	**V.**	poctivosť Honesty	**V**	1	2	3	4	5
➢	**X.**	sloboda Freedom	**X**	1	2	3	4	5
➢	**Y.**	sociálna spravodlivosť Social justice	**Y**	1	2	3	4	5
➢	**Z.**	náboženstvo Religion	**Z**	1	2	3	4	5
➢	**AA.**	podnikavosť Entrepreneurship	**AA**	1	2	3	4	5
➢	**BB.**	duchovné kvality Spiritual quality	**BB**	1	2	3	4	5
➢	**CC.**	moc Power	**CC**	1	2	3	4	5
➢	**DD.**	vzdelanie Education	**DD**	1	2	3	4	5
➢	**EE.**	medziľudská dôvera" Interpersonal trust	**EE**	1	2	3	4	5
				vôbec nie	málo	priemerne	dosť	veľmi

"A na záver by som Vás chcel/-a požiadať o niekoľko údajov o Vás." Personal attributes of a respondent

F4. "Akého ste vierovyznania?" Religion

1) "rímskokatolíckeho Roman catholic
2) Gréckokatolíckeho Greek catholic
3) Evanjelického Evangelian
4) Pravoslávneho Authodox
5) Židovského Judaism
6) iného, akého? ZAPÍŠTE! .... other (what.................)
7) som bez vyznania" No declaration

1	2	3	4	5	6	7
rímsko-katolícke	grécko-katolícke	evanje-lické	pravoslávne	židovské	iné	bez vyznania

PREDLOŽTE **POMOCNÝ LÍSTOK F5A**

F5A. „Aké je Vaše súčasné socio-ekonomické postavenie?" Present socio-economic status

1	2	3	4	5	6	7	8	9	10	11	12	13

1) podnikateľ s viac ako 30 zamestnancami Entrepreneur with more than 30 employees
2) podnikateľ s 5-30 zamestnancami Entrepreneur with 5-30 employees
3) podnikateľ s menej ako 5 zamestnancami Entrepreneur with less than 5 employees
4) samostatný živnostník Independent self-employed
5) samostatné slobodné povolanie (napr. umelec, ...) Independent free professional (ex. Artist)
6) vrcholový alebo vyšší riadiaci pracovník Top management
7) stredný alebo nižší riadiaci pracovník Middle or lower manager
8) zamestnanec Ordinalry employee
9) starobný / invalidný dôchodca Pensioner
10) v domácnosti, na materskej alebo rodičovskej dovolenke House wife, or at leave for care child or parent
11) Nezamestnaný Unemployed
12) Študent Student
13) iné, čo? ZAPÍŠTE! OTHER (WRITE WHAT?) ....
....

AK PRACUJE (AK F5A =1,2,3,4,5,6,7,8,príp.13) / *INAK (AK NEPRACUJE) ---> PREJDITE NA **F6***

F5B. "Koľko zamestnancov má podnik alebo organizácia, v ktorej pracujete?" The number of employed people at the firm or the organization where the respondent is working

1) "som len sám/sama Only oneself
2) menej ako 50 zamestnancov Less than 50
3) 50 - 249 zamestnancov 50-249
4) 250 zamestnancov a viac" 250 or more

1	2	3	4
som len sám/sama	menej ako 50	50 - 249 zamestnancov	250 a viac

→→→ PÝTAJTE SA VŠETKÝCH !

PREDLOŽTE **POMOCNÝ LÍSTOK F6**

F6. "**Aby sme mohli analyzovať** výsledky tohto prieskumu, **potrebujeme aj informáciu o výške Vášho čistého osobného príjmu.** Túto informáciu potrebujeme **len pre štatistické účely.**

Mohli by ste mi teda povedať, **aký je Váš celkový osobný čistý mesačný príjem** aj so všetkými príplatkami?

Ak v súčasnosti nepracujete, uveďte, prosím, **výšku Vášho dôchodku, podpory, sociálnej dávky, štipendia**, prípadne iných príjmov, ktoré **pravidelne** dostávate."

Total monthly income (net)

1) menej ako 400 EUR Below 400 EUR
2) 400 – 599 EUR
3) 600 – 899 EUR
4) 900 – 1 199 EUR
5) 1 200 – 1 499 EUR
6) 1 500 – 1 999 EUR
7) 2 000 – 3 999 EUR
8) 4 000 a viac EUR 4000 EUR or more

1	2	3	4	5	6	7	8	99

99) odmietol/-a odpovedať (NEČÍTAŤ!)

„Ďakujeme Vám za rozhovor!"

（A1　地域別）

A1　地域

	(1) Banska Stiavnica	(2) Brezno	(3) Presov	無回答	件数
計	303	316	509	···	1128
	26.9	28.0	45.1	···	100.0
(1) Banska Stiavnica	303	···	···	···	303
	100.0	···	···	···	100.0
(2) Brezno	···	316	···	···	316
	···	100.0	···	···	100.0
(3) Presov	···	···	509	···	509
	···	···	100.0	···	100.0
無回答	---	---	---	---	0
	---	---	---	---	0.0

F1　性別

	(1) 男性	(2) 女性	無回答	件数
計	531	597	···	1128
	47.1	52.9	···	100.0
(1) Banska Stiavnica	146	157	···	303
	48.2	51.8	···	100.0
(2) Brezno	150	166	···	316
	47.5	52.5	···	100.0
(3) Presov	235	274	···	509
	46.2	53.8	···	100.0
無回答	---	---	---	0
	---	---	---	0.0

F2A　年齢

	(1) 20歳未満	(2) 20–24歳	(3) 25–29歳	(4) 30–34歳	(5) 35–39歳	(6) 40–44歳	(7) 45–49歳	(8) 50–54歳	(9) 55–59歳	(10) 60–64歳	(11) 65–69歳	(12) 70–74歳	(13) 75–79歳	(14) 80歳以上	無回答	件数	中央値・歳	平均値・歳
計	72	78	115	98	123	100	92	119	91	132	52	31	12	13	···	1128	43.5	44.5
	6.4	6.9	10.2	8.7	10.9	8.9	8.2	10.5	8.1	11.7	4.6	2.7	1.1	1.2	···	100.0		
(1) Banska Stiavnica	20	27	23	28	33	29	21	35	22	37	15	8	2	3	···	303	43.5	44.3
	6.6	8.9	7.6	9.2	10.9	9.6	6.9	11.6	7.3	12.2	5.0	2.6	0.7	1.0	···	100.0		
(2) Brezno	20	24	28	28	39	32	22	35	20	35	16	8	4	5	···	316	42.5	44.4
	6.3	7.6	8.9	8.9	12.3	10.1	7.0	11.1	6.3	11.1	5.1	2.5	1.3	1.6	···	100.0		
(3) Presov	32	27	64	42	51	39	49	49	49	60	21	15	6	5	···	509	44.5	44.6
	6.3	5.3	12.6	8.3	10.0	7.7	9.6	9.6	9.6	11.8	4.1	2.9	1.2	1.0	···	100.0		
無回答	---	---	---	---	---	---	---	---	---	---	---	---	---	---	---	0	---	---
	---	---	---	---	---	---	---	---	---	---	---	---	---	---	---	0.0		

（A1　地域別）

F2B　年齢

	(1) 18–29歳	(2) 30–39歳	(3) 40–49歳	(4) 50–59歳	(5) 60歳以上	無回答	件数
計	265	221	192	210	240	···	1128
	23.5	19.6	17.0	18.6	21.3	···	100.0
(1) Banska Stiavnica	70	61	50	57	65	···	303
	23.1	20.1	16.5	18.8	21.5	···	100.0
(2) Brezno	72	67	54	55	68	···	316
	22.8	21.2	17.1	17.4	21.5	···	100.0
(3) Presov	123	93	88	98	107	···	509
	24.2	18.3	17.3	19.3	21.0	···	100.0
無回答	---	---	---	---	---	---	0
	---	---	---	---	---	---	0.0

F3　学歴

	(1) Basic School・未卒	(2) Basic School・卒業	(3) Middle School・未修	(4) Middle School・修了	(5) High School	(6) University	無回答	件数
計	7	143	293	423	18	244	···	1128
	0.6	12.7	26.0	37.5	1.6	21.6	···	100.0
(1) Banska Stiavnica	3	41	81	100	8	70	···	303
	1.0	13.5	26.7	33.0	2.6	23.1	···	100.0
(2) Brezno	2	44	79	136	3	52	···	316
	0.6	13.9	25.0	43.0	0.9	16.5	···	100.0
(3) Presov	2	58	133	187	7	122	···	509
	0.4	11.4	26.1	36.7	1.4	24.0	···	100.0
無回答	---	---	---	---	---	---	---	0
	---	---	---	---	---	---	---	0.0

Q1A　居住歴

	(1) 生まれたときから居住	(2) 転居してきた	無回答	件数
計	787	341	···	1128
	69.8	30.2	···	100.0
(1) Banska Stiavnica	223	80	···	303
	73.6	26.4	···	100.0
(2) Brezno	212	104	···	316
	67.1	32.9	···	100.0
(3) Presov	352	157	···	509
	69.2	30.8	···	100.0
無回答	---	---	---	0
	---	---	---	0.0

Q1B　現在の町での居住年数（Q1Aで転居してきた方）

	(1) 5年以下	(2) 6–15年	(3) 16–30年	(4) 30年超	無回答	件数
計	20	66	120	135	···	341
	5.9	19.4	35.2	39.6	···	100.0
(1) Banska Stiavnica	1	15	34	30	···	80
	1.3	18.8	42.5	37.5	···	100.0
(2) Brezno	5	23	44	32	···	104
	4.8	22.1	42.3	30.8	···	100.0
(3) Presov	14	28	42	73	···	157
	8.9	17.8	26.8	46.5	···	100.0
無回答	---	---	---	---	---	0
	---	---	---	---	---	0.0

Q2　居住意思

	(1) 住み続けたい	(2) どちらかといえば住み続けたい	(3) 答えるのが難しい	(4) どちらかといえば住み続けたくない	(5) 住み続けたくない	無回答	件数
計	450	292	245	91	50	···	1128
	39.9	25.9	21.7	8.1	4.4	···	100.0
(1) Banska Stiavnica	127	77	72	15	12	···	303
	41.9	25.4	23.8	5.0	4.0	···	100.0
(2) Brezno	104	85	72	38	17	···	316
	32.9	26.9	22.8	12.0	5.4	···	100.0
(3) Presov	219	130	101	38	21	···	509
	43.0	25.5	19.8	7.5	4.1	···	100.0
無回答	---	---	---	---	---	---	0
	---	---	---	---	---	---	0.0

（A1　地域別）

Q2X　居住意思

	(1)*住み続けたい計	(2)*答えるのが難しい	(3)*住み続けたくない計	無回答	件数
計	742	245	141	···	1128
	65.8	21.7	12.5	···	100.0
(1)Banska Stiavnica	204	72	27	···	303
	67.3	23.8	8.9	···	100.0
(2)Brezno	189	72	55	···	316
	59.8	22.8	17.4	···	100.0
(3)Presov	349	101	59	···	509
	68.6	19.8	11.6	···	100.0
無回答	---	---	---	---	0
	---	---	---	---	0.0

Q3　地域への誇り

	(1)誇りがある	(2)どちらかといえば誇りがある	(3)答えるのが難しい	(4)どちらかといえば誇りはない	(5)誇りはない	無回答	件数
計	364	414	237	92	21	···	1128
	32.3	36.7	21.0	8.2	1.9	···	100.0
(1)Banska Stiavnica	125	113	50	11	4	···	303
	41.3	37.3	16.5	3.6	1.3	···	100.0
(2)Brezno	52	103	101	50	10	···	316
	16.5	32.6	32.0	15.8	3.2	···	100.0
(3)Presov	187	198	86	31	7	···	509
	36.7	38.9	16.9	6.1	1.4	···	100.0
無回答	---	---	---	---	---	---	0
	---	---	---	---	---	---	0.0

Q3X　地域への誇り

	(1)*誇りがある計	(2)*答えるのが難しい	(3)*誇りはない計	無回答	件数
計	778	237	113	···	1128
	69.0	21.0	10.0	···	100.0
(1)Banska Stiavnica	238	50	15	···	303
	78.5	16.5	5.0	···	100.0
(2)Brezno	155	101	60	···	316
	49.1	32.0	19.0	···	100.0
(3)Presov	385	86	38	···	509
	75.6	16.9	7.5	···	100.0
無回答	---	---	---	---	0
	---	---	---	---	0.0

Q4A　地方選挙での投票・2006年

	(1)はい	(2)いいえ	(3)覚えていない	無回答	件数
計	557	453	118	···	1128
	49.4	40.2	10.5	···	100.0
(1)Banska Stiavnica	180	97	26	···	303
	59.4	32.0	8.6	···	100.0
(2)Brezno	127	145	44	···	316
	40.2	45.9	13.9	···	100.0
(3)Presov	250	211	48	···	509
	49.1	41.5	9.4	···	100.0
無回答	---	---	---	---	0
	---	---	---	---	0.0

Q4B　地方選挙での投票・2010年

	(1)はい	(2)いいえ	(3)覚えていない	無回答	件数
計	685	399	44	···	1128
	60.7	35.4	3.9	···	100.0
(1)Banska Stiavnica	215	79	9	···	303
	71.0	26.1	3.0	···	100.0
(2)Brezno	180	124	12	···	316
	57.0	39.2	3.8	···	100.0
(3)Presov	290	196	23	···	509
	57.0	38.5	4.5	···	100.0
無回答	---	---	---	---	0
	---	---	---	---	0.0

（A1　地域別）

Q5　市議の活動に対する評価

	(1)満足	(2)それほど満足ではない	(3)不満	(4)関心がない	無回答	件数
計	244	399	230	248	7	1128
	21.6	35.4	20.4	22.0	0.6	100.0
(1)Banska Stiavnica	80	111	54	57	1	303
	26.4	36.6	17.8	18.8	0.3	100.0
(2)Brezno	62	112	67	73	2	316
	19.6	35.4	21.2	23.1	0.6	100.0
(3)Presov	102	176	109	118	4	509
	20.0	34.6	21.4	23.2	0.8	100.0
無回答	---	---	---	---	---	0
	---	---	---	---	---	0.0

Q7A　地域の生活条件に関する評価　A保険医療

	(1)とても悪い	(2)やや悪い	(3)どちらともいえない	(4)やや良い	(5)とても良い	無回答	件数
計	154	342	366	239	27	···	1128
	13.7	30.3	32.4	21.2	2.4	···	100.0
(1)Banska Stiavnica	70	124	70	35	4	···	303
	23.1	40.9	23.1	11.6	1.3	···	100.0
(2)Brezno	41	105	96	67	7	···	316
	13.0	33.2	30.4	21.2	2.2	···	100.0
(3)Presov	43	113	200	137	16	···	509
	8.4	22.2	39.3	26.9	3.1	···	100.0
無回答	---	---	---	---	---	---	0
	---	---	---	---	---	---	0.0

Q7B　教育

	(1)とても悪い	(2)やや悪い	(3)どちらともいえない	(4)やや良い	(5)とても良い	無回答	件数
計	30	132	416	484	66	···	1128
	2.7	11.7	36.9	42.9	5.9	···	100.0
(1)Banska Stiavnica	14	28	115	128	18	···	303
	4.6	9.2	38.0	42.2	5.9	···	100.0
(2)Brezno	4	33	123	145	11	···	316
	1.3	10.4	38.9	45.9	3.5	···	100.0
(3)Presov	12	71	178	211	37	···	509
	2.4	13.9	35.0	41.5	7.3	···	100.0
無回答	---	---	---	---	---	---	0
	---	---	---	---	---	---	0.0

Q7C　雇用と労働条件

	(1)とても悪い	(2)やや悪い	(3)どちらともいえない	(4)やや良い	(5)とても良い	無回答	件数
計	596	350	128	43	11	···	1128
	52.8	31.0	11.3	3.8	1.0	···	100.0
(1)Banska Stiavnica	195	75	23	3	7	···	303
	64.4	24.8	7.6	1.0	2.3	···	100.0
(2)Brezno	182	97	26	11	···	···	316
	57.6	30.7	8.2	3.5	···	···	100.0
(3)Presov	219	178	79	29	4	···	509
	43.0	35.0	15.5	5.7	0.8	···	100.0
無回答	---	---	---	---	---	---	0
	---	---	---	---	---	---	0.0

（A1　地域別）

Q7D　文化・レクリエーション条件

	(1)とても悪い	(2)やや悪い	(3)どちらともいえない	(4)やや良い	(5)とても良い	無回答	件数
計	62	214	384	358	110	…	1128
	5.5	19.0	34.0	31.7	9.8	…	100.0
(1)Banska Stiavnica	12	13	66	136	76	…	303
	4.0	4.3	21.8	44.9	25.1	…	100.0
(2)Brezno	30	85	107	82	12	…	316
	9.5	26.9	33.9	25.9	3.8	…	100.0
(3)Presov	20	116	211	140	22	…	509
	3.9	22.8	41.5	27.5	4.3	…	100.0
無回答	—	—	—	—	—	—	0
	—	—	—	—	—	—	0.0

Q7E　自然環境

	(1)とても悪い	(2)やや悪い	(3)どちらともいえない	(4)やや良い	(5)とても良い	無回答	件数
計	19	72	241	412	384	…	1128
	1.7	6.4	21.4	36.5	34.0	…	100.0
(1)Banska Stiavnica	6	5	13	77	202	…	303
	2.0	1.7	4.3	25.4	66.7	…	100.0
(2)Brezno	1	9	54	138	114	…	316
	0.3	2.8	17.1	43.7	36.1	…	100.0
(3)Presov	12	58	174	197	68	…	509
	2.4	11.4	34.2	38.7	13.4	…	100.0
無回答	—	—	—	—	—	—	0
	—	—	—	—	—	—	0.0

Q7F　大都市への交通

	(1)とても悪い	(2)やや悪い	(3)どちらともいえない	(4)やや良い	(5)とても良い	無回答	件数
計	95	242	333	364	94	…	1128
	8.4	21.5	29.5	32.3	8.3	…	100.0
(1)Banska Stiavnica	66	100	78	45	14	…	303
	21.8	33.0	25.7	14.9	4.6	…	100.0
(2)Brezno	15	61	106	105	29	…	316
	4.7	19.3	33.5	33.2	9.2	…	100.0
(3)Presov	14	81	149	214	51	…	509
	2.8	15.9	29.3	42.0	10.0	…	100.0
無回答	—	—	—	—	—	—	0
	—	—	—	—	—	—	0.0

Q7G　市内での交通

	(1)とても悪い	(2)やや悪い	(3)どちらともいえない	(4)やや良い	(5)とても良い	無回答	件数
計	58	181	351	402	136	…	1128
	5.1	16.0	31.1	35.6	12.1	…	100.0
(1)Banska Stiavnica	32	74	116	67	14	…	303
	10.6	24.4	38.3	22.1	4.6	…	100.0
(2)Brezno	10	43	107	127	29	…	316
	3.2	13.6	33.9	40.2	9.2	…	100.0
(3)Presov	16	64	128	208	93	…	509
	3.1	12.6	25.1	40.9	18.3	…	100.0
無回答	—	—	—	—	—	—	0
	—	—	—	—	—	—	0.0

（A1　地域別）

Q7H　安全

	(1)とても悪い	(2)やや悪い	(3)どちらともいえない	(4)やや良い	(5)とても良い	無回答	件数
計	40	223	456	374	35	…	1128
	3.5	19.8	40.4	33.2	3.1	…	100.0
(1)Banska Stiavnica	10	41	126	112	14	…	303
	3.3	13.5	41.6	37.0	4.6	…	100.0
(2)Brezno	11	84	134	83	4	…	316
	3.5	26.6	42.4	26.3	1.3	…	100.0
(3)Presov	19	98	196	179	17	…	509
	3.7	19.3	38.5	35.2	3.3	…	100.0
無回答	—	—	—	—	—	—	0
	—	—	—	—	—	—	0.0

Q7I　子どもや若者のケア

	(1)とても悪い	(2)やや悪い	(3)どちらともいえない	(4)やや良い	(5)とても良い	無回答	件数
計	52	246	455	345	30	…	1128
	4.6	21.8	40.3	30.6	2.7	…	100.0
(1)Banska Stiavnica	5	42	129	117	10	…	303
	1.7	13.9	42.6	38.6	3.3	…	100.0
(2)Brezno	19	94	108	92	3	…	316
	6.0	29.7	34.2	29.1	0.9	…	100.0
(3)Presov	28	110	218	136	17	…	509
	5.5	21.6	42.8	26.7	3.3	…	100.0
無回答	—	—	—	—	—	—	0
	—	—	—	—	—	—	0.0

Q7J　高齢者ケア

	(1)とても悪い	(2)やや悪い	(3)どちらともいえない	(4)やや良い	(5)とても良い	無回答	件数
計	77	229	438	325	59	…	1128
	6.8	20.3	38.8	28.8	5.2	…	100.0
(1)Banska Stiavnica	10	33	112	123	25	…	303
	3.3	10.9	37.0	40.6	8.3	…	100.0
(2)Brezno	16	67	120	93	20	…	316
	5.1	21.2	38.0	29.4	6.3	…	100.0
(3)Presov	51	129	206	109	14	…	509
	10.0	25.3	40.5	21.4	2.8	…	100.0
無回答	—	—	—	—	—	—	0
	—	—	—	—	—	—	0.0

Q7K　インフラ（ガス・水道・インターネット接続等）

	(1)とても悪い	(2)やや悪い	(3)どちらともいえない	(4)やや良い	(5)とても良い	無回答	件数
計	36	114	341	496	141	…	1128
	3.2	10.1	30.2	44.0	12.5	…	100.0
(1)Banska Stiavnica	19	51	91	126	16	…	303
	6.3	16.8	30.0	41.6	5.3	…	100.0
(2)Brezno	7	19	80	167	43	…	316
	2.2	6.0	25.3	52.8	13.6	…	100.0
(3)Presov	10	44	170	203	82	…	509
	2.0	8.6	33.4	39.9	16.1	…	100.0
無回答	—	—	—	—	—	—	0
	—	—	—	—	—	—	0.0

（A1　地域別）

Q7L　道路 ／ Q7X　地域の生活条件に対する評価＜悪い・1＋2＞

	Q7L (1)とても悪い	(2)やや悪い	(3)どちらともいえない	(4)やや良い	(5)とても良い	無回答	件数	Q7X (1)保険医療	(2)教育	(3)雇用と労働条件	(4)文化・レクリエーション条件	(5)自然環境	(6)大都市への交通	(7)市内での交通	(8)安全	(9)子どもや若者のケア	(10)高齢者ケア	(11)インフラ・ガス・水道等	(12)道路	件数	回答累計
計	669	294	129	33	3	・・・	1128	496	162	946	276	91	337	239	263	298	306	150	963	1128	401.3
	59.3	26.1	11.4	2.9	0.3	・・・	100.0	44.0	14.4	83.9	24.5	8.1	29.9	21.2	23.3	26.4	27.1	13.3	85.4	100.0	
(1)Banska Stiavnica	198	74	23	8	・・・	・・・	303	194	42	270	25	11	166	106	51	47	43	70	272	303	428.1
	65.3	24.4	7.6	2.6	・・・	・・・	100.0	64.0	13.9	89.1	8.3	3.6	54.8	35.0	16.8	15.5	14.2	23.1	89.8	100.0	
(2)Brezno	199	84	25	7	1	・・・	316	146	37	279	115	10	76	53	95	113	83	26	283	316	416.5
	63.0	26.6	7.9	2.2	0.3	・・・	100.0	46.2	11.7	88.3	36.4	3.2	24.1	16.8	30.1	35.8	26.3	8.2	89.6	100.0	
(3)Presov	272	136	81	18	2	・・・	509	156	83	397	136	70	95	80	117	138	180	54	408	509	376.0
	53.4	26.7	15.9	3.5	0.4	・・・	100.0	30.6	16.3	78.0	26.7	13.8	18.7	15.7	23.0	27.1	35.4	10.6	80.2	100.0	
無回答	---	---	---	---	---	---	0	---	---	---	---	---	---	---	---	---	---	---	---	0	---
	---	---	---	---	---	---	0.0	---	---	---	---	---	---	---	---	---	---	---	---	0.0	

（A1　地域別）

Q7Y　地域の生活条件に対する評価＜良い・4＋5＞

	(1)保険医療	(2)教育	(3)雇用と労働条件	(4)文化・レクリエーション条件	(5)自然環境	(6)大都市への交通	(7)市内での交通	(8)安全	(9)子どもや若者のケア	(10)高齢者ケア	(11)インフラ・ガス・水道等	(12)道路	件数	回答累計
計	266	550	54	468	796	458	538	409	375	384	637	36	1128	440.7
	23.6	48.8	4.8	41.5	70.6	40.6	47.7	36.3	33.2	34.0	56.5	3.2	100.0	
(1)Banska Stiavnica	39	146	10	212	279	59	81	126	127	148	142	8	303	454.5
	12.9	48.2	3.3	70.0	92.1	19.5	26.7	41.6	41.9	48.8	46.9	2.6	100.0	
(2)Brezno	74	156	11	94	252	134	156	87	95	113	210	8	316	439.9
	23.4	49.4	3.5	29.7	79.7	42.4	49.4	27.5	30.1	35.8	66.5	2.5	100.0	
(3)Presov	153	248	33	162	265	265	301	196	153	123	285	20	509	433.0
	30.1	48.7	6.5	31.8	52.1	52.1	59.1	38.5	30.1	24.2	56.0	3.9	100.0	
無回答	---	---	---	---	---	---	---	---	---	---	---	---	0	---
	---	---	---	---	---	---	---	---	---	---	---	---	0.0	

Q8A　地域活動への参加意思　A地域開発活動 ／ Q8B　社会文化活動 ／ Q8C　スポーツ

	Q8A (1)関心がない	(2)少し関心がある	(3)とても関心がある	無回答	件数	Q8B (1)関心がない	(2)少し関心がある	(3)とても関心がある	無回答	件数	Q8C (1)関心がない	(2)少し関心がある	(3)とても関心がある	無回答	件数
計	260	658	210	・・・	1128	158	608	362	・・・	1128	369	435	324	・・・	1128
	23.0	58.3	18.6	・・・	100.0	14.0	53.9	32.1	・・・	100.0	32.7	38.6	28.7	・・・	100.0
(1)Banska Stiavnica	59	187	57	・・・	303	32	173	98	・・・	303	116	126	61	・・・	303
	19.5	61.7	18.8	・・・	100.0	10.6	57.1	32.3	・・・	100.0	38.3	41.6	20.1	・・・	100.0
(2)Brezno	74	199	43	・・・	316	44	178	94	・・・	316	98	123	95	・・・	316
	23.4	63.0	13.6	・・・	100.0	13.9	56.3	29.7	・・・	100.0	31.0	38.9	30.1	・・・	100.0
(3)Presov	127	272	110	・・・	509	82	257	170	・・・	509	155	186	168	・・・	509
	25.0	53.4	21.6	・・・	100.0	16.1	50.5	33.4	・・・	100.0	30.5	36.5	33.0	・・・	100.0
無回答	---	---	---	---	0	---	---	---	---	0	---	---	---	---	0
	---	---	---	---	0.0	---	---	---	---	0.0	---	---	---	---	0.0

(A1 地域別)

Q8D 政治活動

	(1)関心がない	(2)少し関心がある	(3)とても関心がある	無回答	件数
計	776	294	58	…	1128
	68.8	26.1	5.1	…	100.0
(1)Banska Stiavnica	229	66	8	…	303
	75.6	21.8	2.6	…	100.0
(2)Brezno	226	75	15	…	316
	71.5	23.7	4.7	…	100.0
(3)Presov	321	153	35	…	509
	63.1	30.1	6.9	…	100.0
無回答	---	---	---	---	0
	---	---	---	---	0.0

Q8E 公共秩序や市民生活の諸問題の解決

	(1)関心がない	(2)少し関心がある	(3)とても関心がある	無回答	件数
計	329	617	182	…	1128
	29.2	54.7	16.1	…	100.0
(1)Banska Stiavnica	81	188	34	…	303
	26.7	62.0	11.2	…	100.0
(2)Brezno	79	178	59	…	316
	25.0	56.3	18.7	…	100.0
(3)Presov	169	251	89	…	509
	33.2	49.3	17.5	…	100.0
無回答	---	---	---	---	0
	---	---	---	---	0.0

Q8F 障害者への慈善活動

	(1)関心がない	(2)少し関心がある	(3)とても関心がある	無回答	件数
計	266	621	241	…	1128
	23.6	55.1	21.4	…	100.0
(1)Banska Stiavnica	59	183	61	…	303
	19.5	60.4	20.1	…	100.0
(2)Brezno	64	173	79	…	316
	20.3	54.7	25.0	…	100.0
(3)Presov	143	265	101	…	509
	28.1	52.1	19.8	…	100.0
無回答	---	---	---	---	0
	---	---	---	---	0.0

Q8G 環境保全活動

	(1)関心がない	(2)少し関心がある	(3)とても関心がある	無回答	件数
計	333	579	216	…	1128
	29.5	51.3	19.1	…	100.0
(1)Banska Stiavnica	81	168	54	…	303
	26.7	55.4	17.8	…	100.0
(2)Brezno	111	156	49	…	316
	35.1	49.4	15.5	…	100.0
(3)Presov	141	255	113	…	509
	27.7	50.1	22.2	…	100.0
無回答	---	---	---	---	0
	---	---	---	---	0.0

Q8H 居住環境の改善

	(1)関心がない	(2)少し関心がある	(3)とても関心がある	無回答	件数
計	117	451	560	…	1128
	10.4	40.0	49.6	…	100.0
(1)Banska Stiavnica	21	107	175	…	303
	6.9	35.3	57.8	…	100.0
(2)Brezno	28	134	154	…	316
	8.9	42.4	48.7	…	100.0
(3)Presov	68	210	231	…	509
	13.4	41.3	45.4	…	100.0
無回答	---	---	---	---	0
	---	---	---	---	0.0

(A1 地域別)

Q8X 地域活動への参加意思<関心がない・1>

	(1)社会文化活動	(2)スポーツ	(3)政治活動	(4)公共秩序や市民生活の諸問題の解決	(5)障害者への慈善活動	(6)環境保全活動	(7)居住環境の改善	件数	回答累計
計	260	158	369	776	329	266	333	1128	220.8
	23.0	14.0	32.7	68.8	29.2	23.6	29.5	100.0	
(1)Banska Stiavnica	59	32	116	229	81	59	81	303	216.8
	19.5	10.6	38.3	75.6	26.7	19.5	26.7	100.0	
(2)Brezno	74	44	98	226	79	64	111	316	220.3
	23.4	13.9	31.0	71.5	25.0	20.3	35.1	100.0	
(3)Presov	127	82	155	321	169	143	141	509	223.6
	25.0	16.1	30.5	63.1	33.2	28.1	27.7	100.0	
無回答	---	---	---	---	---	---	---	0	---
	---	---	---	---	---	---	---	0.0	

Q8Y 地域活動への参加意思<関心がある・2+3>

	(1)社会文化活動	(2)スポーツ	(3)政治活動	(4)公共秩序や市民生活の諸問題の解決	(5)障害者への慈善活動	(6)環境保全活動	(7)居住環境の改善	件数	回答累計
計	868	970	759	352	799	862	795	1128	479.2
	77.0	86.0	67.3	31.2	70.8	76.4	70.5	100.0	
(1)Banska Stiavnica	244	271	187	74	222	244	222	303	483.2
	80.5	89.4	61.7	24.4	73.3	80.5	73.3	100.0	
(2)Brezno	242	272	218	90	237	252	205	316	479.7
	76.6	86.1	69.0	28.5	75.0	79.7	64.9	100.0	
(3)Presov	382	427	354	188	340	366	368	509	476.4
	75.0	83.9	69.5	36.9	66.8	71.9	72.3	100.0	
無回答	---	---	---	---	---	---	---	0	---
	---	---	---	---	---	---	---	0.0	

Q9 サークル・クラブ・結社等への参加および参加意思

	(1)はい	(2)いいえ	無回答	件数
計	155	973	…	1128
	13.7	86.3	…	100.0
(1)Banska Stiavnica	54	249	…	303
	17.8	82.2	…	100.0
(2)Brezno	40	276	…	316
	12.7	87.3	…	100.0
(3)Presov	61	448	…	509
	12.0	88.0	…	100.0
無回答	---	---	---	0
	---	---	---	0.0

Q10A 地域における諸関係に関する評価 A家族親族

	(1)とても悪い	(2)やや悪い	(3)どちらともいえない	(4)やや良い	(5)とても良い	無回答	件数
計	16	86	294	500	232	…	1128
	1.4	7.6	26.1	44.3	20.6	…	100.0
(1)Banska Stiavnica	4	9	82	134	74	…	303
	1.3	3.0	27.1	44.2	24.4	…	100.0
(2)Brezno	1	17	64	156	78	…	316
	0.3	5.4	20.3	49.4	24.7	…	100.0
(3)Presov	11	60	148	210	80	…	509
	2.2	11.8	29.1	41.3	15.7	…	100.0
無回答	---	---	---	---	---	---	0
	---	---	---	---	---	---	0.0

(A1　地域別)

Q10B　近隣

	(1)とても悪い	(2)やや悪い	(3)どちらともいえない	(4)やや良い	(5)とても良い	無回答	件数
計	24	127	322	486	169	・・・	1128
	2.1	11.3	28.5	43.1	15.0	・・・	100.0
(1)Banska Stiavnica	4	23	80	130	66	・・・	303
	1.3	7.6	26.4	42.9	21.8	・・・	100.0
(2)Brezno	7	24	91	155	39	・・・	316
	2.2	7.6	28.8	49.1	12.3	・・・	100.0
(3)Presov	13	80	151	201	64	・・・	509
	2.6	15.7	29.7	39.5	12.6	・・・	100.0
無回答	---	---	---	---	---	---	0
	---	---	---	---	---	---	0.0

Q10C　宗派間

	(1)とても悪い	(2)やや悪い	(3)どちらともいえない	(4)やや良い	(5)とても良い	無回答	件数
計	19	89	419	473	128	・・・	1128
	1.7	7.9	37.1	41.9	11.3	・・・	100.0
(1)Banska Stiavnica	6	17	113	126	41	・・・	303
	2.0	5.6	37.3	41.6	13.5	・・・	100.0
(2)Brezno	6	20	121	146	23	・・・	316
	1.9	6.3	38.3	46.2	7.3	・・・	100.0
(3)Presov	7	52	185	201	64	・・・	509
	1.4	10.2	36.3	39.5	12.6	・・・	100.0
無回答	---	---	---	---	---	---	0
	---	---	---	---	---	---	0.0

Q10D　政治集団間

	(1)とても悪い	(2)やや悪い	(3)どちらともいえない	(4)やや良い	(5)とても良い	無回答	件数
計	47	223	572	237	49	・・・	1128
	4.2	19.8	50.7	21.0	4.3	・・・	100.0
(1)Banska Stiavnica	16	47	153	73	14	・・・	303
	5.3	15.5	50.5	24.1	4.6	・・・	100.0
(2)Brezno	10	75	156	71	4	・・・	316
	3.2	23.7	49.4	22.5	1.3	・・・	100.0
(3)Presov	21	101	263	93	31	・・・	509
	4.1	19.8	51.7	18.3	6.1	・・・	100.0
無回答	---	---	---	---	---	---	0
	---	---	---	---	---	---	0.0

Q10E　企業家間

	(1)とても悪い	(2)やや悪い	(3)どちらともいえない	(4)やや良い	(5)とても良い	無回答	件数
計	43	246	580	221	38	・・・	1128
	3.8	21.8	51.4	19.6	3.4	・・・	100.0
(1)Banska Stiavnica	12	46	166	64	15	・・・	303
	4.0	15.2	54.8	21.1	5.0	・・・	100.0
(2)Brezno	9	80	162	62	3	・・・	316
	2.8	25.3	51.3	19.6	0.9	・・・	100.0
(3)Presov	22	120	252	95	20	・・・	509
	4.3	23.6	49.5	18.7	3.9	・・・	100.0
無回答	---	---	---	---	---	---	0
	---	---	---	---	---	---	0.0

(A1　地域別)

Q10F　企業家・市民間

	(1)とても悪い	(2)やや悪い	(3)どちらともいえない	(4)やや良い	(5)とても良い	無回答	件数
計	33	233	602	227	33	・・・	1128
	2.9	20.7	53.4	20.1	2.9	・・・	100.0
(1)Banska Stiavnica	6	41	156	88	12	・・・	303
	2.0	13.5	51.5	29.0	4.0	・・・	100.0
(2)Brezno	6	64	176	62	8	・・・	316
	1.9	20.3	55.7	19.6	2.5	・・・	100.0
(3)Presov	21	128	270	77	13	・・・	509
	4.1	25.1	53.0	15.1	2.6	・・・	100.0
無回答	---	---	---	---	---	---	0
	---	---	---	---	---	---	0.0

Q10G　老若間

	(1)とても悪い	(2)やや悪い	(3)どちらともいえない	(4)やや良い	(5)とても良い	無回答	件数
計	48	236	425	368	51	・・・	1128
	4.3	20.9	37.7	32.6	4.5	・・・	100.0
(1)Banska Stiavnica	11	31	136	110	15	・・・	303
	3.6	10.2	44.9	36.3	5.0	・・・	100.0
(2)Brezno	16	86	103	101	10	・・・	316
	5.1	27.2	32.6	32.0	3.2	・・・	100.0
(3)Presov	21	119	186	157	26	・・・	509
	4.1	23.4	36.5	30.8	5.1	・・・	100.0
無回答	---	---	---	---	---	---	0
	---	---	---	---	---	---	0.0

Q10H　民族間

	(1)とても悪い	(2)やや悪い	(3)どちらともいえない	(4)やや良い	(5)とても良い	無回答	件数
計	26	122	410	485	85	・・・	1128
	2.3	10.8	36.3	43.0	7.5	・・・	100.0
(1)Banska Stiavnica	13	35	94	141	20	・・・	303
	4.3	11.6	31.0	46.5	6.6	・・・	100.0
(2)Brezno	8	40	123	126	19	・・・	316
	2.5	12.7	38.9	39.9	6.0	・・・	100.0
(3)Presov	5	47	193	218	46	・・・	509
	1.0	9.2	37.9	42.8	9.0	・・・	100.0
無回答	---	---	---	---	---	---	0
	---	---	---	---	---	---	0.0

Q10I　対ロマ間

	(1)とても悪い	(2)やや悪い	(3)どちらともいえない	(4)やや良い	(5)とても良い	無回答	件数
計	343	367	298	108	12	・・・	1128
	30.4	32.5	26.4	9.6	1.1	・・・	100.0
(1)Banska Stiavnica	63	73	125	37	5	・・・	303
	20.8	24.1	41.3	12.2	1.7	・・・	100.0
(2)Brezno	154	101	43	17	1	・・・	316
	48.7	32.0	13.6	5.4	0.3	・・・	100.0
(3)Presov	126	193	130	54	6	・・・	509
	24.8	37.9	25.5	10.6	1.2	・・・	100.0
無回答	---	---	---	---	---	---	0
	---	---	---	---	---	---	0.0

(A1 地域別)

Q10X 地域における諸関係に関する評価＜悪い・1＋2＞

	(1)家族親族	(2)近隣	(3)宗派間	(4)政治集団間	(5)企業家間	(6)企業家・市民間	(7)老若間	(8)民族間	(9)対ロマ間	件数	回答累計
計	102	151	108	270	289	266	284	148	710	1128	206.4
	9.0	13.4	9.6	23.9	25.6	23.6	25.2	13.1	62.9	100.0	
(1)Banska Stiavnica	13	27	23	63	58	47	42	48	136	303	150.8
	4.3	8.9	7.6	20.8	19.1	15.5	13.9	15.8	44.9	100.0	
(2)Brezno	18	31	26	85	89	70	102	48	255	316	229.1
	5.7	9.8	8.2	26.9	28.2	22.2	32.3	15.2	80.7	100.0	
(3)Presov	71	93	59	122	142	149	140	52	319	509	225.3
	13.9	18.3	11.6	24.0	27.9	29.3	27.5	10.2	62.7	100.0	
無回答	---	---	---	---	---	---	---	---	---	0	---
	---	---	---	---	---	---	---	---	---	0.0	

Q10Y 地域における諸関係に関する評価＜良い・4＋5＞

	(1)家族親族	(2)近隣	(3)宗派間	(4)政治集団間	(5)企業家間	(6)企業家・市民間	(7)老若間	(8)民族間	(9)対ロマ間	件数	回答累計
計	732	655	601	286	259	260	419	570	120	1128	345.9
	64.9	58.1	53.3	25.4	23.0	23.0	37.1	50.5	10.6	100.0	
(1)Banska Stiavnica	208	196	167	87	79	100	125	161	42	303	384.5
	68.6	64.7	55.1	28.7	26.1	33.0	41.3	53.1	13.9	100.0	
(2)Brezno	234	194	169	75	65	70	111	145	18	316	342.1
	74.1	61.4	53.5	23.7	20.6	22.2	35.1	45.9	5.7	100.0	
(3)Presov	290	265	265	124	115	90	183	264	60	509	325.3
	57.0	52.1	52.1	24.4	22.6	17.7	36.0	51.9	11.8	100.0	
無回答	---	---	---	---	---	---	---	---	---	0	---
	---	---	---	---	---	---	---	---	---	0.0	

(A1 地域別)

Q11A 文化催しへの参観 A演劇・オペラ・バレーなど

	(1)経験がない	(2)めったに経験しない	(3)ときどき経験する	(4)たびたび経験する	無回答	件数
計	457	375	244	52	・・・	1128
	40.5	33.2	21.6	4.6	・・・	100.0
(1)Banska Stiavnica	147	102	49	5	・・・	303
	48.5	33.7	16.2	1.7	・・・	100.0
(2)Brezno	143	96	61	16	・・・	316
	45.3	30.4	19.3	5.1	・・・	100.0
(3)Presov	167	177	134	31	・・・	509
	32.8	34.8	26.3	6.1	・・・	100.0
無回答	---	---	---	---	---	0
	---	---	---	---	---	0.0

Q11B クラシック・コンサート

	(1)経験がない	(2)めったに経験しない	(3)ときどき経験する	(4)たびたび経験する	無回答	件数
計	671	290	137	30	・・・	1128
	59.5	25.7	12.1	2.7	・・・	100.0
(1)Banska Stiavnica	184	69	42	8	・・・	303
	60.7	22.8	13.9	2.6	・・・	100.0
(2)Brezno	190	83	31	12	・・・	316
	60.1	26.3	9.8	3.8	・・・	100.0
(3)Presov	297	138	64	10	・・・	509
	58.3	27.1	12.6	2.0	・・・	100.0
無回答	---	---	---	---	---	0
	---	---	---	---	---	0.0

Q11C 民謡民舞祭

	(1)経験がない	(2)めったに経験しない	(3)ときどき経験する	(4)たびたび経験する	無回答	件数
計	347	386	285	110	・・・	1128
	30.8	34.2	25.3	9.8	・・・	100.0
(1)Banska Stiavnica	109	101	69	24	・・・	303
	36.0	33.3	22.8	7.9	・・・	100.0
(2)Brezno	59	90	111	56	・・・	316
	18.7	28.5	35.1	17.7	・・・	100.0
(3)Presov	179	195	105	30	・・・	509
	35.2	38.3	20.6	5.9	・・・	100.0
無回答	---	---	---	---	---	0
	---	---	---	---	---	0.0

Q11D ポップ音楽演奏会

	(1)経験がない	(2)めったに経験しない	(3)ときどき経験する	(4)たびたび経験する	無回答	件数
計	414	322	296	96	・・・	1128
	36.7	28.5	26.2	8.5	・・・	100.0
(1)Banska Stiavnica	102	96	82	23	・・・	303
	33.7	31.7	27.1	7.6	・・・	100.0
(2)Brezno	113	80	98	25	・・・	316
	35.8	25.3	31.0	7.9	・・・	100.0
(3)Presov	199	146	116	48	・・・	509
	39.1	28.7	22.8	9.4	・・・	100.0
無回答	---	---	---	---	---	0
	---	---	---	---	---	0.0

Q11E ダンスパーテイー

	(1)経験がない	(2)めったに経験しない	(3)ときどき経験する	(4)たびたび経験する	無回答	件数
計	401	335	293	99	・・・	1128
	35.5	29.7	26.0	8.8	・・・	100.0
(1)Banska Stiavnica	117	85	77	24	・・・	303
	38.6	28.1	25.4	7.9	・・・	100.0
(2)Brezno	103	102	86	25	・・・	316
	32.6	32.3	27.2	7.9	・・・	100.0
(3)Presov	181	148	130	50	・・・	509
	35.6	29.1	25.5	9.8	・・・	100.0
無回答	---	---	---	---	---	0
	---	---	---	---	---	0.0

（A1　地域別）

Q11F　展覧会

	(1)経験がない	(2)めったに経験しない	(3)ときどき経験する	(4)たびたび経験する	無回答	件数
計	499	342	226	61	・・・	1128
	44.2	30.3	20.0	5.4	・・・	100.0
(1)Banska Stiavnica	115	96	70	22	・・・	303
	38.0	31.7	23.1	7.3	・・・	100.0
(2)Brezno	162	79	65	10	・・・	316
	51.3	25.0	20.6	3.2	・・・	100.0
(3)Presov	222	167	91	29	・・・	509
	43.6	32.8	17.9	5.7	・・・	100.0
無回答	---	---	---	---	---	0
	---	---	---	---	---	0.0

Q11X　文化催しへの参観＜経験しない・1＋2＞

	(1)演劇・オペラ・バレーなど	(2)クラシック・コンサート	(3)民謡民舞祭	(4)ポップ音楽演奏会	(5)ダンスパーティー	(6)展覧会	件数	回答累計
計	832	961	733	736	736	841	1128	429.0
	73.8	85.2	65.0	65.2	65.2	74.6	100.0	
(1)Banska Stiavnica	249	253	210	198	202	211	303	436.6
	82.2	83.5	69.3	65.3	66.7	69.6	100.0	
(2)Brezno	239	273	149	193	205	241	316	411.4
	75.6	86.4	47.2	61.1	64.9	76.3	100.0	
(3)Presov	344	435	374	345	329	389	509	435.4
	67.6	85.5	73.5	67.8	64.6	76.4	100.0	
無回答	---	---	---	---	---	---	0	---
	---	---	---	---	---	---	0.0	

Q11Y　文化催しへの参観＜経験する・3＋4＞

	(1)演劇・オペラ・バレーなど	(2)クラシック・コンサート	(3)民謡民舞祭	(4)ポップ音楽演奏会	(5)ダンスパーティー	(6)展覧会	件数	回答累計
計	296	167	395	392	392	287	1128	171.0
	26.2	14.8	35.0	34.8	34.8	25.4	100.0	
(1)Banska Stiavnica	54	50	93	105	101	92	303	163.4
	17.8	16.5	30.7	34.7	33.3	30.4	100.0	
(2)Brezno	77	43	167	123	111	75	316	188.6
	24.4	13.6	52.8	38.9	35.1	23.7	100.0	
(3)Presov	165	74	135	164	180	120	509	164.6
	32.4	14.5	26.5	32.2	35.4	23.6	100.0	
無回答	---	---	---	---	---	---	0	---
	---	---	---	---	---	---	0.0	

Q12A　就業の有無

	(1)はい	(2)いいえ	無回答	件数
計	643	485	・・・	1128
	57.0	43.0	・・・	100.0
(1)Banska Stiavnica	172	131	・・・	303
	56.8	43.2	・・・	100.0
(2)Brezno	182	134	・・・	316
	57.6	42.4	・・・	100.0
(3)Presov	289	220	・・・	509
	56.8	43.2	・・・	100.0
無回答	---	---	---	0
	---	---	---	0.0

（A1　地域別）

Q12BA　労働生活の変化に対する評価・過去10年間（Q12A就業有無ではいの方）　A雇用の保障

	(1)とても悪くなった	(2)悪くなった	(3)変わらない	(4)良くなった	(5)とても良くなった	無回答	件数
計	135	244	190	60	14	・・・	643
	21.0	37.9	29.5	9.3	2.2	・・・	100.0
(1)Banska Stiavnica	37	54	56	20	5	・・・	172
	21.5	31.4	32.6	11.6	2.9	・・・	100.0
(2)Brezno	35	81	54	11	1	・・・	182
	19.2	44.5	29.7	6.0	0.5	・・・	100.0
(3)Presov	63	109	80	29	8	・・・	289
	21.8	37.7	27.7	10.0	2.8	・・・	100.0
無回答	---	---	---	---	---	---	0
	---	---	---	---	---	---	0.0

Q12BB　収入

	(1)とても悪くなった	(2)悪くなった	(3)変わらない	(4)良くなった	(5)とても良くなった	無回答	件数
計	54	201	234	137	17	・・・	643
	8.4	31.3	36.4	21.3	2.6	・・・	100.0
(1)Banska Stiavnica	13	52	69	32	6	・・・	172
	7.6	30.2	40.1	18.6	3.5	・・・	100.0
(2)Brezno	12	62	58	46	4	・・・	182
	6.6	34.1	31.9	25.3	2.2	・・・	100.0
(3)Presov	29	87	107	59	7	・・・	289
	10.0	30.1	37.0	20.4	2.4	・・・	100.0
無回答	---	---	---	---	---	---	0
	---	---	---	---	---	---	0.0

Q12BC　労働時間

	(1)とても悪くなった	(2)悪くなった	(3)変わらない	(4)良くなった	(5)とても良くなった	無回答	件数
計	40	147	381	67	8	・・・	643
	6.2	22.9	59.3	10.4	1.2	・・・	100.0
(1)Banska Stiavnica	14	32	102	22	2	・・・	172
	8.1	18.6	59.3	12.8	1.2	・・・	100.0
(2)Brezno	11	42	114	14	1	・・・	182
	6.0	23.1	62.6	7.7	0.5	・・・	100.0
(3)Presov	15	73	165	31	5	・・・	289
	5.2	25.3	57.1	10.7	1.7	・・・	100.0
無回答	---	---	---	---	---	---	0
	---	---	---	---	---	---	0.0

Q12BD　労働強度

	(1)とても悪くなった	(2)悪くなった	(3)変わらない	(4)良くなった	(5)とても良くなった	無回答	件数
計	66	223	277	69	8	・・・	643
	10.3	34.7	43.1	10.7	1.2	・・・	100.0
(1)Banska Stiavnica	12	56	81	21	2	・・・	172
	7.0	32.6	47.1	12.2	1.2	・・・	100.0
(2)Brezno	18	64	85	11	4	・・・	182
	9.9	35.2	46.7	6.0	2.2	・・・	100.0
(3)Presov	36	103	111	37	2	・・・	289
	12.5	35.6	38.4	12.8	0.7	・・・	100.0
無回答	---	---	---	---	---	---	0
	---	---	---	---	---	---	0.0

（A1　地域別）

Q12BE　人間関係

	(1)とても悪くなった	(2)悪くなった	(3)変わらない	(4)良くなった	(5)とても良くなった	無回答	件数
計	64	184	266	107	22	…	643
	10.0	28.6	41.4	16.6	3.4	…	100.0
(1)Banska Stiavnica	13	38	81	36	4	…	172
	7.6	22.1	47.1	20.9	2.3	…	100.0
(2)Brezno	22	62	61	31	6	…	182
	12.1	34.1	33.5	17.0	3.3	…	100.0
(3)Presov	29	84	124	40	12	…	289
	10.0	29.1	42.9	13.8	4.2	…	100.0
無回答	---	---	---	---	---	---	0
	---	---	---	---	---	---	0.0

Q12BX　労働生活の変化に対する評価＜悪くなった・1＋2＞

	(1)雇用の保障	(2)収入	(3)労働時間	(4)労働強度	(5)人間関係	件数	回答累計
計	379	255	187	289	248	643	211.2
	58.9	39.7	29.1	44.9	38.6	100.0	
(1)Banska Stiavnica	91	65	46	68	51	172	186.6
	52.9	37.8	26.7	39.5	29.7	100.0	
(2)Brezno	116	74	53	82	84	182	224.7
	63.7	40.7	29.1	45.1	46.2	100.0	
(3)Presov	172	116	88	139	113	289	217.3
	59.5	40.1	30.4	48.1	39.1	100.0	
無回答	---	---	---	---	---	0	---
	---	---	---	---	---	0.0	

Q12BY　労働生活の変化に対する評価＜良くなった・4＋5＞

	(1)雇用の保障	(2)収入	(3)労働時間	(4)労働強度	(5)人間関係	件数	回答累計
計	74	154	75	77	129	643	79.2
	11.5	24.0	11.7	12.0	20.1	100.0	
(1)Banska Stiavnica	25	38	24	23	40	172	87.2
	14.5	22.1	14.0	13.4	23.3	100.0	
(2)Brezno	12	50	15	15	37	182	70.9
	6.6	27.5	8.2	8.2	20.3	100.0	
(3)Presov	37	66	36	39	52	289	79.6
	12.8	22.8	12.5	13.5	18.0	100.0	
無回答	---	---	---	---	---	0	---
	---	---	---	---	---	0.0	

Q13　生活と労働に対する一般的評価

	(1)とても悪くなった	(2)悪くなった	(3)変わらない	(4)良くなった	(5)とても良くなった	無回答	件数
計	103	427	400	182	16	…	1128
	9.1	37.9	35.5	16.1	1.4	…	100.0
(1)Banska Stiavnica	26	102	117	54	4	…	303
	8.6	33.7	38.6	17.8	1.3	…	100.0
(2)Brezno	21	127	115	47	6	…	316
	6.6	40.2	36.4	14.9	1.9	…	100.0
(3)Presov	56	198	168	81	6	…	509
	11.0	38.9	33.0	15.9	1.2	…	100.0
無回答	---	---	---	---	---	---	0
	---	---	---	---	---	---	0.0

（A1　地域別）

Q13X　生活と労働に対する一般的評価

	(1)＊悪くなった計	(2)＊変わらない	(3)＊良くなった計	無回答	件数
計	530	400	198	…	1128
	47.0	35.5	17.6	…	100.0
(1)Banska Stiavnica	128	117	58	…	303
	42.2	38.6	19.1	…	100.0
(2)Brezno	148	115	53	…	316
	46.8	36.4	16.8	…	100.0
(3)Presov	254	168	87	…	509
	49.9	33.0	17.1	…	100.0
無回答	---	---	---	---	0
	---	---	---	---	0.0

Q14　階層帰属意識

	(1)中の上	(2)中	(3)中の下	(4)下	無回答	件数
計	47	642	370	69	…	1128
	4.2	56.9	32.8	6.1	…	100.0
(1)Banska Stiavnica	8	169	95	31	…	303
	2.6	55.8	31.4	10.2	…	100.0
(2)Brezno	10	185	112	9	…	316
	3.2	58.5	35.4	2.8	…	100.0
(3)Presov	29	288	163	29	…	509
	5.7	56.6	32.0	5.7	…	100.0
無回答	---	---	---	---	---	0
	---	---	---	---	---	0.0

Q15　貧富の差の趨勢（過去10年）に関する認知

	(1)とても大きくなった	(2)ある程度大きくなった	(3)ほとんど変わらない	(4)ある程度小さくなった	(5)とても小さくなった	無回答	件数
計	533	384	168	38	5	…	1128
	47.3	34.0	14.9	3.4	0.4	…	100.0
(1)Banska Stiavnica	140	94	56	11	2	…	303
	46.2	31.0	18.5	3.6	0.7	…	100.0
(2)Brezno	152	108	50	6	…	…	316
	48.1	34.2	15.8	1.9	…	…	100.0
(3)Presov	241	182	62	21	3	…	509
	47.3	35.8	12.2	4.1	0.6	…	100.0
無回答	---	---	---	---	---	---	0
	---	---	---	---	---	---	0.0

Q15X　貧富の差の趨勢（過去10年）に関する認知

	(1)＊大きくなった計	(2)＊ほとんど変わらない	(3)＊小さくなった計	無回答	件数
計	917	168	43	…	1128
	81.3	14.9	3.8	…	100.0
(1)Banska Stiavnica	234	56	13	…	303
	77.2	18.5	4.3	…	100.0
(2)Brezno	260	50	6	…	316
	82.3	15.8	1.9	…	100.0
(3)Presov	423	62	24	…	509
	83.1	12.2	4.7	…	100.0
無回答	---	---	---	---	0
	---	---	---	---	0.0

Q16　社会的公正の趨勢（過去10年）に関する認知

	(1)とても公正になった	(2)少しは公正になった	(3)あまり変わらない	(4)少し公正でなくなった	(5)とても公正ではなくなった	無回答	件数
計	18	118	272	454	266	…	1128
	1.6	10.5	24.1	40.2	23.6	…	100.0
(1)Banska Stiavnica	9	38	86	117	53	…	303
	3.0	12.5	28.4	38.6	17.5	…	100.0
(2)Brezno	4	29	68	150	65	…	316
	1.3	9.2	21.5	47.5	20.6	…	100.0
(3)Presov	5	51	118	187	148	…	509
	1.0	10.0	23.2	36.7	29.1	…	100.0
無回答	---	---	---	---	---	---	0
	---	---	---	---	---	---	0.0

（A1　地域別）

Q16X　社会的公正の趨勢（過去10年）に関する認知

	(1)＊公正になった	(2)＊あまり変わらない	(3)＊公正ではなくなった	無回答	件数
計	136	272	720	…	1128
	12.1	24.1	63.8	…	100.0
(1)Banska Stiavnica	47	86	170	…	303
	15.5	28.4	56.1	…	100.0
(2)Brezno	33	68	215	…	316
	10.4	21.5	68.0	…	100.0
(3)Presov	56	118	335	…	509
	11.0	23.2	65.8	…	100.0
無回答	---	---	---	---	0
	---	---	---	---	0.0

Q17AA　生活において重視する価値観（29項目）　A Independence from others

	(1)まったく重要ではない	(2)それほど重要ではない	(3)多少は重要である	(4)相当に重要である	(5)非常に重要である	無回答	件数
計	39	90	272	437	284	6	1128
	3.5	8.0	24.1	38.7	25.2	0.5	100.0
(1)Banska Stiavnica	10	16	77	120	78	2	303
	3.3	5.3	25.4	39.6	25.7	0.7	100.0
(2)Brezno	4	34	67	126	82	3	316
	1.3	10.8	21.2	39.9	25.9	0.9	100.0
(3)Presov	25	40	128	191	124	1	509
	4.9	7.9	25.1	37.5	24.4	0.2	100.0
無回答	---	---	---	---	---	---	0
	---	---	---	---	---	---	0.0

Q17AB　Building of own authority

	(1)まったく重要ではない	(2)それほど重要ではない	(3)多少は重要である	(4)相当に重要である	(5)非常に重要である	無回答	件数
計	32	114	318	444	214	6	1128
	2.8	10.1	28.2	39.4	19.0	0.5	100.0
(1)Banska Stiavnica	7	24	85	129	57	1	303
	2.3	7.9	28.1	42.6	18.8	0.3	100.0
(2)Brezno	4	35	86	127	60	4	316
	1.3	11.1	27.2	40.2	19.0	1.3	100.0
(3)Presov	21	55	147	188	97	1	509
	4.1	10.8	28.9	36.9	19.1	0.2	100.0
無回答	---	---	---	---	---	---	0
	---	---	---	---	---	---	0.0

Q17AC　Honorableness

	(1)まったく重要ではない	(2)それほど重要ではない	(3)多少は重要である	(4)相当に重要である	(5)非常に重要である	無回答	件数
計	3	27	143	421	531	3	1128
	0.3	2.4	12.7	37.3	47.1	0.3	100.0
(1)Banska Stiavnica	…	4	29	96	173	1	303
	…	1.3	9.6	31.7	57.1	0.3	100.0
(2)Brezno	…	8	31	114	163	…	316
	…	2.5	9.8	36.1	51.6	…	100.0
(3)Presov	3	15	83	211	195	2	509
	0.6	2.9	16.3	41.5	38.3	0.4	100.0
無回答	---	---	---	---	---	---	0
	---	---	---	---	---	---	0.0

Q17AD　Money

	(1)まったく重要ではない	(2)それほど重要ではない	(3)多少は重要である	(4)相当に重要である	(5)非常に重要である	無回答	件数
計	9	22	206	500	390	1	1128
	0.8	2.0	18.3	44.3	34.6	0.1	100.0
(1)Banska Stiavnica	2	9	62	139	90	1	303
	0.7	3.0	20.5	45.9	29.7	0.3	100.0
(2)Brezno	1	4	45	149	117	…	316
	0.3	1.3	14.2	47.2	37.0	…	100.0
(3)Presov	6	9	99	212	183	…	509
	1.2	1.8	19.4	41.7	36.0	…	100.0
無回答	---	---	---	---	---	---	0
	---	---	---	---	---	---	0.0

（A1　地域別）

Q17AE　Self-confidence of own ability

	(1)まったく重要ではない	(2)それほど重要ではない	(3)多少は重要である	(4)相当に重要である	(5)非常に重要である	無回答	件数
計	2	26	162	496	437	5	1128
	0.2	2.3	14.4	44.0	38.7	0.4	100.0
(1)Banska Stiavnica	1	3	37	150	112	…	303
	0.3	1.0	12.2	49.5	37.0	…	100.0
(2)Brezno	…	5	46	129	134	2	316
	…	1.6	14.6	40.8	42.4	0.6	100.0
(3)Presov	1	18	79	217	191	3	509
	0.2	3.5	15.5	42.6	37.5	0.6	100.0
無回答	---	---	---	---	---	---	0
	---	---	---	---	---	---	0.0

Q17AF　Equality between people

	(1)まったく重要ではない	(2)それほど重要ではない	(3)多少は重要である	(4)相当に重要である	(5)非常に重要である	無回答	件数
計	6	49	278	460	331	4	1128
	0.5	4.3	24.6	40.8	29.3	0.4	100.0
(1)Banska Stiavnica	…	9	66	131	97	…	303
	…	3.0	21.8	43.2	32.0	…	100.0
(2)Brezno	1	11	65	127	110	2	316
	0.3	3.5	20.6	40.2	34.8	0.6	100.0
(3)Presov	5	29	147	202	124	2	509
	1.0	5.7	28.9	39.7	24.4	0.4	100.0
無回答	---	---	---	---	---	---	0
	---	---	---	---	---	---	0.0

Q17AG　Tradition

	(1)まったく重要ではない	(2)それほど重要ではない	(3)多少は重要である	(4)相当に重要である	(5)非常に重要である	無回答	件数
計	44	137	357	384	202	4	1128
	3.9	12.1	31.6	34.0	17.9	0.4	100.0
(1)Banska Stiavnica	7	30	93	126	47	…	303
	2.3	9.9	30.7	41.6	15.5	…	100.0
(2)Brezno	14	39	90	107	63	3	316
	4.4	12.3	28.5	33.9	19.9	0.9	100.0
(3)Presov	23	68	174	151	92	1	509
	4.5	13.4	34.2	29.7	18.1	0.2	100.0
無回答	---	---	---	---	---	---	0
	---	---	---	---	---	---	0.0

Q17AH　Respect to law

	(1)まったく重要ではない	(2)それほど重要ではない	(3)多少は重要である	(4)相当に重要である	(5)非常に重要である	無回答	件数
計	21	85	298	446	274	4	1128
	1.9	7.5	26.4	39.5	24.3	0.4	100.0
(1)Banska Stiavnica	7	20	75	136	65	…	303
	2.3	6.6	24.8	44.9	21.5	…	100.0
(2)Brezno	4	22	78	112	98	2	316
	1.3	7.0	24.7	35.4	31.0	0.6	100.0
(3)Presov	10	43	145	198	111	2	509
	2.0	8.4	28.5	38.9	21.8	0.4	100.0
無回答	---	---	---	---	---	---	0
	---	---	---	---	---	---	0.0

(A1 地域別)

Q17AI Work

	(1)まったく重要ではない	(2)それほど重要ではない	(3)多少は重要である	(4)相当に重要である	(5)非常に重要である	無回答	件数
計	4	8	79	298	732	7	1128
	0.4	0.7	7.0	26.4	64.9	0.6	100.0
(1)Banska Stiavnica	1	1	25	73	203	···	303
	0.3	0.3	8.3	24.1	67.0	···	100.0
(2)Brezno	···	···	12	71	230	3	316
	···	···	3.8	22.5	72.8	0.9	100.0
(3)Presov	3	7	42	154	299	4	509
	0.6	1.4	8.3	30.3	58.7	0.8	100.0
無回答	---	---	---	---	---	---	0
	---	---	---	---	---	---	0.0

Q17AJ Humility

	(1)まったく重要ではない	(2)それほど重要ではない	(3)多少は重要である	(4)相当に重要である	(5)非常に重要である	無回答	件数
計	18	76	297	438	293	6	1128
	1.6	6.7	26.3	38.8	26.0	0.5	100.0
(1)Banska Stiavnica	8	14	72	130	79	···	303
	2.6	4.6	23.8	42.9	26.1	···	100.0
(2)Brezno	2	16	71	138	86	3	316
	0.6	5.1	22.5	43.7	27.2	0.9	100.0
(3)Presov	8	46	154	170	128	3	509
	1.6	9.0	30.3	33.4	25.1	0.6	100.0
無回答	---	---	---	---	---	---	0
	---	---	---	---	---	---	0.0

Q17AK Collectivity

	(1)まったく重要ではない	(2)それほど重要ではない	(3)多少は重要である	(4)相当に重要である	(5)非常に重要である	無回答	件数
計	13	70	306	476	259	4	1128
	1.2	6.2	27.1	42.2	23.0	0.4	100.0
(1)Banska Stiavnica	5	13	75	131	78	1	303
	1.7	4.3	24.8	43.2	25.7	0.3	100.0
(2)Brezno	3	14	66	141	90	2	316
	0.9	4.4	20.9	44.6	28.5	0.6	100.0
(3)Presov	5	43	165	204	91	1	509
	1.0	8.4	32.4	40.1	17.9	0.2	100.0
無回答	---	---	---	---	---	---	0
	---	---	---	---	---	---	0.0

Q17AL Social status

	(1)まったく重要ではない	(2)それほど重要ではない	(3)多少は重要である	(4)相当に重要である	(5)非常に重要である	無回答	件数
計	31	108	434	385	167	3	1128
	2.7	9.6	38.5	34.1	14.8	0.3	100.0
(1)Banska Stiavnica	9	23	116	113	42	···	303
	3.0	7.6	38.3	37.3	13.9	···	100.0
(2)Brezno	4	31	131	99	49	2	316
	1.3	9.8	41.5	31.3	15.5	0.6	100.0
(3)Presov	18	54	187	173	76	1	509
	3.5	10.6	36.7	34.0	14.9	0.2	100.0
無回答	---	---	---	---	---	---	0
	---	---	---	---	---	---	0.0

(A1 地域別)

Q17AM Family

	(1)まったく重要ではない	(2)それほど重要ではない	(3)多少は重要である	(4)相当に重要である	(5)非常に重要である	無回答	件数
計	2	10	47	169	896	4	1128
	0.2	0.9	4.2	15.0	79.4	0.4	100.0
(1)Banska Stiavnica	1	···	10	44	247	1	303
	0.3	···	3.3	14.5	81.5	0.3	100.0
(2)Brezno	···	2	7	37	269	1	316
	···	0.6	2.2	11.7	85.1	0.3	100.0
(3)Presov	1	8	30	88	380	2	509
	0.2	1.6	5.9	17.3	74.7	0.4	100.0
無回答	---	---	---	---	---	---	0
	---	---	---	---	---	---	0.0

Q17AN Solidarity

	(1)まったく重要ではない	(2)それほど重要ではない	(3)多少は重要である	(4)相当に重要である	(5)非常に重要である	無回答	件数
計	9	52	312	464	284	7	1128
	0.8	4.6	27.7	41.1	25.2	0.6	100.0
(1)Banska Stiavnica	2	10	63	132	94	2	303
	0.7	3.3	20.8	43.6	31.0	0.7	100.0
(2)Brezno	1	8	68	137	99	3	316
	0.3	2.5	21.5	43.4	31.3	0.9	100.0
(3)Presov	6	34	181	195	91	2	509
	1.2	6.7	35.6	38.3	17.9	0.4	100.0
無回答	---	---	---	---	---	---	0
	---	---	---	---	---	---	0.0

Q17AO Respect for authorities

	(1)まったく重要ではない	(2)それほど重要ではない	(3)多少は重要である	(4)相当に重要である	(5)非常に重要である	無回答	件数
計	54	158	432	355	125	4	1128
	4.8	14.0	38.3	31.5	11.1	0.4	100.0
(1)Banska Stiavnica	15	39	112	95	41	1	303
	5.0	12.9	37.0	31.4	13.5	0.3	100.0
(2)Brezno	7	29	107	135	37	1	316
	2.2	9.2	33.9	42.7	11.7	0.3	100.0
(3)Presov	32	90	213	125	47	2	509
	6.3	17.7	41.8	24.6	9.2	0.4	100.0
無回答	---	---	---	---	---	---	0
	---	---	---	---	---	---	0.0

Q17AP Richness

	(1)まったく重要ではない	(2)それほど重要ではない	(3)多少は重要である	(4)相当に重要である	(5)非常に重要である	無回答	件数
計	54	189	428	321	128	8	1128
	4.8	16.8	37.9	28.5	11.3	0.7	100.0
(1)Banska Stiavnica	16	51	127	80	27	2	303
	5.3	16.8	41.9	26.4	8.9	0.7	100.0
(2)Brezno	8	49	122	94	39	4	316
	2.5	15.5	38.6	29.7	12.3	1.3	100.0
(3)Presov	30	89	179	147	62	2	509
	5.9	17.5	35.2	28.9	12.2	0.4	100.0
無回答	---	---	---	---	---	---	0
	---	---	---	---	---	---	0.0

（A1　地域別）

Q17AQ Tolerance

	(1)まったく重要ではない	(2)それほど重要ではない	(3)多少は重要である	(4)相当に重要である	(5)非常に重要である	無回答	件数
計	4	44	239	498	339	4	1128
	0.4	3.9	21.2	44.1	30.1	0.4	100.0
(1)Banska Stiavnica	…	1	45	155	102	…	303
	…	0.3	14.9	51.2	33.7	…	100.0
(2)Brezno	…	15	43	141	116	1	316
	…	4.7	13.6	44.6	36.7	0.3	100.0
(3)Presov	4	28	151	202	121	3	509
	0.8	5.5	29.7	39.7	23.8	0.6	100.0
無回答	---	---	---	---	---	---	0
	---	---	---	---	---	---	0.0

Q17AR Love

	(1)まったく重要ではない	(2)それほど重要ではない	(3)多少は重要である	(4)相当に重要である	(5)非常に重要である	無回答	件数
計	4	9	88	295	730	2	1128
	0.4	0.8	7.8	26.2	64.7	0.2	100.0
(1)Banska Stiavnica	1	2	16	75	209	…	303
	0.3	0.7	5.3	24.8	69.0	…	100.0
(2)Brezno	2	3	21	61	228	1	316
	0.6	0.9	6.6	19.3	72.2	0.3	100.0
(3)Presov	1	4	51	159	293	1	509
	0.2	0.8	10.0	31.2	57.6	0.2	100.0
無回答	---	---	---	---	---	---	0
	---	---	---	---	---	---	0.0

Q17AS Moral

	(1)まったく重要ではない	(2)それほど重要ではない	(3)多少は重要である	(4)相当に重要である	(5)非常に重要である	無回答	件数
計	1	26	198	433	466	4	1128
	0.1	2.3	17.6	38.4	41.3	0.4	100.0
(1)Banska Stiavnica	…	…	39	111	152	1	303
	…	…	12.9	36.6	50.2	0.3	100.0
(2)Brezno	…	9	50	122	134	1	316
	…	2.8	15.8	38.6	42.4	0.3	100.0
(3)Presov	1	17	109	200	180	2	509
	0.2	3.3	21.4	39.3	35.4	0.4	100.0
無回答	---	---	---	---	---	---	0
	---	---	---	---	---	---	0.0

Q17AT Nation

	(1)まったく重要ではない	(2)それほど重要ではない	(3)多少は重要である	(4)相当に重要である	(5)非常に重要である	無回答	件数
計	22	131	344	391	235	5	1128
	2.0	11.6	30.5	34.7	20.8	0.4	100.0
(1)Banska Stiavnica	5	25	81	116	74	2	303
	1.7	8.3	26.7	38.3	24.4	0.7	100.0
(2)Brezno	4	36	103	116	56	1	316
	1.3	11.4	32.6	36.7	17.7	0.3	100.0
(3)Presov	13	70	160	159	105	2	509
	2.6	13.8	31.4	31.2	20.6	0.4	100.0
無回答	---	---	---	---	---	---	0
	---	---	---	---	---	---	0.0

（A1　地域別）

Q17AU Honesty

	(1)まったく重要ではない	(2)それほど重要ではない	(3)多少は重要である	(4)相当に重要である	(5)非常に重要である	無回答	件数
計	3	28	212	444	436	5	1128
	0.3	2.5	18.8	39.4	38.7	0.4	100.0
(1)Banska Stiavnica	…	2	41	112	146	2	303
	…	0.7	13.5	37.0	48.2	0.7	100.0
(2)Brezno	…	8	46	125	136	1	316
	…	2.5	14.6	39.6	43.0	0.3	100.0
(3)Presov	3	18	125	207	154	2	509
	0.6	3.5	24.6	40.7	30.3	0.4	100.0
無回答	---	---	---	---	---	---	0
	---	---	---	---	---	---	0.0

Q17AV Freedom

	(1)まったく重要ではない	(2)それほど重要ではない	(3)多少は重要である	(4)相当に重要である	(5)非常に重要である	無回答	件数
計	4	21	152	368	580	3	1128
	0.4	1.9	13.5	32.6	51.4	0.3	100.0
(1)Banska Stiavnica	1	2	42	75	182	1	303
	0.3	0.7	13.9	24.8	60.1	0.3	100.0
(2)Brezno	…	6	32	97	180	1	316
	…	1.9	10.1	30.7	57.0	0.3	100.0
(3)Presov	3	13	78	196	218	1	509
	0.6	2.6	15.3	38.5	42.8	0.2	100.0
無回答	---	---	---	---	---	---	0
	---	---	---	---	---	---	0.0

Q17AW Social justice

	(1)まったく重要ではない	(2)それほど重要ではない	(3)多少は重要である	(4)相当に重要である	(5)非常に重要である	無回答	件数
計	6	31	195	396	495	5	1128
	0.5	2.7	17.3	35.1	43.9	0.4	100.0
(1)Banska Stiavnica	…	5	44	125	128	1	303
	…	1.7	14.5	41.3	42.2	0.3	100.0
(2)Brezno	1	8	48	100	158	1	316
	0.3	2.5	15.2	31.6	50.0	0.3	100.0
(3)Presov	5	18	103	171	209	3	509
	1.0	3.5	20.2	33.6	41.1	0.6	100.0
無回答	---	---	---	---	---	---	0
	---	---	---	---	---	---	0.0

Q17AX Religion

	(1)まったく重要ではない	(2)それほど重要ではない	(3)多少は重要である	(4)相当に重要である	(5)非常に重要である	無回答	件数
計	140	183	302	262	236	5	1128
	12.4	16.2	26.8	23.2	20.9	0.4	100.0
(1)Banska Stiavnica	53	52	83	62	52	1	303
	17.5	17.2	27.4	20.5	17.2	0.3	100.0
(2)Brezno	39	63	83	69	61	1	316
	12.3	19.9	26.3	21.8	19.3	0.3	100.0
(3)Presov	48	68	136	131	123	3	509
	9.4	13.4	26.7	25.7	24.2	0.6	100.0
無回答	---	---	---	---	---	---	0
	---	---	---	---	---	---	0.0

(A1 地域別)

	Q17AY Entrepreneurship							Q17AZ Spiritual quality							Q17BA Power						
	(1)まったく重要ではない	(2)それほど重要ではない	(3)多少は重要である	(4)相当に重要である	(5)非常に重要である	無回答	件数	(1)まったく重要ではない	(2)それほど重要ではない	(3)多少は重要である	(4)相当に重要である	(5)非常に重要である	無回答	件数	(1)まったく重要ではない	(2)それほど重要ではない	(3)多少は重要である	(4)相当に重要である	(5)非常に重要である	無回答	件数
計	29	109	424	416	147	3	1128	67	158	305	341	253	4	1128	106	297	428	222	70	5	1128
	2.6	9.7	37.6	36.9	13.0	0.3	100.0	5.9	14.0	27.0	30.2	22.4	0.4	100.0	9.4	26.3	37.9	19.7	6.2	0.4	100.0
(1)Banska Stiavnica	4	29	109	119	41	1	303	20	41	77	94	70	1	303	33	75	111	60	23	1	303
	1.3	9.6	36.0	39.3	13.5	0.3	100.0	6.6	13.5	25.4	31.0	23.1	0.3	100.0	10.9	24.8	36.6	19.8	7.6	0.3	100.0
(2)Brezno	8	32	121	119	35	1	316	27	51	88	92	57	1	316	22	80	125	68	20	1	316
	2.5	10.1	38.3	37.7	11.1	0.3	100.0	8.5	16.1	27.8	29.1	18.0	0.3	100.0	7.0	25.3	39.6	21.5	6.3	0.3	100.0
(3)Presov	17	48	194	178	71	1	509	20	66	140	155	126	2	509	51	142	192	94	27	3	509
	3.3	9.4	38.1	35.0	13.9	0.2	100.0	3.9	13.0	27.5	30.5	24.8	0.4	100.0	10.0	27.9	37.7	18.5	5.3	0.6	100.0
無回答	---	---	---	---	---	---	0	---	---	---	---	---	---	0	---	---	---	---	---	---	0
	---	---	---	---	---	---	0.0	---	---	---	---	---	---	0.0	---	---	---	---	---	---	0.0

(A1 地域別)

	Q17BB Education							Q17BC Interpersonal trust						
	(1)まったく重要ではない	(2)それほど重要ではない	(3)多少は重要である	(4)相当に重要である	(5)非常に重要である	無回答	件数	(1)まったく重要ではない	(2)それほど重要ではない	(3)多少は重要である	(4)相当に重要である	(5)非常に重要である	無回答	件数
計	12	47	169	404	492	4	1128	1	34	166	460	465	2	1128
	1.1	4.2	15.0	35.8	43.6	0.4	100.0	0.1	3.0	14.7	40.8	41.2	0.2	100.0
(1)Banska Stiavnica	2	8	39	122	131	1	303	···	5	38	123	137	···	303
	0.7	2.6	12.9	40.3	43.2	0.3	100.0	···	1.7	12.5	40.6	45.2	···	100.0
(2)Brezno	3	13	43	121	135	1	316	···	8	44	115	148	1	316
	0.9	4.1	13.6	38.3	42.7	0.3	100.0	···	2.5	13.9	36.4	46.8	0.3	100.0
(3)Presov	7	26	87	161	226	2	509	1	21	84	222	180	1	509
	1.4	5.1	17.1	31.6	44.4	0.4	100.0	0.2	4.1	16.5	43.6	35.4	0.2	100.0
無回答	---	---	---	---	---	---	0	---	---	---	---	---	---	0
	---	---	---	---	---	---	0.0	---	---	---	---	---	---	0.0

（A1　地域別）

Q17X　生活において重視する価値観（29項目）<重要ではない・1＋2>

	(1)他者からの独立性	(2)自分の裁量性の形成	(3)名声	(4)お金	(5)能力への自信	(6)人びとの間の平等	(7)伝統	(8)法の遵守	(9)仕事	(10)謙遜	(11)集団性	(12)社会的地位	(13)家族	(14)連帯	(15)権威への尊敬	(16)富裕	(17)忍耐	(18)愛	(19)道徳	(20)国家	(21)正直	(22)自由	(23)社会的公正	(24)宗教	(25)企業家精神	(26)精神性	(27)力	(28)教育	(29)個人間の信頼	件数	回答累計
計	129 11.4	146 12.9	30 2.7	31 2.7	28 2.5	55 4.9	181 16.0	106 9.4	12 1.1	94 8.3	83 7.4	139 12.3	12 1.1	61 5.4	212 18.8	243 21.5	48 4.3	13 1.2	27 2.4	153 13.6	31 2.7	25 2.2	37 3.3	323 28.6	138 12.2	225 19.9	403 35.7	59 5.2	35 3.1	1128 100.0	273.0
(1)Banska Stiavnica	26 8.6	31 10.2	4 1.3	11 3.6	4 1.3	9 3.0	37 12.2	27 8.9	2 0.7	22 7.3	18 5.9	32 10.6	1 0.3	12 4.0	54 17.8	67 22.1	1 0.3	3 1.0	･･･ ･･･	30 9.9	2 0.7	3 1.0	5 1.7	105 34.7	33 10.9	61 20.1	108 35.6	10 3.3	5 1.7	303 100.0	238.6
(2)Brezno	38 12.0	39 12.3	8 2.5	5 1.6	5 1.6	12 3.8	53 16.8	26 8.2	･･･ ･･･	18 5.7	17 5.4	35 11.1	2 0.6	9 2.8	36 11.4	57 18.0	15 4.7	5 1.6	9 2.8	40 12.7	8 2.5	6 1.9	9 2.8	102 32.3	40 12.7	78 24.7	102 32.3	16 5.1	8 2.5	316 100.0	252.5
(3)Presov	65 12.8	76 14.9	18 3.5	15 2.9	19 3.7	34 6.7	91 17.9	53 10.4	10 2.0	54 10.6	48 9.4	72 14.1	9 1.8	40 7.9	122 24.0	119 23.4	32 6.3	5 1.0	18 3.5	83 16.3	21 4.1	16 3.1	23 4.5	116 22.8	65 12.8	86 16.9	193 37.9	33 6.5	22 4.3	509 100.0	306.1
無回答	--- ---	--- ---	--- ---	--- ---	--- ---	--- ---	--- ---	--- ---	--- ---	--- ---	--- ---	--- ---	--- ---	--- ---	--- ---	--- ---	--- ---	--- ---	--- ---	--- ---	--- ---	--- ---	--- ---	--- ---	--- ---	--- ---	--- ---	--- ---	--- ---	0 0.0	---

（A1　地域別）

Q17Y　生活において重視する価値観（29項目）<重要である・3～5>

	(1)他者からの独立性	(2)自分の裁量性の形成	(3)名声	(4)お金	(5)能力への自信	(6)人びとの間の平等	(7)伝統	(8)法の遵守	(9)仕事	(10)謙遜	(11)集団性	(12)社会的地位	(13)家族	(14)連帯	(15)権威への尊敬	(16)富裕	(17)忍耐	(18)愛	(19)道徳	(20)国家	(21)正直	(22)自由	(23)社会的公正	(24)宗教	(25)企業家精神	(26)精神性	(27)力	(28)教育	(29)個人間の信頼	件数	回答累計
計	721 63.9	658 58.3	952 84.4	890 78.9	933 82.7	791 70.1	586 52.0	720 63.8	1030 91.3	731 64.8	735 65.2	552 48.9	1065 94.4	748 66.3	480 42.6	449 39.8	837 74.2	1025 90.9	899 79.7	626 55.5	880 78.0	948 84.0	891 79.0	498 44.1	563 49.9	594 52.7	292 25.9	896 79.4	925 82.0	1128 100.0	1942.8
(1)Banska Stiavnica	198 65.3	186 61.4	269 88.8	229 75.6	262 86.5	228 75.2	173 57.1	201 66.3	276 91.1	209 69.0	209 69.0	155 51.2	291 96.0	226 74.6	136 44.9	107 35.3	257 84.8	284 93.7	263 86.8	190 62.7	258 85.1	257 84.8	253 83.5	114 37.6	160 52.8	164 54.1	83 27.4	253 83.5	260 85.8	303 100.0	2030.0
(2)Brezno	208 65.8	187 59.2	277 87.7	266 84.2	263 83.2	237 75.0	170 53.8	210 66.5	301 95.3	224 70.9	231 73.1	148 46.8	306 96.8	236 74.7	172 54.4	133 42.1	257 81.3	289 91.5	256 81.0	172 54.4	261 82.6	277 87.7	258 81.6	130 41.1	154 48.7	149 47.2	88 27.8	256 81.0	263 83.2	316 100.0	2018.7
(3)Presov	315 61.9	285 56.0	406 79.8	395 77.6	408 80.2	326 64.0	243 47.7	309 60.7	453 89.0	298 58.5	295 58.0	249 48.9	468 91.9	286 56.2	172 33.8	209 41.1	323 63.5	452 88.8	380 74.7	264 51.9	361 70.9	414 81.3	380 74.7	254 49.9	249 48.9	281 55.2	121 23.8	387 76.0	402 79.0	509 100.0	1843.8
無回答	--- ---	--- ---	--- ---	--- ---	--- ---	--- ---	--- ---	--- ---	--- ---	--- ---	--- ---	--- ---	--- ---	--- ---	--- ---	--- ---	--- ---	--- ---	--- ---	--- ---	--- ---	--- ---	--- ---	--- ---	--- ---	--- ---	--- ---	--- ---	--- ---	0 0.0	---

(A1 地域別)

F4 宗教

	(1)ローマカトリック教会	(2)ギリシャ正教	(3)福音派	(4)正教会	(5)ユダヤ教	(6)その他	(7)回答せず	無回答	件数
計	749 66.4	76 6.7	110 9.8	13 1.2	1 0.1	12 1.1	167 14.8	… …	1128 100.0
(1)Banska Stiavnica	209 69.0	2 0.7	27 8.9	… …	… …	5 1.7	60 19.8	… …	303 100.0
(2)Brezno	224 70.9	8 2.5	28 8.9	… …	… …	6 1.9	50 15.8	… …	316 100.0
(3)Presov	316 62.1	66 13.0	55 10.8	13 2.6	1 0.2	1 0.2	57 11.2	… …	509 100.0
無回答	— —	— —	— —	— —	— —	— —	— —	— —	0 0.0

F5A 社会経済的な地位

	(1)経営者・従業員30人超	(2)経営者・従業員5—30人	(3)経営者・従業員5人未満	(4)自営業	(5)独立した専門家・芸術家等	(6)トップの経営陣	(7)中間管理職	(8)通常の従業員	(9)年金生活者	(10)主婦・家事労働	(11)失業者	(12)学生	(13)その他	無回答	件数
計	12 1.1	14 1.2	20 1.8	101 9.0	3 0.3	16 1.4	29 2.6	435 38.6	230 20.4	34 3.0	142 12.6	89 7.9	3 0.3	… …	1128 100.0
(1)Banska Stiavnica	1 0.3	3 1.0	3 1.0	30 9.9	… …	6 2.0	8 2.6	113 37.3	65 21.5	7 2.3	46 15.2	20 6.6	1 0.3	… …	303 100.0
(2)Brezno	… …	1 0.3	3 0.9	35 11.1	… …	7 2.2	9 2.8	125 39.6	68 21.5	13 4.1	25 7.9	30 9.5	… …	… …	316 100.0
(3)Presov	11 2.2	10 2.0	14 2.8	36 7.1	3 0.6	3 0.6	12 2.4	197 38.7	97 19.1	14 2.8	71 13.9	39 7.7	2 0.4	… …	509 100.0
無回答	— —	— —	— —	— —	— —	— —	— —	— —	— —	— —	— —	— —	— —	— —	0 0.0

F5AX 社会経済的な地位

	(1)*経営者・1—5・自営業	(2)*6—8企業の従業員・	(3)*年金生活者	(4)*主婦・家事労働	(5)*失業者	(6)*学生	無回答	件数
計	150 13.3	480 42.6	230 20.4	34 3.0	142 12.6	89 7.9	3 0.3	1128 100.0
(1)Banska Stiavnica	37 12.2	127 41.9	65 21.5	7 2.3	46 15.2	20 6.6	1 0.3	303 100.0
(2)Brezno	39 12.3	141 44.6	68 21.5	13 4.1	25 7.9	30 9.5	… …	316 100.0
(3)Presov	74 14.5	212 41.7	97 19.1	14 2.8	71 13.9	39 7.7	2 0.4	509 100.0
無回答	— —	— —	— —	— —	— —	— —	— —	0 0.0

(A1 地域別)

F5B 勤務先の従業員規模（F5Aで1～8の方）

	(1)1人のみ	(2)50人未満	(3)50—249人	(4)250人以上	無回答	件数
計	102 16.2	327 51.9	129 20.5	63 10.0	9 1.4	630 100.0
(1)Banska Stiavnica	30 18.3	84 51.2	43 26.2	4 2.4	3 1.8	164 100.0
(2)Brezno	35 19.4	64 35.6	41 22.8	40 22.2	… …	180 100.0
(3)Presov	37 12.9	179 62.6	45 15.7	19 6.6	6 2.1	286 100.0
無回答	— —	— —	— —	— —	— —	0 0.0

F6 月の収入

	(1)4000ユーロ未満	(2)4000ユーロ—5999ユーロ	(3)6000ユーロ—8999ユーロ	(4)9000ユーロ—11999	(5)12000ユーロ—14999	(6)15000ユーロ—19999	(7)20000ユーロ—3990	(8)40000ユーロ以上	無回答	件数
計	485 43.0	306 27.1	184 16.3	56 5.0	11 1.0	7 0.6	8 0.7	3 0.3	68 6.0	1128 100.0
(1)Banska Stiavnica	148 48.8	88 29.0	40 13.2	14 4.6	2 0.7	1 0.3	… …	… …	10 3.3	303 100.0
(2)Brezno	131 41.5	88 27.8	51 16.1	16 5.1	3 0.9	2 0.6	1 0.3	… …	24 7.6	316 100.0
(3)Presov	206 40.5	130 25.5	93 18.3	26 5.1	6 1.2	4 0.8	7 1.4	3 0.6	34 6.7	509 100.0
無回答	— —	— —	— —	— —	— —	— —	— —	— —	— —	0 0.0

F7 インタビューの時間

	(1)10分未満	(2)10—19分	(3)20—29分	(4)30—39分	(5)40—49分	(6)50分以上	無回答	件数	中央値・分	平均値・分
計	… …	766 67.9	281 24.9	60 5.3	9 0.8	12 1.1	… …	1128 100.0	15.0	17.0
(1)Banska Stiavnica	… …	245 80.9	52 17.2	6 2.0	… …	… …	… …	303 100.0	15.0	14.6
(2)Brezno	… …	170 53.8	105 33.2	34 10.8	2 0.6	5 1.6	… …	316 100.0	18.0	18.8
(3)Presov	… …	351 69.0	124 24.4	20 3.9	7 1.4	7 1.4	… …	509 100.0	15.0	17.2
無回答	— —	— —	— —	— —	— —	— —	— —	0 0.0	—	—

スロヴァキア語要旨

DYNAMIKA MIESTNEJ SPOLOČNOSTI V GLOBALIZÁCII (Výsledky sociologického vyskumu v troch mestach na Slovensku)

Súhrn po slovensky

ÚVOD

Táto publikácia je výstupom spoločnej práce výskumníkov zo Sociologického ústavu Slovenskej akadémie vied a Inštitútu spoločenských vied Chuo university v Tókiu – Japonsko.

Cieľom práce je prostredníctvom prieskumov sledovať sociálne zmeny v živote ľudí v post-socialistickom období Slovenska, sústreďujúc sa na mezo-rovinu spoločnosti. Výskum bol spojený s použitím prípadových štúdií v mestách malej a strednej veľkosti, lokalizovaných ďaleko od metropolitných území krajiny: Brezno a Banská Štiavnica. Tieto mestá majú historicky významné kultúrne dedičstvo, dokonca z časov pred-moderných. Boli poznačené rozsiahlou industrializáciou za časov socializmu, ale po kolapse socialistického systému obyvatelia týchto miest boli postihnutí zhoršením podmienok v práci a živote. Proces zmien sme v týchto mestách sledovali v rokoch 1990-92, 1996-98, 2005-07 a v roku 2013. Prešov bol zahrnutý do cieľov našich výskumov až v posledných dvoch obdobiach.

Použité boli dva druhy výskumných metód. Prvým bol prieskum medzi obyvateľstvom pomocou štandardizovaného dotazníka. Veľkosť vzoriek, ktoré boli analyzované, boli v prípade Banskej Štiavnice 303, Brezna 316 a Prešova 509 respondentov. Druhým boli rozhovory s kľúčovými osobami z rôznych odvetví a vybranými obyčajnými obyvateľmi v sledovaných mestách.

Táto kniha je výstupom z výskumu v roku 2013 a sústreďuje sa na dynamiku lokálneho života pod vplyvom gobalizácie a na aktivity občianskeho sektora.

I Socio-ekonomické trendy a historické zázemie

(Akihiro Ishikawa & L'ubomír Falt'an)

Socio-ekonomické zmeny od rozpadu socialistického systému sú stručne zobrazené v štyroch fázach: 1. Obdobie transformácie (prvá polovica 90-tych rokov), 2. Obdobie dominácie trhovej ekonomiky (druhá polovica 90-tych rokov), 3. Obdobie presadzovania globalizačných trendov (2000～2004) a 4. Súčasné obdobie (2005～2013).

Socio-ekonomická diferenciácia medzi regiónmi, a to najmä medzi západom a východom Slovenska bola zajavná už v 1. Období a presadzovala sa s globalizačnými trendami. V troch nami sledovaných mestách je v súčasnom období ekonomika stále vykazuje stagnáciu a miera nezamestnanosti je pomerne vysoká. Sprievodným javom je nárast odlivu mladých ľudských zdrojov do metropolitných oblastí a do zahraničia. Na druhej strane je však pomerne vysoká identita obyvateľov so svojimi mestami.

Hlavné témy, ktoré budú predmetom nasledujúcich kapitol tejto knihy, budú tri: socio-ekonomická situácia komunity a jej život, sociálne a kultúrne aktivity občianskych združení, a úlohy, ktoré by mali byť riešené prostredníctvo miestnych samospráv.

II Zmeny priemyslovej struktúry a pracovného života

(Zdenek Šťastný)

Občianska spoločnosť a vývoj k industriálnej a post-industriálnej spoločnosti v oblasti zamestnanosti a pracovného života na príklade troch slovenských miest, Banskej Štiavnice, Brezna a Prešova.

Industriálna a post-industriálna spoločnosť sú novými etapami vývoja súčasných moderných typov spoločností. Vyznačujú sa vysokým podielom sektoru služieb, vedy a vzdelania, výraznými technologickými zmenami a nárastom špecializovaných sociálnych a mocenských elít v spoločnosti. Klesá v nich podiel zamestnaných v priemyselnej výrobe a v poľnohospodárstve a prevažujú v nej zamestnanci vo sfére služieb. Takáto spoločnosť sa orientuje čoraz viac na uspokojovanie spotrebných a komunikačných potrieb, klesajú pracovné aktivity a prehlbuje sa diferenciácia medzi jednotlivými spoločensko - kultúrnymi a ekonomickými vrstvami v spoločnosti.

Výsledky prezentovanej štúdie dokazujú, že v skúmaných mestách je možné aj v oblasti pracovného života a zamestnanosti preukázať viaceré symptómy prechodu k takejto post-industriálnej spoločnosti. Mnohé z týchto pozitívnych, ale i negatívnych tendencií sa však niektorých vrstiev týchto mestských spoločenstiev dotýkajú veľmi diferencovane a rozporuplne.

Z typických znakov týchto zmien je možné vyzdvihnúť najmä nasledovné:

-Vo všetkých skúmaných mestách oproti celoštátnemu priemeru nadmerne poklesli pracovné aktivity a vzrástla nezamestnanosť.

Táto nezamestnanosť však nie je len výrazom krízového stavu ekonomiky, ktorá nie je schopná poskytnúť zamestnanecké príležitosti časti práceschopnej populácie, ale aj tendencie, že pre pracovný potenciál spoločnosti je časť populácie, v dôsledku technologického pokroku jednoducho nepotrebná.

Spoločnosť nereaguje dostatočne rýchlo na meniace sa potreby v oblasti kvalifikačnej štruktúry pracovnej sily. Globalizácia pohybu kapitálu spôsobuje extrémne rýchlu zmenu štruktúry výrobnej základne, bez ohľadu na lokálnu disponibilnú pracovnú silu. Rezíduá tradicionalizmu a lokálne väzby brzdia dynamiku pohybu pracovnej sily, ktorú vyžaduje moderný spôsob zamestnávania (presídľovanie za prácou a pod.).

Prehlbujú sa regionálne rozdiely. Zaostáva rozvoj dopravnej infraštruktúry (predovšetkým v problémových regiónoch), čo prehlbuje ich znevýhodnenie.

-Výrazne poklesla výroba a zamestnanosť v celom primárnom sektore spoločnosti a celospoločensky sa zredukovala na minimum zamestnanosť v poľnohospodárstve. Napríklad úplne zanikla ťažba neželezných rúd v Banskej Štiavnici a soli v Prešove. Poľnohospodárstvo, ktoré malo hlavne v regióne a okolí Prešova významnú hospodársku a sociálnu funkciu, tento pôvodný význam stratilo.

V regiónoch Banskej Štiavnice a Brezna sa rovnako stratil tradičný doplnkový „kovoroľnícky“ typ hospodárenia, pri ktorom sa zamestnanie v priemysle kombinovalo a dopĺňovalo s rodinným doplnkovým hospodárením na poli. V skúmaných mestách a ich okolitých regiónoch sa tým znásobil počet nezamestnaných a nezamestnateľných obyvateľov, najmä staršej strednej generácie a vzrástla sociálna odkázanosť časti populácie.

-K výraznému poklesu pôvodnej vysokej zamestnanosti došlo aj v celom sekundárnom sektore a obzvlášť v spracovateľskom priemysle a v stavebníctve, čo sa prejavuje aj v celej priemyselnej výrobe na Slovensku. V postupnej reštrukturalizácii bolo pôvodné významné miesto ťažkého strojárstva a strojárenského priemyslu vôbec, plne vytesnené dominantnou, monosektorovou výrobou automobilov. Výrazne tým vzrástla závislosť ekonomiky na zahraničných trhoch a ich konjunkturálnych výkyvoch. V Banskej Štiavnici, kde bol pôvodne významný textilný priemysel a v Brezne a Prešove strojárstvo, boli tieto odvetvia zredukované na minimum. (Napríklad Mostáreň Brezno, Strojárne Piesok, VAP Prešov, Křižík a.s. a iné.)

-V celej spoločnosti došlo k výraznému rastu terciárneho sektoru. Všeobecne sa výrazne rozšíril celý sektor maloobchodu a služieb pre obyvateľstvo.

Vo všetkých skúmaných mestách, hlavne v Banskej Štiavnici a v Brezne, kde po rozpade plánovaného hospodárstva prevládali výlučne malé, súkromné obchody, vznikli nové super a mega markety.

Podobne, z pôvodne naprosto nedostatočne fungujúceho sektoru bánk a sektoru telekomunikácií sa tento segment výrazne rozrástol, v regionálnom meradle mnohokrát až nadmerne.

Veľmi významne, pritom však značne diferencovane sa rozšírili ubytovacie a stravovacie služby (Banská Štiavnica) a školstvo (v Brezne a Prešove).

Táto modernitná tendencia má však často rozporné sociálne dôsledky. Služby spojené s cestovným ruchom trpia vysokou sezónnosťou a vzhľadom k nedostatočnej dopravnej infraštruktúre, neriešia ani časť disponibilnej pracovnej sily.

Regionálne školstvo a vzdelávací systém sa nespráva „regionálne", nezodpovedá potrebám miestnej ekonomiky a pracovného trhu a nereflektuje ich dynamiku.

Pomerne málo a regionálne veľmi nerovnomerne sa rozširuje part-time zamestnanosť a práca z domu, ako aj zamestnanosť cez internet.

V dôsledku globalizácie a extenzívneho rozširovania masovo komunikačných prostriedkov a technológií dochádza k napodobovaniu spotrebných vzorov často bez ohľadu na konkrétne ekonomické možnosti jednotlivcov alebo skupín populácie. Bagatelizujú sa endogénne socio-kultúrne vzory správania a preberajú sa vzory, ktoré sú pre pôvodnú identitu danej society cudzie a neadekvátne.

Došlo k plnej privatizácii kultúrnych potrieb a aktivít, ako aj k zvyšovaniu kvality života. U istých skupín populácie dochádza k prudkému nárastu kultúrno-rekreačných aktivít a faktorov kvality života, čo však značne posilňuje regionálne a sociálne disproporcie v miestnych spoločenstvách.

Niektorých majetkovo, demograficky, regionálne, vzdelanostne a socio-kultúrne odlišných skupín sa však tieto tendencie prechodu k industriálnej a postindustriálnej spoločnosti dotýkajú veľmi slabo, alebo vôbec nie, iné sú s nimi zasa konfrontované veľmi výrazne.

Dôsledkom je silne pociťované prehlbovanie nielen ekonomickej, ale i spoločensko – kultúrnej diferenciácie medzi jednotlivými vrstvami spoločnosti a regiónmi.

Narastá napätie medzi majoritnou populáciou a minoritnými vrstvami obyvateľstva, ako aj medzi majoritou a obyvateľstvom, žijúcim na okraji spoločnosti.

III Dynamika miestneho života v očiach obyvateľov

(Akihiro Ishikawa)

Aby bolo možné pochopiť dynamiku miestneho života v kontexte globalizácie, autor analyzuje postoje obyvateľov voči svojmu spoločenstvu a jeho životu na základe porovnania údajov z prieskumov realizovaných v rokoch 2006 a 2013. Závery sú nasledovné:

1. Z pohľadu obyvateľov sa vertikálna diferenciácia medzi bohatými a chudobnými stale zväčšuje, aj keď nie v tak veľkej miere ako predtým. Tí, ktorí sa považujú za súčasť "nižšej triedy" narástli, zatiaľ čo tí, ktorí sa identifikujú ako "stredná vrstva" poklesli. Trend uvedený vyššie je zrejmý vo všetkých troch mestách.
2. Najproblematickejším faktorom miestneho života je zhoršenie vo sfére pracovného života. Je to najmä nedostatok istoty zamestnania, a stagnácia miezd. Charakterizuje to všetky tri mestá.
3. V protiklade k vyššie uvedenému, kultúrny život sa zdá byť lepší. Ako obvykle, je to folklór, veľmi populárny v slovenskom prostredí, včítane udalostí, ktoré sú jeho súčasťou. Tieto sú rozšírené na miestnej úrovni. V súčasnosti sú okrem toho poriadané aj podujatia zamerané a klasickú hudbu a predovšetkým často organizované koncerty pop-music, a to často v spolupráci z iniciatívy občianskych združení. Neraz sú pozývaní hudobníci zo zahraničia, čo symbolizuje kultúru globalizácie. Tieto prejavy sú pozoruhodné najmä v Banskej Štiavnici a Prešove.
4. Napriek zhoršovaniu miestneho života, najmä v jeho sfére pracovnej, interpersonálne vzťahy v prostredí miestnej komunity sú pomerne stabilné. Okrem iného, susedské vzťahy v Banskej Štiavnici, zdá sa, že sa zlepšujú. Vzťahy medzi politickými organizáciami sa zhoršujú.
5. Zatiaľ čo veľa ľudí sa obáva aktivizovať pre zlepšenie prostredia bydliska, rovnako

ako i vo sfére sociálnych a kultúrnych aktivít, tak nie je ani veľa ľudí, ktorí sa aktivizujú v činnostiach pre miestny/regionálny rozvoj, verejný poriadok, alebo ochranu životného prostredia. Pozoruhodne málo je aj tých, ktorí vyvíjajú dajaké politické aktivity. Všeobecne platí, v protiklade k rozsiahlemu záujmu o sociálne a kultúrne aktivity, zdá sa, že prevláda "de-politický" trend

IV Struktúry postuje občanov k mestskému životu: z pohľadu troch miest

(Masamichi Sasaki)

Prieskumy typu face-to-face boli realizované v troch mestách v spolupráci so sociológmi zo Slovenskej akadémie vied v máji a júni 2013 na celkovej vzorke 1,128 obyvateľov. V Banskej Štiavnici – 303 obyvateľov, Brezne – 316 obyvateľov a v Prešove – 509 obyvateľov. Analyzovaných bolo päť tém, a to pomocou viacnásobnej regresnej analýzy a faktorovej analýzy. Zistenia boli nasledovné:

(1) Čo sa týka hrdosti obyvateľov uvedených miest, tak vek, práca, dôležité rozhodnutia mestského zastupiteľstva, všeobecné postoje k zmenám v zamestnaní a v živote ako takom, rovnako ako starostlivosť o deti, mládež, seniorov, či postoje ku kultúre a rekreačným možnostiam, či vzťahy medzi mládežou a seniormi, vzťahy medzi Slovákmi a inými národnosťami, vzťahy nerómami a Rómami, všetky tieto faktory významne vplývajú na pocit hrdosti na svoje mesto. Z pohľadu pýchy na mesto existujú rozdiely medzi Prešovom a Breznom (v ktorom takáto pýcha neexistuje), naopak žiadny rozdiel nie je medzi Banskou Štiavnicou a Prešovom.

(2) Čo sa týka vôle obyvateľov prežiť aj zvyšok života v danom meste, hrdosť na mesto má spomedzi iných faktorov najvýznamnejší pozitívny vplyv na takéto rozhodnutie, o to viac ak títo ľudia tu žijú od narodenia. Vzťahy medzi mládežou a staršími osobami, vzťahy medzi Slovákmi a inými národnosťami a vzťahy medzi nerómami a Rómami v danom meste majú len slabý negatívny vplyv na takéto rozhodnutie. V tomto ohľade však zaznamenávame rozdiel medzi Prešovom a Breznom, a naopak žiadny rozdiel medzi Prešovom a Banskou Štiavnicou.

(3) Čo sa týka všeobecného postoja respondentov voči zmenám v ich práci a v ich živote ako celku, také faktory ako mesačný príjem, znižovanie rozdieľov medzi bohatými a chudobným v rámci mesta (porovnanie posledných desať rokov), kvalita

prírodného prostredia, kultúra a podmienky pre rekreáciu, rodina a príbuzenské vzťahy, susedské vzťahy, vzťahy medzi podnikateľmi a medzi podnikateľmi a ostatnými občanmi prejavujú určitú miernu pozitívnu závislosť. Naopak vzťahy medzi veriacimi rôznych náboženstiev a vzťahy medzi politickými skupinami rôznych orientácií majú mierne negatívnu vplyv na všeobecné postoje k zmenám v práci a živote respondentov. V tomto smere nie sú žiadne rozdiely medzi sledovanými troma mestami.

(4) Čo sa týka postojov k práci a dôležitým rozhodnutiam predstaviteľov mestských zastupiteľstiev, tak sa prejavuje vplyv takých faktorov ako hlasovanie respondentov vo voľbách v rokoch 2006 a 2010, ako aj ich príslušnosť k spoločenskej vrstve. Naopak vzdelanie, vzťahy medzi veriacimi rôznych náboženstiev, vzťahy medzi rôznymi politickými skupinami, rodinné a príbuzenské vzťahy a susedské vzťahy, majú skôr slabý negatívny vplyv v tomto smere. Porovnanie troch sledovaných miest nepreukazuje žiadne rozdiely medzi nimi.

(5) Čo sa týka hodnotenia sociálnych zmien v posledných desiatich rokoch a ich prínosu k sociálnej spravodlivosti do života v meste, k zníženiu rozdielov medzi bohatými a chudbnými v meste za toto obdobie, tak toto hodnotenie sa preukazuje ako významné. Vo vzťahu k sociálnej spravodlivosti ako hodnoty, tak faktory ako starostlivosť o deti, mládež a seniorov, zdravie a lekárska starostlivosť, zamestnanie a pracovné podmienky, vzťahy medzi mládežou a staršími osobami, vzťahy medzi Slovákmi a inými národnosťami v meste a vzťahy medzi nerómami a Rómami v meste majú slabo významý negatívny charakter. V tomto smere existujú rozdiely medzi Prešovom a Brezno, a Prešovom a Banskou Štiavnicou. Neexistujú však žiadne rozdiely medzi Breznom a Banskou Štiavnicou, kde obe mestá vykazujú slabo pozitívne hodnoty.

V Fungovanie samosprávy a miestnej administratívy

(Ľubomír Falťan)

Uvedená kapitola sa venuje pohľadu na fungovanie samosprávnych orgánov na miestnej úrovni, na príklade analýzy, ktorá sa opiera o výskumy v troch vybraných mestách Slovenska. Jedná sa o mestá Banská Štiavnica, Brezno a Prešov. V úvodnej časti kapitoly autor venuje pozornosť legislatívnym východiskám, ktoré definujú miestnu samosprávu a jej kompetencie. Je to predovšetkým Zákon č. 369 Slovenskej národnej rady zo 6. septembra 1990 o obecnom zriadení v znení zmien a doplnkov, ktorý po spoločensko-politických zmenách z konca roka 1989 odštartoval nové chápanie miestnych administratívno-správnych inštitúcií, na čele ktorých stoja demokraticky zvolení predstavitelia občanov. Následne sú spomenuté základné kompetencie, ktoré miestnej samospráve prislúchajú zo zákona ako originálne kompetencie, a ktoré na ňu boli následne prenesené z roviny štátnej správy v procese jej dekoncentrácie a decentralizácie. Tieto procesy sprevádzala aj fiškálna decentralizácia, ktorá vymedzovala finančné zdroje na zabezpečovanie chodu a výkon kompetencií formujúcej sa miestnej samosprávy. Uvedený proces formovania miestnej samosprávy, jej kompetencií a financovania nebol jednoduchý hlavne v politickej rovine. Sprevádzal ho celý rad sporov a napätí a trvalo niekoľko rokov, než došlo k stabilizácii legislatívnych východísk, ale aj reálneho výkonu miestnej samosprávy. Pohľad cez tri mestá, ktoré reprezentujú odlišné veľkostné typy, ale aj tri odlišné vývojové trajektoria už vo svojej histórii, sa v rôznej miere premietali aj do podôb ich súčasných problémov a rozvojových potrieb a z toho vyplývajúcich ťažísk ich mestských politík. V texte uvedený historický kontext poukazuje na významné udalosti hospodárskeho, politického, kultúrneho charakteru, ktoré formovali každé zo sledovaných miest a ich spoločenstiev až do ich súčasnej podoby. Samosprávne politiky sledovaných troch miest sú v mnohom podobné, ale súčasne sú ovplyvňované nielen ich veľkosťou a z toho vyplývajúcimi rozpočtovými možnosťami, ale aj určitými odlišnosťami v stratégiách rozvojových politík. K strategickým cieľom vo všetkých troch mestách patrí riešenie infraštruktúrnych problémov, pričom z pohľadu konkrétnych priorít sú medzi uvedenými mestami určité odlišnosti. Nadväzuje to i na podporu stratégie do týchto miest pritiahnuť silných investorov. Podporilo by to nie len zvýšenie ich hospodárskeho významu, ale prispelo i k riešeniu ich socio-ekonomických problémov uvedených miest i ich regionálneho zázemia. K tomuto účelu všetky tri mestá – v rôznom rozsahu – majú vyčlenené priestory pre lokalizáciu investícií. Napriek tomu, že všetky tri mestá majú predpoklady, vzhľadom na svoje danosti, zohrávať významnú rolu pri rozvoji cestovného ruchu, ich prístup k využívaniu týchto predpokladov je odlišný. V tomto ohľade sa najvýraznejšie aktivizuje práve Banská Štiavnica zapísaná od roku 1993 v Zozname svetového kultúrneho a prírodného dedičstva UNESCO.

Spoločným problémom, ktorý charakterizuje všetky tri sledované mestá je riešenie komunálneho bývania. V 90-tych rokoch 20. storočia sa mestá zbavovali vlastníctva komunálnych bytov. V súčasnosti sa ukazuje, že tento problém treba riešiť aj z úrovne miest. Mestské politiky sú v tomto ohľade rôzne, pričom závisí to aj od skladby mestskej populácie, hlavne zastúpenia tých najslabších sociálnych skupín, ktoré majú bytové problémy. Politiky v tomto ohľade sa preto často obmedzujú len na riešenie tzv. sociálneho bývania.

V rámci výskumov sme pozornosť sústredili i na školstva a školských politík v rámci kompetencií miest v tomto smere. V prípade základných škôl a školských zariadení sa jedná o prenesené kompetencie. Rozsah základných škôl a školských zariadení v kompetencii sledovaných miest bol vzhľadom na ich veľkosť rôzny. Mestá do istej miery dotujú aj neštátne základné školy, ktorých zriaďovateľmi nie sú. Dôležitým faktorom pri formulovaní školských politík je skutočnosť, že školy okrem povinného štátneho vzdelávacieho programu môžu svoje programy dopĺňať podľa vlastného zamerania. V školskom systéme nezanedbateľnú úlohu zohrávajú aj poradné samosprávne orgány (rada školy, obecná školská rada, alebo územná školská rada), v ktorých majú zastúpenie tak rodičia, ako i pedagogickí pracovníci a zamestnanci v oblasti výchovy a vzdelávania. Okrem toho sa pri školách vytvárajú združenia rodičov a priateľov školy. Tieto združenia tiež vyvíjajú rôzne aktivity na podporu tej-ktorej školy. Týmto spôsobom sa zabezpečuje nie len verejná kontrola nad činnosťou škôl, ale aj rôzne spôsoby pomoci školám, v závislosti od iniciatív rodičov. Školstvo a jeho zabezpečenie zo strany miest tvorí významnú rozpočtovú položku v celkovom rozpočte miest. V sledovaných mestách na základe iniciatívy škôl, ale aj samosprávnych školských orgánov sa hľadali spôsoby ako rozpočet škôl vylepšovať z mimorozpočtových zdrojov a to prostredníctvom podávania projektov, ktoré by pedagogický proces vylepšovali.

Veľmi významným faktorom, ktorý má dopad na spoločenskú klímu v meste, ale aj na mieru a spôsoby angažovania sa občanov v prospech ich potrieb ako občanov mesta, je vzťah občan, občianske organizácie a mesto, resp. mestská samospráva. Výskumy v zmienených mestách potvrdili, že tento vzťah vôbec nie je jednoduchý a v mnohých prípadoch i kontroverzný. Citlivá je otázka finančných podpôr aktivít občianskych združení, či občianskych aktivít. Možnosti podpory je limitovaný tak rozpočtovými možnosťami, ale subjektívna rovina je tiež neraz veľmi dôležitá. Skutočnosťou je, že v čase realizácie prieskumov bol v týchto mestách evidovaný nemalý počet občianskych združení s rôznym zameraním. Zdrojom určitých napätí bola skutočnosť, že nemohlo sa finančnou podporou uspokojiť všetkých. V tejto súvislosti zo strany niektorých predstaviteľov miest boli výhrady aj k tomu, že „občianske združenia len pýtajú" a v menšej miere vyhľadávajú aj iné finančné zdroje na svoju činnosť. Napätia vznikali aj vtedy, ak niektoré občianske združenia boli voči mestu a mestskej politike kritické.

VI Socio-kultúrne aktivity a obcanske zdruzenie

(Shin Oguma)

Počet občianskych združení sa na Slovensku zvýšil. Tento trend je evidentný vo všetkých troch mestách. Porovnávajúc údaje z prieskumov v rokoch 2006 a 2013, si môžeme všimnúť stupeň stabilného pozitívneho hodnotenia zo strany obyvateľov, pokiaľ ide o orientáciu na kultúru a rekreáciu (a to najmä v prípade Banskej Štiavnice), a to napriek zhoršujúcich sa trendoch v životných podmienkach.

Účasť obyvateľov na kultúrnych aktivitách vzrástla. Sprevádzaná bola medzigeneračnou diferenciáciou. Folklórne podujatia oslovovali skôr staršiu generáciu, zatiaľ čo podujatia z oblasti pop-music a tanečné párty sú záležitosťou mladších ľudí. Viac ako 10 percent respondentov v Brezne a Prešove, a takmer 20 percent v Banskej Štiavnici, sú členmi nejakého združenia, organizácie, krúžku, alebo klubu.

Niektoré zo súčasných občianskych združení, pôsobiacich v sledovaných troch mestách, boli v minulosti kutúrnymi organizáciami pôsobiacimi pri veľkých socialistických štátnych podnikoch. Bolo to v čase socializmu. Po rozpade socialistického systému a následnej privatizácii firiem, takéto krúžky alebo ich organizácie sa od firiem oddelili a stali sa nezávislými občianskymi združeniami, avšak stratili poskytovateľov finančnej podpory. Tieto, rovnako ako iné združenia, trpia dvoma základnými problémami. Prvý z nich je konštantný tlak na vyhľadávanie finančných zdrojov pre zabezpečenie ich činnosti. Druhý je starnutie členov a v prípade zamestnaných aj starostlivosť o existenčné zabezpečenie vlastného súkromného života.

VII Činnosti občanskych združenia v miestnom rozvoji kultúry

(Ľubica Falťanová)

Príspevok na prípadoch vybraných občianskych združení interpretuje ciele, fungovanie a funkcie súčasných organizácií neziskového sektora v mestách Banská Štiavnica, Brezno a Prešov a sleduje ich miesto v miestnom kultúrnom rozvoji. Diferenciáciu vývinu dobrovoľného združovania na Slovensku, od jeho počiatkov až po súčasnosť, podmieňovali v prvom rade jednotlivé spoločensko-politické zriadenia. Súčasný stav dobrovoľného združovania na Slovensku reflektuje na jednej strane nové podmienky občianskeho združovania dané spoločensko-politickými zmenami prebiehajúcimi po roku 1989 a na strane druhej tradície spolkov a záujmových organizácií na Slovensku z predchádzajúcich období. Postsocialistickému obdobiu, na ktoré sa výskum zameral, predchádzalo 40 rokov socialistického režimu s vlastnou politikou záujmového združovania. To znamená, že v roku 1951 boli všetky predchádzajúce spolky zrušené, aby sa vytvorila podľa obsahu činnosti celoštátne jednotná štruktúra dobrovoľných združení (po novom nazývaných záujmové či spoločenské organizácie),organizačne koncentrovaných v ústrednom celoštátnom riadiacom centre nazvanom Národný front. Na lokálnej úrovni pôsobilo mnoho záujmových organizácií, začlenených v zväzov (napr. v zväze záhradkárov, zväze rybárov, zväze pre spoluprácu s armádou pre vykonávanie technických športov, zväze žien, zväze mládeže a tak ďalej). Spolková forma sa zrušila v 50. rokoch 20. storočia aj v oblasti kultúrno-osvetovej činnosti a umelecké skupiny začali pracovať na báze dobrovoľných spoločenských organizácií a krúžkov (najmä Revolučného odborového hnutia a ich závodných klubov, napr. pri výrobných podnikoch, ktoré ich činnosť podporovali) a osvetových zariadení (osvetových besied, klubov "Parkov kultúry a oddychu" miest a obcí, klubov poľnohospodárskych družstiev). V transformačných procesoch 90. rokov 20. storočia meniaca sa legislatíva priniesla nový zákon o združovaní občanov. Na jeho základe existuje v súčasnosti väčšina neziskových združení, ktoré sa certifikovali na občianske združenia z pôvodných záujmových organizácií alebo vznikli na tzv. zelenej lúke.

Miestne občianske združenia či spolky z pohľadu miestnych samospráv predstavujú v súčasnosti dôležitý fenomén v spoluvytváraní miestneho kultúrneho života. Výskum mapuje situáciu spolu ôsmich občianskych združení, ktoré akciami v kultúrnej oblasti vstupujú do verejného komunitného diania. V zozname skúmaných združení sa nachádza banícky spolok, združenie Živena (kultúrny a vzdelávací spolok žien), združenie dychového orchestra, divadelný amatérsky súbor, združenie Matica slovenská (kultúrno-osvetový spolok), združenie na záchranu historickej pamiatky

(Kalvársky fond), Rusínsky spolok (kultúrno-národnostný spolok) a hudobno-vzdelávací spolok. Ako vyplýva z analýzy informácií predstaviteľov skúmaných občianskych združení, diferencujú sa podľa historického vývinu, znakov charakterizujúcich združenia ako organizáciu (počtu členov, organizačného systému a jeho fungovania v praxi), menežovania ich existenčného zabezpečenia, cieľových činností, a profesionalizácie. Úloha tradícií v miestnom spolkovom živote sa prejavuje u prevažnej väčšiny z nich. Až na jeden prípad, všetky majú korene v starších historických obdobiach v rozmedzí od polovice 18. storočia až po rok 1927. V dvoch prípadoch pôsobia kontinuálne od ich založenia (pred 140 a pred 90 rokmi) až po súčasnosť. Časť z nich nadviazala založením občianskeho združenia v súčasnosti na ich činnosť v predsocialistickom období. Dnešné spolky vidia status občianskeho združenia pozitívne pri porovnávaní s fungovaním neformálnych združení. Ako právne subjekty spĺňajú všetky podmienky pre právne úkony potrebné na zabezpečenie chodu združení či naplnenie ich cieľov a pre samostatné postavenie v spoločenskom prostredí. Skúmané združenia nielen formálne ale aj v praxi spĺňajú znaky organizácií, čo je jeden z ukazovateľov ich funkčnosti. Spoločným rysom združení je aktívny prístup v hľadaní a využívaní zdrojov finančného zabezpečenia a materiálnej podpory. Úroveň dosiahnutých prostriedkov závisí od mnohých faktorov – od stratégie prežitia spolkov, ich cieľov a potrieb, popularite, hospodárskych podmienok, politiky miestnych a regionálnych samospráv a štátnej správy. Rôznorodosť fungovania dokladajú aj ročné rozpočty združení. Kým dobrovoľná organizácia na záchranu a revitalizáciu historickej pamiatky v Banskej Štiavnici s najvyšším rozpočtom spomedzi opýtaných združení len od najväčších darcov získala od jej založenia v priemere za rok vyše 280 000 €, kultúrne spolky Matica slovenská a Živena realizujú svoju činnosť s najnižšími rozpočtami spomedzi skúmaných združení, čo predstavuje 2,000 € ročne. Napriek niektorým rozdielnostiam medzi skúmanými mestami, napr. v štruktúre občianskych združení podľa obsahu činnosti, vyplývajúcich z historických, národnostných, hospodárskych či prírodných špecifík, výskum zaznamenal viaceré spoločné problémy, na ktoré združenia poukazujú. Patrí k nim napr. nedostatočná a nesystematická priama podpora kultúrnej činnosti neziskových organizácií štátom, i keď ide o sektor, ktorý vytvára vysoké hodnoty na lokálnej úrovni alebo nerovnomerné rozdeľovanie štátnej podpory v rámci kultúrnych neziskových združení. Dobrovoľné združenia tohto charakteru diskriminačne vidia na lokálnej úrovni neprimerane vysokú podporu športových združení oproti kultúrnym občianskym aktivitám. Skúmané združenia však považujú za najväčší problém, ktorý sa snažia riešiť, generačné následníctvo v dobrovoľných organizáciách. Napriek všetkým problémom, za daných podmienok dobrovoľné združenia rôznorodosťou aktivít preukazujú svoju životaschopnosť, snahu jej členov o sebarealizáciu a zapojenie do verejného života a lokálneho kultúrneho diania.

(referencie) Historické pozadie a súčasná situácia občanských združenia na Slovensku

(Peter Rázus)

Cieľom kapitoly je priblížiť záujemcom o NGO na Slovensku a občiansku spoločnosť, genézu a formovanie postojov verejnosti a vzniku organizačných štruktúr. Korene siahajú do 19.storočia, kedy sa formovali hlavne vzdelávacie a kultúrne spolky a stali dôležitým faktorom pri formovaní práva na sebaurčenie. V dobe socializmu boli organizácie združení v inštitúcii – Národný front a plnili ideologické úlohy. Od roku 1990 sa formuje 3.sektor budovaný na princípoch demokracie a občianskej aktivity.

執筆者・訳者紹介（五十音順・姓アルファベット順）

- 石川晃弘（いしかわ あきひろ）　中央大学社会科学研究所客員研究員，中央大学名誉教授
- 小熊信（おぐま しん）　中央大学社会科学研究所客員研究員，中央大学文学部兼任講師
- 佐々木正道（ささき まさみち）　中央大学社会科学研究所客員研究員，元中央大学教授，兵庫教育大学名誉教授
- 香坂直樹（こうさか なおき）（翻訳）　跡見女子大学兼任講師
- 近重亜郎（ちかしげ あろう）（翻訳）　元中央大学社会科学研究所準研究員，プレショウ大学アジア研究所所員
- Ľubomír Falťan（リュボミール ファルチャン）　スロヴァキア科学アカデミー元副総裁，スロヴァキア科学アカデミー付属社会学研究所研究員（元所長）
- Ľubica Falťanová（リュビッツァ ファルチャノヴァー）　スロヴァキア科学アカデミー付属民族学研究所元主任研究員
- Peter Rázus（ペテル ラーズス）　プレショウ開発庁 PRERAG 幹事
- Zdenek Šťastný（ズデニェク シチャストニー）　スロヴァキア科学アカデミー付属社会学研究所元研究員

グローバル化と地域社会の変容
—スロヴァキア地方都市定点追跡調査 II—
中央大学社会科学研究所研究叢書 33

2016年3月30日　発行

編著者　石川晃弘
佐々木正道
リュボミール・ファルチャン

発行者　中央大学出版部
代表者　神崎茂治

〒192-0393　東京都八王子市東中野742-1
発行所　中央大学出版部
電話 042(674)2351　FAX 042(674)2354
http://www2.chuo-u.ac.jp/up/

電算印刷(株)

ISBN978-4-8057-1334-1

中央大学社会科学研究所研究叢書

中央大学社会科学研究所編

1 **自主管理の構造分析**
—ユーゴスラヴィアの事例研究—

A５判328頁・品切

80年代のユーゴの事例を通して，これまで解析のメスが入らなかった農業・大学・地域社会にも踏み込んだ最新の国際的な学際的事例研究である。

中央大学社会科学研究所編

2 **現代国家の理論と現実**

A５判464頁・4300円

激動のさなかにある現代国家について，理論的・思想史的フレームワークを拡大して，既存の狭い領域を超える意欲的で大胆な問題提起を含む共同研究の集大成。

中央大学社会科学研究所編

3 **地域社会の構造と変容**
—多摩地域の総合研究—

A５判482頁・4900円

経済・社会・政治・行財政・文化等の各分野の専門研究者が協力し合い，多摩地域の複合的な諸相を総合的に捉え，その特性に根差した学問を展開。

中央大学社会科学研究所編

4 **革命思想の系譜学**
—宗教・政治・モラリティ—

A５判380頁・3800円

18世紀のルソーから現代のサルトルまで，西欧とロシアの革命思想を宗教・政治・モラリティに焦点をあてて雄弁に語る。

高柳先男編著

5 **ヨーロッパ統合と日欧関係**
—国際共同研究Ⅰ—

A５判504頁・5000円

EU統合にともなう欧州諸国の政治・経済・社会面での構造変動が日欧関係へもたらす影響を，各国研究者の共同研究により学際的な視点から総合的に解明。

高柳先男編著

6 **ヨーロッパ新秩序と民族問題**
—国際共同研究Ⅱ—

A５判496頁・5000円

冷戦の終了とEU統合にともなう欧州諸国の新秩序形成の動きを，民族問題に焦点をあて各国研究者の共同研究により学際的な視点から総合的に解明。

中央大学社会科学研究所研究叢書

坂本正弘・滝田賢治編著

7 現代アメリカ外交の研究

A 5 判264頁・2900円

冷戦終結後のアメリカ外交に焦点を当て，21世紀，アメリカはパクス・アメリカーナⅡを享受できるのか，それとも「黄金の帝国」になっていくのかを多面的に検討。

鶴田満彦・渡辺俊彦編著

8 グローバル化のなかの現代国家

A 5 判316頁・3500円

情報や金融におけるグローバル化が現代国家の社会システムに矛盾や軋轢を生じさせている。諸分野の専門家が変容を遂げようとする現代国家像の核心に迫る。

林　茂樹編著

9 日本の地方ＣＡＴＶ

A 5 判256頁・2900円

自主製作番組を核として地域住民の連帯やコミュニティ意識の醸成さらには地域の活性化に結び付けている地域情報化の実態を地方のCATVシステムを通して実証的に解明。

池庄司敬信編

10 体制擁護と変革の思想

A 5 判520頁・5800円

A.スミス，E.バーク，J.S.ミル，J.J.ルソー，P.J.プルードン，Φ.N.チュッチェフ，安藤昌益，中江兆民，梯明秀，P.ゴベッティなどの思想と体制との関わりを究明。

園田茂人編著

11 現代中国の階層変動

A 5 判216頁・2500円

改革・開放後の中国社会の変貌を，中間層，階層移動，階層意識などのキーワードから読み解く試み。大規模サンプル調査をもとにした，本格的な中国階層研究の誕生。

早川善治郎編著

12 現代社会理論とメディアの諸相

A 5 判448頁・5000円

21世紀の社会学の課題を明らかにし，文化とコミュニケーション関係を解明し，さらに日本の各種メディアの現状を分析する。

中央大学社会科学研究所研究叢書

石川晃弘編著

13 体制移行期チェコの雇用と労働

A５判162頁・1800円

体制転換後のチェコにおける雇用と労働生活の現実を実証的に解明した日本とチェコの社会学者の共同労作。日本チェコ比較も興味深い。

内田孟男・川原　彰編著

14 グローバル・ガバナンスの理論と政策

A５判320頁・3600円

グローバル・ガバナンスは世界的問題の解決を目指す国家，国際機構，市民社会の共同を可能にさせる。その理論と政策の考察。

園田茂人編著

15 東アジアの階層比較

A５判264頁・3000円

職業評価，社会移動，中産階級を切り口に，欧米発の階層研究を現地化しようとした労作。比較の視点から東アジアの階層実態に迫る。

矢島正見編著

16 戦後日本女装・同性愛研究

A５判628頁・7200円

新宿アマチュア女装世界を彩った女装者・女装者愛好男性のライフヒストリー研究と，戦後日本の女装・同性愛社会史研究の大著。

林　茂樹編著

17 地域メディアの新展開
－CATVを中心として－

A５判376頁・4300円

『日本の地方CATV』(叢書９号)に続くCATV研究の第２弾。地域情報，地域メディアの状況と実態をCATVを通して実証的に展開する。

川崎嘉元編著

18 エスニック・アイデンティティの研究
－流転するスロヴァキアの民－

A５判320頁・3500円

多民族が共生する本国および離散・移民・殖民・難民として他国に住むスロヴァキア人のエスニック・アイデンティティの実証研究。

中央大学社会科学研究所研究叢書

菅原彬州編

19 連続と非連続の日本政治

A５判328頁・3700円

近現代の日本政治の展開を「連続」と「非連続」という分析視角を導入し，日本の政治的転換の歴史的意味を捉え直す問題提起の書。

斉藤　孝編著

20 社会科学情報のオントロジ
−社会科学の知識構造を探る−

A５判416頁・4700円

オントロジは，知識の知識を研究するものであることから「メタ知識論」といえる。本書は，そのオントロジを社会科学の情報化に活用した。

一井　昭・渡辺俊彦編著

21 現代資本主義と国民国家の変容

A５判320頁・3700円

共同研究チーム「グローバル化と国家」の研究成果の第３弾。世界経済危機のさなか，現代資本主義の構造を解明し，併せて日本・中国・ハンガリーの現状に経済学と政治学の領域から接近する。

宮野　勝編著

22 選挙の基礎的研究

A５判152頁・1700円

外国人参政権への態度・自民党の候補者公認基準・選挙運動・住民投票・投票率など，選挙の基礎的な問題に関する主として実証的な論集。

礒崎初仁編著

23 変革の中の地方政府
−自治・分権の制度設計−

A５判292頁・3400円

分権改革とNPM改革の中で，日本の自治体が自立した「地方政府」になるために何をしなければならないか，実務と理論の両面から解明。

石川晃弘・リュボミール・ファルチャン・川崎嘉元編著

24 体制転換と地域社会の変容
−スロヴァキア地方小都市定点追跡調査−

A５判352頁・4000円

スロヴァキアの二つの地方小都市に定点を据えて，社会主義崩壊から今日までの社会変動と生活動態を３時点で実証的に追跡した研究成果。

中央大学社会科学研究所研究叢書

石川晃弘・佐々木正道・白石利政・ニコライ・ドリャフロフ編著

25 グローバル化のなかの企業文化
−国際比較調査から−

A 5 判400頁・4600円

グローバル経済下の企業文化の動態を「企業の社会的責任」や「労働生活の質」とのかかわりで追究した日中欧露の国際共同研究の成果。

佐々木正道編著

26 信頼感の国際比較研究

A 5 判324頁・3700円

グローバル化，情報化，そしてリスク社会が拡大する現代に，相互の信頼の構築のための国際比較意識調査の研究結果を中心に論述。

新原道信編著

27 “境界領域”のフィールドワーク
−“惑星社会の諸問題”に応答するために−

A 5 判482頁・5600円

3.11 以降の地域社会や個々人が直面する惑星社会の諸問題に応答するため，“境界領域”のフィールドワークを世界各地で行う。

星野智編著

28 グローバル化と現代世界

A 5 判460頁・5300円

グローバル化の影響を社会科学の変容，気候変動，水資源，麻薬戦争，犯罪，裁判規範，公共的理性などさまざまな側面から考察する。

川崎嘉元・新原道信編

29 東 京 の 社 会 変 動

A 5 判232頁・2600円

盛り場や銭湯など，匿名の諸個人が交錯する文化空間の集積として大都市東京を社会学的に実証分析。東京とローマの都市生活比較もある。

安野智子編著

30 民　意　と　社　会

A 5 判144頁・1600円

民意をどのように測り，解釈すべきか。世論調査の選択肢や選挙制度，地域の文脈が民意に及ぼす影響を論じる。

中央大学社会科学研究所研究叢書

新原道信編著

31 **うごきの場に居合わせる**

公営団地におけるリフレクシヴな調査研究

A 5 判590頁・6700円

日本の公営団地を舞台に，異境の地で生きる在住外国人たちの「草の根のどよめき」についての長期のフィールドワークによる作品。

西海真樹・都留康子編著

32 **変容する地球社会と平和への課題**

A 5 判424頁・4800円

平和とは何か？という根源的な問いから始め，核拡散，テロ，難民，環境など多様な問題を検討。国際機関や外交の意味を改めて考える。

＊価格は本体価格です。別途消費税が必要です。